先秦史

吕思勉 ◎ 著
张耕华 ◎ 导读

吕思勉经典历史文集·插图·导读版

华中科技大学出版社
http://www.hustp.com
中国·武汉

图书在版编目(CIP)数据

先秦史/吕思勉著. —武汉:华中科技大学出版社,2022.7
(吕思勉经典历史文集:插图·导读版)
ISBN 978-7-5680-8514-4

Ⅰ.①先… Ⅱ.①吕… Ⅲ.①中国历史-先秦时代-通俗读物 Ⅳ.①K220.9

中国版本图书馆 CIP 数据核字(2022)第 120709 号

先秦史
Xianqin Shi

吕思勉 著

策划编辑:杨　静
责任编辑:杨　静
封面设计:红杉林
责任校对:刘　竣
责任监印:朱　玢

出版发行:华中科技大学出版社(中国·武汉)　　电话:(027)81321913
　　　　　武汉市东湖新技术开发区华工科技园　　邮编:430223
录　　排:华中科技大学惠友文印中心
印　　刷:中华商务联合印刷(广东)有限公司
开　　本:710mm×1000mm　1/16
印　　张:27
字　　数:440 千字
版　　次:2022 年 7 月第 1 版第 1 次印刷
定　　价:108.00 元

本书若有印装质量问题,请向出版社营销中心调换
全国免费服务热线:400-6679-118　竭诚为您服务
版权所有　侵权必究

吕思勉(摄于 20 世纪 20 年代)

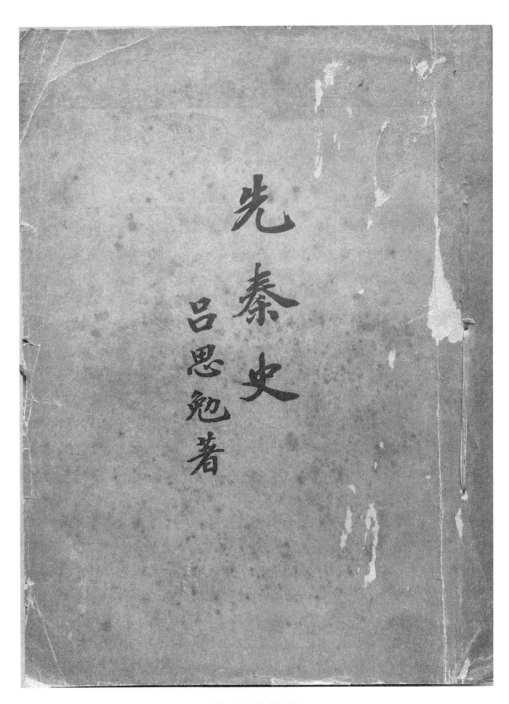

《先秦史》初版封面

导　读

关于吕思勉先生的重要著作，论者常以他的通史与断代史并举。顾颉刚说吕先生的通史著作"为通史写作开了一个新的纪元"。严耕望则称赞他的断代史，说吕先生是"通贯的断代史家"。确实，吕先生的这些史学成就，仅这两部通史、四部断代史，就令人惊服，况且还有许多其他的文史著作！这在前辈史学家里也是很罕见的。这些著述虽初版于半个多世纪之前，但并未被置之高阁，而是一直在翻刻重印，常读常新，至今仍是我们学习中国史的必读书。

大约自中年以后，吕先生就制定了一个长期的研究与写作计划：撰写六部前后衔接的断代史，即《先秦史》《秦汉史》《两晋南北朝史》《隋唐五代史》《宋辽金元史》与《明清史》。这一研究与写作的计划，他很早就着手准备，做了许多断代史的资料摘录，但直到一九三〇年代才开始动笔。当时，上海开明书店约钱穆写国史长编，钱氏认为，这样一部国史长编，非一般学者所能胜任，而自己的老师吕思勉先生则是撰写国史长编最合适的人选，而且已有资料上的准备，在征得吕先生的允诺后，他便向开明书店推荐由吕先生来撰写这部国史长编。这样，吕先生便开始撰写断代史系列的国史长编。①

这几部断代史的研究与撰写，正值抗日战争和解放战争时期。期间的二十余年，吕先生的生活条件很是艰苦，工作条件也极其简陋。但他凭着坚强的毅力和辛勤的劳动，于一九四一年完成《先秦史》，交由上海开明书店出版，《秦汉史》和《两晋南北朝史》也分别于四七、四八年由开明书店出版，《隋唐五代史》完成于二十世纪五十年代初，一九五九年由上海中华书局出版。晚年的吕先生体衰多病，计划中的《宋辽金元史》和《明清史》，虽已做了不少资料的札录，可惜未能完稿。国史长编未能完璧，实是史学界

---

① 开明书店的王伯祥称吕先生的断代史系列为"中国通史长编"（《王伯祥日记》第16卷，国家图书馆出版社2011年版，第139页）。

的一大遗憾。但写成的这四部断代史,总共有三百多万字,已是鸿篇巨帙。而"宋辽金元明"的资料札录,以《宋辽金元明史札录》为题于二〇二〇年由上海古籍出版社影印出版。正如严耕望所说:吕先生"以一人之力……上起先秦,下迄明清,独力完成四部(即《先秦史》《秦汉史》《两晋南北朝史》和《隋唐五代史》),宋以下两部亦已下过不少功夫,此种魄力和坚毅力,实在令人惊服。我想前辈成名史学家中,除了诚之先生,恐怕都难做得到。这不是才学问题,而是才性问题"。①

与同类著作相比,吕先生的这几部断代史在内容安排和书写体裁上自成一格。这几部断代史"每部书前半综述这一时代的政治发展概况,后半部就社会、经济、政制、学术、宗教各方面分别论述。前半有如旧体纪事本末,尚较易为功;后半虽类似正史诸志,而实不同。除政制外,多无所凭借,无所因袭,所列章节条目虽尚不无漏略,但大体已很周匝赅备,皆采正史,拆解其材料,依照自己的组织系统加以凝聚组合,成为一部崭新的历史著作,也可说是一种新的撰史体裁"。②撰史体裁上的"新",还在于吕先生使用的是考史的写法,而不是撰史的写法。吕先生认为:"必须拥有详确的史料,对各方面的历史发展情况作出正确的概括和分析,才有可能把复杂的历史情况真正贯通起来。由于前人对各个时期各个方面的史料没有做过细密的整理考核,我们今天要在短时期作出正确的概括和分析是困难的,加以融会贯通就更难办到。"③所以,在融会贯通地撰史之前,先要做一番细密的整理考核。

以考史的方式来撰写史著,原是我国传统史学的一大特色,传统史家多有撰考史札记而成史学名著的,如顾炎武的《日知录》,钱大昕的《十驾斋养新录》《廿二史考异》,赵翼的《廿二史札记》,王鸣盛的《十七史商榷》等,都是这方面的代表作。吕先生继承了前辈史家的传统,并将考史札记的撰写系统化、专题化,这就为他的通史和断代史的撰写打下了基础。《先秦史》的政治史部分,有《三皇事迹》《五帝事迹》《夏殷西周事迹》《春秋战国事迹》等各章,几乎都可以在吕先生的《读史札记》中找到考史札记的雏形。

---

① 严耕望:《怎样学历史——严耕望的治史三书》,辽宁教育出版社2006年版,第202页。
② 严耕望:《怎样学历史——严耕望的治史三书》,辽宁教育出版社2006年版,第201页。
③ 杨宽:《吕思勉的史学研究》,《中国史研究》1982年第3期。

而文化史部分,则全由专题性的考史札记组成,如将其拆散,每一个自然段就可以看作是一篇札记。如《兵制》一节,共有十个自然段,给每个自然段拟个标题,那就是十篇考史札记:(一)春秋战国之间上兵制的一大变,(二)古代兵制,(三)出兵之法,(四)作丘甲与用田赋,(五)各国之兵数,(六)各国兵之强弱,(七)用兵之失本心,(八)女子从军,(九)车与骑,(十)兵器。又如《秦汉史》第十七章第六节《交通》,有二十个自然段,若给每一个自然段拟一个小标题,可得札记二十篇:(一)乘车为体制起见,(二)畜牛者多于马,民间驾车、官家运输多用牛,(三)宫中用辇,(四)民间多用驴,(五)国家奖励民间养马,(六)汉之马政,(七)汉道路之修治,(八)汉时边方之道,(九)汉时道旁植树,(十)前后汉驿法一大变,(十一)私家可置驿,(十二)邮驿,(十三)烽燧,(十四)汉时传舍,(十五)亭传之置,(十六)关梁,(十七)传信于郡国以符,(十八)水运与海运,(十九)汉世之造船,(二十)僻陋之地少舟船。所以,严耕望说:大家都"推崇赵翼《廿二史札记》,其实即把诚之先生四部断代史全作有系统的札记看亦无不可"。① 吕先生的考史札记,都是从读史料入手的,为解决史料、史事中的实际问题而撰写,等到札记有了一定的积累,论文或论著也就水到渠成了。学者评说吕先生史著,总是"踏实而有创见"或"严谨、踏实而有见解"并举,原因就是吕先生的创见、见解都是以踏实的考史为基础,而不是悬空的发表观感或意见。这几部断代史最便于作研究和教学上的参考。严耕望说:"十几年来诸生到大专中学教历史,常问我应参考何书,我必举诚之先生的书,盖其书既周赡,又踏实,且出处分明,易可检核。"②"极便初学者作为研究各断代史的入门读物。"③

论者都说吕先生是持进化论史观,他曾在《历史研究法》中说"读史之先,应该预先知道的"第一条,就是"要知道史事是进化的,打破昔人循环之见"。④ 然而,仅仅停留这一层面上,还不足以了解吕先生的历史观念。我们读吕先生的这几部断代史,便可体会他对历史的演进有一种深刻而独到的看法。他说:

---

① 严耕望:《怎样学历史——严耕望的治史三书》,辽宁教育出版社2006年版,第203页。
② 严耕望:《怎样学历史——严耕望的治史三书》,辽宁教育出版社2006年版,第203页。
③ 严耕望:《中国中古史入门书目》,收入《严耕望史学论文选集》,上海古籍出版社2009年版,第1345-1346页。
④ 吕思勉:《历史研究法》,上海永祥印书馆1945年版,第66页。

治化之升降,必合役物以自养及人与人相处两端言之。以役物之智论,后人恒胜于前人。以人与人相处之道言,则后世诚有不如古昔者。①

换言之,考察社会或历史的进退,必须综合"役物之智"与"人与人相处之道"两个方面;尤其要看到这两个方面并不总是同步和同向发展的。这是非常深刻而独到的见解,也是很值得我们思考的一个理论问题。吕先生说:孔子所说的大同之世,与老子所说的"郅治之极",就是社会学家所说的农业公产社会。在那个时代,"群以内既康乐和亲,群以外亦能讲信修睦";所谓"老有所终,壮有所用,幼有所长,鳏寡孤独废疾者,皆有所养";"民各甘其食,美其服,安其俗,乐其业";简言之就是"养生送死无憾"。依今人看来,古人论大同之世或"郅治之极",只止于"养生送死无憾",未免目标太低。但吕先生认为:"养生送死无憾"这六个字,实在也是"不易得"。②他说:

人之生,不能无以为养。又生者不能无死,死者长已矣,而生者不可无以送之。故"养生送死"四字,为人所必不能免;余皆可有可无,视时与地而异其有用与否焉者也。然则惟"养生送死无憾"六字,为真实不欺有益之语,其他皆聊以治一时之病者耳。今人率言:人制驭天然之力太弱,则无以养其生,而人与人之关系,亦不能善;故自然科学之猛晋,实为人类之福音。斯言固然。然自然科学,非孤立于社会之外,或进或退,与社会全无干系者也。社会固随科学之发明而变,科学亦随社会之情形,以为进退,究之为人之利与害者,人最切而物实次之。人与人之关系,果能改善,固不虑其对物之关系不进步也。③

他又说:

盖社会之所以昌盛,一由其役物之力之强,一亦由于人与人相处之得其道。野蛮之族,人与人之相处,实较文明之族为优,然役物之力太弱,往往不胜天灾人祸而亡。文明之族,役物之力优矣,而人与人之相处或失其宜,则又不能享役物之福,而转受其祸。④

"役物之智"与"人与人相处之道"的关系是相辅相成、互为制约的。理

---

① 见本书第404页。
② 吕思勉:《大同释义——中国社会发展史》,上海交通大学出版社2018年版,第71、74页。
③ 吕思勉:《大同释义——中国社会发展史》,上海交通大学出版社2018年版,第54页。
④ 见本书第141页。

想的状态当然是相辅而相成,但实际的情形往往是互为制约,甚至起到"转受其祸"的反向作用,这就表现为历史演进上的"进"与"退"。结合了这两个方面,吕先生认为"《春秋》三世及《礼》家大同、小康之说"正可用来阐述古代历史的演进轨迹。在中国史上,大同与小康之界可划在炎、黄之际,他说:

《战国·赵策》曰:"宓羲、神农,教而不诛,黄帝、尧、舜,诛而不怒。"《春秋繁露·尧舜不擅移汤武不专杀篇》曰:"今足下之以汤、武为不义,然则足下之所谓义者,何世之主也?……则答之以神农。"若是乎,自古相传,咸以炎、黄之际为世运之一大变也。案,《战国·秦策》,苏秦言"神农伐补遂"。《吕览·用民》谓"夙沙之民自攻其君而归神农"。《说苑·政理篇》同。则神农之时亦已有征诛之事。盖神农氏传世甚久,故其初年与末年,事势迥不相同也。然此等争战,尚不甚剧,至炎、黄之际,而其变益亟。①

争战的越来越频繁、越来越激烈,最终导致了大同之世的破坏,此后,社会就进入到小康时代。所以称之为小康之时,那是因为大同之世"固有之良规,亦非一朝夕之间所能尽毁,大同之世之规制,留遗于后者,盖犹历若干时"。孔子说小康之治,数禹、汤、文、武、周公为止,其后"公产之世之分职尽坏,人不复能恃其群以生,群亦不复能顾恤其人,一听其互相争夺,而人与人相处之道苦矣"。所谓"强者胁弱,众者暴寡,知者诈愚,勇者苦怯,疾病不养,老、幼、孤、独不得其所",②社会就转入了乱世。

就先秦的历史来看,"役物"之道和"人与人相处之道"已呈现出背向而驰的情形:一方面是"役物之智"或"驾驭自然之术"的精进不休,另一方面是"人与人相处之道"及社会组织、社会情形停滞不前,甚至由大同转为小康,再转入乱世。然而,人心并不甘于此,仍想把社会挽回到正常态。先秦时代的思想家以及西汉时代的社会改革,都极力想把社会从病态、变态挽回到它的常态。吕先生说:"先秦之世,仁人志士,以其时之社会组织为不善,而思改正之者甚多。此等见解,旁薄郁积,汇为洪流,至汉而其势犹盛。此等思想,虽因种种阻碍,未之能行,然既旁薄郁积如此,终必有起而行之者,则新莽其人也。"然自王莽改制失败之后,"此等议论,渐不复闻。汉、魏

---

① 见本书第62页。
② 见本书第405页。

之间,玄学起,继以佛学,乃专求所以适合社会者,而不复思改革社会矣"。"故以社会演进之道言之,自东汉至今二千年,可谓误入歧途,亦可谓停滞不进也。"①

至于隋唐五代的历史,似乎只是后汉、魏、晋历史的反复;即宋以后,思想界"亦惟使人强抑其所欲求,以期削足而适履,此与言佛、老者不求改革社会,而惟务抑厌人之本性者"相似。吕先生说:

> 论史者率以汉、唐并称,其实非也,隋、唐、五代,与后汉至南北朝极相似,其于先汉,则了无似处,何以言之?绝先汉虽威加四夷,然夷狄之入居中国者绝鲜,后汉则南单于、乌丸、鲜卑、氐、羌,纷纷入居塞内或附塞之地,卒成五胡乱华之祸。而唐代亦然,沙陀入据中原,犹晋世之胡、羯也。蕃、浑、党项,纷纭西北,卒自立为西夏,犹晋世之氐、羌也。而契丹雄据东北,与北宋相终始,亦与晋、南北朝之拓跋魏极相似,一矣。汉有黄巾之起,而州郡据地自专,终裂而为三国,唐有黄巢之起,而长安之号令,不出国门,终裂而为五代十国,二矣。不特此也,汉世儒者,言井田,言限民名田,法家则欲行均输,管盐铁,初犹相争,《盐铁论》贤良文学与御史大夫之争是也。至新莽遂合为一,田为王田,兼行五均、六筦是也。功虽不成,其欲一匡天下,措斯民于衽席之安,其意则皎然也。而自魏、晋以来,人竞趋于释、老,绝不求矫正社会,而惟务抑厌其本性,以求与之相安。……宋儒之所主张者,则以古代社会之组织为天经地义,而强人以顺从古代之伦纪而已;人心之不能无慊于古道,犹其不能无慊于今日之社会也。而宋儒于此,亦惟使人强抑其所欲求,以期削足而适履,此与言佛、老者不求改革社会,而惟务抑厌人之本性者,又何以异?此又其若相反而实相类者也。世运岂真循环耶?非也。世无不变之事,亦无骤变之物,因缘相类者,其所成就,亦不得不相类,理也。②

所以,两汉之间也是历史演变的一大界,自此以下,"治天下不如安天下,安天下不如与天下安",成了言政治者的金科玉律,社会之演进遂呈停滞不进的状态。

如今,我们都已明白:进化不等于进步;进步也不等于"直线向前进,没

---

① 吕思勉:《秦汉史》,华中科技大学出版社2022年版,第168页。
② 吕思勉:《隋唐五代史》上册,华中科技大学出版社2022年版,第14页。

有倒退、偏差和间断";①更不等于"役物以自养及人与人相处两端"的同向、同步而并进。从历史上看,人类在"役物以自养"方面所取得的进步与成就,那是不会有人表示疑义的;但在"人与人相处之道"方面,自也有"后世不如古昔"的情形,有些方面甚至未见有明显的进步。正如英国史学家卡尔所问:"我们对社会的整顿,我们对国内或者国际的社会环境的控制,是否有任何进步,是否真正没有明显的退步。作为社会动物的人的进化难道不是无可救药地落后在技术进步的后面了么"?② 半个多世纪前,吕先生在断代史方面的著述中讨论过的这些问题,很值得我们深长思之。

历史研究离不开史料,故有因新史料的发现而推进了研究上的新发展。但新史料不易得,而历史研究的基本功夫仍在精研普通史料。吕先生的断代史,使用的都是常见的正史、政书等普通史料,但他能从常见的普通史料里,看出新问题、得出新论断,这就显示了作者敏锐的眼光与通贯的史识,所谓"看人人所能看得到的书,说人人所未说过的话"。比如,《先秦史》中论秦统一的原因:

秦之克并六国,其原因盖有数端。地势形便,攻人易而人之攻之也难,一也。关中形势,西北平夷无大险,故易受侵略。南经汉中至蜀,出入皆难。惟东凭函谷、武关,则诚有一夫当关之势也。春秋大国,时曰晋、楚、齐、秦,其后起者则吴、越。吴、越文明程度太低,未足蹈涉中原,抗衡上国。其兵则实甚强悍,故项氏卒用之以破秦。四国风气,秦、晋本较齐、楚为强,兵亦然,读《汉书·地理志》《荀子·议兵篇》可知。二也。三晋地狭人稠,生事至戚。楚受天惠厚,民又呰窳偷生。齐工商之业特盛,殷富殆冠海内。然工商盛者,农民未有不受剥削而益贫者也。唯秦地广而腴,且有山林之利。开辟较晚,侈靡之风未甚。观李斯谏逐客,历数侈靡之事,秦无一焉可知。其上又有重农之政。齐民生计之舒,盖莫秦若矣。三也。参看第十一章第三节。此皆秦之凭借优于六国者也。以人事论,则能用法家之说,实为其一大端。盖唯用法家,乃能一民于农战,其兵强而且多。参看第十四章第五节。亦唯用法家,故能进法术之士,而汰淫靡骄悍之贵族,政事乃克修举也。③

---

① 卡尔著,吴存柱译:《历史是什么?》,商务印书馆1981年版,第126页。
② 同上。
③ 见本书第208-209页。

论秦统一的原因,论者多已指出法家的改革、地理上的优势、兵力上的强盛等原因,然吕先生还特别指出社会风气方面的原因,这就显示了一种博通的眼光。"侈靡之风未甚",这是法家改革所以能取得成效、秦的兵力所以能强于东方六国的深层原因。所以,吕先生教人治史,强调要"重常人,重常事,常人、常事是风化,特殊的人所做的特殊的事是山崩。不知道风化,决不能知道山崩的所以然,如其知道了风化,则山崩只是当然的结果"。① 又如,《秦汉史》中论二世继位的事:

> 古太子皆不将兵。使将兵,即为有意废立,晋献公之于申生是也。扶苏之不立,盖决于监军上郡之时。二十余子,而胡亥独幸从,则蒙毅谓先主之举用太子乃数年之积,其说不诬。始皇在位,不为不久,而迄未建储,盖正因欲立少子之故。扶苏与蒙氏,非有深交,而李斯为秦相,积功劳日久,安知扶苏立必废斯而任蒙恬? 斯能豫烛蒙恬用,己必不怀通侯印归乡里,岂不能逆料赵高用而已将被祸乎? 故知史所传李斯、赵高废立之事,必非其实也。②

吕先生的这段论述,写于二十世纪四十年代,当时并无直接的史料可以佐证,只是运用了"理证"的方法,按"古太子皆不将兵"的惯例而做出的论断。现今,北大藏西汉竹书《赵正书》和湖南益阳兔子山出土的秦简都有关于二世即位的新材料,其记载与吕先生的推断若合符节,虽尚不能完全推翻《史记》的记载,也至少可见二世继位的史事有多重的面相,也可见得先生论史之通贯、透彻。又如,《秦汉史》中说西汉初年的休养生息,论者常叙其轻徭薄赋、无为而治的一面,吕先生却提醒不可忽视其"刻剥其民为史所不详者多"的另一面。他说:

> 八年,高祖东击韩王信余寇于东垣,今河北正定县。还,见宫阙壮甚,怒,谓萧何曰:"天下匈匈,苦战数岁,成败未可知,是何治宫室过度也?"何曰:"天下方未定,故可因遂就宫室。且夫天子以四海为家,非壮丽无以重威,且无令后世有以加也。"高祖乃悦。何之言,实文过免罪之辞。闻安民可与行义,劳民易与为非矣,未闻天下匈匈,可因之以兴劳役。昧旦丕显,后世犹怠,岂有先为过度之事,而冀后世之无所加者乎? 论史者多称何能镇抚

---

① 吕思勉:《历史研究法》,上海永祥印书馆1945年版,第46-47页。
② 吕思勉:《秦汉史》,华中科技大学出版社2022年版,第19页。

关中,实则其为茧丝殊甚。彭城之败,何发关中老弱未傅者悉诣军,是时楚、汉战争方始,则其后此所发,皆本无役籍者可知也。是岁,关中大饥,米斛万钱,人相食,令民就食蜀、汉。《食货志》言秦钱文曰半两,重如其文;汉兴,以为秦钱重难用,更令民铸荚钱,不轨逐利之民,畜积余赢,以稽市物,痛腾跃,米至石万钱,马至匹百金,即此时事也。废重作轻,而又放民私铸,物之腾踊宜矣。顾归咎于民之逐利,可乎? 然则汉之刻剥其民,而为史所不详者多矣。……然汉人之称文、景,亦有颇过其实者。①

同样,史书记唐初的贞观之治,也是"颇过其实",不可尽信:

《旧书·本纪》于贞观四年(630)书云:是岁断死刑二十九人,几致刑措。东至于海,南至于岭,皆外户不闭,行旅不赍粮焉。……又《魏徵传》云:帝即位四年,岁断死二十九,几至刑措。米斗三钱。东薄海,南逾岭,户阖不闭,行旅不赍粮,取给于道。……《通鉴》贞观四年云:元年关中饥,米斗直绢一匹,二年天下蝗,三年大水。上勤而抚之,民虽东西就食,未尝嗟怨。是岁,天下大稔。流散者咸归乡里,米斗不过三四钱。终岁断死刑才二十九人。东至于海,南极五岭,皆外户不闭,行旅不赍粮,取给于道路焉。此其所本皆同,特辞有详略耳。此论史者所由称贞观之治,足以媲美汉文,而为三代下所希有者也。然戴胄之谏营洛阳宫也,曰:"比见关中、河外,尽置军团,富室强丁,并从戎旅。重以九成作役,九成官,即隋仁寿宫。唐于是年九月修之,改名。余丁向尽……乱离甫尔,户口单弱,一人就役,举家便废。入军者督其戎仗,从役者责其糇粮,尽室经营,多不能济。"此四年之翼岁耳,与史所言四年之情形,相去何其远也? 合《秦汉史》第四章第五节论汉文帝之语观之,书其可尽信乎?②

其实,常见的普通材料用来论证史事,仍需要对它作一番谨严的辨析,尤其是先秦时代的材料,以经、子两类典籍居多。经、子都是学术类的典籍,与记事为主的史籍有所不同。所以,用经、子为材料来研究史事,在方法上有所不同。故《先秦史》设有《古史材料》一章,专门讨论先秦史的材料问题,也多有吕先生特独的意见。比如,他说经、子的著述多是"轻事重言":

---

① 吕思勉:《秦汉史》,华中科技大学出版社2022年版,第53、71页。
② 吕思勉:《隋唐五代史》上册,华中科技大学出版社2022年版,第78页。

古人于史事信否,绝不重视。遂流为"轻事重言"之弊。见《史通·疑古篇》。此义于读古史最要,必须常目在之。不但时地人名,绝不审谛,甚或杂以寓言。如《庄子·盗跖篇》是。又其传授皆资口耳,既无形迹可凭,遂致淆讹无定。兴会所寄,任情增饰;阙误之处,以意弥缝。其传愈久,其讹愈甚。①

他又说:

古人大都不自著书,有所称述,率本前人,故书虽成于汉世,说实本于先秦;又先秦人书,率至汉世,始著竹帛,其辞亦未必非汉人所为,或有所润饰也。②

所以先秦诸子的学术,可以分家不可以分人。叙先秦诸子的思想,不能按诸子生卒年代的早晚,而当按其思想倾向来分其先后,他认为:

农家之所愿望者,为神农以前之世。道家之所称诵者,为黄帝时之说。墨家所欲行者为夏道。儒家与阴阳家,则欲合西周以前之法,斟酌而损益之。切于东周事势者,实唯法家。③

这种处理史料的方法及其对诸子思想的看法,在有关的著述中也是罕见的。

一九五一年,全国高等院校调整,光华大学并入华东师范大学,吕先生遂入华东师大历史系任教。次年,高校有"三反及思想改造"运动,运动结束时,吕先生写有一份《学习总结》,按要求对自己的著述加以检讨。他对已出版的三部断代史,写了这样的评语:

《先秦史》:此书论古史材料,古史年代,中国民族起源及西迁,古代疆域,官学制度,自谓甚佳。《秦汉史》:此书自问,叙西汉人主张改革,直至新莽;及汉武帝之尊崇儒术,为不改革社会制度而转入观念论之开端;儒术之兴之真相;秦汉时物价及其时富人及工资之数;选举、刑法、宗教各章节,均有特色。《两晋南北朝史》:此书自问,总论可看。此外发见魏史之伪造及讳饰;表章抗魏义民;表章陈武帝;钩考物价工资资产;及论选举制度皆佳。论五胡时,意在激扬民族主义,稍失其平,因作于日寇入犯时,不自觉也。异日有机会当改正。——予所述作,多依附学校讲义而行,故中多普通材

---

① 见本书第18页。
② 见本书第15页。
③ 见本书第400页。

料。现甚想将其删去,全留有独见之处,卷帙可简什七,即成精湛之作矣。①

《先秦史》《秦汉史》《两晋南北朝史》初版以后,吕先生曾作过一次仔细的校订,订正了部分错字和刊误。在吕先生的遗稿中,有《先秦史》《秦汉史》《两晋南北朝史》的三册札录。② 这大约是他在二十世纪五十年代重读旧著时,初步将"有独见"、可成"精湛之作"的地方摘记而成的札录。所录的内容极为简略,但依一定的格式,句首标有类别,句末注有初版的页码。如"史籍:多藏人家,人当作民,史记独藏周室,周室苞诸侯之国言。(先 3)";"经籍:先人之说,或后世乃著竹帛;后出之书,或述先人说,故成书时代难定学术年代蚤晚。(先 15)"这样的札录共有一千五百条(其中《先秦史》322 条,《秦汉史》437 条,《两晋南北朝史》741 条)。按札录的页码可回找原文来阅读,可知它们确是吕先生的"有独见之处",只是大多未在书中展开论证或说明。札录所涉及的内容,之所以在书中未作详细的论证或者说明,可能是为了避免论证或叙事上的枝节蔓延。然而,这些真知灼见因融铸在这大部头的著述中,往往被人所忽视。③ 遗憾的是,吕先生这许多真知灼见,都还未来得及撰写——如果天假其年,这每本数百条札录,先生都可以写出一篇篇长短不一的"精湛之作"。

二十世纪八十年代初,吕先生的这四部断代史由杨宽、吕翼仁(吕先生的女儿)做过一次整理校订,作为"吕思勉史学论著",于一九八二年由上海古籍出版社影印出版,其中《隋唐五代史》增补了初版时删去的总论部分。二〇〇五年,上海古籍出版社将这四部断代史收入"吕思勉文集"新版重印,其中,《先秦史》《秦汉史》和《两晋南北朝史》增补了吕先生的摘录,《隋唐五代史》只是按照先生留存的上册抄件,将删节、删改的地方恢复或补全。《隋唐五代史》的完整手稿,先生的家属已捐赠给常州市博物馆收藏,但至今尚未找到,故下册未能按手稿校对、补全。

吕先生的断代史曾有多次重印出版,也有多家出版社将它们收入新编的各种丛书,如九州出版社的"吕思勉讲史系列"(二〇〇八年)、中国友谊出版公司的"大家讲史丛书"(二〇〇九年)、北京长征出版社"领导干部读

---

① 吕思勉:《三反及思想改造学习总结》,《吕思勉全集》12 册,第 1129 页。
② 《隋唐五代史》于一九五九年出版,是时先生已经去世,故未有这样的札录。
③ 严耕望:《怎样学历史——严耕望的治史三书》,辽宁教育出版社 2006 年版,第 203 页。

经典丛书"(二〇〇八年)和江西教育出版社的"大师的国学课系列"(二〇一三年),沈阳出版社还出版了《先秦史》和《秦汉史》的文白对照版(二〇一三年)。此外,这几部断代史在港台也有多种翻印、重印本:如香港太平书局版(一九六二年)、台北市开明书店版(一九六九年)、台湾九思出版社版(一九七七年)等。

  此次重印吕先生的断代史,《先秦史》《秦汉史》《两晋南北朝》都以开明书店的初版本为底本,《隋唐五代史》因初版有较多的删改,现参照《吕思勉全集》的第七、八册的刊印本。初版中的删改、刊误等,也参考吕先生和杨宽、吕翼仁的校订成果重新改过。原书是繁体直排、双行夹注,现改为简体横排、单行夹注;其他如习惯用词、行文遣句、概念术语等,均未改动。断代史的摘录,原是吕先生为进一步的研究所做的准备,文字简略,都是提示性的辑要,且标有初版的页码。现按吕先生的原稿刊印,作文下注,以便于读者的阅读参考,读者如以吕先生的著述为基础,做更深入的思考或研究,那就是对吕先生及其治学的最好纪念和继承了。

张耕华
二〇二二年五月

吕思勉先生与家人的合影。右起：吕思勉、子吕正民、妻虞菱、外甥女巢心北、女吕翼仁，1929年摄于常州。

1935年，光华大学课外学术研究组织中国语文学会全体师生在上海大西路光华大学校内合影。前排右四：吕思勉；右五：张寿镛；右六：蒋竹庄；右七：钱基博

1936年吕思勉先生与语文学会合影。前排左四吕思勉，左五张寿镛

吕思勉先生与家人、学生合影。摄于1941年。右起：李寅文、叶百丰、吕思勉、陈楚祥、吕翼仁、方德修

吕思勉先生与光华师生合影。摄于1941年。

吕思勉先生与光华同事胡嘉在上海欧阳路光华大学校门前合影。摄于1947年。

目　　录

第一章　总论	001
第二章　古史材料	005
第三章　民族原始	021
第四章　古史年代	033
第五章　开辟传说	047
第六章　三皇事迹	051
第一节　纬书三皇之说	052
第二节　巢燧羲农事迹	055
第七章　五帝事迹	061
第一节　炎黄之争	062
第二节　黄帝之族与共工之争	067
第三节　禹治水	071
第四节　尧舜禅让	075
第五节　尧舜禹与三苗之争	083
第八章　夏殷西周事迹	089
第一节　夏后氏事迹	090
第二节　殷先世事迹	096
第三节　夏殷兴亡	100
第四节　殷代事迹	103
第五节　周先世事迹	109
第六节　殷周兴亡上	112
第七节　殷周兴亡下	121
第八节　西周事迹	127

第九章　春秋战国事迹　　　　　　　　　　　　　　　　　137

　　第一节　东周列国形势　　　　　　　　　　　　　　　　138
　　第二节　齐晋秦楚之强　　　　　　　　　　　　　　　　141
　　第三节　五霸事迹上　　　　　　　　　　　　　　　　　149
　　第四节　五霸事迹下　　　　　　　　　　　　　　　　　159
　　第五节　齐顷灵庄晋厉悼楚共灵之争　　　　　　　　　　164
　　第六节　吴越之强　　　　　　　　　　　　　　　　　　170
　　第七节　楚吴越之争　　　　　　　　　　　　　　　　　174
　　第八节　战国形势　　　　　　　　　　　　　　　　　　184
　　第九节　楚悼魏惠齐威宣秦献孝之强　　　　　　　　　　190
　　第十节　齐湣王之强　　　　　　　　　　　　　　　　　195
　　第十一节　秦灭六国　　　　　　　　　　　　　　　　　201

第十章　民族疆域　　　　　　　　　　　　　　　　　　　211

　　第一节　先秦时诸民族　　　　　　　　　　　　　　　　212
　　第二节　先秦疆域　　　　　　　　　　　　　　　　　　222

第十一章　社会组织　　　　　　　　　　　　　　　　　　229

　　第一节　婚制　　　　　　　　　　　　　　　　　　　　230
　　第二节　族制　　　　　　　　　　　　　　　　　　　　240
　　第三节　人口　　　　　　　　　　　　　　　　　　　　246
　　第四节　等级　　　　　　　　　　　　　　　　　　　　250

第十二章　农工商业　　　　　　　　　　　　　　　　　　259

　　第一节　农业　　　　　　　　　　　　　　　　　　　　260
　　第二节　工业　　　　　　　　　　　　　　　　　　　　268
　　第三节　商业　　　　　　　　　　　　　　　　　　　　270
　　第四节　泉币　　　　　　　　　　　　　　　　　　　　276

第十三章　衣食住行　　　　　　　　　　　　　　　　　　279

　　第一节　饮食　　　　　　　　　　　　　　　　　　　　280
　　第二节　衣服　　　　　　　　　　　　　　　　　　　　284
　　第三节　宫室　　　　　　　　　　　　　　　　　　　　295

| 第四节　交通 | 308 |

第十四章　政治制度 … 317
第一节　封建	318
第二节　官制	325
第三节　选举	333
第四节　租税	339
第五节　兵制	346
第六节　刑法	356

第十五章　宗教学术 … 369
第一节　文字	370
第二节　古代宗教学术上	376
第三节　古代宗教学术下	384
第四节　宦学	393
第五节　先秦诸子	397

第十六章　结论 … 403

第一章 总 论

历史果何等学问？治之果有何用耶？自浅者言之，则曰：史也者，前车之鉴也。昔人若何而得，则我可从而仿效之；若何而失，则我可引为鉴戒。斯言似是，而实不然。何则？大化之迁流，转瞬而已非其故，世事岂有真相同者？见为相同，皆察之未精者耳。执古方以药今病，安往而不贻误？近世西人东来，我之交涉，所以败绩失据者，正坐是也。然则史学果何用耶？

　　曰：史也者，所以求明乎社会之所以然者也。宇宙间物莫不有其所由成，社会亦何独不然？中国之社会，何以不同于欧洲？欧洲之社会，何以不同于日本？习焉不察，则不以为异；苟深思之，则知其原因极为深远，虽极研索之功，犹未易窥其万一也。因又有因，欲明世事之所由来，固非推之邃初不可。此近世史家，所以记载务求其详，年代务求其远，虽在鸿荒之世，而其视之之亲切，仍与目前之局等也。

　　史事既极繁赜，而各时代之事势，又不能无变异，治史者自不能不划为段落。昔日史家，多依朝代为起讫。一姓之兴亡，诚与国势之盛衰、群治之升降，皆有关系，然二者究非同物，此近世史家，所以不依朝代，而随时势以分期也。分期之法，各家不同，而划周以前为一期，则殆无二致。是何哉？论者必曰：封建易为郡县，实为史事一大界，斯固然也。然封建、郡县之递嬗，其关系何以若是其大？则能言之者寡矣。盖世运恒自塞而趋于通，而其演进也，地理若为之限。以交通之阻隔，乃将世界文化分为若干区；区自有其中心，而传播于其邻近；久之，则各区域之文化，更互相接，而终合为一焉。此前世之行事，可以共征；亦今后之局势，可以豫烛者也。中国地处亚东，为世界文明发原地之一。其地东南滨海；西则青海、西藏，号称世界第一高原；北则蒙古、新疆，实为往古一大内海，山岭重叠，沙碛绵延，实非昔时人力所能逾越；东北兴安岭之麓，虽土壤腴沃，而气候苦寒，开拓且非旦夕可期，更无论逾岭而北矣。职是故，中国今日之封域，实自成为一文化区。团结此区域内之人民而一之，而诞敷其文化，则中国民族在世界上所尽之责任也。此一区域之中，事势亦自分难易。内地之诸省及辽宁，久团结为一体，吉、黑及蒙、新、海、藏，则不免时有离合焉。此等皆以大势言之，勿泥。封建废而郡县兴，则我民族团结内地及辽宁之告成，而其经营吉、黑及蒙、新、海、藏之发轫也。其为史事一界画，不亦宜乎？

　　复次：史材之同异，亦为治史者分画界线之大原因。今之言史材者，固不专恃文字，究以依据文字者为多，科学未兴之时则尤甚。西儒或分书籍为三种:一曰属于理智者,言学之书是也。二曰属于情感者,文辞是也。三曰属于记忆者,史籍是也。吾国旧分书籍为四部。经、子二部,略与其所谓属于理智者相当;集与其所谓属于情感者相当;集部后来,庞杂至不可名状,然其初,则专收文辞,实上承《七略》之《诗赋略》,说见《文史通义·文集篇》。史与其所谓属于记忆者相当;虽不密合,以大致言之固如是。然此乃后世事,非所语于古初。《汉志》,《太史公书》尚附《春秋》之末,更微论秦以前也。吾国史官,设立甚早,然其所记,与后世史官所记者,实非同物。参看下章。况经秦火,尽为煨烬,谓古书亡于秦火,实诬罔之辞。自汉以后,更无祖龙,汉、隋诸志著录之书,什九安在?况古代学术之传,多在口耳,不专恃竹帛乎?然史经秦火而亡,则非虚语,以史在当时为官书也。《史记·六国表》曰:"秦既得意,烧天下《诗》《书》。诸侯史记尤甚,为其有所刺讥也。《诗》《书》所以复见者,多藏人家,而史记独藏周室,以故灭,惜哉惜哉。"人家之人当作民,此唐人避讳字未经改正者。周室二字,包诸侯之国言,乃古人言语以偏概全之例,非谓周室能尽藏列国之史也。① 其仅存者,皆附经、子以传,则仍为言学术之书;而私家所称述,更无论矣。史以记载为主,古代之记载,缺乏如是,治古史之法,安得不与治后世之史异?治之之法异,斯其所成就者亦不同矣,此又古今史家,所以不期而同,于周、秦之间,皆若有一界画在者也。

今之治国史者,其分期多用上古、中古、近世、现代等名目,私心颇不谓然。以凡诸称名,意义均贵确实,而此等名目,则其义殊为混淆也。梁任公谓治国史者,或以不分期为善,见中华书局刻本《国史研究》附录《地理年代篇》。其说亦未必然。然其分期,当自审史事而为之,并当自立名目,而不必强效他人,则审矣。言周以前之史,而率约定俗成之义,以求称名,自以"先秦"二字为最当。今故径称是编为《先秦史》焉。太古、中古等名,自昔即无定义,见《诗·甫田》疏。②

---

① 史籍:多藏人家,人当作民,史记独藏周室,周室苞诸侯之国言。
② 时代:大古、中古等名,自昔即无定义,见《诗·甫田·疏》。

第二章 古史材料

今之所谓科学者，与前此之学问，果何以异乎？一言蔽之曰：方法较密而已。方法之疏密，于何判之？曰：方法愈密，则其使用材料愈善而已。信如是也，古史之材料，既以难治闻，当讲述之先，固不得不一为料检也。

近世史家，大别史材为二：一曰记载，二曰非记载。① 记载之中，又分为四：一曰以其事为有关系，而记识之以遗后人者，史官若私家所作之史是也。二曰本人若与有关系之人，记识事迹，以遗后人者，碑铭传状之属是也。此等记载，恒不免夸张掩饰，然其大体必无误，年月日、人地名等，尤为可据，以其出于身亲其事者之手也。且夸张掩饰，亦终不可以欺人，善读者正可于此而得其情焉。三曰其意非欲以遗后人，然其事确为记载者，凡随意写录，自备省览之作皆是也。四曰意不在于记载，然后人读之，可知当时情事，其用与记载无异者，前章所言属于理知、情感两类之书是也。记载大都用文字，然文字、语言本为同物，故凡口相传述之语，亦当视与简策同科焉。非记载之物，亦分为三：一曰人，二曰物，三曰法俗。人类遗骸，可以辨种族，识文化之由来。物指凡有形者言，又可分为实物及模型、图画两端。法俗指无形者言：有意创设，用为规范者为法；无意所成，率由不越者为俗。法俗非旦夕可变，故观于今则可以知古也。法俗二字，为往史所常用，如《后汉书·东夷传》谓倭地"大较在会稽东冶之东，与朱崖、儋耳相近，故其法俗多同"是也。史家材料汗牛充栋，然按其性质言之则不过如此。

史家有所谓先史时代（prehistory）者，非谓在史之先，又别有其时代也。先史之史，即指以文字记事言之；亦可该口传言。先史，犹言未有文字记载之时云尔。人类业力，至为繁赜，往史所记，曾不能及其千万分之一。抑史家之意，虽欲有所记识，以遗后人，而其执笔之时，恒系对当时之人立说，此实无可如何之事。日用寻常之事，在当时，自为人所共知，不烦记述，然阅一时焉，即有待于考索矣。非记载之物，虽不能以古事诏后人，然综合观之，实足见一时之情状，今之史家，求情状尤重于求事实，故研求非记载之物，其所得或转浮于记载也。如观近岁殷墟发掘所得，可略知殷代社会情状，不徒非读《史记·殷本纪》所能知，并非徒治甲骨文者所能悉也。非记载之物，足以补记载之缺而正其讹，实通古今皆然，而在先史及古史茫昧之时，尤为重要。我国发掘之业，近甫萌芽，而其知宝古物，则由来已久。大抵初由宝爱重器而起，重器

---

① 史籍：史籍理论上之分类。

为古贵族所通好,其物既贵而又古,其可爱自弥甚。如周、秦人之侈言九鼎,梁孝王之欲保雷尊是也。① 见《汉书·文三王传》。此等风气,虽与考古无关,然一入有学问者之手,自能用以考古,如许慎《说文解字序》言"郡国亦往往于山川得鼎彝,其铭即前代之古文,皆自相似",则考文字学之始也。郑玄注经,时举古器为证,则考器物之始也。《汉书·郊祀志》载张敞案美阳鼎铭,知其为谁所造,则考史事之始也。此等风气,历代不绝,而赵宋及亡清之世为尤盛,其所珍视者,仍以鼎彝之属为最,亦及于刀剑、钱币、权量、简策、印章、陶瓷器诸端,所考索者,则遍及经学、史学、小学、美术等门。或观其形制,或辨其文字,或稽其事迹。其所考释,亦多有可称,惜物多出土后得,即有当时发现者,亦不知留意其在地下及其与他物并存之情形。因之伪器杂出,就见有之古器物论之,伪者盖不止居半焉。又其考释之旨,多取与书籍相证,而不能注重于书籍所未纪。此其所以用力虽勤,卒不足以语于今之所谓考古也。发掘之业,初盖借资外人。近二十年来,国人亦有从事于此者。又有未遑发掘,但据今世考古之法加以考察者。其事,略见卫聚贤《中国考古小史》《中国考古学史》两书,皆上海商务印书馆出版。所得虽微,已有出于文字纪载之外者矣。其略,于第三、第四两章述之,兹不赘。

近二十年来,所谓"疑古"之风大盛,学者每訾古书之不可信,其实古书自有其读法,今之疑古者,每援后世书籍之体例,訾议古书,适见其卤莽灭裂耳。英儒吴理氏(Charles Leonard Woolley)有言:薛里曼(Schliemann)发见迈锡尼(Mycenae)之藏,而知荷马(Homer)史诗无一字之诬罔。见《考古发掘方法论·引论》。彼岂不知荷马史诗乃吾国盲词之类哉?而其称之如此,可知古书自有其读法矣。书籍在今日,仍为史料之大宗,今故不惮烦碎,略举其要者及其读法如下:

先秦之书,有经、子、集三部而无史,前已言之。然经、子实亦同类之物。吾国最早之书目为《七略》。除《辑略》为群书总要外,凡分《六艺》《诸子》《诗赋》《兵书》《数术》《方技》六略。别六艺于诸子,乃古学既兴后之谬见,语其实,则六艺之书,皆儒家所传,儒家亦诸子之一耳。兵书、数术、方技,其当列为诸子,更无可疑。《汉志》所以别为一略者,盖因校雠者之异其人,非别有当

---

① 古物:爱好古物之始。

分立之故也。然则《七略》之书，实唯诸子、诗赋两类而已。① 儒家虽本诸子之一，而自汉以后，其学专行，故其书之传者特多，后人之训释亦较备。传书多则可资互证，训释备则易于了解，故治古史而谋取材，群经实较诸子为尤要。经学专行二千余年，又自有其条理。治史虽与治经异业，然不通经学之条理，亦必不能取材于经。故经学之条理，亦为治古史者所宜知也。经学之条理如之何？曰：首当知汉、宋及汉人所谓今古学之别。古代学术之传，多在口耳，汉初之传经犹然。及其既久，乃或著之竹帛。即以当时通行之文字书之。此本自然之理，无庸特立名目。西京之季，乃有自谓得古书为据，而訾前此经师所传为有阙误者。人称其学为古文，因称前此经师之学为今文焉。今古文之别，昧者多以为在文字。其实古文家自称多得之经，今已不传；看下文论《尚书》处。此外如《诗·都人士》多出一章之类，其细已甚。其传者，文字异同，寥寥可数，且皆无关意指。郑注《仪礼》，备列今古文异字，如古文"位"作"立"，"义"作"谊"，"仪"作"义"之类，皆与意指无关。其有关系者，如《尚书·盘庚》"今予其敷心腹肾肠"，今文作"今我其敷优贤扬历"之类，然极少。使今古文之异而止于此，亦复何烦争辩？今古文之异，实不在经文而在经说。经本古书，而孔子取以立教。古书本无深义，儒家所重，乃在孔子之说。说之著于竹帛者谓之传。其存于口耳者，仍谓之说。古书与经，或异或同，足资参证，且补经所不备者，则谓之记。今古文之经，本无甚异同，而说则互异，读许慎之《五经异义》可见。今文家之传说，盖皆传之自古，古文家则出己见。故今文诸家，虽有小异，必归大同；不独一经然，群经皆然，读《白虎通义》可见，此书乃今文家言之总集也。古文则人自为说。又今文家所言制度较古，古文则较新，观封建之制，古文封地较大，兵制古文人数较多可知。以今文口说，传自春秋，古文则或据战国时书也。两汉立于学官者，本皆今文之学。西汉末年，古文有数种立学，至东汉时仍废。然东京古文之学转盛。至魏、晋之世，则又有所谓伪古文者出焉。于《尚书》，则伪造若干篇，并全造一伪孔安国传。一切经说，亦多与当时盛行之古说有异同。并造《孔子家语》及《孔丛子》两书，托于孔氏子孙以为证。此案据清儒考校，谓由王肃与郑玄争胜而起，见丁晏《尚书余论》。今亦未敢遽定，然要必治肃之学者所为。自此以后，今文之学衰息，而古文之中，郑、王之争起焉。南北朝、隋、唐义疏之学，皆不过为东汉诸儒作主奴而已。宋儒

---

① 学术：《七略》实惟诸子、诗赋两类。

出，乃以己意求之于经，其说多与汉人异，经学遂分汉、宋二派。以义理论，本无所轩轾，宋学或且较胜，然以治古史而治经，求真实其首务。以求真论，汉人去古近，所说自较宋人为优，故取材当以汉人为主。同是汉人，则今文家之说，传之自古，虽有讹误，易于推寻，非如以意立说者之无所质正，故又当以今文为主也。此特谓事实如此，非谓意存偏重，更非主于墨守也。不可误会。

六经之名，见于《礼记·经解》，曰《诗》《书》《礼》《乐》《易》《春秋》。汉人所传，则为五经，以《乐》本无经也。后世举汉人所谓传记者，皆列之于经，于是有九经，《春秋》并列三《传》，加《周官》《礼记》。十三经于九经外，再加《孝经》《论语》《孟子》《尔雅》。之目。此殊非汉人之意。然因治古史而取材，则一切古书，皆无分别，更不必辨其孰当称经，孰不当称经矣。

《诗》分风、雅、颂三体：风者，民间歌谣，读之可见民情风俗，故古有采诗及陈诗之举。《公羊》宣公十五年何注："五谷毕入，民皆居宅……男女有所怨恨，相从而歌，饥者歌其食，劳者歌其事，男年六十、女年五十无子者，官衣食之，使之民间求诗。乡移于邑，邑移于国，国以闻于天子。故王者不出牖户，尽知天下所苦；不下堂而知四方。"《礼记·王制》：天子巡守，"命太师陈诗，以观民风"。雅则关涉政治。《史记·司马相如列传》："大雅言王公大人而德逮黎庶，小雅讥小己之得失，其流及上。"颂者，美盛德之形容，意在自夸其功烈。读之，亦可见古代之史实焉。风本无作谊可言，三家间有言之者，其说必传之自古，然亦不能指为作者之意。歌谣多互相袭，或并无作者可指。雅、颂当有本事，今今文说阙佚已甚，古文依据《小序》，诗诗皆能得其作义，已不可信；又无不与政治有关。如此，则风、雅何别乎？① 故《诗序》必不足据。然后人以意推测，则更为非是。何则？诗本文辞，与质言其事者有异，虽在并世，作者之意，犹或不可窥，况于百世之下乎？故以诗为史材，用之须极矜慎也。

《尚书》：今文家所传，凡二十八篇。《尧典》一，合今本《舜典》，而无篇首二十八字。《皋陶谟》二，合今本《益稷》。《禹贡》三。《甘誓》四。《汤誓》五。《盘庚》六。《高宗肜日》七。《西伯戡黎》八。《微子》九。《牧誓》十。《洪范》十一。《金縢》十二。《大诰》十三。《康诰》十四。《酒诰》十五。《梓材》十六。《召诰》十七。《洛诰》十八。《多士》十九。《无逸》二十。《君奭》二十一。《多方》二十二。《立政》二十三。《顾命》二十四，合今本《康王之诰》。《费誓》二十五。《吕刑》二十六。《文侯之命》二十七。《秦誓》二十八。古文家称孔壁得书百篇，孔安国以今文读之，得多十六篇。古文家以无师说，亦不传授。是为"逸十六

---

① 经学：古文诗诗皆能得其作义，又无不与政治有关，不可信。

篇",其目见于《书》疏。曰《舜典》。曰《汩作》。曰《九共》。曰《大禹谟》。曰《益稷》。曰《五子之歌》。曰《胤征》。曰《汤诰》。曰《咸有一德》。曰《典宝》。曰《伊训》。曰《肆命》。曰《原命》。曰《武成》。曰《旅獒》。曰《冏命》。今亦已亡。今所行者,乃东晋时梅赜所献之伪古文本也。真书二十八篇,亦附之以传矣。书之较古者,如《尧典》《禹贡》等,决为后人所作,然亦可见其时之人所谓尧、舜、禹者如何,究有用也。而类乎当时史官,或虽出追述,而年代相去不远者,更无论矣。

今之《仪礼》本称《礼经》。后儒尊信古文,以《周官》为经礼,此书为曲礼,乃生仪礼之名。其实《周官》之所陈,与此书之所述,绝非同物也。此书凡十七篇。为冠、婚,《士冠礼》《士婚礼》。丧、祭,《士丧礼》《既夕礼》《士虞礼》《特牲馈食礼》《少牢馈食礼》《有司彻》《丧服》。朝、聘,《聘礼》《公食大夫礼》《觐礼》。射、乡,《士相见礼》《乡饮酒礼》《乡射礼》《燕礼》《大射仪》。之礼,可考古代亲族关系、宗教思想、内政外交情形,并可见宫室、车马、衣服、饮食之制,实治史者所必资。

《易》为卜筮之书,与宗教、哲学皆有关系。二者在古代,本混而不分也。哲学可分两派:偏重社会现象者,为古人所谓理;偏重自然现象者,为古人所谓数。《易》为古代宗教、哲学之府,自可兼包此二者。① 后之治《易》者,自亦因其性之所近,而别为两派矣。途辙所趋,亦因风会。大抵今文主于理,今文《易》说,今皆不传。然《汉志》,《易》家有《淮南道训》二篇。注曰:"淮南王安,聘明《易》者九人,号九师说。"盖即今《淮南子》之《原道训》。然则《淮南》书中,凡类乎《原道训》之言,皆今文《易》说也。不宁唯是,诸古书中,有类乎《原道训》之言,亦皆今文《易》说也。盖《易》说本古哲学家之公言,非孔门之私言也。知此,则今文《易》说,亡而不亡矣。② 古文主于数。魏、晋人主于理,宋人主于数。言数者多主《上下经》,言理者多主《系辞传》,今本所谓《系辞》者,王肃本作《系辞传》,见《经典释文》。案,《史记·自序》引今《系辞》之文,谓之《易大传》,则王肃本是也。足征今文之学,为孔门嫡传也。然古文及宋人之说,虽非孔门《易》说,要为古代哲学之遗。宋人《太极图》及《先后天图》之学,原出道家,更无可疑。观胡渭《易图明辨》可知。然道家之学,亦有所受之,非杜撰也。以治史取材言,正无所轻重矣。

《春秋》本纪事之书,治史取材,实为最要。然亦有当留意者。盖孔子之修《春秋》,本以明义,故于原文已有删定,非复鲁史之旧也。不修《春秋》,与孔子所修《春秋》异辞,见《公羊》庄公七年。案,《春秋》所记会盟征伐之国,隐、桓之世少,定、哀

---

① 经学:易可苞言理、言数两派。
② 经学:《易》为古哲学公言,知此则今文《易》说,亡而不亡。

之世多，非必二百四十年之中，诸侯之交往，果后盛于前也。僖公八年葵丘之盟，《公羊》曰"桓公震而矜之，叛者九国"，而《经》所记国，曾不逮九。① 盖据乱之世，所治国少，太平之世，所治国多，鲁史原文，有为孔子所删者矣。又《春秋》有时月日例。设其事而不月者，则二月中事，一似即在正月。观此两端，即知径据经文，不可以为信史也。《春秋》本文，极为简略。欲知其详，宜看三《传》。《穀梁》几无记事，《公羊》间有之，仅取说明《经》意而止，皆不如《左氏》之详。然《左氏》记事，亦有须参看《公羊》乃能得其真者。② 如邲之战，据《公羊》，楚庄王几于"堂堂之阵，正正之旗"。据《左氏》，则始以和谐晋，终乃乘夜袭之，实不免于谲诈。《公羊》所言，盖取明与楚之意，非其实矣。然《左氏》云："晋人或以广队不能进，楚人惎之脱扃。少进，马还，又惎之拔旆投衡，乃出。顾曰：'吾不如大国之数奔也。'"当交战之际，而教敌人以遁逃，以致反为所笑，殊不近情。故有训"惎"为毒，以"惎之""又惎之"断句者。然如此，则顾曰之语，不可解矣。必知《公羊》还师佚寇之说，乃如庄王既胜之后，不主多杀，故其下得教敌人以遁逃。然则《左氏》所谓"晋之余师不能军，宵济，亦终夜有声"者，盖亦见庄王之宽大。杜注谓讥晋师多而将不能用，殆非也。举此一端，余可类推。又《左氏》解《经》处，固为伪作；《汉书·楚元王传》曰："初，《左氏传》多古字古言，学者传训诂而已。及歆治《左氏》，引传文以解经，转相发明，由是章句义理备焉。"此为《左氏》解经处出于刘歆之明证。今《左氏》解经处寥寥，盖造而未及成也。其记事处亦多非《经》意；如泓之战，《公羊》褒宋襄，《左氏》非之。《左氏》所采盖兵家言，非儒家语也。③ 此亦不可以不知也。古人经传，本合为一书，故引传文者亦皆称为经。如诸书引"差之毫厘，谬以千里"者，多称《易》曰，今其辞仅见《易纬》，盖亦传文也。《公羊》与《春秋》实当合为一书，故汉人引《公羊》者，皆称为《春秋》。至《左》《穀》则皆非《春秋》之传。《穀梁》昔人以为今文，近崔适考定其亦为古文，其说甚确。见所著《春秋复始》。唯治史与治经异，意在考古事，而非求《春秋》之义，则三《传》固当无所歧视耳。

《礼记》合群经之传、如冠、婚、乡、射、燕、聘之义，即《仪礼》之传。又如《王制》言巡守之礼，即《尚书·尧典》之传。儒家诸子如《乐记》为《公孙尼子》，《中庸》为《子思子》。及《逸礼》如《奔丧》《投壶》皆《逸礼》，见疏。而成。义疏家言，谓"凡记皆补经所不备"。盖所谓经者，原不过数种古书，孔子偶取以为教，并不能该典籍之全。故凡与经相出入者，皆可取资参证也。《大戴礼记》与《小戴礼记》体例相同，昔人以其无传授，或不之信。然其书确为先秦、西汉古文，治史取材，正不让《小戴》也。

---

① 封建、经学：春秋前国少，后国多，乃书法。
② 经学：《左氏》记事，参看《公羊》乃得真。
③ 经学：泓战《左氏》兵家言。

《周官》为古代政典。① 唐《六典》、明清《会典》,皆规仿焉。古书所述政制,率多一鳞一爪,唯此书编次虽或错乱,犹足见古代政制之全。日本织田万称为世界最古之行政法典,见所著《清国行政法》。信有由也。此书盖战国时学者所述。故所言制度,均较今文家所传为晚。以此淆乱经义固非,信为周公致太平之书,益诬矣。然先秦政制,率因儒家之书而传。儒家诵法孔子,所言皆春秋以前之制。欲考战国时制者,独赖此书之存。② 《管子》所述制度,间与《周官》相合,然远不如《周官》之详。此其所以可宝,正不必附诸周公也。此书在儒家亦可厕于记之列,而不当以乱经说。

　　《论语》《孝经》,汉人引用,皆称为传。盖传有专释一经者,如《礼》之《丧服传》、《易》之《系辞传》是也。有通乎群经者,则如《论语》《孝经》等是也。《论语》记孔子及孔门弟子言行,与《史记·孔子世家》相出入,极可信据。崔述撰《考信录》力攻之。③ 近人盛称其善。其实年月日、人地名之不谛,古书类然。以此而疑其不可信,古书将无一可信者矣。崔氏之学,袭用汉学家考据之法,而其宗旨实与宋同。故其所谓考据者,多似是而非。夫古书抵牾矛盾处,苟其深曲隐晦,或为读者所忽。崔氏所考,皆显而易见,岂有讲考据之汉学家,皆不知之之理?然而莫或措意于此者,以此为古书之通例,不待言也。近人自谓能发古人所未发,而其所言者,实皆古人所以为不足言,弊正同此。《孝经》在儒家书中,并无精义,然汉时传授甚盛者,以其时社会犹重宗法,而其书又浅近易解故也。如后汉章帝令期门羽林之士皆通《孝经》,即取其浅近易解。《孟子》为儒家诸子之一,后人特列之于经。其书颇可考见史事。又多足补经义之阙。如《万章上》所言尧、舜、禹禅让事,即《尚书》之大义也。设无此篇,孔门官天下之大义,必不如今日之明白矣。《尔雅》为古代辞典,言训诂名物特详,尤治古史者所必资也。

　　《孟子》既特列于经,其余儒家诸子,又多入二戴《记》,今仍存于子部者,仅《荀子》耳。此书言礼,多与法家相出入,足考《礼》家之流变,又多存古制,其要正不下于《孟子》也。《家语》《孔丛子》虽为伪物,然古书无全伪者,除以私意窜入处外,仍多取古籍为资,实足与他书相校勘也。此凡伪书皆然,故伪书仍有其用。《晏子春秋》,昔人或列之墨家,然除《外篇》不合经术者若干条外,仍皆儒家言,盖齐、鲁学者,各以所闻,附诸晏子。以考晏子之行事

---

① 经学:《周官》为最古行政法典。
② 经学:可考较晚一期制度,此古文说所以可贵。
③ 经学:崔述攻古书,汉学家以为不足言。

未必信,以考儒、墨之学说则真矣。

道家之书,最古者为《老子》。① 此书上下篇之义,女权皆优于男权。盖女系时代之传,而老子著之竹帛者。在各种古书中,时代可谓最早者矣。女系固非即女权,然女系时代,女权总较男系时代为优,此社会学家之公言也。《礼记·礼运》:"孔子曰:……我欲观殷道,是故之宋,而不足征也,吾得《坤乾》焉。"郑注谓《殷易》首坤。案,凡女系社会,多行兄终弟及之制,殷制实然,盖犹未脱女系社会之习。《坤乾易》及《老子》书,皆其时女权昌盛之征也。《老子》一书,观其文辞,亦可知其时代之早。如全书皆三四言韵语,又书中无男女字,只有雌雄、牝牡字是也。梁任公以书中有偏将军、上将军之语,谓为战国时书,然安知此两语非后人所改乎?执偏端而抹杀全局,此近人论学之通病也。《庄子》书已非完帙,②《经典释文》云:"《汉志》'《庄子》五十二篇',即司马彪、孟氏所注本也。言多诡诞,或似《山海经》,或类占梦书,故注者以意去取。其《内篇》众家并同。自余或有《外》而无《杂》。唯(郭)子玄所注,特会庄生之旨,故为世所贵。"案,今郭象注本,仅有三十三篇。盖所删者几三之一矣。以史材言之,实可惜也。其言哲学之义,最为超绝。至论人所以自处之道,则皆社会组织业经崩溃以后之说,可以觇世变矣。《列子》乃晋人伪书,然亦多有古书为据,善用之,固仍有裨史材,而尤可与《庄子》相参证也。《管子》一书,昔人或列之道家,或列之法家,盖从其所重。其实此书所包甚广,儒、道、名、法、兵、农、纵横家言,无不有焉。辞义既古,涉及制度处尤多,实治古史者之鸿宝也。

《淮南·要略》谓墨子学于孔子而不说,故背周道而用夏政。《吕览·当染》谓鲁惠公请郊庙之礼于天子,天子使史角往,其后在鲁,墨子学焉。古清庙、明堂合一,实为庶政所自出。墨子所称,虽未必尽为夏制,然其道必有原于夏者。儒家所称多周制,周以前制,实借墨家而有传,诚治古史者所宜措心矣。又墨子初学于孔子,故后虽背之,而其言仍有与儒家相出入者。《亲士》《修身》《所染》三篇,人所易见。此外多引《诗》《书》之辞,亦足与经传相校勘,或补其阙佚也。

名与墨并称,亦与法并称。今《墨子》书中,《经上下》《经说上下》《大小取》六篇,实为名家言。盖古哲学之传,墨子得之史角者。古哲学、宗教恒相合,明堂为古宗教之府,固宜有此幽深玄远之言。其引而致诸实用,则控名责实,以御众事,乃法家所取资也。名家之书,今存者唯一《公孙龙子》。

---

① 学术:《老子》为极古之书。
② 学术:《庄子》非完帙。

此书《汉志》不载，而《隋志》有之。或疑其晚出近伪，然其说似有所本。名家玄远之论，仅存于《荀子·不苟》《庄子·天下》《列子·仲尼》三篇中，读之亦可考古代纯理哲学焉。近人多好以先秦诸子与希腊哲学相比附，以偏端论，固亦有相会处。以全体论，则非其伦。章炳麟谓诸子皆重实用，非言空理，其说是也。唯名家之言，如此三篇所述者，不甚与人事相涉。

法家宗旨有二：一曰法，二曰术。法以治民，术以治骄奢淫佚之贵族。其说具见于《韩非》之《定法篇》。可见晚周时政治情形。法家之意主于富国强兵，故独重农战；其时剥削农民者为商人，故多崇本抑末之论，又可见其时生计情形也。其书存者，有《韩非子》及《商君书》。《韩非》多言理，《商君》多言事。《管子》书中，所存名法之论，多穷原竟委之言，尤足见原本道德之意。

纵横家之书，传于今者有《鬼谷子》。辞义浅薄，决为伪物。《战国策》却系纵横家言，此书所述行事，意皆主于表章说术，大事或粗存轮廓，小事则全非实在，甚或竟系寓言，列之史部则谬矣。

阴阳家、农家、小说家之言，今皆无存者，仅散见他家书中。杂家存者，唯一《吕览》。此书中所存故事及古说甚多，亦为史家鸿宝。

《汉志》分兵书为权谋、形势、阴阳、技巧四家。其书之最盛行者为《孙子》，多权谋家言，间涉形势，而于阴阳、技巧阙焉。盖权谋之道，通乎古今；形势亦有相类者；阴阳多涉迷信，寡裨实用；技巧非器不传，亦且随时而异，故皆无传于后也。《墨子》书《备城门》以下诸篇，多技巧家言，亦间涉阴阳，然殊不易解。《吴子》《司马法》皆篇卷寥寥，罕存精义。然其辞不似伪为，又多见他书征引。盖古人辑佚之法，与后世异。[①] 后人辑佚，必著出处，任其辞意不完，散无友纪，逐条排列。古人则必随义类聚，以意联缀，又不著其所自来，遂成此似真非真、似伪非伪之作，致启后人之疑。《六韬》一书，后人以其题齐太公而诋其伪，此亦犹言医者托之黄帝，言药者寓之神农耳。其书多言制度，且多存古义，必非可以伪作也。

数术之书，今亦无一存者。《汉志》形法家之《山海经》，非今之《山海经》也，说见下。方技之书，存者有《素问》《灵枢》，皇甫谧谓即《汉志》之《黄帝内经》，信否难决，要为古医经家言。《神农本草》淆乱已甚，真面目始不

[①] 经籍：古人辑佚之法与后世不同。

可见。清代辑本,以孙星衍《问经堂丛书》本为最善,然所存亦仅矣。医药非专家不能解,就其可知者观之,可略见古代自然科学之情况。又医经所论,多涉阴阳五行,又多方士怪说,《本草》亦有轻身延年等语,又可略见古代宗教、哲学及神仙家言之面目也。

诗赋之属,诗即存五经中,赋则《汉志》所著录者,今存屈原、荀卿二家。屈原赋即《楚辞》,多传古事,且皆系神话,与邹鲁之传仅言人事,虽若可信,而实失古说之真者不同,尤为可宝。荀子赋即存其书中,亦有可考古事处。

以上皆先秦之书。汉人所述,辞义古者,实亦与先秦之书不相上下。① 盖古人大都不自著书,有所称述,率本前人,故书虽成于汉世,说实本于先秦;又先秦人书,率至汉世,始著竹帛,其辞亦未必非汉人所为,或有所润饰也。汉世诸子,辞义俱古者,首推《贾子》及《淮南王书》。伏生之《尚书大传》、董生之《春秋繁露》,虽隶经部,亦可作儒家诸子读。韩傅之《诗外传》则本系推广诗人之意,非规规于说《诗》。其书多引古事,与各种古书相出入,足资参证。刘向之《新序》《说苑》《列女传》,专于称述行事,取资处更多矣。

古书之稍近于史者,当首推《周书》。② 此书盖即《汉志·六艺略》书家所著录。综全体观之,实为兵家言,然其中确有若干篇,体制同符《尚书》。盖古右史之遗,为兵家所存录者也。后世或称为《逸周书》,盖以非儒家所传云然,义亦可通。或称《汲冢周书》,则非其实矣。次之者为《国语》。此书与《左氏》极相似,故自古有《外传》之称。清儒信今文者,谓《左氏》即据此书编成,虽未敢遽断,然二书确为同类,则无可疑也。二书之意,皆主记当时士大夫之言行。盖由记言而推及记行,由嘉言懿行而推及于莠言乱行,实仍右史之遗规也。次则《吴越春秋》及《越绝书》。二书虽出汉代,其说实传之自古。古书之传于后者,北方多,南方少。此二书为楚、吴、越三国之传,尤可宝矣。《华阳国志》,其书尤晚,然其言古蜀事,亦二书之伦也。③ 尤可贵者为《山海经》。④ 《汉志·数术略》虽有是书之名,然非今书。

---

① 经籍:先人之说,或后世乃著竹帛;后出之书,或述先人说,故成书时代难定学术年代蚤晚。
② 经学:《周书》一部乃古书,为兵家所存录。
③ 史学:偏方之传,惟《吴越春秋》《越绝书》《华阳国志》,然则古方志——图经——中当多可宝史料,今仅郦道元。
④ 经籍:《山海经》方士之书。

《汉志》所著录,盖所谓"大举九州之势,以立城郭室舍"者,乃司空度地居民之法。此书则方士之遗。其言某地有某神,及其祠祀之礼,盖古列国之巫,各有所主;其言域外地理,则方士求仙采药者之所为也。古各地方各有其传说,盖多存于地理书中。古地理书巨籍亦甚多,今皆亡佚。其仅存者,当以郦道元《水经注》所袠录为最富矣。又古代神话,多存纬书中,然其物既与谶相杂,真伪极不易辨,用之尤宜谨慎也。古所谓谶即今所谓豫言也。纬为对经之称。孔子所据,以立教之书称经,其说则存于传,本无所谓纬也。西汉之末,古学既兴,欲排摈今文旧传,乃谓孔子作六经,别有所谓纬者,阴书于策,与经相辅,于是刺取经说以造之,而即以所造之谶,间厕其中。其造谶也,实欲为新室作符命,故又取古帝王之行事,以相附会。其物虽妖妄不经,然其中实有经说及古史存焉,弃之可惜。然其物既经造作者私意改窜,非复原文。又其原既开,其流难塞,继此而造者,遂不绝于世。其时代弥近,则其说亦逾远于古矣。故其用之须极谨慎也。

自立条理,编纂古史者,当首推《世本》。此书久佚,观诸家所称引:则有《本纪》,有《世家》,有《传》,又有《居篇》《作篇》,《居篇》记帝王都邑,《作篇》记占验、饮食、礼乐、兵农、车服、图书、器用、艺术之源,即后世所谓典志。盖《史记》八书所本。其体例,实为《太史公书》所沿袭。故洪饴孙撰《史表》,冠诸正史之首也。《太史公书》:《汉志》著录之名如是。此为此书之专名。史记二字犹今言历史,乃一类书之公名,非一书之私名也。以此书在史记中为首出,遂冒全类之总名耳。本纪、世家、世表、年表,盖合《春秋》系世而成,间亦采及《尚书》。如《五帝本纪》述尧、舜事,皆据《尚书》;其述黄帝、颛顼、帝喾之事,则据《大戴记·五帝德》。《五帝德》亦《尚书》之类也。其列传则纯出于语,①故在他篇中提及,仍称为语也。如《秦本纪》述商君说孝公,曰"其事在《商君》语中";《礼书》述晁错事,曰"事在《袁盎》语中";皆是。稍后于太史公而述古史者,亦不乏人。如周长生有《洞历》,见《论衡·超奇篇》。韦昭有《洞纪》,见《三国志》本传。其通行最广,诸家称引最多,虽已亡佚,仍时可见其遗文者,以皇甫谧《帝王世纪》为最,谯周《古史考》次之。《帝王世纪》搜辑颇博。《古史考》则因不满于《太史公书》而作。然《太史公书》谨守古人"信以传信,疑以传疑"之法。见《穀梁》桓公五年。存录古书,不加窜易,多足见古事之真。看似疏漏,实可信据。谯氏、皇甫氏意存考证,而其考证之法实未精。其说未必可据,而古说之为其所乱者转多矣。

晚出无征,而颇为后人所信者,有两书焉:一曰《竹书纪年》,此书传出

---

① 史籍:大史公传出于语,余采《春秋》系世间及《书》。

汲冢。世所通行之本，为明人所造，已无可疑。然所谓古本，经后人辑出者，实亦伪物。盖《汲冢书》实无传于后也。参看第七章。《穆天子传》本名《周王游行》，见王隐所撰《晋书》。书中所述穆王经行之路，皆在葱岭以西，必西域既通后伪作，更了无疑义也。参看第八章第八节。

后世学者，专精古史者，亦非无人。赵宋之世尤甚。其书之传于后者，亦尚有数家，而以罗泌之《路史》为最有用。刘恕《通鉴外纪》次之。盖古史本多荒诞，唯此乃足见古史之真，而后世之纂辑者，多以为不足信而删之，则买椟还珠矣。唯泌之书，广行搜采。故其体例虽或可议，其材料实极有用。且此书论断，亦多有识，非空疏迂腐者比也。清马骕之《绎史》，网罗颇备，体例亦精，最为后人所称道，然删怪说亦嫌太多。又引书不著篇卷，引佚书不著所出，亦美犹有憾者也。马书用纪事本末体，专存录原文。又有李锴《尚史》，用正史体，以己意撰为纪传，则又不如马书之善。

古代史料传于后者，当分官、私二种。官家之书，又可分为四。《礼记·玉藻》曰："动则左史书之，言则右史书之。"郑注曰："其书，《春秋》《尚书》其存者。"《汉书·艺文志》亦云。《汉志》云"左史记言，右史记事"，误。见《玉藻》疏。其说当有所本。《周官》小史"奠系世"，今《大戴记》之《帝系姓》盖其物。《吕览》云：夏之亡也，太史终古抱其图法以奔商；商之亡也，太史向挚抱其图法以奔周。①《先识览》。《荀子》亦云："三代虽亡，治法犹存，官人百吏之所以取禄秩也。"《荣辱》。此古之所谓礼，即后世之所谓典志也。其私家著述，则概称为语。有述远古之事，杂以荒唐之言者，如太史公谓百家言黄帝，其文不雅驯，《五帝本纪》。而百家之书，通称为百家语是也。有记国家大事者，如孔子告宾牟贾，述商、周之际，谓之《牧野之语》是也。《礼记·乐记》。案，《管子》之《大中小匡篇》亦当属此类。有记名人言行者，则《国语》《论语》是。国者对野之辞。论同伦，类也，犹言孔子若孔门弟子之言行，以类纂辑者耳。《尚书》所录，皆当时大事。《春秋》所记尤详。小史所奠，虽若为一姓作谱牒，然当时之强族，因兹而略可考见；即其年代，亦因其传世之远近而略有可推焉。至于典礼一门，则上关国故朝章，下及民生日用，其所涉尤广矣。然系世既多残脱，舜禅于禹，其年辈当在禹之前。然舜为黄帝八世孙，禹为黄帝之孙，则无此理。孔广森《大戴礼记补注》谓古书所谓某某生某某者，率非父子，盖其世系实多阙夺也。典礼所

---

① 史籍：古官分左、右，小史，图法，私曰语。

存亦仅。又古者礼不下庶人，所述皆士以上制，民间情形，可考者甚少。《春秋》体例，盖沿自古初，故其辞既简略，又多杂日食灾变等无关政俗之事。《尚书》亦当时官话耳。据此而欲知其时社会之真，盖亦难矣。

民间传说，自非史官载笔，拘于成例者比。然传述信否，亦视其人之知识程度以为衡。咸丘蒙谓"舜南面而立，尧率诸侯北面而朝之，瞽叟亦北面而朝之，舜见瞽叟，其容有蹙"，孟子斥为东野人之言。《万章上》。然颜率谓齐王"周之伐殷，得九鼎，一鼎而九万人挽之，九九八十一万人"，《战国·东周策》。此固当时所谓君子之言也，与东野人亦何以异？此等离奇之说，今世亦非无之，苟与野老纵谈，便可知其情况。唯在今日，则真为东野人之言，在古代，则所谓君子之言者，实亦如是耳。其知识程度如此，其所传尚可信乎？夷考古人治史，用意不越两端：一如《诗》所谓"殷鉴不远，在夏后之世"者。《大雅·荡》。推而广之，则《汉志》论道家，所谓"历记成败存亡祸福古今之道，然后知秉要执本"者也。一如《易》所谓"多识前言往行，以畜其德"者，《大畜》象辞。孟子所以欲尚论古人也。《告子下》。此可谓之政治学，谓之哲学耳，皆不可谓之史学也。职是故，古人于史事信否，绝不重视。遂流为"轻事重言"之弊。见《史通·疑古篇》。此义于读古史最要，必须常目在之。不但时地人名，绝不审谛，甚或杂以寓言。如《庄子·盗跖篇》是。又其传授皆资口耳，既无形迹可凭，遂致淆讹无定。兴会所寄，任情增饰；阙误之处，以意弥缝。其传愈久，其讹愈甚。信有如今人所言，由层累造成者。然观其反面，则亦知其事迹之真者之逐渐剥落也。① 此读古书单辞只义之所以要。因有等事，传之未久业已不能举其详，然犹能言其概也。"信以传信，疑以传疑"，诚不失为矜慎。然史事之传讹者，实因此不能订正。间有加以考辨，如《孟子·万章上篇》所论，《吕览·察传篇》之所言，亦皆以意言之耳，不知注意事实也。而其不加考辨，甚或以意饰说者，更无论矣。古代之史材如此，治之之法，又安可不讲哉？

古人既无记事之作，则凡读古书，皆当因其议论，以臆度其所据之事势。至其所述之事，则当通考古书增减讹变之例，以求其本来。此非一言可尽，亦非仓促可明。要在读古书多，从事于考索者久，乃能善用之而寡过也。辨古书真伪，古事信否之法，梁任公《中国史学研究法》"史料搜集"一章，言之颇详，可资参考。唯其书为求初学了解起见，言之过于确凿。一似

---

① 史学：言层累造成当兼知逐渐剥落。

有定法可循，执此若干条，便可驾驭一切者，则不免俗所谓"说杀"之弊耳。大抵所谓辨伪者，伪字之界说，先须确定，而今人多不能然。其所谓伪者，忽而指其书非古物，忽而泥于用作标题之人，谓其语非其人之所能出，遂概断为伪物。如胡适《中国哲学史大纲》上卷，摘《管子·小称篇》记管仲之死，又言及毛嫱、西施，而指为伪作之类。其实由前之说，古书之伪者并不多。以伪书仍各有其用也。如前所述，《鬼谷子》全为伪书，无用；《列子》《孔子家语》则仍各有其用。由后之说，则古本有一家之学，而无一人之言。凡书皆荟萃众说而成，而取一著名之人以为标题耳；而辗转流传，又不免有异家之书羼入。此古书之所以多错乱。然编次之错乱是一事，书之真伪又是一事，二者固不容相混也。

据实物为史料，今人必谓其较书籍为可信。其实亦不尽然。盖在财产私有之世，事无不为稻粱之谋。而轻脱自憙，有意作伪，以为游戏者，亦非无之。今之所谓古物，伪者恐亦不啻居半也。即如殷墟甲骨，出土不过数十年，然其真伪已屡腾人口。① 迨民国十七年（1928），中央研究院派员访察，则作伪者确有主名；而市肆所流行，真者且几于绝迹。见《安阳发掘报告书》第一期《民国十七年十月试掘安阳小屯报告书》、《田野考古报告》第一期《安阳侯家庄出土之甲骨文字》。晚近众目昭彰之事如此，况于年久而事暗昧者乎？古物真伪，若能据科学辨析，自最可信。然其事殊不易，如殷墟甲骨，其刻文虽伪，而其所用甲骨则真。无已，唯有取其发见流传，确实有据者。次则物巨功艰，为牟利者所不肯为，游戏者所不愿为者。又次则古物不值钱之地，较之值钱之地为可信；不值钱之世，与值钱之世较亦然。过此以往，则唯有各抒所见，以俟公评而已。② 至今世所谓发掘，自无作伪之弊，然其事甫在萌芽，所获太少。亦且发掘之物，陈列以供众览者少，报告率出一二人，亦又未可专恃。借资参证则可，奉为定论，则见弹而求鸮炙，见卵而求时夜矣。

---

① 古物：甲骨文之伪。
② 古物：辨别真伪之法。

第三章 民族原始

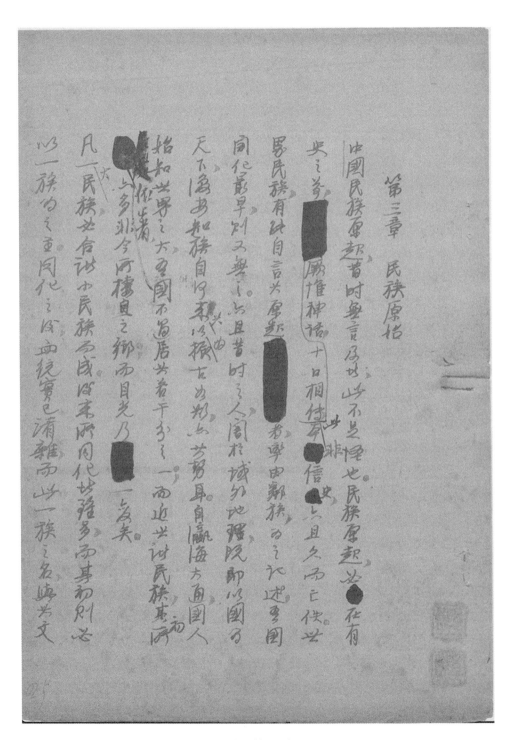

《民族原始》手稿1

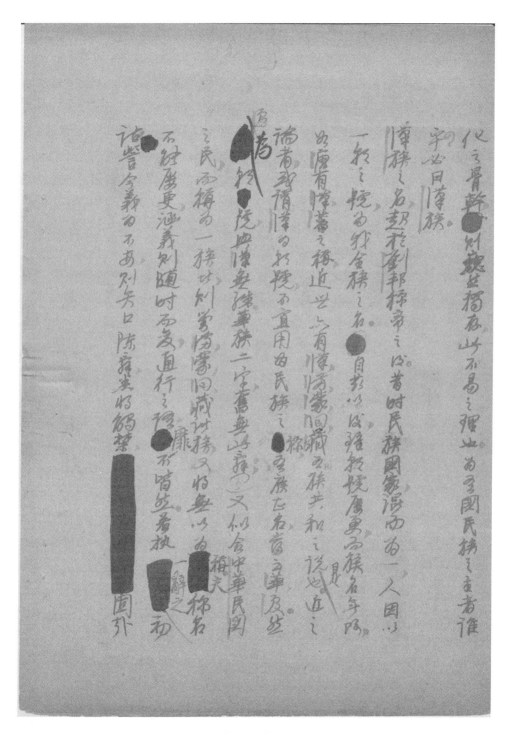

《民族原始》手稿2

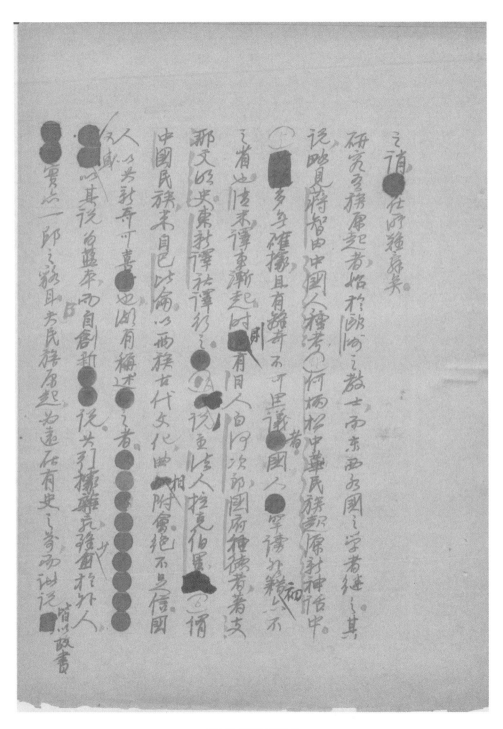

《民族原始》手稿 3

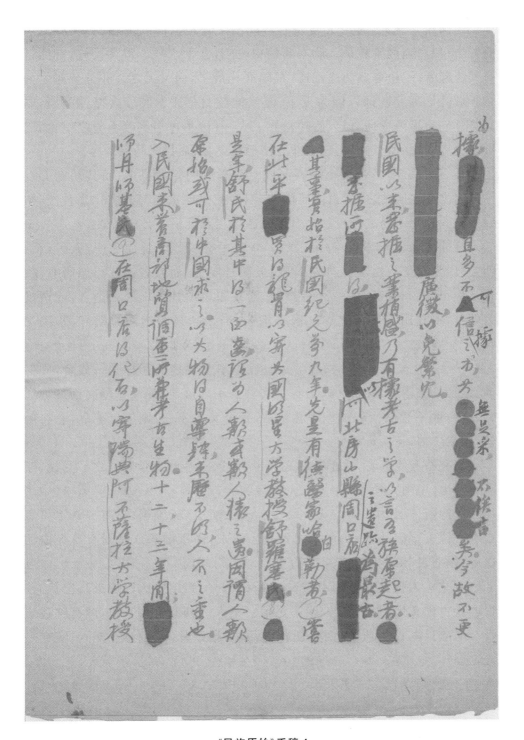

《民族原始》手稿 4

中国民族缘起,昔时无言及者。此不足怪也。民族缘起,必在有史之前。十口相传,厥唯神话。此本非信史,亦且久而亡佚。世界民族,有能自言其缘起者,率由邻族为之记述,吾国开化最早,则又无之。亦且昔时之人暗于域外地理。既即以国为天下,复安知族自何来?其以为振古如斯,亦其势耳。自瀛海大通,国人始知世界之大,吾国不过居其若干分之一;而近世诸民族,其初所依止者,亦多非今所栖息之乡;而目光乃一变矣。

凡一大民族,必合诸小民族而成。后来所同化者虽多,而其初则必以一族为之主。同化之后,血统实已淆杂,而此一族之名与其文化之骨干,则巍然独存。此不易之理也。为吾国民族之主者谁乎?必曰汉族。

汉族之名,起于刘邦称帝之后。昔时民族、国家,混而为一,人因以一朝之号,为我全族之名。自兹以还,虽朝号屡更,而族名无改。如唐有汉、蕃之称,近世亦有汉、满、蒙、回、藏五族共和之说是也。近之论者,或谓汉为朝号,不宜用为民族之称。吾族正名,当云华夏。然夏为朝号,与汉无殊。"华族"二字,旧无此辞;① 日人用之,义同贵胄。中国今日称名,往往借资东土,设使用此二字,两义并行,亦有混淆之虞。又似合中华全国之民而称为一族者,则对满、蒙、回、藏诸族,又将无以为称。夫称名不能屡更,涵义则随时而变。通行之语,靡不皆然。若执一辞之初诂,訾今义为不安,则矢口陈辞,悉将触禁,固哉之诮,在所难辞矣。

研究吾族缘起者,始于欧洲之教士,而东西各国之学者继之。其说,略见蒋智由《中国人种考》、刊清末之《新民丛报》中,后上海亦有单行本。何炳松《中华民族起源新神话》中。见《东方杂志》二十六卷二期。多无确据,且有离奇不可思议者。国人罕读外籍,初亦不之省也。清末,译事渐起。时则有日人白河次郎、国府种德者,著《支那文明史》。东新译社译行之。易名《中国文明发达史》。说主法人拉克伯里(Terrien de Lacouperie),谓中国民族来自巴比仑。以两族古代文化,曲相附会,绝不足信。国人以其新奇可喜也,颇有称述之者。又或以其说为蓝本,而自创新说,其引据杂乱,虽少愈于外人,实亦一丘之貉耳。② 如丁谦《穆天子传地理考证》以西王母为华夏宗国,谓在小亚细亚。章炳麟《检论·序种姓》谓西史之巴克特利亚(Bactria),《史记》称为"大夏",而《吕览·古乐》谓黄帝命伶伦

---

① 民族:汉族之名,无不合理。
② 民族:予误信西来说。

作律,伶伦取竹于大夏之西,其地实为汉族故国等是。甚有以《列子·黄帝》华胥之国相附会者。予昔亦主汉族西来之说。所举证据为《周官·春官·大宗伯》《典瑞》郑注,谓地祇有神州之神与昆仑之神之别。入神州后仍祀昆仑,可见昆仑实为汉族故国。昆仑所在,则初信《史记·大宛列传》天子案古图书,河源出于昆仑之说,谓汉代去古未远,武帝所案,必非无据,昆仑必今于阗河源之山。既又疑重源之说,于古无征,谓《禹贡》黑水即今长江上源,故此水古名泸水,黑水、西河唯雍州者,雍州西南界,抵今青海木鲁乌苏。华阳、黑水唯梁州者,梁州西界,抵今西康金沙江也。然则古之昆仑,必即今黄河上源之山矣。自谓所据,皆为雅言。由今思之,河出昆仑墟,盖古代谬悠之说。实与阆风、悬圃等,同为想象之辞,未容凿求所在。即黑水亦然。作《禹贡》者,于西南地理初不审谛,根据传说,率尔书之耳。郑注据疏本于《括地象》。纬候之作,伪起哀、平,则正西域既通后之所造也。夫民族缘起,必远在有史之前,而诸说皆以故书为据,且多不可信据之书,其无足采,不俟言矣。今故不更广征,以免繁冗。

民国以来,发掘之业稍盛。乃有据考古之学,以言吾族缘起者。发掘所得,以河北房山县周口店之遗迹为最古。其事实始于民国纪元前九年(1903)。先是有德医家哈白勒(Dr. K. A. Haberer)者,尝在北平买得龙骨,以寄其国明星大学教授舒罗塞(Prof. Max Schlosser)。是年,舒氏于其中得一臼齿,谓为人类或类人猿之遗。因谓人类原始或可于中国求之。以其物得自药肆,来历不明,人不之重也。入民国来,农商部地质调查所兼考古生物。十二(1923)、十三年间,师丹师基(Dr. O. Zdansky)在周口店得化石,以寄瑞典阿不萨拉大学教授韦满(Prof. C. Wiman)。十五年,又得前臼齿、臼齿各一。研究之后,断其出于人类。是年,瑞典太子来游北平,世界考古学会会长也。北平学术团体开会欢迎。安特生(Dr. J. G. Andersson)即席宣布其事,名之为北京齿(Peking tooth),而名生是齿者为北京人(Peking man)。十六年,步林(Dr. B. B. Bohlin)又得下臼齿一。步达生(Dr. Davidson Black)协和医学院解剖学教授。亦断为人齿,而名生是齿者曰北京种中国猿人(Sinanthropus pekinensis)。案,叶之耽名之曰震旦人。见所著《震旦人与周口店文化》,商务印书馆本。后又续得牙床、头骨等。事遂明白无疑,为科学家所共信矣。案,人类遗骨之最古者,当推爪哇猿人(Pithecanthropus erectus)。西元千八百九十一二年间,发见于爪哇之突林尼(Trinil)。次则皮尔当之曙人(Eoanthropus Dawsoni)。北京人之形体,据科学家说,当在猿人之后,曙人之前,距今约四十万年,自不能谓与中国人有关系。然真人(Homo sapiens)之出现,约在距今二万五千年前。其时有所谓克罗麦曩人(Cro-Magnon race)者,似系白种之祖。格林马底人(Grimaldi race)者,似系黑种之祖。而黄种之祖，则无所见。林惠祥云：有史时代，黄种率在亚洲之东。自新疆以西，即为白人。然则有史之先，非有极大迁徙，黄种即当生于东方。人类学家有所谓"文化区域"（cultural area）者，谓文化传播，苟不受阻阂，向四方之发展必均；而其缘起之地，则在其中点。文化与种族相连，亦可借以论种族。新疆为黄种西界，而美洲土人亦为黄种，则其东界实在美洲。黄种发祥，当在二者之中，即亚洲东境。见所撰《中国民族史》第三章。此说颇有见地。北京人之发见，虽与中国民族无涉，仍可资以讨论黄种之缘起矣。然人种缘起是一事，民族缘起又是一事，要与中国民族无关也。

美国人类学家或谓：三百万年前，北极一带，气候甚暖，哺乳动物，皆原于是。其后气候稍变，动物南迁。时则中亚地尚低平，为半热带林木所覆蔽。猿类仍依榛莽，人类渐入平地。人、猿之分，实由于此。夫动物既由北而南，则原人亦或初居于北。此说陆懋德主之，见所撰《文化史》，载《学衡杂志》第四十一期。因之，迩来美国探险队，屡游蒙古，探索甚殷。得大动物遗骸甚多。亦有各时代及极古器物。然人类遗骸，卒无所得，则证据究尚不足。抑即有所得，亦为荒古之事，以论人类缘起则可，以论中国民族原起，仍渺不相涉也。

近岁发掘之业，使中国民族原起更生新说者，莫如民国十年（1921）辽宁锦西沙锅屯、河南渑池仰韶村；十二、十三年甘肃临夏、旧导河县。宁定、民勤，旧镇番县。青海贵德，及青海沿岸之役。皆地质调查所所掘。此诸地方，皆得有彩色陶器。与俄属土耳其斯单及欧俄、意、希、东欧诸国相似。与安诺（Anau）、在俄属土耳其斯单阿思嘉巴（Askabad）附近。苏萨（Susa）、波斯旧都。在西南境，近海。两处尤酷似。安特生因谓中国民族实自中亚经南北两山间而抵皋兰。见所著《甘肃考古记》及《地质丛报》中《中华远古之文化》。曾友松《中国原始社会探究》主之。谓邃古中亚，温暖宜人。后值冰期，为所掩抑，民乃迁移。西南行者，经小亚细亚入非洲。东北行者，入外蒙古、西伯利亚、美洲。南行者入印度、南洋群岛。东南行者入中国、日本。冰期既逝，气候稍复。远出者或复归，或遂散播。时当旧石器之高期。久之，还归者复四出。或适北欧，或由里海至两河间，阿母、锡尔。或至非洲，或走蒙古、西伯利亚。其居巴勒哈什湖、伊犁河畔者，则中国民族也。其时西北山岭，草木畅茂，禽兽繁殖，人以田猎为业。迨入塔里木河流域而知渔。时当新石器初期。及其中期，则入甘、青、宁夏。至末期，乃向绥远、陕西，东至山西、河南，西南至西康。此时渐事农牧，其文化中心在甘肃。及石铜兼用之世，则进入湖北、安徽、山东，而其文化中心在河南。故甘、青遗址，为新石器、紫铜器两期，仰韶村、沙锅屯略同，而河南安阳小屯村之殷墟，则在青铜器之世也。《甘肃考古记》综诸遗址，分为六期，见下章。是说也，论者称为新西来说。见林惠祥《中国民族史》。缪凤林、金兆梓驳之。谓安特生以仰韶彩陶与欧洲及土耳其相似，而疑其同出一源，尝以其说质施米特（H. Schmidt），德国考古学家，尝在安诺研究者。施米特不以为然。斯坦因（Sir Aurel Stein）考古新疆，得汉、唐遗物甚多，先秦物则一无所有。彩陶之术起于巴比仑，事在西元前三千五百年。其传至小亚细亚，在西元前二千五百年至二千年。传至希腊，则在二千年至一千年间。阅时皆在千年以上。河南、甘肃，初期皆无铜器，度其时必早于西元前二千五百年，何以传播反速？且安诺、苏萨，皆有铜器，范金之术，何不与制陶之技并传乎？夫文化果自西来，则必愈东而愈薄。甘肃陶器，安特生固谓其彩色、图案皆胜河南，然又谓陶质之薄而坚，及其设色琢磨，皆在河南之下，因此不敢坚执二者之相同，则谓其来自西方，似无确据。吴金鼎《高井台子三种陶器概论》谓甘、青陶器，实与河南、山西不同，载《田野考古报告》第一册。又中国文化，苟与西方关系甚深，则种族之间，亦必有关系，何以仰韶村、沙锅屯人骨，步达生又谓与今华北人相同乎？缪氏文曰《中国民族由来论》，见《史学杂志》二卷二、三、四期。金氏文曰《中国人种及文化由来》，见《东方杂志》二十六卷二期。步达生之说，见所著《奉天沙锅屯河南仰韶村古代人骨与近代华北人骨之比较》。然则新西来说，似亦未足据也。

近数年来，又有主张中国民族起自东南者。其原，由于江、浙、山东古物之发见。民国十九年（1930），南京古物保存所在栖霞山西北甘夏镇发掘六朝陵墓。卫聚贤主其事。得新石器时代石器数事。是年，山东古迹研究会发掘历城城子崖；二十二年，又与中央研究院合掘滕县安上村；皆得有黑色陶器。其甲骨则类殷墟。二十四、五两年，江苏武进之奄城，金山之戚家墩，吴县之磨盘山、黄壁山，浙江杭县之古荡、良渚、吴兴之钱山漾，嘉兴之双桥，平湖之乍浦，海盐之澉浦，屡得新石器时代之石器及陶器。杭县有黑陶，与山东所得绝相类。于是东南与西北之文化，得一沟通之迹。南京、江、浙陶器，文理皆为几何形，山东邹县及二十六年福建武平所发现者亦然，与河域陶器为条文、席文者，迥不相同，而与香港北平地质调查所所陈列，及辽宁金县貔子窝民国十六年，日本滨田耕作所发掘。所得，转若相类。台湾番族陶器文理虽与此殊科,服饰犹极相似。西南苗族,制器之技殊拙,其制几何形图案则工。滨田耕作云:山东、辽宁,皆有有孔石斧。陕西亦有之。朝鲜、日本及太平洋沿岸,则有有孔石厨刀。大洋洲木器所刻动物形,或与中国铜器相类。北美阿拉斯加土器,亦似中国者。见所著《东亚文化之黎明》。汪馥泉译,黎明书局出版。松本广信谓印度支那及日本远州、武圆,皆有有肩石斧,古代铜鼓,或绘其形。见《人类学杂志》。又太平洋沿岸及南洋群岛,皆有有沟石斧,而二十年林惠祥在厦门,二十六年梁惠溥在武平拾得石锛,背亦有沟。见陈志良《福建武平石器》。则古代文化与东南洋之关系殊为深切。中央研究院自十七年以后,迭在河南发掘。浚县之辛村、巩县之塌坡皆获有黑陶。安阳侯家庄、浚县大赉店则黑陶、彩陶并有。而其时代,黑陶在后,彩陶在先,可见东西两文化交会之迹。卫聚贤云:河域陶器,皆为条文、席文,唯殷墟兼有几何文。江、浙石器时代,有戈、矛,有钺,南洋土人亦有钺。河域皆无之,殷墟独有。见所著《殷人自江浙徙河南》。予案,《诗·商颂·长发》云"武王载斾,有虔秉钺",即《史记·殷本纪》"汤自把钺,以伐昆吾"所本也。可见殷人用钺甚旧。又云:今世所谓彩陶者,以红色为地,饰以黑文,即《韩非子·十过篇》所谓禹之祭器,朱染其内,黑画其外者。甘肃所出,地为浅红色。间有深红,则类于紫。所画黑色既浅,笔画亦粗。仰韶村及山西夏县西阴村十五年清华大学研究院所发掘。所出,则红色分深浅两种,较甘肃为鲜明。所画黑色较深,笔画亦细。又有画白色者,为甘肃所无。《史记·五帝本纪》言舜陶河滨,《左氏》襄公二十五年谓"虞阏父为周陶正",则虞人善陶。虞即吴,殷人起于东南,盖亦善陶。河南、山西陶器,盖参以殷人之技,故其制益精。见所著《中国古文化自东南传播于黄河流域》及《浙江石器年代讨论》,皆载《吴越文化论丛》中。罗香林云:日本畿内、北陆、山阴、山阳、四国、九州,皆有铜铎,安艺则与铜剑并出。此物中国古代亦有之,《淮南子·缪称》谓"吴铎以声自毁",《盐铁论·利议》谓"吴铎以其舌自破"是也。晋愍帝建兴四年(316),晋陵今武进。尝得之。见所著《古代越族文化》,亦载《吴越文化论丛》中。予案,此物传入河域,盖即木铎之祖。① 河域少金,乃改用木。东南用青铜器,早于河域,见下章。卫聚贤云:河域无锡,江苏之无锡县,旧说谓周、秦间产锡,古语云,有锡争,无锡平,汉乃以无锡名县。古南方所用锡,盖在于是。见所著《殷人自江浙徙河南》。亦见《吴越文化论丛》。予案,卫

---

① 民族:南金铎传入北方为木铎。用金南传于北。

说是也。无盖语辞,谓无锡平,有锡争,则后人附会之语。良渚陶器之形,或为商、周铜器之祖。金祖同谓古器之回文,实自水浪而渐变,见所著《金山访古记》。秀州学会影印本。水浪文固当起于沿海之地。今河南发掘,既多贝类,有以为饰者。有以为币者。其大者或以为饮食器。又有水牛遗骸;又甲骨文中,已有米麦字;见《安阳发掘报告》第四期。皆足征其原起东南。滨田耕作云:甘、青、仰韶村、沙锅屯彩陶,所绘皆动物形,所用颜色同于中西亚。貔子窝亦有彩陶,所绘皆几何形,颜色较劣,易剥落。此彩陶亦石器时代物,可上推至西元前数千年。陈志良在南京,曾得一彩色陶球。卫聚贤在镇江大谷山,亦曾得彩色陶片。询诸土人,谓类此者尚多。见卫聚贤《江苏古文化时期新估定》,附刊《杭州古荡新石器时代遗址试探报告》后。吴越史地研究会本。则东南亦有彩陶,不待西方之传播,安特生之论,自未可偏据也。

　　谓西方文化,曾传播于东方,亦非无征不信之论。然其时代,则有可商榷者。当西元前数世纪至后一世纪之间,有所谓斯西亚文化者。其原出于斯西亚民族(Sytuirn)。地在黑海北之草原,东暨叶尼塞河上流。亦或称斯西亚西伯利亚文化。属于青铜器时期。今绥远一带有其遗迹,故又或称为斯西亚蒙古文化焉。其前乎此者,则为新石器时代,甘、青彩陶,与之相似者也。商、周铜器,文理或原于动物形,如螭龙、饕餮之类。或谓实本于斯西亚。然此等文化,盛行于西伯利亚,其年代尚后于周,而我国铜器之饰,殷时业已盛行矣。况斯西亚所绘皆大动物,其形生动猛鸷,我国古铜器,则殊不然乎?李济《殷商陶器初论》。朔陲文化,现经中外人士累加勘察,大体已可概见。自长城以北,可分打制石器、细石器、磨制石器三种。打制石器,西至新疆,东至东三省,遗迹环绕沙漠。细石器限于兴安岭以西。其时代遗物,或类西伯利亚及北欧,亦有类西南亚及中欧者。此两种石器皆猎牧民族所为。唯磨制石器出于河域之农耕民族。多与有孔石斧及类鬲之土器并存,与山东龙口所得者极相似,可以知其所由来。打制石器,多在西辽河、松花江以北。辽河下流及老哈河流域,则打制、磨制,二者并存。磨制石器,北抵黑龙江之昂昂溪,东至朝鲜北境。可见此三种文化之分野。西南亚之文化,尝西至甘、青,东至绥远,自系事实,然其时代,必不能早于东南方,亦非中国文化之骨干也。民国十七年(1928),洛阳东北金村因大水发见古墓,其钟之文理近于安徽寿县之铜器。铜器则错以金银,并嵌以水银像。其像颧骨甚高,日本原田淑人、梅原末治皆断为胡人。此亦一东西文化交会之迹也。其墓,论者谓属战国时,未知信否。即如所言,自考古学言之，为时亦已晚矣。滨田耕作云：鬲为中国所独有，盖鼎之所自出。辽东甚多，仰韶亦有，甘、青前三期无之，第四期乃有，至第五期则多矣。此可见东方文化传播于西方之迹，并可略考其时代也。

中国文化原于东南湿热之区，江海之会，书史所载，可为证据者本甚多。如食之主于鱼与植物也；衣之用麻丝，且其制宽博也；人所聚处曰州；其宫室则以上栋下宇，革"陶复陶穴"之风也；币之多用贝也；宗教之敬畏龙蛇也皆是。西洋文化始于埃及，继以巴比伦，更继以波斯，又继以叙利亚、希腊、迦太基，盖事同一律矣。然泛言东南，则将与马来人混，是亦不可无辨也。马来即古越人，亦为吾族分支之一，然与汉族自有区别。有史以来，北族辫发，南族断发，中原冠带，其俗执之甚固，度非一朝一夕之故，一也。黥额文身，本系一事。五刑之黥，盖起于以异族为奴隶，其后则本族之有罪者，亦以为奴隶，而侪诸异族，乃亦黥其额以为识。以此为异族之识，则吾族本无此俗可知，二也。马来之俗，最重铜鼓，吾族则无此物，三也。殷墟有柱础人，文身，见《安阳发掘报告》第二期。此可谓殷人起自东南，效越人璆刻之技以为饰耳，不可谓殷人有文身之俗也。梁任公谓今福建人骨骼、肤色皆与诸夏异，见所撰《历史上中国民族之研究》。林惠祥谓闽人体质颇类马来，见《中国民族史》第六章。则后世自不能无混合，此且恐不止闽人。然在古代自各异，清野谦次谓貔子窝人骨类今华北人，与仰韶村、沙锅屯亦极相似。可见汉族自为一支，东西两种文化，并为其所吸受也。

《尔雅·释言》曰："齐，中也。"《释地》曰："距齐州以南戴日为丹穴，北戴斗极为空桐，东至日所出为大平，西至日所入为大蒙。"可见吾国古代，自称其地为齐州。济水盖亦以此得名。《汉书·郊祀志》曰："三代之居皆河、洛之间，故嵩高为中岳，而四岳各如其方。"以嵩高为中，乃吾族西迁后事，其初实以泰岱为中。故《释地》又云："中有岱岳。"《礼器》谓"因名山升中于天"，此古封禅告成功者之所以必于是也。齐州即后世齐国之地，于《禹贡》为青州。在九州中偏于东北。然《尧典》又有"肇十有二州"之说，则北有幽，西北有并，东北有营；古代西南封，必不如《禹贡》之恢廓，其地固略居封域之中矣。李济谓城子崖之黑陶实起自沿海。《城子崖发掘报告序》。何天行谓城子崖及杭县黑陶，皆不及日照所出。见所著《杭县良渚镇石器与黑陶》，《吴越史地研究会丛书》本。施昕更亦谓杭县黑陶传自山东，时代较后。见所著《杭县第二区遗址文化试掘简录》，在《吴越文化论丛》中。可见汉族缘起，必在震方也。

第四章 古史年代

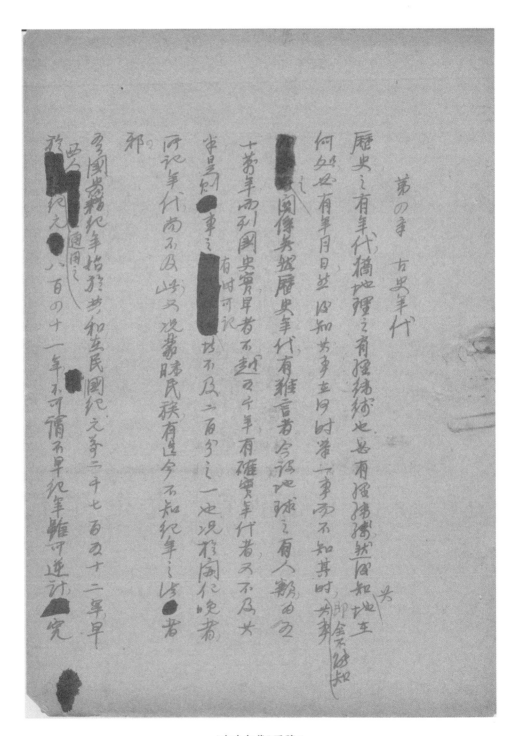

《古史年代》手稿1

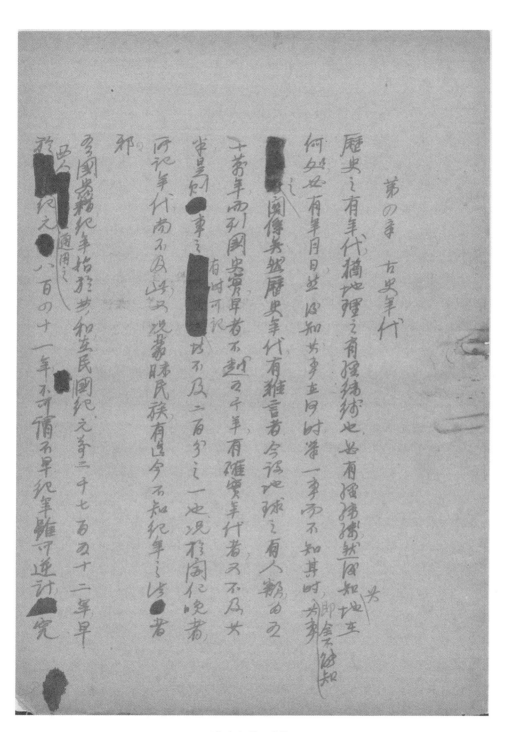

《古史年代》手稿2

秦實亥元年，始於共和紀元十四年，史記三代世表曰："孔子因史文次春秋紀之年正，时日月蓋其詳哉至於序尚書則略無年月，或頗有越，多闕不可具故疑則傳蓋其慎之，春秋記魯隱公元年實周平王之十九年，即於共和元年百十有九年也。徵古史紀年起於西周末造史出之作自有所本也。古史年代見於尚書堯至信七十載而洽の岳の岳舉舜曰二十有八載而殂落舜生三十徵庸二十在位五十載陟乃死典今殷中宗之享國七十有五年祖甲卅有二王年高宗五十有九年或の方年或の八年或五方年或の三年文王受命惟中身厥享國五十年無惟周公誕保文武受命惟七年穆

重享國百年科蓋所謂歲齡者也要古人言數多不審譯大戴
禮記五帝德篇抑問於孔子曰昔者予聞諸榮伊曰黃帝三百年
請問黃帝者人邪抑非人邪何以至於三百年乎孔子曰生而民
得其利百年死而民畏其神百年亡而民用其教百年故曰三百
年榮伊之言固已荒誕孔子之言雖稍近理亦豈足實乎小戴禮
記文王世子云文王謂武王曰女何夢矣武王曰夢帝與我九齡
文王曰女以為何也武王曰西方有九國焉君王其終撫諸文王
曰非也古者謂年齡齒亦齡也我百爾九十吾與爾三焉文王九
十七而終武王九十三而崩是為其言文王死時武王年已八十
七周公西武王同母弟也小於武王十而指伊誅紂代奄有是理

历史之有年代，犹地理之有经纬线也。必有经纬线，然后知其地在何处；必有年月日，然后知其事在何时。举一事而不知其时，即全不能知其事之关系矣。然历史年代有难言者。今设地球之有人类为五十万年，而列国史实，早者不越五千年，有确实年代者又不及其半，是则事之有时可记者，不及二百分之一也。况于开化晚者，所记年代，尚不及此；又况蒙昧民族，有迄今不知纪年之法者邪？①

吾国史籍，纪年始于共和，在民国纪元前二千七百五十二年。早于西人通用之纪元八百四十一年，不可谓不早。纪年虽可逆计，究以顺计为便。国史确实年代，既早于西元近千年，苟无公用更善之法，自以率旧为是。以孔子生年纪元，后于共和二百九十年。若以黄帝纪元，则其年代绝不确实矣。乃近人震于欧、美一时之盛强，欲弃其所固有者而从之，称彼所用者为世界公历。夫东西文化，各占世界之半，彼之所记者，亦一隅之事耳，何公之有？近数百年来，西洋文化固较东洋为发皇，然此乃一时之事，安知数十百年后，我之文化不更优于彼？况于中西历法不同，舍旧谋新，旧籍月日，无一不须换算，其烦重为何如？又况旧史有只记年月而不记日者，并有只记年而不记月日者，又将何从换算邪？

《韩非·说疑》云："《记》曰：周宣王以来，亡国数十，其臣弑君而取国者众矣。"宣王元年（前827），后于共和纪元十有四年。《史记·三代世表》曰："孔子因史文，次《春秋》，纪元年，正时日月，盖其详哉。至于序《尚书》，则略，无年月；或颇有，然多阙，不可录。故疑则传疑，盖其慎也。"《春秋》托始鲁隐公元年（前722），实周平王四十九年，后于共和元年（前841）百十有九年。足征古史纪年起于西周末造，史公之作自有所本也。

古史年代见于《尚书》者：尧在位七十载而咨四岳，四岳举舜，后二十八载而殂落。舜生三十征庸，二十在位，五十载陟方乃死。《尧典》，今本《舜典》。殷中宗之享国，七十有五年。高宗五十有九年。祖甲今文以为太甲三十有三年。其后嗣王，或十年，或七八年，或五六年，或四三年。文王受命唯中身，厥享国五十年。《无逸》。唯周公诞保，文、武受命，唯七年。《洛诰》。穆王享国百年。《吕刑》。盖所谓"或颇有"者也。案，古人言数，多不审谛。《大戴礼记·五帝德》："宰我问于孔子曰：'昔者予闻诸荣伊令，黄帝三百年。请问

---

① 年代：古史年代。

黄帝者，人邪？抑非人邪？何以至于三百年乎？'……孔子曰：'……生而民得其利百年，死而民畏其神百年，亡而民用其教百年，故曰三百年。'"荣伊之言，固已荒诞，孔子之言，虽稍近理，亦岂得实？又《小戴礼记·文王世子》云："文王谓武王曰：'汝何梦矣？'武王曰：'梦帝与我九龄。'文王曰：'汝以为何也？'武王曰：'西方有九国焉，君王其终抚诸？'文王曰：'非也。古者谓年龄，齿亦龄也。我百，尔九十，吾与尔三焉。'文王九十七乃终，武王九十三而终。"果如其言，文王死时，武王年已八十七；周公为武王同母弟，极小亦当七十；而犹能诛纣，伐奄，有是理乎？盖古人好举成数。此在今人，亦有此习。特今人所举成数，至十而止，古人则并及于百耳。明乎此，则知《尚书》所举尧、舜之年，皆适得百岁，亦举成数之习则然，非事实也。《诗·生民》疏引《中候·握河纪》云："尧即政七十年受《河图》。"注云："或云七十二年。"案，尧立七十年得舜，辟位凡二十八年，则尧年九十八。若言七十实七十二，则适百岁矣。《史记·五帝本纪》云："舜年二十以孝闻。年三十，尧举之。年五十摄行天子事。年五十八，尧崩。年六十一代尧践帝位。践帝位三十九年，南巡狩，崩于苍梧之野。"此即《尧典》"三十征庸，二十在位，五十载，陟方乃死"之说。古者三十而有室，四十曰强仕，过三十即可言四十，故舜以三十登庸。相尧亦历一世，中包居丧二年，则践位必六十一。自其翼年起计，至百岁，在位适三十九年也。舜相尧历一世，则尧之举舜，不得不在年七十时矣。然则《尚书》之言尧、舜，盖先臆定其年为百岁，然后以其事分隶之耳。《文王世子》之言，亦以文王为本百岁。盖凡运祚非短促者，皆以百岁言之也。昔人言君主年岁，于其在位之年及其年寿，似亦不甚分别。《周书·度邑》载武王之言曰："唯天不享于殷，自发未生，至于今六十年。"此言似自文王时起计，以文王受命称王也。然则享国五十，乃以年寿言之。文王之生武王，假在既冠之后，则文王死时，武王年三十余，周公当不满三十。《无逸》历举殷、周贤王享国长久者，以歆动成王，而不及厥考，明武王年寿不长。《中庸》言武王末受命，盖以其克殷后未久而殂，非谓其受命在耄耋时也。高宗享国，汉石经残碑作"百年"，《史记·鲁世家》作"五十五年"。盖当以石经为是。《吕刑》言穆王享国百年，而《史记·周本纪》谓"穆王即位，春秋已五十矣"，又云"穆王立五十五年崩"，事同一律。今之《尚书》必后人所臆改也。周公诞保，文、武受命，年数巧合，当无讹谬。刘歆以为文王受命九年而崩，贾逵、马融、王肃、韦昭、皇甫谧皆从之。见《诗·文王》疏。盖以《周书·文传》有"文王受命九年，在鄗，召太子发"之文，九年犹在，明其七年未崩。案，《史记》谓文王受命七年而崩，九年，武王上祭于毕，东观兵至于孟津，年代与刘歆异，而谓再期在大祥而东伐同。《伯夷列传》曰："西伯卒，武王载木主，号为文王，东伐纣。伯夷、叔齐叩马而谏曰：'父死不葬，爰及干戈，可谓孝乎？'"岂有再期而犹未葬者？《楚辞·天问》曰："武发杀殷何所悒？载尸集战何所急？"《淮南·齐俗》曰："武王伐纣，载尸而行，海内未定，故不为三年之丧始。"然则武王当日，盖秘丧以伐纣；后周人自讳其事，谓在再期大祥之后；然文王死即东兵，犹为后人所能忆，其事终不可讳；作《周书》者，遂误将文王之死移后二年也。此等零星材料，亦非无有。然前后不相衔接，无从整齐排比，孔子之所以弗论次也。

然共和以前，年代虽不可具知，其大略，儒家固犹能言之。《孟子·公孙丑下篇》曰："五百年必有王者兴。""由周而来，七百有余岁矣。"《尽心下篇》曰："由尧、舜至于汤，五百有余岁。""由汤至于文王，五百有余岁。""由文王至于孔子，五百有余岁。""由孔子而来至于今，百有余岁。"《韩非子·显学篇》言："殷、周七百余岁，虞、夏二千余岁。"乐毅《报燕惠王书》称昭王之功曰："收八百岁之蓄积。"其说皆略相符会，盖必有所受之。刘歆作《世经》，推校前世年岁，唐七十，虞五十，夏四百三十二，殷六百二十九，周八百六十七，后人虽多议其疏，后汉安帝时，尚书令忠誉歆横断年数，损夏益周，考之《表记》，差谬数百。杜预、何承天亦皆讥之。见《续汉书·律历志》及注。然其大体，相去固不甚远。由其略以古人之言为据也。若张寿王、李信治黄帝《调历》，言黄帝至元凤三年（前78）汉昭帝年号。六千余岁；宝长安、单安国、栖育治终始，言黄帝以来三千六百二十九岁；皆见《汉书·律历志》。则大相径庭矣。《汉志》言寿王移帝王年录，舜、禹年岁，不合人年，盖所谓言不雅驯者，固不当骛异而疑习见之说也。

共和以前年岁，亦间有可考者。如《史记·晋世家》云"靖侯以来，年纪可推"，《汉书·律历志》言"《春秋》《殷历》皆以殷，鲁自周昭王以下亡年数，故据周公、伯禽以下为纪"，又《史记·周本纪》载厉王立三十年而用荣夷公，三十四年，告召公能弭谤，三年而国相与叛袭王是也。然此等必断续不完具。亦且诸说相校，必有龃龉而不可通者。如《秦本纪》《秦始皇本纪》纪秦诸君在位年数，即有异同。一国如是，众国可知矣。此史公所以不为之表也。

言上古年代者，至纬候而始侈，盖汉人据历法所造也。《广雅·释天》云："天地辟设，人皇以来，至鲁哀公十有四年，积二百七十六万岁。分为十纪：曰九头，五龙，摄提，合洛，连通，序命，循蜚，因提，禅通，流记。"王念孙校改为"疏仡"。《书序》疏引《广雅》作"流仡"。《校勘记》云："流仡，毛本改'疏仡'。"司马贞《补三皇本纪》云："《春秋纬》称自开辟至于获麟,凡三百二十七万六千岁,分为十纪,凡世七万六百年_{当作"纪卅二万七千六百年"}。一曰九头纪,二曰五龙纪,三曰摄提纪,四曰合洛纪,五曰连通纪,六曰序命纪,七曰修飞纪,八曰回提纪,九曰禅通纪,十曰流讫纪。"二说十纪之名相同,_{循蜚、修飞,因提、回提,流记、流讫之不同,当系字误,唯无由知孰正孰误耳。}而年数互异。案,《续汉书·历志》载灵帝熹平四年蔡邕议历法,谓《元命苞》《乾凿度》皆以为开辟至获麟,二百七十六万岁;《诗·文王》疏引《乾凿度》,谓入天元二百七十五万九千二百八十岁,文王以西伯受命;则《广雅》实据《元命苞》《乾凿度》以立言。《路史·余论》引《命历序》,谓自开辟至获麟,三百二十七万六千岁,则《三皇本纪》所本也。《汉书·王莽传》:"（莽）改元曰地皇,从三万六千岁历号也。"三统历以十九年为章,四章七十六年为蔀,二十蔀千五百二十年为纪,三纪四千五百六十年为元。二百七十五万九千二百八十者,一元与六百十三相因之数;三百二十七万六千年者,三万六千与九十一相因之数也。盖其所本者如此。

汉人言古帝王世数亦有甚侈者。《礼记·祭法》正义云:"《春秋命历序》:炎帝号曰大庭氏,传八世,合五百二十岁。黄帝,一曰帝轩辕,传十世,二千五百二十岁。_{《校勘记》云:"监、毛本同。闽本'二千'作'一千'。惠栋校宋本同。"}次曰帝宣,曰少昊,一曰金天氏,则穷桑氏传八世,五百岁。次曰颛顼,则高阳氏传二十世,三百五十岁。_{案,《诗·生民》疏引《命历序》云"颛顼传九世",未知孰是。}次是帝喾,即高辛氏,传十世,四百岁。"又标题下疏引《易纬通卦验》云:"遂皇始出握机矩。"注云:"遂皇谓遂人,在伏羲前,始王天下也。"又引《六艺论》云:"遂王之后,历六纪九十一代至伏羲。"方叔机注云:"六纪者:九头纪,五龙纪,摄提纪,合洛纪,连通纪,序命纪,凡六纪也。九十一代者:九头一,五龙五,摄提七十二,合洛三,连通六,序命四,凡九十一代也。"疏云:"谯周《古史考》,燧人'次有三姓,乃至伏羲',其文不同。"《曲礼》疏引谯周云:"伏羲以次有三姓始至女娲,女娲之后五十姓至神农,神农至炎帝一百三十三姓。"亦纬候既兴后之说也。

《书》疏引《洛师谋》注云:"数文王受命,至鲁公_{惠公}。末年,三百六十五岁。"又云:"本唯云三百六十耳,学者多闻周天三百六十五度,因误而加。遍校诸本,则无'五'字也。"案,《乾凿度》谓入天元二百七十五万九千二百八十岁而文王受命,今益三百六十岁,更益春秋二百四十二年,凡二百七十五万九千八百八十二年，较二百七十六万年，尚少百十八，则《乾凿度》与《洛师谋》不同。依《乾凿度》，文王受命，当在春秋前四百七十有八岁。若依《世经》，则文王受命九年而崩；武王即位十一年；周公摄政七年；其明年，为成王元年，命伯禽俾侯于鲁；伯禽至春秋，三百八十六年；文王受命，在春秋前四百十三年也。

《史记·十二诸侯年表》集解引徐广曰："自共和元年，岁在庚申，讫敬王四十三年，凡三百六十五年。"又《周本纪》集解引徐广曰："自周亡乙巳至元鼎四年戊辰，一百四十四年，汉之九十四年也。汉武元鼎四年封周后也。"案，《六国表》起周元王，讫秦二世，凡二百七十年。元王元年（前 475），至赧王五十九年（前 256）乙巳，凡二百二十一年。依《史记·年表》，共和至赧王，凡五百八十六年；至汉武帝天汉四年（前 97），则七百四十五年也。《正义·论史例》云："太史公作《史记》，起黄帝、高阳、高辛、唐尧、虞舜、夏、殷、周、秦，讫于汉武帝天汉四年，合二千四百一十三年。"张氏此言，自共和以后，当以《史记》本书为据。共和以前，除舜三十九年见于本书外，集解引皇甫谧，黄帝百，颛顼七十八，喾七十，《御览·皇王部》引作"七十五"。挚九，尧九十八；《世纪》古帝王年数，伏牺百，神农百二十，少昊百，亦皆成数。唯颛顼、帝喾不然，未知何故。然《御览》又引陶弘景，谓帝喾在位六十三年，《路史》同。六十三加七十八，加九，凡百五十，则亦成数矣。此等亦必有其由，惜无可考也。又引《竹书纪年》，谓夏有王与无王，用岁四百七十一年；自汤灭夏以至于受，用岁四百九十六年；正义引《竹书》曰："自盘庚徙殷至纣之灭，七百七十三年。""七百"之七，当系误字。周自武王灭殷，以至幽王，凡二百五十七年。正义皆无异说，亦未尝别有征引，似当同之。依此计算，自黄帝至周幽王，合一千六百十八年。东周以下，依《史记》本书计，至天汉四年，合六百七十四年。两数合计，凡二千二百九十二年。较二千四百一十三，尚少百二十一。未知张氏何所依据也。又《水经·瓠子河注》谓成阳尧妃祠有汉建宁五年成阳令管遵所立碑，记尧即位至永嘉三年，二千七百二十有一载。《北史·张彝传》言彝上《历帝图》，"起元庖牺，终于晋末，凡十六代，一百二十八帝，历三千二百七十年"。亦未知其何据。

《路史》引《易纬稽览图》云夏年四百三十一，殷年四百九十六，此造《竹书》者所据也。造《竹书》者，盖以为羿、浞之乱，历四十年，故益四百三十一为四百七十一。此书真本，盖亦未尝有传于后，唐人所据，其伪亦与明人所造等耳。夫魏史必出于晋，晋史于靖侯以上，已不能具其年数，安能详夏、殷以前？况晋又何所受之欤？受之周欤？周何为秘之，虽鲁号秉周礼者，亦不得闻，而独畀之唐叔？且韩亦三晋之一，何以《韩非》言唐、虞以来年数，其不审谛，亦与《孟子》同？即魏人亦未有能详言古代年数者。岂又闵之生人，而独藏诸王之冢中欤？于情于理，无一可通。① 故《竹书》而有共和以前之纪年，即知其不足信，更不必问其所纪者如何也。

以历法推古年代，本最可信，然昔人从事于此者，其术多未甚精；古历法亦多疏舛；史籍记载，又有讹误；故其所推，卒不尽可据也。刘歆而后，宋邵雍又有《皇极经世书》，推尧元年为甲辰，在民国纪元前四千二百六十八年，西元前二千三百五十七年，亦未知其何据。金履祥作《通鉴纲目前编》用之，元、明以降，《纲目》盛行，流俗言古史者遂多沿焉。

先史之世，无年可纪，史家乃以时代代纪年。年代愈古，则材料愈乏，而其所分时代愈长。看似粗略，然愈古则演进愈迟，变异亦愈少，据其器物，固亦可想见其大略也。分画先史时期，大别为旧石器（palaeolithic age）、新石器（neolithic age）、青铜器（bronze age）、铁器（iron age）四期。旧石器中，又分前后。前期三：曰芝良期（Chellean），其所用器，只有石斧，略别于未经制造者而已。曰曷朱良期（Acheulean），则兼有石刀。芝良期及曷朱良期，皆仅能以石击石，去其碎片，用其中心而已。其时代，约距今七万年至四十五万年。曰墨斯梯灵期（Mousterian），始能用石片，故其锋较锐。初有骨器，而为数甚少。其时代，约距今二万五千年至七万年。后期亦三：曰阿里诺新期（Aurignacian），骨器稍多。始知雕塑，其艺颇为后人所称道。曰苏鲁脱灵期（Solutrean），石器两面有锋。骨器益多，制亦益善。曰马特兰宁期（Magdalenian），此期之用石器，非复以石击石，而有似钻之物，介于其间，故其大小可以自如。此三期，约距今二万五千年至五万年。六期之后，别有所谓阿奇林期者（Azilian），骨器既衰，石器亦小，考古者名之曰小石器（microlith）。考古者臆②想其时，或为用土器之萌芽焉。然陶器之迹无存，故称之曰尾旧石器时期（Epipalaeolithic）。新旧石器之别，非仅以其精粗，亦视其有无弓矢等物以为断，而陶器之有无，尤为考古家所重。有陶器，则视为新石器之始；无陶器，则视为旧石器之终。旧石器时代，大抵恃搜集为

---

① 经籍：竹书之伪。
② 臆：臆为古汉语用法，还有"臆造""臆度"等说法。

生。新石器时代,始知渔猎,多能用火。其末期,且有进于农牧,知用铜者。然紫铜之器,不坚而易坏,故仍列石器期中,至能合铜锡为青铜,乃别为铜器时代也。铜器时代,人以农牧为生。有氏族,_{新石器时代行图腾制。}宗教亦有统系,_{前此行杂乱之拜物教。}人群之规制稍备矣。文字之兴,实在新石器时代之后。故石器时代,适为先史时代,铜器、铁器时代,适为有史时代也。以上所论,皆据欧洲考古学家之说,吾国发掘之业,方在权舆,自不能不借助他山,以资推论。然人群进化,异地同符,铢铢而较之,一若不胜其异。苟略其细而观其大,自有一致百虑,同归殊途者。观其会通,与曲说附会,相似而实不同,固不可以不辨也。

吾国发掘所获遗迹,当列旧石器时代者有五:曰周口店,略视墨斯灵梯期。曰河套,_{民国十二年(1923),德日进(Père Teilhard de Chardin)、桑志华(Père E. Licent)所发掘。一为无定河。一为宁夏南之水洞沟。}案,此外甘肃东境,山西、陕西北境,亦有零星旧石器。曰周口店之上洞,皆在旧石器后期。河套遗迹较古,盖在后期之始。上洞骨器制作颇精,饰物技艺亦优,当在后期之终,于黑龙江呼伦之达赖湖为近。_{亦德日进、桑志华所掘。}达赖湖及广西桂林武鸣遗迹_{民国二十四年(1935),杨钟健、裴文中与德日进同掘。}皆在尾旧石器时期。然武鸣有一石器,步日耶(H. Breuil)以为系属重制,则其前,尚当有更古之旧石器时期也。新石器时代,甘、青及河南遗迹,安特生分为六期:曰齐家期,约在西元前三千五百年至三千二百年。曰仰韶期,自三千二百年至二千九百年。曰马厂期,自二千九百年至二千六百年。为新石器及石铜过渡时期。曰新店期,自二千六百年至二千三百年。曰寺洼期,自二千三百年至二千年。曰沙井期,自二千年至一千七百年,则入铜器时期矣。铜器时期,南方似较北方为早。良渚、钱山漾皆有粗制石器。钱山漾尤多。而古荡有孔石斧,似用铁器旋转而入。又多石英器,其质甚坚,非金属不能穿凿,则已在石铜兼用之期。可见南方文化,历时甚长。惜乎发掘不多,时代尚难推断。然北方之知用铜,系由南方传授,则似无可疑者。殷人起于东南,已如上章所述。殷墟铜器,据地质调查所所化验,含锡逾百分之五;中央研究院所化验,含锡逾百分之十;其为青铜器无疑。日本道野松鹤分析其若干种,以其中不含锡,指为纯铜器时期(copper age)。梅原末治则云:其中虽不含锡,而含铅、铁、砒素颇多,兵器则仍含锡。然则他器之不含锡,盖由中原锡少而然。抑铜锡器之始,必用为兵,久之乃以为他器。殷墟之兵,文理悉类鼎彝,盖非以资实用,则其进于铜器时代久矣。见所著《中国青铜器时代考》。胡厚宣译，商务印书馆本。予案，《越绝书》载风胡子之言，谓轩辕、神农、赫胥之时，以石为兵。黄帝之时，以玉为兵。禹穴之时，以铜为兵。当此之时作铁兵。又载薛烛之言，称赤堇之山，破而出锡；若耶之溪，涸而出铜。见《外传宝剑篇》。则石铜二器之递嬗，昔人早已知之。① 南方所用者，确系镕合铜锡，亦无疑义。《史记·李斯列传》，斯上书谏逐客，云"江南金锡不为用"，亦可见南方制器兼用铜锡。古书皆言蚩尤制兵，虽不审谛，要非绝无根据。然则南方之知用铜，尚在黄帝之先。夏以后，其技乃稍传于北，故有铸鼎象物之说。《左氏》宣公三年。黄帝与禹，年代皆略有可考，则南方之知用铜，其年代亦可微窥也。今安阳之小屯村，十七年后，中央研究院陆续发掘。地质凡分三层：下层为石器，中层为石铜过渡之期，上层为铜器。历城之城子崖，地质亦分二层：下层为新石器，上层为铜器。小屯殷墟，城子崖为谭国故址，则铜器之传布于河域，年代又略可推矣。

---

① 工业：昔人知石铜递嬗，亦知兼用铜锡。

第五章 开辟传说[①]

[①] 史事:盘古。

传说中最早之帝王,莫如盘古。其说见于《三五历记》者曰:"天地混沌如鸡子。盘古生其中。万八千岁,天地开辟。阳清为天,阴浊为地。盘古在其中,一日九变。神于天,圣于地。天日高一丈,地日厚一丈,盘古日长一丈。如此万八千岁,天数极高,地数极深,盘古极长。"《五运历年记》曰:"元气濛鸿,萌芽兹始。遂分天地,肇立乾坤。启阴感阳,分布元气。乃孕中和,是为人也。首生盘古。垂死化身,气成风云,声为雷霆,左眼为日,右眼为月,四肢五体为四极五岳,血液为江河,筋脉为地里,肌肉为田土,发髭为星辰,皮毛为草木,齿骨为金石,精髓为珠玉,汗流为雨泽,身之诸虫,因风所感,化为黎甿。"皆据《绎史》卷一引。《述异记》则曰:"昔盘古氏之死也,头为四岳,目为日月,脂膏为江海,毛发为草木。秦汉间俗说:盘古氏头为东岳,腹为中岳,左臂为南岳,右臂为北岳,足为西岳。先儒说:盘古氏泣为江河,气为风,声为雷,目瞳为电。古说:盘古氏喜为晴,怒为阴。吴、楚间说:盘古氏夫妻,阴阳之始也。今南海有盘古氏墓,亘三百余里。俗云后人追葬盘古之魂也。桂林有盘古氏庙,今人祝祀。"又云:"南海中盘古国。今人皆以盘古为姓。"案此诸说,显有不同。《述异记》首两说,与《五运历年记》之说,原本是一。此说与《三五历记》之说,并已窃印度传说,加以附会。《述异记》所谓先儒说者,与此似同实异,而与其所谓古说者,所本相同,盖中国之旧说也。至所谓吴、楚间说者,则又颇含史实,非尽神话。何以言之?

案,印度古籍有所谓《厄泰梨雅优婆尼沙昙》(Aitareya Upanishad)者。其说云:太古有阿德摩(Atman)先造世界。世界既成,后造人。此人有口,始有言,有言乃有火。此人有鼻,始有息,有息乃有风。此人有目,始有视,有视乃有日。此人有耳,始有听,有听乃有空。此人有肤,始有毛发,有毛发,乃有植物。此人有心,始有念,有念乃有月。此人有脐,始有出气,有出气,乃有死。此人有阴阳,始有精,有精乃有水。又《外道小乘涅槃论》云:"本无日月星辰,虚空及地,唯有大水。时大安茶生,形如鸡子。周匝金色。时熟,破为二段,一段在上作天,一段在下作地。"《摩登伽经》云:"自在以头为天,足为地,目为日月,腹为虚空,发为草木,流泪为河,众骨为山,大小便利为海。"《三五历记》《五运历年记》及《述异记》第一、二说,其为窃此等说,加以文饰而成,形迹显然,无待辞费。至其所谓先儒说者,虽若与此是一,然以盘古氏为生存,而不谓其已死,则显与其所谓古说者同出一原,而与其第一、二说迥不相侔也。《路史·初三皇纪》谓荆湖南北今以十月十六日为盘古氏生日，以候月之阴晴，此即《述异记》所谓古说尚存于宋时者。《山海经·海外北经》云："钟山之神，名曰烛阴。视为昼，瞑为夜，吹为冬，呼为夏。不饮，不食，不息，息为风。身长千里。在无䏿之东。其为物，人面蛇身，赤色，居钟山下。"《大荒北经》云："西北海之外，赤水之北，有章尾山。有神，人面蛇身而赤。直目正乘。其瞑乃晦，其视乃明，不食，不寝，不息。风雨是谒。是烛九阴，是谓烛龙。"此即一事而两传，与《述异记》所谓先儒说及古说相似，足见其为中国旧说。吴、楚间说，明言盘古氏有夫妻二人，且南海有其墓，南海中有其国，其人犹以盘古为姓，则人而非神矣。古氏族酋长，往往见尊为神，然不害于实有其人。故所谓吴、楚间说者，与所谓先儒说、古说并不相悖。所谓先儒说、古说者，虽涉荒怪，亦不能以此而疑吴、楚间说之凿空，不含史实也。然则所谓盘古氏者，必南方民族所共尊之古帝；南海中之盘古国，后虽僻处遐方，在古代，或实为南方民族之大宗矣。

　　《后汉书·南蛮传》有所谓槃瓠者，以为高辛氏之畜狗，长沙武陵蛮之祖，此与盘古本渺不相涉，夏曾佑始谓与盘古是一，谓吾族误袭苗族神话为己有。见所著《古代史》。予昔亦信其说，今乃知其非是而不可以不辩也。夫夏氏之疑，乃谓吾族古帝，踪迹多在北方，独盘古则祠在桂林，墓在南海耳。吾族开化，实始于南，不始于北，已如第三章所述。然则古代神话，留遗岭表，又何怪焉？抑《后汉书》槃瓠之说，实仅指武陵一隅，尤显而易见者也。其说曰："昔高辛氏有犬戎之寇，帝患其侵暴，而征伐不克，乃访募天下：有能得犬戎之将吴将军头者，购黄金千镒，邑万家，又妻以少女。时帝有畜狗，其毛五彩，名曰槃瓠。下令之后，槃瓠遂衔人头造阙下。群臣怪而诊之，乃吴将军首也。帝大喜。而计槃瓠不可妻之以女，又无封爵之道，议欲有报，而未知所宜。女闻之，以为帝皇下令，不可违信，因请行。帝不得已，乃以女配槃瓠。槃瓠得女，负而走，入南山，止石室中。所处险绝，人迹不至。于是女解去衣裳，为仆鉴之结，着独力之衣。帝悲思之，遣使寻求，辄遇风雨震晦，使者不得进。经三年，生子一十二人，六男六女。槃瓠死后，因自相夫妻。织绩木皮，染以草实。好五色衣服，制裁皆有尾形。其母后归，以状白帝。于是使迎致诸子。衣裳斑斓，语言侏离。好入山壑，不乐平旷。帝顺其意，赐以名山广泽。其后滋蔓，号曰蛮夷。外痴内黠，安土重旧。以先父有功，母帝之女，田作贾贩，无关梁、符传、租税之赋；有邑君长，皆赐印绶，冠用獭皮。其渠帅曰精夫，相呼为姎徒。今长沙武陵蛮是也。"此说依据蛮人地理、风俗、言语、服饰、居处及中国待之之宽典，其为秦汉间人所文饰，显然不疑。注云："今辰州卢溪县西有武山。黄闵《武陵记》曰：'山高可万仞，山半有槃瓠石室，可容数万人。中有石床，槃瓠行迹。'今案，山窟前有石羊、石兽，古迹奇异尤多。望石窟，大如三间屋。遥见一石，仍似狗形，蛮俗相传，云是槃瓠像也。"《路史·发挥》云："有自辰、沅来者，云卢溪县之西百八十里有武山焉，其崇千仞。遥望山半，石洞罅启。一石貌狗，人立乎其旁，是所谓槃瓠者。今县之西南三十有槃瓠祠，栋宇宏壮。信之天下有奇迹也。"注云："《辰州图经》云：隍石窟如三间屋。一石狗形，蛮俗云槃瓠之像，今其中种有四：一曰七村归明户，起居饮食类省民，但左衽。二曰施溪武源归明蛮人。三曰山傜。四曰仡僚。虽自为区别，而衣服趋向大略相似。土俗以岁七月二十五日，种类四集，扶老携幼，宿于庙下，五日，祠以牛彘酒鲑，椎鼓踏歌，谓之样。样，蛮语祭也。"卢溪，今湖南泸溪县。自唐至宋，遗迹犹存，种落可指，可见《后汉书》所云，乃一种落之故事，今乃以此推诸凡南蛮，并谓吾族称说，谓他人父，可谓重诬矣。干宝《晋纪》、范成大《桂海虞衡志》皆谓蛮族杂糅鱼肉，叩槽而号，以祭槃瓠。见《文献通考·四裔考》。《路史》谓会昌今江西会昌县。有盘古山，湘乡今湖南湘乡县。有盘古堡，雩都今江西雩都县。有盘古祠，成都、今四川成都县。淮安、今江苏淮安县。京兆今陕西长安县。皆有庙祀。又引《元丰九域志》，谓广陵今江苏江都县。有盘古冢庙。固与槃瓠绝不相干。今广西岩峒中亦有盘古庙。兼祀天皇、地皇、人皇。此盖又受吾族传说改变。俗以旧历六月二日为盘古生日，远近聚集致祭，与《路史》所述荆湖南北及《辰州图经》所述辰州土俗相类。而闽、浙畲民亦有奉槃瓠为祖者，其画像仍作狗形。他种落传说，亦有自称狗种者。二者犹绝不相蒙，安得据音读相近，牵合为一哉？

第六章 三皇事迹

第一节　纬书三皇之说①

盘古之后为三皇、五帝,亦为言古史者所习知。三皇、五帝之名,昉见《周官·外史》,未知其意果何指。《风俗通义》引《尚书大传》云:"遂人以火纪,火,大阳也,阳尊,故托遂皇于天。伏羲以人事纪,故托羲皇于人。……(神农)悉地力,种谷疏,故托农皇于地。"此盖今文旧说。《白虎通》、《甄耀度》、谯周《古史考》并同。见《礼记·曲礼》疏。《史记·秦始皇本纪》载博士议帝号,谓"古有天皇,有地皇,有泰皇,泰皇最贵"。"泰"与"大"同音,"大"字亦象人形,见《说文》。疑"泰"为"大"之音借,"大"为"人"之形讹,二说实一说也。《白虎通》别列一说,以伏羲、神农、祝融为三皇。《运斗枢》郑注《中候·敕省图》引之,见《曲礼》疏。《元命苞》《文选·东都赋》注引。则以伏羲、女娲、神农为三皇。案,司马贞《补三皇本纪》述女娲氏,谓"当其末年也,诸侯有共工氏。……与祝融战,不胜,而怒,乃头触不周山崩。天柱折,地维缺。女娲乃炼五色石以补天,断鳌足以立四极"云云。上云祝融,下云女娲,则祝融、女娲一人,此说殊未谛,然小司马自有所本,则《白虎通》与《运斗枢》《元命苞》实一说也。五帝之名,见于《大戴礼记·五帝德》者,曰黄帝、颛顼、帝喾、尧、舜,《史记·五帝本纪》依之,谯周、应劭、宋均皆同。见正义。郑玄注《中候·敕省图》,乃于黄帝、颛顼之间增一少昊,谓德合五帝座星者为帝,故实六人而为五。见《曲礼》疏。案,《后汉书·贾逵传》载逵奏《左氏》大义长于二《传》者曰:"五经家皆言颛顼代黄帝,而尧不得为火德。《左氏》以为少昊代黄帝,即图谶所谓帝宣也。如令尧不得为火,则汉不得为赤。"案,汉人言五德终始有二说:一以为从所不胜,周为火德,秦以水德胜之。汉承秦,故为土德。此说承自嬴秦。一主相生,刘向父子衍之。汉以火德,承周之木,而以秦为闰位。汉自以为尧后。黄帝号为黄,其为土德,无可移易。黄帝以后,颛顼以金德承之,则喾为水德,尧为木德矣。故必于黄帝后增少昊为金德,而颛顼以水德承之,喾以木德承之,尧乃得为火德也。此为古学家于黄帝、颛顼之

---

① 史事:三皇。

间增一少昊之由。然实六人而为五,于理终有未安。造《伪古文尚书》者出,乃去遂人而以伏羲、神农、黄帝为三皇,少昊、颛顼、帝喾、尧、舜为五帝。伪孔安国传序。如是,则少昊虽增,五帝仍为五人矣。此实其说之弥缝而更工者也。案,《周官》:"都宗人,掌都宗祀之礼。凡都祭祀,致福于国。"注云:"都或有山川及因国无主、九皇、六十四民之祀。"《礼记·王制》云"天子诸侯,祭因国之在其地而无主后者",而《春秋繁露》有九皇、六十四民,《三代改制质文篇》。此郑注之所本也。九皇、六十四民者,存二王之后以大国,与己并称三王。其前为五帝,封以小国。又其前为九皇,其后为附庸。又其前六十四代,则无爵土,故称民。三王、五帝、九皇、六十四民,合八十一代。古以九为数之究,八十一则数之究之究者也。《史记·封禅书》载管子说,今《管子》之《封禅篇》,乃取《史记》此书所补。谓古封泰山,禅梁父者七十二家。七十二益三皇、五帝,更益以本朝,亦八十一。窃疑三皇、五帝,使外史氏掌其书;自此以往,则方策不存,徒于因国无主及登封之时祭之;实前代之旧制。孔子作《春秋》,存二王以通三统,《白虎通义·三正篇》曰:"王者所以存二王之后,何也?所以尊先王,通天下之三统也。明天下非一家之有,谨敬谦让之至也。故封之百里,使得服其正色,用其礼乐。"案,服其正色者,夏以孟春月为正,色尚黑。殷以季冬月为正,色尚白。周以仲冬月为正,色尚赤。王者受命,有可得与民变革者,有不可得变革者。正朔为可得变革之一端,举此以概一朝所独有之制度也。《三教篇》谓夏之教忠,忠之失野,救野之失莫如敬。殷之教敬,敬之失鬼,救鬼之失莫如文。周之教文,文之失薄,救薄之失莫如忠。三者如顺连环,周而复始,穷则返本。盖儒家谓治天下,当三种制度迭行,故二王之成法,不可不保守也。立五帝以昭五端,《公羊》隐公元年解诂:"政莫大于正始,故《春秋》以元之气,正天之端。以天之端,正王之政。以王之政,正诸侯之即位。以诸侯之即位,正境内之治。诸侯不上奉王之政则不得即位,故先言正月而后言即位。政不由王出则不得为政,故先言王而后言正月也。王者不承天以制号令则无法,故先言春而后言王。天不深正其元则不能成其化,故先言元而后言春。五者同日并见,相须成体,乃天人之大本,万物之所系,不可不察也。"而于《书》,则仍存前代之三皇、五帝,以明三才、五常之义,《古今注》,程稚问于董生曰:古何以称三皇、五帝?对曰:三皇者,三才也。五帝,五常也。三才为天、地、人,与《尚书大传》说合。五常可以配五行,则儒家言五帝者之公言也。实六经之大义也。儒家三皇、五帝之说,其源流如此,与流俗所谓三皇者,实不相合也。

流俗三皇之说,出于谶纬。司马贞《补三皇本纪》云:"天地初立,有天皇氏十二头。淡泊无所施为,而俗自化。……兄弟十二人,立各一万八千岁。地皇十一头。火德王。姓十一人。"姓"上当有夺字。兴于熊耳、龙门等山。亦各万八千岁。人皇九头,乘云车,驾六羽,出谷口。兄弟九人,分长九州,各立城邑。凡一百五十世,合四万五千六百年。"注云:"出《河图》及《三五历》。"新莽下三万六千岁历,三统历以四千五百六十年为元,已见第四章。两"万八千"合为三万六千,四万五千六百年,则一元十倍之数也。《太平御览·皇王部》引《始学篇》,谓天皇、地皇各十二头,万八千岁。人皇九头,人各百岁。《洞纪》:天皇、地皇,亦各十二头。《帝系谱》:天皇、地皇,亦各万八千岁。于人皇皆无说。《路史》引《真源赋》,则天皇十三人,地皇十一人,各万八千余岁。人皇九人,四万五千六百年。案,《御览》又引《春秋纬》,谓天皇、地皇、人皇兄弟九人,分为九州,长天下,《河图括地象》谓天皇九翼,则纬书旧说,天皇、地皇、人皇皆九人,其年亦仅百岁。《始学篇》所采。自三万六千岁之历出,乃改天皇、地皇之年,各为万八千,而又增其人数为十二也。《补三皇本纪》之说,自谓出《河图》《三五历》,而《御览》引《河图》"天皇九翼",与《补三皇本纪》之说异,则《三皇本纪》天皇、地皇之说出《三五历》,人皇之说出《河图》也。天皇十三人之说未知所本,地皇十一人之说则决为天皇十三人之说既出后,乃减一人以就之者。要皆以意造作而已矣。《御览》又引《遁甲开山图》荣氏注,谓天皇兄弟十二人,地皇兄弟十人,人皇兄弟九人。十人盖十二人之夺。《御览》又引《遁甲开山图》曰:"天皇被迹在柱州昆仑山下。地皇兴于熊耳、龙门山。人皇起于刑马。"《水经·渭水注》:"故虢县今陕西宝鸡县东。有杜阳山。山北有杜阳谷。有地穴北入,亦不知所极。在天柱山南。"赵一清云:"《寰宇记》(凤翔府)岐山县下云,岐山亦名天柱山。《河图括地象》曰:'岐山在昆仑山东南,为地乳。上多白金。周之兴也,鸑鷟鸣于山上。时人亦谓此山为凤皇堆。'郦道元注《水经》云:'天柱山有凤皇祠。或云其峰高峻,迥出诸山,状若柱,因以为名。'一清按,《御览》四十及程克斋《春秋分记》并引之,今缺失之矣。"岐山,今陕西岐山县。熊耳,在今河南卢氏县南。龙门,在今山西河津、陕西韩城县之间。《水经·渭水注》:伯阳谷水、苗谷水并出刑马山。孙星衍校本云:当在今清水县界。然则《遁甲开山图》谓三皇兴于陕、甘、晋、豫之境也。案,《御览》引《春秋命历序》,谓"人皇氏九头,驾六羽,乘云车,出谷口,分九州"。《路史》引云:"出旸谷,分九河。"九河不可分,必九州之误。"谷口"之谷,系指旸谷则无疑。《三国·蜀志·秦宓传》,宓对夏侯纂,谓三皇乘祇车出谷口,即斜谷,在今陕西郿县西南。乃夸张本州之言,不足信也。《遁甲开山图》专将帝王都邑自东移西,尤不足据。《路史》注引《遁甲开山图》:

"人皇出于刑马山提地之国。"又引《洛书》云:"人皇出于提地之国。"以《御览》之文校之,上"提地之国"四字当衍,此语当出《洛书》也。《说文·示部》:"祇,地祇,提出万物者也。""提地"二字,似因此附会,未必有地可实指也。

《礼记》标题下正义云:"《易纬通卦验》云:'天皇之先,与乾曜合元,君有五期,辅有三名。'"注云:"君之用事,五行代王,"代"字从今本《通卦验》增。亦有五期。辅有三名,公、卿、大夫也。"又云:"遂皇始出握机矩。"注云:"遂皇谓遂人,在伏羲前,始王天下也。"则郑以天皇为上帝,五期之君为五帝,继天立治,实始人皇;而其所谓人皇者,则为遂人,此犹是《尚书大传》之说。《广雅》十纪,始自人皇,纪名九头,见上章。亦相符合。足见天皇、地皇之说为后起也。

第二节　巢燧羲农事迹

服虔云:"自少皞以上,天子之号以其德,百官之号以其征。自颛顼以来,天子之号以其地,百官之号以其事。"《礼记·月令》疏引。案,古地名与氏族之名不甚分别。以地为号者,可略知其地与族;以德为号,斯不然矣。然十口相传,必其时之大事,社会开化之迹却因之而可征也。

吾国开化之迹,可征者始于巢、燧、羲、农。《韩非子·五蠹篇》曰:"上古之世,人民少而禽兽众。人民不胜禽兽虫蛇。有圣人作,构木为巢,以避群害,而民悦之,使王天下,号曰有巢氏。民食果蓏蚌蛤,腥臊恶臭而伤害腹胃,民多疾病。有圣人作,钻燧取火,以化腥臊,而民悦之,使王天下,号之曰燧人氏。"《庄子·盗跖篇》曰:"古者禽兽多而人民少,于是民皆巢居以避之。昼食橡栗,暮栖木上。故命之曰有巢氏之民。古者民不知衣服,夏多积薪,冬则炀之。故命之曰知生之民。"①所述实为同物。知、晢相通,炀亦用火,其指发明用火之族言之可知也。发明用火,实为人类一大事。韩

---

① 史事:《五蠹》言有巢、遂人,遂人主熟食,《庄子》言巢知生,知生主取暖,《古史考》又兼言范金。

子主熟食言之，庄子主取暖言之，其用皆极切。《古史考》曰："古之初，人吮露精，食草木实。穴居野处。山居则食鸟兽，衣其羽皮，饮血茹毛。近水则食鱼鳖螺蛤。未有火化，腥臊多害肠胃。于是有圣人，以火德王。造作钻燧出火，教人熟食，铸金作刃。民人大说，号曰燧人。"《太平御览·皇王部》引。其辞盖櫽栝古籍而成。铸金亦为火之一大用。故《礼记·礼运》论修火之利，以范金、合土并言。合土指为陶器。然神农尚斫木为耜，揉木为耒；黄帝亦弦木为弧，剡木为矢；见《易·系辞传》。则前乎炎、黄之燧人，似未必能知铸金。谯氏盖综合古籍而失之者也。

《易·系辞传》云："古者包牺氏之王天下也：仰则观象于天，俯则观法于地；观鸟兽之文，与地之宜；近取诸身，远取诸物；于是始作八卦，以通神明之德，以类万物之情。作结绳而为网罟，以佃以渔，盖取诸《离》。"《经典释文》云："包，本又作'庖'。""郑云取也，孟、京作'伏'。"牺，"郑云鸟兽全具曰牺。孟、京作'戏'。云伏，服也；戏，化也"。《白虎通义·号篇》云："下伏而化之，故谓之伏羲。"《风俗通义》引《含文嘉》云："伏者，别也，变也。戏者，献也，法也。伏戏始别八卦，以变化天下；天下法则，咸伏贡献；故曰伏戏也。"盖今文旧说，孟、京所用。郑说则本于刘歆。《汉书·律历志》载《世经》曰"作网罟以田渔，取牺牲，故天下号曰炮牺氏"可证。《易》但言"佃渔"，歆妄益"取牺牲"三字，实非也。《礼记·月令》疏引《帝王世纪》曰："取牺牲以供庖厨，食天下，故号曰庖牺氏。"则又以"庖"字之义附会庖厨，失之弥远矣。今人或以伏羲为游牧时代之酋长，观此自知其非。① 《尸子》云："燧人之世，天下多水，故教民以渔。伏牺氏之世，天下多兽，故教民以猎。"亦谓其以田渔为业也。

神农亦德号。《礼记·月令》：季夏之月，"水潦盛昌，神农将持功"。又曰："毋发令而待，以妨神农之事。"此神农必不能释为人名也。《易·系辞传》曰："包牺氏没，神农氏作。斫木为耜，揉木为耒。耒耨之利，以教天下。"又曰："日中为市，致天下之民，聚天下之货，交易而退，各得其所。"案，《礼运》云："夫礼之初，始诸饮食。其燔黍捭豚，污尊而抔饮，蒉桴而土鼓，犹若可以致其敬于鬼神。"《明堂位》曰："土鼓、蒉桴、苇籥，伊耆氏之乐也。"《郊特牲》曰："伊耆氏始为蜡。"蜡为田祭，故熊安生谓伊耆氏即神农。见《礼记》标题下疏。综观三文，其说是也。《郊特牲》又云："四方年不顺成，八蜡不

---

① 史事：以伏羲为游牧非。在沼泽之地。

通,以谨民财也。顺成之方,其蜡乃通,以移民也。"盖因蜡祭之时,行交易之事,与《易传》之文亦相符会也。

《御览》引《遁甲开山图》云:^①"石楼山在琅玡。汉郡,治东武,今山东诸城县。后汉为国,徙治开阳,今山东临沂县。昔有巢氏治此山南。"《开山图》言帝王都邑皆在西,此独在东。《御览》又引云:"女娲氏没,大庭氏王。……次有柏皇氏、中央氏、栗陆氏、骊连氏、赫胥氏、尊卢氏、祝融氏、混沌氏、昊英氏、有巢氏、葛天氏、阴康氏、朱襄氏、无怀氏,凡十五代,皆袭包牺之号。此说系据《帝王世纪》,见《易·系辞传》疏。唯《世纪》朱襄氏在葛天氏之前。案,《庄子·胠箧篇》"昔者容成氏、大庭氏、伯皇氏、中央氏、栗陆氏、骊畜氏、轩辕氏、赫胥氏、尊卢氏、祝融氏、伏羲氏、神农氏,当是时也,民结绳而用之"云云,《世纪》及《开山图》本之,而又小有改易也。自无怀氏以上,经史不载,莫知都之所在。"则其言又自相矛盾。窃疑治石楼山南之说不出《开山图》,而《御览》误引也。韩子谓民食果蓏蚌蛤,不胜禽兽虫蛇;庄子谓"昼食橡栗,暮栖木上",又谓"民不知衣";则巢、燧二氏必居榛莽湿热之区,从可知尔。

《御览》又引《诗纬含神雾》曰:"大迹出雷泽,华胥履之生伏羲。"《易·系辞传》疏引《帝王世纪》曰:"有大人迹,出于雷泽,华胥履之而生包牺。"按,《淮南子·地形训》曰:"雷泽有神,龙身人头,鼓其腹而熙。"《山海经·海内东经》曰:"雷泽,中有雷神,龙身而人头,鼓其腹。《史记·五帝本纪》正义引作"鼓其腹则雷"。在吴西。"《鲁灵光殿赋》曰:"伏羲鳞身,女娲蛇躯。"李善注引《列子》曰:"伏羲、女娲,蛇身而人面。"又引《玄中记》曰:"伏羲龙身,女娲蛇躯。"古者工用高曾之规矩,殿壁画象,亦必有所受之。然则伏羲在沼泽之区,又不疑也。《管子·轻重戊》曰:"(伏羲)作九九之数,以合天道。"八卦益以中宫,是为九宫。明堂九室,取象于是。明堂之制,四面环水,盖湖居之遗制。伏羲之社会,从可推想矣。雷泽,盖即《五帝本纪》舜之所渔。《山海经》谓在吴西,吴即虞,二说亦相符合。《汉志》谓在城阳,地在今山东濮县。《左氏》太皞之后,有任,今山东济宁县。宿、今山东东平县东。须句、今东平县东南。颛臾,今山东费县。见僖公二十一年。虽不中,当不远。《帝王世纪》谓伏羲氏都陈,见下。盖以《左氏》昭公十七年梓慎言"陈,太皞之墟"云然。^② 然梓慎此言,与"宋,大辰之墟""郑,祝融之

---

① 史事:《御览》引《开山图》有巢氏治石楼山,疑误。
② 史事:谓伏羲都陈、成纪之非。

墟""卫,颛顼之墟"并举,大辰必不能释为国名,则梓慎所言盖天帝,非人帝。《御览》又引《开山图》曰:"仇夷山,四绝孤立,太昊之治,伏羲生处。"仇夷山盖即仇池山。在今甘肃成县。荣氏注因谓伏羲生成纪,今甘肃秦安县。徙治陈仓,今陕西宝鸡县。见《水经·渭水注》。《易·系辞传》疏引《帝王世纪》亦云:"包牺长于成纪。"则去之弥远矣。

《礼记·祭法》云:"厉山氏之有天下也,其子曰农,能殖百谷。"《国语·鲁语》作"烈山氏"。郑注曰:"厉山氏,炎帝也。起于厉山。或曰有烈山氏。"韦注曰:"烈山氏,炎帝之号也。起于烈山。《礼·祭法》以烈山为厉山也。"郑氏犹为两可之辞,韦氏则断以烈为山名矣。烈山之地,即后世之赖国,地在今湖北随县。盖徒据音读附会。其实烈山即《孟子》"益烈山泽而焚之"《滕文公上》。之烈山,乃农耕之民开拓时之所有事。《左氏》昭公十八年:"梓慎登大庭氏之库。"注云:"大庭氏,古国名,在鲁城内,鲁于其处作库。"疏云:"先儒旧说皆云炎帝号神农氏,一曰大庭氏。"《诗谱序》及《礼记》标题下疏均谓郑玄以大庭是神农之别号。《月令》疏引《春秋》说云"炎帝号大庭氏,下为地皇,作耒耜,播百谷,曰神农",盖诸儒之说所本。《史记·周本纪》正义云:"《帝王世纪》曰:'炎帝自陈营都于鲁曲阜。黄帝自穷桑登帝位,后徙曲阜。少昊邑于穷桑,以登帝位,都曲阜。颛顼始都穷桑,徙商丘。'穷桑在鲁北。或云穷桑即曲阜也。又为大庭氏之故国,又是商奄之地。皇甫谧云:'黄帝生于寿丘,在鲁城东门之北。居轩辕之丘,于《山海经》云"此地穷桑之际,西射之南"是也。'"炎帝居陈,盖以其继太昊言之,与云颛顼徙商丘均不足据,说已见前。《左氏》定公四年,祝佗言伯禽封于少皞之墟;昭公二十九年,蔡墨谓少皞氏有四叔,世不失职,遂济穷桑;则穷桑地确近鲁。《封禅书》载管子之言,谓"古者封泰山、禅梁父者七十二家,而夷吾所记者十有二焉。昔无怀氏封泰山,禅云云。伏羲封泰山,禅云云。神农封泰山,禅云云。炎帝封泰山,禅云云。黄帝封泰山,禅亭亭。颛顼封泰山,禅云云。帝喾封泰山,禅云云。尧封泰山,禅云云。舜封泰山,禅云云。禹封泰山,禅会稽。汤封泰山,禅云云。周成王封泰山,禅社首"。正义引《韩诗外传》曰:"孔子升泰山,观易姓而王,可得而数者七十余人,不得而数者万数也。"今本无,然《书序》疏亦引之,司马贞《补三皇本纪》亦有此语,乃今本佚夺,非正义误引也。"万数"固侈言之,然古封泰山者甚多,则必非虚语。封禅后世为告成功之祭,古或每帝常行。千里升封,必非小国寡民所克举,则古泰山之下,名国之多可知。谓自炎帝至颛顼,都邑皆近于鲁,则可信也。《国语·晋语》谓"炎帝以姜水成"。① 《水经·渭水注》云:"岐水又东径姜氏城南,姜氏城,在今陕西岐山县东。为姜水。……《帝王世纪》曰:(炎帝)母女登游华阳,感神而生炎帝,长于姜水,是其地。"《帝王世纪》又谓神农崩,葬长沙。《御览·皇王部》引。《路史》引作葬"茶陵"。长沙、茶陵皆湖南今县。此盖姜氏之族,后世西迁雍州;后稷生于姜嫄。太王妃曰太姜。武王妃曰邑姜。齐太公姜姓。虽或云避纣东海,或云隐屠朝歌,然《礼记·檀弓》曰:"太公封于营丘,比及五世,皆返葬于周。君子曰:'乐,乐其所自生。礼,不忘其本。'古之人有言曰:'狐死正丘首,仁也。'"则太公之先实居西方。云在东方,乃因其后来受封于东而附会也。又楚为祝融之后,踪迹在南,故传说随之而散布,非其朔也。

《祭法》疏引《春秋命历序》云:"(炎帝)传八世,合五百二十岁。"纬候之言,本不足据。《易·系辞传》疏引《帝王世纪》云:"(神农氏)在位一百二十年而崩。② 纳奔水氏女曰听詙。《校勘记》:钱本、宋本、闽本同。监、毛本"詙"作"詙"。生帝临魁。次帝承,次帝明,次帝直,次帝氂,次帝哀,次帝榆罔。凡八代,及轩辕氏也。"则其说弥安矣。古系世之传盖始于黄帝之族,《大戴记·帝系》即如此,谧安所得神农氏之世系邪?《吕览·慎势》云:"神农十七世有天下",或当得其实也。《御览》引《尸子》作"七十世",盖"十七"字倒误。

---

① 史事:姜水必不在东。黄,姬水;炎,姜水。
② 史事:神农氏传十七世。

第七章 五帝事迹

第一节 炎黄之争

《庄子·胠箧篇》云:"昔者容成氏、大庭氏、伯皇氏、中央氏、栗陆氏、骊畜氏、轩辕氏、赫胥氏、尊卢氏、祝融氏、伏羲氏、神农氏,当是时也,民结绳而用之。甘其食,美其服,乐其业,安其居。邻国相望,鸡狗之音相闻,民至老死而不相往来。若此之时,则至治已。"《盗跖篇》曰:"神农之世,卧则居居,起则于于。民知其母,不知其父。与麋鹿共处,耕而食,织而衣,无有相害之心。此至德之隆也。然而黄帝不能致德,与蚩尤战于涿鹿之野,流血百里。"《商君书·画策篇》曰:"神农之世,男耕而食,妇织而衣,刑政不用而治,甲兵不起而王。神农既殁,以强胜弱,以众暴寡,故黄帝……内行刀锯,外用甲兵。"《战国·赵策》曰:"宓羲、神农,教而不诛,黄帝、尧、舜,诛而不怒。"《春秋繁露·尧舜不擅移汤武不专杀篇》曰:"今足下以汤、武为不义,然则足下之所谓义者,何世之主也?……则答之以神农。"若是乎,自古相传,咸以炎、黄之际为世运之一大变也。案,《战国·秦策》,苏秦言"神农伐补遂"。《吕览·用民》谓"夙沙之民自攻其君而归神农"。《说苑·政理篇》同。则神农之时亦已有征诛之事。盖神农氏传世甚久,故其初年与末年,事势迥不相同也。然此等争战,尚不甚剧,至炎、黄之际,而其变益亟。①

炎、黄二帝,实为同族。《国语·晋语》曰:"昔少典娶于有蟜氏,生黄帝、炎帝。黄帝以姬水成,炎帝以姜水成。成而异德,故黄帝为姬,炎帝为姜,二帝用师,以相济也。"《贾子·益壤》曰:"黄帝者,炎帝之兄。"《制不定》曰:"炎帝者,黄帝同父母弟也。"说虽不同,必有所本。《史记·五帝纪》曰:"黄帝者,少典之子。……轩辕之时,神农氏世衰,诸侯相侵伐,暴虐百姓,而神农氏弗能征。于是轩辕乃习用干戈,以征不享。诸侯咸来宾从。而蚩尤最为暴,莫能伐。炎帝欲侵陵诸侯,诸侯咸归轩辕,轩辕乃修德振兵。治五气,艺五种。抚万民,度四方。教熊罴貔貅䝙虎,以与炎帝战于阪泉之

---

① 史事:炎黄之间为世运之一大变。

野,三战然后得其志。蚩尤作乱,不用帝命。于是黄帝乃征师诸侯,与蚩尤战于涿鹿之野,遂擒杀蚩尤。而诸侯咸尊轩辕为天子,代神农氏。"既云神农氏世衰,诸侯相侵伐,暴虐百姓,弗能征矣,又云炎帝欲侵陵诸侯,其事弗类。《史记》此文略同《大戴礼记·五帝德》。而《五帝德》只有与炎帝战于阪泉之文,更无与蚩尤战于涿鹿之事。《贾子·益壤》云:"炎帝无道,黄帝伐之涿鹿之野。"《制不定》曰:"黄帝行道,而炎帝不听,故战涿鹿之野。"然则蚩尤、炎帝,殆即一人;涿鹿、阪泉,亦即一役;①《史记》自"炎帝欲侵陵诸侯"至"三战然后得其志",凡五十六字,殆别采一说,而夺"一曰"二字;抑或后人记识与原文相混也。《周书·尝麦篇》曰:"昔天之初,诞作二后,乃设建典,命赤帝分正二卿,命蚩尤于宇少昊,以临四方。"四"疑当作"西"。……蚩尤乃逐帝,争于涿鹿之阿,九隅无遗。赤帝大慑,乃说于黄帝,执蚩尤,杀之于中冀……用名之曰绝辔之野。"《史记篇》曰:"昔阪泉氏用兵无已,诛战不休,并兼无亲,文无所立,智士寒心。徙居至于独鹿,诸侯叛之,阪泉以亡。"《盐铁论·结和篇》曰:"轩辕战涿鹿,杀两曎、蚩尤而为帝。"褚先生《补史记建元以来侯者年表》载田千秋上书曰:"父子之怒,自古有之。蚩尤叛父,黄帝涉江。"然则《周书》之"赤帝"即《史记》之"神农氏",为炎、黄二帝之共主。炎帝盖即蚩尤,初居阪泉,故号阪泉氏。后与赤帝争于涿鹿之阿,亦即独鹿,盖逐赤帝而攘其地。其后又为黄帝所灭。蚩尤初为少昊,为两曎之一。两曎者,《礼记·月令》疏曰:"东方生养,元气盛大;西方收敛,元气便小。故东方之帝谓之太皞,西方之帝谓之少皞。"其说当有所本。两曎又一,当为太曎。赤帝时不知谁为之,蚩尤既代赤帝,当别以人为两曎,涿鹿之战,与之俱死,《盐铁论》所云者是也。② 据田千秋之说,蚩尤似即赤帝之子,然则赤帝岂即少典乎?书缺有间,难以质言,然炎、黄之必为同族,则似无可疑也。

予昔尝谓神农为河南农耕之族,黄帝为河北游牧之族,阪泉、涿鹿之战,乃河北游牧之族侵略河南农耕之族。由今思之,殊不其然。昔所以持是说者,乃因信阪泉、涿鹿在涿郡;又《史记》言黄帝"教熊罴貔貅䝙虎",迁徙往来无常处,以师兵为营卫,类于游牧之族故也。其实迁徙往来无常处,

---

① 史事:阪泉涿鹿一役。
② 史事:亦即少昊、赤帝、少典?

好战之主类然，初不必其为游牧之族。若齐桓公，其征伐所至之地即甚广矣，又可谓齐为行国乎？"教熊罴貔貅貙虎"乃形容之辞，非实有其事，《史记》固亦云黄帝艺五种，时播百谷草木矣，亦可据其文而断黄帝为耕农之族也。《易·系辞传》疏，《史记·五帝本纪》正义引《帝王世纪》，谓神农人身牛首。《述异记》云："秦汉间说：蚩尤氏耳鬓如剑戟，头有角。与轩辕斗，以角抵人，人不能向。今冀州有乐名《蚩尤戏》，其民两两三三，头戴牛角而相抵。汉造《角抵戏》，盖其遗制也。"《淮南子·原道》《天文》皆云共工氏触不周之山，天柱折，地维缺，《山海经·海外北经》云："共工之臣曰相柳氏，九首，以食于九山。相柳之所抵，厥为泽溪。"蚩尤、共工与神农俱姜姓。予昔因此，谓神农之族农耕，故重牛；黄帝之族游牧，游牧之民必兼事田猎，故有"教熊罴貔貅貙虎"之说。然古无牛耕，农耕之族亦并不斗牛，此说亦殊牵强也。阪泉，集解引皇甫谧云："在上谷。"又引张晏云："涿鹿在上谷。"此自因汉世县名附会。汉涿鹿县属上谷，即今察哈尔涿鹿县。服虔谓"阪泉，地名"，在涿郡，今河北涿县。自较谓在上谷者为近情。然以古代征战之迹言之，仍嫌太远。《御览·州郡部》引《帝王世纪》曰：《世本》云涿鹿在彭城南"，今江苏铜山县。实最为近之。《战国·魏策》云："黄帝战于涿鹿之野，而西戎之兵不至；禹攻三苗，而东夷之兵不起。"此为涿鹿在东方之明证。集解又引《皇览》，谓蚩尤冢在寿张，后汉县，今山东东平县。其肩髀冢在巨野，汉县，今山东巨野县。亦距彭城不远也。

《史记》云："天下有不顺者，黄帝从而征之。平者去之。披山通道，未尝宁居。东至于海，登丸山，及岱宗。西至于空桐，登鸡头。南至于江，登熊、湘。北逐荤粥，合符釜山，而邑于涿鹿之阿。"丸山，集解引徐广曰："一作'凡'。"《汉书·地理志》作"凡"，在琅邪朱虚县。今山东临朐县。岱宗即泰山。空桐，集解引应劭曰"山名"，韦昭曰"在陇右"。鸡头，索隐曰："山名也。后汉王孟塞鸡头道，在陇西，一曰崆峒山之别名。"正义引《括地志》曰："笄头山，一名崆峒山，在原州平高县西百里。"今甘肃固原县。又曰："空桐山在肃州福禄县东南六十里。"今甘肃高台县。熊、湘，集解引《封禅书》曰："南伐至于召陵，登熊山。"召陵，今河南郾城县。《地理志》曰："湘山在长沙益阳县。"今湖南益阳县。正义引《括地志》，谓"熊耳山在商州上洛县西十里。今陕西商县。齐桓公登之，以望江、汉也。湘山……在岳州巴陵县今湖南岳阳县。南十八里"。釜山，《括地志》谓在"怀戎县北三里"。今察哈尔怀来县。泰山本古代登封之处。琅邪自非黄帝所不能至。陇右、巴陵则相距太远矣。《路史》云，空同山，在汝之梁县西南四十里。今河南临汝县。有广成泽及庙。近南阳雉衡山。在今河南南召县东。故马融《广成赞》云南据衡阴。其说是也。《殷本纪》：

殷后有空桐氏。古所谓"江",不必指今长江。熊、湘虽不能指为何地,要不能西抵上洛,南至巴陵。釜山之在怀戎,则又因涿鹿在上谷而附会。其所在亦不可考。然三代封略,北不尽恒山,则其地必在恒山之南也。邑涿鹿之阿,则仍蚩尤之旧居耳。此可见黄帝经略所及,不过今河南、山东;其本据,则仍在兖、徐之间也。

《史记》又云:"自黄帝至舜、禹,皆同姓而异其国号……故黄帝为有熊。"《白虎通义·号篇》亦曰:黄帝号有熊。集解引皇甫谧曰:"有熊,今河南新郑是也。"今河南郑县。案,郑为陆终之后,邠、郐人之所居。陆终之先曰吴回,为高辛氏火正,命之曰祝融。其后裔孙曰鬻熊。鬻熊之后熊丽、熊狂等,咸以熊为氏。鬻熊盖仍祝融异文。单呼则曰熊。黄帝之称有熊,似不应以此附会也。《史记》又云:"黄帝崩,葬桥山。"陕西亦非黄帝所能至。《封禅书》载公孙卿之言曰:"黄帝郊雍上帝,雍,汉县,今陕西凤翔县。宿三月。鬼臾区号大鸿,死葬雍,故鸿冢是也。其后黄帝接万灵明廷,明廷者,甘泉也。汉甘泉宫,在今陕西淳化县西北。所谓寒门者,谷口也。在今陕西泾阳县西北。黄帝采首山铜,今河南襄城县南。铸鼎于荆山下。今河南阌乡县南。鼎既成,有龙垂胡髯下迎黄帝。黄帝上骑,群臣后宫从上者七十余人。龙乃上去。余小臣不得上,乃悉持龙髯。龙髯拔,堕,堕黄帝之弓。百姓仰望黄帝既上天,乃抱其弓与胡髯号,故后世因名其处曰鼎湖,其弓曰乌号。"明明极不经之语,偏能引地理以实之,真俗所谓信口开河者也。《遁甲开山图》等将帝王都邑任意迁移,皆此等伎俩。《史记》之文,不知果为史公原文与否。然《汉书·地理志》上郡阳周,今陕西安定县。桥山在南,有黄帝冢。王莽自谓黄帝后,使治园位于桥山,谓之桥畤。见《汉书·王莽传》。悠悠之说,遂成故实矣。史事之不实,可胜慨乎?

《易·系辞传》曰:"神农氏没,黄帝、尧、舜氏作,通其变,使民不倦。神而化之,使民宜之。""黄帝、尧、舜垂衣裳而天下治,盖取诸《乾》《坤》?刳木为舟,剡木为楫,舟楫之利,以济不通,致远以利天下,盖取诸《涣》?服牛乘马,引重致远,以利天下,盖取诸《随》?重门击柝,以待暴客,盖取诸《豫》?断木为杵,掘地为臼,臼杵之利,万民以济,盖取诸《小过》?弦木为弧,剡木为矢,弧矢之利,以威天下,盖取诸《睽》?上古穴居而野处,后世圣人易之以宫室,上栋下宇,以待风雨,盖取诸《大壮》?古之葬者,厚衣之以薪,葬之中野,不封不树,丧期无数,后世圣人易之以棺椁,盖取诸《大过》?上古结绳而治，后世圣人易之以书契，百官以治，万民以察，盖取诸《夬》?"疏言此九事者，皆黄帝制其初，尧、舜成其末，此难遽信。疏云："《帝王世纪》载此九事，皆为黄帝之功。"《书序》疏则云："垂衣裳而天下治……是黄帝、尧、舜之事也。又舟楫取《涣》，服牛取《随》，重门取《豫》，白杵取《小过》，弧矢取《睽》，此五者，时无所系，在黄帝、尧、舜时亦否皆可以通也。至于宫室、葬与书契，皆先言上古、古者，乃言后世圣人易之，则别起事之端，不指黄帝、尧、舜。"《书》疏此说，乃为强申伪序文籍起于伏羲时，虽不足论，然就《系辞传》文义论之，自为平允也。然黄帝以降，文物日臻美备，则可知矣。此史事之传者，所以至黄帝而较详也。

《吕览·荡兵》曰："人曰'蚩尤作兵'，蚩尤非作兵也，利其械矣。未有蚩尤之时，民固剥林木以战矣。"①"弦木为弧，剡木为矢"，亦剥林木以战之一端。《越绝书》言"轩辕、神农、赫胥之时，以石为兵……黄帝之时，以玉为兵"，《外传记宝剑》。玉亦石。盖未知用铜之时，兼用木石为兵，肃慎氏"楛矢石砮"其征也。《管子·地数》曰："黄帝问于伯高曰：'吾欲陶天下而以为一家，为之有道乎？'……伯高对曰：'……苟山之见其荣者，君谨封而祭之……'修教十年，而葛卢之山发而出水，金从之。蚩尤受而制之，以为剑铠矛戟，是岁相兼者诸侯九。雍狐之山发而出水，金从之。蚩尤受而制之，以为雍狐之戟，芮戈。是岁相兼者诸侯十二。"《五行篇》言黄帝得六相，蚩尤为其一。盖蚩尤之后，有服属于黄帝者也。南方之知用铜早于北方，已见第三章。蚩尤之技，盖亦受之于南，观五刑始于蚩尤可知。北方铜与锡皆少于南方，②故穆王及管子皆有赎刑之制。《尚书·吕刑》《管子·中小匡》。管子言美金以铸戈剑矛戟，恶金以铸斤斧锄夷锯欘，盖以铜为兵器，以铁为农器也。《左氏》僖公十八年："郑伯始朝于楚，楚子赐之金。既而悔之，与之盟，曰：'无以铸兵。'"《吴越春秋》《越绝书》皆盛称南方兵甲之利，可见北方之用铜至东周时，尚远在南方之后。然《管子》已有盐铁之篇，则北方之农器已甚精利矣。此河域生业之所由日盛欤？

---

① 兵：用石时亦剥林木以战。
② 工业：北用铜不如南用铁胜之。

第二节　黄帝之族与共工之争

黄帝之后,依今文家旧说,继位者为颛顼,依古文家言,则其间多一少昊,已见第六章第一节。古本无后世所谓共主。古书所谓某帝崩、某帝立者,皆后人追述之辞,不徒不必身相接,并不必其在当时有王天下之实也。故黄帝、颛顼间果有少昊与否,实无甚关系,而少昊、颛顼等事迹如何,乃为言古史者所必究焉。《史记·五帝本纪》略本《大戴礼记·五帝德》,于颛顼、帝喾两代,皆仅虚辞称美,无甚实迹可指。综各种古书观之,则其时与共工之争极烈,至尧、舜、禹之世而犹未已。又黄帝灭蚩尤后不久,二族似仍通婚媾。故颛顼、帝喾皆与姜姓之族有关,此则其时之事颇有关系者也。

少昊事迹见于《左氏》。昭公十七年,郯子来朝。公与宴。昭子问焉,曰:"少皞氏鸟名官,何故也?"郯子曰:"吾祖也,我知之矣。昔者黄帝氏以云纪,故为云师而云名。炎帝氏以火纪,故为火师而火名。共工氏以水纪,故为水师而水名。太皞氏以龙纪,故为龙师而龙名。我高祖少皞、挚之立也,凤鸟适至,故纪于鸟,为鸟师而鸟名。……自颛顼以来,不能纪远,乃纪于近,为民师而命以民事。"二十九年,蔡墨言:"少皞氏有四叔:曰重,曰该,曰修,曰熙。实能金、木及水。使重为句芒,该为蓐收,修及熙为玄冥。世不失职,遂济穷桑。"穷桑近鲁,已见第六章第二节。郯为今山东郯城县。郯子言少昊、挚之立,爽鸠氏为司寇,而昭公二十年,晏子对齐景公,谓"昔爽鸠氏始居此地,季荝因之,有逢伯陵因之,薄姑氏因之,而后太公因之",则古代,今山东省确有一少昊其人,谓为子虚乌有者,武断之论也。然古学家牵合黄帝之子青阳,则非是。

《史记·五帝本纪》曰:"黄帝居轩辕之丘,而娶于西陵之女,是为嫘祖。嫘祖为黄帝正妃。生二子,其后皆有天下。其一曰玄嚣,是为青阳。青阳降居江水。其二曰昌意,降居若水,昌意娶蜀山氏女,曰昌仆。生高阳。高阳有圣德焉。黄帝崩,葬桥山。其孙昌意之子高阳立,是为帝颛顼也。……帝颛顼生子曰穷蝉。颛顼崩,而玄嚣之孙高辛立,是为帝喾。帝喾高辛者,黄帝之曾孙也。高辛父曰蟜极,蟜极父曰玄嚣,玄嚣父曰黄帝。自玄嚣与蟜极皆不得在位,至高辛即帝位。"《史记》此文与《大戴礼记·帝系篇》合,乃古系世之遗。古未必有后世之共主,然君位相袭,在一部落间仍是分明。如忽都剌殁,蒙兀无共主,然也速该仍为尼伦全部之主是也。夏太康失国,少康中兴亦如此。自太康至相,不过不为天下王,其为夏之君自若也。参看第八章第一节自明。少昊与太昊相对,乃东西二卿之名,已见第一节。《汉书·律历志》引刘歆所撰《世经》,据郯子之言,谓炮牺、共工、炎帝、黄帝、少昊相继,由周人迁其行序,故《易》不载。又曰:"《考德》曰:少昊曰清。清者,黄帝之子青阳也,是其子孙名挚立。"颜师古注曰:"《考德》者,考五帝德之书也。"盖即歆等所造。《后汉书·张衡传》,衡条上司马迁、班固所叙与典籍不合者十余事。注举其一事曰:"《帝系》,黄帝产青阳、昌意。《周书》曰:'乃命少皞清。'清即青阳也。今宜实定之。"案,《周书》此语见于《尝麦解》。文曰:"乃命少昊清司马鸟师,以正五帝之官,故名曰质。天用大成。至于今不乱。"此文疑有夺误。指清为少昊之名,实属附会。而质、挚同音,盖又古学之家据此而定少昊之名为挚者。郯子于黄、炎、共工、太皞,皆不言其名,独于少皞称其名曰挚,疑"挚"字乃治《左氏》者所旁注,而后误入正文也。要之少昊确有其人,居东方之地,亦为当时名国,然谓其曾继黄帝而为其部落之长,且为一时共主,则羌无故实也。①

自颛顼以至于禹,皆与共工剧争。《淮南子·天文训》曰:"昔者共工与颛顼争为帝,怒而触不周之山,天柱折,地维绝。"《兵略训》曰:"颛顼尝与共工争矣。"《史记·律书》曰:"颛顼有共工之阵,以平水害。"《淮南子·原道训》曰:"昔共工之力,触不周之山,使地东南倾。与高辛争为帝,遂潜于渊,宗族残灭,继嗣绝祀。"《周书·史记》曰:"昔有共工自贤,自以无臣。久空大官,下官交乱,民无所附。唐氏伐之,共工以亡。"《书·尧典》言舜"流共工于幽州"。《淮南子·本经训》曰:"舜之时,共工振滔洪水,以薄空桑。……舜乃使禹疏三江、五湖,辟伊阙,导廛、涧。"《荀子·议兵篇》曰:"禹伐共工。"《战国·秦策》载苏秦之言同。《成相篇》曰:"禹有功抑下鸿,辟除民害逐共工。"可见其争阋之烈。《管子·揆度篇》言:"共工之王,水处什之七,陆处什之三,乘天势以隘制天下。"《礼记·祭法篇》言:"共工氏之霸九州也,其子曰后土,能平九州,故祀以为社。"王霸为后人分别之辞,在当时实无以

---

① 史事:少昊氏、爽鸠氏为司寇居齐,非继黄帝酋长。

异,然则共工后虽败亡,其初固为一强族也。

共工究何族乎?曰:共工者,炎帝之支派也。《山海经·海内经》曰:"炎帝之妻,赤水之子,听訞《补三皇本纪》曰:"神农纳奔水氏之女曰听詙为妃。"注曰:"见《帝王世纪》及《古史考》。"郝懿行《山海经笺疏》曰:"二书盖亦本此经为说,其名字不同……今无可考矣。"生炎居。炎居生节并。节并生戏器。戏器生祝融。祝融降处于江水,生共工。共工生术器。术器首方颠,是复土壤,以处江水。共工生后土。后土生噎鸣。噎鸣生岁十有二。洪水滔天。鲧窃帝之息壤,以堙洪水。不待帝命。帝令祝融杀鲧于羽郊。鲧复生禹。帝乃命禹卒布土以定九州。"《山海经》诚荒怪,然世系为古人所重,虽与神话相杂,不得全虚。云炎帝生祝融,祝融生共工,可见其实为炎帝之族。而云鲧为祝融所杀,其后禹又攻共工,亦隐见二族相仇之迹也。《大荒北经》有禹攻共工国山,又云禹杀共工之臣相繇。《海内北经》云禹杀共工之臣相柳。此系一事两传。又《大荒北经》言:"大荒之中,有山名曰成都。载天。有人珥两黄蛇,把两黄蛇,名曰夸父。后土生信,信生夸父。夸父不量力,欲追日影,逮之于禺谷。将饮河而不足也,将走大泽,未至,死于此。应龙已杀蚩尤,又杀夸父,乃去南方处之,故南方多雨。"此一事两说并载。后土,据《海内经》生于共工,应龙则《大荒北经》谓黄帝使攻蚩尤于冀州之野者也。亦隐见二族相争之迹。

古有所谓女娲者,盖创造万物之女神?①《楚辞·天问》曰:"女娲有体,孰制匠之?"注曰:"传言女娲人头蛇身,一日七十化。"《说文·女部》:"娲,古之神圣女,化万物者也。"《天问》之意,盖谓万物皆女娲所造,女娲谁所造邪?犹今诘基督教者,言天主造物,天主又谁所造也?《御览·皇王部》引《风俗通》俗说天地开辟,未有人民。女娲抟黄土作人。剧务,力不暇供,乃引绳于泥中,举以为人。故富贵者,黄土人也;贫贱凡庸者,缅人也。亦此一类神话。既可以造万物,遂可以补天地,而其说,遂与共工、颛顼之争相牵合焉。《淮南子·天文训》言:"(共工)触不周之山,天柱折,地维绝。天倾西北,故日月星辰移焉。地不满东南,故水潦尘埃归焉。"言共工而不及女娲。《览冥训》曰:"往古之时,四极废,九州裂。天不兼覆,地不周载。火爁炎而不灭,水浩洋而不息。猛兽食颛民,鸷鸟攫老弱。于是女娲炼五色石以补苍天,断鳌足以立四极,杀黑龙以济冀州,积芦灰以止淫水。苍天补,四极正。淫水涸,冀州平。狡虫死,颛民生。"言女娲而不及共工。可见其各为一说。《论衡·谈天》《顺鼓》二篇,始将二事牵合为一,然犹云共工与颛顼争。司马贞《补三皇本纪》乃谓女娲

---

① 史事:女娲乃造万物女神。

氏末年,"诸侯有共工氏,任智刑以强,霸而不王……与祝融战,不胜,而怒。乃头触不周山崩,天柱折,地维缺。女娲乃炼五色石以补天,断鳌足以立四极"云云。云与祝融战者?古书言三皇,一说以为伏羲、神农、祝融,撰集古记者或以为女娲即祝融,乃改共工与颛顼争为与祝融战,而司马氏杂采之也。注云"按,其事出《淮南子》",乃溯其本原之辞,非谓其文全据《淮南》。古神人本不分,人固可以附会为神,神亦可以降列于人,于是诸书遂列女娲于古帝王,附会为伏羲之妹,《风俗通义》。甚或谓其陵在任城,又或谓其治平利之中皇山矣。见《路史》引《太平寰宇记》《元丰九域志》。案,任城,今山东济宁县,地近雷泽。平利,今陕西平利县。《遁甲开山图》注谓伏羲生于成纪,徙治陈仓,地与平利相近,盖因此而附会也。《路史》又引《长安志》,谓骊山有女娲治处,案,《汉书·律历志》载张寿王之言,谓骊山女为天子,在殷、周间,《长安志》之说盖又因此附会。骊山,在今陕西临潼县东南。

《帝王世纪》谓颛顼始都穷桑,后徙商丘,乃因《左氏》"卫,颛顼之墟"而云然,说不足信。见第六章第二节。《吕览·古乐》曰:"帝颛顼生自若水,实处空桑,乃登为帝。"此言颛顼都邑最可信据者。《山海经·海内经》曰:"南海之内,黑水、青水之间,有木,名曰若木,若水出焉。"《楚辞·离骚》曰:"饮余马于咸池兮,总余辔乎扶桑。折若木以拂日兮,聊逍遥以相羊。"《说文·叒部》:"叒,日初出东方汤谷所登扶桑。叒,木也。"王筠曰:"石鼓文有桑字。盖'叒'本作'𣕎'。'若'字盖亦作'𣕎',即'𣕎'之重文。加凵者,如'本'字之象根形。《说文》之'叒木',他书作'若木',盖汉人犹多作'𣕎',是以八分书桑字作'桒'。《集韵》《类篇》云'桑'古作'桒'。《说文》收'若'字于草部,从草,右声,似误。"此说甚精。若水实当作"桑水"。《东山经》曰:"东次二经之首曰空桑之山,北临食水。"又曰:"《东山经》之首曰樕𧈫之山。北临乾昧,食水出焉,而东北流注于海。"空桑即穷桑,其地当近东海。《史记·殷本纪》载《汤诰》曰:"东为江,北为济,西为河,南为淮,四渎已修,万民乃有居",则古谓江在东方。青阳降居江水,昌意降居若水,其地皆当在东。后人误"蜀山氏"之蜀为"巴蜀"之蜀,《水经》乃谓若水出旄牛徼外,至朱提为泸江矣。① 旄牛、朱提,皆汉县。旄牛,在今四川汉源县南。朱提,在今四川宜宾县西南。《周书》谓阪泉氏徙居至于独鹿,独从蜀声,独、蜀一字,蜀山实独鹿之山,亦即涿鹿之山。黄帝破蚩尤后,至颛顼时,二族盖复通婚媾,故《大荒西经》谓

---

① 史事:昌意处若水,青阳处江水,皆在东。蜀山即独鹿。昌意取蜀山女,故生颛顼,为姜姓。

颛顼生老童,老童生祝融,祝融固炎帝之族;《大荒北经》谓颛顼生骊头,骊头生苗民,苗民釐姓;《潜夫论·五德志》谓颛顼身号高阳,世号共工,苗民即蚩尤之后,共工亦姜姓也。《吕览》言颛顼实处空桑,而《淮南》言共工振滔洪水,以薄空桑,则共工、颛顼之争仍在东方,必不能在河北也。

第三节 禹 治 水

帝喾之后,继之者为帝尧。《史记·五帝本纪》曰:"帝喾娶陈锋氏女,生放勋,娶娵訾氏女,生挚。帝喾崩,而挚代立。帝挚立,不善。崩,而弟放勋立,是为帝尧。"不善,索隐曰:古本作"不著",犹不著明,不善谓微弱。又引卫宏曰:"挚立九年,而唐侯德盛,因禅位焉。"正义引《帝王世纪》曰:"帝挚之母于四人中班最在下,而挚于兄弟最长,得登帝位,封异母弟放勋为唐侯。挚在位九年,政微弱,而唐侯德盛,诸侯归之。挚服其义,乃率群臣造唐而致禅。唐侯自知有天命,乃受帝禅。乃封挚于高辛。"《御览·皇王部》引略同,末云:"事不经见,汉故议郎东海卫宏所传云尔。"经传所无之说,卫宏何由知之?其妄不待言矣。

孔子删《书》,断自唐、虞,故自尧以后,史事传者较详。然《尧典》等实亦后人追述,非当时实录也。综观古书,此时代之大事,一为禹之治水,一为尧、舜、禹之禅让,今先述治水之事如下。

洪水之患,盖远起于炎、黄之际。《管子》言"共工之王,水处什之七,陆处什之三";《礼记》言共工氏之子后土"能平九州";《山海经》亦言"共工生术器","是复土壤,以处江水"。① 已见第二节。而《国语·周语》载太子晋之言,谓"古之长民者,不堕山,不崇薮,不防川,不窦泽。……昔共工弃此道也,虞于湛乐,淫失其身。欲壅防百川,堕高堙庳,以害天下。皇天弗福,庶民弗助,祸乱并兴,共工用灭。其在有虞,有崇伯鲧,播其淫心,称遂共工之过。尧用殛之于羽山。其后伯禹念前之非度,厘改制量……共之从孙四岳佐之。高高下下,疏川导滞。钟水丰物。封崇九山,决汩九川,陂障九泽,

---

① 水利:古治水主填塞。

丰殖九薮,汩越九原,宅居九隩,合通四海……克厌帝心。皇天嘉之,祚以天下"云云。知自共工至禹,水患一线相承。共工与颛顼争,其距黄帝当不甚远。而《管子·揆度》言"黄帝之王……破增薮,焚沛泽,逐禽兽",又《轻重戊》言"黄帝之王,童山竭泽",此即"益烈山泽而焚之"之事。知当黄帝时,业以水为患矣,《禹贡》述禹所治水,遍及江、河两流域,诸子书言禹事者亦皆极意敷张,其实皆非真相。孔子言禹"卑宫室而尽力乎沟洫"。① 《论语·泰伯》。《尚书·皋陶谟》今本分为《益稷》。载禹自道之言曰:"予决九川,距四海,浚畎浍距川。""九川"特言其多。"四海"者,中国之外;中国无定境,则四海亦无定在。《国语》"封崇九山,决汩九川"云云,与《禹贡》篇末所谓"九州攸同,四隩既宅,九山刊旅,九川涤原,九泽既陂,四海会同"者,同为泛言无实之辞。知禹之治水,亦仅限于一隅;上文导山导水及九州情形,皆后人所附益也。《说文·川部》:"州,水中可居曰州。……昔尧遭洪水,民居水中高土,故曰九州。"此为"州"字本义。古无"岛"字,洲即岛也。州、洲二字,异文同语,尤为易见,盖吾族古本泽居,故以水中可居之地为人所聚处之称。古以三为多数,盖亦以三为单位。三三而九,故井田以方里之地划为九区,明堂亦有九室。九州,初盖小聚落中度地居民之法,后乃移以区划其时所知之天下耳。《孟子》述水患情形曰:"草木畅茂,禽兽繁殖。五谷不登,禽兽逼人。兽蹄鸟迹之道,交于中国。"《滕文公上》。又曰:"蛇龙居之,民无所定。下者为巢,上者为营窟。"《滕文公下》。正《说文》所谓"居水中高土"者。兖州本吾族兴起之地,《禹贡》于此独有"降丘宅土"之文。《禹贡》固后人所文饰,然其中单辞只义,亦未必无古代史实之存也。尧时所谓洪水者,断可识矣。

《吕览·爱类》云:"上古龙门未开,吕梁未发,河出孟门,大溢逆流,无有丘陵、沃衍、平原、高阜,尽皆灭之,名曰鸿水。"《淮南·本经训》亦云:"龙门未开,吕梁未发,江、淮通流,四海溟涬。"《人间训》则云:"禹凿龙门,辟伊阙。"龙门,已见前。第六章第一节。吕梁,在今江苏铜山县东南,见《水经·泗水注》。后人或以陕西韩城县之梁山说之。孟门近太行。《左氏》襄公廿三年,齐侯伐晋,取朝歌,入孟门,登太行。伊阙在今河南洛阳县。地皆在河南、山、陕之间。夏都本在河、洛,后人又谓唐、虞、夏之都皆在河东,因谓禹所施功,黄河为大,而河工之艰巨者,实在龙门、砥柱在今山西平陆县东。之间。此惑于传

---

① 史事:禹治水真相。

说，而不察其实者也。言尧、舜、禹都邑最古者，莫如《左氏》。《左氏》载子产之言曰：高辛氏有二子。实沈迁于大夏，唐人是因，至成王，灭唐而封大叔焉。昭公元年。又云："尧殛鲧于羽山，其神化为黄熊，以入于羽渊，实为夏郊，三代祀之。晋为盟主，其或者未之祀也乎？"昭公七年。又祝佗谓唐叔，命以唐诰，封于夏墟，启以夏政。定公四年。则尧、禹旧都，必在晋境。顾其所在，异说纷如。《汉书·地理志》太原郡晋阳，今山西太原县。故《诗》唐国。《左氏》杜注因之，谓大夏、夏墟皆晋阳。服虔则云："大夏在汾、浍之间"。《诗·唐风》郑谱疏。郑氏《诗谱》谓尧都晋阳，唐叔所封。南有晋水。子燮，改称晋侯。尧后迁都平阳，今山西临汾县。近晋之曲沃。今山西闻喜县。又云："魏者，虞舜、夏禹所都之地。"魏都安邑，今山西夏县。皇甫谧谓尧初封唐，在中山唐县。今河北唐县。后徙晋阳。及为天子，居平阳。《诗·唐风》郑谱疏。舜所营都，或云蒲阪。今山西永济县。禹受禅，都平阳，或于安邑，或于晋阳。《诗·魏风》郑谱疏。臣瓒则谓尧都永安，《汉书·地理志》注。今山西霍县。异说虽多，要不外河、汾下流及霍山以北两地。顾炎武《日知录》谓：霍山以北，悼公以后始开县邑。《史记》屡言禹凿龙门，通大夏。齐桓公伐晋，仅及高梁，今临汾东北。而《史记·封禅书》述桓公之言，以为西伐大夏。则大夏必在河、汾下流。近人钱穆申其说。谓《封禅书》述桓公之言曰："西伐大夏，涉流沙，束马悬车，上卑耳之山。"《管子·小匡篇》则曰："逾太行与卑耳之溪，拘秦夏。今本讹作"秦夏"，此系据戴望《校正》改。西服流沙、西虞。"卑耳，索隐云"山名，在河东大阳。"今山西平陆县。《水经·河水注》：河水东过大阳县南，又东，沙涧水注之，水北出虞山，有虞城。虞山，盖即卑耳之山。沙涧水，本或作"流沙水"，即齐桓所涉。《史记·吴太伯世家》：虞仲封于周之北，故夏墟，即西虞，亦即大夏。《汉志》临晋县，今陕西大荔县。应劭谓以临晋水得名。《史记·赵世家》："秦拔我晋阳。"《括地志》谓在虞乡县西，今山西虞乡县。《水经》涑水所径，有晋兴泽，亦在虞乡。则涑水古名晋水。注又谓涑亦称洮，则子产谓金天氏之裔台骀，宣汾、洮以处太原，帝用嘉之，封诸汾川，沈、姒、蓐、黄，实守其祀，今晋主汾而灭之者，亦见昭公元年。所宣亦即涑水。《汉志》谓晋武公自晋阳迁曲沃，以太原晋阳说之，虽误，其语自有所本。武公旧邑，实即虞乡之晋阳也。又云《尚书》言禹娶涂山，《皋陶谟》，今本《益稷》。《左氏》言禹会诸侯于涂山，哀公七年。世皆谓在今寿县。考《水经·伊水注》：伊水出陆浑县今河南嵩县。西南，王母涧之北。山上有王母祠。即古三涂山。《方舆纪要》：三涂山，在嵩县南十里。即古所谓涂山者，王母即涂山氏女也。《山海经》：南望禅渚，禹父之所化。《水经注》：禅渚在陆浑县东。则涂山、羽渊，地甚相近。鲧称崇伯，崇即嵩也。又古书言禹葬会稽，世皆谓在今绍兴。其实会稽为《吕览·有始览》九山之一，八山皆在北，大山、王屋、首山、大华、岐山、太行、羊肠、孟门。大山，即霍大山。不得会稽独在南。《吴越春秋》《越绝书》皆谓禹上茅山，大会计，更名茅山曰会稽之山。《水经注》：会稽之山，古称防山，亦曰茅山。防即"舜封丹朱于房"之房，亦即"陟方乃死"之方。以茅津、茅城推之。《左氏》文公三年，秦伯伐晋，自茅津济，《水经·河水注》：河水东过陕县北，河北有茅城，故茅亭，为茅戎邑。陕县今属河南。地望正在大阳。然则禹之治水，当在蒲、今永济县，旧蒲州。解之间。其地三面俱高，唯南最下。河水环带，自蒲、潼达于陕津、砥柱，上有激湍，下有闷流；又涑水骤悍，无可容游；唐、虞故都，正在于此，此其所以为大患也。钱说见所著《西周地理考》。予谓钱氏之说辩矣。然谓古有所谓唐、夏者，在河、汾下流，不在永安、晋阳之地，则可。谓尧、禹故都即在河、汾下流，则不可。《太平御览·州郡部》引《帝王世纪》，谓尧之都后迁涿鹿，《世本》谓在彭城；而《孟子》谓"舜生于诸冯，迁于负夏，卒于鸣条，东夷之人也"。《离娄下》。《世本》《孟子》皆古书，可信；诸冯、负夏，诸家皆无确说，姑勿论。鸣条则实有古据，其地当在山东。见第八章第三节。涿鹿为黄帝旧都，唐尧是因，虞舜稍迁而北，殊近事理。孟子、史公言尧、舜、禹事，同本《书》说，以《书传》对勘可知。《史记》谓"舜耕历山，渔雷泽，陶河滨，作什器于寿丘，就时于负夏"。《五帝本纪》。《管》《版法解》。《墨》《尚贤》中、下。《尸子》《御览·皇王部》引。《吕览》《慎人》。《淮南王书》皆同，必非无据。诸家说此诸地，亦皆谓在兖、豫之域。历山，《淮南》高注谓在济阴城阳，即《汉志》尧冢所在，今山东濮县也。雷泽，郑玄谓即《禹贡》兖州雷夏泽。陶河滨，皇甫谧谓济阴定陶有陶丘亭。定陶，山东今县。寿丘在鲁东门北，见第六章第二节。负夏，郑玄云"卫地"。皆见《史记·五帝本纪》集解。《史记》谓舜"殛鲧于羽山，以变东夷"，亦本《大戴记·五帝德》。《汉志》谓在东海祝其，今江苏赣榆县。虽不中，固当不远。然则自舜以前，都邑固皆在东方也。《周书·度邑解》云"自洛汭延于伊汭，居易无固，其有夏之居"，盖尧遭洪水，使禹治之，用力虽勤，而沉灾实未能淡。自禹以后，我族乃渐次西迁。自伊、洛渡河，即为汾、浍之域。唐、虞、夏支庶，盖有分徙于是者。《周书·史记解》有唐氏、有虞氏、西夏则其国。《史记·晋世家》谓唐叔封于河、汾之东。集解引《世本》，谓叔虞居鄂即大夏，《括地志》：鄂在慈州昌宁县。

唐昌宁,今山西乡宁县。盖即《周书》所谓西夏,见灭于唐氏者。故其地既称唐,又称夏。《管子》所谓"西虞",则《周书》之"有虞氏"也。虞、夏皆别称西,明其国故在东。然则谓禹治水遍及江、河两域者,固非;即谓仅在蒲、解之间者,亦尚非其实矣。

《禹贡》云"禹敷土",《诗·商颂·长发》亦云"禹敷下土方",此即《山海经》所谓术器复土壤,复即《诗》"陶复陶穴"之复也。鲧窃帝之息壤,以湮洪水者,见第二节。《淮南·地形训》谓禹以"息土填洪水,以为名山"。《时则训》亦谓禹"以息壤埋洪水之州"。庄逵吉曰:"《御览》此下有注云:禹以息土埋洪水,以为中国九州。州,水中可居者。"此语非后人所能造,必沿之自古。然则古人视禹之治水,亦与术器、鲧等耳。治水诚贱埋防,贵疏泄,然此乃后世事。于古则埋防本最易知之法,亦且疆域狭小,无从知水之源流,安有"疏九河,瀹济、漯而注之海;决汝、汉,排淮、泗而注之江"等见解。其所习知者,沟洫疏治之法耳。即《皋陶谟》所谓"浚畎浍距川"者也。其或决溢,非防则埋。埋则《禹贡》所谓"敷土",《国语》所谓"堙庳""崇薮"也。防则《史记》所谓鲧作九仞之城以障水也。《五帝本纪》。后世疆域渐广,治水之法亦渐精,乃以其所善者附诸禹,所恶者附诸鲧与共工。其实《书》称禹之功曰:"暨益奏庶鲜食","暨稷播奏庶艰食,鲜食",《皋陶谟》,今本《益稷》。亦正犹《礼记》《祭法》。《国语》《鲁语》。以句龙、后土并称耳。《禹贡》九州,盖后人就所知地理,为之敷衍。"凿龙门,辟伊阙"等说,则西迁后所见奇迹,以天工为人事,附之于禹也。禹治水之功,非后人侈陈失实,则沉灾久而自淡。抑东方本文化之区,而逮乎商、周之间,转落西方之后,水患未除,农功不进,似为其大原因。然则谓水灾实未尝除,特因西迁之后,纪载阙如,后人遂兴微禹其鱼之叹,似尤近于实矣。

第四节 尧舜禅让[①]

世所传尧、舜禅让之说出于儒家。儒家此义,盖孔门《书》说,而孟子、

---

① 史事:禅让真相。

史公同祖之。今之《尚书》,既非汉初经师所传,亦非后来之古文本,实东晋之伪古文本也。今文所有诸篇虽真,其字句则亦未必尽可信矣。《史记·五帝本纪》《夏本纪》多袭《尚书》,而字句时有异同。句之异同,由古人经文与经说不分。见第二章。字之异同,大率《尚书》古而《史记》则为汉时通用之语。论者多谓史公以今易古,以求易晓,其实直录古书,不加删改,乃古人行文通例。① 今古之异,不徒训诂,亦在语法。史公果求易晓,何不并《书》语而改之,而唯易其字也?然则今《尚书》与《史记》之异,正未必《尚书》是而《史记》非矣。故今于儒家所传尧、舜禅让之事,即引《史记》之文如下。

《五帝本纪》曰:"尧曰:'嗟四岳,朕在位七十载,汝能庸命,践朕位。'岳应曰:'鄙德,忝帝位。'尧曰:'悉举贵戚及疏远隐匿者。'众皆言于尧曰:'有矜在民间曰虞舜。'尧曰:'然,朕闻之。其何如?'岳曰:'盲者子。父顽,母嚚,弟傲。能和以孝,烝烝治,不至奸。'尧曰:'吾其试哉。'于是尧妻之二女,观其德于二女。舜饬下二女于妫汭,如妇礼。尧善之。乃使舜慎和五典,五典能从。乃遍入百官,百官时序。宾于四门,四门穆穆,诸侯远方宾客皆敬。尧使舜入山林川泽,暴风雷雨,舜行不迷。尧以为圣。召舜曰:'汝谋事至而言可绩,三年矣,汝登帝位。'舜让:于德不怿。正月上日,舜受终于文祖。文祖者,尧太祖也。于是帝尧老,命舜摄行天子之政,以观天命。"又曰:"尧立七十年得舜,二十年而老,令舜摄行天子之政,荐之于天。尧辟位凡二十八年而崩。……尧知子丹朱之不肖,不足授天下,于是乃权授舜。授舜则天下得其利而丹朱病,授丹朱则天下病而丹朱得其利。尧曰'终不以天下之病而利一人',而卒授舜以天下。尧崩,三年之丧毕。舜让,避丹朱于南河之南,诸侯朝觐者,不之丹朱而之舜;狱讼者,不之丹朱而之舜;讴歌者,不讴歌丹朱而讴歌舜。舜曰'天也'。夫而后之中国,践天子位焉。"又曰:"舜子商均亦不肖。舜乃豫荐禹于天。十七年而崩。三年丧毕,禹亦乃让舜子,如舜让尧子,诸侯归之,然后禹践天子位。尧子丹朱、舜子商均,皆有疆土,以奉先祀。服其服,礼乐如之。以客见天子,天子弗臣。示不敢专也。"《夏本纪》曰:"帝禹立,而举皋陶,荐之,且授政焉。而皋陶卒。封皋陶之后于英、六。集解:"徐广曰:'《史记》皆作"英"字,而以英布是此苗裔。'"索隐:"《地理志》六安国六县,咎繇后偃姓所封国。英地阙,不知所在。"正义:"英盖蓼也。《括地

---

① 经学:古人例不改字,则《史记》不应改《尚书》之字,与今《尚书》异,或正今书改今为古。

志》云:'光州固始县,本春秋时蓼国。偃姓,皋陶之后也。'……《太康地志》云蓼国先在南阳故县,今豫州郾县界故胡城是。后徙于此。"六,今安徽六安县。固始,今河南固始县。郾,今河南郾城县。或在许,今河南许昌县。而后举益,任之政。十年,帝禹东巡狩,至于会稽而崩。以天下授益。三年之丧毕,益让帝禹之子启,而避居箕山之阳。集解:"《孟子》'阳'字作'阴'。"正义:"按,阴即阳城也。《括地志》云:'阳城县在箕山北十三里。'"案,唐阳城县,在今河南登封县东南。禹子启贤,天下属意焉。及禹崩,虽授益,益之佐禹日浅,天下未洽,故诸侯皆去益而朝启,曰'吾君帝禹之子也'。于是启遂即天子之位。"此儒家所传尧、舜、禹禅继之大略也。

禅让之事,自昔即有疑之者。《三国·魏志·文帝纪》注引《魏氏春秋》曰:"帝升坛礼毕,顾谓群臣曰:'舜、禹之事,吾知之矣。'"《史记·五帝本纪》正义曰:"《括地志》云:'故尧城在濮州鄄城县东北十五里。'鄄城,在今山东濮县东。《竹书》云昔尧德衰,为舜所囚也。又有偃朱故城,在县西北十五里。《竹书》云:舜囚尧,复偃塞丹朱,使不与父相见也。"①《晋书·束皙传》曰:"太康二年,汲郡人不准盗发魏襄王墓。或言安釐王冢。得竹书数十车。其《纪年》十三篇,记夏以来至周幽王为犬戎所灭,以事接之。三家分,仍述魏事。至安釐王之二十年。盖魏国之史书大略与《春秋》皆多相应。其中经传大异,则云夏年多殷,益干启位,启杀之。太甲杀伊尹,文丁杀季历。自周受命至穆王百年,非穆王寿百岁也。幽王既亡,有共伯和者,摄行天子事,非二相共和也。"杜预《春秋经传集解后序》谓:"(《纪年》称)仲壬崩,伊尹放太甲于桐,乃自立也。……七年,太甲潜出自桐,杀伊尹。立其子伊陟、伊奋,命复其父之田宅而中分之。"汲冢得书,当实有其事,然其书实无传于后。《晋书》所云乃误据后人伪造之语,杜《序》则为伪物。盖魏、晋之际,篡窃频仍;又其时之人疾两汉儒者之拘虚,好为非尧、舜,薄汤、武之论。造此等说者,其见解盖正与魏文帝同,适有汲冢得书之事,遂附托之以见意也。唐刘知几据之,《史通·疑古篇》引《汲冢书》云"舜放尧于平阳,益为启所诛","太甲杀伊尹,文丁杀季历"。又引《汲冢琐语》云:"舜放尧于平阳。"案,《琐语》,《束皙传》云"诸国卜梦妖怪相书也",安得有舜放尧事?唐人所谓《汲冢书》者,其不足信,概可见矣。又刺取古书中言尧、舜、禹、汤、文、武、周公事可疑者,以作《疑古》之篇。其说诚为卓绝。然《竹书》非可信之书,而知几所疑,亦有未尽。予昔尝作《广疑古》之篇,自

---

① 史事:囚尧偃朱之说。

谓足以羽翼古人，由今思之，其说亦殊未允也。今先述旧说，更以今所见者，辩之如下。

其（一），《书·皋陶谟》今本《益稷》。曰："无若丹朱傲，唯慢游是好，傲虐是作，罔昼夜頟頟。罔水行舟。朋淫于家，用殄厥世。"《释文》曰："'傲'字又作'奡'。"《说文·夰部》'奡'下引《虞书》曰"若丹朱奡"，又引《论语》"奡荡舟"。俞正燮《癸巳类稿·奡证》谓《庄子·盗跖篇》曰"尧杀长子"，《韩非子·说疑篇》曰记云尧诛丹朱，《书》称"胤子朱"，《史》称"嗣子丹朱"，案，谓《尧典》及《史记·五帝本纪》。则尧未诛丹朱。然《吕氏春秋·去私篇》云"尧有子十人"，《求人篇》云"妻以二女，臣以十子"，而《孟子》止言"九男"，《万章下篇》："使其子九男事之，二女女焉。"《淮南·泰族训》亦云尧属舜以九子，《书》云"殄厥世"，是尧十子必失其一，而又必非丹朱。《管子·宙合篇》云："若觉卧，若晦明，若敖之在尧也。"即"若丹朱敖"之敖，与朱各为一人。罔水行舟，则《论语》云"奡荡舟"。朋淫于家，则《汉书·邹阳传》曰："不合则骨肉为仇敌，朱、象、管、蔡是矣。"乃朱与奡以傲虐朋淫相恶。殄厥世，则《论语》云"不得其死"也。予昔据此，疑奡实为舜所杀，然罔水行舟非荡舟，朋淫非骨肉为仇敌，殄厥世亦非不得其死。敖乃"磝"之借。《说文·山部》："磝，山多小石也。"《尔雅·释山》作"硞"。尧，高也。敖在尧，犹言小石在高山。以之牵合人名，更无当矣。《韩子》之文曰："尧有丹朱，而舜有商均，启有五观，商《楚语》作"汤"。有太甲，武王《楚语》作"文王"。有管、蔡，此五王之所诛者，皆父子兄弟之亲也。"《楚语》曰："是五王者，皆元德也，而有奸子。"邹阳之说本之，而易"商均"为"象"。朱、均与象，古书皆未传其有争夺相杀之事如五观、管、蔡者。太甲更终陟帝位。然则谓五王诛父子兄弟之亲，所谓诛者，亦责问之意而已。以此疑尧之子为舜所杀，则见卵而求时夜矣。

其（二），《史记·伯夷列传》曰："夫学者载籍极博，犹考信于六艺。《诗》《书》虽缺，然虞、夏之文可知也。尧将逊位，让于虞舜；舜、禹之间，岳牧咸荐；乃试之于位，典职数十年，功用既兴，然后授政。示天下重器，王者大统，传天下若斯之难也。而说者曰尧让天下于许由，许由不受，耻之逃隐；及夏之时，有卞随、务光者。此何以称焉？太史公曰：余登箕山，其上盖有许由冢。云孔子序列古之仁圣贤人，如吴太①伯、伯夷之伦，详矣。余以

---

① 大：同"太"，吕著中作"大"。

所闻,由、光义至高,其文辞不少概见,何哉?"宋翔凤《尚书略说》曰:"《周礼疏序》引郑《尚书注》云,四岳,四时之官,主四岳之事。始羲、和之时,主四岳者,谓之四伯。至其死,分岳事置八伯,皆王官。其八伯,唯驩兜、共工、放齐、鲧四人而已。其余四人,无文可知矣。"案,上文羲、和四子,分掌四时,即是四岳,故云四时之官也。云八伯者?《尚书大传》称阳伯、仪伯、夏伯、羲伯、秋伯、和伯、冬伯,其一阙焉。郑注以阳伯,伯夷掌之;夏伯,弃掌之;秋伯,咎繇掌之;冬伯,垂掌之;余则羲、和、仲、叔之后。《尧典》注言驩兜四人者?郑以《大传》所言,在舜即真之年,此在尧时,当别自有人,而《经》无所见,故举四人例之。案,唐、虞四岳有三,其始羲、和四子为四伯。其后共、驩等为八伯。其后伯夷诸人为之。《白虎通·王者不臣篇》:"先王老臣不名。亲与先王勠力共治国,同功于天下,故尊而不名。《尚书》曰'咨尔伯',不言名也。"案,班氏说《尚书》,知伯夷逮事尧,故在八伯之首而称大岳。《左氏》隐十一年:"夫许,大岳之胤也。"申、吕、齐、许同祖,故吕侯训刑,称伯夷、禹、稷为三后。知大岳定是伯夷也。《墨子·所染篇》《吕氏春秋·当染篇》并云舜染于许由、伯阳,由与夷,夷与阳,并声之转。《大传》之阳伯,《墨》《吕》之许由、伯阳,与《书》之伯夷,正是一人。伯夷封许,故曰许由。《史记》尧让天下于许由,原注本《庄子》。正傅会咨四岳逊朕位之语,百家之言,自有所出。《周语》:太子晋称共之从孙四岳佐禹。又云:"胙四岳国,命为侯伯,赐姓曰姜,氏曰有吕。"《史记·齐太①公世家》云:吕尚,其先祖尝为四岳,佐禹平水土。虞、夏之际,封于吕,姓姜氏。此云四岳,皆指伯夷。盖伯夷称大岳,遂号为四岳,其实四岳非指伯夷一人也。案,《书·尧典》言舜摄政:"流共工于幽州,放驩兜于崇山,窜三苗于三危,殛鲧于羽山,四罪而天下咸服。"如宋氏说,则四岳之三,即在四罪之中。且共工、三苗皆姜姓,既见流窜,而许由亦卒不得在位,则四凶之流放,又甚似姬、姜之争矣。此亦余昔所据以疑尧、舜禅让之事者也,然郑以驩兜等四人为四岳,实臆说无确据;而四罪中有鲧,亦黄帝子孙也。又安能指为姬、姜之争乎?

其(三),《史记》言舜崩于苍梧之野,葬于江南九疑,各书皆同,唯《孟子》谓舜卒于鸣条。予谓《孟子》、史公同用《书》说,《史记》此语必遭后人窜改,此说是也。然昔时以鸣条近南巢,南巢即今安徽巢县。霍山实古南岳,

---

① 大:同"太",吕著中作"大"。

后人移之衡山，乃并舜之葬地而移之零陵。汤居亳在陕西商县，其放桀于南巢；周起丰、镐，王业之成，由成王之定淮、徐；秦之并天下，楚亦迁于寿春，以为自秦以前有天下者，皆自西北向东南，如出一辙也。今知中国民族实起东南，而鸣条亦在古兖域，则昔之所疑，全无根据矣。《礼记·檀弓》"舜葬于苍梧之野"，《淮南·修务》"（舜）南征三苗，道死苍梧"，均未言苍梧所在。即《史记》亦未言苍梧、九疑究在何地。《续汉书·郡国志》乃谓九疑在营道。其地为今湖南宁远县。舜之葬处，乃移至湘边。案，《山海经·海内东经》云："湘水出舜葬东南陬，西环之，入洞庭下。"则所谓湘水者，不过环绕舜陵，决非如今日之源流千里。《海内经》云："南方苍梧之丘，苍梧之渊，其中有九嶷山，舜之所葬。"山在渊中，亦洲渚之类耳，决非今之九疑也。《史记·秦始皇本纪》："二十八年……浮江至湘山祠。逢大风，几不得渡。上问博士曰：'湘君何神？'对曰：'闻之尧女，舜之妻，而葬此。'"此为今洞庭中山无疑。《檀弓》言舜葬苍梧，三妃不从，三妃盖二妃之误。曰不从，正以其死在一地。若舜死营道，二女死今洞庭中，则相去千里，古本无辇柩从葬之法也。然则苍梧、九疑，秦汉间说，犹不谓在今洞庭中也。钱穆有《战国时洞庭在江北辨》，谓《史记·苏秦传》言秦之攻楚曰：汉中之甲，乘船下巴，乘夏水而下汉，四日而至五渚。《战国·秦策》：张仪说秦王，言秦破荆袭郢，取洞庭、五都。《史记》集解引其辞。"五都"亦作"五渚"。索隐引刘伯庄，谓五渚在宛、邓之间，临汉水，则洞庭在江北明矣。此说甚辨。然则传说之初，并在北方而不在今之洞庭也。然鸣条果在兖域，则荆、豫间之传说，犹为后起矣。

其（四），《史记·秦本纪》曰："秦之先，帝颛顼之苗裔，孙曰女修。"孙"上疑有夺字。女修织，玄鸟陨卵，女修吞之，生子大业。大业娶少典之子，曰女华。女华生大费。与禹平水土……佐舜调驯鸟兽，鸟兽多驯服，是为柏翳。"正义曰："《列女传》云：'陶子生五岁而佐禹。'曹大家注云：'陶子者，皋陶之子伯益也。'按此即知大业是皋陶。"索隐曰："寻检《史记》上下诸文，伯翳与伯益是一人不疑，而《陈杞系家》即叙伯翳与伯益为二，未知太史公疑而未决耶？抑亦谬误耳？"案，《陈杞世家》叙唐虞之际有功德之臣十一人：曰舜，曰禹，曰契，曰后稷，曰皋陶，曰伯夷，曰伯翳，曰垂、益、夔、龙。《五帝本纪》则曰禹、皋陶、契、后稷、伯夷、夔、龙、垂、益、彭祖，自尧时而皆举用，未有分职。次记命十二牧，次载命禹、弃、契、皋陶、垂、益、伯夷、夔、龙之辞。而终之曰"嗟女二十有二人"。明二十二人，即指禹、皋陶、契、后稷、伯夷、夔、龙、垂、益、彭祖及十二牧。翳、益即为一人。《陈杞世家》，伯翳与益衍其一。而《五帝本纪》又佚命彭祖之辞。遂令后人滋疑耳。予昔据此，谓皋陶卒而禹举益，既行禅让，何以所禅者反父子相继？然此实更不足疑也。

其（五），《淮南子·齐俗训》云："有扈氏为义而亡。"高注曰："有扈，夏启之庶兄，以尧、舜举贤，禹独与子，故伐启。启亡之。"予昔据此，谓启之继世,亦有兵争。然《周书·史记篇》曰:"弱小在强大之间,存亡将由之,则无天命矣。不知命者死,有夏之方兴也,扈氏弱而不恭,身死国亡。"则有扈为义,乃徐偃、宋襄之流,与禅继之争无涉,高注实臆说也。

先秦诸子之文,言尧、舜禅让,有类于后世争夺相杀之事者甚多。然皆为寓言。如《韩非子·说疑篇》曰:"舜逼尧,禹逼舜,汤放桀,武王伐纣,此四王者,人臣弑其君者也。"《忠孝篇》曰:"尧为人君而君其臣,舜为人臣而臣其君,汤、武人臣而弑其主,刑其尸。"又曰:"瞽瞍为舜父而舜放之,象为舜弟而舜杀之。放父杀弟,不可谓仁。妻帝二女,而取天下,不可谓义。仁义无有,不可谓明。"其视尧、舜、禹、汤、文、武,直卓、懿之不若。然《五蠹篇》曰:"尧之王天下也,茅茨不翦,采椽不斫,粝粢之食,藜藿之羹,冬日麑裘,夏日葛衣,虽监门之服养,不亏于此矣。禹之王天下也,身执耒锸,以为民先,股无胈,胫不生毛,虽臣虏之劳,不苦于此矣。以是言之,夫古之让天子者,是去监门之养,而离臣虏之劳也。故传天下而不足多也。"则立说迥异矣,何也?一以著奸劫弑臣之戒,一以明争让原于羡不足之情,皆借以明义,非说史实也。儒家言尧、舜、禹之事者,莫备于《孟子·万章上篇》。此篇又辩伊尹、百里奚、孔子之事,亦皆可作如是观。夫以后世事拟古事者,必不如以古事拟古事之切。后世但有董卓、司马懿之伦,而谓古独有天下为公之尧、舜,诚觉其不近于情。然秦汉后之事势与古迥殊,谓据卓、懿之所为可以测尧、舜、禹、汤、文、武,则亦谬矣。古让国者固多,如伯夷、叔齐、《史记·伯夷列传》。吴太伯、《史记·吴太伯世家》。鲁隐公、《春秋》隐公元年、十一年。宋宣公、隐公三年。曹公子喜时、成公十六年。吴季札、襄公二十九年。邾娄叔术、昭公三十一年。楚公子启哀公六年。之伦皆是。固非若迂儒之所云,亦非如造《竹书》者之所测也。《论衡》"圣人重疑"之言,《怪奇篇》。《史通》"轻事重言"之论,《疑古篇》。可谓最得其实矣。

《五帝本纪》云:"虞舜者,名曰重华。重华父曰瞽叟,瞽叟父曰桥牛,桥牛父曰句望,句望父曰敬康,敬康父曰穷蝉,穷蝉父曰帝颛顼,颛顼父曰昌意。以至舜七世矣。①自从穷蝉以至帝舜,皆微为庶人。"《左氏》昭公八年。史赵云:"自幕至于瞽瞍,无违命。舜重之以明德。置德于遂。遂世守之,及胡公不淫。故周赐之姓,使祀虞帝。"《国语·鲁语》云:"幕,能帅颛顼者

---

① 史事:舜之先世。

也，有虞氏报焉。杼，能率禹者也，夏后氏报焉。上甲微，能率契者也，商人报焉。高圉、太王，能率稷者也，周人报焉。"《郑语》云："夫成天地之大功者，其子孙未尝不章，虞、夏、商、周是也。虞幕能听协风，以成物乐生者也；夏禹能单平水土，以品处庶类者也；商契能和合五教，以保于百姓者也；周弃能播殖百谷，以衣食民人者也；其后皆为王公侯伯。"言舜之先，名号不同，贵贱亦异。《三国·蜀志·秦宓传》谓"宓见帝系之文，五帝皆同一族，宓辨其不然之本"。说虽不可得闻，窃疑即本于此。《传》言谯允南少时，数往咨访，纪录其言于《春秋然否论》。谯氏尊信古文，窃疑宓亦当信《左》《国》也。《左氏》《国语》之文，幕必舜之先世，而贾逵、韦昭咸以幕为虞思，盖亦取与《帝系》相调和，贾说见《史记·陈杞世家》集解。集解又引郑众说，则以幕为舜之先。然古人名号不同者甚多，古事传者亦互异，古君民相去无几，耕稼陶渔之事，本未必不可躬亲。况舜又失爱于父，又安保其不"旧劳于外，爱暨小人"乎？此实与"微为庶人"不同，然自后世言之，则以为微为庶人，且并穷蝉以下，亦皆曰"微为庶人"矣。《夏本纪》云："禹之曾大父昌意及父鲧皆不得在帝位，为人臣。""为人臣"与"微为庶人"不同，然古之传者，未必知致谨于是。自穷蝉至帝舜，或皆为人臣，而后乃误为庶人，亦事所可有者也。要之古事传者多非其真，古人措辞又不甚审谛，观其大体则可，斤斤较计于片言只字之间，必无当也。似不必曲为调停，更不应以此而疑《帝系》之不实也。《世本》舜姓姚。《左氏》疏引。《左氏》哀公元年述夏少康事，亦云虞思妻之以二姚，而《史记·陈杞世家》言舜居妫汭，其后因姓妫氏。《左氏》杜注谓武王乃赐胡公姓曰妫。疏因诋马迁为妄。然古人多从母姓。黄帝二十五子，得姓者十有四人，《史记·五帝本纪》。即其一证。又安知舜后无姚、妫二姓乎？舜、禹同事尧，而《夏本纪》曰："禹之父曰鲧，鲧之父曰帝颛顼。"一为颛顼孙，一为颛顼七世孙，相去未免太远。《三代世表》索隐引《世本》、皇甫谧，并与《本纪》同。《墨子·尚贤中》云"昔者伯鲧，帝之元子"，似亦以为颛顼子。《汉书·律历志》、《淮南·原道训》高注则以鲧为颛顼五世孙。《离骚》王逸注引《帝系》曰："颛顼五世而生鲧。"则《帝系》本有异同也。遂，《春秋》庄公十三年，为齐所灭。杜注云："遂国在济北蛇丘县东北。"蛇丘，在今山东肥城县南。此亦舜族东方之一证。《左氏》昭公三年，晏子曰："箕伯、直柄、虞遂、伯戏，其相胡公、大姬，已在齐矣。"此以四人并举，并未言其世次，亦未及其受封之事。昭公八年，杜注云"遂，舜后，盖殷之兴，存舜之后而封遂"，已近臆度。《陈杞世家》索隐引宋忠云"虞思之后箕伯、直柄中衰，殷汤封遂于陈以为舜后"，则弥为穿凿矣。遂封于陈，何时更徙蛇丘邪？

第五节 尧舜禹与三苗之争

尧、舜、禹虽以禅让闻,然其时各族之间相争颇烈。《史记·五帝本纪》述舜摄政后事曰:岁二月东巡守,至于岱宗。五月南巡守。八月西巡守。十一月北巡守。归至于祖祢庙,用特牛礼。又曰:"䙆兜进言共工。尧曰不可,而试之工师。共工果淫辟。四岳举鲧治鸿水,尧以为不可。岳强请试之,试之而无功,故百姓不便。三苗在江、淮、荆州,数为乱。于是舜归而言于帝。请流共工于幽陵,以变北狄;放䙆兜于崇山,以变南蛮;迁三苗于三危,以变西戎;殛鲧于羽山,以变东夷。四罪而天下咸服。"云归言于帝,乃承上文巡守言之。可知四族为当时强国。共工与鲧,均已见前。䙆兜,古书言者较少,似其势较弱。其为尧、舜、禹之劲敌者,则三苗也。

三苗之事,见于《书》之《吕刑》。《吕刑》曰:"王曰:'若古有训,蚩尤唯始作乱,延及于平民,罔不寇贼鸱义奸宄,夺攘矫虔。苗民弗用灵,制以刑,唯作五虐之刑曰法。杀戮无辜。爰始淫为劓、刵、椓、黥。越兹丽刑并制,罔差有辞。民兴胥渐,泯泯棼棼,罔中于信,以覆诅盟。虐威庶戮,方告无辜于上。上帝监民,罔有馨香德,刑发闻唯腥。皇帝哀矜庶戮之不辜,报虐以威,遏绝苗民,无世在下。乃命重、黎,绝地天通,罔有降格。群后之逮在下。明明棐常,鳏寡无盖。皇帝清问下民,鳏寡有辞于苗。德威唯畏,德明唯明。乃命三后,恤功于民。伯夷降典,折民唯刑。禹平水土,主名山川。稷降播种,农殖嘉谷。三后成功,唯殷于民。士制百姓于刑之中,以教祗德。穆穆在上,明明在下。灼于四方,罔不唯德之勤。故乃明于刑之中,率乂于民棐彝。"案,《国语·楚语》:"昭王问于观射父曰:'《周书》所谓重、黎实使天地不通者,何也?若无然,民将能登天乎?'对曰:'非此之谓也。古者民神不杂……及少皡之衰也,九黎乱德,民神杂糅。……颛顼受之,乃命南正重司天以属神,命火正黎司地以属民。使复旧常,无相侵渎。是谓绝地天通。其后三苗复九黎之德,尧复育重、黎之后不忘旧者,使复典之。以至于夏、商。故重、黎氏世叙天地,而别其分主者也。其在周,程伯休父其后也。当宣王时,失其官守,而为司马氏。宠神其祖,以取威于民,曰:重实上天,黎实下地;遭世之乱,而莫之能御也。不然,夫天地成而不变,何比之有?"此言实与《尚书》合。然则郑玄谓"以皇帝哀矜庶戮之不辜,至罔有降格,皆说颛顼之事……皇帝清问以下,乃说尧事",见疏。其说是也。《礼记·缁衣》疏引《甫刑》郑注曰:"苗民,谓九黎之君也。九黎之君,于少昊氏衰,而弃善道,上效蚩尤重刑,必变九黎言苗民者?有苗,九黎之后。颛顼代少昊,诛九黎,分流其子孙,为居于西裔者三苗,"者"疑当作"之",或"为"字当在"者"字下。至高辛之衰,又复九黎之恶,尧兴,又诛之。尧末,又在朝。舜时,又窜之。后王深恶此族三生凶恶,故著其氏而谓之民,民者,冥也,言未见仁道。"亦檃栝《尚书》《国语》为说。可见此族与颛顼、尧、舜,相争之烈也。

《山海经·大荒西经》曰:"大荒之中,有山名曰日月,山天枢也。吴姖天门,日月所入。有神,人面无臂,两足反属于头。山名曰噓。颛顼生老童,老童生重及黎。帝令重献上天,令黎卬下地。下地是生噎。处于西极,以行日月星辰之行次。""令重献上天,令黎卬下地",即《楚语》所谓"重实上天,黎实下地"者,可见此语实自古相传,非司马氏之自神其祖也。《经》又云:"有人,名曰吴回,奇左,是无右臂。"又云:"大荒之山,日月所入。有人焉,三面,是颛顼之子,三面一臂。"案,《史记·楚世家》:"(颛顼)生称,称生卷章,卷章生重黎,重黎为帝喾高辛居火正……帝喾命曰祝融。共工氏作乱,帝喾使重黎诛之而不尽。帝乃以庚寅日诛重黎,而以其弟吴回为重黎后,复居火正为祝融。""卷章"疑"老童"形讹。《史记》之世系,实多称一世。"下地是生噎"句当有讹。《海内经》炎帝之后有祝融,祝融生共工,共工生后土,后土生噎鸣。见第七章第二节。噎鸣似即噎。炎帝者,祝融之异名,非神农。《大荒北经》又谓颛顼生苗民,苗民釐姓,则三苗九黎,实颛顼之后矣。盖古代或从母姓,昌意取蜀山氏女而生颛顼,蜀山即涿鹿之山,实蚩尤氏故国,蚩尤姜姓,故颛顼之后,亦为姜姓也。

三苗之国,世皆以为在南方。以《国策》《史记》并谓其在洞庭、彭蠡之间也。近人钱穆撰《古三苗疆域考》,曰《魏策》云三苗之居,左有彭蠡之波,右有洞庭之水,汶山在其南,衡山在其北。以殷纣之国,左孟门,右漳、釜例之,左当在西,右当在东。《史记》作"左洞庭,右彭蠡",无汶山、衡山之文;《韩诗外传》则作"衡山在南,岐山在北"。显有改易之迹。《禹贡》:"岷山之阳,至于衡山。"衡山者,《汉志》南阳郡雉县有衡山,雉县,在今河南南召县南。《水经》谓之"雉衡山",在《禹贡》荆州之北,故曰"荆及衡阳唯荆州"。《吴越春秋·吴太伯传》,太伯、仲雍,托采药于衡山,遂之荆蛮,亦即此。汶山者,《齐语》,桓公伐楚,济汝,逾方城,望汶山。《管子·小匡》《霸形》同。《淮南子·地形训》:汝水出猛山。"猛"或即"汶"之声转。钱氏谓《楚辞·天问》"桀伐蒙山"之蒙山,亦即此。然则洞庭、彭蠡,殆非今之洞庭、鄱阳。彭蠡为水湍回之称,《吕览·爱类》谓禹为彭蠡之障,乾东土是也。《淮南子·修务训》云:"修彭蠡之防。"洞则通达之称。《山海经·海内东经》云:"湘水出舜葬东南陬,西环之,入洞庭下。"注云:"洞庭,地穴也。在长沙巴陵。今吴县南太湖中有包山,下有洞庭。穴道潜行水底,云无所不通。号为地脉。"《水经·沔水注》云:太湖有苞山。《春秋》谓之夫椒山。有洞室,入地潜行,北通琅琊东武县。今山东诸城县。俗谓之洞庭。旁有青山,一名夏架山。山有洞穴,潜通洞庭。《尔雅》《说文》皆云"荣,桐木"。《说文》又云:"桐,荣也。"东冬与庚青通转,桐即洞,荣即荥。《禹贡》济入于河,溢为荥,潜行复出,与洞庭地穴意类。盖古大河两岸,水泉伏涌,随地成泽,皆称洞庭。故《淮南》谓尧使羿射修蛇于洞庭,《本经训》。《庄子》亦谓黄帝张咸池之乐于洞庭之野也。《天运》。《书·牧誓》有髳,《春秋》河东有茅戎,盖三苗之族。予案,钱说甚辩。然《史记》先言"三苗在江、淮、荆州",继言"迁三苗于三危,以变西戎",则其族似初在南,后乃徙于西。三苗姜姓,姜为炎帝之族,其初固当在东南。后来姜姓之族,多在西方,钱穆《西周地理考》云,太史公曰,余登箕山,其上盖有许由冢。箕山,《方舆纪要》在平陆县东北。《左氏》僖公三十三年,狄伐晋,及箕。成公十三年,吕相绝秦围我箕、郜,是其地。其后许封河南,箕山之名,乃南迁颍阳。《水经·阴沟水注》引《世本》:"许、州、向、申,姜姓也。炎帝后。"《左氏》隐公十一年,王与郑人苏忿生之田有向、州,杜注属河内。《庄子·让王》,尧以天下让许由,又让子州支父,即此州。《逍遥游》,尧见四子藐姑射之山,汾水之阳,四子亦指四岳。霍大山,亦曰大岳。《崧高》之诗曰:"唯岳降神,生甫及申。"甫即吕,其后吕尚封于东方,泰山因之亦得岳称。而晋仍有吕甥,其后有吕相。盖亦因洪水而西迁,未必尽舜、禹之所窜逐也。

三危之名见于《禹贡》。《禹贡》雍州曰:"三危既宅,三苗丕叙。"导川曰:"导黑水,至于三危,入于南海。"雍州之界,为黑水、西河;梁州之界,为华阳、黑水。说黑水者,自当以《山海经》为最古,然不易求其所在。① 《南山经》曰:鸡山,黑水出焉。而南流注于海。《史记·夏本纪》索隐,郑玄引《地说》云:"三危山,黑水出其南。"集解又云:"郑玄曰:《地理志》益州滇池有黑水祠,

---

① 地理:黑水。

而不记此山水所在。《禹贡》疏云："郑云今中国无也。"《地记》曰'三危山,在鸟鼠之西南'。"《左氏》昭公九年："允姓之奸,居于瓜州。"杜注云："允姓,阴戎之祖,与三苗俱放三危者。瓜州,今敦煌。"今甘肃敦煌县。此两说,后人多祖述之。《水经》："（江水）东过江阳县,今四川泸县。洛水从三危山,东过广魏洛县南,今四川广汉县。东南注之。"注曰："《山海经》曰:三危山在敦煌南,与岷山相接,山南带黑水。"《禹贡山水泽地所在》云："三危山在敦煌县南。《山海经》云:三危之山,三青鸟居之。是山也,广圆百里,在鸟鼠山西。《尚书》所谓窜三苗于三危也。"皆是也。然黑水所在,卒不可得。昔人或以金沙江当之,此江古称泸水,泸即黑;又《汉志》所谓"黑水祠"即在此江流域;其说自古。然无解于"入于南海"之文。又或以澜沧江、怒江当之,以解"入于南海"则得矣,然此两江安能为雍州西界？若谓怒江蕃名哈喇乌苏,哈喇译言黑,则此为蒙古语,恐系明代蒙古入居青海后始有,不可以释《禹贡》也。又有谓雍州黑水、梁州黑水当分为二者,则无解于《禹贡》本文,绝无可分为二之迹。予昔亦主金沙江之说。释"入于南海"之海,为"夷蛮戎狄谓之四海"之海,谓雍州西南界抵今青海之江北岸,梁州西界抵今西康之江东岸,三危则为江、河上源间之山,正在鸟鼠之西南,与岷山相接。揆之于理,似颇可通。然作《禹贡》者,所知必不能如是之远,况欲以释《尧典》邪？且《汉志》犍为南广今四川珙县西南。自有黑水,至僰道今四川宜宾县西南。入江。滇池黑水祠,所祠恐即此水,未必为今金沙江,如是,则徒据泸水之名以相附会,证佐亦未免太孤矣。《御览》引《张掖记》云："黑水出县界鸡山,亦名玄圃。昔有娀氏女简狄浴于玄丘之水,即黑水也。"移《南山经》之鸡山于张掖,灭裂自不待言。然简狄浴于玄丘,其说当有所本。《楚辞·天问》曰："黑水玄趾,三危安在？"则黑水、三危亦神话中地名。古言地理者,多杂以荒唐之辞,未易凿求所在,读《山经》《吕览》《淮南》等书可知。作《禹贡》者,于西南地理,盖亦初不审谛,即据此等不经之说,姑为编次耳。《尧典》之"三危",自系实有其地,今既未易凿求,则姑顺迁于四裔之文,谓在尧、舜都邑之西可也。《后汉书·羌传》云："西羌之本,出自三苗,姜姓之别也。其国近南岳。及舜流四凶,徙之三危,河关之西南羌地是也。"亦臆说无据。汉河关县,在今甘肃导河县西南。

《史记·五帝本纪》云："昔高阳氏有才子八人,世得其利,谓之八恺。高辛氏有才子八人,世谓之八元。此十六族者,世济其美,不陨其名。至于尧,尧未能举。舜举八恺,使主后土,以揆百事,莫不时序。举八元,使布五教于四方,父义,母慈,兄友,弟恭,子孝,内平,外成。昔帝鸿氏有不才子,掩义隐贼,好行凶慝,天下谓之浑沌。少皞氏有不才子,毁信恶忠,崇饰恶言,天下谓之穷奇。颛顼氏有不才子,不可教训,不知话言,天下谓之梼杌。此三族,世忧之,至于尧,尧未能去。缙云氏有不才子,贪于饮食,冒于货贿,天下谓之饕餮,天下恶之,比之三凶。舜宾于四门,乃流四凶族。迁于四裔,以御螭魅,于是四门辟,言无凶人也。"《左氏》文公十八年略同。《史记》上文云:"尧乃试舜五典,百官皆治。"下文云:"舜入于大麓,烈风雷雨不迷,尧乃知舜之足授天下。"盖《书》"慎徽五典,五典克从;纳于百揆,百揆时序;宾于四门,四门穆穆;纳于大麓,烈风雷雨弗迷"之传。《大戴记·四代》谓舜取相十有六人,盖亦据《书》说也。古者官人以族,八恺必禹之族,八元必契之族矣。四凶亦必即四罪。① 唯诸儒以浑沌当驩兜,穷奇当共工,梼杌当鲧,饕餮当三苗,《书》疏引郑玄,《释文》引马融、王肃,《史记》集解引贾逵、服虔及《左氏》杜预注皆同。殊无确据。《淮南子·修务训》高注以浑敦、穷奇、饕餮为三苗,则更必不然耳。

《伪古文尚书·大禹谟》曰:"帝曰:'咨禹,唯时有苗弗率,汝徂征。'禹乃会群后,誓于师曰:'济济有众,咸听朕命。蠢兹有苗,昏迷不恭。侮慢自贤,反道败德。君子在野,小人在位。民弃不保,天降之咎,肆予以尔众士,奉辞伐罪。尔尚一乃心力,其克有勋。'三旬,苗民逆命。益赞于禹曰:'唯德动天,无远弗届。满招损,谦受益,时乃天道。帝初于历山,往于田,日号泣于旻天,于父母,负罪引慝。祇载见瞽瞍,夔夔齐栗。瞽亦允若。至诚感神,矧兹有苗?'禹拜昌言曰:'俞。'班师振旅,帝乃诞敷文德,舞干羽于两阶。七旬,有苗格。"王鸣盛《尚书后案》曰:"禹奉舜命征三苗,作誓,又偃兵修政。舞干羽,三苗自服,古书所载甚多。就予所见:在《战国策》卷二十二《魏策一篇》,又卷二十三《魏策二篇》,《墨子》卷四《兼爱下篇》,又卷五《非攻下篇》,《韩非子》卷十九《五蠹篇》,《荀子》卷十《议兵篇》,又卷十八《成相篇》,《贾子新书》卷四《匈奴篇》,《淮南子》卷十《缪称训》,又卷十一《齐俗训》,又卷十三《泛论训》,桓宽《盐铁论》卷九《论功篇》,刘向《说苑》卷一《君道篇》,《古文苑》卷十五扬雄《博士箴》。此事散见群书,晋人掇入《大禹谟》,以己意润色之。"案,此事传者之众如此,可见当时争竞之烈也。

---

① 史事:八恺舜族,八元禹族,四凶即四罪。

三苗之苗系国名,后世所谓苗族,则系"蛮"字之转音,此本极易见之事。近世或混二者为一,因谓苗族先入中国,后为汉族所逐,此真不值一哧,然予昔者亦沿其误。予说谓三苗系国名,九黎则民族之名,①故郑注《甫刑》谓苗民为九黎之君,《淮南子》高注亦别列一说云:"放三苗国民于三危。"《修务训》。郭注《山海经》亦曰:"尧以天下让舜,三苗之君非之。帝杀之,有苗之民,叛入南海,为三苗国。"《海外南经》。其实"苗民"二字,郑解极确,高诱、郭璞皆附会不通之说也。予又引《后汉书·南蛮传》:"建武十二年,九真徼外蛮里张游,率种人,慕化内属,封为归汉里君。"注曰:"里,蛮之别号,今呼为俚人。"谓里、俚皆即黎。其实九真与古三苗,相去数千里也。黎盖即重黎之黎。《左氏》昭公二十九年:"颛顼氏有子曰犁,为祝融。"异文同语。其族盖分九派,故曰九黎。《尧典》之"黎民于变时雍"亦即此。援秦人黔首之义以释之已非其实,况更牵合后世之黎族邪?

---

① 民族:予误以三苗为黎族,黎盖即重黎之黎,族分为九,曰九黎。

第八章 夏殷西周事迹

第一节　夏后氏事迹

夏后氏事迹略见《史记·夏本纪》。《夏本纪》曰："夏后帝启,禹之子。其母,涂山氏之女也。有扈氏不服,启伐之。大战于甘……遂灭有扈氏。天下咸朝。夏后帝启崩,子帝太康立。帝太康失国,昆弟五人,须于洛汭,作《五子之歌》。太康崩,弟中康立,是为帝中康。帝中康时,羲、和湎淫,废时乱日,胤往征之,作《胤征》。中康崩,子帝相立。帝相崩,子帝少康立。帝少康崩,子帝予立。索隐曰:"《系本》云季伫作甲者也。《左传》曰杼灭豷于戈。《国语》云杼能率禹者也。"案,见《鲁语》。帝予崩,子帝槐立。索隐曰:"《系本》作'帝芬'。"帝槐崩,子帝芒立。帝芒崩,子帝泄立。帝泄崩,子帝不降立。索隐曰:"《系本》作'帝降'。"帝不降崩,弟帝扃立。帝扃崩,子帝廑立。帝廑崩,立帝不降之子孔甲,是为帝孔甲。帝孔甲立,好方鬼神事,淫乱。夏后氏德衰,诸侯叛之。……孔甲崩,子帝皋立。帝皋崩,子帝发立。帝发崩,子帝履癸立。是为桀。索隐:"《系本》:帝皋生发及桀。此以发生桀,皇甫谧同也。"帝桀之时,自孔甲以来,而诸侯多叛夏,桀不务德而武,伤百姓。百姓弗堪。乃召汤而囚之夏台。已而释之。汤修德,诸侯皆归汤。汤遂率兵以伐夏桀。桀走鸣条。遂放而死。……汤乃践天子位,代夏朝天下。"《史记》此文,盖据《尚书》及《帝系》,其中"帝太康失国,昆弟五人,须于洛汭,作《五子之歌》。……帝中康时,羲、和湎淫,废时乱日,胤往征之,作《胤征》"诸语,崔适《史记探原》谓后人据《书序》窜入,其说是也。五观、羿、浞之乱,《尚书》无文,《系世》但记人君生卒统绪,故《史记》于此,亦不之及。《大戴礼记·少间篇》:"禹崩,十有七世,乃有末孙桀即位。"《国语·周语》:"孔甲乱夏,四世而陨。"世数皆与《史记》合。

有扈之事,[①]已见第七章第四节引《周书》及《淮南子》。又《楚辞·天问》曰:"该秉季德,厥父是臧。胡终弊于有扈,牧夫牛羊?"王逸注曰:"该,

---

① 史事:夏灭有扈。

包也。秉,持也。父,谓契也。季,末也。臧,善也。言汤能包持先人之末德,修其祖父之善业,故天祐之,以为民主也。""有扈,浇国名也。浇灭夏后相,相之遗腹子曰少康,后为有仍牧正,典主牛羊,遂攻杀浇,灭有扈。"又曰:"有扈牧竖,云何而逢?击床先出,其命何从?恒秉季德,焉得夫朴牛?"注曰:"言有扈氏本牧竖之人耳,因何逢遇,而得为诸侯乎?""启攻有扈之时,亲于其床上击而杀之,其先人失国之原,何所从出乎?""恒,常也。季,末也。朴,大也。言汤常能秉持契之末德,修而弘之,天嘉其志,出田猎得大牛之瑞也。"其说恐非。该与恒当俱是人名。该为有扈所毙,为牧牛羊,其后曰恒,转大,逢,大也。得朴牛之瑞也。《史记·秦本纪》:文公①二十七年(前739),"伐南山大梓,丰大特"。集解引徐广曰:"今武都故道今甘肃成县。有怒特祠,图大牛。上生树本,有牛从木中出。后见于丰水之中。"正义引《括地志》曰:"大梓树,在岐州陈仓县南十里仓山上。"陈仓,今陕西宝鸡县。又引《录异传》曰:"秦文公时,雍南山有大梓树。文公伐之,辄有大风雨,树生合不断。时有一人病,夜往山中,闻有鬼语树神曰:'秦若使人披发,以朱丝绕树伐汝,汝得不困邪?'树神无言。明日,病人语闻。公如其言伐。树断,中有一青牛出,走入丰水中。其后牛出丰水中,使骑击之。不胜。有骑堕地复上,发解,牛畏之,入不出。故置髦头,汉、魏、晋因之。武都郡立怒特祠,是大梓牛神也。"案,《后汉书·羌传》言其"披发覆面",则《录异传》之说当出羌中。《汉书·地理志》,右扶风,鄠县古国。有扈谷亭。扈,夏启所伐。酆水出东南。鄠,即今陕西鄠县。禹之都,郑玄以为在魏,皇甫谧谓或在平阳,皆不足据。已见第七章第三节。《汉书·地理志》,颍川郡,阳翟,夏禹国。今河南禹县。应劭曰:"夏禹都也。"臣瓒曰:"《世本》禹都阳城,今河南登封县。《汲郡古文》亦云居之,《礼记·缁衣》疏谓《世本》及《汲郡古文》皆云禹都咸阳,"咸阳"乃"阳城"字误。不居阳翟也。"《世本》古书,较可信据。②《汲郡古文》则依《世本》伪造。禹都当在河、洛之间,鄠县非其兵力所及。《夏本纪》:"太史公曰:禹为姒姓。其后分封,用国为姓,故有夏后氏、有扈氏、有男氏、斟寻氏、彤城氏、褒氏、费氏、杞氏、缯氏、辛氏、冥氏、斟氏、戈氏。"斟寻氏,集解引徐广曰:"一作'斟氏、寻氏'。"索隐曰:"《系本》'男'作'南','寻'作'鄩','费'作

---

① 当为文公。
② 史事:夏都所在。

'弗'，而不云肜城及褒。……斟戈氏，按《左传》《系本》皆云'斟灌氏'。"郭，盖即《左氏》昭公二十三年"郊、郭溃"之郭，杜注云"河南巩县西南有地名郭中"，《水经·洛水注》洛水北径偃师城东北历郭中者也。羌即姜，本东方之族。窃疑是时，姜姓、姒姓皆因水患西迁河、洛之间，后乃更西向而入陕西。甘，当即《左氏》王子带邑，见僖公二十四年。在今洛阳东南。《甘誓》伪孔传云："有扈与夏同姓。"疏云："孔、马、郑、王与皇甫谧等皆言扈与夏同姓，并依《世本》之文。"皆无为启庶兄之说。高诱之云，未知何据。《甘誓》之文，《墨子·明鬼》引之作《禹誓》。《庄子·人间世》云："禹攻有扈。"《吕览·召类》亦云："禹攻曹、魏、屈、骜、有扈，以行其教。"《先己》则云："夏后柏启与有扈战于甘。"窃疑禹先灭有扈，以封其同姓，至启时复叛也。自伊、洛之域，渡河而北，则入河东；更渡河而西，即达雍、梁之境；此皆地理自然之势。禹之遗迹，在西方者甚多，盖皆褒、扈等西迁时，传说随之而散布者也。褒，今陕西褒城县。《史记·六国表》云："禹兴于西羌。"《夏本纪》正义引扬雄《蜀王本纪》云："禹本汶山郡广柔人也，生于石纽。"又引《括地志》，谓其地在茂州汶川县。此说亦见《水经·沫水注》。广柔，汉县，唐时为汶川，故城在今四川汶川县西北。《河水注》云："洮水又东径临洮县故城北，禹治洪水，西至洮水之上。见长人，受《黑玉书》于斯水上。"又云："大夏川水……东北径大夏故城。王莽之顺夏。《晋书地道记》曰，县西有禹庙，禹所出也。"《江水注》云："江州……江之北岸，有涂山，有禹庙、涂君祠，庙铭存焉。常璩、庾仲雍并言禹娶于此。"临洮，今甘肃岷县。大夏，今甘肃临夏县。江州，今四川江北县。

　　五观之乱，与羿代夏政相因，然非一事也。《楚语》曰："启有五观。"韦注曰："启子，太康昆弟也。"《汉书·古今人表》："太康，启子，昆弟五人，号五观。"《潜夫论·五德志》亦曰："启子太康、仲康更立，兄弟五人，皆有昏德，不堪帝事，降须洛汭，是为五观。"《伪古文尚书·五子之歌》曰"太康尸位以逸豫，灭厥德，黎民咸贰。乃盘游无度，畋于有洛之表，十旬弗返。有穷后羿，因民弗忍，拒于河。厥弟五人，御其母以从，徯于洛之汭。五子咸怨，述大禹之戒以作歌"，则并太康而六矣。《墨子·非乐》曰："于《武观》曰：'启乃淫溢康乐，野于饮食。将将铭苋磬以力。湛浊于酒，渝食于野。万舞翼翼。章闻于天，天用弗式。'"《楚辞·离骚》曰："启《九辩》与《九歌》兮，夏康娱以自纵。不顾难以图后兮，五子用失乎家巷。"《天问》曰："启棘宾商，《九辩》《九歌》。"又曰："何勤子屠母，而死分竟地？"扬雄《宗正箴》曰："昔在夏时，太康不恭。有仍二女，五子家降。"综观诸文，则失德自启，而乱成于太康。盖始荒于饮食歌舞，又有嬖妾蛊惑，诸子争立之事。终至潜踪家巷,夷于岷庶。与荒于游田了无干涉也。《左氏》昭公元年,"夏有观、扈"。杜注云:"观国,今顿丘卫县。"卫本汉东郡观县。观与畔系两县。《汉书》刻本误以畔、观二字连书,中未空格,后人遂误畔、观为一县,非也。后汉光武更名。晋属顿丘。后魏曰卫国县。今山东观城县。《汉志》注引应劭曰:"夏有观、扈。"《水经·河水注》"浮水故渎,又东南径卫国邑城北。……又东径卫国县故城南",亦引应说。又《淇水注》:"径顿丘北……又屈径顿丘县故城西,顿丘,汉县。晋为郡。故城在今河北清丰县西南。《古文尚书》以为观地矣。"应劭、杜预盖并用古文书说也。此说似即因汉世县名附会,无确据。《周书·尝麦》曰:"其在殷之五子,忘伯禹之命,假国无正,用胥兴作乱。遂凶厥国。皇天哀禹,赐以彭寿,思正夏略。"殷,朱右曾《集训校释》改为"启",云形近而讹。其实启、殷形并不近,且下文明言"忘伯禹之命",讹为夏则可矣,何由讹为殷乎?殷,盖即后来之亳殷,五观据之以作乱。①《左氏》哀公六年引《夏书》曰:"唯彼陶唐,率彼天常,有此冀方。今失其行,乱其纪纲,乃灭而亡。"贾、服、孙、杜,皆以为指夏桀。唯王肃云太康时。见疏。《伪书》与肃说多同,盖亦谓夏都河东,故云太康畋于洛表,羿拒于河。盖谓太康渡河而南,而羿据河拒之,阻其北返,非其实也。

羿代夏政之事,见于《左氏》。②《左氏》襄公四年,载魏绛之言曰:"昔有夏之方衰也,后羿自鉏迁于穷石。因夏民以代夏政,恃其射也,不修民事,而淫于原兽,弃武罗、伯因、熊髡、尨圉而用寒浞。寒浞,伯明氏之谗子弟也。伯明后寒弃之,夷羿收之。信而使之,以为己相。浞行媚于内,而施赂于外,愚弄其民,而虞羿于田,树之诈慝,以取其国家,外内咸服。羿犹不悛。将归自田,家众杀而烹之。以食其子。其子不忍食诸,死于穷门。靡奔有鬲氏。浞因羿室,生浇及豷。恃其谗慝诈伪,而不德于民。使浇用师,灭斟灌及斟寻氏。处浇于过,处豷于戈。靡自有鬲氏,收二国之烬,以灭浞而立少康,少康灭浇于过,后杼灭豷于戈。有穷由是遂亡。失人故也。昔周辛甲之为太史也,命百官,官箴王阙。于《虞人之箴》曰:'芒芒禹迹,画为九州,经启九道,民有寝庙,兽有茂草,各有攸处,德用不扰。在帝夷羿,冒于原兽。忘其国恤,而思其麀牡,武不可重,用不恢于夏家。兽臣司原,敢

---

① 史事:五观在殷。
② 史事:羿浞之乱。

告仆夫。'《虞箴》如是,可不惩乎?"哀公元年,载伍员之言曰:"昔有过浇,杀斟灌以伐斟鄩,灭夏后相。后缗方娠,逃出自窦,归于有仍,生少康焉。为仍牧正。慧浇能,戒之。浇使椒求之,逃奔有虞,为之庖正,以除其害,虞思于是妻之以二姚而邑诸纶。有田一成,有众一旅。能布其德,而兆其谋。以收夏众,抚其官职。使女艾谍浇,使季杼诱豷。遂灭过、戈,复禹之绩。祀夏配天,不失旧物。"《史记·吴世家》载伍员之言略同。《楚辞·离骚》曰:"羿淫游以佚田兮,又好射夫封狐。固乱流其鲜终兮,浞又贪夫厥家。浇身被服强圉兮,纵欲而不忍。日康娱以自忘兮,厥首用夫颠陨。"《天问》曰:"帝降夷羿,革孽夏民。胡射夫河伯,而妻彼洛嫔。冯珧利决,封豨是射。何献蒸肉之膏,而后帝不若?浞娶纯狐,眩妻爰谋,何羿之射革,而交吞揆之?……唯浇在户,何求于嫂?"注:"言浇无义,淫佚其嫂,往至其户,佯有所求,因与行淫乱也。""何少康逐犬,而颠陨厥首?"注:"言夏少康因田猎放犬逐兽,遂袭杀浇而断其头。""女岐缝裳,而馆同爰止。"注:"女岐,浇嫂也。……言女岐与浇淫佚,为之缝裳,于是共舍而宿止也。""何颠易厥首,而亲以逢殆?"注:"言少康夜袭,得女岐头,以为浇,因断之。"案,此注恐误。伍员、屈原皆楚人,故所言颇相会,女岐盖即女艾也。

《左氏》杜注曰:"羿遂伐相,号曰有穷。鉏,羿本国名。""寒国,北海平寿县东有寒亭。"今山东潍县。"有鬲,国名,今平原鬲县。"今山东德县。"乐安寿光县有灌亭。今山东寿光县。北海平寿县东南有斟亭。"今山东潍县。"东莱掖县北有过乡。今山东掖县。戈在宋、郑之间。"案,据《左氏》哀公十二年宋、郑之间有隙地曰戈为说。"梁国有虞县。"今河南虞城县。疏曰"杜以地名言有者,皆是疑辞",则杜亦本不自信。然后之言地理者多因之。遂若羿、浞之乱,绵延青、兖,喋血千里矣。此决非其实。《左氏》谓"羿因夏民",又谓其"不恢于夏家",即《楚辞》亦谓其射河伯,妻洛嫔,则羿都必在河、洛之域。《汉志》北海郡平寿,应劭曰:"故斟寻。禹后,今斟城是也。"臣瓒曰:"斟寻在河南,不在此也。《汲郡古文》云:'太康居斟寻,羿亦居之,桀亦居之。'《尚书序》云'太康失邦,昆弟五人,须于洛汭',此即太康所居为近洛也。又吴起对魏武侯曰'昔夏桀之居,左河、济,右大华,伊阙在其南,羊肠在其北',河南城为值之。又《周书·度邑篇》曰武王问太公曰:'吾将因有夏之居,南望过于三涂,北瞻望于有河。'有夏之居,即河南是也。"《书序》及《汲郡古文》虽不足信,《周书》《国策》自可据依。斟鄩说已见前。斟戈,索隐云《左氏》《世本》皆作"斟灌",则戈、灌一地。窃疑戈即斟灌,过即斟鄩,寒浞灭二国后,以分处其二子,地亦在河、洛之域也。《周本纪》正义引《括地志》,谓"自禹至太康,与唐、虞皆不易都城"。案,《御览·州郡部》引《世纪》云:"少康中兴,复还旧都,故《春秋传》曰'复禹之迹,不失旧物'是也。"故禹城,在洛州密县界。今河南密县。故鉏城,在滑州卫南县东。今河南滑县。故郭城,在洛州巩县西南。今河南巩县。《夏本纪》正义又引《晋地记》云:"河南有穷谷,盖本有穷氏所迁。"固亦以为在河、洛之域。《路史·国名纪》亦以鉏在卫南,谓即《左氏》襄公十一年城枑之枑,又谓安丰有穷谷、穷水,今安徽霍丘县境。即《左氏》昭公二十七年,楚师救潜,与吴师遇处,实羿之故国。其说殊较杜注为胜。《水经·河水注》:"大河故渎……西流径平原鬲县故城西,《地理志》曰:鬲津……故有穷后羿国也。应劭曰:鬲,偃姓,皋陶后。"《路史·国名纪》云鬲,偃姓。《世纪》云不闻其姓,失之,盖本诸此。谓穷在平原不足据,云偃姓,当有所受之。鬲盖羿同姓国,故羿亡而靡奔之,借其力为羿报仇。其立少康,则以羿身死世殄,无可扶翼之故。靡盖有穷之忠臣,非夏后氏之遗老也。《史记》谓禹初授政皋陶,皋陶卒,复以授其子益。《楚辞·天问》曰:"启代益作后,卒然离蠥。何启唯忧,而能拘是达?"注曰:"离,遭也。蠥,忧也。……天下皆去益而归启,以为君。益卒不得立,故曰遭忧也。"《汉书·律历志》,张寿王言伯益为天子,代禹,则禹、益二族,权力实相颉颃。穷、潜地近英、六,盖偃姓聚居之所。以此为羿之故国,揆以事理,殊为近之。河南之穷、卫南之鉏,或其代夏时之遗迹也。《说文·羽部》:"羿,羽之羿风,亦古诸侯也。一曰射师。"《弓部》:"羿,帝喾射官,夏少康灭之。《论语》曰:'羿善射。'"二字实即一字。《淮南·本经》谓:"尧之时,十日并出,焦禾稼,杀草木,而民无所食。猰貐、凿齿、九婴、大风、封豨、修蛇皆为民害。尧乃使羿诛凿齿于畴华之野,杀九婴于凶水之上,缴大风于青丘之泽,上射十日,而下杀猰貐,断修蛇于洞庭,擒封豨于桑林。"则羿之族特长于射,自喾至尧皆当征讨之任,宜其强不可御。五观之乱,彭寿是戡。彭寿,疑即舜时之彭祖,因其寿考,乃以是称之。彭城实尧、禹之旧都,然则夏室西迁之初,东方诸侯,声势固犹甚盛也。

羿、浞之事,《夏本纪》一语不及,而后相见灭,少康流离中兴,《纪》亦但云"帝相崩,子帝少康立",一似其安常处顺者,正义以此议其疏,其实非也。古人著书,信以传信,疑以传疑。所据不同,初不以之相订补,亦不使之相羼杂。①《夏本纪》之所据盖《系世》之伦，《吴世家》之所据则《国语》之类，其文本各不相涉也。或谓《系世》虽但记统绪，然于君身祸变，亦不能略。如《秦始皇本纪》后，重录秦君生、卒、葬处，然于厉、躁、简公、出子之不宁，亦无所讳饰是也。后相见灭，安得云崩，岂如孔子修《春秋》，内大恶讳与？殊不知口说流传，多非实在。《左氏》之"女艾"，即《楚辞》之"女岐"。《天问》又曰："女岐无合，夫焉取九子？"注曰"女岐，神女，无夫而生九子"，以此推之，则《左氏》之"二姚"，亦即《离骚》所云"及少康之未家兮，留有虞之二姚"者，同皆神话中人物也。不宁唯是。后缗逃出自窦，亦显见其为东野人之言矣。夏史之传，盖本皆神话传说。魏绛、伍员，橐栝而为之辞，虽似雅驯，仍不掩其荒陋之迹。然则其所言者，又安能尽据为信史乎？君位与王位不同，魏绛言羿代夏政，王符谓太康不堪帝事，所失者王位而已，其为夏邑之君，固自若也。②《三国·魏志·四裔传》注引《魏略》，谓氐虽都统郡国，然亦自有王侯，在其墟落间。则外臣于人，固无妨内君其众。少康虽为牧正于仍，为庖正于虞，自夏人言之，固可云君位迄未尝旷。又曷怪系世之书，谓其继父而立也？况夫伍员之言亦未必尽信邪？

第二节　殷先世事迹

《史记·殷本纪》曰："殷契母曰简狄，有娀氏之女，为帝喾次妃。三人行浴。见玄鸟堕其卵。简狄取吞之。因孕，生契。契长而佐禹治水，有功。帝舜乃命契曰：'百姓不亲，五品不训，汝为司徒，而敬敷五教。五教在宽。'封于商。赐姓子氏。契兴于唐、虞、大禹之际，功业著于百姓。百姓以平。契卒，子昭明立。昭明卒，子相土立。相土卒，子昌若立。昌若卒，子曹圉立。曹圉卒，子冥立。冥卒，子振立。振卒，子微立。微卒，子报丁立。报丁卒，子报乙立。报乙卒，子报丙立。报丙卒，子主壬立。主壬卒，子主癸

---

① 经籍：古各传所传不掩，《夏本纪》盖据《系世》，故不以羿浞之乱掩之，羿浞见《左》襄四哀元，《史记·吴世家》略同。

② 政体：太康失王位，非失君位。

立。主癸卒，子天乙立。是为成汤。"曹圉，索隐曰："《系本》作'粮圉'。"《祭法》疏引《世本》作"遭圉"，且云："遭圉生根圉，根圉生冥。"则较《本纪》多一世。案，《国语·周语》云："玄王勤商，十有四世而兴。"《荀子·成相》云："契玄王，生昭明，居于砥石，迁于商。十有四世，乃有天乙是成汤。"与《国语》合，则《世本》似误也。《鲁语》曰："上甲微，能率契者也，商人报焉。"又言："冥勤其官而水死。"《礼记·祭法》同。此外事迹无考。

《殷本纪》又曰："自契至汤八迁。汤始居亳，从先王居。作《帝诰》。"《书序》同。"作《帝诰》"三字，盖后人所窜，造《书序》者即据《史记》以为资也。伪孔传曰："契父帝喾都亳，汤自商丘迁焉，故曰'从先王居'。"疏曰："《商颂》云'帝立子生商'，是契居商也。《世本》云'昭明居砥石'，《左传》称相土居商丘，及今汤居亳。事见经传者，有此四迁。其余四迁，未详闻也。郑玄云：'契本封商，国在大华之阳。'皇甫谧云：'今上洛商是也。'今陕西商县。襄九年《左传》云：'陶唐氏之火正阏伯居商丘'，'相土因之'。杜预云'今梁国睢阳，宋都'是也。其砥石，先儒无言，不知所在。"又曰："郑玄云：'亳，今河南偃师县有汤亭。'今河南偃师县。《汉书音义》，臣瓒者云：'汤居亳，今济阴亳县是也。今亳有汤冢，己氏有伊尹冢。'亳，今安徽亳县。己氏，在今山东曹县东南。杜预云：'梁国蒙县北有亳城。城中有成汤冢。其西又有伊尹冢。'蒙在今河南商丘县东北。皇甫谧云：'孟子称汤居亳，与葛为邻。葛伯不祀，汤使亳众为之耕。葛即今梁国宁陵之葛乡也。宁陵，今河南宁陵县。若汤居偃师，去宁陵八百余里，岂当使民为之耕乎？亳，今梁国谷熟县是也。'谷熟，在今河南商丘县。诸说不同，未知孰是。"案，经传之文，皆出后人追叙。其称谓略有一定。古书从无称五帝为王，三王为帝者。帝喾亦五帝之一，安得忽称先王？伪传之非，不言可喻。《水经·谷水注》："阳渠水又东径亳殷南，昔盘庚所迁。改商曰殷，自此始也。班固曰：尸乡，故殷汤所都者也，故亦曰汤亭。薛瓒《汉书注》、皇甫谧《帝王世纪》并以为非，以为帝喾都矣。"案，《御览·州郡部》引《帝王世纪》曰："帝喾氏都亳，今河南偃师是也。……或言在梁，非也。"又云："《世本》言夏后在阳城，本在大梁之南，于战国，大梁魏都，今陈留浚仪是也。"以大梁为古都，于逐渐西迁之迹颇相合。至郑玄之说，则本于《汉志》。王鸣盛《尚书后案》申之曰：薄县，汉本属山阳郡。后汉分其地置蒙、谷熟二县，与薄并改属梁国。晋又改"薄"为"亳"，且改属济阴，故臣瓒所谓汤都在济阴亳县者，即其所谓在山阳薄县者也，案，《汉书·地理志》山阳郡薄县下注引臣瓒曰"汤所都"。其"汤居亳，今济阴亳县是也"之说，见河南郡偃师县下。亦即司马彪所谓在梁国薄县。《续汉书·郡国志》。杜预所谓在蒙县北亳城者也,而亦即皇甫谧所分属于蒙、谷熟者也。本一说也,孔颖达《书诗疏》案,指《诗·商颂》疏。皆认为异说,其误已甚。又《书·立政》:"三亳阪尹。"疏云:"郑玄以'三亳阪尹'共为一事。云汤旧都之民,服文王者,分为三邑。其长居险,故言阪尹。盖东成皋,汉县,今河南泛水县。南辗辕,山名,在今河南偃师县东南。西降谷也。王鸣盛云:降谷,即《续汉书·地理志》谷城县之函谷。案,谷城在今河南洛阳县西北。皇甫谧以为三亳,三处之地,皆名为亳。蒙为北亳,谷熟为南亳,偃师为西亳。王氏亦力斥之,谓其巧于立说,其说是矣。然于偃师去宁陵八百里,岂当使民为之耕之难,不能解也。又《诗·商颂谱》疏谓郑以汤取契之所封,以为代号。服虔、王肃则不然。襄九年《左传》曰:"阏伯居商丘","相土因之"。服虔曰:"汤以为号。"又《书序》王肃注云:"契孙相土居商丘,故汤因以为国号。"《左氏》襄公九年疏引《释例》曰:"宋、商、商丘,三名一地。"伪孔、杜预,多同王肃,然则《汤誓》伪传谓"契始封商,汤遂以为天下号"者,意亦不谓其在大华之阳,乃疏强分商与商丘为两地,转谓伪传、杜预之说同于郑玄。又"阏伯居商丘"之语,亦见于《史记·郑世家》,集解引贾逵曰:"在漳南。"《水经·瓠子河注》:"河水旧东决,径濮阳城东北,故卫也,今河北濮阳县。帝颛顼之墟。昔颛顼自穷桑徙此,号曰商丘,或谓之帝丘,本陶唐氏火正阏伯之所居,亦夏伯昆吾之都,殷相土又都之。"盖依贾说,则杜以商丘、帝丘为二,贾自以商丘、帝丘为一也。义疏于此,亦无所疏通证明,支离灭裂甚矣。

欲明成汤先世事迹,必先明其所谓八迁者,义疏仅数其四,既为不具。[①]且数契居商为一迁。夫契本封商,不可云迁也。今案,扬雄《兖州牧箴》云:"成汤五徙,卒都于亳。"然则汤身凡五迁,自此以前,共得三耳。三者?《水经·渭水注》引《世本》曰"契居蕃",盖自商丘而迁,一也。《荀子·成相篇》曰:"契玄王,生昭明,居于砥石,迁于商。"云"居于砥石",与《书》疏引《世本》合,二也。居于商,盖即相土事,《成相》皆三七言句,为言数所限,故言之不具,三也。成汤五徙者?汤始居亳,盖自商丘而迁,一也。《吕览·慎大览》曰:"汤立为天子,夏民大说……亲郼如夏。"《具备篇》曰:"汤尝约于郼薄矣。"郼即韦。《诗·商颂·长发》曰:"韦、顾既伐,昆吾、夏桀。"盖汤伐韦之后,尝徙居其地,二也。《周书·殷祝》曰:"汤将放桀,于中野。《尚书大

[①] 史事:商八迁。其后之迁徙。

传》作"居中野"。案，"居"字是也。士民闻汤在野，皆委货，扶老携幼奔，国中虚。桀请汤曰：'国所以为国者以有家，家所以为家者以有人也。今国无家，无人矣。"无人矣"上，当夺"家"字。君有人，请致国，君之有也。'"君之有也"上，亦当夺"国"字。汤曰：'否。昔大帝作道，明教士民。今君王灭道残政，士民惑矣，吾为王明之。'士民复致于桀，曰：'以薄之君，济民之残，何必君更？'桀与其属五百人南徙千里，止于不齐。不齐士民往奔汤于中野。桀复请汤言：'君之有也。'汤曰：'否。我为君王明之。'士民复重请之。桀与其属五百人徙于鲁。鲁士民复奔汤。桀又曰：'国，君之有也。吾则外人有言，彼以吾道是邪？我将为之。'汤曰：'此君王之士也，君王之民也。委之何？'汤不能止桀。汤曰：'欲从者从君。'桀与其属五百人去，居南巢。"此以汤之放桀，文致为禅让之事，言汤三让然后取桀之国也。文致为禅让非，云取桀之国则实矣。是三迁也。《春秋繁露·三代改制质文篇》曰："汤受命而王……作宫邑于下洛之阳。"此盖灭桀后所作新邑。既作之，必尝居之，是四迁也。《风俗通·三王篇》曰："汤者，攘也，昌也。言其攘除不轨，改亳为商，成就王道，天下炽昌。"改亳为商，即扬雄所谓"卒都于亳"，乃汤最后定居之事也。是五迁也。

八迁之可考者如此，而商先世之地，亦有可得而言者。契之本封，郑玄、皇甫谧之言，盖因后世地名而误。汤之所居，《管子·地数》《轻重甲》《荀子·议兵》《吕览·具备》《墨子·非攻下篇》皆作"薄"。唯《非命上篇》及《孟子》书作"亳"。《说文》"亳"字下不言汤所都，然《史记·六国表》以"汤起于亳"与"禹兴于西羌"，周"以丰、镐伐殷"，秦"用雍州兴"，"汉之兴自蜀汉"并言，则汉人久混薄、亳为一。故纬候有"天乙在亳，东观于洛"之文。《诗·商颂·玄鸟》疏引《中候·洛予命》。以吾族原起东南言之，自以谓在东方为是。商丘、帝丘，贾逵合为一，杜预析为二。案，《左氏》僖公三十一年，卫迁于帝丘。卫成公梦康叔曰："相夺予享。"此即昭公十七年所云"卫，颛顼之墟"者。而《太平御览》引《世本》曰"相徙商丘，本颛顼之墟"，则亦以商丘、帝丘为一。《世本》古书，较可信据，贾说自优于杜也。蕃，《水经注》以郑西之峦都城当之，此郑谓西郑，今陕西华县。恐非。王国维谓为鲁国之蕃县，见《观堂集林·说自契至于成汤八迁》。蕃，今山东滕县。其地近亳，当是。王氏又谓《左氏》

庄公十一年①"公子御说奔亳"之亳，即汉之薄县。案，古书传于今者，多出春秋、战国人手，必以其时之地名述古事。《史记·货殖列传》言："尧作游成阳，舜渔于雷泽，汤止于亳。"其说颇古，其地固与蕃县密迩也。唯砥石不可考，近人丁山云：汉常山郡蒲吾县，今河北平山县。战国时谓之番吾，即蕃。《史记·五帝本纪》"青阳降居江水"，《大戴记·帝系》作"泜水"。《山海经·北山经》，敦与之山，泜水出于其阴，而东流注于彭水。郭注云：今泜水出中丘县西穷泉谷，东注于堂阳县，入漳。《汉志》，常山郡元氏县，沮水首受中丘穷泉谷，东至堂阳入横河。又常山郡房子县赞皇山，石济水所出，东至廮陶入泜，中丘，今河北内丘县。堂阳，今河北新河县。元氏，今河北元氏县。房子，今河北高邑县。廮陶，今河北宁晋县。以互摄通称之例言之，颇疑泜与石济下游，古有泜石之名，即昭明所居。见所著《由三代都邑论其民族文化》，载《历史语言研究所集刊》。案，此说稍嫌凿空。且纣都朝歌，今河南淇县。台在沙丘，今河北平乡县。而《孟子》言纣之罪曰："坏宫室以为污池"，"弃田以为园囿"，"园囿、污池、沛泽多而禽兽至"。则纣之世，朝歌以往尚为旷废之区，昭明安得建国其地？窃疑砥石亦当去商不远也。

王国维《说亳》曰：昆吾之墟，地在卫国。案，见下节。《左传》《世本》说当可据。韦国，郑笺以为豕韦。《续志》，东郡白马今河南滑县。有韦乡白马之津，在滑县北。《史记·曹相国世家》谓之"围津"。是韦与昆吾实为邻国。案，此所举证亦颇古，汤所居郼，盖即其地。桀都别见下节，"作宫邑于下洛之阳"，盖即偃师之地，其卒归于亳，则疑即汉之薄县，故应劭云"改亳为商"也。

第三节　夏殷兴亡②

殷汤代夏之事，《史记·殷本纪》述之曰："汤征诸侯。葛伯不祀，汤始伐之。……当是时，夏桀为虐政，淫荒，而诸侯昆吾氏为乱；汤乃兴师，率诸

---

① 编辑按：此回出自《左传》庄公十二年。
② 史事：夏殷兴亡。

侯。伊尹从汤。汤自把钺，以伐昆吾，遂伐桀。……于是汤曰'吾甚武'，号曰武王。桀败于有娀之墟，桀奔于鸣条。夏师败绩。汤遂伐三㚇，俘厥宝玉。……于是诸侯毕服。汤乃践天子位。平定海内。汤归至于泰卷陶……还亳。"《孟子·滕文公下篇》曰："汤始征，自葛载。十一征而无敌于天下。"注曰："载，始也。……一说言当作'再'字。再十一征，言汤再征十一国……凡征二十二国也。"案，《梁惠王下篇》引《书》曰"汤一征，自葛始"，则一说非也。十一征不可考。《诗·商颂·长发》曰："武王载旆，有虔秉钺。如火烈烈，则莫我敢遏。……韦、顾既伐，昆吾、夏桀。"汤用兵之事可考者，如此而已。

葛为汉宁陵县葛乡，韦为汉白马县韦乡，已见上节。顾地无考。王国维《说亳》曰：顾，《汉书·古今人表》作"鼓"。与昆吾，《郑语》均以为己姓之国。帝丘有戎州己氏，而梁国蒙薄之北，汉亦置己氏县。疑当在昆吾之南、蒙薄之北。其说亦颇近之。昆吾有二：一《左氏》昭公十二年，楚灵王曰"昔我皇祖伯父昆吾，旧许是宅"，为今河南许昌县。一哀公十七年，卫侯梦于北宫，见人登昆吾之观。杜注曰卫有观，在古昆吾之墟，今濮阳城中，则今河北濮阳县也。《国语·郑语》韦注曰："昆吾，卫是也。其后夏衰，昆吾为夏伯，迁于旧许。"故说者多以此时之昆吾在今许昌。然观上节引《吕览》之言，则汤居韦颇久，濮阳地与韦近，韦说恐未必然也。桀之居，吴起对魏武侯曰："左河、济，右大华，伊阙在其南，羊肠在其北。"见《战国·魏策》《史记·吴起列传》。伊阙，见第七章第三节。羊肠阪，在今山西晋城县南。又幽王二年，西周三川地震。伯阳父曰："周将亡矣。昔伊、洛竭而夏亡，河竭而商亡。"见《国语·周语》《史记·周本纪》。则仍在河、洛之境。《续汉书·郡国志》上党郡高都今晋城县。注曰："《前志》曰有天井关。《战国策》曰桀居天井，即天门也。"案，《礼记·缁衣》引尹吉曰"尹躬天见于西邑夏"，似即指伊尹五就汤五就桀之事言之。见《孟子·告子下篇》。《殷本纪》亦曰："伊尹去汤，适夏，既丑有夏，复归于亳。"郑注释为尹之先祖见夏先君臣，殊迂曲。《吕览·慎大览》曰末喜言"天子梦西方有日，东方有日，两日相与斗，西方日胜，东方日不胜"，故令师从东方出于国西以进。《墨子·非攻下篇》言"天命融隆，火于夏之城间西北之隅"。皆汤都在桀东，用兵顾出桀西之证。汤居于韦，可渡河绕出桀西，若桀居天井，则当时太行以北尚为未开辟之地，汤无从更出其西矣。故桀都必当在河、洛也。《商颂》郑笺曰："汤先伐韦、顾，克之。昆吾、夏桀则同时诛。"案，《礼记·檀弓下篇》曰:"子卯不乐。"郑注曰:"纣以甲子死,桀以乙卯亡。"《释文》引贾逵说同。盖旧有此说。《左氏》昭公十八年:"春,王二月,乙卯,周毛得杀毛伯过而代之。苌弘曰:'毛得必亡,是昆吾稔之日也。'"郑笺盖本于此。然殊臆说无据也。又《左氏》昭公四年,椒举曰:"夏桀为仍之会。有缗叛之。"《韩非子·十过篇》亦有是语。"仍"作"戎"。盖声之转。伍员言"后缗方娠,逃出自窦,归于有仍"。杜注云:"后缗,有仍氏女。"盖仍其国名,缗其君姓。上云有仍,下云有缗,名虽异,仍是一国。古人文法,往往如此。仍故夏婚姻之国,然是时叛之,或亦桀致败之由也。梁履绳《左通补释》云:"《春秋》桓公五年:'天王使仍叔之子来聘。'《穀梁》经传并作'任叔'。仍、任声相近,或是一地。"《续书·地理志》:东平国任城县,故任国。汉任城,今山东济宁县。案,仍、任即是一国,自夏至周,亦未必无迁徙。娥即戎,《春秋》鲁西固多戎。《吕览·简选篇》曰:殷汤良车七十乘,必死六千人,战于郕,登自鸣条,乃入巢门。战于郕,登自鸣条,似与《史记》之"桀败于有娀之墟,桀奔于鸣条"相当。郕或即有娀所在也。郕,见《春秋》隐公五年。《公羊》作"成"。今山东宁阳县。鸣条为舜卒处,已见第七章第四节。《书序》曰:"伊尹相汤伐桀,升自陑,遂与桀战于鸣条之野。"《书序》虽伪物,亦当有所本。陑盖鸣条近旁高地,故《吕览》亦云"登"也。伪孔传曰:"桀都安邑,汤升道从陑,出其不意。陑在河曲之南。"又曰:"鸣条地在安邑之西,桀逆拒汤。"疏引皇甫谧曰:"今安邑见有鸣条陌昆吾亭。《左氏》以为昆吾与桀,同以乙卯日亡……明昆吾亦来安邑,欲以卫桀,故同日亡,而安邑有其亭也。"可谓善于凿空矣。《淮南子·修务训》曰:"汤整兵鸣条,困夏南巢,谯以其过,放之历山。"《荀子·解蔽篇》曰:"桀死于亭山。"巢门者,南巢之门。亭、历声之转。后人以春秋时地名释之,乃谓南巢为今巢县,历山在今和县。窃疑历山即舜耕处,仍在今山东境内也。① 三朡,《书序》伪孔传曰:"今定陶。"今山东定陶县。泰卷陶,《书序》作"大坰"。《史记》集解引徐广曰:"一无此'陶'字。"索隐曰:"邹诞生'卷'作'饷',又作'泂',则'卷'当为'坰',与《尚书》同,非衍字也,其下'陶'字是衍耳……解《尚书》者以大坰今定陶是也,旧本或旁记其地名,后人传写遂衍斯字也。"案,《书序》疏曰"云今定陶者,相传为然",则亦无确据。然定陶确当自鸣条归亳之途,则旧说或当不误也。桀都实在亳西,然其败亡反向东走,殊不可解。《史记·殷本纪》载《汤诰》曰"维三月王自至于东

---

① 史事:升自陑即战于郕,以而即仍也。历山疑即舜耕处。

郊",亦汤用兵在东之证。《左氏》昭公十一年曰"桀克有缗,以丧其国",岂力征经营于东,汤顾自西袭其后欤?《周书》谓桀之败,南徙千里,至于不齐,又南徙至于鲁。不齐倘即齐,则汤与桀之战乃在齐之北千里,深入今河北境矣。岂二国尝剧战于此,桀乃败遁东南走欤?书阙有间,难以质言矣。

第四节 殷代事迹

《史记·殷本纪》曰:"汤崩,太子太丁未立而卒,于是乃立太丁之弟外丙,是为帝外丙。帝外丙即位三年崩,立外丙之弟中壬,是为帝中壬。帝中壬即位四年崩,伊尹乃立太丁之子太甲。太甲,成汤嫡长孙也。是为帝太甲。……帝太甲既立三年,不明,暴虐,不遵汤法,乱德。于是伊尹放之于桐宫三年。伊尹摄行政当国,以朝诸侯。帝太甲居桐宫三年,悔过,自责,返善。于是伊尹乃迎帝太甲而授之政。帝太甲修德,诸侯咸归殷,百姓以宁。……帝太甲称太宗。太宗崩,子沃丁立。……沃丁崩,弟太庚立,是为帝太庚。帝太庚崩,子帝小甲立。《汉书·古今人表》同。《三代世表》太庚弟。帝小甲崩,弟雍己立,是为帝雍己。殷道衰,诸侯或不至。帝雍己崩,弟太戊立。《三代世表》太戊,小甲弟。……伊陟为相。……巫咸治王家有成……殷复兴,诸侯归之,故称中宗。中宗崩,子帝中丁立。《三代世表》同。《古今人表》太戊弟。帝中丁迁于隞,河亶甲居相,祖乙迁于邢。帝中丁崩,弟外壬立,是为帝外壬。……帝外壬崩,弟河亶甲立,是为帝河亶甲。河亶甲时,殷复衰。河亶甲崩,子帝祖乙立。《三代世表》同。《古今人表》河亶甲弟。帝祖乙立,殷复兴。巫贤任职。祖乙崩,子帝祖辛立。帝祖辛崩,弟沃甲立,是为帝沃甲。索隐曰:"《系本》作'开甲'。"帝沃甲崩,立沃甲兄祖辛之子祖丁,是为帝祖丁。帝祖丁崩,立帝沃甲之子南庚,是为帝南庚。帝南庚崩,立帝祖丁之子阳甲,是为帝阳甲。帝阳甲之时,殷衰。自中丁以来,废嫡而更立诸弟子,弟子或争相代立,比九世乱,于是诸侯莫朝。帝阳甲崩,弟盘庚立,是为帝盘庚。帝盘庚之时,殷已都河北,盘庚渡河南,复居成汤之故居。乃五迁,无定处,殷民咨胥皆怨,不欲徙。盘庚乃告谕诸侯大臣曰:'昔高后成汤与尔之先祖俱定天下,法则可修。舍而弗勉,何以成德?'乃遂涉河南,治亳,行汤之政。然后百姓由宁,殷道复兴,诸侯来朝,以其遵成汤之德也。帝盘庚崩,弟小辛立,《三代世表》同。《古今人表》盘庚子。是为帝小辛。帝小辛立,殷复衰。……帝小辛崩,弟小乙立,是为帝小乙。帝小乙崩,子帝武丁立。帝武丁即位,思复兴殷,而未得其佐,三年不言,政事决定于冢宰,以观国风。武丁夜梦得圣人,名曰说。以梦所见视群臣百吏,皆非也。于是乃使百工营求之野,得说于傅险中。集解:"徐广曰:《尸子》云傅岩在北海之洲。"索隐:"旧本作'险',亦作'岩'也。"案,岩、险同字。古都邑恒筑于山险之地。下文云:"故遂以傅险姓之,号曰傅说。"则其地名傅也。是时说为胥靡,筑于傅险。见于武丁,武丁曰是也。得而与之语,果圣人,举以为相,殷国大治。故遂以傅险姓之,号曰傅说。帝武丁祭成汤,明日,有飞雉登鼎耳而呴。武丁惧。祖己曰:'王勿忧,先修政事。'……武丁修政行德,天下咸欢,殷道复兴。帝武丁崩,子帝祖庚立。祖己嘉武丁之以祥雉为德,立其庙,为高宗。……帝祖庚崩,弟祖甲立,是为帝甲。帝甲淫乱,殷复衰。帝甲崩,子帝廪辛立。索隐曰:《汉书·古今人表》及《帝王代纪》皆作'冯辛'。案,《代纪》即《世纪》,唐人避讳改。帝廪辛崩,弟庚丁立,是为帝庚丁。帝庚丁崩,子帝武乙立。殷复去亳,徙河北。帝武乙无道,为偶人,谓之天神,与之博,令人为行。天神不胜,乃僇辱之。为革囊盛血,仰而射之,命曰'射天'。武乙猎于河、渭之间,暴雷,武乙震死。子帝太丁立。帝太丁崩,子帝乙立。帝乙立,殷益衰。帝乙长子曰微子启,启母贱,不得嗣。少子辛,辛母正后,辛为嗣。帝乙崩,子辛立,是为帝辛,天下谓之纣。"以上自汤至纣,凡三十王。《大戴记·少间篇》言:成汤卒崩,二十二世乃有武丁即位;武丁卒崩,九世乃有末孙纣即位。《国语·周语》言:"帝甲乱之,七世而陨。"世数皆相合。唯《晋语》谓"商之飨国三十一王",多一世。《大戴记·保傅》亦谓"殷为天子三十余世,而周受之"。盖并武庚数之。① 武庚继纣而立,固犹可云未失位也。《孟子》言"由汤至于武丁,贤圣之君六七作",《公孙丑上》。《史记》太甲、太戊、祖乙、盘庚皆贤君,并汤与武丁而六,说亦相合。《书·无逸》:"周公曰:'呜呼!我闻曰:昔在殷王中宗,严恭,寅畏天命,自度,治民祗惧,不敢荒宁。肆中宗之享国,七十有五年。其在高宗,时旧劳于外,爰暨小人,作其即位,乃或谅阴,三年不言,其唯不言,言乃雍。不敢荒宁,嘉靖殷邦。至于小大,无时或怨。肆高宗之享国,五十有九年。其在祖甲,不义唯王,旧为小人,

---

① 史事:外丙、仲壬有。《晋语》言商多一世,盖并武庚数之。

作其即位，爰知小人之依，能保惠于庶民，不敢侮鳏寡。肆祖甲之享国，三十有三年。自时厥后立王，生则逸。生则逸，不知稼穑之艰难，不闻小人之劳，唯耽乐之从。自时厥后，亦罔或克寿。或十年，或七八年，或五六年，或四三年。"高宗享国，汉石经残碑作"百年"，《史记·鲁世家》作"五十五年"。已见第四章。祖甲，伪孔传谓即太甲，王肃同。疏引郑玄云"祖甲，武丁子帝甲也。有兄祖庚，贤，武丁欲废兄立弟，祖甲以此为不义，逃于人间，故云旧为小人"。案，"不义唯王，旧为小人"，实与太甲事合。而祖甲，《史记》《国语》皆以为乱君，安能保惠庶民？疏引此以驳郑是也。太甲不应次中宗、高宗后，郑玄盖因此而以祖庚弟释之。① 伪传云"以德优劣，立年多少为先后"，亦属牵强。皮锡瑞云："《无逸》石经'肆高宗之飨国百年'，下接'自时厥后'，则其在祖甲。今文作'昔在殷王太宗'，以为太甲，在'周公曰：呜呼'下。后乃曰其在中宗，其在高宗。《古文尚书》于前遗太宗，而于后增祖甲也。"《书经通论》。

殷代事迹最异者，为其君位承袭之法。自五帝以前君位承袭之法，实不可知。史所传五帝之序，盖后人就当时强部，能号令诸侯者言之，犹齐桓、宋襄、晋文之继霸，非一国之内，君位相承之序也。自夏以来，君位承袭，乃有可考；周家特重嫡长，明白无疑。夏后氏，据《史记本纪》所载，唯太康、仲康兄弟相及。又扃以弟继不降，扃卒，子廑立，廑卒，还立不降子孔甲，亦颇类有殷。然此乃承袭之法，偶失其常，不能谓夏弟兄相及也。殷三十王，弟兄相及者十四。外丙、仲壬、太庚、雍己、太戊、外壬、河亶甲、沃甲、南庚、盘庚、小辛、小乙、祖甲、庚丁。若兼据《三代世表》及《古今人表》，则小甲、中丁、祖乙，亦皆兄弟相及，凡十七。春秋时吴诸樊、余祭、余昧相及。季弟札让不肯立，立余昧之子僚。诸樊子光，以为不传季子，光当立，卒弑僚而代之。可见弟兄相及者，季弟死，当还立长兄之子。殷代亦然。太甲之继仲壬，祖丁之继沃甲，皆如此。其不然者，盖弟兄相及，年代孔长，长兄之子或先季弟死，又或在位者用私，诸弟子争立，不能尽如法也。《春秋繁露·三代改制质文篇》曰主天者法商而王，立嗣予子，笃母弟；《公羊》隐公七年何注曰：母弟，同母弟；母兄，同母兄。分别同母者，《春秋》变周之文，从殷之质，质家亲亲，明当亲厚，异于群公子也。主地者法夏而王，立嗣予孙，笃世子。必非虚语矣。母系之族，兄弟为一家，父子则否，故多行

---

① 经学、史事：《无逸》祖甲即太甲。

相及之法。兄弟尽,还立长兄之子,亦诸族类然。①《史记》言"自中丁以来,废嫡而更立诸弟子",所谓嫡者,实兼弟言之,如太丁死后之外丙,仲壬死后之太甲;所谓诸弟子,则太丁死时之仲壬、太甲也。后世行此法者唯吴,而鲁自桓公以前,亦一生一及,见《公羊》庄公三十二年。《史记·鲁世家》作"一继一及"。盖东南之俗故如此,此可考见殷人之所起矣。

《论语·宪问篇》:"子张问曰:'《书》云:高宗谅阴,三年不言。何谓也?'子曰:'何必高宗? 古之人皆然。君薨,百官总己,以听于冢宰,三年。'"盖居丧之时,不自为政,实殷代之成法也。②《史记》曰:"帝太甲既立三年,不明,暴虐,不遵汤法,乱德。于是伊尹放之于桐宫三年。"两云"三年",明先后凡六年。《伪古文尚书·太甲篇》曰:"王徂桐宫居忧。"又曰:"唯三祀,十有二月朔,伊尹以冕服奉嗣王归于亳。"伪孔传曰:"汤以元年十一月崩,至此二十六月,三年服阕。"③又释《书序》之"太甲元年"为"汤殁而太甲立,称元年"。释《伪伊训》之"唯元祀,十有二月,乙丑,伊尹祠于先王"曰"汤崩逾月,太甲即位,奠殡而告"。于是中失外丙、仲壬两君;而太甲居丧,伊尹摄政,先后凡六年者,亦只得三年矣。观《大戴礼记》《国语》言殷代世数皆与《史记》合,即知其作伪之不雠矣。《帝王世纪》亦伪有二君,见《伊训》《肆命》《徂后》序疏。《太甲》疏引《纪年》云:"殷仲壬即位,居亳,其卿士伊尹。仲壬崩,伊尹乃放太甲于桐而自立也。伊尹即位于太甲七年,太甲潜出自桐,杀伊尹,乃立其子伊陟、伊奋,命复其父田宅而中分之。"杜预《春秋后序》说同,已见第七章第四节。又《御览》引《琐语》云仲壬崩,伊尹放太甲,乃自立四年。此等伪书皆一鼻孔出气,然皆以为太甲之见放,在谅阴之后也。又《沃丁序》疏引皇甫谧云:"沃丁八年,伊尹卒,卒年百有余岁。大雾三日。沃丁葬之以天子礼。葬,祀以太牢,亲临丧,以报大德。"案,此说出汉张霸之《百两篇》,见《论衡·感类篇》。然谅阴总己之制,后似不能常行。观《礼记·丧服四制》言高宗之时,礼废而复起可知。此亦可见君权之日扩也。

《史记》"仲丁迁于隞",《书序》作"嚣"。河亶甲居相,《书序》同。"祖乙迁于邢",《书序》作"圮于耿"。《书·盘庚篇》云:"不常厥邑,于今五邦。"《释文》引马云:"五邦,谓商丘、亳、嚣、相、耿也。"疏引郑亦云:"汤自商徙亳,数商、亳、嚣、相、耿为五。"案,《经》言于今,则当并盘庚所居言之。五迁

---

① 政体:立弟,殷、鲁、吴。
② 政体:亮阴之制,后似不能常行。
③ 政体:伊尹废大甲在三年非,伪孔传并入其中。

盖当数亳、嚻、相、耿，暨盘庚所治之亳也。《书序》曰："盘庚五迁，将治亳殷。"伪孔传曰："自汤至盘庚，凡五迁都。"疏曰："上文言自契至于成汤八迁，并数汤为八；此言盘庚五迁，又并数汤为五。汤一人再数。故班固云：'殷人屡迁，前八后五，其实正十二也。'此《序》云盘庚将治亳殷，下传云：'殷，亳之别名'，则亳殷即是一都……《汲冢古文》云：'盘庚自奄迁于殷。殷在邺南三十里。'束皙云：'《尚书序》盘庚五迁，将治亳殷，旧说以为居亳。亳殷在河南。《孔子壁中尚书》云将始宅殷，是与古文不同也。《汉书·项羽传》云洹水南殷墟上。今安阳西有殷，束皙以殷在河北，与亳异也。'孔子壁内之书，安国先得其本……'亳'字磨灭，容或为'宅'……'始'皆作'乱'，其字与'治'不类，无缘误作'始'字，知束皙不见壁内之《书》，妄为说也。"案，《竹书》传于后者尽是伪物，此疏所引亦未必真出束皙，然作伪者之用心，则可见矣。《太平御览·皇王部》引《竹书》：仲丁自亳迁于嚻。河亶甲自嚻迁于相。祖乙居庇。南庚自庇迁于奄。盘庚自奄迁于北蒙，曰殷。盖不满五迁之并数汤，故益一南庚；又欲以殷墟为殷，故谓盘庚所迁为北蒙也。河、洛之地，实名为殷，已见第一节。《盘庚上篇》："盘庚迁于殷。"疏引郑玄曰"商家自徙此而号曰殷"，谓"郑以此前未有殷名"，郑说当有所本。仲丁迁于嚻，《书》疏曰："李颙云嚻在陈留浚仪县，今河南开封县北。皇甫谧云仲丁自亳徙嚻，在河北也。或曰今河南敖仓。今河南荥阳县北。二说未知孰是也。"以殷代都邑多在河北言之，皇甫谧"嚻在河北"之说似较得当。《太平御览·州郡部》引《帝王世纪》转引《世本》曰：太甲迁上司马，在邺之南。《世纪》果有此语，不得又谓仲丁自亳徙嚻。《吕览·音初篇》曰："殷整甲徙宅西河，犹思故处，实始作为西音。"近人钱穆《子夏居西河辨》引此，又引《史记·孔子世家》："卫灵公（问孔子）：'蒲可伐乎？'对曰：'可。'……'其男子有死之志，妇人有保西河之志，吾所伐者不过四五人'。"索隐曰："此西河在卫地，非魏之西河也。"《艺文类聚》卷六十四、《文选》左太冲《招隐诗》注引《尚书大传》：子夏对夫子云"退而穷居河、济之间"。以证子夏居西河，不在龙门汾州。汾州今山西汾阳县。其说甚确。然则《世本》之太甲，乃整甲或河亶甲之误，相正后世之相州也。今河南安阳县。《韩诗外传》曰："武王伐纣到邢丘，更名邢丘曰怀。"此即春秋时之邢国。今河北邢台县。《史记·殷本纪》言纣广沙丘苑台，又言其聚乐戏于沙丘，沙丘固邢分，《书序》作"圮于耿"，皇甫谧以河东皮氏县耿乡当之，皮氏今山西河津县。误矣。伪传释《书序》曰

"圮于相,迁于耿",此太不辞。疏引郑玄曰:"祖乙又去相居耿,而国为水所毁,于是修德以御之,不复徙也。录此篇者,善其国圮毁,改政而不徙。"亦近臆说。《书序》即杂采古书为之,非有异闻,窃疑本亦作"迁于耿","迁"既讹为"圮",郑玄、伪孔等乃从而为之辞也。扬雄《兖州牧箴》曰"盘庚北渡,牧野是宅",盖指其未涉河以前。造《竹书》者,盖因此臆盘庚徙居河北,乃臆改牧野之名为北蒙以当之。《国语·楚语》曰"昔殷武丁能耸其德,至于神明,以入于河,自河徂亳",盖谓其自外藩入居大位,即《书》所谓"旧劳于外"。足征武丁犹在亳殷,《史记》武乙去亳徙河北之说甚确。《御览·州郡部》引《帝王世纪》云:"武丁徙朝歌,于周为卫,今河内县也。"《水经·淇水注》引《晋书地道记》曰:朝歌本沬邑也,殷王武丁始迁居之。盖皆误解《楚语》。造《竹书》者,既谓盘庚已居河北,不得再有武乙之徙,乃谓自盘庚徙殷,至纣之灭,更不徙都,《史记·殷本纪》正义。其不雠又甚矣。洹水之南殷墟,近岁发掘,虽有所得,为古都邑无疑,然安能决殷王室之必居于是耶?

殷墟甲骨出于清末,未几即有以其太多而疑之者。至中央研究院派人查勘,则伪物充塞市肆,作伪者且确有主名。见第二章。案,甲骨文之出土,事在光绪戊戌(1898)、己亥(1899)间。贾人携至北平,为福山王懿荣所得。庚子(1900)秋,懿荣殉难。所藏皆归丹徒刘铁云鹗。小屯土人,农隙掘地,岁有所得,亦归焉。光、宣间所出,大半归上虞罗叔言振玉。王氏所藏,凡千余片。刘氏所藏,三千余片。罗氏所藏,二三万片。其余散在诸家者,亦当以万计。驻安阳之某国牧师,所藏亦近万片。见近人自署亢父者所撰《二十年间中国旧学之进步》,载《东方杂志》。又有自署老圃者,于十四年四月九日《时报》论其事曰:"光绪间,安阳掘得龟甲兽骨。或刻有篆文。而无文者尤累累。好事者购之,百文辄得一大裹。然皆碎块,块不过数字,不能详其文义。其可辨者,以干支字为多。间有大片,字亦寥寥。其后购求者踵至,而续出者亦愈多。价亦飞腾,或一片索一金矣。无文之骨,亦不知何往,盖一变而为有文矣。藏者以多字为贵。遂有连篇累牍者,夸示于众,而真伪益不可究诘矣。"董作宾《试掘安阳小屯报告书》言尝晤钟楼巷遵古斋肆主王姓,告以伪造甲骨者,以蓝葆光为最工。其人本善刻玉雕骨。号称小屯出土之物,是人所造为多。又有王姓者,亦能仿制,而远不如蓝。遵古斋壁间累累者,皆新出土无字之甲骨也。其《安阳侯家庄出土之甲骨文字篇》谓十七年以后,真字骨几绝迹,大都蓝、王二人所造。又吴县国学会所出《国学论衡》载章炳麟之言,谓伪造甲骨文者,即收藏最有名之士夫,则有不忍言者矣。故此物最近发掘,众目昭彰者,自可据为研究之资。其前此所有者,则为矜慎起见,不如弗用之为愈也。乃近人多好据之以言古史。其魁桀当推王国维。所撰《殷卜辞中所见先王先公考》据甲骨文,以王亥为殷之先王,谓天乙为大乙之讹,中宗实为祖乙,疑《史记》报丁、报乙、报丙之次为误。其所得先公之次,适与十干之次同,明系作伪者不娴殷代掌故,亦曲说为诸公生卒之日,汤定祀典时已不可知,即用十日之次追名之。又作《殷周制度论》,谓周人言殷礼,已多失实;甚至谓殷人祭无定制,或九世,或廿世,或八世,或三世,或二世,或五世,或四世,而不顾其事理之不可通也。章炳麟《理惑篇》谓言古物者,首贵其人之贞信。见《国故论衡》。民国以来,有矢忠清室者,大抵愚暗无识之人。王氏早岁治叔本华之学,议论精辟无伦,断非愚暗无识者,而晚岁亦以清室遗老自居,立言是否由衷?令人不能无惑。此编于近世据殷墟甲骨以言殷事者,皆不之取,盖其慎也。

第五节　周先世事迹

　　《史记·周本纪》曰:"周后稷,名弃,其母,有邰氏女,曰姜原。姜原为帝喾元妃。姜原出野,见巨人迹,心忻然说欲,践之。践之而身动如孕者。居期而生子。以为不祥,弃之隘巷。马牛过者,皆避不践。徙置之林中,适会山林多人,迁之而弃渠中冰上,飞鸟以其翼覆荐之。姜原以为神,遂收养长之。初欲弃之,因名曰弃。弃为儿时,屹如巨人之志,其游戏好种树麻、菽,麻、菽美,及为成人,遂好耕农。相地之宜,宜谷者稼穑焉。民皆法则之。帝尧闻之,举弃为农师。天下得其利,有功。帝舜曰:'弃,黎民始饥,尔后稷,播时百谷。'封弃于邰,号曰后稷,别姓姬氏。后稷之兴,在陶唐、虞、夏之际,皆有令德。后稷卒,子不窋立。不窋末年,夏后氏政衰,去稷不务,不窋以失其官,而奔戎狄之间。不窋卒,子鞠立。鞠卒,子公刘立。公刘虽在戎狄之间,复修后稷之业。务耕种,行地宜,自漆、沮渡渭,取材用。行者有资,居者有蓄积。民赖其庆。百姓怀之,多徙而保归焉。周道之兴自此始。故诗人歌乐思其德。公刘卒,子庆节立,国于豳。庆节卒,子皇仆立。皇仆卒,子差弗立。差弗卒,子毁隃立。集解:"《世本》作'揄'。"索隐:"《系本》作'伪揄'。"毁隃卒,子公非立。索隐:"《系本》云'公非辟方',皇甫谧云:'公非,字辟方也。'"公非卒,子高圉立。索隐:"《系本》云:'高圉侯侔。'"高圉卒,子亚圉立。集解:"《世本》云:'亚圉云都。'皇甫谧云:'云都,亚圉字。'"索隐:"《汉书·古今表》曰:'云都,亚圉弟。'按,如此说,则辟方、侯侔亦皆二人之名,实未能详。"亚圉卒,子公叔祖类立。索隐:

"《系本》云:'太公组绀诸盩。'"《三代世表》称叔类,凡四名。皇甫谧云'公祖一名组绀诸盩,字叔类,号曰太公'也。"公叔祖类卒,子古公亶父立。古公亶父复修后稷、公刘之业,积德行义,国人皆戴之。薰育戎狄攻之,欲得财物,予之。已复攻,欲得地与民。民皆怒,欲战。古公曰:'有民立君,将以利之。今戎狄所为攻战,以吾地与民。民之在我,与其在彼,何异?民欲以我故战,杀人父子而君之,予不忍为。'乃与私属遂去豳,①渡漆、沮,逾梁山,止于岐下。豳人举国扶老携弱,尽复归古公于岐下。及他旁国,闻古公仁,亦多归之。于是古公乃贬戎狄之俗,而营筑城郭室屋,而邑别居之,作五官有司,民皆歌乐之,颂其德。古公有长子曰太伯,次曰虞仲。太姜生少子季历。季历娶太任,皆贤妇人。生昌,有圣瑞。古公曰:'我世当有兴者,其在昌乎?'长子太伯、虞仲知古公欲立季历以传昌,乃二人亡如荆蛮,文身断发,以让季历。古公卒,季历立,是为公季。公季修古公遗道,笃于行义,诸侯顺之。公季卒,子昌立,是为西伯,西伯曰文王。"案,《史记》述殷周先世,皆据《诗》《书》之说。②周先代事迹,见于《诗》者较多,故其传亦较详。然周世系不如殷之完具。"自弃弃于邰"至"不窋立"三十四字之间,后稷二字,凡有三解。"号曰后稷"之后稷指弃。"后稷之兴"之后稷,包弃以后、不窋以前居稷官者。"后稷卒"之后稷,则不窋之父也。《国语·周语》,太子晋谓"自后稷之始基靖民,十五王而文始平之",卫彪傒谓"后稷勤周,十有五世而兴",世数皆与《史记》合。《汉书·古今人表》以辟方为公非子,高圉为辟方子,侯侔、亚圉皆高圉子,云都为亚圉弟,则多辟方、侯侔、云都三代。故杜氏《释例》以高圉为不窋九世孙。《路史·发挥》引。然《酒诰》疏引《世本》世数悉与《史记》合,唯"鞠"作"鞠陶","差弗"作"羌弗","公非"作"公飞","公叔祖类"作"组绀"。《吴越春秋》亦云"公刘卒,子庆节立,其后八世而得古公亶父"。《吴太伯传》。此八世系除本计,亦与《史记》《世本》同,《汉书》殆非也。

《史记·刘敬传》,敬言"公刘避桀居豳",《吴越春秋·吴太伯传》同。《史记·匈奴列传》曰"夏道衰,而公刘失其稷官,变于西戎,邑于豳",虽不言何时,然下文云"其后三百有余岁,戎狄攻太王亶父",则亦以为在夏末

---

① 阶级:古公与私属去豳。
② 史事:周先世世系。

也。韦注《国语》谓不窋当太康时,郑氏《诗谱》以公刘当太康时,谬矣。① 此盖由误解"后稷卒"之后稷为弃之故。索隐引《帝王世纪》云"后稷纳姞氏,生不窋",亦同此误。姞为后稷元妃,见《左氏》宣公三年。《史记·郑世家》同。谯周谓"《国语》云'世后稷,以服事虞、夏',言世稷官,是失其代数",亦见索隐。其说是矣。商自汤至纣三十王,不窋在夏末,至文王十五世,由商兄弟相及,而周父子相继也。其年代实略相当,可见系世之传不尽诬也。

周之兴,盖自公刘始,《诗·公刘》毛传曰:公刘居于邰而遭夏人乱,追逐公刘,公刘乃避中国之难,遂平西戎,而迁其民,邑于豳。盖诸侯之从者十有八国焉。案,《史记》言庆节立,国于豳,则公刘尚未居豳,《刘敬》及《匈奴列传》皆言公刘居豳者,乃约略之辞,毛传盖亦如此。诸侯从者十八国,疏云不知出何书,疑即《史记》所谓"百姓怀之,多徙而保归焉"者,诸侯,谓邑落君长也。邰旧说谓今陕西武功县,豳为今豳县,岐为今岐山县,钱穆《西周地理考》谓邰即台骀之地。《左氏》昭公元年,言金天氏有裔子曰昧,生台骀,"宣汾、洮,障大泽,以处太原。帝用嘉之,封诸汾川"。《水经·涑水注》:涑水兼称洮水。是台骀居汾、涑之域也。《左氏》昭公九年,王使詹桓伯辞于晋,曰:"我自夏以后稷,魏、骀、芮、岐、毕,吾西土也。"《御览》引《隋图经》:稷山,在绛郡,今山西稷山县。后稷播百谷于此。《水经注》:山西去介山五十里。介山,在今山西万泉县东。汉武帝尝用事介山。见《本纪》。《封禅书》:汾阴巫锦,为民祠魏脽后土营旁。后汉立后土祠于汾阴脽上。汾阴,汉县,在今山西荣河县北。《周书·度邑》:武王升汾之阜,以望商邑。汾即邠,亦即豳。然则公刘旧邑,实在山西;太王逾梁山,当在今韩城;岐山亦当距梁山不远也。予案,虞、夏之间,吾族以避水患,西迁河、洛,更渡河而入河东,说已见前。山西之地,三面皆山,唯自蒲津渡河入渭域为平坦,钱氏之言衡以地理情势,固无不合矣。庆节而后,贤君当推高圉、亚圉,故《鲁语》谓高圉、太王能率稷,而《左氏》昭公七年载王命卫侯之辞,亦曰"余敢忘高圉、亚圉"也。古公贬戎狄之俗,营筑城郭宫室,事盖与公刘同。以农耕之族,介居戎狄之间,而迄未为其所同化,亦可谓难矣。

---

① 史事:公刘当桀,以为当太康误。

第六节　殷周兴亡上

《史记·周本纪》曰："西伯曰文王。遵后稷、公刘之业,则古公、公季之法,笃仁,敬老,慈少,礼下贤者,日中不暇食,以待士。士以此多归之。伯夷、叔齐在孤竹,闻西伯善养老,盍往归之。太颠、闳夭、散宜生、鬻子、辛甲大夫之徒,皆往归之。崇侯虎谮西伯于殷纣,曰:'西伯积善累德,诸侯皆向之,将不利于帝。'帝纣乃囚西伯于羑里。闳夭之徒患之,乃求有莘氏美女,正义:"《括地志》云:'古莘国城在同州河西县南二十里。《世本》云莘国,姒姓,夏禹之后。'"案,《诗·大雅·大明》曰:"缵女维莘,长子维行。"笺曰"莘国之长女大姒,则配文王",乃周婚姻之国也。唐河西,今陕西朝邑县。骊戎之文马,正义:"《括地志》云:'骊戎故城在雍州新丰县东南十六里。'"案,今陕西临潼县新丰镇。有熊九驷,正义:"《括地志》云:'郑州新郑县,本有熊氏之墟也。'"案,今河南郑县。此释恐未确。他奇怪物,因殷嬖臣费仲而献之纣,纣大说,曰:'此一物足以释西伯,况其多乎?'乃赦西伯,赐之弓矢斧钺,使西伯得征伐。曰:'谮西伯者,崇侯虎也。'西伯乃献洛西之地,以请纣去炮烙之刑。纣许之。西伯阴行善,诸侯皆来决平。于是虞、芮之人,集解:"《地理志》虞在河东大阳县。芮在冯翊临晋县。"案,大阳,今山西平陆县。临晋,今陕西大荔县。有狱不能决,乃如周。入界,耕者皆让畔,民俗皆让长。虞、芮之人,未见西伯,皆惭,相谓曰:'吾所争,周人所耻,何往为?只取辱耳。'遂还。俱让而去。诸侯闻之曰'西伯盖受命之君'。明年,伐犬戎。明年,伐密须。集解:"应劭曰:'密须氏,姞姓之国。'瓒曰:'安定阴密县是。'"案,今甘肃灵台县。钱穆《西周地理考》曰,《国语》"共王游于泾上,密康公从",其地当在泾水下流。明年,败耆国。集解:"徐广曰:一作'肌'。"案,《殷本纪》作"饥",集解引徐广曰:"饥,一作'肌',又作'耆'。"《宋微子世家》作"肌"。集解引徐广曰:"'肌'音'耆'。今《尚书》作'黎'。《括地志》:'故黎城,黎侯国也。在潞州黎城县东北十八里。'《尚书》云'西伯既戡黎'是也。"案,唐黎城,今山西黎城县。殷之祖伊闻之,惧。以告帝纣。纣曰:'不有天命乎?是何能为?'明年,伐邘。集解:"徐广曰:'邘城在野王县西北。'"案,今河南沁阳县。明年,伐崇侯虎。正义:"皇甫谧云夏鲧封、虞、夏、商、周皆有崇国。崇国,盖在丰、镐之间,《诗》云'既伐于崇,作邑于丰',是国之地也。"而作丰邑,集解:"徐广曰:'丰在京兆鄠县东,有灵台。镐在上林昆明北,有镐池。去丰二十五里。皆在长安南数十里。'"自岐下而徙都丰。明年,西伯崩,太子发立,是为武王。西伯盖即位五十年。其囚羑里,盖益《易》之八卦为六十四卦。诗人道西伯,盖受命之年称王而断虞、芮之讼。后七年而崩,谥为文王。改法度,制正朔矣,追尊古公为太王,公季为王季。盖王瑞自太王兴。"案,《孟子》言:"文王生于岐周,卒于毕郢。"《离娄下篇》。《周书·大匡解》曰:"维周王宅程三年,遭天之大荒。"《大开武解》曰:"天降瘖于程。"程即郢,是文王又尝居于郢也。《诗·大雅·皇矣之篇》曰:"密人不恭,敢拒大邦,侵阮、徂、共。①王赫斯怒,爰整其旅,以按徂旅,以笃于周祜,以对于天下。依其在京,侵自阮疆。陟我高冈。无矢我陵,我陵我阿;无饮我泉,我泉我池。度其鲜原,居岐之阳。在渭之将,万邦之方,下民之王。"毛传以"侵阮徂共"为"密须氏侵阮,遂往侵共",文义似顺。然释"以按徂旅"之旅为地名。疏曰:"盖自共复往侵旅。"又以"侵自阮疆"为密人侵周,则殊为不辞。郑笺以阮、徂、共为三国名,释"以按徂旅"为"却止徂国之兵众","侵自阮疆"为"往侵阮国之疆",实于义为协。疏谓《鲁诗》之说如此。盖郑君初治《韩诗》,《韩》《鲁》说同。汉初经师皆自有传授,不专恃简策,未可以阮、徂、共为三国不见古书而疑之也。疏引皇甫谧,亦有侵阮、徂、共而伐密须之说。谧虽好附会,然此言不能凭空造作;况谧非佞郑者,其学术多同王肃,而肃则申毛难郑者也。故知谧此言必有所据。其所据,或即三家遗说也。钱穆《西周地理考》云:《左氏》文公四年,晋侯伐秦,围邧、新城。《史记·魏世家》,文侯十六年,伐秦,筑临晋、元里。元里即邧,亦即阮,地当近临晋。共,即齐王建入秦所处也。笺云:"文王但发其依居京地之众,以往侵阮国之疆。登其山脊,而望阮之兵。兵无敢当其陵及阿者。又无敢饮食于其泉及池水者。……文王见侵阮而兵不见敌,知己德盛而威行,可以迁居定天下之心,乃始谋居善原广平之地。亦在岐山之南,居渭水之侧,为万国之所向,作下民之君。后竟徙都于丰。"疏曰:"太王初迁,已在岐山,故言亦在岐山之阳。……《周书》称文王在程,作《程瘖》《程典》。皇甫谧云文王徙宅于程,盖谓此也。"案,疏以文王所居之岐阳,非即太王之所迁是也。至谓其地即程则非。伐密须为文王受命后事,而《程典》云:"文王合六州之侯,奉勤于商,商王用宗谗,震怒无疆,诸侯不娱,逆诸文王。"盖即《论语》所谓"三分天下有其二,以服事殷",《泰伯篇》。《左氏》所谓"纣囚文王七年,诸侯皆从之囚"者,襄公三十一年。七年五伐,《诗·大雅·文王序》疏引《书传》,谓"一年断虞、芮之讼,

---

① 经学:侵阮、徂、共。

二年伐邘,三年伐密须,四年伐犬夷,五年伐耆,六年伐崇,七年而崩",与《史记》异,盖当以《史记》为是。犬戎、密须皆近患,故先伐之。耆在上党,邘在野王,则所以图崇。崇盖纣党最大者,故最后伐之。用兵先后,次序井然,不得如《书传》所云。殷、周《本纪》多据《书传》,此事亦不得有异同,盖《书传》本同《史记》,后乃倒乱失次也。羑里之囚,郑注《书序》以为在三伐之后,伐耆之前。疏据《殷传》"西伯得四友献宝,免于虎口而克耆",《大传》"得三子献宝,纣释文王而出伐黎"之文,曲为之说。殊不知《书传》此文,乃以献宝伐耆为文王大事而偏举之,非谓其事必相衔接。以情理论之,文王既三伐皆胜,安能复为纣所囚?故不如襄三十一年《左》疏之说,以被囚在虞、芮质狱之前为当也。《韩非·难二》:"昔者文王侵盂,克莒,举丰,三举事而纣恶之。文王乃惧,请入洛西之地,赤壤之国方千里,以解炮烙之刑。"似亦谓文王被囚在三伐之后,然此乃约略之辞,且误谓克丰在前,更不足据矣。而郑注纬候,以文王称王在受命六年后,见《文王序》疏。更无当矣。夫知被囚在受命之前,则知《程典》必不能作于伐密须之岁。《周书·史记》曰:"昔有毕程氏,损禄增爵,群臣貌匮,比而戾民,毕程氏以亡。"毕程盖古国,文王灭之而居其地,其事尚在作《大匡》之前。至于《皇矣》之诗所谓"居岐之阳"者,则即《史记》所谓"自岐下而徙都丰"之岐下;其地亦名鲜原,《周书·和寤解》所谓"王乃出图商,至于鲜原"者也。文王虽作丰邑,而卒于郢,葬于毕;武王图商,仍在鲜原;盖丰为新都,营建初就,尚未定居故耳。《吕览·具备》:"武王尝穷于毕程矣。"则武王亦尝居郢。《括地志》:"周文王墓在雍州万年县西南二十八里毕原上。"唐万年,今陕西长安县。郑笺《皇矣》,初不据《史记》,而其说密合如此,则以其原本《鲁诗》,而《史记》亦据诗人之言故也。亦可见汉初经师之学,自有真传矣。

《殷本纪》曰:"帝纣资辨捷疾,闻见甚敏。材力过人,手格猛兽。智足以拒谏,言足以饰非。矜人臣以能,高天下以声,以为皆出己之下。好酒淫乐,嬖于妇人。爱妲己。妲己之言是从。于是使师涓作新淫声,北里之舞,靡靡之乐。厚赋税以实鹿台之钱,而盈巨桥之粟。益收狗马奇物,充牣宫室。益广沙丘苑台,多取野兽蜚鸟置其中。慢于鬼神。大冣乐戏于沙丘。以酒为池,悬肉为林,使男女裸相逐其间,为长夜之饮。百姓怨望,而诸侯有叛者。于是纣乃重辟刑,有炮烙之法。以西伯昌、九侯、集解:"徐广曰:'一作"鬼侯"。邺县有九侯城。'"索隐:"九亦依字读,邹诞生音仇也。"案,邺,今河南临漳县。鄂侯集解:"徐广曰:'一作"邘",音于。野王县有邘城。'"案,此恐以纣都河北,谓鄂地在今湖北,疑其太远而改之。古书述纣醢九侯,脯鄂侯,囚西伯事者甚多,无作"邘"者。为三公。九侯有好女,入之纣。九侯女不憙淫。纣怒,杀之,而醢九侯。《春秋繁露·王道篇》:纣刑九侯之女而取其环。鄂侯争之强,辨之疾,并脯鄂侯。西伯昌闻之,窃叹。崇侯虎知之,以告纣。纣囚西伯羑里。集解:"《地理志》曰河内汤阴有羑里城。"案,《北堂书钞》引《白虎通》曰:"夏曰夏台,殷曰羑里,周曰囹圄。"《意林》引《风俗通》同。则但以为狱名耳,不必求其地以实之。汤阴,今河南汤阴县。西伯之臣闳夭之徒,求美女、奇物、善马以献纣。纣乃赦西伯。西伯出而献洛西之地,正义:"洛水,一名漆沮水。在同州。洛西之地,谓洛西之丹、坊等州也。"案,唐同州,今陕西大荔县。丹州,今陕西宜川县。坊州,今陕西中部县。以请除炮烙之刑。纣乃许之。赐弓矢斧钺,使得征伐,为西伯,而用费仲为政。费仲善谀,好利,殷人弗亲,纣又用恶来。恶来善毁,谗诸侯,以此益疏。"以此益疏"上,疑当重"诸侯"字。西伯归,乃阴修德行善。诸侯多叛纣而往归西伯,西伯滋大,纣由是稍失权重。王子比干谏,弗听。商容贤者,百姓爱之,纣废之。及西伯伐饥国,灭之。纣之臣祖伊闻之而咎周,恐,奔告纣……纣曰:'我生不有命在天乎?'祖伊返,曰:'纣不可谏矣。'西伯既卒,周武王之东伐,至盟津,今河南孟津南。诸侯叛殷会周者八百,诸侯皆曰'纣可伐矣'。武王曰:'尔未知天命。'乃复归。纣愈淫乱不止。微子数谏,不听,乃与太师、少师谋,遂去。比干曰:'为人臣者,不得不以死争。'乃强谏纣。纣怒曰:'吾闻圣人心有七窍。'剖比干,观其心。箕子惧,乃详狂为奴。纣又囚之,殷之太师、少师乃持其祭乐器奔周。周武王于是遂率诸侯伐纣。纣亦发兵拒之牧野。集解:"郑玄曰:'牧野,纣南郊地名也。'"案,见《诗·大雅·大明》笺。甲子日,纣兵败,纣走入,登鹿台,衣其宝玉衣,赴火而死。周武王遂斩纣头,悬之白旗,杀妲己,释箕子之囚,封比干之墓,表商容之闾,封纣子武庚禄父,以续殷祀,令修行盘庚之政。殷民大悦。"

《周本纪》曰:"武王即位,太公望为师,周公旦为辅,召公、毕公之徒,左右王师,修文王绪业。九年,武王上祭于毕。东观兵,至于孟津。为文王木主,载以车,中军。武王自称太子发,言奉文王以伐,不敢自专。……是时,诸侯不期而会盟津者八百诸侯。诸侯皆曰:'纣可伐矣。'武王曰:'汝未知天命,未可也。'乃还师归。居二年,闻纣昏乱,暴虐滋甚。杀王子比干,囚箕子。太师疵、少师强抱其乐器而奔周。于是武王遍告诸侯曰:'殷有重罪,不可以不毕伐。'乃遵文王。遂率戎车三百乘,虎贲三千人,甲士四万五千人,以东伐纣。十一年十二月戊午,师毕渡萌津。诸侯咸会,曰:'孳孳无怠。'武王乃作《太誓》，告于众庶……二月甲子，昧爽，武王朝至于商郊牧野，乃誓。……誓已，诸侯兵会者车四千乘。陈师牧野。帝纣闻武王来，亦发兵七十万人拒武王。武王使师尚父与百夫致师。以大卒驰帝纣师。纣师虽众，皆无战之心，心欲武王亟入。纣师皆倒兵以战，以开武王。武王驰之。纣兵皆崩，叛纣。纣走。反入，登于鹿台之上。蒙衣其珠玉，自燔于火而死。武王持大白旗以麾诸侯。诸侯毕拜武王。武王乃揖诸侯。诸侯毕从。武王至商国，商国百姓咸待于郊。于是武王使群臣告语商百姓曰：'上天降休。'商人皆再拜稽首。武王亦答拜。遂入。至纣死所。武王自射之，三发。而后下车，以轻剑击之。以黄钺斩纣头，悬大白之旗。已而至纣之嬖妾二女。二女皆经自杀。武王又射三发，击以剑，斩以玄钺，悬其头小白之旗。武王已，乃出，复军。其明日，除道，修社及商纣宫。及期，百夫荷罕旗以先驱。武王弟叔振铎奉陈常车。周公旦把大钺，毕公把小钺，以夹武王。散宜生、太颠、闳夭皆执剑以卫武王。既入，立于社南。大卒之左右毕从。毛叔郑奉明水，卫康叔封布兹，召公奭赞采，师尚父牵牲。尹佚策祝曰：'殷之末孙季纣，殄废先王明德，侮蔑神祇不祀，昏暴商邑百姓，其章显闻于天皇上帝。'于是武王再拜稽首曰：'膺更大命，革殷，受天明命。'武王又再拜稽首。乃出。封商纣子禄父殷之余民。武王为殷初定，未集，乃使其弟管叔鲜、蔡叔度相禄父治殷。正义："《地理志》云河内，殷之旧都。周既灭殷，分其畿内为三国，《诗》邶、鄘、卫是。邶以封纣子武庚；鄘，管叔尹之；卫，蔡叔尹之：以监殷民，谓之三监。《帝王世纪》云：'自殷都以东为卫，管叔监之；殷都以西为鄘，蔡叔监之；殷都以北为邶，霍叔监之：是为三监。'二说各异，未详也。"案，《书•大诰序》伪孔传云'三监，管、蔡、商'，说同《汉志》。《诗•邶鄘卫谱》云：邶、鄘、卫者，商纣畿内之地。周武王伐纣，以其京师封纣子武庚为殷后。乃三分其地，置三监。使管叔、蔡叔、霍叔尹而教之。自纣城而北谓之邶，南谓之鄘，东谓之卫。疏谓："王肃、服虔以为鄘在纣都之西。"是谥言三监本郑，言廊所在，则依服、王也。三监为古监察之制，不可并所监之人计入，况《尚书大传》明言"禄父及三监叛"，禄父在三监之外明矣。然《书传》亦但云武王"使管叔、蔡叔监禄父"。《卫康叔世家》云："武王令管叔、蔡叔傅相武庚禄父。"《管蔡世家》云："（武王）封叔鲜于管，封叔度于蔡，二人相纣子武庚禄父，治殷遗民。"亦皆不及霍叔。《左氏》僖公二十四年，载富辰之言，亦但曰二叔不咸而已，是何哉？案，《周书•作洛》云："武王克殷，乃立王子禄父，俾守商祀，建管叔于东，建蔡叔、霍叔于殷，俾监殷臣。"又曰"俾康叔宇于殷，俾仲旄父宇于东"，则霍叔实从蔡叔，故古人多不之及。《管蔡世家》言："（周公）分殷余民为二：其一封微子启于宋，以续殷祀，其一封康叔为卫君。"疑康叔所受武庚地，微子所受则管叔、中旄父之所宇也。三监但为监察之制之名,其人不必定三,①三人之权力,尤必有高下,不容相侔,故古多以管、蔡并称。亦有但举管叔者,如《孟子·公孙丑下》,陈贾谓"周公使管叔监殷,管叔以殷叛"是也。明乎此,则知必画三监之地为三,已为无据,而鄘之在南在西,更不必论矣。《汉志》谓周公诛三监,尽以其地封康叔。服虔及孔、贾、马相同,见《诗谱》及《左氏》襄公二十九年疏,唯郑谓卫后世始兼邶、鄘,亦皆以意言之耳。已而命召公释箕子之囚。命毕公释百姓之囚,表商容之闾。命南宫括散鹿台之财,发巨桥之粟,以振贫弱萌隶。命南宫括、史佚展九鼎、保玉。集解:"徐广曰:'保,一作"宝"。'"命闳夭封比干之墓。命宗祝享祀于军。乃罢兵西归。行狩。……武王追思先圣王,乃褒封神农之后于焦,集解:"《地理志》弘农陕县有焦城,故焦国也。"案,陕,今河南陕县。黄帝之后于祝,正义:"《左传》云:'祝其,实夹谷。'杜预云:'夹谷即祝其也。'服虔云:'东海郡祝其县也。'"案,今江苏赣榆县。帝尧之后于蓟,②集解:"《地理志》燕国有蓟县。"案,今河北蓟县。帝舜之后于陈,今河南淮阳县。大禹之后于杞。今河南杞县。于是封功臣谋士,而师尚父为首封。封尚父于营丘,曰齐。今山东昌乐县。封弟周公旦于曲阜,曰鲁。今山东曲阜县。封召公奭于燕。正义:"封帝尧之后于蓟,封召公奭于燕,观其文,稍似重也。《水经注》云蓟城内西北隅有蓟丘,因取名焉。《括地志》云:'燕山在幽州渔阳县东南六十里。徐才《宗国都城记》云周武王封召公奭于燕,地在燕山之野,故国取名焉。'按,周封以五等之爵,蓟、燕二国俱武王立,因燕山、蓟丘为名,其地足自立国。蓟微燕盛,乃并蓟居之。蓟名遂绝焉。今幽州蓟县,古燕国也。"案,唐渔阳郡,治蓟。封弟叔鲜于管。今河南郑县。弟叔度于蔡。今河南上蔡县。余各以次受封。武王征九牧之君,登豳之阜,以望商邑。武王至于周,自夜不寐。周公旦即王所曰:'曷为不寐?'王曰:'……我未定天保,何暇寐?'王曰:'定天保,依天室。……自洛汭延于伊汭,居易毋固,其有夏之居。我南望三涂,北望岳鄙,顾詹有河,粤詹雒、伊,毋远天室。'营周居于雒邑而后去。纵马于华山之阳,放牛于桃林之墟;今潼关、函谷间之地。偃干戈,振兵,释旅:示天下不复用也。"

《史记》武王胜殷之事,略同《周书·克殷解》。足见《周书》虽非孔子所传,实与《尚书》同类,为古之遗书,颇可信据也。《周书·世俘解》亦述武王伐殷之事。又有命太公望御方来,吕他命伐越、戏方,侯来命伐靡,集于陈,百弇以虎贲誓命伐卫,陈本命伐磨,百韦命伐宣方,新荒命伐蜀,百韦命伐厉,则《史记》皆未之及。《世俘解》又曰:"武王狩禽。虎二十有二,猫二,麋

---

① 史事:三监不必三人并立,霍从蔡地分为二。
② 史事:封尧后于蓟,或不近燕。

五千二百三十五，犀十有二，牦七百二十有一，熊百五十有一，罴百一十有八，豕三百五十有二，貉十有八，麈十有六，麝五十，麇朱右曾《集训校释》改"麇"。三十，鹿三千五百有八。武王遂征四方，凡憝国九十有九国。馘厉或作"磨"，或作"魔"。亿有十万七千七百七十有九。俘人三亿万有二百三十。凡服国六百五十有二。"其言似诞，然即《史记》所谓"行狩"，亦即《孟子》所谓"灭国者五十，驱虎豹犀象而远之"也。《滕文公下篇》。《孟子》又言纣之罪曰："坏宫室以为污池，民无所安息，弃田以为园囿，使民不得衣食……园囿、污池、沛泽多而禽兽至。"今按，《汉书·地理志》以朝歌为纣所都。又曰纣所作沙丘台在巨鹿东北七十里。汉巨鹿，今河北平乡县。则纣之苑囿，绵地甚广。当时沙丘附近盖皆荒秽之区，故多禽兽沛泽也。然而周之先，虽云世后稷，公刘、古公仍世以农业兴，"文王卑服，即康功田功"。《书·无逸》。而其不脱野人好猎之习，亦可见矣。不特此也。《史记》"殷、周《本纪》"皆言纣衣宝玉赴火死，纣何所衣以死，则何足记？然而斤斤记之者？《周书·世俘》又曰："商王纣取天智玉琰㻁身厚以自焚，凡厥有庶，告焚玉四千。五日，武王乃俾千人求之。四千庶则销。天智玉五在火中不消。凡天智玉，武王则宝与同。凡武王俘商旧玉，亿有百万。"《史记》曰："命南宫括、史佚展九鼎、保玉。"《克殷解》曰："命南宫百达、史佚迁九鼎三巫。"孔注："三巫，地名"。此即《左氏》桓公二年，臧哀伯所谓"武王克商，迁九鼎于洛邑，义士犹或非之"者。周之所求可见，而亲戮敌国帝后之尸，则又暴秦之所不为，①更无论齐桓、晋文也。周之为德，亦可见矣。

夏曾佑《古代史》曰："中国言暴君，必数桀、纣，犹之言圣君，必数尧、舜、汤、武也。今案，各书引桀、纣事多同，可知其必多附会。盖既亡之后，兴者必极言前王之恶，而后己之伐暴为有名，天下之戴己为甚当，不如此不得也。今比而观之：桀宠妹嬉，原注：《晋语》。纣宠妲己，原注：《晋语》。一也。桀为酒池，可以运舟，一鼓而牛饮者三千人。原注：刘向《新序》。纣以酒为池，悬肉为林，使男女裸相逐其间，为长夜之饮。原注：《史记·殷本纪》。二也。桀为琼台瑶室，以临云雨。原注：刘向《列女传》。纣造倾宫瑶台，七年乃成，其大三里，其高千仞。原注《太平御览》八十四引《帝王世纪》。三也。桀杀关龙逄，原注：《太平御览》八十二引《尚书帝命验》。纣杀比干，原注：《史记·殷本纪》。四也。桀囚汤于

---

① 史事：武王戮纣尸，暴秦所不为。

夏台,原注:《史记·殷本纪》。汤行赂,桀释之。原注:太公《金匮》。纣囚文王于羑里,西伯之徒,献美女、奇物、善马,纣乃赦西伯,原注:《史记·殷本纪》。五也。桀曰'时日曷丧'。原注:"《孟子》。时日,言生之时日,即命也。与纣称有命在天同意。前人以天上之日不丧解之,又讹为桀失日,恐非。"案,时日与命异。失日见《韩非子》,亦与此无关。夏说恐非。纣曰'我生不有命在天'。原注:《尚书》。六也。故一为内宠,二为沉湎,三为土木,四为拒谏,五为贿赂,六为信命,而桀、纣之符合若此,天下有为善而相师者矣,未有为恶而相师者也,故知必有附会也。"案,谓言桀、纣之恶者多附会,是也。然谓附会之由,由于兴者极言前王之恶,则误以后世事度古人。古本无信史,古人又不知求实,凡事皆以意言之,正如希腊荷马之《史诗》,宋、元以来之平话耳。或侈陈而过其实,或臆说而失其真,皆意中事。然附会之辞,虽或失实,亦必有由,不能全无根据也。就桀、纣言之,则纣之世近,而事之传者较详,桀之世远,而事之传者较略,故以纣之恶附诸桀者必多,以桀之恶附诸纣者必少。《史记·周本纪》载《太誓》之辞曰:"今殷王纣乃用其妇人之言,自绝于天。毁坏其三正。离逷其王父母弟。乃断弃其先祖之乐。乃为淫声,用变乱正声,怡悦妇人。"又载《牧誓》之辞曰:"古人有言:'牝鸡无晨。牝鸡之晨,唯家之索。'今殷王纣维妇人之言是用。自弃其先祖肆祀不答。昏弃其家国,遗其王父母弟不用。乃维四方之多罪逋逃,是崇是长,是信是使。俾暴虐于百姓,以奸轨于商国。"二誓所言实同。数其罪:则用妇言一,弃祠祀二,作淫乐三,疏亲族四也。《左氏》昭公七年,申无宇谓武王数纣之罪曰"纣为天下逋逃主,萃渊薮",此与《牧誓》所谓"遗其王父母弟"者,只是一事,所谓弃亲用羁也。《酒诰》曰:"在今后嗣王酣身。"《无逸》曰:"无若殷王受之迷乱,酗于酒德哉。"《诗·大雅·荡》曰:"文王曰咨,咨汝殷商。天不湎尔以酒,不义从式。既愆尔止,靡明靡晦。式号式呼,俾昼作夜。"观《酒诰》所言,沬邦沉湎之习,盖久而未改,则纣之迷乱,决非虚语也。《荀子·成相》曰:"飞廉知政任恶来。卑其志意,大其园囿,高其台。"此即《孟子》所谓"弃田以为园囿"者。倾宫琼台,固非其时所能有,台与园囿,则非其所不能为矣。褚先生《补龟策列传》曰:"纣有谀臣,名为左强。夸而目巧,教为象郎。将至于天。又有玉床。犀玉之器,象箸而羹。"又曰:"桀为瓦室,纣为象郎。"《鲁颂》言"元龟象齿",则鲁之南有象,夸张之辞,非尽无据。《补龟策列传》又言:"桀有谀臣,名曰赵梁。教为无道,劝以贪狼。系汤夏台,杀关龙逢。左右恐死,偷谀于旁。国危于累卵,皆曰无伤。称乐万岁,或曰未央。蔽其耳目,与之诈狂。汤卒伐桀,身死国亡。听其谀臣,身独受殃。《春秋》著之,至今不忘。"云"《春秋》著之",则赵梁、左强之名决非臆造。《史记解》曰:"好货财珍怪,则邪人进。邪人进,则贤良日蔽而远。赏罚无位,随财以行。夏后氏以亡。"又曰:"严兵而不仁者其臣慑。其臣慑而不敢忠。不敢忠则民不亲其吏。刑始于亲,远者寒心。殷商以亡。"《史记》乃取遂事为要戒,必无故毁前人之理。则谓桀、纣拒谏好贿,亦非虚语也。要之古代传述之辞,多不审谛,亦无绝无根据者。要在细心读之,不可一笔抹杀,尤不可妄以后世之情形度古事也。《史记解》又曰:"昔者有洛氏,宫室无常,池囿广大,工功日进,以后更前。民不得休,农失其时。饥馑无食。成汤伐之,有洛以亡。"此有洛氏亦即桀,与夏后氏分言者,意主列举遂事,以为要戒,故随其恶而列举之。变夏后氏为有洛氏者,行文避复,亦古人文例也。

《史记》文王受命七年而崩,九年,武王东观兵,十一年伐纣,十二年克之。《周书》则文王受命九年,犹在镐召太子发。刘歆因以为文王受命九年而崩。再期在大祥而伐纣,还归二年,乃遂伐纣,克殷,自文王受命至此十二年。① 致误之由,实由周人自讳文王死时,武王秘丧伐纣,而事为众所习知,讳之卒不能尽之故,已见第四章。文王受命唯中身,似当解为年五十岁。《补龟策列传》言纣"杀周太子历,囚文王昌",则季历实未即位,其见杀尚在太王时,更无论文王也。纣囚文王七年,文王受命后亦七年而崩,则其受命之岁适当在位年数之中,故曰"受命唯中身"。《周书·酆保》"维二十三祀……九州之侯,咸格于周",似为文王即位之岁。《小开》作于三十五祀,意在谋开后嗣。下继以《文儆》《文传》,则文王将殁时事。若其事在作《小开》之明年,则自二十三祀至三十六祀,固适得十四年也。《史记》言王瑞自太王兴。《大匡》言"三州之侯咸率"。《程典》"合六州之侯"。《酆保》则九州咸格。古言九州,犹云天下。三州咸率,谓三分天下有其一,合六州有其二,九州格则天下服矣。然犹王季见杀,文王被囚,武王且传有王门之辱。《吕览·首时》:"王季历困而死。文王苦之。有不忘羑里之丑。时未可也。武王事之,夙夜不懈。亦不忘王门之辱。立十二年而成甲子之事。"《韩非·喻老》:"文王见詈于王门,颜色不变,而武王擒纣于牧野。"《难四》:"武身受詈。"《战国·赵策》:"昔者文王拘于牖里,而武王羁于玉门。"则纣在当日,兵力犹强。楚庄称纣之百克,非无由也。《左氏》宣公十二年。又十五年,伯宗曰:"夫恃才与众,亡之道也。殷纣由之,故灭。"九侯,旧说在邺,似因其近纣都而附会。宋翔凤谓即《文王世子》"西方有九国焉"之九国,亦即《诗》

---

① 史事:殷周竞争之迹。

"我征徂西,至于芎野"之芎野。见《过庭录》"芎野即鬼方"条。其说颇长,九、鬼同声,《书传》之"二年伐邘",《礼记·文王世子》疏引作"伐鬼方",九侯之在西方,隐约可见。《易》言"高宗伐鬼方",《既济》。则武丁似尝用兵于西。武乙去亳徙河北,而暴雷震死于河、渭之间,不知其果震死欤?抑亦如周昭王之南征,名陨于江,实覆于敌也。然武乙踪迹曾至河西,则可见矣。鄂似即《左氏》隐公六年"翼九宗五正顷父之子嘉父逆晋侯于随,纳诸鄂"之鄂。其地当在河、汾下流。然则见脯、见杀、见囚者,固皆西方之诸侯也。《秦本纪》言蜚廉为纣石北方,为坛霍大山而报,遂葬于霍大山,则纣时声教又尝远暨河东。《礼记·乐记》言《武》之乐曰:"始而北出,再成而灭商,三成而南,四成而南国是疆,五成而分周公左、召公右,六成复缀以崇。"洛西之地,正义以丹、坊等州当之,其地距殷太远,恐非纣所能有,洛、雒二字,相淆已久。河、洛固有夏之居,成汤作宫邑焉,盘庚又徙居之;窃疑周之初图,实在于此,迨为纣所迫而献洛西,乃改途而戡耆,出上党以临河内,所谓"始而北出"也。纣虽曰不有天命乎,然于是时,亦当稍严河内之防,武王乃复出其不意,济孟津而临牧野,所谓"再成而灭商"也。灭商之后,亟营洛邑,自此声威浸及于南,则所谓"三成而南,四成而南国是疆"者。其后周、召分陕,而周南之地,实在南阳、南郡之间,《水经·江水注》引韩婴叙《诗》。则周之重南,固过于其重北。以东北之地,自沙丘以往,多为禽兽沛泽之区,而河洛则自夏以来之都邑也。椒举谓"商纣为黎之蒐,东夷叛之"。《左氏》昭公四年。叔向谓"纣克东夷而陨其身"。昭公十一年。所谓东夷,盖即沙丘以往之地。纣之为此,盖徒以肆其苑囿田猎之乐,不图力竭于东而敝于西,周人遂乘其后也。淫乐而重之以武,固罔不丧其邦欤?

第七节　殷周兴亡下

武王之克殷,奄尚未灭,然《史记》述周封诸侯,已有封周公于鲁之文。又帝尧之后,与召公奭封地相同,正义虽曲为之说,究属牵强。《左氏》昭公九年,王使詹桓伯辞于晋曰:"及武王克商……肃慎、燕、亳,吾北土也。"肃慎所在不可知,然必近于燕。此燕为南燕,在今河南延津县。亳盖殷人旧都,观春秋时宋之社犹称亳社可知。哀公四年,《公羊》作"蒲社"。案,《礼记·郊特牲》亦作"亳社"。则亦隩、相、邢、朝歌等处耳。此时周之兵力,实未逾殷之旧境。《史记》述周初封国,盖杂后来之事言之,非当时实录也。《周书·大匡》曰:"唯十有三祀,王在管。管叔自作殷之监。东隅之侯,咸受赐于王。"《文政》曰:"唯十有三祀,王在管。管、蔡开宗循。"盖管为东方重镇,周初兵力所极。纣地既未能有,仍以封其子武庚。淮夷、徐戎等,又为力所未及。则武王时,周之王业,所成者亦仅矣。故殷、周之兴亡,实至武庚败亡而后定。《国语》言商代列王,并武庚数之,非偶然也。

《史记·周本纪》曰:"武王病,天下未集。群公惧,穆卜。周公乃祓斋自为质,欲代武王。武王有瘳,后而崩。太子诵代立,是为成王。成王少,周初定天下,周公恐诸侯叛,周公乃摄行政当国。管叔、蔡叔群弟疑周公,与武庚作乱,叛周。周公奉成王命伐,诛武庚、管叔,放蔡叔。以微子开代殷后,国于宋。今河南商丘县。颇收殷余民,以封武王少弟封,为卫康叔。……周公行政七年,成王长,周公返政成王,北面就群臣之位。成王在丰,使召公复营洛邑,如武王之意。周公复卜申视,卒营筑,居九鼎焉。曰:'此天下之中,四方入贡道里均。'……兴正礼乐。度制于是改,而民和睦,颂声兴。"《鲁周公世家》曰:"周公不就封,留佐武王。武王克殷二年,天下未集。武王有疾,不豫。群臣惧。太公、召公乃缪卜。周公曰:'未可以戚我先王。'周公于是乃自以为质……令史策告太王、王季、文王,欲代武王发……藏其策金縢匮中。诫守者勿敢言。明日,武王有瘳。其后武王既崩,成王少,在强葆之中。周公恐天下闻武王崩而叛。周公乃践阼代成王,摄行政当国。管叔及其群弟流言于国曰:'周公将不利于成王。'周公乃告太公望、召公奭曰:'我之所以弗辟而摄行政者,恐天下叛周,无以告我先王太王、王季、文王。三王之忧劳天下久矣,于今而后成;武王早终,成王少;将以成周,我所以为之若此。'于是卒相成王,而使其子伯禽代就封于鲁。……管、蔡、武庚等果率淮夷而反。周公乃奉成王命,兴师东伐,作《大诰》。遂诛管叔,杀武庚,放蔡叔,收殷余民,以封康叔于卫。封微子于宋,以奉殷祀。宁淮夷东土。二年而毕定。诸侯咸服宗周。……东土以集。周公归报成王。乃为诗贻王,命之曰《鸱鸮》。王亦未敢训周公。成王七年,二月,乙未,王朝步自周,至丰。使太保召公先之洛相土。其三月,周公往营成周洛邑,卜居焉。曰吉,遂国之。成王长,能听政。于是周公乃还政于成王。成王临朝。周公之代成王治,南面背依,以朝诸侯。《书·大诰》"王若曰",疏云:"郑玄云:王,周公也。周公居摄,命大事则权称王。"案,《周书·度邑》,武王谓周公曰:"乃今我兄弟相后。"则武王曾欲传位于周公。此其所以为管、蔡所疑也。及七年后,还政成王。北面就臣位,翊翊如畏然。初,成王少时病,周公乃自揃其蚤,沉之河,以祝于神,曰:'王少,未有识,奸神命者乃旦也。'亦藏其策于府。成王病有瘳。及成王用事,人或谮周公,周公奔楚。成王发府,见周公祷书,乃泣,返周公。……周公在丰,病,将没,曰:'必葬我成周,以明吾不敢离成王。'周公既卒。成王亦让,葬周公于毕,从文王,以明予小子不敢臣周公也。周公卒后,秋,未获,暴风雷雨。禾尽偃,大木尽拔。周国大恐。成王与大夫朝服,以开金縢书。王乃得周公所自以为功代武王之说。二公及王乃问史百执事。史百执事曰:'信有。昔周公命我勿敢言。'成王执书以泣曰:'自今后其无缪卜乎?昔周公勤劳王家,唯予幼人弗及知。今天动威,以彰周公之德,唯朕小子其迎。我国家礼亦宜之。'王出郊,天乃雨,反风,禾尽起。二公命国人,凡大木所偃,尽起而筑之,岁则大熟。于是成王乃命鲁得郊祭文王,鲁有天子礼乐者,以褒周公之德也。"史公此文,所用者亦系《书》说。《周书·作洛解》曰:"武王克殷,乃立王子禄父,俾守商祀。建管叔于东。建蔡叔、霍叔于殷,俾监殷臣。武王既归,乃岁十二月,崩镐,肂于岐周。周公立,相天子。三叔及殷、东、徐、奄及熊、盈以略。略,或作"畔"。周公、召公内弭父兄,外抚诸侯,元年,夏,六月,葬武王于毕。二年,又作师旅,临卫政殷。殷大震溃。降辟三叔。王子禄父北奔。管叔经而卒。乃囚蔡叔于郭凌。《左氏》定公四年,祝佗曰:"王于是乎杀管叔而蔡蔡叔,以车七乘,徒七十人。"《诗·豳风·破斧》疏云:"据《书传》,禄父、管叔皆见杀。蔡叔以车七乘,徒七十人,只言徒之多少,不知仿之何处。"疏家盖未考《周书》。凡所征熊、盈族十有七国,俘维九邑。俘殷献民,迁于九、毕。案,此"九",疑即九侯之国。俾康叔宇于殷,俾中旄父宇于东。周公敬念于后曰:予畏同室克追,《初学记》引作"周室不延"。俾中天下。及将致政,乃作大邑成周于土中……以为天下之大凑。"其说亦与《史记》合。《礼记·明堂位》曰:"武王崩,成王幼弱,周公践天子之位,以治天下。六年,朝诸侯于明堂,制礼作乐,颁度量,而天下大服。七年,致政于成王。成王以周公为有勋劳于天下,是以封周公于曲阜,地方七百里,革车千乘;命鲁公世世祀周公以天子之礼乐。"说亦与《史记》合。《书》家、《礼》家,无异说也。疏曰:"周公制礼摄政,孔、郑不同。孔以武王崩,成王年十三。至明年摄政,管叔等流言,故《金縢》云：'武王既丧，管叔及其群弟流言于国，曰公将不利于孺子。'时成王年十四，即位，摄政之元年，周公东征管、蔡。后二年，克之。故《金縢》云：'周公居东二年，则罪人斯得。'除往年，时成王年十六，摄政之三年也。故《诗序》云：'周公东征，三年而归。'摄政七年，营洛邑，封康叔而致政，时成王年二十，故孔注《洛诰》，以时成王年二十是也。郑则以为武王崩，成王年十岁。《周书》以武王十二月崩，至成王年十二，十二月丧毕，成王将即位，称己小，求摄，周公将代之，管、蔡等流言，周公惧之，避居东都。故《金縢》云：'武王既丧，管叔等流言，周公乃告二公曰，我之不避，无以告我先王。'既丧谓丧服除，避谓避居东都。时成王年十三。明年，成王尽执拘周公属党。故《金縢》云：'周公居东二年，则罪人斯得。'罪人，周公属党也。时成王年十四。至明年，秋，大熟，有雷风之异。故郑注《金縢》云：'秋，大熟，谓二年之后明年秋。'迎周公而返，返则居摄之元年。时成王年十五。《书传》所谓'一年救乱'。明年，诛武庚、管、蔡等，《书传》所谓'二年克殷'。明年，自奄而还，《书传》所谓'三年践奄'。四年封康叔，《书传》所谓'四年建侯卫'，时成王年十八也，故《康诰》云'孟侯'。《书传》云：'天子太子十八称孟侯。'明年，营洛邑，故《书传》云：'五年营成周。六年制礼作乐。七年致政于成王。'年二十一。明年，乃即政，时年二十二也。"《诗·豳谱》疏引郑《金縢》注云："文王十五生武王，九十七而终，终时，武王八十三矣，于文王受命为七年。后六年伐纣，后二年有疾。疾瘳后二年崩。崩时年九十三矣。周公以武王崩后三年出。五年秋返而居摄。四年作《康诰》。五年作《召诰》。七年作《洛诰》。伐纣至此十六年也。作《康诰》时成王年十八。《洛诰》时年二十一也。即政时年二十二也。然则成王以文王终明年生也。"又引王肃《金縢》注云："文王十五而生武王，九十七而终，时受命九年，武王八十三矣。十三年伐纣。明年有疾，时年八十八矣。九十三而崩，以冬十二月。其明年称元年。周公摄政，遭流言，作《大诰》而东征。二年克殷，杀管、蔡，三年而归，制礼作乐，出入四年。至六年而成。七年营洛邑，作《康诰》《召诰》《洛诰》，致政成王。然则文王崩之年，成王已三岁，武王八十而后有成王，武王崩时，成王已十三。周公摄政七年，致政，成王年二十。"二家说虽不同，然《大戴礼记·文王世子》文王十三生伯邑考，十五生武王，《小戴礼记·文王世子》文王九十七而终，武王九十三而终，则其所同据也。① 此说殊不足信。若将《无逸》之"厥享国五十年"解作年五十岁，则文王崩时，武王当三十左右，周公当更小也。《史记》言武王崩，成王少在襁褓之中，说本《书传》，见《诗·斯干》疏，《贾子·修政语下》谓成王二十岁即位，亦以弱冠当亲政言之耳，非能确知其年也。二说皆不与《书传》合，而郑说乖异尤甚。《书传》云"一年救乱"者，即《周书》所谓

---

① 年代、史事：郑王皆用文王九十七，武王九十三之说，不近事情。

"内弭父兄,外抚诸侯"也。其云"二年克殷"者,即《周书》所谓"二年,又作师旅,临卫政殷"也。践奄,建侯卫,营成周,《周书》不言其年,然其叙次与《书传》悉合。制礼作乐,致政成王,具于《明堂解》。亦与《礼记》之《明堂位》合。盖周公制礼摄政之事,古无异言如此。安得其前忽多出三年?且谓成王居丧时能自为政欤?不应即位而反求摄。谓谅阴不言,不待摄,周公自然知政欤?何孔子于子张之问,不曰殷、周皆然,乃曰古之人皆然也?当武王既崩,成王初立,主少国疑之际,管、蔡、武庚不以此时叛,顾待诸丧毕之后;而周公块然,避居东都,管、蔡、武庚亦不以此时进攻,顾待其再奠镐京,养成气力;有是理乎?王肃以居东之东为洛邑,见疏。《史记·卫世家》云:"管叔、蔡叔疑周公,乃与武庚禄父作乱,欲攻成周。"成王既疑周公,执其属党,安能听其复入?谓此乃史家饰辞,周公实挟兵力而入,又何能略无后顾之忧,而明年即出兵以诛武庚、管、蔡也?郑之所言,无一与情理合者,而其解"武王既丧""我之不避""罪人斯得",文义之牵强,更不俟论也。《左氏》昭公七年,公将适楚,梦襄公祖,梓慎曰:"襄公之适楚也,梦周公祖而行。"子服惠伯曰:"先君未尝适楚,故周公祖以道之,襄公适楚矣,而祖以道。"则周公适楚,确有其事,然俞正燮引此,谓奔楚即居东,《癸巳类稿·周公奔楚义》。则非。《史记·蒙恬列传》,恬曰:"昔周成王初立,未离襁褓,周公旦负王以朝,卒定天下。及成王有病,甚殆,公旦自揃其爪,以沉于河,曰:'王未有识,是旦执事。有罪殃,旦受其不祥。'乃书而藏之记府,可谓信矣。及王能治国,有贼臣言:'周公旦欲为乱久矣,王若不备,必有大事。'王乃大怒。周公旦走而奔于楚。成王观于记府,得周公旦沉书,乃流涕曰:'孰谓周公旦欲为乱乎?'杀言之者,而返周公旦。"与《鲁世家》合。此事与周公欲代武王,相似太甚,恐即一事之传讹。《书传》以雷风之变在周公死后,《白虎通·丧服篇》同。盖郑所谓避居东都,实为奔楚之误。成王执拘周公属党,当在此时。其后不知何缘得返。后人求其故而不得,乃即以金縢之事说之,而又讹武王为成王。于是一事而分为两。其实雷风之变,自在周公死后,成王因此改葬周公,赐鲁以天子礼乐,初未因此迎周公而返。今《尚书·金縢》不记周公奔楚及死事,郑遂以其奔楚时事误系之居摄之前也。① 从今文说则路路皆通,从郑说则路路皆窒。亦足见口说之真,而说经者不当执贵传记之偏见矣。

---

① 史事:《金縢》不记周公奔楚及死,郑以奔楚事误系之居摄之前。

《越绝书·吴内传》云:"管叔、蔡叔不知周公而谗之成王。周公乃辞位,出巡狩于边。一年,天暴风雨,日夜不休,五谷不生,树木尽偃。成王大恐。乃发金縢之匮,察周公之册。知周公乃有盛德。王乃夜迎周公,流涕而行。周公返国,天应之福。五谷皆生,树木皆起。天下皆实。"此说与郑同。盖当时自有此传讹之说也。

《周书》言武王殁后,叛者为殷、东、徐、奄及熊、盈。殷即武庚,东盖管叔及中旄父所宇,已见上节。徐、奄,《世本》云:皆嬴姓国。《左氏》昭公元年疏。《孟子》言周公"驱飞廉于海隅而戮之",《滕文公下》。当即此时事。《史记·秦本纪》谓飞廉葬于霍大山,则其族讳饰之辞也。或飞廉虽见戮而未死,后复归于西方。熊即祝融,说见第七章第一节。熊、盈,盖当日东方之族助殷者。殷、东、徐、奄为大国,《多方》所谓"四国",或即指此。其余十有七国,则小国也。奄,《说文》作"郁",云"在鲁"。《左氏》定公四年,祝佗谓周公分鲁公以殷民六族,因商奄之民,而封于少皞之墟,注云:"商奄,国名也。"疏云:"(杜)《土地名》奄、商奄二名共为一国……《诗》称四国流言,《毛传》以四国为管、蔡、商、奄,则商、奄各自为国。"案,《墨子·耕柱》云:"古者周公旦非关叔,辞三公,东处于商盖。"《韩非子·说林上》云:"周公旦已胜殷,将攻商盖,辛公甲曰:'大难攻,小易服,不如服众小以劫大。'乃攻九夷,而商盖服矣。"孙诒让《墨子间诂》引段玉裁云:《尔雅》,弇,盖也。故商奄亦呼商盖。又引王念孙曰,"盖"字古与"盍"通,盍、奄草书相似,故"奄"讹作"盍",又讹作"盖"。二说皆通。商奄自以说为二国为是。商盖即《周书》所谓"东"。《左氏》但言因商奄之民,其地则曰少皞之墟,则以奄在鲁似非是。然在鲁非必即鲁之都。杜预谓"奄阙不知所在",郑玄云"奄盖淮夷之地",《书·将蒲姑序》疏。《史记·周本纪》集解引郑玄曰:"奄国在淮夷之北。"要当距鲁不远也。《书·费誓》云:"徂兹淮夷、徐戎并兴。"《史记·鲁世家》云:"伯禽即位之后,有管、蔡等反也。淮夷、徐戎亦并兴反。"淮夷、徐戎,亦自是两国。贾逵、杜预谓徐即淮夷,恐亦非是。见昭公元年注疏。疏又引服虔云:"一曰鲁公所伐徐戎也。"则其说正亦同贾、杜。《史记·鲁世家》:"(顷公)十九年,楚伐我,取徐州。"集解引徐广曰:"徐州在鲁东,今薛县。"今山东滕县。索隐云:"《说文》:'郐,邾之下邑,在鲁东。'又《郡国志》曰:'鲁国薛县,六国时曰徐州。'"或当时之徐所在邪?《尚书大传》曰:"奄君蒲姑谓禄父曰:武王既死矣,今王尚幼矣,周公见疑矣,此世之将乱也。请举事。然后禄父及三监叛也。"注云:"玄或疑焉。薄姑齐地,非奄君也。"据陈寿祺辑校本引。案,人名与地名相同,古所时有,况古人地名多无正字,又安知奄君之名果与齐地名相同欤?《左氏》昭公二十年,晏子对齐景公,言"昔爽鸠氏始居此地,季莭因之,有逢伯陵因之,蒲姑氏因之,而后太公因之。"《书序》云:"成王东伐淮夷,遂践奄,作《成王政》。成王既践奄,将迁其君于蒲姑,周公告召公,作《将蒲姑》。"盖即据此造作。《史记·周本纪》云"东伐淮夷,残奄,迁其君薄姑",则又后人据《书序》窜入。其实践奄,伐淮夷,皆周公事,非成王所为也。郑《多方》注亦如此,见《卤谱》疏。要之:周初兵力仅及东北。武王殁后,东南诸族并起抗周。自经周公戡定,殷遗臣民,分隶鲁、卫,祝佗又言周分卫以殷民七族。又迁九、毕,殷乃不能复振,而周之王业大成矣。

第八节　西周事迹

《史记·周本纪》曰:"成王既崩……太子钊遂立,是为康王。……成、康之际,天下安宁,刑措四十余年不用。……康王卒,子昭王瑕立。昭王之时,王道微缺。昭王南巡狩不返,卒于江上。其卒不赴告,讳之也。立昭王子满,是为穆王。穆王即位,春秋已五十矣。王道衰微。穆王闵文、武之道缺,乃命伯冏申诫太仆国之政,作《冏命》,复宁。穆王将征犬戎,祭公谋父谏……王遂征之。得四白狼、四白鹿以归。自是荒服者不至。诸侯有不睦者,甫侯言于王,作修刑辟……命曰《甫刑》。穆王立五十五年崩,子共王繄扈立。索隐:"《系本》作'伊扈'。"……共王崩,子懿王囏立。索隐:"《系本》作'坚'。"懿王之时,王室遂衰,诗人作刺。懿王崩,共王弟辟方立,是为孝王。孝王崩,诸侯复立懿王太子燮,是为夷王。夷王崩,子厉王胡立。厉王即位三十年,好利,近荣夷公。大夫芮良夫谏厉王曰:'王室其将卑乎?夫荣公好专利而不知大难。夫利,百物之所生也,天地之所载也,而有专之,其害多矣。天地百物,皆将取焉,何可专也?所怒甚多而不备大难,以是教王,王其能久乎?……匹夫专利,犹谓之盗,王而行之,其归鲜矣。荣公若用,周必败也。'厉王不听,卒以荣公为卿士,用事。王行暴虐侈傲,国人谤王。召公谏曰:'民不堪命矣。'王怒,得卫巫,使监谤者,以告则杀之,其谤鲜矣,诸侯不朝。三十四年,王益严,国人莫敢言,道路以目。厉王喜,告召公曰:'吾能弭谤矣,乃不敢言。'召公曰:'是障之也。防民之口,甚于防水,水壅而溃,伤人必多,民亦如之。是故为水者决之使导,为民者宣之使言。……若雍其口,其与能几何?'王不听,于是国莫敢出言,三年,乃相与叛,袭厉王。厉王出奔于彘。集解:"韦昭曰:'彘,晋地。汉为县,属河东,今曰永安。'"案,今山西霍县。厉王太子静匿召公之家,国人闻之。乃围之。召公曰:'昔吾骤谏王,王不从,以及此难也;今杀王太子,王其以我为仇而怼怒乎?……'乃以其子代王太子,太子竟得脱。召公、周公二相行政,号曰'共和'。共和十四年,厉王死于彘。太子静长于召公家,二相乃共立之为王,是为宣王。宣王即位,二相辅之修政,法文、武、成、康之遗风,诸侯复宗周。……三十九年,战于千亩,索隐:"地名也,在西河介休县。"案,今山西介休县。王师败绩于姜氏之戎。宣王既亡南国之师,乃料民于太原。仲山甫谏曰:'民不可料也。'宣王不听,卒料民。四十六年,宣王崩,子幽王宫涅立。集解:"徐广曰:'一作"生"。'"案,《吕览·当染》高注,幽王名官皇。毕校云:"梁伯子云:'当从刘恕《外纪》、子由《古史》作"宫湦"。《史记》集解,徐广曰:"一作生。"唯名湦,故又作"生"也。'"……三年,幽王嬖爱褒姒,褒姒生子伯服。幽王欲废太子。太子母,申侯女,而为后。后幽王得褒姒,爱之。欲废申后,并去太子宜曰。以褒姒为后,以伯服为太子。周太史伯阳读史记曰:'周亡矣。'昔自夏后氏之衰也,有二神龙止于夏帝庭,而言曰:'余,褒之二君。'夏帝卜杀之与去之与止之,莫吉。卜请其漦而藏之,乃吉。于是布币而策告之。龙亡而漦在,椟而去之。夏亡,传此器殷;殷亡,又传此器周。比三代,莫敢发之。至厉王之末,发而观之,漦流于庭,不可除。厉王使妇人裸而噪之,漦化为玄鼋,以入王后宫,后宫之童妾既龀而遭之,既笄而孕,无夫而生子,惧而弃之。宣王之时,童女谣曰:'檿弧箕服,实亡周国。'于是宣王闻之。有夫妇卖是器者,宣王使执而戮之。逃,于道而见向者后宫童妾所弃妖子出于路者,闻其夜啼,哀而收之。夫妇遂亡,奔于褒,褒人有罪,请入童妾所弃女子者于王以赎罪。弃女子出于褒。是为褒姒。当幽王三年,王之后宫,见而爱之,生子伯服,竟废申后及太子。以褒姒为后,伯服为太子。太史伯阳曰:'祸成矣,无可奈何。'褒姒不好笑,幽王欲其笑,万方,故不笑,幽王为烽燧大鼓,有寇则举烽火,诸侯悉至。至而无寇,褒姒乃大笑,幽王说之,为数举烽火。其后不信,诸侯益亦不至。幽王以虢石父为卿,用事。国人皆怨。石父为人佞巧,善谀,好利,王用之;又废申后,去太子也。申侯怒,与缯、西夷犬戎攻幽王。幽王举烽火征兵,兵莫至。遂杀幽王骊山下。索隐:"在新丰县南,故骊戎国也。"新丰,见第六节。虏褒姒。尽取周赂而去。于是诸侯乃即申侯而共立故幽王太子宜曰,是为平王,以奉周祀。平王立,东迁于洛邑,避戎寇。"

周之衰,盖自昭王始?① 南巡狩不返之事,正义引《帝王世纪》曰:"昭王德衰,南征,济于汉,船人恶之,以胶船进王。王御船,至中流,胶液船解。王及祭公俱没于水中而崩。其右辛游靡,长臂,且多力,游振得王。周人讳之。"《齐世家》,桓公伐楚,楚成王兴师,问曰:"何故涉吾地?"管仲对曰:"昭王南征不复,是以来问。"集解引服虔曰:"周昭王南巡狩,涉汉,未济,船解而溺昭王。王室讳之,不以赴,诸侯不知其故,故桓公以为辞,责问楚也。"索隐引宋衷曰:"昭王南伐楚,辛由靡为右。涉汉,中流而陨,由靡逐王,遂卒不复,周乃侯其后于西翟。"此事在《春秋》僖公四年,《左氏》杜注亦曰:"昭王……南巡守涉汉,船坏而溺,周人讳而不赴。诸侯不知其故,故问之。"疏曰:"《吕氏春秋·季夏纪》云:周昭王亲将征荆蛮。辛余靡长且多力,为王右。还反,涉汉,梁败,王及祭公陨于汉中。辛余靡振王北济,反振祭公。高诱注引此《传》云:'昭王之不复,君其问诸水滨。'由此言之,昭王为没于汉,辛余靡焉得振王北济也?振王为虚,诚如高诱之注。又称梁败,复非船坏。旧说皆言汉滨之人以胶胶船,故得水而坏,昭王溺焉,不知本出何书?"② 案,胶船之说,服虔与皇甫谧同之。杜预虽未明言,然称船坏而溺,其意亦无以异。当有所本,特疏家不知耳。《吕览》云征荆蛮,宋忠云伐楚,则是役盖伐楚而败。《左氏》记楚屈完之辞曰:"昭王之不复,君其问诸水滨。"杜注曰:"昭王时汉非楚境,故不受罪。"然据宋翔凤说,楚初封丹阳,实在丹、淅之地。《过庭录·楚鬻熊居丹阳武王徙郢考》。则是时汉正楚境也。古天子造舟为梁,梁败船坏,实非二事。诸书皆言陨于汉,《史记》独称卒于江者?南方之水,通称为江,古人于此等处,本不审谛也。周起关中,关中之地,东出函谷,即武王伐纣之路,东南出武关,则走丹、淅。观周公奔楚,鬻熊受封,知周初业已服属。此亦周之所以强。至昭王南征不复,而声威始陵替矣。然至穆王,似即复振。

穆王之申诫太仆,盖所以肃军政? 其作修刑辟,意在令疑罪入金以赎,亦所以足兵也。征犬戎之役,《史记》载祭公谏辞,谓自是荒服者不至,《国语·周语》同。意颇不满于王。然自文王时即以犬戎为患,至幽王卒亡于犬

---

① 史事:昭王不复,南略始衰,至穆王似复振。然昭亦雄主。
② 经学:胶船之说,不知何本。

戎,实周之大敌,穆王能征之,固周之雄主也。而其尤难者,则为征徐偃王一事。

《史记·秦本纪》曰:"造父以善御幸于周穆王。得骥、温骊、集解徐广曰:"温,一作'盗'。"索隐:"邹诞生本作'駼'。"骅骝、騄耳之驷。西巡狩,乐而忘归。徐偃王作乱。造父为缪王御,长驱归周,一日千里以救乱。"《赵世家》曰:"造父幸于周缪王。造父取骥之乘匹,与桃林盗骊、骅骝、绿耳,献之缪王。缪王使造父御,西巡狩。见西王母。乐之忘归。而徐偃王反。缪王日驰千里马攻徐偃王,大破之。"二文所本者同。《赵世家》辞较完具,云骥之乘匹,犹言父母皆善种。桃林即武王放牛处,放牧有其地,孳育有其方,辞虽稍荒,非子虚也。乃正义曰:"谯周曰:'徐偃王与楚文王同时,去周穆王远矣。且王者行有周卫,岂闻乱而独长驱,日行千里乎?'并言此事非实。"按《年表》,穆王元年去楚文王元年三百一十八年矣。夫"日行千里"自是形容之语,岂可拘牵文义?若谓伐徐者楚文王必实,周穆王必虚,则文王伐徐,又见何雅记乎?《后汉书·东夷传》曰:"徐夷僭号,乃率九夷以伐宗周,西至河上。穆王畏其方炽,乃分东方诸侯,命徐偃王主之。偃王处潢池东,地方五百里,行仁义。陆地而朝者三十有六国。穆王后得骥騄之乘,乃使造父御以告楚,令伐徐。一日而至。于是楚文王大举兵而灭之,偃王仁而无权,不忍斗其人,故致于败。乃北走彭城武原县东山下。百姓随之者以万数,因名其山为徐山。"《后汉书》此文,未知所本。然系櫽栝旧文而成。《礼记·檀弓下篇》载徐容居之言曰"昔我先君驹王,①西讨济于河",即《后汉书》所谓"伐宗周,西至河上"也。《后汉书》注引《博物志》,谓偃王"沟通陈、蔡之间",其事与吴之沟通江、淮颇相类。斯言而确,则楚、汉分界之鸿沟或即肇端于此,又在邗沟前数百年矣。《大雅》有《江汉》《常武》二诗,并言周征淮夷之事。《江汉》之诗曰:"江汉之浒,王命召虎。式辟四方,彻我疆土。"《常武》之诗曰:"王命卿士,南仲大祖,大师皇父。整我六师,以修我戎。既敬既戒,惠此南国。"并其有涉于楚之证。窃疑《小序》以此二诗属宣王实误。宣王虽号中兴,而兵败于姜戎,师丧于南国,安能远略至于江、淮?《诗》所咏者,实穆王命楚伐徐之事也。世所以称宣王盛强者,以《诗》有《车攻》之篇,说者谓宣王"复会诸侯于东都"也。此说亦不足信。《墨子·明鬼下篇》云:"周宣王合诸侯而田于圃,田车

---

① 史事:徐偃王即驹王。

数百乘。"田车之田，《国语》注、《文选》注、《史记》索隐引俱无，颜师古注《汉书》有。俞樾云："圃田，地名，《诗·车攻篇》'东有甫草，驾言行狩'，郑笺以'郑有甫田'说之。《尔雅·释地》作'郑有圃田'，即其地也。毕读'圃'字绝句，非是。"孙诒让《间诂》曰："案，《周语》云'杜伯射王于鄗'。韦注云'鄗，鄗京也'。……以周地理言之，鄗在西都，圃田在东都，相去殊远。又韦引《周春秋》'宣王会诸侯田于圃'，明道本'圃'作'囿'。《史记·封禅书》索隐、《周本纪》正义所引并与韦同。《论衡·死伪篇》云'宣王将田于圃'，则汉、唐旧读并于'圃'字断句，皆不以'圃'为圃田。《荀子·王霸篇》杨注引《随巢子》云'杜伯射宣王于亩田'，亩与牧声转字通，疑即鄗京远郊之牧田，亦与圃田异。但《随巢子》以'圃田'为'亩田'，似可为俞读左证。近胡承珙亦谓此即圃田，而谓《国语》'鄗'即'敖鄗'，斥韦以为鄗京之误，其说亦可通。"按，杨倞注《荀子》，不甚可据，自以于"圃"字断句为是。宣王复会诸侯于东都，实子虚乌有之谈也。**昭王南巡狩不返，楚人之桀骜可知，而是时竟能命以伐徐，则周之威行江、汉，又可知矣。穆王诚雄主矣哉！**《管子·小匡》曰："昔吾先王周昭王、穆王，世法文、武之远迹，以成其名。"以昭王、穆王并举，则昭王虽丧败，亦雄主，视后之仅能自守者，犹不可同日语也。《左氏》昭公四年，椒举言于楚子曰："夏启有钧台之享，商汤有景亳之命，周武有孟津之誓，成有岐阳之蒐，康有酆宫之朝，穆有涂山之会，齐桓有召陵之师，晋文有践土之盟。"以穆王与三代盛王及桓、文并举，亦足见其盛强。涂山，杜注云"在寿春东北"。寿春，今安徽寿县也。以此释禹会诸侯，诚为未当，谓穆王会诸侯于此，则无可疑矣。窃疑禹会诸侯于涂山，正因穆王之事而附会也。① 潢池，《后汉书》注引《水经注》曰，潢水一名汪水，与泡水合，至沛入泗。自山阳以东，海陵以北，其地当之也。案，山阳，今江苏淮安县。海陵，今江苏泰县。武原，《后汉书》注曰："武原县故城在今泗州下邳县北。徐山在其东。"案，下邳，今江苏邳县也。《秦本纪》正义引《括地志》曰："大徐城在泗州徐城县北三十里，古徐国也。"今安徽盱眙县。又曰："徐城在越州鄮县东南，入海二百里。《夏侯志》云翁洲上有徐偃王城。传云昔周穆王巡狩，诸侯共尊偃王。穆王闻之，令造父御，乘騕褭之马，日行千里，自还讨之。或云命楚王率师伐之。偃王乃于此处立城以终。"鄮县为今浙江之鄞县。徐人立国东南，当善舟楫，败遁入海，理所可有。沟通陈、蔡之间，又不足为怪矣。

《左氏》昭公十二年，子革对楚灵王曰："昔穆王欲肆其心，周行天下，将皆必有车辙马迹焉。祭公谋父作《祈招》之诗，以止王心，王是以获没于祗宫。"祭公谋父，即《国语》《史记》载其谏征犬戎者，隐见子革所言，实为一事。② 灵王固勤征伐之君，非乐般游之主也。《史记·秦本纪》与《赵世家》述穆王事，所本者同，极为易见，而《秦本纪》无"见西王母"之语，则此四字为《史记》原文，抑后人增窜，尚属可疑。即谓系《史记》之文，而西王母为

---

① 史事：禹会诸侯于涂山，恐因穆王附会。
② 史事：《左》昭十二子革言祭公谋父作《祈始之诗》，即《国语》谏征犬戎者，隐见所言实为一事。然则**盘游虚曾耀兵力于西，实矣**。

《尔雅》四荒之一，不过西方远国，乃国名，非人名，初无荒怪之迹也。《山海经》虽有西王母梯几戴胜，三青鸟为之取食之语，见《海内北经》。郭注："梯，谓凭也。"然此乃古之神话，确有可征之人物、部落，傅会为神者多矣。若举以为信史，将炎、黄、尧、舜，悉成天上之神；河、洛、江、淮，非复人间之土。史事尚何一可信乎？乃晋张湛伪造《列子》，既有《周穆王》之篇，以汉后西域之事妄加附会。其后又有所谓《周王游行》者，即今之《穆天子传》也。杜预《春秋经传集解后序》疏引王隐《晋书·束晳传》云："(《汲冢竹书》)大凡七十五卷。……其六十八卷皆有名题，其七卷折简碎杂，不可名题。有《周易上下经》二卷。《纪年》十二卷。《琐语》十一卷。《周王游行》五卷，说周穆王游行天下之事，今谓之《穆天子传》。此四部差为整顿。汲郡初得此书，表藏秘府。诏荀勖、和峤以隶字写之。勖等于时，即已不能尽识其书。今复阙落。又转写益误。《穆天子传》，世间偏多。"读此，即可知世间流行汲冢诸书，均系赝鼎矣。杂取古书及汉以后所知西域地理，妄造穆王游行之事，支离灭裂，全不可通，而世犹有视为信史者，岂不异哉？此书述穆王行迹，起蠋山，绝漳，至钘山，循滹沱。北历犬戎，绝隃，西至河宗。济河至积石，登昆仑，观黄帝之宫。北征，舍于珠泽。升舂山。东还至群玉之山。又西，至于西王母之邦。遂驱，升于弇山。北畋于旷原，自此东归。绝沙衍，经黑水，三苗氏之地，再历钘山，逾太行，入宗周。钘山盖即井陉，钘、陉同声也。隃即先俞，与河宗并见《史记·赵世家》，地在雁门之北。昆仑，盖指于阗河源之山，其地固产玉，而珠亦为西域名产，故有群玉之山及珠泽焉。舂山盖即葱岭。《汉书·西域传》谓"安息长老传闻条支有弱水"。西王母，《后汉书》则谓在大秦之西，当时流俗，盖习指极西之地为西王母所在，造此书者，亦同此见，故西王母之西有弇山，附会古崦嵫之山，为日入处也。今古杂糅，首尾衡决，真不值一噱。

索隐引宋忠曰："懿王自镐徙都犬丘，一曰废丘，今槐里是也。"①此语本于《汉志》。《汉志》：右扶风槐里，"周曰犬丘。懿王都之。秦更名废丘。高祖三年更名"。案，今陕西兴平县。《汉书·匈奴列传》曰："懿王时，王室遂衰，戎狄交侵，暴虐中国。中国被其苦。诗人始作，疾而歌之曰：'靡室靡家，猃允之故。''岂不日戒，猃允孔棘。'至懿王曾孙宣王，兴师命将，以征伐之。诗人美大其功，曰：'薄伐猃允，至于太原。''出车彭彭'，'城彼朔方'。"案，此所引者，为《小雅·采薇》《六月》之诗，《小序》曰："《采薇》，遣戍役也。文王之时，西有昆夷之患，北有玁允之难。以天子之命，命将率，遣戍役，以守卫中国。故歌《采薇》以遣之，《出车》以劳还，《杕杜》以勤归也。"于《六月》之诗，则说为"宣王北伐"。今案，《出车》之诗曰："王命南仲，往城于方。"《六月》之诗曰：

---

① 史事：懿王都犬丘，疑丰曾沦陷，即镐方之方。丰大特之丰，疑亦此。

"狁匪茹，整居焦获。侵镐及方，至于泾阳。"则二诗所咏，实一时事。镐、方，郑笺但云"北方地名"。窃疑"方"即"丰"之转音。懿王时，丰、镐实曾沦陷，故暂居犬丘也。《秦本纪》言非子居犬丘，孝王欲以为大骆嫡嗣，而申侯之女为大骆妻，生子成为嫡。申侯乃言孝王曰："昔我先郦山女，为戎胥轩妻。生中潏。以亲故，归周保西陲。西陲以其故和睦。今我复与大骆妻，生嫡子成。申、骆重婚，西戎皆服，所以为王。王其图之。"孝王乃分土为附庸，邑非子于秦，而亦不废申侯之女子为骆嫡者，以和西戎。其后周厉王无道，西戎反王室，灭犬丘大骆之族。宣王使非子后秦仲诛西戎。西戎杀秦仲。宣王复召其子庄公昆弟，与兵七千人，使伐西戎，破之。于是复予秦仲后及其先大骆地犬丘并有之，为西陲大夫。观此，知犬丘实西方重镇，懿王所以移居于此；而申与犬戎世为婚姻，则又郦山之祸所由肇也。《汉志》：京兆郑县，周宣王弟郑桓公邑。臣瓒曰："周自穆王以下都于西郑，不得以封桓公也。初，桓公为周司徒，王室将乱，故谋于史伯，而寄帑与贿于虢、会之间。幽王既败，二年而灭会，四年而灭虢，居于郑父之丘，是以为郑桓公，无封京兆之文也。"案，《水经·洧水注》引《纪年》云："晋文侯二年，周惠王子多父伐郐，克之。乃居郑父之丘，名之曰郑，是曰桓公。"盖臣瓒之所本。然此说与《国语》《史记》《世本》皆不合，郦氏《渭水注》已自驳之矣。《穆天子传》有"天子入于南郑"之文，郭注引《纪年》，谓"穆王元年，筑祇宫于南郑"，盖又因《左氏》而伪造者。《穆天子传》未必出于郭氏以前，其注亦不足信也。

厉王召祸，盖由好利？①《周书·芮良夫解》记芮良夫戒王及群臣之辞曰："下民胥怨，财殚竭。"古所谓财者，多指山泽之利言之。山泽之利，本皆公有，后乃稍加障管。疑厉王当日，实有此等事也。古国人与野人，本分两级。国人服戎役，野人则否。故野人被虐，止于逃亡，国人则不然矣。参看后论等级、兵制处自明。②

共和行政，③索隐曰："共音如字，若《汲冢纪年》则云'共伯和干王位'。共音恭。共，国。伯，爵。和，其名。干，篡也。言共伯摄王政，故云'干王

---

① 史事：厉王亡由好利。
② 史事：西周之亡真相之推测。
③ 史事：共和。

位'也。"正义曰:"共音巨用反。韦昭云:'厉之乱,公卿相与和而修政事,号曰共和也。'《鲁连子》云:'卫州共城县,本周共伯之国也。共伯名和,好行仁义,诸侯贤之。周厉王无道,国人作难,王奔于彘,诸侯奉和以行天子事,号曰共和元年。十四年,厉王死于彘,共伯使诸侯奉王子靖为宣王,而共伯复归国于卫也。'《世家》云:'釐侯十三年,周厉王出奔于彘,共和行政焉。二十八年,周宣王立。四十二年,釐侯卒,太子共伯余立为君。共伯弟和袭攻共伯于墓上。共伯入釐侯羡自杀。卫人因葬釐侯旁,谥曰共伯,而立和为卫侯,是为武公。'按此文,共伯不得立,而和立为武公,武公之立在共伯卒后,年岁又不相当,《年表》亦同,明《纪年》及《鲁连子》非也。"案,《左氏》昭公二十六年,王子朝使告诸侯曰:"至于厉王,王心戾虐。万民弗忍,居王于彘。诸侯释位,以间王政。宣王有志,而后效官。"间、干同声,《纪年》盖因此伪造?《吕览·慎人篇》云:"古之得道者,穷亦乐,达亦乐,所乐非穷达也。道得于此,则穷达一也,为寒暑风雨之序矣。故许由虞乎颍阳,而共伯得乎共首。"注:"共,国;伯,爵也。弃其国,隐于共首山,而得其志也。不知出何书也。"《开春论》曰:"共伯和修其行,好贤仁,而海内皆以来为稽矣。"注:"共,国;伯,爵。夏时诸侯也。"《庄子·让王篇》"故许由娱于颍阳,而共伯得乎共首",文与《吕览·慎人》同,皆不云"共伯和";而《开春论》之注亦但云"共,国;伯,爵";则正文中之"和"字,或系后人窜入,亦未可知,乃《庄子释文》云:"司马云:共伯名和,修其行,好贤人,诸侯皆以为贤。周厉王之难,天子旷绝。诸侯皆请以为天子。共伯不听,即干王位。十四年,大旱,屋焚,卜于大阳,兆曰:'厉王为祟。'召公乃立宣王,共伯复归于宗。逍遥得意共山之首。《太平御览》引《史记》曰:"共和十四年,大旱,火焚其屋。伯和篡位立。秋又大旱,其年,周厉王奔彘而死,立宣王。"王国维《古本竹书纪年辑校》引云:"《史记》无此文,当出《纪年》。"案,史记为古史籍通名,犹今言历史,《周官·都宗人》疏曰:"史记,伏羲以前,九皇、六十四民,并是上古无名号之君。"此"史记"二字,亦犹言史籍,非指《太史公书》也。共丘山,今在河南共县西。今河南辉县。案,《水经·清水注》曰:"共县故城……即共和之故国也。共伯既归帝政,逍遥于共山之上,山在国北,所谓共北山也。"《鲁连子》云:共伯后归于国,得意共山之首。《纪年》云:共伯和即干王位。孟康注《汉书·古今人表》,以为入为三公。本或作'丘首'。"共伯和,《人表》在中上等,今本佚孟康注,唯载师古曰:"共,国名也;伯,爵也;和,共伯之名也。共音恭,而《迁史》以为周、召二公行政,号曰共和,无所据也。"意亦以《纪年》《鲁连子》之说为然。

然古代君出而大臣持国者甚多,如卫献公、鲁昭公皆是。丧君有君,转为敌国挟以为质时之变局。君暂出而位未替,而必求一人以尸之,则初未闻其事也。造《纪年》《鲁连子》等书者,不悟《左氏》之诸侯释位即指周、召等言之,而别求一共伯和以充其选,适见其论古之无识耳。

《史记》幽王之事,全系神话、传说,不足为据。以情事揆之,申为南阳之国,《汉书·地理志》:南阳郡,宛,"故申伯国"。今河南南阳县。逼近武关。缯,正义引《括地志》云:"缯县在沂州承县,古侯国,禹后。"此盖误以春秋时之鄫说之。承为今山东峄县,安得与申、犬戎攻周?缯当亦荆、雍间国也。《国语·晋语》,史苏曰:"申人、鄫人召西戎以伐周,周于是乎亡。"《郑语》,史伯曰:"申、缯、西戎方强,王室方骚……若伐申,而缯与西戎会以伐周,周不守矣。缯与西戎,方将德申,申、吕方强,其隩爱太子,亦必可知也。"韦注但云"缯,姒姓",而不言其地。王子朝告诸侯之辞曰:"至于幽王,天不吊周,王昏不若。用愆厥位。携王奸命。诸侯替之,而建王嗣,用迁郏鄏。"杜注曰:"携王,幽王少子伯服也。"疏曰:"刘炫云:'如《国语》《史记》之文,幽王只立伯服为太子耳。既虏褒姒,必废其子,未立为王,而得呼为携王者?或幽王死后,褒姒之党立之为王也。'汲冢书《纪年》云:'平王奔西申,而立伯盘以为太子,与幽王俱死于戏。疏上文曰:"《鲁语》云:幽王灭于戏。戏,骊山之北水名也。皇甫谧云今京兆新丰东二十里戏亭是也。"先是申侯、鲁侯及许文公立平王于申,以本太子,故称天王。幽王既死,而虢公翰又立王子余臣于携。周二王并立。二十一年,携王为晋文公所杀。以本非嫡,故称携王。'① 束皙云:'案,《左传》"携王奸命",旧说携王为伯服。伯服,古文作"伯盘",非携王。伯服立为王积年,诸侯始废之,而立平王。其事或当然。'"刘炫说臆度无据。《纪年》、束皙,则伪造史实而已矣。申侯苟与缯、犬戎共杀幽王,则为叛逆之国,诸侯安得即之而立平王?疑幽王之死,实非尽由于申,而与所谓携王者大有关系焉。至《史记》所传,乃属褒姒故事,既专述褒姒,乃亦臆度杀幽王者必为申后母家,而于携王遂不之及。此据《左氏》本文,似可如此推测,唯不应妄说携王为何人耳。《左氏》昭公四年,椒举曰:"周幽为大室之盟,戎狄叛之。"大室,即嵩山,是幽王并尝经略东方矣。

---

① 史事:携王。

第九章　春秋战国事迹

第一节　东周列国形势

《管子·霸言》曰："强国众，合强以攻弱，以图霸；强国少，合小以攻大，以图王。"此言实能道出东周以后与西周以前形势之异。盖强国少，则服一强，即可号令当时之所谓天下，此为古人之所谓王。强国多，则地丑德齐，莫能相尚，即称雄一时者，亦仅能使彼不与我争，而不能使之臣服于我，此为古人之所谓霸。春秋之世，所谓五霸迭兴者，只是就中原之局言之。当时强国所争，亦即在此。至于各霸一方，如秦长西陲，楚雄南服，则虽当他国称霸之时，情势亦迄未尝变，即由是也。观此，知王降为霸，实乃事势使然，初非由于德力之优劣。而事势之转变，则社会之演进实为之。盖文化之发舒，恒自小而渐扩于大。其初只中心之地有一强国者，其后则各区域中，各自有其强国，遂成此地丑德齐之局也。西周以前，史事几唯所谓天子之国为可知，东周以后，则诸大国所传皆详，天子之国，或反不逮，即由于此。

《史记·三代世表》曰："自殷以前，诸侯不可得而谱，周以来乃颇可著。"盖殷以前，列国存灭，已无可考矣。然周代列国，史公所表，亦止十二诸侯，后人考证，率据《春秋》及《左氏》。《春秋》国数仅五十余，见《公羊》疏。若并《左氏》所载记之，则旧说云百七十国。其中百三十九国，知其所居；三十一国，尽亡其处。《晋书·地理志序》。苏轼《春秋列国图说》云百二十四。二说皆云夷蛮戎狄不在其内；然孰为夷蛮戎狄，极难定，顾栋高《春秋大事表》并古国列之，凡二百有九。《列国爵姓及存灭表》。四裔别为表。亦未见其裔夏分别之得当也。又国与邑亦难辨。古所谓国者，义亦与今异。其存亡，以有采地以奉祭祀与否为断，而不以土地主权之得丧为衡。忽灭忽复，史既不具，僻陋之国不见载籍者又多。据故籍所载，而云某时国有若干，其去实在情形必甚远矣。唯国数必降而愈少，而不见经传之国，其与大局，关系亦必较浅，是则可断言者耳。

《国语·郑语》载史伯之言曰："姜、嬴、荆、芈，实与诸姬代相干也。"此言亦颇能道出有史以来部族兴替形势，是四姓，盖古部族中较大，而文明程度较高者也。今试本此语，以观东周列国之形势。

周初，诸部族中，自以姬姓为最得势。此当与封建有关。盖封建行，则其族之散布各地者多，既易因形便而振兴，亦且不易覆灭也。《左氏》昭公二十八年载成鱄之言曰："武王克商，光有天下，其兄弟之国者十有五人，姬姓之国者四十人。"《荀子·儒效》则曰："（周公）兼制天下，立七十一国，姬姓独居五十三人。"二者数略相合，必非无稽，《荀子》说少二人，疑去管、蔡。可见周封同姓之盛。《左氏》僖公二十四年载富辰之言曰："昔周公吊二叔之不咸，故封建亲戚，以藩屏周。管、今河南郑县。后其地属郐。郐灭，属于郑。蔡、今河南上蔡县。平侯迁新蔡，今河南新蔡县。昭侯迁州来，今安徽寿县。郕、今山东汶上县。霍、今山西霍县。鲁、今山东曲阜县。卫、今河南淇县。戴公庐于曹，文公居楚丘，皆在今河南滑县。成公迁帝丘，今河北濮阳县。毛、未详。或曰在今河南宜阳县境。聃、今湖北荆门县。郜、今山东城武县。雍、今河南修武县。曹、今山东定陶县。滕、今山东滕县。毕、今陕西咸阳县。原、今河南济源县。酆、今陕西鄠县。郇、今山西临晋县。文之昭也。邗、今河南怀庆县。晋、见第二节。应、杜注："在襄阳城父县。"案，"城父"当作"父城"，转写之误。父城，在今河南宝丰县。韩、今陕西韩城县。武之穆也。凡、今河南辉县。蒋、今河南固始县。邢、今河北邢台县。后迁于夷仪，今山东聊城县。春秋僖公二十五年（前635），灭于卫；茅、今山东金乡县。胙、今河南汲县。祭，今河南郑县。周公之胤也。"此诸国中，入春秋后，晋称霸；鲁、卫、曹、蔡，皆可称二等国；而滕以小国仅存。此外可考者：虞封于北方，旋亡，而其在南方者转大。见第六节。燕春秋时无所表现，入战国则列为七雄之一焉。见第八节。郑　初封在今陕西华县。后迁河南新郑县。与虢，《左氏》僖公五年，宫之奇曰："虢仲、虢叔，王季之穆也。"杜氏以河南陕县东南之虢城为仲所封，是为上阳。山西平陆之下阳，为其别都。河南泛水，即隐公元年（前722）郑庄公所谓"制，岩邑"者，为虢叔所封。贾逵云，制为东虢，仲所封。叔封西虢，即春秋所谓虢公。马融云，仲封上阳，叔封下阳。要无明证，各以意说而已。窃疑虢仲、虢叔乃一国之二君，弟兄相及。郑庄公所谓死于制者，与宫之奇所云虢叔，各是一人。《汉书·地理志》：右扶风虢县，为虢之旧封，地在今陕西宝鸡县。河南之上阳，为其东迁后之新都。而《史记·秦本纪》，武公灭小虢，则其支庶之留居西方者也。初封西方，后东迁。虢旋灭而郑久存。在西方者，又有魏、今山西芮城县。耿、今山西河津县。芮、今陕西大荔县。在南方者，有息、今河南息县。春秋庄公十四年（前680）灭于楚。顿、今河南商水县。春秋定公十四年（前496）灭于楚。沈，今河南汝南县。皆无足称述。而"汉东之国随为大"，语见《左氏》桓公六年。今湖北随县。"汉阳诸姬，楚实尽之"，语见《左氏》僖公二十八年。又定公四年，吴人谓随人曰："周之子孙，在汉川者，楚实尽之。"则并其名而无可考矣。要之自文、武以来，姬姓以今陕西为根据,广布其同族于河南北、山东西及湖北,而江苏则其展扩之极也。

姜姓为神农之后,其根据地本在山东。及唐、虞之际,著绩者为四岳,则其地移于河南。《史记·齐太公世家》曰:"其先祖尝为四岳,佐禹平水土甚有功,虞、夏之际,封于吕,或封于申,姓姜氏。"周初太公封于营丘,其势力乃又东渐焉。申、在今河南南阳县北。吕、在南阳县。齐、见第二节。许 今河南许昌县。灵公迁叶,今河南叶县。悼公迁夷,实城父,今安徽亳县。后迁叶,又迁于析,实白羽,今河南内乡县。许男斯迁容城,或曰在叶县西。同为西周名国,申、吕皆亡于楚。许见迫于郑,而依楚以自存。唯齐表东海,称大凤焉。又有纪 今山东寿光县。春秋庄公四年(前690)灭于齐。与向、今安徽怀远县。州、国于淳于,今山东安丘县东北。后入杞,为杞都。莱夷,今山东黄县。皆微末不足道。

嬴姓为皋陶之后,其根据地本在安徽,英、六为其初封,已见第七章第四节。在其附近者,又有江、今河南正阳县。黄今河南潢川县。及蓼,今安徽霍丘县。亦微末不足称。群舒居吴、楚间,舒蓼、舒庸、舒鸠、宗,在今安徽舒城、庐江二县间。所系较重,而徐尤强。今安徽泗县。春秋昭公三十年(前512)灭于吴。在西方者,梁为小国,今陕西韩城县。赵至战国始列为诸侯,见第八节。唯秦袭周之旧,最大。见第二节。

史伯论祝融曰:其后八姓,佐制物于前代者,昆吾为夏伯矣。见第八章第三节。大彭、见第八章第一节。豕韦 见第八章第二节。为商伯矣。当周未有。己姓昆吾、苏、顾、温、董;董姓鬷夷、豢龙;则夏灭之矣。《左氏》:苏子国于温,在今河南温县。顾见第八章第三节。《左氏》昭公二十九年,蔡墨言昔有飂叔安,有裔子曰董父,乃扰畜龙,以服事帝舜。舜赐之姓曰董,氏曰豢龙,封诸鬷川。鬷夷氏其后也。飂,《汉书·古今人表》作"廖",当即"蓼"。鬷川,梁履绳《左通补释》云:当即三朡,《潜夫论·志氏姓》鬷川、鬷夷并作"朡",其证。案,三朡,见第八章第三节。彭姓彭祖、豕韦、诸稽,则商灭之矣。秃姓舟人,则周灭之矣。妘姓邬、当即《左氏》隐公十一年"王取邬、刘、芳、邗之田于郑"之邬,在今河南偃师县。郐、今河南密县。路、偪阳,今山东峄县。曹姓邾、即邾。《公羊》《礼记·檀弓》皆作"邾娄",今山东邹县。文公迁于绎,在邾县南。又有小邾,国于兒,在今山东滕县。莒,都介根,今山东胶县。春秋初徙莒,今山东莒县。邹、莒皆战国时灭于楚。皆为采卫。或在王室,或在夷狄,莫之数也,而又无令闻,必不兴矣。斟姓无后。融之兴者,其在芈姓乎?芈姓夔越,韦注曰:夔越,芈姓别国,楚熊绎六世孙熊挚。案,参看第六节。不足命也。蛮芈蛮矣。史伯曰:"荆子熊严,生子四人……叔熊逃难于濮而蛮。"韦注谓即指此。参看第二节。唯荆实有昭德,若周衰,其必兴矣。盖祝融之后,本居今河南、山东、江苏三省间,其后皆滋异族,而湖北西境,南郡、南阳之间，古所谓周南之地者，乃转为其发荣滋长之区也。

春秋列国可考见者，又有任、今山东济宁县。宿、今山东东平县。须句、今东平县东南。颛臾，今山东费县。为太昊后。郯为少昊后。今山东郯城县。薛　今山东滕县南。与南燕　今河南汲县。为黄帝后。唐为尧后。今湖北随县西北。春秋定公五年（前505）灭于楚。陈　今河南淮阳县。与遂　今山东宁阳县。为舜后。杞、今河南杞县。成公迁缘陵，今山东昌乐县。文公迁淳于，即州，地见前。战国时灭于楚。鄫　今山东峄县东。春秋襄公六年（前567）灭于莒。及越　见第六节为禹后。宋　今河南商丘县。与谭、今山东历城县。萧　今江苏萧县。为殷后。越为南方大国，宋、陈二等国，余皆小国也。以上释地，略本《春秋大事表》。

春秋大国，时曰晋、楚、齐、秦，其后起者为吴、越，至战国而河北之燕亦强，皆当日缘边之地也。泰岱以西，华岳以东，太行以南，淮水以北，为古所谓中原之地，鲁、卫、宋、郑、陈、蔡、曹、许，错处其间，皆不过二等国。余则自郐无讥矣。是何哉？梁任公谓诸大国皆逼异族，以竞争淬砺而强，见所著《中国之武士道序》。可谓得其一端。居边陲，拓土易广，当为其又一端。而文化新旧，适剂其中，尤为原因之大者。盖社会之所以昌盛，一由其役物之力之强，一亦由于人与人相处之得其道。野蛮之族，人与人之相处，实较文明之族为优，然役物之力太弱，往往不胜天灾人祸而亡。文明之族，役物之力优矣，而人与人之相处或失其宜，则又不能享役物之福，而转受其祸。唯能模仿上国之文明，而又居僻陋之地，社会组织病态未深者，为能合二者之长，而浸昌浸炽焉。此晋、楚、齐、秦诸国所由大乎？此义也，他日尚当详言之。今先于此发其凡。

第二节　齐晋秦楚之强

《史记·周本纪》云："平王之时，周室衰微，诸侯强并弱，齐、楚、秦、晋始大，政由方伯。"《十二诸侯年表》云："齐、晋、秦、楚，其在成周，微甚。封或百里，或五十里。晋阻三河，齐负东海，楚介江、淮，秦因雍州之固，四国迭兴，更为霸王，文、武所褒大封，皆威而服焉。"是东周之世，实以此四国为最强也。春秋之末，吴、越暂盛而旋亡。战国时，燕亦称七雄之一，然"北迫蛮貉，内措齐、晋，崎岖强国之间，最为弱小"，《史记·燕世家》语。则攸关大局者，仍是齐、秦、楚及晋所分之赵、韩、魏耳。今述四国兴起之事如下。

《史记·齐世家》曰："太公望吕尚者，东海上人。其先祖尝为四岳，佐禹平水土，甚有功。虞、夏之际，封于吕，或封于申，姓姜氏。夏、商之时，申、吕或封枝庶子孙，或为庶人，尚其后苗裔也。本姓姜氏，从其封姓，故曰吕尚。"案，齐太公，古书或言其居东海之滨，《孟子·离娄下》《吕览·首时》。或言其屠牛朝歌，卖食棘津，见《战国策》《尉缭子》《韩诗外传》《说苑》等书。《史记》索隐引谯周亦曰："吕望尝屠牛于朝歌，卖饭于孟津。"棘津，徐广谓在广川，服虔谓即孟津，见《水经·河水注》。谯周径作"孟津"，则其意亦同服虔。广川，今河北枣强县。盖皆后来附会之说。《礼记·檀弓》曰："太公封于营丘，比及五世，皆返葬于周。君子曰：'乐，乐其所自生。礼，不忘其本。'古之人有言曰：'狐死正丘首，仁也。'"则太公确为西方人，谓其本出于吕，当不诬也。太公封营丘，六世胡公徙薄姑，七世献公徙临淄。正义："营丘在青州临淄北百步外城中。"又引《括地志》云："薄姑城，在青州博昌县东北六十里。"案，唐临淄，即今山东临淄县。博昌，今山东博兴县也。《汉书·地理志》，齐郡临淄县，师尚父所封。应劭曰献公自营丘徙此。臣瓒谓临淄即营丘。《诗·齐谱》疏引孙炎说同。《烝民》毛传亦谓齐去薄姑徙临淄，则应劭说非也。《左氏》昭公二十年，晏子云："昔爽鸠氏始居此地，季萴因之，有逢伯陵因之，蒲始氏因之，而后太公因之。"又以营丘与薄姑为一，盖城邑虽殊，区域是一，故古人浑言之也。《齐世家》曰："太公至国，修政，因其俗，简其礼。通商工之业，便鱼盐之利，而人民多归齐。齐为大国。"又曰："周成王少时，管、蔡作乱，淮夷叛周，乃使召康公命太公曰：'东至海，西至河，南至穆陵，北至无棣，集解："服虔曰：'是皆太公始受封土地，疆境所至也。'"索隐："旧说穆陵在会稽，非也。按，今淮南有故穆陵门，是楚之境。无棣在辽西孤竹。服虔以为太公受封境界所至，不然也。盖言其征伐所至之域也。"案，此文见《左氏》僖公四年。杜注曰"穆陵、无棣，皆齐境也"，则亦不以为征伐之所至。注但言齐境，疏亦无说，其地盖难质言。后世说者，多谓穆陵即山东临朐县南之穆陵关，或又以湖北麻城县西北之穆陵关当之。无棣，或从在孤竹之说，谓在今河北卢龙县。或又据《水经注》"清河又东北，无棣沟出焉，东径南皮县故城南"之文，谓近今河北南皮县，皆无确据也。五侯九伯，实得征之。'齐由此得征伐，为大国。"《货殖列传》曰："太公望封于营丘，地潟卤，人民寡。于是太公劝其女功，极技巧，通鱼盐，则人物归之，繦至而辐凑。故齐冠带衣履天下。海、岱之间，敛袂而往朝焉。"说亦与《世家》合。盖齐工商之业既盛，海利复饶，富强之基久立，故得管仲以用之，而桓公遂为五霸之首也。

晋唐叔虞者，周武王之子，成王弟。武王崩，成王立，唐有乱，周公诛灭唐,封叔虞于唐。唐在河、汾之东,方百里,说见第七章第三节。故曰唐叔虞。唐叔子燮,是为晋侯。《诗谱》曰:"南有晋水,至子燮,改为晋侯。"九世穆侯,娶齐女姜氏为夫人。生太子仇、少子成师。穆侯卒,弟殇叔自立。仇出奔。四年,率其徒袭殇叔而自立,是为文侯。文侯卒,子昭侯伯立。元年,周东迁后二十六年也。封文侯弟成师于曲沃。《汉书·地理志》河东郡闻喜,故曲沃。今山西闻喜县。曲沃邑大于翼。翼,晋君都邑也。《续汉书·郡国志》河东郡绛邑有翼城。今山西翼城县。成师封曲沃,号为桓叔。好德,晋国之众皆附焉。昭侯后六世,遂为桓叔孙曲沃武公所并,更号曰晋武公。犹言改称晋君。时周釐王三年(前679),入春秋后四十四年也。釐王五年,入春秋后四十六年。武公卒,子献公诡诸立。惠王八年(前669),入春秋后五十四年。士蔿说公曰:"故晋之群公子多,不诛,乱且起。"乃使尽杀诸公子,而城聚都之,命曰绛。始都绛。案,《史记》武公始都晋国。谓迁都于翼也。又谓城聚而都之,命曰绛,则聚即绛可知。《左氏》庄公二十五年:"晋士蔿使群公子尽杀游氏之族,乃城聚而处之。冬,晋侯围聚,尽杀群公子。"二十六年,春,晋士蔿为大司空,夏,士蔿城绛,以深其宫。"说亦同。《汉志》"河东郡绛县",注云"晋武公自曲沃徙此",误矣。《诗谱》谓穆侯始绛,疏遂曲说为昭侯以下徙翼,至武公又徙绛。问其何以知穆侯徙?则曰相传为然而已,可谓遁辞知其所穷矣。晋后更徙新田,亦称为绛,而称此绛为故绛。新、故绛,《左氏》杜注皆云在绛邑县。绛邑县,即绛县,后汉改名者也。今山西曲沃县。晋群公子亡奔虢,虢以其故再伐晋,弗克。十六年,入春秋后六十二年。献公作二军,公将上军,太子申生将下军,伐灭霍、魏、耿。十九年,入春秋后六十五年。使荀息以屈产之乘假道于虞。虞假道,遂伐虢,取其下阳,以归。二十二年,入春秋后六十八年。复假道于虞以伐虢。其冬,灭虢。还,袭灭虞。《史记》称:"当此时,晋强,西有河西,与秦接境,北边翟,东至河内。"盖河、汾本沃土,晋始封于是,亦已植富强之基,特以翼与曲沃相争,未能向外开拓。武公时,内争既定,献公雄主,继其后而用之,而形势遂一变矣。《韩非·难二》言晋献公并国十七,服国三十八,战十二胜。

秦之先大费,即柏翳,亦即伯益,已见第七章第四节。舜赐大费姓嬴氏。大费生子二人:一曰大廉,实鸟俗氏。二曰若木,实费氏。其玄孙曰费昌。子孙或在中国,或在夷狄。费昌当夏桀之时,去夏归商,为汤御,以败桀于鸣条。大廉玄孙曰孟戏、中衍,鸟身人言。帝太戊闻而卜之。使御,吉。遂致使御而妻之。自太戊以下,中衍之后,遂世有功,以佐殷国。故嬴姓多显,遂为诸侯。其玄孙曰中潏,在西戎,保西陲。生蜚廉。蜚廉生恶来。恶来有力,蜚廉善走,父子俱以材力事殷纣。周武王之伐纣,并杀恶来。是时蜚廉为纣石北方，还，无所报，为坛霍大山，而报得石棺。铭曰："帝令处父，不与殷乱，赐尔石棺，以华氏死。"遂葬于霍大山。蜚廉复有子曰季胜。季胜生孟增。孟增幸于周成王，是为宅皋狼。正义："《地理志》云：西河郡皋狼县也。按，孟增居皋狼而生衡父。"按，皋狼，今山西离石县。皋狼生衡父。衡父生造父。造父以善御幸于周缪王，缪王以赵城封造父。今山西赵城县。造父族由此为赵氏。自蜚廉生季胜以下五世至造父，别居赵，赵衰其后也。恶来革者，蜚廉子也，早死，有子曰女防。女防生旁皋。旁皋生大几。大几生大骆。大骆生非子。以造父之宠，皆蒙赵城，姓赵氏。非子居犬丘。孝王召使主马于汧、渭之间。马大蕃息。孝王欲以为大骆嫡嗣，而申侯之女为大骆妻，生子成为嫡。申侯言孝王，孝王乃分土为附庸，邑之秦，今甘肃清水县。使复续嬴氏祀，号曰秦嬴。亦不废申侯之女子为骆嫡者，以和西戎。秦嬴生秦侯。秦侯生公伯。公伯生秦仲，秦仲立三年，西戎灭犬丘大骆之族。周宣王即位，以秦仲为大夫，诛西戎，西戎杀秦仲。秦仲立二十三年，死于戎。有子五人，其长者曰庄公。周宣王乃召庄公昆弟五人，与兵七千人，使伐西戎，破之，于是复予秦仲后，及其先大骆地犬丘并有之，为西陲大夫。参看第八章第八节。庄公居其故西犬丘。生子三人。其长男世父。世父曰：戎杀我大父，我非杀戎王，则不敢入邑。遂将击戎，让其弟襄公。① 襄公为太子。庄公立四十四年卒。周幽王四年（前778）。太子襄公代立。元年，周幽王五年。以女弟缪嬴为丰王妻。疑西戎居丰邑者。二年，周幽王六年。戎围犬丘世父。世父击之，为戎人所虏。岁余复归世父。正义引《注水经》谓庄公为西陲大夫，在秦州上邽县西南九十里，汉西县是也。又云："故汧城，在陇州汧源县东南三里。《帝王世纪》云秦襄公二年徙都汧，即此城。"案，《史记》云："庄公居其故西犬丘。"又云："戎围犬丘世父。"似是时犬丘有二。世父所居者，即非子所居之犬丘，而庄公所居者，则秦之旧封，此时亦名为犬丘而以西别之也。汉西县，在今天水县西南。唐汧县，今甘肃陇县。七年，周幽王十一年。犬戎与申侯伐周，杀幽王，秦襄公将兵救周，战甚力，有功。周避犬戎难，东徙洛邑，襄公以兵送周平王。平王封襄公为诸侯，赐之岐以西之地，曰："戎无道，侵夺我岐、丰之地，秦能攻逐戎，即有其地。"与誓，封爵之。襄公由是始国，与诸侯通使聘享之礼。十二年，周平王五年（前766）。伐戎而至岐，卒。生文公。文公元年，周平王六年。居西陲宫。正义："即上西县是也。"三年，周平王八年。文公

---

① 政体：世父欲报戎，让太子于弟。

以兵七百人东猎。四年,周平王九年。至汧、渭之会,曰:"昔周邑我先秦嬴于此。后卒获为诸侯。"乃卜居之,占曰吉,即营邑之。正义,《括地志》云郿县故城在岐州郿县东北十五里,秦文公营邑即此城。案,今陕西郿县。十六年,周平王二十一年。文公以兵伐戎,戎败走。于是文公遂收周余民有之,地至岐。岐以东献之周。二十七年,周平王三十二年。伐南山大梓,丰大特。集解引徐广,正义引《括地志》,已见第八章第一节。此丰疑仍系丰邑,秦此时尚未能复其地也。四十八年,周桓王二年(前718),入春秋后五年。文公太子卒,赐谥为竫公。竫公之长子,为太子。五十年,周桓王四年,入春秋后七年。文公卒,竫公子立,是为宁公。《秦始皇本纪》作"宪公"。二年,周桓王六年,入春秋后九年。徙居平阳。集解,徐广曰:"郿之平阳亭。"正义:"岐山县有阳平乡,乡内有平阳聚。《括地志》云:'平阳故城在岐州岐山县西四十六里。'"案,今陕西岐山县。遣兵伐荡社,集解,徐广曰:"'荡'音'汤'。社,一作'杜'。"索隐:"西戎之君,号曰亳王,盖成汤之胤。其邑曰荡社。徐广云一作'汤杜'。言汤邑在杜县之界,故曰汤杜也。"正义:"《括地志》云:'雍州三原县有汤陵。又有汤台,在始平县西北八里。'按,其国盖在三原、始平之界矣。"案,三原,今陕西三原县。始平,今陕西兴平县。三年,周桓王七年,入春秋后十年。与亳战,亳王奔戎。遂灭荡社。集解:"皇甫谧曰:'亳王号汤,西夷之国也。'"案,《封禅书》:"于社亳,有三社主之祠。"索隐:"徐广云:'京兆杜县有亳亭,则"社"字误,合作"于杜亳"。且据文,列于下皆是地邑,则杜是县。'案,秦宁公与亳王战,亳王奔戎,遂灭荡社。皇甫谧亦云'周桓王时,自有亳王号汤,非殷也。'……案,谓杜、亳二邑有三社主之祠也。"统观两注,徐广虽以汤音荡,初未谓即成汤之汤,皇甫谧云非殷,则亦不以亳王号汤为与成汤有关系。索隐云"盖成汤之胤",似误。①《史记》下文云"雍菅庙亦有杜主",杂者,亦上社亳,则不特"社亳"之社当作"杜",即"三社主"亦当作"三杜主"也。汤都薄非亳,汉人混薄、亳为一,已见第八章第二节。十二年,周桓王十六年,入春秋后十九年。伐荡氏,取之。宁公立十二年卒,生子三人。长男武公为太子。武公弟德公同母,鲁姬子生出子。正义:"德公母号鲁姬子。"案,似当于同母绝句。武公与德公同母,鲁姬子生出子。宁公卒,大庶长弗忌、威垒、三父废太子,而立出子为君。出子六年,周桓王二十二年,入春秋后二十五年。三父等复共令人贼杀出子。出子生五岁立,立六年卒。《秦始皇本纪》,出子居西陵。索隐云:"一云居西陂。"三父等复立故太子武公。武公元年,周桓王二十三年,入春秋后二十六年。伐彭戏氏。正义:"盖同州彭衙故城是也。"案,今陕西白水县。至于华山下。正义:"即华岳之下也。"案,秦兵力时似未能至此。居平阳封宫。三年,周庄王二年(前695),入春秋后二十八年。诛三父等,夷三族。十年,周庄王九年,入春秋后三十

---

① 史事:荡社非汤后。

五年。伐邽、冀戎，初县之。集解："《地理志》陇西有上邽县。应劭曰：'即邽戎邑也。'冀县属天水郡。"案，上邽，今甘肃天水县。冀，今甘肃甘谷县。十一年，周庄王十年，入春秋后三十六年。初县杜、郑。集解："《地理志》京兆有郑县、杜县也。"案，郑，今陕西华县。杜，今陕西长安县。灭小虢。二十年，周釐王四年（前678），入春秋后四十五年。武公卒。有子一人，名曰白。白不立，封平阳。立其弟德公。德公元年，周釐王五年，入春秋后四十六年。初居雍。集解："徐广曰：'今县，在扶风。'"案，今陕西凤翔县。梁伯、芮伯来朝。德公立二年卒。周惠王元年（前676），入春秋后四十七年。生子三人。长子宣公，中子成公，少子缪公。宣公立，四年，周惠王五年，入春秋后五十一年。与晋战河阳，胜之。十二年，卒。周惠王十三年，入春秋后五十九年。《秦始皇本纪》，宣公居阳宫，成公居雍之宫。集解："徐广曰：'之，一作"走"。'"立其弟成公。成公元年，周惠王十四年，入春秋后六十年。梁伯、芮伯来朝。四年，卒。周惠王十七年，入春秋后六十三年。立其弟缪公。缪公任好元年，周惠王十八年，入春秋后六十四年。索隐云："秦自宣公以上，皆史失其名。今按《系本》《古史考》，得缪公名任好。"据此，则《史记》之"缪公任好元年"句，"任好"二字似系后人所加。《春秋》则以䓖为穆公。文公十八年（前609），秦伯䓖卒，解诂曰："秦穆公也。"自将伐茅津，正义："刘伯庄云：'戎号也。'《括地志》云：'茅津及茅城在陕州河北县西二十里。'"案，河北县，后改为平陆，今山西平陆县。胜之。四年，周惠王二十一年，入春秋后六十七年。迎妇于晋。晋太子申生姊也。五年，周惠王二十二年，入春秋后六十八年。晋献公灭虞，虏百里傒，以为缪公夫人媵。百里傒亡秦，走宛。今河南南阳县。缪公以五羖羊皮赎之，授之国政。百里傒让曰："臣不及臣友蹇叔。"穆公使迎蹇叔，以为上大夫。是时之秦，可谓已袭周之旧业矣。

《楚世家》曰，楚之先祖出自帝颛顼。高阳生称。称生卷章。卷章生重黎。重黎为帝喾高辛居火正。甚有功，能光融天下。帝喾命曰祝融。共工氏作乱，帝喾使重黎诛之而不尽。帝乃以庚寅日诛重黎，而以其弟吴回为重黎后，复居火正，为祝融。吴回生陆终。陆终生子六人，坼剖而产焉。其长一曰昆吾。二曰参胡。三曰彭祖。四曰会人。五曰曹姓。六曰季连，芈姓，楚其后也。昆吾氏，夏之时尝为侯伯。桀之时，汤灭之。彭祖氏，殷之时尝为侯伯。殷之末世，灭彭祖氏。季连生附沮。附沮生穴熊。其后中微，或在中国，或在蛮夷，弗能纪其世。集解引徐广曰："《世本》云老童生重黎及吴回。"又引谯周曰："老童即卷章。"《大戴礼记·帝系篇》亦曰："颛顼娶于滕氏。滕氏奔之子，谓之女禄氏。产老童。老童娶于竭水氏。竭水氏之子，谓之高绲氏。产重黎及吴回。"古系世之书，年代远者，往往不能详其世次。窃疑《世本》《大戴》皆夺称一代,《史记》独完具也。《大戴记》又曰:"吴回氏产陆终。陆终氏娶于鬼方氏之妹,谓之女聩氏,产六子,孕而不育。三年,启其左胁,六人出焉。其一曰樊,是为昆吾。其二曰惠连,是为参胡。其三曰篯,索隐引《世本》作"篯铿"。是为彭祖。其四曰莱言,索隐引《世本》作"求言"。是为云郐人。索隐引《世本》无"云"字。其五曰安,是为曹姓。其六曰季连,是为芈姓。……昆吾者,卫氏也。集解、索隐引《世本》"氏"作"是",下同。参胡者,韩氏也。彭祖者,彭氏也。集解、索隐引皆作"彭城"。云郐人者,集解、索隐引皆无"云"字。郑氏也。郑,或云当作"郐"。曹姓者,邾氏也。季连者,楚氏也。"集解、索隐引《世本》略同,则较《史记》为完具。《国语·郑语》史伯论祝融之后八姓,已见上节。韦昭云,董姓、己姓之别,秃姓、彭祖之别,斟姓、曹姓之别。《史记》索隐引宋忠则云,参胡,斟姓,无后。未知孰是也。《楚世家》又曰:"周文王之时,季连之苗裔曰鬻熊。鬻熊子事文王。早卒。其子曰熊丽。熊丽生熊狂。熊狂生熊绎。熊绎当周成王之时,举文、武勤劳之后嗣,而封熊绎于楚蛮。封以子男之田,姓芈氏,居丹阳。《左氏》桓公二年疏引《世本》:"鬻熊居丹阳。"熊绎生熊艾,熊艾生熊䵣。熊䵣生熊胜。熊胜以弟熊杨为后。熊杨生熊渠。熊渠生子三人。当周夷王之时,王室微,诸侯或不朝,相伐,熊渠甚得江、汉间民和。乃兴兵伐庸、杨粤,至于鄂。熊渠曰:'我蛮夷也,不与中国之号谥。'乃立其长子康为句亶王,索隐:"《系本》'康'作'庸','亶'作'袒'。"中子红为鄂王,索隐:"有本作'艺经'二字,音挚红,从下文熊挚红读也。《古史考》及邹氏、刘氏等音无艺经,恐非也。"少子执疵为越章王,索隐:"《系本》无'执'字,'越'作'就'。"皆在江上楚蛮之地。"案,汉丹阳在今安徽当涂县境,距楚后来之地太远,故世多从杜预枝江故城之说,谓在今之秭归。然秭归在当时,实非周之封略所及。宋翔凤谓在丹、淅二水入汉处,《过庭录·楚鬻熊居丹阳武王徙郢考》。原文略曰:"《史记·秦本纪》:惠文王十三年,庶长章击楚于丹阳。《楚世家》亦言与秦战丹阳。《屈原传》作'大破楚师于丹、淅'。索隐曰:丹、淅,二水名。《汉志》:弘农县,丹水出上洛冢领山。东至析,入钧。《水经注》:析水至于丹水,会均,有析口之称。是战国之丹阳,在商州之东、南阳之西,当丹水、析水入汉之处。鬻子所封,正在其地。"案,商州,今陕西商县。与《左氏》昭公九年,王使詹桓伯辞于晋,以楚、邓 今河南邓县。并举者相合,其说是也。《左氏》昭公十二年,楚子革言"我先王熊绎,辟在荆山"。荆山,杜注云在新城沶乡县南。沶乡为今湖北保康县境。则当受封之始,业已向南开拓。至熊渠而抵长江。句亶,集解引张莹曰:"今江陵。"今湖北江陵县。鄂,正义引刘伯庄云:"地名,在楚之西。后徙楚,今东鄂州是也。"今湖北武昌县。正义又引《括地志》云:"邓州向城县南二十里西鄂故城,是楚西鄂。"向城,今河南南召县。**越章**,索隐引《世本》"越"作"就"。《大戴礼记·帝系》曰:"季连产付祖氏。付祖氏产内熊。九世至于渠緐,出自熊渠。有子三人。其孟之名为无康,为句亶王。其中之名为红,为鄂王。其季之名为疵,为戚章王。"戚章,即就章,亦即《史记》所谓"越章"也。据宋翔凤说,其地当在由淮上溯,舍舟遵陆之处,今安徽、湖北界上。同上。《左氏》定公二年,桐叛楚。吴子使舒鸠氏诱楚人曰:"以师临我,我伐桐。"秋,楚囊瓦伐吴。师于豫章。吴人见舟于豫章,而潜师于巢。桐今桐城,舒今舒城,巢今巢县,其地并在江北,与汉豫章郡在江南者相去六七百里。定公四年,吴伐楚,舍舟淮汭,自豫章与楚夹汉。则豫章实当由淮上溯,舍舟遵陆之处也。**其后南移,乃为汉之豫章郡也。**今江西南昌县。《楚世家》又曰,及周厉王之时,暴虐,熊渠畏其伐楚,亦去其王。后为熊毋康。集解:"徐广曰:'即渠之长子。'"案,即《大戴记》之"无康"。毋康早死。熊渠卒,子熊挚红立。索隐:"如此,史意即上鄂王红也。谯周以为'熊渠卒,子熊翔立。卒,长子挚有疾。少子熊延立'。此云'挚红卒,其弟弑而自立,曰熊延'。欲会此代系,则翔亦毋康之弟,元嗣熊渠者。毋康既早亡,挚红立而被延杀,故《史考》言'挚有疾',而此言'弑'也。"挚红卒,其弟弑而代立,曰熊延。正义:"宋均注《乐纬》云:'熊渠嫡嗣曰熊挚。有恶疾,不得为后。别居于夔,为楚附庸。后王命曰夔子也。'"熊延生熊勇。熊勇六年,厉王出奔彘。十年,卒。共和四年(前838)。弟熊严为后。熊严十年卒。共和十四年。有子四人。长子伯霜,中子仲雪,次子叔堪,少子季徇。熊严卒,伯霜代立,是为熊霜。六年卒。周宣王六年(前822)。三弟争立。仲雪死。叔堪亡,避难于濮。集解:"杜预曰:'建宁郡南有濮夷。'"建宁,今湖北石首县。季徇立,是为熊徇。二十二年,周宣王二十八年。卒。子熊咢立。九年,周宣王三十七年(前764)。卒,子熊仪立,是为若敖。二十七年,周平王七年。卒。子熊坎立,是为霄敖。六年,周平王十三年。卒。子熊眴立,是为蚡冒。十七年,周平王三十年。卒。弟熊通弑蚡冒子而代立,是为楚武王。三十五年,周桓王十四年(前706),入春秋后十七年。楚伐随,随曰:"我无罪。"楚曰:"我蛮夷也。今诸侯皆为叛,相侵,或相杀,我有敝甲,欲以观中国之政。请王室尊吾号。"随人为之周,请尊楚。王室不听。三十七年,周桓王十六年,入春秋后十九年。熊通自立为武王。与随人盟而去。于是始开濮地而有之。五十一年,周庄王七年(前690),入春秋后三十三年。周召随侯,数以立楚为王。楚怒,以随背己,伐随。武王卒师中而兵罢。子文王熊赀立。始都郢。今湖北江陵县。文王二年,周庄王九年,入春秋后三十五年。伐申,过邓。六年，周庄王十三年，入春秋后三十九年。伐蔡。楚强，陵江、汉间小国，小国皆畏之。十一年，周釐王三年（前679），入春秋后四十四年。齐桓公始霸，楚亦始大。十二年，周釐王四年，入春秋后四十五年。伐邓，灭之。十三年，周釐王五年，入春秋后四十六年。卒，子熊囏立，是为庄敖。《十二诸侯年表》作"堵敖"。庄敖五年，周惠王五年（前672），入春秋后五十一年。欲杀其弟熊恽。恽奔随，与随袭弑庄敖，代立。是为成王。元年，周惠王六年，入春秋后五十二年。初即位，布德施惠，结旧好于诸侯。使人献天子。天子赐胙，曰："镇尔南方夷越之乱，无侵中国。"于是楚地千里。案，《左氏》昭公二十三年，沈尹戌谓"若敖、蚡冒至于武、文，土不过同"。则楚当东西周间，地尚未甚大。然宣公十二年，栾武子谓楚庄王无日不讨国人而训之，"训之以若敖、蚡冒，筚路蓝缕，以启山林"。哀公十七年，楚子谷曰："观丁父，鄀俘也，武王以为军率，是以克州、蓼、服随、唐，大启群蛮。彭仲爽，申俘也，文王以为令尹，实县申、息，朝陈、蔡，封畛于汝。"则此四代之尽力开拓者至矣。《国语》，史伯言："熊严生子四人：伯霜、仲雪、叔熊、季䋐。叔熊逃难于濮而蛮，季䋐是立。"叔熊即《史记》之"叔堪"，季䋐即《史记》之"季徇"。楚开濮地，未必不由叔熊。史伯又曰："芈姓夔、越不足命。"案，《左氏》僖公二十六年："夔子不祀祝融与鬻熊，楚人让之。对曰：'我先王熊挚有疾，鬼神弗赦，而自窜于夔。吾是以失楚，又何祀焉？'秋，楚成得臣、斗宜申率师灭夔，以夔子归。"此即索隐引谯周，以之当熊挚红者也。则楚枝庶所开拓之地，亦不少矣。其雄于南服，宜哉！

第三节　五霸事迹上

《史记·齐世家》云："哀公时，纪侯谮之周，周烹哀公。"《诗谱序》云："懿王始受谮，烹齐哀公。"按《史记》云："周烹哀公而立其弟静，是为胡公。"胡公当周夷王时。《诗谱》此语，似即据此推测，别无确据。《楚世家》云，周厉王时，熊渠畏其伐楚，去其王号。见上节。《鲁世家》，懿公为其兄子伯御所弑，周宣王伐杀伯御，而立其弟孝公。则当西周之末，王室之威令似尚颇行于诸侯。然至东周之世而大不然者，则遭犬戎破败之余，又西畿沦陷，疆域促小故也。周平王在位五十一年崩。入春秋后三年。太子泄父早死，立其子林，是为桓王。《左氏》载周桓王之言曰："我周之东迁,晋、郑焉依。"隐公六年(前717)。《史记》以为富辰语。《周本纪》。未知孰是。要之周当东迁之初,邻近之国,以此二国为较强,则不诬也。然是时之王室,似与虢尤亲。《左氏》云,郑武公、庄公为平王卿士。王贰于虢。郑伯怨王。王曰："无之。"故周、郑交质。王崩,周人将畀虢公政。郑祭足率师取温之麦。见第一节。又取成周之禾。《公羊》云:"成周者何?东周也。""王城者何?西周也。"见宣公十六、昭公二十二、二十六年。今河南洛阳县。其后周人终用虢公,据《左氏》,事在隐公八年,即周桓王五年,入春秋后八年。而夺郑伯政。郑伯不朝。十三年(前707),入春秋后十六年。王率陈、蔡、虢、卫伐郑,为郑所败。然是后,晋与曲沃相争,王尚时命虢伐曲沃。见《史记·晋世家》。王室之威灵,尚未尽替也。① 桓王二十三年崩,入春秋后二十六年。子庄王佗立。十五年崩。入春秋后四十一年。子釐王胡齐立。釐王三年(前679),入春秋后四十四年。曲沃武公灭翼。王命为晋侯。此为王室自失其威柄。釐王五年崩。入春秋后四十六年。子惠王阆立。索隐:"《系本》名毋凉。"二年(前675),入春秋后四十八年。大夫边伯等作乱。王奔温。已居郑之栎。今河南阳翟县。边伯等立庄王宠子颓。四年,入春秋后五十年。郑与虢伐子颓,复入惠王。惠王二十二年,入春秋后六十八年。晋灭虢。是为东周盛衰一大关键。② 盖周合东西畿之地,优足当春秋时一大国。秦文公之伐戎至岐,事在周平王二十一年(前750),岐以东仍献之周。周桓王十二年(前708),入春秋后十五年。王师尝与秦围魏;其十七年,入春秋后二十年。虢仲又与芮伯、梁伯伐曲沃;则河西与周,尚未全绝,有雄主出,丰、镐之地可复也。至虢灭而桃林之塞 旧函谷关至潼关间之险地。为晋所扼,西畿不可复,局促东畿数百里间,虽欲不夷于鲁、卫而不可得矣。王室既不能复振,而中原之地,会盟征伐,不可无主,于是所谓霸主者出焉。

五霸,③《白虎通义》凡列三说:曰昆吾、大彭、豕韦、齐桓、晋文,应劭《风俗通义》、《吕览·先己》高注、《左氏》成公二年杜注及《诗谱序》疏引服虔说从之。曰齐桓、晋文、秦缪、楚庄、吴阖庐,无从之者。曰齐桓、晋文、秦缪、宋襄、楚庄,《孟子·告子》赵注、《吕览·当务》高注从之。《荀子·王霸篇》则以齐桓、晋文、楚庄、吴阖闾、越句践为霸。《议兵篇》亦以此五人并举,又《成相篇》

---

① 史事:西周末王室威令似尚颇行。
② 史事:虢亡而东西畿绝,周一大衰。
③ 史事:五霸。

谓秦缪强配五霸，则亦以为在五霸之外也。案，皇、帝、王、霸之说，盖取明世运之变迁。故五帝不兴于三皇之时，三王不兴于五帝之世。安得五霸之三，错出于汤、武之间？盖《左氏》《国语》皆许晋悼公为复霸；见《左氏》成公十八年、《国语·晋语》。《国语》又明有昆吾为夏伯，大彭、豕韦为商伯之文，见上节。古文家乃立昆吾、大彭、豕韦、齐桓、晋文为五霸之说。《白虎通义》大体为今文，然间有异说羼入。且其书颇有为后人窜乱处。其实《孟子》言五霸桓公为盛，乃与晋文以下诸君比较言之。若夏、殷则文献无征，何由知昆吾、大彭、豕韦之不逮桓公乎？《太史公自序》云"幽、厉之后，周室衰微，诸侯专政……五霸更盛衰"，明旧说谓五霸皆在东周之世。以一匡天下之义言之。《白虎通》第二、三说及《荀子》之说，皆可从也。此自以霸限于五云然。若论曾长诸侯，则晋悼、楚灵、齐景、吴夫差，亦未尝不可为霸。下逮战国之世，楚悼、魏惠、齐威、宣、湣王，亦可谓其时之霸主也。今仍循通行之说，以齐桓、晋文、宋襄、秦缪、楚庄为五霸。

春秋时霸主之首出者为齐桓公，事在周釐王三年（前679）。入春秋后四十四年。先是齐襄公诛杀不当，淫于妇人，数欺大臣。其次弟纠，母鲁女也，奔鲁。次弟小白奔莒。庄王十一年（前686），入春秋后三十七年。襄公为同母弟公孙无知所弑。无知又为雍林人所杀。此依《史记》。《左氏》作"雍廪"。齐邑名。鲁发兵送公子纠。齐二卿高氏、国氏阴召小白。小白先入立，是为桓公。发兵拒败鲁。胁鲁杀公子纠，而用其傅管仲，修国政，齐国遂强。釐王元年，入春秋后四十二年。齐伐鲁。鲁师败绩，鲁庄公请献遂邑以和。今山东肥城县。桓公许与鲁会柯而盟。今山东长清县。鲁将曹沫以匕首劫桓公于坛上，曰："返鲁之侵地。"桓公许之。后悔，欲无与鲁地而杀曹沫。管仲曰："不可。"遂与沫三败所亡地于鲁。鲁庄公死，子般弑，闵公死。比三君死，旷年无君。齐使高子将南阳之甲，立僖公而城鲁。周惠王十七年（前660），入春秋后六十三年。《孟子·告子下》："一战胜齐，遂有南阳，然且不可。"注："山南曰阳。岱山之南，谓之南阳也。"狄灭邢、卫。桓公迁邢于夷仪，周惠王十八年，入春秋后六十四年。封卫于楚丘。周惠王十九年，入春秋后六十五年。邢迁如归，卫国忘亡。山戎伐燕，桓公为燕伐山戎。周惠王十三年，入春秋后五十九年。周惠王立，二十五年崩。入春秋后七十一年。子襄王郑立。襄王母早死。后母曰惠后。生叔带。有宠于惠王。襄王三年（前649），入春秋后七十四年。叔带与戎翟谋伐襄王。襄王欲诛叔带。叔带奔齐。齐使管仲平戎于周，使隰朋平戎于晋。八年，入春秋后七十九年。

戎伐周。周告急于齐。齐会诸侯,各发卒戍周。孔子曰:"桓公九合诸侯,不以兵车。"《论语·宪问》。《管子·大匡》曰:"兵车之会六,乘车之会三。"《穀梁》庄公二十七年曰:"衣裳之会十有一,未尝有歃血之盟也,信厚也。兵车之会四,未尝有大战也,爱民也。"又曰:"晋文公谲而不正,齐桓公正而不谲。"同上。《孟子》曰:"五霸桓公为盛。葵丘之会诸侯,束牲载书而不歃血。初命曰:'诛不孝。无易树子。无以妾为妻。'再命曰:'尊贤育才,以彰有德。'三命曰:'敬老、慈幼。无忘宾旅。'四命曰:'士无世官。官事无摄。取士必得。无专杀大夫。'五命曰:'无曲防。无遏籴。无有封而不告。'曰:'凡我同盟之人,既盟之后,言归于好。'今之诸侯,皆犯此五禁。"《告子下》。盖齐桓之长诸侯,犹颇能遵旧典,守信义,非后来霸者所及也。《荀子·仲尼》谓桓公诈袭邾、莒,并国三十五,事无考。

春秋时,中原诸国所夷狄视之,而能与上国争衡者莫如楚。《春秋》桓公二年,蔡侯、郑伯会于邓。《左氏》云:"始惧楚也。"时为周桓王之十年(前710),入春秋后之十三年也。其后三十一年而齐称霸。齐称霸之明年,楚伐郑。惠王十一年(前666)、入春秋后五十七年。十九年、入春秋后六十五年。二十年、入春秋后六十六年。又屡伐郑。是秋,齐会诸侯于阳谷。今山东阳谷县。明年,以诸侯之师侵蔡,蔡溃。遂伐楚,次于陉。楚子使屈完如师。师退,次于召陵。陉、召陵,皆在今河南郾城县。屈完及诸侯盟。案,后来晋与楚争,文公、厉公虽再败其师,然卒不能合诸侯而履其境,致其盟,而桓公独能之,此孟子所以称五霸桓公为盛欤?既伐郑,陈辕涛涂谓桓公曰:"君既服南夷矣,何不还师滨海而东,服东夷且归。"桓公曰:"诺。"于是还师滨海而东,大陷于沛泽之中,顾而执涛涂。《公羊》僖公四年。是役盖略东夷而败。其所以欲略东夷,则以东夷为楚之与,未必尽由涛涂之教也。明年,齐会诸侯于首止。今河南睢县。郑伯逃归,《左氏》云:"王使周公召郑伯曰:'吾抚汝以从楚,辅之以晋,可以少安。'郑伯喜于王命,而惧其不朝于齐也,故逃归不盟。"是时,周未必有慊于齐,盖仍胁于楚也。是年,楚人灭弦。今河南潢川县。《左氏》曰:"于是江、黄、道、今河南确山县。柏 今河南西平县。方睦于齐,皆弦姻也。弦子恃之,而不事楚,又不设备,故亡。"盖亦齐、楚之争。惠王二十三年,入春秋后六十九年。齐以诸侯伐郑。楚子围许以救郑。诸侯救许,乃还。明年,齐复伐郑。又合诸侯于宁母今山东鱼台县。以谋之。郑伯乃使请盟于齐。二十五年,入春秋后七十一年。诸侯盟于洮。今山东濮县。郑伯乞盟。襄王元年(前651),入春秋后七十二年。盟于葵丘。今河南考城县。是为齐霸之极盛。《公羊》

云："桓公震而矜之,叛者九国。"《左氏》云："宰孔先归,遇晋侯,曰：'可无会也。齐侯不务德而勤远略,故北伐山戎,南伐楚,西为此会也。东略之不知,西则否矣。……'晋侯乃还。"然未几,献公卒,国乱,桓公仍以诸侯之师伐之,见下。则其威棱,亦未遽替也。襄王四年,入春秋后七十五年。楚人灭黄。齐不能救。五年,入春秋后七十六年。齐会诸侯于咸。今河北濮阳县。《左氏》云："淮夷病杞故。"六年,入春秋后七十七年。诸侯城缘陵而迁杞焉。七年,入春秋后七十八年。楚人伐徐。《左氏》云："徐即诸夏故也。"齐会诸侯救徐。齐师、曹师伐厉。今湖北随县。《左氏》云"以救徐也",楚败徐于娄林。今安徽泗县。《左氏》云："徐恃救也。"八年,入春秋后七十九年。齐会诸侯于淮。今安徽盱眙县。《左氏》云："谋鄫,且东略也。城鄫,役人病,有夜登丘而呼曰：'齐有乱。'不果城而还。"九年,入春秋后八十年。齐人、徐人伐英氏。当即"皋陶之后封于英、六"之英,见第七章第四节。《左氏》云："以报娄林之役也。"齐是时盖仍专于东略。《诗·鲁颂》盛夸僖公经略淮夷之功,盖亦齐所命也。是年,桓公卒。诸子争立。国乱,而齐霸遽讫矣。

齐桓公之夫人三：曰王姬、徐姬、蔡姬,此从《史记》。《左氏》作"王姬、徐嬴、蔡姬"。皆无子。桓公好内,多内宠,如夫人者六人：长卫姬生无诡。《左氏》作"无亏"。少卫姬生惠公元。郑姬生孝公昭。葛嬴生昭公潘。密姬生懿公商人。宋华子生公子雍。桓公与管仲,属孝公于宋襄公,以为太子。雍巫有宠于卫共姬,因宦者竖刁以厚献于桓公,亦有宠。桓公许之立无诡。周襄王七年(前645),入春秋后七十八年。管仲、隰朋皆卒。易牙、开方、竖刁专权。桓公卒,易牙入,与竖刁因内宠杀群吏,而立无诡。太子昭奔宋。明年三月,宋襄公率诸侯兵送太子昭,伐齐,齐人恐,杀无诡。齐人将立太子昭。四公子之徒攻太子。太子走宋。宋遂与齐人四公子战,败其师。而立太子昭,是为齐孝公。

齐桓既殁,晋文未兴,北方无复一等国；楚虽盛,中原诸国尚未甘服；宋襄乃乘机图霸。宋襄之起,似始与齐争,后与楚争。[①] 齐桓公及管仲,属孝公于宋襄公,其事羌无证据；即诚有之,亦非正法；盖乘乱伐齐之口实耳。是时诸侯,似有党宋,亦有党齐者。故宋之伐齐,曹、卫、邾娄与偕,鲁与狄皆救之,而邢人、狄人伐卫。明年,宋人执滕子婴齐。宋人、曹人、邾人盟于

---

① 史事：宋襄似始与齐争,后与楚争。

曹南。郳子会盟于牢，牢人执郳子用之。滕与郳，盖皆不服宋者。宋人围曹，盖以其叛故。鲁会陈人、蔡人、楚人、郑人盟于齐，拒宋者始与楚合。又明年，齐人、狄人盟于邢。其明年，周襄王十三年（前639），入春秋后八十四年也。狄侵卫，宋人、齐人、楚人盟于鹿上。今安徽太和县。《左氏》云："以求诸侯于楚。"盖齐为旧盟主，而楚则是时与宋争者。使是盟而成，则宋可以霸。而楚伏兵车，执宋公以伐宋。宋公谓公子目夷："归守国。"楚人知虽杀宋公，犹不得宋国，于是会于薄，此即汉之薄县，见第八章第二节。释宋公。是冬，鲁伐邾。明年，再伐邾。盖所以伐宋之与。宋、卫、滕、许伐郑。楚伐许以救郑。宋公及楚人战于泓，水名，在今河南柘城县。宋师败绩。公伤股。明年，竟以是卒。鹿上之盟，《公羊》谓公子目夷请以兵车往，宋公不可。泓之战，《公羊》与《左》《穀》皆谓襄公不肯乘楚师未毕济、未毕陈而击之，是以致败。盖是时欲图霸者，犹必假仁义以服诸侯，宋襄亦有为为之，而惜乎其力之不足也。襄公卒之岁，齐侯伐宋，围缗。今山东金乡县。襄王十七年，入春秋后八十八年。卫灭邢。时鲁、卫忽复合，盟于洮。今山东泗水县。十八年，入春秋后八十九年。复盟于向，今山东莒县。而齐师再伐鲁。卫人伐齐。鲁如楚乞师，伐齐，取谷。今山东东阿县。置桓公子雍焉。桓公七子皆奔楚。楚以为大夫。楚又伐宋。明年，遂围之。于是齐、宋皆与晋合，而城濮之战起矣。

周惠王五年（前672），入春秋后五十一年。晋伐骊戎，得骊姬、骊姬弟，俱爱幸之。十二年，入春秋后五十八年。骊姬生奚齐，献公有意废太子。使太子申生居曲沃，公子重耳居蒲，今山西隰县。公子夷吾居屈。今山西吉县。太子申生，其母，齐桓公女也，曰齐姜。早死。申生同母女弟为秦穆夫人。重耳母，翟之狐氏女也。夷吾母，重耳母女弟也。此据《史记·晋世家》。《左氏》云："晋献公娶于贾，无子。烝于齐姜，生秦穆夫人及太子申生。又娶二女于戎。大戎狐姬生重耳，小戎子生夷吾。"注云："齐姜，武公妾。"二十一年，入春秋后六十七年。骊姬谓太子曰："君梦见齐姜，太子速祭曲沃，归釐于君。"太子上其祭胙。骊姬使人置毒药胙中。太子闻之，奔新城。集解："韦昭曰：'新城，曲沃也。新为太子城。'"自杀。骊姬因谮二公子。重耳走蒲，夷吾走屈。二十二年，入春秋后六十八年。献公使兵伐蒲。重耳奔翟。伐屈。屈城守，不可下。二十三年，入春秋后六十九年。发贾华等伐屈。屈溃。夷吾将奔翟。冀芮曰："不可。重耳已在矣。今往，晋必移兵伐翟。翟畏晋，祸且及。不如走梁。梁近于秦。秦强，吾君百岁后，可以求入焉。"遂奔梁。周襄王元年（前651），入春秋后七十二年。晋献公病，属奚齐于荀息。献公卒。里克、邳郑以三公子之徒作乱。杀奚齐于丧次。荀息立悼子 骊姬弟所生。《公羊》《左氏》作"卓子"。《秦本纪》亦作"卓子"。徐广曰："一作'倬'。" 而葬献公。里克弑悼子于朝。荀息死之。使迎重耳于翟。重耳谢。还报，迎夷吾于梁。夷吾欲往。吕省，《左氏》作"瑕吕饴甥"。杜注曰："姓瑕吕，名饴甥，字子金。"郤芮曰："内犹有公子可立者，而外求，难信。计非之秦，辅强国之威以入，恐危。"乃使郤芮厚赂秦。约曰："即得入，请以晋河西之地与秦。"及遗里克书曰："诚得立，请遂封子于汾阳之邑。"秦穆公乃发兵送夷吾。齐桓公闻晋乱，亦率诸侯如晋。使隰朋会秦，俱入夷吾，是为惠公。明年，使邳郑谢秦。亦不与里克汾阳邑，而夺之权。惠公以重耳在外，畏里克为变，赐里克死。邳郑闻里克诛，乃说秦穆公曰："吕省、郤称、冀芮实为不从。若重赂与谋，出晋君，入重耳，事必就。"《秦本纪》曰："愿君以利急召吕、郤。吕、郤至，则更入重耳。"秦穆公许之。使人与归报晋，厚赂三子。《秦本纪》曰：使人与邳郑归，召吕、郤。三子曰："币重言甘，此必邳郑卖我于秦。"遂杀邳郑及里克、邳郑之党七舆大夫。邳郑子豹奔秦。言伐晋。缪公弗听，而阴用豹。五年，入春秋后七十六年。晋饥，乞籴于秦。邳豹说缪公弗与，因其饥而伐之。缪公用百里傒、公孙支言，卒与之粟。以船漕车转，自雍相望至绛。明年，秦饥，请籴于晋。惠公用虢射谋，不与。而发兵，且伐秦。又明年，秦缪公伐晋。《秦本纪》：使邳豹将，自往击之。合战韩原。今陕西韩城县。虏晋君以归。将以祠上帝。周天子闻之曰"晋我同姓"，为请。晋君姊为穆公夫人，衰绖跣，曰："妾兄弟不能相救，以辱君命。"缪公乃归晋侯。晋侯至国，谋曰："重耳在外，诸侯多利内之。"欲使人杀重耳于翟。重耳闻之，如齐。九年，入春秋后八十年。使太子圉质于秦。《秦本纪》曰："夷吾献其河西地。使太子圉为质于秦。秦妻子圉以宗女。是时秦地东至河。"十一年，入春秋后八十二年。秦灭梁。《秦本纪》曰："秦灭梁、芮。"事在明年。十四年，入春秋后八十五年。晋惠公内有数子。太子圉曰："吾母家在梁，梁，今秦灭之。我外轻于秦，而内无援于国。君即不起，病大夫轻更立他公子。"遂亡归。明年，惠公卒，太子圉立，是为怀公。子圉之亡，秦怨之，乃求公子重耳。欲纳之，乃令国中："诸从重耳亡者与期。期尽不到者，尽灭其家。"秦缪公乃发兵内重耳，使人告栾、郤之党为内应。重耳，自少好士。年十七，有贤士五人，曰赵衰、狐偃，即咎犯，文公舅。贾佗、先轸、魏武子。奔翟时，年四十三岁，从此五士。其余不名者数十人。惠公欲杀重耳。重耳闻之，乃谋赵衰等曰："始吾奔翟，非以为可用兴，以近易通，故且休足。休足久矣,固愿徙之大国。夫齐桓公好善,志在霸王,收恤诸侯。今闻管仲、隰朋死,此亦欲得贤佐。盍往乎?"于是遂行。过卫,卫文公不礼。去。过五鹿,_{今河北濮阳县。}饥,从野人乞食。野人盛土器中进之。《左氏》云:"野人与之块。"重耳怒。赵衰曰:"土者,有土也。君其拜受之。"至齐,齐桓公厚礼,以宗女妻之。有马二十乘。重耳安之。二岁,桓公卒。竖刁等为乱。孝公之立,诸侯兵数至齐。留齐凡五岁。重耳爱齐女,无去心。赵衰、咎犯谋行。齐女劝重耳促行。重耳曰:"人生安乐,孰知其他?必死于此。"不能去。齐女乃与赵衰等谋,醉重耳,载以行。行远而觉,引戈欲杀咎犯。过曹,曹共公不礼。大夫釐负羁谏,不从。负羁乃私遗重耳食,置璧其下。去,过宋。宋襄公新困于楚,伤于泓,闻重耳贤,乃以国礼礼于重耳。宋司马公孙固善于咎犯,曰:"宋小国,新困,不足以求入。更之大国。"乃去,过郑。郑文公弗礼,郑叔瞻谏。郑君曰:"诸侯亡公子过此者众,安可尽礼?"叔瞻曰:"君不礼,不如杀之,且后为国患。"郑君不听。重耳去之楚。楚成王以嫡诸侯礼待之。居楚数月,秦召之,成王厚送重耳。重耳至秦,缪公以宗女五人妻重耳,故子圉妻与往。重耳不欲受,司空季子_{集解:"服虔曰:'晋臣白季也。'"}曰:"其国且伐,况其故妻乎?且受以结秦亲而求入。"遂受。子圉立,晋国大夫栾、郤等闻重耳在秦,皆阴来劝重耳、赵衰等返国,为内应甚众。秦穆公乃发兵与重耳归晋。晋闻秦兵来,亦发兵拒之。然皆阴知公子重耳入也。唯惠公故贵臣吕、郤之属不欲立重耳。十六年,_{入春秋后八十七年。}秦送重耳至河。咎犯与秦、晋大夫盟。重耳入于晋师。入曲沃。是为文公。出亡凡十九岁,时年六十二矣。群臣皆往,怀公奔高梁。_{在今山西洪洞县之南。}使人杀怀公。吕省、郤芮谋烧公宫,杀文公。文公乃为微行,会秦缪公于王城。_{今陕西朝邑县。}吕、郤等烧公宫,不得文公,欲奔秦。缪公诱杀之河上。文公归,迎夫人于秦。秦所与文公妻者,卒为夫人。秦送三千人为卫,以备晋乱。

文公修政,施惠百姓。赏从亡者及功臣,大者封邑,小者尊爵。未尽行赏。周襄王以弟带难,出居郑地,来告急。初,叔带以襄王十四年(前638)复归于周。_{入春秋后八十五年,此据《十二诸侯年表》。《左氏》同。《周本纪》在十二年。}先二年,郑入滑。_{今河南偃师县南。}滑听命。已而反与卫。郑伐滑。王使伯犕如郑请滑。_{此据《郑世家》。《周本纪》作"游孙伯服",《左氏》作"伯服、游孙伯"。}郑文公怨惠王亡在栎,文公父厉公入之,惠王不赐厉公爵禄,又怨襄王之与卫滑,故不听襄王请,而囚伯犕。十五年,_{入春秋后八十六年。}王降翟师以伐郑。王德翟人,以其女为后。十六年,入春秋后八十七年。王绌翟后。翟人来诛。惠后以党开翟人。翟人遂入。王出奔郑。郑文公居王于氾。今河南襄城县。子带立为王。取襄王所绌翟后与居温。十七年,襄王告急于晋。秦军河上,将入王。赵衰曰:"求霸莫如入王,尊周,周、晋同姓。晋不先入王,后秦入之,毋以令于天下。方今尊王,晋之资也。"此据《晋世家》。《十二诸侯年表》,咎犯曰:"求霸莫如内王。"《左氏》亦以为咎犯之谋。晋乃发兵至阳樊,今河南济源县。围温,入襄王于周。杀王弟带。襄王赐晋河内、阳樊之地。《左氏》曰:"与之阳樊、温、原、攒茅之田,晋于是始起南阳。"杜注曰:"在晋山南河北,故曰南阳。"原亦在今济源县。攒茅,在今河南修武县。十九年,入春秋后九十年。楚成王及诸侯围宋,宋如晋告急。先轸曰:"报施定霸,于今在矣。"狐偃曰:"楚新得曹,而初婚于卫。若伐曹、卫,楚必救之,则宋免矣。"于是晋作三军。二十年,入春秋后九十一年。晋文公欲伐曹,假道于卫。卫人弗许。还自河南渡,侵曹。伐卫,取五鹿。晋侯、齐侯盟于敛盂。今河北濮阳县南。卫侯请盟,晋人不许。卫侯欲与楚,国人不欲,故出其君以说晋。楚救卫,不胜。晋侯入曹。令军毋入釐负羁宗家以报德。楚围宋,宋复告急晋。文公欲救则攻楚,为楚尝有德,不欲伐也;欲释宋,宋又尝有德于晋;患之。先轸曰:"执曹伯,分曹、卫地以与宋,楚急曹、卫,其势宜释宋。"《左氏》:"公曰:'宋人告急,舍之则绝。告楚不许。我欲战矣,齐、秦未可,若之何?'先轸曰:'使宋舍我而赂齐、秦,借之告楚,我执曹君,而分曹、卫之田,以赐宋人。楚爱曹、卫,必不许也。喜赂怒顽,能无战乎?'"文公从之。楚成王乃引兵归,将军子玉固请战。楚王怒,少与之兵。子玉使宛春告晋:"请复卫侯而封曹,臣亦释宋。"咎犯曰:"子玉无礼矣,君取一,臣取二,勿许。"先轸曰:"定人之谓礼。楚一言而定三国,子一言而亡之,我则毋礼。不许楚,是弃宋也。不如私许曹、卫以诱之,执宛春以怒楚。既战而后图之。"晋侯乃囚宛春于卫。且私许复曹、卫。曹、卫告绝于楚。得臣 即子玉。怒,击晋师。宋公、齐将、秦将与晋侯次城濮。今河南陈留县。与楚兵合战。楚兵败。得臣收余兵去。晋师还。至衡雍,今河南原武县。作王宫于践土。今河南荥泽县。初,郑助楚,楚败,惧,使人请盟晋侯。晋侯与郑伯盟。天子使王子虎命晋侯为伯,晋人复入卫侯。《卫世家》:"晋欲假道于卫救宋,成公不许。晋更从南河渡,救宋。征师于卫。卫大夫欲许。成公不肯,大夫元咺攻成公。成公出奔。晋文公重耳伐卫,分其地予宋,讨前过无礼及不救宋患也。卫成公遂出奔陈。二岁,如周求入,与晋文公会。晋使人鸩卫成公。成公私于周主鸩,令薄,得不死。已而周为请晋文公,卒入之卫,而诛元咺。卫君瑕出奔。"晋侯会诸侯于温,欲率之朝周。力未能,恐其有叛者。乃使人言周襄王,狩于河阳。遂率诸侯朝于践土。诸侯围许。曹伯臣或说晋侯曰:"齐桓公合诸侯而国异姓,今君为位而灭同姓。曹,叔振铎之后。晋,唐叔之后。合诸侯而灭兄弟,非礼。"晋侯悦,复曹伯。二十二年,入春秋后九十三年。晋文公、秦缪公共围郑。以其无礼于文公亡过时,及城濮时郑助楚也。欲得叔詹为僇。郑文公恐,不敢谓叔詹言。詹闻,自杀,郑人以詹尸与晋。晋文公曰:"必欲一见郑君,辱之而去。"郑人患之。乃间令使谓秦缪公曰:"亡郑厚晋,于晋得矣,而秦未为利,君何不解郑,得为东道交?"秦伯悦,罢兵。二十四年,入春秋后九十五年。晋文公卒,子襄公欢立。

晋文之伯,与齐桓大异。齐桓之存邢、卫,救燕,伐楚,虽曰霸者假之,究犹有一匡天下之志也。晋之破楚,全以阴谋致胜,而其待曹、卫诸邦尤酷,"谲而不正"之评,非虚语矣。然其时之事势,亦有迫之不得不然者。当时列国之间,纯以捭阖取利,而国内亦多不宁。试观秦缪公及晋诸臣之所为可知。无怪惠公非倚秦援不敢入,既入而又背之,且杀里克,又欲杀文公也。文公之获成,惠公之卒败,盖亦由一先入而异党孔多,一后入而反侧者多已夷灭;又一倚秦援,一与秦构怨之故;非必其才之果有高下也。文公之霸业,始于勤王,成于破楚。其勤王,盖欲以抑秦,破楚则成于侥幸,何以言之? 曰:韩原之败,河东入秦,《左氏》曰:"秦始征晋河东,置官司焉。"《韩非·难二》谓惠公时,秦侵去绛十七里。晋之势盖甚岌岌。晋文之去狄,不过欲求仕于齐。虽齐内争乱,诸侯之兵数至,犹溺于晏安而不去,其非有雄图可知。谓其以六十之年,崎岖返国,而遽欲取威定霸,无是理也。其与秦争纳王,盖特欲少抑其东出之势。至其侵曹,伐卫,救宋,围郑,则全以亡过时恩怨之私。当时风气,视此等事盖甚重。观齐桓之灭谭,亦以是故可知。见《左氏》庄公十年。《史记·齐世家》同。既救宋,势不得不敌楚。适值楚成暮气不振,又与子玉不和,遂成城濮之功。此乃事势相激使然,固非其始愿所及。然文公及诸臣之才,固有可取,而晋之国势,亦有使之成功者。《左氏》记惠公之见获于秦也,使郤乞告瑕吕饴甥,且召之。子金教之言曰:"朝国人,而以君命赏,且告之曰:'孤虽归,辱社稷矣,其卜贰圉也。'"众皆哭。晋于是乎作爰田。吕甥曰:"君亡之不恤,而群臣是忧,惠之至也。将若君何?"众曰:"何为而可?"对曰:"征缮以辅孺子。诸侯闻之,丧君有君,群臣辑睦,甲兵益多。好我者劝,恶我者惧,庶有益乎?"众悦。晋于是乎作州兵。《左氏》僖公十五年。文公始入而作三军。城濮战后,又作三行。《左氏》曰:"晋侯始入而教其民。二年，欲用之。子犯曰：'民未知义，未安其居。'于是乎出定襄王，入务利民，民怀生矣。将用之。子犯曰：'民未知信，未宣其用。'于是乎伐原以示之信。见《左氏》二十七年。民易资者，不求丰焉。明征其辞。公曰：'可矣乎。'子犯曰：'民未知礼，未生其共。'于是乎大蒐以示之礼，作执秩以正其官。民听不惑，而后用之。出谷戍，释宋围，一战而霸，文之教也。"僖公二十七年。盖晋甲兵素多，而文公又有以用之，故因缘事势，遂成霸业于数年之间也。不然，列国相争，机会之倘来者何限？而何以有等国终不能乘，且随之辗转播荡，而终至于覆亡哉？

第四节　五霸事迹下

晋文公之卒也，郑人有卖郑于秦，此据《秦本纪》。《郑世家》云郑司城缯贺以郑情卖之秦。《左氏》谓秦听郑之说，使杞子、逢孙、杨孙戍之。杞子自使告于秦曰："郑人使我掌其北门之管。若潜师以来，国可得也。"似乎不近情理。曰："我主其城门，郑可袭也。"缪公问蹇叔、百里傒。对曰："径数国千里而袭人，稀有得利者。且人卖郑，庸知我国人不有以我情告郑者乎？不可。"缪公曰："子不知也。吾已决矣。"遂发兵，使百里傒子孟明视，蹇叔子西乞术及白乙丙将。周襄王二十五年（前627），入春秋后九十六年。兵至滑，郑贩卖贾人弦高持十二牛将卖之周。见秦兵。恐死虏，因献其牛，曰："闻大国将诛郑。郑君谨修守御备，使臣以牛十二劳军士。"秦三将军相谓曰："将袭郑，郑今已觉之，往无及已。"灭滑。滑，晋之边邑也。时晋文公丧尚未葬。先轸曰："秦伯不用蹇叔，反其众心，此可击。"栾枝曰："未报先君施于秦，击之，不可。"先轸曰："秦侮吾孤，伐吾同姓，何德之报？"此据《晋世家》。《秦本纪》，太子襄公怒曰："秦侮我孤，因丧破我滑。"遂墨衰绖。发兵，遮秦兵于殽。正义："《括地志》云：'三崤山……在洛州永宁县西北二十里，即古之殽道也。'"永宁，今河南永宁县。击之。大破秦军。无一人得脱者。虏秦三将以归。文公夫人，秦女也，为请。晋君许之。归秦三将。三将至，缪公素服郊迎，复三人官秩如故，厚待之。二十七年，入春秋后九十八年。使孟明视等将兵伐晋。战于彭衙，今陕西白水县。秦不利，引兵归。此据《十二诸侯年表》。

《秦本纪》在其前一年,盖漏书年代。又《晋世家》云:"秦果使孟明伐晋,报殽之败,取晋汪以归。"①索隐云:"按,《左传》文二年,秦孟明视伐晋,报殽之役,无取晋汪之事。又其年冬,晋先且居等伐秦,取汪、彭衙而还。则汪是秦邑,止可晋伐秦取之,岂得秦伐晋而取汪也?或者晋先取之,秦今伐晋而收汪,是汪从晋来,故云取晋汪而归也。……汪不知所在。"案,《十二诸侯年表》:"秦穆公三十五年,伐晋,报殽,败我于汪。"《郑世家》:"郑发兵从晋伐秦,败秦兵于汪。"则《史记》亦与《左氏》合。疑《晋世家》之"取晋汪",乃"晋取汪"之倒,而其间又有夺文也。戎王使由余于秦。由余,其先晋人也,亡入戎,能晋言。秦缪公示以宫室积聚。由余曰:"使鬼为之,则劳神矣;使人为之,亦苦民矣。"缪公怪之。问曰:"中国以诗书礼乐法度为政,然尚时乱。今戎夷无此,何以为治?不亦难乎?"由余笑曰:"此乃中国所以乱也夫!自上圣黄帝,作为礼乐法度,身以先之,仅以小治。及其后世,日以骄淫。阻法度之威,以责督于下。下疲极,则以仁义怨望于上。上下交争,怨而相篡弑,至于灭宗,皆以此类也。夫戎夷不然。上含淳德以遇其下,下怀忠信以事其上。一国之政,犹一身之治,不知所以治,此真圣人之治也。"于是穆公令内史廖以女乐二八遗戎王。戎王受而悦之。秦乃归由余。由余数谏,不听。缪公又数使人间要由余。由余遂去降秦。缪公以客礼礼之。问伐戎之形。二十八年,入春秋后九十九年。穆公复益厚孟明等,使将兵伐晋。渡河,焚船。大败晋人。取王官及鄗。集解"徐广曰:'《左传》作"郊"。'"正义:"《括地志》云:'王官故城在同州澄城县西北九十里。又云南郊故城在县北十七里。又有北郊故城,又有西郊故城。《左传》云文公三年,秦伯伐晋,济河,焚舟,取王官及郊也。'《括地志》云:'蒲州猗氏县南二里又有王官故城,亦秦伯取者。'"案,澄城,今为县,属陕西。猗氏,今为县,属山西。以报殽之役。晋人皆城守不敢出。于是穆公乃自茅津渡河,封殽中尸,为发丧,哭之三日。乃誓于军曰:"嗟士卒听无哗。余誓告汝。古之人谋黄发番番,则无所过。"以申思不用蹇叔、百里傒之谋,故作此誓,令后世以记余过。明年,秦用由余谋,伐戎王,益国十二,开地千里,遂霸西戎。天子使召公过贺缪公以金鼓。三十一年,入春秋后百有二年。缪公卒。秦之开化,远后东方。战国时,论者犹谓秦杂戎狄之俗,况在春秋之世?越国鄙远,古代固非绝无,俞正燮《癸巳类稿》有《越国鄙远义》,谓越国鄙远,为古恒有之事。然必往来便易,中无强国阻隔者。秦之不能有郑,形势显然,缪

---

① 史事:取晋汪。

公岂不之知？其潜师侵袭，盖徒利其虏获，①观其得晋惠公欲以祠上帝，与三良饮酒乐，则为死共此哀之约，《秦本纪》："缪公卒，葬雍，从死者百七十七人。秦之良臣子舆氏三人，名曰奄息、仲行、针虎，亦在从死之中，秦人哀之，为作歌《黄鸟》之诗。"正义："应劭云：'秦穆公与群臣饮酒，酣。公曰："生共此乐，死共此哀。"于是奄息、仲行、针虎许诺。及公薨，皆从死。《黄鸟》诗所为作也。'"盖三家《诗》说。其杂戎狄之俗可知，慕效中国之不暇，安知礼乐法度之弊？由余之对，其为后人依托，不待言也。缪公之成霸业，一由能广用异国之材，一由其能悔过，不尚血气之勇。其大功，则不在于胜晋，而实在于伐戎，以伐晋不过报怨，伐戎实有辟土之益也。然非殽战丧败，或亦不克致此，祸福倚伏，事之利害，诚有难言者矣。

周襄王三十年（前622），入春秋后百有一年。晋赵成子、衰。栾贞子、枝。咎季子、犯。霍伯　先且居。皆卒，赵盾代赵衰执政。明年，襄公卒。太子夷皋少。晋人以难故，欲立长君。赵盾曰："立襄公弟雍。好善而长，先君爱之，且近于秦，《秦本纪》曰："秦出也。"秦故好也。"贾季曰："不如其弟乐。"赵盾使士会如秦逆雍，贾季亦使召乐于陈。《左氏》云："赵孟使杀诸郫。"赵盾废贾季。贾季奔狄。是岁，秦穆公亦卒。明年四月，秦康公曰："昔文公之入也无卫，故有吕、郤之患。"乃多与公子雍卫。太子母缪嬴日夜抱太子以号泣于朝，曰："先君何罪？其嗣亦何罪？舍嫡而外求君，将安置此？"出朝，则抱以适赵盾所。顿首曰："先君奉此子而属之子，曰：'此子材，吾受其赐；不材，吾怨子。'今君卒，言犹在耳，而弃之若何？"赵盾与诸大夫皆患缪嬴，且畏诛，乃背所迎而立太子，是为灵公。发兵以拒秦送公子雍者，赵盾为将，往击秦，败之令狐。今山西猗氏县。先蔑、随会亡奔秦。晋是时内外粗安，安用废嫡立庶？且穆嬴秦女，公子乐母辰嬴，亦称怀嬴。即始归子圉，继归文公者，亦秦女也。欲结秦援，安用立公子雍？盾之以私废立，亦可见矣。晋自是与秦连兵。周襄王三十三年，入春秋后百有四年，秦伐晋，取武城，以报令狐之役。顷王二年（前617），入春秋后百有六年，晋伐秦，取少梁。秦亦取晋之郲。四年，入春秋后百有八年，春，康公伐晋，取羁马。晋侯怒，使赵盾、赵穿、郤缺击秦。大战河曲。明年，晋六卿患随会在秦，常为晋乱。乃佯令魏寿余反晋降秦。秦使随会之魏，因执会以归。以上皆据《晋世家》。武城，正义引《括地志》云"在华州郑县东北"。郑，今陕西华县。少梁，杜注云："冯翊夏阳县。"夏阳，在今陕西韩城县南。郲，集解引徐广曰："《年表》云北征也。"索隐曰："徐云《年表》曰征。然按《左传》，文

---

① 史事：晋文公入而勤王救宋，可见时人之好战。缪公袭郑，纯为剽掠，如单于奕齐邑耳，故灭滑，晋之远邑，其于晋盖甚利通之，故入惠公，文公又欲入，公子雍。吴入楚，盖亦然。

十年春,晋人伐秦,取少梁。夏,秦伯伐晋,取北征,北征即《年表》之征。今云郤者,字误也。征音惩,亦冯翊之县名。"案,如索隐言,则《年表》及集解引徐广皆当仅云"征",然今皆作"北征",恐后人据《左氏》改之。《年表》索隐,征音澄,云:"盖今之澄城也。"案,澄城,今为县,属陕西。羁马,《秦本纪》集解引服虔云:"晋邑也。"盖未能知其所在。灵公长,又与赵盾不协。周匡王六年(前607),入春秋后百六年。公饮赵盾酒,伏甲将攻盾。盾得脱,出奔。未出境,盾昆弟将军赵穿弑灵公,迎盾。盾复位。使穿迎襄公弟黑臀于周而立之,是为成公。晋内相乖离,遂不克与楚争矣。

楚自城濮败后,襄王二十五年(前627),入春秋后九十六年。始出兵。侵陈、蔡。陈、蔡成。遂伐郑。晋阳处父侵蔡,楚子上救之。与晋师夹泜而军。泜,今滍水。已而各罢归。二十六年,入春秋后九十七年。楚成王欲废太子商臣而立其弟职。商臣弑王代立,是为穆王。二十八年,入春秋后九十九年。晋伐沈,沈溃。楚人围江。晋伐楚以救江。明年,江卒为楚所灭。三十年,入春秋后百有一年。又灭六、蓼。顷王元年(前618),入春秋后百有五年。范山言于楚子曰:"晋君少,不在诸侯,北方可图也。"楚子师于狼渊今河南许昌县。以伐郑。晋人救之,不及。又侵陈。陈及楚平。二年,入春秋后百有六年。陈侯、郑伯会楚子于息。遂及蔡侯,次于厥貉。地名,杜注阙。将以伐宋。宋逆楚子,劳且听命。五年,入春秋后百有九年。楚穆王卒,子庄王旅立。《公羊》《左氏》作"旅"。《穀梁》《史记》作"侣"。六年,入春秋后百十年。晋会陈、郑、许于新城。今河南商丘县西南。蔡人不与。匡王元年(前612),入春秋后百十一年。晋师入蔡。二年,入春秋后百十二年。楚大饥。戎伐其西南,又伐其东南。庸人率群蛮以叛楚。麇人率百濮聚于选,将伐楚。于是申、息之北门不启。楚人谋徙于阪高。杜注:楚险地。蒍贾曰:"不可。我能往,寇亦能往。不如伐庸。夫麇与百濮,谓我饥不能师,故伐我也。若我出师,必惧而归。百濮离居,将各走其邑,谁暇谋人?"乃出师。旬有五日,百濮乃罢。楚子乘驲会师,分为二队,以伐庸。秦人、巴人从楚师,遂灭庸。以上为庄王即位后三年中事,盖因内忧,未遑外务,故史有庄王即位,三年不出号令之说也。见《史记·楚世家》。案,古书言此事者甚多。五年,入春秋后百十五年。陈受盟于晋。楚、郑侵陈。遂侵宋。晋赵盾救陈。又会诸侯伐郑。六年,入春秋后百十六年。郑公子归生受命于楚伐宋。战于大棘,今河南宁陵县。宋师败绩。获宋华元。赵盾及宋、卫侵郑。楚斗椒救之。赵盾还。是岁,晋灵公见弑。定王元年(前606),入春秋后百十七年。楚子伐陆浑之戎。遂至于洛,观兵于周疆。晋侯伐郑。郑及晋平。楚人侵郑。二年、入春秋后百十八年。三年，入春秋后百十九年。又伐之。是岁，三年。陈及楚平。晋荀林父救郑，伐陈。四年，入春秋后百二十年。晋赵盾侵陈。楚人伐郑。取成而去。五年，入春秋后百二十一年。郑及晋平。六年，入春秋后百二十二年。陈及晋平。楚师伐陈，亦取成焉。七年，入春秋后百二十三年。晋荀林父伐陈。是岁，晋成公卒，子景公据立。楚子伐郑。晋郤缺救郑。八年，入春秋后百二十四年。郑及楚平。晋人伐郑，亦取成而还。楚子伐郑。晋士会救郑，逐楚师于颍北。诸侯之师戍郑。是岁，陈征舒杀其君。明年，楚庄王率诸侯伐陈，诛征舒。因县陈而有之。申叔时谏。乃复陈。是岁，郑与楚盟辰陵，杜注："颍川长平县东南有辰亭。"今河南淮阳县。《史记》云"郑与晋盟鄢陵"，今河南鄢陵县。又邀事于晋。十年，入春秋后百二十六年。春，楚子围郑。三月，克之。郑伯肉袒牵羊以逆。庄王退三十里，与之平。六月，晋师救郑。其来也，持两端，故迟。语见《史记·郑世家》。至河，楚兵已去。中军将荀林父欲还。佐先縠不可。师遂济。庄王还击晋。郑反助楚。大败晋军河上。此据《史记》。春秋作战于邲，地在今河南郑县。是岁，楚子灭萧。明年，伐宋，以其救萧也。十二年，入春秋后百二十八年。晋侯伐郑。楚子使申舟聘于齐，曰："无假道于宋。"亦使公子冯聘于晋，不假道于郑。申舟曰："郑昭宋聋，晋使不害，我则必死。"王曰："杀汝，我伐之。"见犀而行。犀，申舟子。及宋，宋人杀之。楚子闻之，投袂而起，履及于窒皇，寝门阙。剑及于寝门之外，车及于蒲胥之市。秋，九月，楚子围宋。宋人使告急于晋。晋侯欲救之。伯宗曰："不可。"乃使解扬绐为救宋。明年五月，宋及楚平。是时楚势可谓极盛。十六年，入春秋后百三十二年。庄王卒，子共王审立。幼，而形势复一变。共王临殁时，自言生十年而丧先君，见《左氏》襄公十三年。

春秋五霸，齐桓而外，当以楚庄之兵力为最强，其为人亦最正。唯兵力强，故不借诡道以取胜也。邲之战，《左氏》载士会之言，谓其"荆尸而举，商、农、工、贾，不败其业"。又曰："其君之举也，内姓选于亲，外姓选于旧，举不失德，赏不失劳。老有加惠，旅有施舍。君子小人，物有服章。贵有常尊，贱有等威。"栾书曰："楚自克庸以来，其君无日不讨国人而训之，于民生之不易，祸至之无日，戒惧之不可以怠。在军，无日不讨军实而申儆之，于胜之不可保，纣之百克而卒无后。训之以若敖、蚡冒，筚路蓝缕，以启山林。箴之曰：'民生在勤，勤则不匮。'"可见其政事军备之整饬。是战也，据《左氏》，似始以和误晋，终乃乘其不备而袭之，此乃临敌决胜，不得不然，其不肯避强陵弱,则《公羊》《史记》二说符会,决非虚语。《公羊》谓其既胜之后,还师而佚晋寇。《左氏》又载其不肯收晋尸为京观。伐宋之役,宋人易子而食,析骸以爨,可谓危急已极。然华元以情告,亦遽释之。见《公羊》《左氏》宣公十二、十三年。皆可谓"堂堂之阵,正正之旗",视晋文之谲、秦穆之暴,不可同年而语矣。

第五节　齐顷灵庄晋厉悼楚共灵之争

春秋大国,本称晋、楚、齐、秦,五霸尤以桓公为盛。然桓公一死,霸业遽荒,则齐之内乱为之也。齐孝公以周襄王十九年(前633)卒。入春秋后九十年。弟潘,因卫公子开方杀孝公子而立,是为昭公。顷王六年(前613)卒。入春秋后百十年,此据《十二诸侯年表》,与《春秋》合。《世家》早一岁。子舍立。舍之母无宠,国人莫畏。昭公弟商人,以桓公死争立不得,阴交贤士。附爱百姓,百姓悦。与众即墓上弑舍自立,是为懿公。匡王四年(前609),入春秋后百十四年。为其下所弑。懿公之立,骄,民不附。齐人废其子,而迎公子元于卫,立之,是为惠公。桓公十有余子,要其后立者五人,皆以争。时正宋襄图霸,至楚庄初立时也。定王元年(前606),入春秋后百十七年。为楚庄王观兵周郊之岁。惠公卒,子顷公无野立,颇有意于振作,然晋势已成,顷公又有勇无谋,遂致转遭挫折矣。

定王十五年(前592),入春秋后百三十一年,此从《表》及《晋世家》,与《左氏》合。《齐世家》先一年。晋使郤克于齐。齐使夫人帷中而观之。郤克上,夫人笑之。此从《齐世家》。《晋世家》云:"齐顷公母从楼上观而笑之。所以然者,郤克偻而鲁使蹇,卫使眇,故齐亦令人如之以导客。"与《公》《穀》略同。齐顷公有意挑衅,庸或不顾一切。当时最重使命,尤重人之仪表,晋、鲁、卫岂有使偻者、蹇者、眇者出使之理?① 古代贵族,有恶疾不得继嗣,郤克果偻,鲁使果蹇,卫使果眇,又岂得为卿大夫乎?且当时亦未必有楼也。此皆所谓东野人之言也。度当日郤克偶失仪,而为妇人所笑,则有之尔。《左氏》亦但云"郤子登,妇人笑于房"。杜注反据《公》《穀》,谓其"跛而登阶",实非也。郤克曰:"不是报,不复涉河。"《晋世家》:"归至河上,曰:'不报齐者,河伯视之。'"归,请伐齐。晋侯弗许。齐使至晋,郤克执四

---

① 史事:晋鲁卫使偻、蹇、眇之诬。

人河内,杀之。明年,晋伐齐。齐以公子强质晋。晋兵去。十八年,入春秋后百三十四年。齐伐鲁、卫。鲁、卫大夫如晋请师,皆因郤克。晋使郤克以车八百乘为中军,以救鲁、卫,伐齐。与顷公战于鞌,集解,服虔曰:"齐地名。"齐师败走。晋军追齐,至马陵。集解:"徐广曰:'一作"陉"。'骃案,贾逵曰'马陉,齐地也'。"案,《晋世家》作"追北至齐",盖近齐都。齐侯请以宝器谢。不听。必得笑克者萧桐叔子,《晋世家》作"萧桐侄子"。令齐东亩。对曰:"叔子,齐君母。齐君母亦犹晋君母,子安置之?且子以义伐,而以暴为后,其可乎?"于是乃许。令返鲁、卫之侵地。明年,齐顷公朝晋,欲尊王晋景公,景公不敢受。乃归,归而顷公弛苑囿,薄赋敛,振孤问疾,虚积聚以救民,民亦大悦。厚礼诸侯。竟顷公卒,百姓附,诸侯不犯。顷公卒在周简王四年(前582),入春秋后百四十一年。观顷公欲尊王晋景,可知鞌战受创之深。虽以恤民获安,然终不能复与晋竞矣。

鞌之战,在楚共王及鲁成公二年(前589)。《左氏》云:"宣公使求好于楚。庄王卒,宣公薨,不克作好。公即位,受盟于晋,会晋伐齐。卫人不行使于楚,而亦受盟于晋,从于伐齐。故楚令尹子重 公子婴齐。为阳桥之役以救齐。"盖庄王在时,威棱远憺,鲁、卫皆有折而入之之势。齐顷公之齮晋,未必不与之声势相倚;而庄王之死,适丁其时,此实晋、楚强弱一转捩也。阳桥之役,子重曰:"君弱,群臣不如先大夫,师众而后可。"乃大户,已责,逮鳏,救乏,赦罪,悉师。王卒尽行。侵卫。遂侵鲁。及阳桥。鲁请盟。与秦、宋、陈、卫、郑、齐、曹、邾、薛、鄫人盟于蜀。是行也,晋避楚,畏其众也。然鲁、卫既睦,齐师新挫,吴亦渐强,楚不能无后顾之忧,而晋遂有复振之势。鞌战之明年,晋与鲁、卫、曹、宋伐郑,以讨邲之役。时许恃楚而不事郑。定王十九(前588)、入春秋后百三十五年。二十年,入春秋后百三十六年。郑再伐之。二十一年,入春秋后百三十七年。郑悼公使弟睔与许讼于楚。此据《郑世家》。《年表》云"郑悼公来讼",与《左氏》同。不直。楚囚睔。郑与晋平。睔私于楚子反。公子侧。子反言之,乃归睔。简王元年(前585),入春秋后百三十八年。悼公卒,睔立,是为成公。是岁,楚伐郑。明年,又伐郑,皆不克。四年,入春秋后百四十一年。楚共王曰:"郑成公孤有德焉。"使人于郑。郑与之盟。此据《郑世家》。《左氏》云:"楚人以重赂求郑。"成公如晋。晋人执之。又使栾书伐郑。五年,入春秋后百四十二年。郑立成公庶兄繻。晋乃归成公。是岁,晋景公卒,子州蒲立。《史记》作"寿曼"。是为厉公。《左氏》云邲之役,荀首为下军大夫。其子茷,为楚所囚。首以其族反之。射楚连尹襄老,获之,遂载其尸;射公子谷臣,囚之;以二者还。定王十九年,入春秋后百三十五年。晋归谷臣及襄老之尸,以求茷于楚。楚人许之。简王二年,入春秋后百三十九年。楚伐郑。郑囚楚郧公钟仪,献之晋。四年,入春秋后百四十一年。晋使钟仪归求成。楚公子辰报使。五年,入春秋后百四十二年。晋籴茷如楚报使。六年,入春秋后百四十三年。宋华元善于楚令尹子重,又善于晋栾武子。书。闻楚许籴茷成,如晋,遂如楚。七年,入春秋后百四十四年。克合晋、楚之成。夏五月,晋士燮会楚公子罢、许偃,盟于宋西门之外。晋郤至如楚。楚公子罢如晋莅盟。此事《史记》晋、楚《世家》,《十二诸侯年表》皆不载。唯《宋世家》云"共公元年,华元善楚将子重,又善晋将栾书,两盟晋、楚",其事似相符会。然宋共公元年(前588),为周定王十九年,入春秋后百三十五年。前后相差九年。崔适谓《左氏》涉弭兵之盟而误,见所著《春秋复始》。其说盖是。《宋世家》之文,乃谓宋既与晋盟,又与楚盟,非谓其合晋、楚之成也。十年,入春秋后百四十七年。楚伐郑,不克。宋鱼石出奔楚。公子目夷之曾孙。十一年,入春秋后百四十八年。楚以汝阴之田求成于郑。郑叛晋,与楚盟。栾书曰:"不可以当吾世而失诸侯。"乃发兵,厉公自将。楚兵来救。与战,射共王中目,楚兵败于鄢陵。见第四节。然郑仍不服。初,厉公多外嬖。自鄢陵归,欲尽去群大夫,而立诸姬兄弟。宠姬兄曰胥童,尝与郤至有怨。栾书又怨郤至不用其计,而遂败楚。集解:"《左传》曰:'栾书欲待楚师退而击之,郤至云"楚有六间,不可失也"。'"乃使人间谢楚。楚来诈厉公曰:"鄢陵之战,实至召楚,欲作乱,内子周立之。会与国不具,是以事不成。"厉公告栾书。栾书曰:"其殆有矣。愿公试使人之周微考之。"果使郤至于周。栾书又使公子周见郤至。厉公验之,信然。遂怨郤至,欲杀之。十三年,入春秋后百五十年。公令胥童以兵八百人袭攻,杀三郤。集解:"贾逵曰:'三郤,郤锜、郤犨、郤至也。'"胥童因劫栾书、中行偃于朝,曰:"不杀二子,患必及公。"公弗听。公使胥童为卿。公游匠骊氏。栾书、中行偃因之。杀胥童。使迎公子周于周。十四年,入春秋后百五十一年。弑厉公。《公羊》成公十六年解诂云:"晋厉公见饿杀。"疏引《春秋》说云:"厉公猥杀四大夫,臣下人人恐见及,正月幽之,二月而死。"周至绛,立之,是为悼公。其大父捷,晋襄公少子也。号桓叔。生惠伯谈。谈生悼公。年十四矣。逐不臣者七人。修旧功,施惠德,收文公入时功臣后。前一年,楚纳鱼石于彭城。及是,晋以诸侯围之。彭城降。明年,为周灵王元年(前571),入春秋后百五十二年。郑成公卒,子恽立,是为僖公。成公之疾也,

子驷 公子騑。请息肩于晋。公曰:"楚君以郑故,亲集矢于其目,非异人任,寡人也。若背之,是弃力与言,其谁昵我? 免寡人,唯二三子。"是冬,诸侯城郑虎牢。今河南汜水县。郑人乃成。明年,盟于鸡泽。今河北永年县。楚子辛 公子壬夫。为令尹,侵欲小国,陈人亦来乞盟。楚比岁侵陈。六年,入春秋后百五十七年。遂围之。诸侯弗能救。陈复入楚。郑相子驷弑僖公,立其子嘉,年五岁。子驷当国。七年,入春秋后百五十八年。诸公子欲诛子驷。子驷觉之,尽诛诸公子。八年,入春秋后百五十九年。诸侯伐郑,郑行成。楚来伐,郑又从之。时子驷畏诛,故两亲晋、楚也。九年,入春秋后百六十年。子驷欲自立。子孔 公子嘉。杀而代之。诸侯之师戍郑虎牢。郑及晋平。楚子囊救郑。郑又窃与之盟。十年,入春秋后百六十一年。诸侯伐郑。郑成。楚来伐,郑又逆之。与之伐宋。诸侯悉师以复伐郑。楚师不能复出。郑乃与诸侯盟。明年,会于萧鱼。战国时之修鱼,今河南许昌县。悼公于是称复霸焉。十二年,入春秋后百六十三年。楚共王卒,子康王昭立。十四年,入春秋后百六十五年。晋悼公亦卒,子平公彪立。明年,许男请迁于晋。诸大夫不可。晋会诸侯伐许。晋师遂侵楚,败其师于湛阪。今河南叶县。侵方城之外而还。方城,山名,在今河南方城县。十七年,入春秋后百六十八年。郑子孔欲去诸大夫,叛晋而起楚师。楚公子午伐郑。子展、公孙舍之。子西 公孙夏。知子孔之谋,完守入保。子孔不敢会楚师。明年,二子伐杀子孔。子展当国。子西听政。立子产 公孙侨。为卿。二十四年,入春秋后百七十五年。公孙舍之入陈。公孙夏又伐之。陈及郑平。明年,许灵公如楚,请伐郑,曰:"师不兴,孤不归矣。"卒于楚。楚子曰:"不伐郑,何以求诸侯?"与陈、蔡伐郑,而后葬许灵公。然亦不能得志也。

自赵盾背秦立灵公后,秦、晋遂失好。周匡王四年(前609),入春秋后百十四年。秦康公卒,子共公立。定王三年(前604),入春秋后百十九年。卒,子桓公立。简王六年(前580),入春秋后百四十三年。秦、晋夹河而盟。归而秦背盟,与翟合谋伐晋。八年,入春秋后百四十五年。晋与诸侯伐秦,秦军败,追至泾而还。明年,秦桓公卒,子景公立。《秦始皇本纪》作"哀公"。灵王八年(前564),入春秋后百五十九年。秦乞师于楚。楚子师于武城,今河南南阳县。以为秦援。秦侵晋。明年,晋伐秦。又明年,楚乞旅于秦。秦右夫詹从楚子伐郑。晋既为萧鱼之会,秦救郑,败晋师于栎。事在《左氏》襄公十一年。《左氏》云:"秦庶长鲍、庶长武率师伐晋以救郑。鲍先入晋地,士鲂御之。少秦师而弗设备。壬午,武济自辅氏,与鲍交伐晋师。己丑，秦、晋战于栎，晋师败绩。"辅氏，又见宣公十五年，为秦桓公伐晋所次，地当濒河。栎当距辅氏不远。《史记·秦本纪》正义引《括地志》"洛州阳翟县，古栎邑"以释之，非也。阳翟，今河南禹县。十一年，入春秋后百六十二年。秦、楚又伐宋，以报晋之取郑。盖成秦、楚合以谋晋之局矣。十三年，入春秋后百六十四年。晋荀偃会诸侯伐秦。济泾，师于棫林，以心力不齐而还。晋人谓之"迁延之役"。二十二年，入春秋后百七十三年。景公如晋，与平公盟，已而背之。此据《秦本纪》，为景公二十七年（前550），即鲁襄公二十三年。《十二诸侯年表》在景公二十九年，云："公如晋盟，不结。"《左氏》则在襄公二十四年，云："晋韩起如秦莅盟，秦伯车如晋莅盟，成而不结。"至二十六年，乃云："秦伯之弟针如晋修成。"针即伯车。景王八年（前537），入春秋后百八十六年。景公卒，子哀公立。《秦始皇本纪》作"毕公"。《秦本纪》云："晋公室卑而六卿强，欲内相攻，是以久秦、晋不相攻。"二国之干戈始戢矣。

齐顷公以周简王四年（前582）卒，入春秋后百四十一年。子灵公环立。十四年，入春秋后百五十一年。齐不会救郑。晋伐齐。齐令公子光为质。灵王十七年（前555），入春秋后百六十八年。齐与邾数攻鲁，晋合诸侯围齐。是年为鲁襄公十八年，齐灵公二十七年，晋平公三年。《史记·十二诸侯年表》，于齐云："晋围临淄，晏婴大破之。"于晋云："率鲁、宋、卫、郑围齐，大破之。"《公羊》襄公十九年："公至自伐齐。此同围齐也，何以致伐？未围齐也。"则此役晋盖未大得志。《左氏》之言，乃偏据晋史，不足信也。《齐世家》谓"临菑城守不敢出，晋焚郭中而去"，与《左氏》合。《晋世家》误是役于平公元年。齐侯娶于鲁，曰颜懿姬。无子。其侄鬷声姬生光，以为太子。诸子仲子、戎子。《史记》作"仲姬、戎姬"。戎子嬖。仲子生牙，属诸戎子。戎子请以为太子。公许之。遂东太子光。使高厚傅牙为太子。十八年，入春秋后百六十九年。灵公疾。崔杼迎立光。是为庄公。杀戎姬及牙。崔杼杀高厚。晋闻齐乱，伐齐，至高唐。今山东禹城县。闻齐侯卒，乃还。齐与晋平。十九年，入春秋后百七十年。盟于澶渊。二十年，入春秋后百七十一年。晋栾盈出奔楚。书之孙。《晋世家》作"栾逞"。明年，自楚适齐。庄公厚客待之。二十二年，入春秋后百七十三年。晋将嫁女于吴。齐侯使媵之。以藩载栾盈及其士，纳诸曲沃。盈率曲沃之甲，因魏献子 舒。以入绛。绛不戒。平公欲自杀。范献子 鞅。止之。时晋卿赵氏、中行氏皆怨栾氏。韩、赵方睦。智氏听于中行氏。唯魏氏与七舆大夫睦于栾氏。范献子劫魏献子，赂之以曲沃。栾盈败，奔曲沃，晋人围之，尽灭其宗。齐既纳栾盈，随以兵。上太行，入孟门。闻盈败，乃取朝歌而还。遂以晏子之谋通楚。据《十二诸侯年表》。二十三年，入春秋后百七十四年。晋会诸侯于夷仪，见第三节。将以伐齐。水，不克。楚伐郑以救齐。诸侯还救郑。明年,庄公为崔杼所弑,晋复会诸侯于夷仪,伐齐。齐人以庄公说,乃平。

齐顷公、灵公、庄公,三世皆与晋竞,然迄无成。秦本不问中原之事。平公立后,晋公室日卑,楚亦不能遽振。于是弭兵之盟起矣。时宋向戌善于晋赵文子,武。又善于楚令尹子木,屈建。欲弭诸侯之兵以为名。乃先如晋告赵孟。晋许之。如楚,楚亦许之。次告齐、秦及诸小国。灵王二十六年(前546),入春秋后百七十七年。盟于宋。晋赵武、楚屈建及鲁、卫、陈、蔡、郑、许皆与焉。子木谓向戌:"请晋、楚之从交相见。"向戌复于赵孟。赵孟曰:"晋、楚、齐、秦,匹也。晋之不能于齐,犹楚之不能于秦也。楚君若能使秦君辱于敝邑,寡君敢不固请于齐?"左师 向戌。复言于子木。子木使驲谒诸王。王曰:"释齐、秦,他国请相见也。"故齐、秦不会。将盟,晋、楚争先。楚人衷甲。卒先楚。明年,宋、鲁之君皆如楚。是岁,楚康王卒,子员立。此从《史记》,《左氏》作"麇"。是为郏敖。景王四年(前541),入春秋后百八十二年。晋、楚复会于虢,以寻宋之盟。齐亦与焉。楚康王宠弟四人:曰公子围、子比、子皙、公子黑肱。弃疾。围为令尹,主兵事。使郑,道闻王疾而还。入问王疾,绞而杀之。遂杀其子莫及平。子比奔晋。子皙奔郑。围立,是为灵王。七年,入春秋后百八十五年。使椒举如晋求诸侯。晋人许之。乃会诸侯于申。晋、宋、鲁、卫、曹、邾不与。十年,入春秋后百八十八年。楚子成章华之台,愿与诸侯落之。鲁昭公如楚。先是蔡景侯为其太子般《表》作"班"。所弑。景王二年,入春秋后百八十年。十一年,入春秋后百八十九年。陈哀公弟招作乱,哀公自杀。从《表》,与《春秋》合,《世家》先一年。楚公子弃疾灭陈。十四年,入春秋后百九十二年。楚子诱蔡侯般,杀之。使弃疾灭蔡。遂大城陈、蔡、叶、不羹,欲以威晋,而致北方之诸侯。《左氏》昭公十二年,灵王谓子革曰:"今我大城陈、蔡、不羹,赋皆千乘,子与有劳焉,诸侯其畏我乎?"对曰:"畏君王哉!是四国者,专足畏也,又加之以楚,敢不畏君王哉?"杜注云:"四国,陈、蔡、二不羹。"《春秋地名》云:襄城东南有不羹城。定陵西北有不羹亭。《国语·楚语》作"三国"。韦解亦云,定陵有不羹亭,襄城有不羹城。《贾子·大都篇》则作"陈、蔡、叶、不羹"。案,《左氏》昭公十三年亦云,弃疾等率陈、蔡、不羹、许、叶之师以入楚。《左氏》盖夺"叶"字。《国语》疑后人臆改。襄城,今河南襄城县。定陵,今河南舞阳县。案,弭兵之盟,楚既先晋;北方诸侯,向之事晋者,又皆奔走于楚;楚在是时,实可谓称霸中原。然灵王侈而虐用其民,国内又多觊觎,遂至身弑师熸。平王立,不复能事诸侯,而吴、越盛矣。

第六节 吴越之强

　　古代开化，实始东南，观第三章所述，已可概见。然至后世，其文化转落北方之后者，则地理实为之。盖东南之地，火耕水耨，鱼鳖饶给，故其民多呰窳偷生。《汉书·地理志》论楚地语。此江域皆然，不独楚也。西北则天然之利较薄。非勤治沟洫，无以冀收成；而能殚力耕耘，亦不虑无丰登之报。水功勤则人事修，刈获丰则资生厚；而其地平坦，便往来，利驰突，又使诸部族之交通盛而竞争亦烈焉。此则其富厚文明，所以转非故国所及也。古帝传说，在南方者甚多。如乌程有颛顼陵，见《路史》。乌程，今浙江吴兴县。舜、禹旧迹，或在浙中是。《史记·五帝本纪》正义引《会稽旧记》曰："舜上虞人，去虞三十里有姚丘，即舜所生也。"《水经·河水注》引周处《风土记》曰："旧说舜葬上虞。又《记》云：耕于历山，而始宁、剡二县界上，舜所耕田，于山下多柞树，吴、越之间，名柞为枥，故曰历山。"又《渐水注》："江水东径上虞县南，王莽之会稽也。……地名虞宾。《晋太康地记》曰：舜避丹朱于此，故以名县，百官从之，故县北有百官桥。亦云：禹与诸侯会，事讫，因相娱乐，故曰上虞。二说不同，未知孰是。"案，上虞，今浙江县。始宁在其东南。剡，今浙江嵊县。此恐正因吴、越之南迁而起。《国语·鲁语》："商人禘舜。"《礼记·祭法》云"禘喾"。韦解云："舜当为喾。"然初无确据也。《越绝书》谓巫咸出于虞山。《外传记吴地传》。《史记·殷本纪》正义曰："巫咸及子贤冢皆在苏州常熟县西海虞山上，盖二子本吴人也。"案，常熟，今江苏省。今观殷事，绝无在江东之迹，则亦出后来附会。北方部族之南迁，疑始商、周之际。《越绝书·吴地传》云："毗陵县南城，故古淹君地也。东南大冢，淹君子女冢也。去县十八里，吴所葬。"奄城为今江苏武进县地，近年曾获有古迹。已见第三章。奄城之东，又有留城。《公羊》桓公十一年，曰："古者郑国处于留。先郑伯有善于郐公者，通乎夫人，以取其国，而迁郑焉，而野留。"则留亦北方国。《越绝书》又有蒲姑大冢，在余杭县。今浙江余杭县。蒲姑、奄君，见第八章第七节。《尚书大传》云，周公以成王之命杀禄父，遂践奄。践之云者，谓杀其身，执其家，潴其宫。据陈寿祺辑校本。案，《礼记·檀弓》云："邾娄定公之时，有弑其父者。……公曰：'寡人尝学断斯狱矣。臣弑君，凡在官者杀无赦。子弑父，凡在宫者杀无赦。杀其人,坏其室,污其宫而潴焉。"盖本东夷治叛逆之刑,周公特循其法。鲁一生一及,自庄公以前皆然;吴寿梦四子,亦兄弟相及;其俗绝类有殷。《鲁颂》言"元龟象齿",而古称纣为象箸,《史记·宋微子世家》。又谓纣为象廊。《龟策列传补》。《吕览·古乐》曰:"商人服象,为虐于东夷。周公遂以师逐之,至于江南。乃为《三象》,以嘉其德。"可见商、奄之族,与东南实有渊源。谓北迁部族以其文化返哺东南,实始于是,当非虚诬。然此时文身剪发之邦,尚未能跻于上国冠裳之列。及春秋末叶,吴、越相继强盛,而榛狉之习乃一变焉。

《吴太伯世家》曰:"吴太伯、太伯弟仲雍,皆周太王之子,而王季历之兄也。季历贤而有圣子昌。太王欲立季历以及昌。于是太伯、仲雍二人乃奔荆蛮。文身断发,示不可用,以避季历。……太伯之奔荆蛮,自号句吴。荆蛮义之,从而归之千余家。立为吴太伯。太伯卒,无子,弟仲雍立。是为吴仲雍。仲雍卒,子季简立。季简卒,子叔达立。叔达卒,子周章立。是时周武王克殷,求太伯、仲雍之后,得周章。周章已君吴。因而封之。乃封周章弟虞仲于周之北,故夏墟。见第七章第三节。是为虞仲。列为诸侯。周章卒,子熊遂立。《吴越春秋》:"章子熊,熊子遂,遂子柯相。"熊遂卒,子柯相立。柯相卒,子强鸠夷立。强鸠夷卒,子余桥疑吾立。余桥疑吾卒,子柯卢立。柯卢卒,子周繇立。周繇卒,子屈羽立。屈羽卒,子夷吾立。夷吾卒,子禽处立。禽处卒,子转立。索隐:"谯周《古史考》云'柯转'。"转卒,子颇高立。索隐:"《古史考》作'颇梦'。"颇高卒,子句卑立。索隐:"《古史考》云'毕轸'。"是时晋献公灭周北虞公,以开晋伐虢也。句卑卒,子去齐立。去齐卒,子寿梦立。寿梦立而吴始益大,称王。自太伯作吴,五世而武王克殷,封其后为二:其一虞,在中国;其一吴,在夷蛮。十二世而晋灭中国之虞。中国之虞灭二世,而蛮夷之吴兴。大凡从太伯至寿梦十九世。王寿梦二年,楚之亡大夫申公巫臣怨楚将子反而奔晋,自晋使吴。教吴用兵乘车,令其子为吴行人。吴于是始通于中国。"案,《史记》之虞、吴,当本同字,故以中国、夷蛮别之。① 若如今本,字形本相别异,即不须如此措辞矣。集解引宋忠曰:"句吴,太伯始所居地名。"索隐曰:"此言自号句吴,吴名起于太伯,明以前未有吴号。……宋忠以为地名者,《系本·居篇》曰'孰哉居蕃离,孰姑徙句吴'。宋氏见《史记》有'太

---

① 史事:《史记》中国之虞当作吴。

伯自号句吴'之文，遂弥缝解彼，云是太伯始所居地名。① 裴氏引之，恐非其义。藩离既有其地，句吴何总不知真实？吴人不闻别有城邑曾名句吴，则《系本》之文或难依信。"下文又引《世本》云："吴孰姑徙句吴。宋忠曰'孰姑，寿梦也'，代谓祝梦乘诸也。寿、孰音相近，姑之言诸也，《毛诗传》读'姑'为'诸'。知孰姑、寿梦是一人，又名乘也。"集解又引《世本》云："诸樊徙吴。"案，古国名、氏族名、部落名恒相混，而国都屡徙，亦多沿袭旧名。句为发声，索隐已言之，则吴即句吴。乘与寿梦一人，事甚明白。《左氏》襄公十年，杜注云："寿梦，吴子乘。"疏云："服虔云：'寿梦，发声。吴，蛮夷，言多发声，数语共成一言，寿梦一言也。《经》言"乘"，《传》言"寿梦"，欲使学者知之也。'然'寿梦'与'乘'，声不相涉，服以《经》《传》之异，即欲使同之，然则余蔡、戴吴，岂复同声也。当是名字之异，故未言之。"按，乘果为寿梦合音与否，姑措勿论，其为一人则无疑也。**孰姑、寿梦一人，说倘不误，则诸樊寿梦所居，皆与泰伯同号，唯孰哉所迁为异。然邑名虽同，初不得断为一地。**《韩诗外传》云，太王将死，谓季历曰："我死，汝往让两兄。彼即不来，汝有义而安。"太王薨。季之吴告伯、仲。伯、仲从季而归。《吴越春秋·吴王太伯传》曰："古公病将卒，命季历让国于太伯。而三让不受。故云太伯三以天下让。"**虽未必实然，然观虞仲封于夏墟，则泰伯、仲雍所逃，去周必不甚远。岂尝依有虞旧部，亦如函普入生女真，以完颜为氏，故号为句吴乎？**正义："太伯居梅里，在常州无锡县东南六十里。至十九世孙寿梦居之，号句吴。寿梦卒，诸樊南徙吴。至二十一代孙光，使子胥筑阖闾城都之。今苏州也。"索隐引《吴地记》曰："泰伯居梅里，在阖闾城北五十里许。"又曰："仲雍冢在吴郡常熟县西海虞山上，与言偃冢并列。"集解引《皇览》曰："太伯冢在吴县北梅里聚，去城十里。"案，无锡，今为市，属江苏。苏州，今江苏吴县。此等皆南迁后附会之辞耳。索隐又引《世本》曰："吴孰哉居藩离。"宋忠曰："孰哉，仲雍字。藩离，今吴之余暨也。解者云雍是孰食，故曰雍字孰哉也。"解仲雍字殊穿凿。余暨，今浙江萧山县，亦非仲雍所能至。《越绝·外传记地传》云："自无余初封于越以来，传闻越王子孙在丹阳皋乡，更姓梅，梅里是也。"则又以梅里为越地矣。传说固难尽信也。丹阳，汉郡，治今安徽宣城县。梅里，今为镇，属无锡。**吴人之南徙江东，已无可考。**疑或楚拓地时，被迫东南徙。**巫臣窃夏姬之事，详见《左氏》，说甚诙诡，疑非实录。**见《左氏》成公二年、七年，又见襄公二十六年声子说子木之辞。案，不经之说，往往以一妇人为之经纬，如《蒙古源流考》之洪郭斡拜济是。《左氏》所采，间有类《战国策》者，②如昭公七年，蓬启疆为楚说昭公复得大屈，其最显者也。声子说子木之辞，亦此类，非信史也。**史称吴至寿梦益大，**《吴越春秋》云："吴益强称王。"明其大非始寿

---

① 史事：吴兴起之推测。
② 经学：《左氏》类《国策》处。

梦。乘车射御,岂待巫臣教而后能？特其通晋,或当以巫臣为介耳。

越事所传,更不如吴之备,观其世系之夺佚可知。① 《史记·越世家》曰:"越王句践,其先,禹之苗裔,而夏后帝少康之庶子也。封于会稽,以奉守禹之祀。文身断发,披草莱而邑焉。后二十余世,至于允常。"正义引《舆地志》曰:"越侯传国三十余世,历殷至周敬王时,有越侯夫谭。子曰允常,拓土始大,称王。"自夏中叶至春秋,仅历二三十世,殊不可信。《汉书·地理志》曰:"粤地,牵牛、婺女之分野也。今之苍梧、郁林、合浦、交阯、九真、南海、日南,皆粤分也。其君禹后,帝少康之庶子云。封于会稽。"臣瓒曰:"自交阯至会稽,七八千里。百越杂处,各有种姓。不得尽云少康之后也。按《世本》,越为芈姓,与楚同祖,故《国语》曰'芈姓夔、越'。然则越非禹后明矣。又芈姓之越,亦句践之后,不谓南越也。"案,《汉志》所谓其君禹后者,自指封于会稽之越言之,不该百越。臣瓒实误驳。至谓越为芈姓,则《左氏》宣公十二年正义,亦据《外传》而疑越非夏后。《国语·吴语》韦解亦云:"句践,祝融之后,允常之子,芈姓也。"引《郑语》及《世本》为证。《墨子·非攻下篇》:"越王紧亏,卢校改为'翳亏'。毕、孙二氏并从之。出自有遽,始邦于越。"孙诒让《间诂》疑有遽即熊渠,其证似古。然《吴越春秋》谓句践寝疾,谓太子曰:"吾自禹之后,承元常之德。"允常,《吴越春秋》作"元常"。《史记·陈杞世家》谓"楚惠王灭杞,其后越王句践兴",则自古皆以越为禹后。古或从母姓,疑越实禹后,而与楚通婚姻者。吴通晋而越常助楚,固由远交近攻之策使然,或亦以同姓之亲也。《吴越春秋》云:"(禹)命群臣曰:吾百世之后,葬我会稽之山。……禹崩之后,众瑞并去。天美禹德,而劳其功。使百鸟还为民田。大小有差,进退有行。一盛一衰,往来有常。……启使使以岁时春秋而祭禹于越。立宗庙于南山之上。禹以下六世而得帝少康。少康恐禹祭之绝祀,乃封其庶子于越,号曰无余。无余始受封,人民山居。虽有鸟田之利,租贡才给宗庙祭祀之费。乃复随陵陆而耕种,或逐禽鹿而给食。无余质朴,不设宫室之饰,从民所居。春秋祠禹墓于会稽,无余传世十余,末君微劣,不能自立,转从众庶,为编户之民。禹祀断绝,十有余岁。有人生而言语……指天向禹墓曰:我是无余君之苗末,我方修前君祭祀,复我禹墓之祀,为民请福于天,以通鬼神之道。众民悦喜,皆助奉禹祭,四时致贡。

---

① 史事:越兴起之推测。

因共封立，以承越君之后。复夏王之祭，安集鸟田之瑞，以为百姓请命。自后稍有君臣之义，号曰无壬。壬生无瞫。瞫专心守国，不失上天之命。无瞫卒，或为夫谭。夫谭生元常。常立，当吴王寿梦、诸樊、阖闾之时。越之兴霸，自元常矣。"《越王无余外传》。古有、或二字通。或为夫谭，犹言有名夫谭者，即《舆地志》有越侯夫谭之语所本。明无瞫、夫谭之间，世系又有阙佚。然名号亡佚，而世数大略可知，亦古系世之常。《史记》所谓二十余世，《舆地志》所谓三十余世者，疑自无壬计之。又疑《舆地志》实本《史记》，讹二为三；又或《史记》本作三而讹为二也。《越绝书》言自余始封，至余善，越国空灭，凡一千九百三十二年，则未必可据。越世夺佚如此，安有年岁可稽耶？

禹封会稽，非今之会稽。已见第七章第三节。其如何播迁而入浙江，亦不可考，《越绝书·外传记地传》云："无余初封大越，都秦余望南千有余岁，而至句践，句践徙治山北。"《水经·浙江水注》：浙江径会稽山阴县。今浙江绍兴县。又径越王允常冢北。又东北，得长湖口，秦望山在城西南，山南有樵岘，岘里有大城，越王无余之旧都也。故《吴越春秋》云："句践语范蠡曰：'先君无余，国在南山之阳，社稷宗庙在湖之南。'"此亦与以禹墓在会稽者同一无稽耳。

第七节　楚吴越之争

楚居南服，与东夷关系颇深，盖江、淮之开化，实先于荆楚，其与大局亦颇有关系也。楚与齐桓之争，已见第三节。穆王之将图北方也，先之以灭六、灭蓼。周襄王三十年（前622），入春秋后百有一年。群舒叛楚，楚又执舒子与宗子，遂围巢，顷王四年（前615），入春秋后百有八年。至庄王而灭舒蓼，《世家》但作"舒"，《表》作"舒蓼"，与《春秋》同。《左氏》云："楚子疆之，及滑汭，杜注："滑，水名。"盟吴、越而还。"定王六年（前601），入春秋后百二十二年。盖前此唯淮夷、徐戎为雄张，此时则江东之吴、越亦稍稍见头角已。巫臣之入吴，《左氏》记其事于成公七年，周简王二年（前584），入春秋百三十九年。实吴寿梦之二年。是年也，吴伐郯，又入州来。今安徽寿县。岂有甫学射御战阵，即能驰驱千里之外者？吴之强，不由巫臣之教，弥可见也。简王三年，入春秋后百四十年。晋会齐、鲁、邾伐郯。

《左氏》曰："以其事吴故。"四年，入春秋后百四十一年。晋合诸侯于蒲，杜注："卫地，在长垣县西南。"案，长垣，今为县，属河北。《左氏》云："将始会吴，吴人不至。"楚公子婴齐伐莒，《左氏》记巫臣通吴过莒，则此役似亦与吴争也。十年，入春秋后百四十七年。晋、齐、鲁、宋、卫、郑、邾会吴于钟离，杜注："淮南县。"今安徽凤阳县。《左氏》云："始通吴也。"十二年，舒庸道吴人围巢，伐驾，围釐、虺，杜注："楚四邑。"遂恃吴而不设备，楚人袭灭之。十三年，入春秋后百五十年。楚纳鱼石于彭城。《左氏》载宋西鉏吴之言曰："今将崇诸侯之奸，而披其地，以塞夷庚……毒诸侯而惧吴、晋。"注曰："夷庚，吴、晋往来之要道。"则吴、晋之相结弥深，吴、楚之相争益烈矣。灵王二年（前570），入春秋后百五十三年。楚子重公子婴齐。伐吴。克鸠兹，杜注："在丹阳芜湖县。"案，今安徽芜湖县。至于衡山。杜注："在吴兴乌程县南。"案，今浙江吴兴县。使邓廖率组甲三百，被练三千以侵吴，吴人要而击之，获邓廖。子重归，既饮至，三日，吴人伐楚，取驾。驾，良邑也；邓廖，亦楚之良也；君子谓是役也，所获不如所亡。楚人皆咎子重。子重病之，遂遇心疾而卒。是岁，诸侯会吴于鸡泽。晋侯使逆吴子于淮上。吴子不至。四年，使如晋，辞不会之故。且请听诸侯之好。晋使鲁、卫先会吴于善道。杜注："地阙。"然后为合诸侯于戚。杜注："卫邑，在顿丘卫县。"案，今河北濮阳县。九年，入春秋后百六十年。诸侯又会吴于柤。杜注："楚地。"遂灭偪阳。偪阳，妘姓，与楚同出祝融，盖亦晋、楚之争也。十一年，入春秋后百六十二年。寿梦卒。寿梦有子四人：长曰诸樊，此据《史记·吴世家》。《公羊》作"遏"，《左氏》作"遏"。次曰余祭，次曰余昧，《公羊》作"夷昧"，《左氏》作"戴吴"。次曰季札。季札贤，寿梦欲立之，季札让不可。乃立长子诸樊，摄行事当国。十三年，入春秋后百六十四年。诸樊已除丧，让位季札。季札谢，吴人固立，弃其家而耕。乃舍之。此从《十二诸侯年表》。《世家》先一年。先一岁，楚共王卒。吴乘丧伐楚，败于庸浦。杜注："楚地。"吴告败于晋。是岁，会于向。杜注：郑地。范宣子丐。数吴之不德也，以退吴人。盖晋当是时，既无意于诸侯，亦不能勤吴矣。二十三年，入春秋后百七十四年。楚子康王。为舟师以伐吴，无功而还。吴召舒鸠。舒鸠叛楚。明年，楚灭舒鸠。吴救之，大败。又明年，诸樊伐楚。追巢门，伤射而薨。此从《十二诸侯年表》，与《公羊》《左》《穀》皆合，《吴世家》但云"王诸樊卒"。诸樊命授弟余祭，传以次，必致国于季子而止。二十五年，入春秋后百七十六年。楚人、秦人侵吴，及雩娄。杜注："今属安丰郡。"案，今安徽霍丘县。闻吴有备而还。二十七年，入春秋后百七十八年。齐庆封有罪，奔吴。吴与之朱方之县。集解："《吴地记》曰：

'朱方,秦改曰丹徒。'"今江苏镇江县。景王七年(前538),入春秋后百八十五年。楚灵王合诸侯于申。执徐子,以其吴出,以为贰于吴也。遂以诸侯伐吴。执庆封,杀之,灭其族。吴伐楚,入棘、栎、麻。杜注:"皆楚东鄙邑。谯国酂县东北有棘亭。汝阴新蔡县东北有栎亭。"按,酂,今河南永城县。新蔡,今河南新蔡县。明年,楚以诸侯伐吴。以吴早设备,无功而还。又明年,楚伐徐。吴人救之。楚令尹子荡伐吴。吴人败诸房钟。杜注:"吴地。"十五年,入春秋后百九十三年。楚子遣兵围徐,次于乾溪,杜注:"在谯国城父县南。"今安徽亳县。以为之援。乱作后,五帅皆为吴所获。时国人苦役,而申之会,灵王僇越大夫常寿过,杀蔡大夫观起,起之子从,亡在吴,劝吴伐楚,为间常寿过而作乱。矫公子弃疾命,召公子比于晋,欲与吴、越兵袭蔡。公子比见弃疾,与盟于邓。遂入,杀灵王太子禄,立子比为王,子皙为令尹,弃疾为司马。观从从师于乾溪,令楚众曰:"国有王矣。先归复爵邑、田宅,后者迁之。"楚众皆溃,去灵王而归。王乘舟将入鄢。芊尹申无宇之子申亥求王。奉以归。王死申亥家。楚国虽已立比,畏灵王复来;又不闻灵王死,国人每夜惊曰:"灵王入矣。"弃疾使船人从江上走呼曰:"灵王至矣。"国人愈惊。初王及子皙遂自杀。弃疾即位。改名熊居。案,名居,熊其姓。是为平王。施惠百姓。复陈、蔡。《左氏》云:"楚之灭蔡也,灵王迁许、胡、沈、道、房、申于荆焉。平王即位,既封陈、蔡,而皆复之。"归郑侵地。存恤国中。修政教。楚获暂安。然益不能制吴矣。

楚灵王见弑之岁,晋为平丘之会,杜注:"平丘,在陈留长垣县西南。"按,长垣,今为县,属河北。告于吴。晋侯 昭公。会吴子于良。杜注:"下邳有良城县。"案,下邳,今江苏邳县。水道不可,吴子辞,乃还。是岁,吴灭州来。楚令尹子旗请伐吴。王不许。先是吴王余祭以周景王元年(前544),入春秋后百七十九年。为阍人所弑,弟余昧立。十八年,入春秋后百九十六年。余昧卒,欲授弟季札。季札让,逃去。于是吴人曰:"先王有命,兄卒弟代立,必致季子。季子今逃位,则王余昧后立。今卒,其子当代。"乃立王余昧之子僚为王。《索隐》:"此文以为余昧子,《公羊传》以为寿梦庶子。"案,《公羊》云:"僚者,长庶也。"非谓为寿梦庶子。二十年,入春秋后百九十八年。楚人及吴人战于长岸,杜注:"楚地。"大败吴师。获其乘舟余皇。吴复败楚,取余皇去。二十二年,入春秋后二百年。楚人城州来。二十三年,入春秋后二百有一年。初,平王使费无忌《左氏》作"费无极"。如秦,为太子建娶妇。妇好,无忌说王自娶。王听之。生熊珍。伍奢为太子太傅,无忌为少傅。无忌无宠于太子,常谗恶之。是年,使居城父守边。无忌又日夜谗太子。王遂囚伍奢,而召其二子,而告以免父死。太子建奔宋。伍尚归。伍员出奔吴。楚遂杀奢及尚。员之奔吴也,公子光客之。公子光者,王诸樊子也。索隐曰:《系本》以为夷眛子。常以为季子不受国,光父先立,光当立。敬王元年(前519),入春秋后二百有四年。光伐楚,败楚师。迎故太子建母于居巢,以归。此据《吴世家》。《楚世家》同。《左氏》云:"楚太子建之母在郧,召吴人而启之。""吴太子诸樊入郧,取楚夫人与其宝器以归。"杜注云:"郧阳也。"蔡邑。遂北伐,败陈、蔡之师。明年,光伐楚,取居巢、钟离。伍子胥之初奔吴,说王僚以伐楚。公子光曰:"胥之父兄为僇于楚,欲自报其仇耳,未见其利。"伍员知光有他志,乃求勇士专诸,《左氏》作"鱄设诸"。见之光。光喜,乃客伍子胥。子胥退而耕于野。四年,入春秋后二百有七年。楚平王卒,子珍立,是为昭王。五年,入春秋后二百有八年。吴欲因楚丧而伐之,使公子盖余、《左氏》作"掩余"。烛庸 集解:贾逵曰王僚弟。以兵围楚之六、潜。使季札于晋,以观诸侯之变。楚发兵绝吴兵后。吴兵不得还。公子光使专诸弑王僚,代立,是为阖闾。此从《十二诸侯年表》,与《春秋》合。《世家》与楚平王之卒,皆误后一年。掩余奔徐。烛庸奔钟吾。《汉书·地理志》东海郡司吾,应劭曰:即钟吾。今江苏宿迁县。昭王之立也,费无忌又谗郤宛于令尹子常。囊瓦。其宗姓伯氏子嚭奔吴。此据《左氏》。《史记·吴世家》云:"楚诛伯州犁,其孙伯嚭亡奔吴。"阖闾以为大夫,举伍子胥为行人。八年,入春秋后二百十一年。吴子使徐人执掩余,钟吾人执烛庸。二公子奔楚。楚子大封而定其徙,使居养。此从《左氏》。《吴世家》云:烛庸、盖余降楚,楚封之于舒。吴拔舒,杀亡将二。吴子执钟吾子,遂灭徐。徐子章禹奔楚。楚城夷,杜注:"夷,城父也。"使处之。吴子问伐楚之策于伍员。伍员曰:"楚执政众而乖,莫适任患。若为三师以肄焉,一师至,彼必皆出。彼出则归,彼归则出,楚必道敝。亟肄以疲之,多方以误之,既疲而后以三军继之,必大克之。"阖闾从之。楚于是乎始病。九年,入春秋后二百十二年。吴伐楚,取六与潜。据《吴世家》。十二年,入春秋后二百十五年。楚囊瓦伐吴,师于豫章。见第二节。吴人败之。遂围巢,克之。据《春秋》。《吴世家》误前一年。初,蔡昭侯为两佩与两裘以如楚,献一佩一裘于昭王。昭王服之,以享蔡侯。蔡侯亦服其一。子常欲之。弗与。三年止之。唐成公如楚,有两肃爽马,子常欲之,弗与,亦三年止之。唐人窃马而献之子常。子常归唐侯。蔡人闻之,固请而献佩于子常。蔡侯归,如晋,请伐楚。十四年,入春秋后二百十七年。晋为之合诸侯于召陵。荀寅求货于蔡侯,弗得,乃辞蔡侯。沈人不会于召陵,晋人使蔡伐之。蔡灭沈。楚人围蔡。蔡侯因伍员、伯嚭请兵于吴。吴悉兴师,与唐、蔡伐楚。舍舟淮汭,自豫章与楚夹汉。左司马戌 沈尹戌,沈诸梁之父。谓子常曰:"子沿汉而与之上下,我悉方城外以毁其舟,还塞大隧、直辕、冥阨, 杜注:"三者,汉东之隘道。"子济汉而伐之,我自后击之,必大克之。"既谋而行。史皇谓子常曰:"楚人恶子而好司马。若司马毁吴舟于淮,塞城口而入,是独克吴也。子必速战,不然,不免。"乃济汉,陈于柏举。《水经注》,江北岸烽火洲,即举洲也。北对举口。《春秋》定公四年,吴、楚陈于柏举。京相璠曰,汉东地矣。《元和郡县志》:"龟头山,在黄州麻城县东南八十里,举水之所出也。《春秋》吴、楚战于柏举,即此地。"案,麻城,今为县,属湖北。阖庐之弟夫概王以其属五千,先击子常之卒。子常之卒奔。楚师乱。吴师大败之。子常奔郑。五战及郢。昭王奔随。吴遂入郢。然不能定楚国。楚使申包胥请救于秦,秦以车五百乘救楚。楚亦收余散兵,与秦击吴。十五年,入春秋后二百十八年。吴王弟夫概见吴王兵伤败,亡归,自立。阖闾闻之,引兵去楚。夫概败,奔楚,楚封之堂溪。楚昭王灭唐。归入郢。十六年,入春秋后二百十九年。吴王使太子夫差伐楚,取鄱。楚恐,徙郢。《左氏》云:"吴太子终累败楚舟师。"杜注曰:"夫差兄。"鄱,杜注曰:本在商密,后迁南郡鄀县。今湖北宜城县。周敬王十年(前510),入春秋后二百十三年。吴伐越。《左氏》曰:"始用师于越也。"十五年,入春秋后二百十八年。吴兵犹在楚,越入吴。允常卒,子句践立。二十四年,入春秋后二百二十七年。吴闻允常死,兴师伐越。越王句践迎击之于檇李,败之姑苏。集解:"杜预曰:吴郡嘉兴县南有檇李城。"索隐:"姑苏,台名,在吴县西三十里。"嘉兴,今为县,属浙江。吴,今为县,属江苏。案,《国语·越语》谓句践之地,南至于句无,北至于御儿,东至于鄞,西至于姑蔑,广运百里。韦注云:诸暨有句无亭,嘉兴有御儿乡,鄞为鄞县,姑蔑为太湖。《越绝·外传记地传》云:"语儿乡,故越界,名曰就李。"即檇李也。然《论衡·书虚篇》以钱唐江为吴、越之界,余暨以南属越,余暨今萧山,则越界不得至嘉兴。《吴越春秋·句践伐吴外传》,明日,徙军于郊。明日,徙军于境。后三日,徙军于檇李。后三日,旋军于江南。则檇李在江北越境外,度其道里,尚不得至嘉兴也。北至萧山,南至诸暨,东至鄞,略与广运百里相合。唯以姑蔑为太湖,《左氏》哀公十三年杜注又以为东阳大末县,其地为今浙江之龙游,恐皆失之太远也。阖闾伤指,遂病伤而死。《越世家》:"射伤吴王阖闾。"阖闾使立太子夫差。谓曰:"尔而忘句践杀汝父乎?"对曰:"不敢!"《左氏》:"夫差使人立于庭,苟出入,必谓己曰:'夫差,而忘越王之杀而父乎?'则对曰:'唯,不敢忘。'三年乃报越。"二十六年,入春秋后二百二十九年。句践闻夫差日夜勒兵,且以报越,欲先吴未发往伐之。范蠡谏,不听。吴王闻之,悉精兵以伐越。败之夫椒。杜注云:"吴郡吴县西南太湖中椒山。"案,此释恐亦未确。《越绝书·记地传》云,句践与吴战于浙江之上,越师溃,栖于会稽之山。其地当滨江,近会稽也。

越王以余兵五千人保于会稽。集解："贾逵曰：会稽，山名。"使大夫种因吴太宰嚭以行成。吴王将许之。伍子胥谏，不听。盟而去。句践返国，乃苦心焦思。置胆于坐，坐卧即仰胆，饮食亦尝胆也，曰："汝忘会稽之耻邪！"身自耕作。夫人自织。食不加肉，衣不重彩。折节下贤人。厚遇宾客。振贫吊死，与百姓同其劳，举国政属大夫种，而使范蠡与大夫柘稽索隐："《国语》作'诸稽郢'。"行成为质于吴。二岁而吴归蠡。

吴败越之岁，楚围蔡，蔡请迁于吴。初，吴之入楚也，使召陈怀公，怀公以疾谢。敬王十八年（前502），入春秋后二百二十一年。吴复召怀公。怀公恐，如吴。吴怒其前不往，留之。因卒吴，吴立其子越，是为湣公。及夫差克越，乃侵陈，修先君之怨。此事在陈湣公八年（前494），《表》不误。《陈杞世家》在六年，则误在阖闾伤死之岁矣。二十七年，入春秋后二百三十年。蔡迁于州来。吴复伐陈。楚昭王救之，军于城父。卜战，不吉。卜退，不吉。王曰："然则死也。再败楚师，不如死，弃盟逃仇，亦不如死。死一也，其死仇乎？"命公子申子西。为王，不可。则命公子结，子期。亦不可。则命公子启，子闾。五辞而后许。将战，王有疾。卒于城父。子闾与子西、子期谋，潜师闭途，逆越女之子章立之而后还，是为惠王。是时越既败，楚亦未能遽振，吴之兵锋遂转向北方矣。

自晋霸之衰，齐景公颇有代兴之志。景公名杵臼，为庄公异母弟，庄公弑，崔杼立之。杼为左相，庆封为右相。庆封与崔杼有隙，乘其内乱，尽灭其家，崔杼自杀。庆封益骄，嗜酒好猎，又为田、鲍、栾、高氏所谋，奔鲁。复奔吴。后为楚灵王所杀。自崔、庆之亡，齐国粗定，然终不能有为者，则以景公好治宫室，聚狗马，厚赋重刑也。初，周自襄王后，襄王在位三十三年崩，为入春秋后之百有四年。传顷王、襄王子，名壬臣。在位六年，自入春秋后百有五年至百十年。匡王、顷王子，名班。在位六年，自入春秋后百十一年至百十六年。定王、匡王弟，名瑜。在位二十一年，自入春秋后百十七年至百三十七年。简王、定王子，名夷。在位十四年，自入春秋后百三十八年至百五十一年。灵王 简王子，名泄心。在位二十七年，自入春秋后百五十二年至百七十八年。至景王。灵王子，名贵。在位二十五年，自入春秋后百七十九年至二百有三年。景王太子晋早卒。爱子朝，欲立之。及崩，子丐之党与之争立。国人立长子猛，是为悼王。子朝攻杀之。晋人攻子朝而立丐，《左氏》杜注云："王子猛母弟。"疏云："《本纪》不言敬王是猛之母弟，先儒相传说耳。"是为敬王。子朝奔楚。敬王十六年（前504），入春秋后二百十九年。子朝之徒复作乱。王奔晋。晋定公入之。是乱也,《左氏》谓子朝之徒,实因郑人,而郑伐周之冯、滑、胥靡、负黍、狐人、阙外。周六邑。滑见第三节。杜注云:"阳城县西南有负黍亭。"今河南登封县境。鲁为晋讨,侵郑,不假道于卫。明年,齐侯、郑伯盟于咸。杜注:"卫地。"征会于卫。卫侯 灵公。欲叛晋。诸大夫不可。乃使北宫结如齐,而私于齐侯曰:"执结以侵我。"齐从之。乃盟于沙。杜注:"阳平元城县东南有沙亭。"案,元城,今为县,属河北。又明年,齐伐鲁。晋赵鞅救之,侵郑。遂侵卫,将盟卫侯于鄟泽。杜注:"卫地。"简子 鞅。曰:"群臣谁敢盟卫君?"涉佗、成何曰:"我能盟之。"①卫人请执牛耳。成何曰:"卫,吾温、原也,焉得视诸侯?"将歃,涉佗捘卫侯之手及腕。卫侯怒,遂叛晋,与郑盟于曲濮。杜注:"卫地。"十九年,入春秋后二百二十二年。与齐伐晋夷仪。二十年,入春秋后二百二十三年。鲁与齐平。赵鞅围卫。返役,又执涉佗以求成于卫。卫人不许。晋人遂杀涉佗,成何奔燕。二十一年,入春秋后二百二十四年。鲁及郑平。《左氏》云:"始叛晋也。"盖齐、郑久贰于晋,适因王室之乱以挑起衅端,中原遂至多事也。二十三年,入春秋后二百二十六年。齐侯、卫侯次于垂葭,《左氏》云:"实郹氏。"杜注云:"高平巨野县西南有郹亭。"巨野,今山东县。以伐晋之河内。时赵猛杀其邯郸大夫午。今河北邯郸县。午,荀寅之甥也。荀寅,范吉射之姻也,而相与睦,于是范、中行氏伐赵氏。赵鞅奔晋阳。晋人围之。而韩简子不信。与中行文子,荀寅。魏襄子曼多。与范昭子范吉射。相恶,智文子荀跞。亦欲以其嬖梁婴父为帅,三家奉公以伐范、中行氏。范、中行氏伐公,不克。入于朝歌以叛。赵鞅顾以韩、魏之请见赦。齐合鲁、卫、宋、郑、鲜虞以救范、中行氏。二十七年,入春秋后二百三十年。卫灵公卒。灵公太子蒯聩与灵公夫人南子有怨,欲杀南子,不克,出奔。卫立蒯聩子辄,是为出公。赵鞅纳蒯聩于戚。今河北濮阳县。二十八年,入春秋后二百三十一年。荀寅、范吉射奔邯郸。明年,邯郸叛,奔鲜虞。齐会鲜虞纳诸柏人。今河北唐山县。三十年,入春秋后二百三十三年。柏人陷。荀寅、范吉射奔齐。是岁,齐景公卒。四十一年,入战国后二年。此据《左氏》。《史记·世家》与《表》皆先二年。蒯聩自戚入于卫,是为庄公。出公辄奔鲁。明年,庄公与赵鞅有违言。鞅围卫,齐人救之。鞅还,晋复伐卫。卫人出庄公,与晋平。晋立襄公之孙般师而还。襄公,灵公父。般师,《史记》作"班师"。庄公入,般师复出。庄公旋为其下所弑。卫人复般师。齐人伐卫,执班师以归,立公子起。起复为

---

① 风俗:劫盟主,如曹沫、毛遂,乃涉佗、成何之伦。荆轲亦其类?

其下所逐。出公复归。盖齐、晋之力,皆不足以定北方,而吴、越遂称霸中原矣。

吴、越起东南,中原之国,与之相近者莫如鲁;而与鲁密迩,世相龃龉者莫如齐;故鲁之内忧,及其与齐之争衡,遂为吴、越问鼎中原之先导。鲁君位承袭之法,本一生一及。自庄公以前皆然。见《史记·鲁世家》。庄公有三弟:长曰庆父,次曰叔牙,次曰季友。庄公娶齐女曰哀姜。无子。其弟叔姜,生子开。庄公筑台临党氏。集解:"贾逵曰:'鲁大夫,任姓。'"见孟女。《左氏》作"孟任"。悦之,许立为夫人,生子斑。《左氏》作"般"。庄公病,叔牙欲立庆父,季友使鸩杀叔牙。庄公卒,立子斑为君。庆父使杀之。季友奔陈。立子开,是为闵公。庆父又杀之。季友与闵公弟申如邾,请鲁求纳之。鲁人欲诛庆父。庆父奔莒。季友奉申入立,是为僖公。以赂求庆父于莒。庆父自杀。季友之后为季孙氏,世为鲁正卿,而庆父、叔牙之后,亦并立为孟孙、叔孙氏。是为三桓。僖公卒,子文公兴立。文公卒,襄仲 庄公子遂,居东门,为东门氏。杀子恶及视,而立宣公俀。鲁由此公室卑,三桓强。宣公欲去三桓,与晋谋伐之。会卒。传成公黑肱、襄公午至昭公裯。敬王三年(前517),入春秋后二百有六年。昭公伐季氏。叔孙氏救之,三家遂共伐公。公奔齐,后又如晋求入,皆不克。十年,入春秋后二百十三年。昭公卒于乾侯。杜注:"在魏郡斥丘县,晋境内邑。"案,斥丘,今河北成安县。鲁人立其弟宋,是为定公。定公时,孔子秉政,使仲由毁三桓城,收其甲兵。孟氏不肯。伐之,不克。齐人归女乐,季桓子斯。受之。孔子遂行。二十五年,入春秋后二百二十八年。定公卒,子哀公蒋立。三十二年,入春秋后二百三十五年。公会吴于鄫。吴因留,略地于鲁之南。鲁伐邾,入之,俘邾子益。明年,吴伐鲁,盟而还。初,齐景公嫡子死,有宠妾曰芮子,生子荼,欲立之,而年少,其母贱,无行,惮发之。及病,乃命其相国惠子、夏。高昭子张。立荼为太子,逐群公子,迁之莱。景公卒,荼立,是为晏孺子。群公子畏诛,皆出亡。景公他子阳生与田乞攻杀高昭子。国惠子奔莒。立阳生,是为悼公。敬王三十一年,入春秋后二百三十四年。悼公之奔鲁,季康子肥。以其妹妻之。即位而逆之。季鲂侯通焉。康子叔父。女言其情,弗敢与也。齐侯怒,使鲍牧伐鲁。且使如吴请师。鲁乃归邾子而及齐平。齐侯使辞师于吴。吴子曰:"昔岁寡人闻命,今又革之,不知所从,将进受命于君。"于是吴城邗,沟通江、淮。三十五年,入春秋后二百三十八年。鲁哀公会吴伐齐。齐人弑悼公,赴于师。徐承率舟师将自海入齐,齐人败之,吴师乃还。明年,齐国书伐鲁。鲁复会吴伐齐。战于艾陵,杜注:"齐地。"《史记·春申君列传》正义:"艾山,在兖州博县。"博县,今山东泰安县。齐师败绩。获齐国书。三十七年,入春秋后二百四十年。鲁会吴于橐皋。杜注:"在淮南逡道县东南。"逡道,今安徽合肥县。吴征会于卫,卫侯会吴于郧。杜注:卫地。其来缓,吴人藩其舍。子贡往说,乃舍卫侯。三十八年,入春秋后二百四十一年。吴、晋会于黄池。杜注:"陈留封丘县南有黄亭。"封丘,今河南封丘县。句践发习流二千人,教士四万人,君子六千人,诸御千人以伐吴。战,虏太子友,遂入吴。吴人告败于夫差。夫差恶其闻也,或泄其语,吴王怒,斩七人于幕下。《左氏》曰:"王恶其闻也,自刭七人于幕下。"注曰:"以绝口。"及盟,争长。《左氏》云长晋,《公羊》《国语》云长吴,《史记·晋世家》《赵世家》云长吴,《吴世家》云长晋,疑当以长吴之说为确。晋自弭兵之盟,即已不竞于楚,是时吴方强横,安能与争?且史材传自北方者多,必无饰长晋为长吴者。《左氏》多采晋史,昔人久有定论,其言必不免讳饰也。吴王已盟,与晋别。欲伐宋。太宰嚭曰:"可胜而不能居也。"乃引兵归。国亡太子,王居外久,内空,士皆疲敝,乃使厚币以与越平。越亦自度未能灭吴,乃与吴平。四十二年,入战国后三年。越益强。句践伐吴,败吴师于笠泽。《左氏》云:"夹水而阵。"《国语·吴语》云,吴王军于江北,越王军于江南。则以为太湖者非。韦昭云:"江,松江,去吴五十里。"元王元年(前475),入战国后六年。十一月,越围吴。四年,入战国后九年。十一月,吴师败。吴王栖于姑苏之山。使公孙雄请成。句践欲许之。范蠡谏,乃栖吴王于甬东。杜注云:"会稽句章县东海中洲。"即今浙江定海县。《越绝·外传记吴地传》:"秦余杭山者,越王栖吴夫差山也。去县五十里。山有湖水,近太湖。"案,《越绝》之说似是。予百家居之。吴王自刭死。《韩诗外传》曰:"太伯返吴,吴以为君,二十八世至夫差而灭。"然据《史记》,则太伯至夫差,只二十五世。

《左氏》哀公二十一年,夏,五月,越人始来。哀公二十一年,为周元王三年,乃入战国后八年,盖越人至是始通于上国也。然使译甫通,而征伐之端旋起。初,鲁之归邾子益也,邾子又无道。吴子使讨之,囚诸楼台,栲之以棘。使大夫奉太子革以为政。敬王三十五年(前485),入春秋后二百三十八年。邾隐公奔鲁。齐甥也,故遂奔齐。元王四年(前472),入战国后九年。自齐奔越。曰:"吴为无道,执父立子。"越人归之。太子革奔越。六年,入战国后十一年。邾子又无道。越人执之以归,而立公子何。是岁,鲁哀公如越。得太子适郢,将妻公而多与之地。季孙惧,因太宰嚭而纳赂焉,乃止。注:"嚭,故吴臣也。"七年,入战国后十二年。卫侯辄奔宋,使如越请师。鲁叔孙舒会越皋如、后庸、宋乐茷纳卫侯，不克。九年，入战国后十四年。越子使后庸聘鲁。盟于平阳。杜注："西平阳。"疏："高平南有平阳县。"案，在今邹县西南。哀公欲以越伐鲁而去三桓。三桓攻公。公奔卫。去如邹。郑。遂如越。然其后越卒不克纳公。以上皆据《左氏》。《史记·越世家》云："句践既灭吴，乃以兵北渡淮，与齐、晋诸侯会于徐州。致贡于周。周元王使人赐句践胙，命为伯。句践已去，渡淮南。以淮上地与楚。归吴所侵宋地于宋。与鲁泗东方百里。当是时，越兵横行于江、淮。东诸侯毕贺，号称霸王。"《吴越春秋·句践伐吴外传》略同。"句践已去，渡淮南"作"句践已受命号，去还江南"。《吴越春秋·句践伐吴外传》云，二十五年，从琅琊起观台，周七里，以望东海。使人如木客山 在会稽山阴县，见《水经·渐江水注》。取元常之丧，欲徙葬琅琊。三穿元常之墓，中生飘风，飞沙石射人，人莫能入。句践曰：吾前君其不徙乎？遂置而去。句践乃使使号令齐、楚、秦、晋，皆辅周室，血盟而去。秦桓公不如命，句践乃选吴、越将士西渡河，以攻秦。军士苦之。会秦怖惧，遂自引咎，越乃还军。军人悦乐。二十六年，元王六年，入战国后十一年。越王以邾子无道而执以归，立其子何。冬，鲁哀公以三桓之逼来奔。越王欲为伐三桓，以诸侯大夫不用命，故不果耳。二十七年，元王七年，入战国后十二年。冬，句践卒。案，越欲伐三桓，诸侯大夫尚不用命，安能选将士西攻秦？又安能令齐、楚、秦、晋？可知号称霸王之语，不免侈大。唯越既徙都琅琊，去山东之国，较吴弥近，其声威一时或更震荡，亦未可知。而既徙都琅琊，则虽干与邹、鲁之事，亦不如吴之劳师于远，此其所以克久存欤？

自阖庐伤死以来，吴、越构兵，不复以西侵为事，楚本可乘机自强，然又遭白公之难。初，太子建之在郑也，与晋谋袭郑。郑人杀之，其子胜奔吴。《郑世家》在周景王二十五年（前520），为入春秋后二百有三年。《表》后一年。周敬王三十三年（前487），入春秋后二百三十六年。子西召之，以为巢大夫，号曰白公。白公好兵而下士。怨郑，欲伐之。子西许之，而未为发兵。三十九年，入春秋后二百四十二年。晋伐郑，郑告急楚。子西救郑，受赂而去。白公怒。四十一年，入战国后二年。与死士石乞等袭杀子西、子期，因劫惠王。叶公 沈诸梁。来救。惠王之徒与共攻白公，杀之。惠王乃得复位。艾陵之役，吴召陈怀公。怀公恐，如吴。楚伐陈。四十二年，入战国后三年。灭之。贞定王二十二年（前447），入战国后三十四年。灭蔡。二十四年，入战国后三十六年。又灭杞。是时越已灭吴，而不能正淮北。楚东侵，广地至泗上，遂为灭越之基。

第八节 战国形势

春秋以后,又二百六十年,而天下始归于统一。周敬王四十年(前480),至秦始皇帝二十六年(前221)。当是时也,海内分为战国七。曩所谓二等国者,日益陵夷,不复足为诸大国间之缓冲。诸大国则争战益烈,终至由争霸之局易为并吞之局焉。此盖事势之自然,非人力所能为也。列国形势之变迁,以晋之分,关系为最大。盖齐、秦地皆较偏,力亦较弱,春秋时,持南北分霸之局者,实以晋、楚为较久。晋分而弱,不足御秦,则中原之势,折而入秦,齐、楚皆为之弱,而燕无论矣。晋之分,亦出事势之自然。盖统一必以渐臻。春秋时之大国,地兼数圻,本非开拓之力所及,遂有尾大不掉之势。其分也,非分也,前此本非真合也。分裂以后,各君其国,各子其民,治理既专,开发弥易,则其四境之内,风同道一,或反有过曩时矣。田氏篡齐,事与三家分晋一律,唯齐之疆域,视晋为狭,故为田氏一家控驭之力所及,而晋则不然耳。燕之强,亦与晋、楚、齐、秦及吴、越之强同道,特为时较迟而已。

晋大夫之渐强,盖自厉公之见弑。说本《史记·赵世家》。至平公以后而益甚。其时韩、赵、魏、范、中行及智氏,并称六卿。范、中行氏先亡,智氏又以过刚而折,而业遂集于三家焉。今略述三家缘起,及其分晋之事如下。

赵之先曰造父,已见第九章第二节。自造父以下六世至奄父,曰公仲。周宣王时伐戎,为御。千亩之战,奄父脱宣王。奄父生叔带。叔带时,周幽王无道,去周如晋,事晋文侯,始建赵氏于晋国。自叔带以下,赵宗益兴。五世而生赵夙。晋献公伐霍、魏、耿,赵夙为将。献公赐赵夙耿。夙生共孟。共孟生赵衰,事重耳。重耳奔翟,赵衰从。翟伐墙咎如,得二女,以其少女妻重耳,长女妻赵衰。生盾。初,重耳在晋时,衰妻亦生同、括、婴齐。返国,赵衰为原大夫。晋之妻固要迎翟妻,而以其子盾为嫡嗣。晋襄公之六年,周襄王三十年(前622),入春秋后百有一年。衰卒,谥为成季。盾任国政。灵公立,益专,灵公欲杀盾,盾亡。未出境,赵穿弑灵公,立成公。盾复返,任国政。景公时,盾卒,谥为宣孟。子朔嗣。朔娶晋成公姊为夫人。晋景公三年,周定王十年(前597),入春秋后百二十六年。大夫屠岸贾者始有宠于灵公,至景公为司寇，乃治灵公之贼。与诸将攻赵氏，杀朔、同、括、婴齐，皆灭其族。朔妻有遗腹，走公宫匿，生男。屠岸贾闻之，索于宫中，朔客公孙杵臼及程婴谋，取他人婴儿负之，衣以文褓，匿山中。程婴出，谬谓诸将军曰："婴不肖，不能立赵孤，谁能与我千金，吾告赵氏孤处。"诸将军皆喜，许之。发师随婴攻杵臼。遂杀杵臼与孤儿。然赵氏真孤乃反在。居十五年晋景公十七年，周简王三年（前583），入春秋后百四十年。晋景公疾，卜之，大业之后不遂者为祟。景公问韩厥。厥知赵孤在，乃曰："大业之后，在晋绝祀者，其赵氏乎？"于是景公因韩厥之众，以胁诸将而见赵孤，赵孤名曰武，遂返与程婴、赵武攻屠岸贾，灭其族，复与赵武田邑如故。以上据《史记》。《左氏》，赵婴通于赵朔妻庄姬。同、括放之，庄姬谮同、括曰将为乱。晋杀同、括。武从庄姬育于公宫。以韩厥言复立。无屠岸贾事。婴亦前死，非与同、括同谋。见成公五年、八年。婴，盾弟。庄姬，杜预以为成公女，贾、服同，见疏。武续赵宗二十七年，晋平公立。周灵王十五年（前557），入春秋后百六十六年。平公十二年，周灵王二十六年，入春秋后百七十七年。武死。谥为文子。文子生景叔。索隐："《系本》云：'景叔名成。'"景叔生鞅，是为简子。

魏之先，毕公高之后也。毕公高与周同姓。索隐："《左传》富辰说文王之子十六国，有毕、原、丰、郇，言毕公是文王之子。此云与周同姓，似不用《左氏》之说。"武王之伐纣，而高封于毕，于是为毕姓。其后绝封，为庶人。或在中国，或在夷狄。其苗裔曰毕万，事晋献公。献公之十六年，周惠王十六年（前661），入春秋后六十二年。以魏封毕万，为大夫。生武子。以魏诸子事晋公子重耳。重耳立为晋文公，而令魏武子袭魏氏之后。列为大夫，治于魏。生悼子。徙治霍。生魏绛。事晋悼公。徙治安邑。今山西夏县。谥为昭子。生魏嬴。嬴生魏献子。献子事晋昭公。生侈。索隐："《系本》'献子生简子取，取生襄子多'，而《左传》云'魏曼多'是也，则侈是襄子，中间少简子一代。"魏侈之孙曰魏桓子。索隐："《系本》云：襄子生桓子驹。"

韩之先，与周同姓，姓姬氏，其后苗裔事晋，得封于韩原，曰韩武子。索隐："按《左氏传》云'邘、晋、应、韩，武之穆'。（则韩）是武王之子，故《诗》称'韩侯出祖'，是有韩而先灭。今据此文，云'其后裔事晋，封于原，曰韩武子'，则武子本是韩侯之后，晋又封之于韩原……然按《系本》及《左传》旧说，皆谓韩万是曲沃桓叔之子，即是晋之支庶。又《国语》叔向谓韩宣子能修武子之德，起再拜谢曰'自桓叔以下，嘉吾子之赐'，亦言桓叔是韩之祖也。今以韩侯之后别有桓叔，非关曲沃之桓叔，如此则与太史公意亦有违。"武子后三世有韩厥。索隐："《系本》云：万生赇伯，赇伯生定伯简，简生舆，舆生献子厥。"《左氏》宣公十二年正义云："《韩世家》云韩之先事晋，得封韩原，曰韩武子。后三世有韩厥。《世本》云桓叔生子万。万生求伯，求伯生子舆,子舆生献子厥。《史记》所云武子,盖韩万也。如彼二文,厥是万之曾孙,而服虔、杜预皆言厥,韩万玄孙,不知何所据也。"案,如索隐所引,厥实为万之玄孙,不知义疏引《世本》何以少一代。晋作六卿,韩厥在一卿之位,号为献子。卒,子宣子代。宣子徙居州。索隐:"宣子名起。州,今在河内是也。"正义:"《括地志》云:'怀州武德县,本周司寇苏忿生之州邑也。'"周武德,今河南沁阳县。卒,子贞子代。贞子徙居平阳。索隐:"《系本》作'平子',名顷,宣子子也。又云'景子居平阳'。"卒,子简子代。卒,子庄子代。集解:"徐广曰:'《史记》多无简子、庄子,而云贞子生康子。班氏亦同。'"索隐:"按,《系本》有简子,名不信,庄子名庚,《赵系家》亦有简子,名不佞。"卒,子康子代。索隐:康子名虎。

晋平公以周景王十三年(前532)卒。入春秋后百九十一年。子昭公夷立。十九年,入春秋后百九十七年。卒,子顷公去疾立。敬王六年(前514),入春秋后二百有九年。晋之宗室祁氏、羊舌氏相恶。六卿诛之,尽取其邑为十县。六卿各令其子弟为之大夫。八年,入春秋后二百十一年。顷公卒,子定公午立。二十三年,入春秋后二百二十六年。赵氏与范、中行氏相攻,至三十年,入春秋后二百三十三年。而范、中行氏败,奔齐,已见前。元王二年(前474),入战国后七年。定公卒,子出公凿立。《表》作"错"。索隐:"《系本》名'凿'。"贞定王五年(前464),入战国后十七年。智伯伐郑。赵简子疾,使太子毋恤将而围郑。智伯醉,以酒灌击毋恤,毋恤愠智伯。智伯归,因谓简子,使废毋恤。简子不听,毋恤由此怨智伯。十一年,入战国后二十三年。智伯与赵、韩、魏共分范、中行地以为邑。出公怒,告齐、鲁,欲以伐四卿。四卿恐,遂反,攻出公。出公奔齐,道死。智伯立昭公曾孙骄,是为哀公。索隐:"按,《赵系家》云骄是为懿公。又《年表》云出公十八年,次哀公忌二年,次懿公骄十七年。"集解:"徐广曰:'《年表》云出公立十八年。或云二十年。'"哀公大父雍,晋昭公少子也,号为戴子。集解:"徐广曰:'《世本》作"相子雍"。注云戴子。'"戴子生忌。忌善智伯,早死,故智伯欲尽并晋,未敢,乃立忌子骄为君。索隐:"《系本》亦云昭公生桓子雍,雍生忌,忌生懿公骄。"当是时,晋国政皆决智伯,晋哀公不得有所制。智伯遂有范、中行地,最强。智伯请地韩、魏,韩、魏与之。请地赵,赵不与。智伯怒,遂率韩、魏攻赵。赵襄子奔保晋阳。三国攻晋阳,岁余,引汾水灌其城,城不没者三版。襄子惧,乃夜使相张孟同同,《战国策》作"谈"。私于韩、魏,韩、魏与合谋。三国反灭智氏,分其地。时周贞定王十六年(前453),入战国后二十八年也。考王二年(前439),入战国后四十二年。哀公卒,子幽公柳立。幽公之时,晋畏,反朝韩、赵、魏之君。独有绛、曲沃,余皆入三晋。威烈王五年(前421),入战国后六十年。幽公淫妇人,夜窃出邑中,盗杀幽公。① 魏文侯以兵诛晋乱,立幽公子止,是为烈公。索隐:"《系本》云幽公生烈公止。又《年表》云魏诛幽公,立其弟止。"二十三年,入战国后七十八年。周威烈王赐赵、韩、魏皆命为诸侯。三晋之侯。《史记·六国表》在是年。《周本纪》,魏、赵、韩、燕《世家》同。唯《楚世家》在简王八年,为周烈王二年。安王七年(前395),入战国后八十六年。烈公卒,子孝公顷立。索隐:"《系本》云孝公倾。"二十四年,入战国后百有三年。孝公卒,子静公俱酒立。索隐:"《系本》云静公俱。"二十六年,入战国后百有五年。魏武侯、韩哀侯、赵敬侯灭晋后,而三分其地。静公迁为家人。晋绝不祀。索隐:"《赵系家》烈侯十六年,与韩、魏分晋,封晋君端氏。''肃侯元年,夺晋君端氏,徙处屯留。'案,烈侯十六年,为周显王十年(前359),入战国后百二十二年。肃侯元年,为显王二十年,入战国后百三十二年也。端氏,今山西沁水县。屯留,今山西屯留县。

　　陈完者,陈厉公佗之子也。厉公,文公少子,其母蔡女。文公卒,厉公兄鲍立,是为桓公。桓公与佗异母。桓公病,蔡人杀桓公及太子免而立佗,是为厉公。《左氏》:佗立未逾年,无谥。厉公既立,娶蔡女。蔡女淫于蔡人,数归。厉公亦数如蔡。桓公少子林怨厉公杀其父与兄,令蔡人诱厉公杀之。自立,是为庄公。以上据《田敬仲完世家》。《陈杞世家》云:"桓公太子免之三弟,长曰跃,中曰林,少曰杵臼。共令蔡人诱厉公以好女,与蔡人共杀厉公而立跃,是为利公。……五月卒,立中弟林,是为庄公。"《左氏》厉公名跃。庄公卒,立少弟杵臼,是为宣公。宣公二十一年(前672),周惠王五年,入春秋后五十一年也。宣公杀其太子御寇。御寇素与完相爱,完恐祸及己,奔齐,桓公使为工正。完卒,谥为敬仲。仲生稚孟夷。索隐:"《系本》作'夷孟思'。盖稚是名,孟夷字也。"敬仲之如齐,以陈氏为田氏。集解:"徐广曰:'应劭云始食菜地于田,由是改姓田氏。'"索隐:"据如此云,敬仲奔齐,以陈、田二字声相近,遂为田氏。"正义:"按,敬仲既奔齐,不欲称本国故号,故改陈字为田氏。"案,古陈、田一字。田稚孟夷生湣孟庄。集解:"徐广曰:'一作"芷"。'"索隐:"《系本》作'闽孟克'。"田湣孟庄生文子须无。文子生桓子无宇。有力,事齐庄公,甚有宠。生武子开及釐子乞。乞事齐景公为大夫。其收赋税以小斗,其粟与民以大斗,行阴德于民,而景公弗禁。由此田氏得齐众心,宗族益强。周景王十三年(前532),入春秋后百九十一年。陈、鲍氏伐栾、高氏,齐同姓。分其室。穆姬 景公母。为之请高唐,今山东禹城县。陈氏始大。景公卒,田乞、鲍牧与大夫攻高、国,立悼公,已见前。悼公立,乞为相,专国政,卒,子常代立,是为田成子。鲍牧杀悼公。齐人立其子壬,是为简公。初,简公与父俱在鲁,监止有宠

---

① 婚姻:晋幽公淫,夜出见杀。案古贵族鲜外淫。案古较繁盛惟市。

焉。《左氏》作"阚止"。集解:"贾逵曰:'阚止,子我也。'"《仲尼弟子列传》:"宰予,字子我……宰我为临菑大夫,与田常作乱,以夷其族。孔子耻之。"案,宰我盖欲为齐强公室,诛权臣,无所谓与田常作乱也。《列传》之文盖传言之误。及即位,使为政。此据《齐世家》。《田敬仲完世家》云成子与监止为左右相。田常复修釐子之政。以大斗出贷,小斗收。田常杀监止。简公出奔。田氏之徒追执之徐州。遂弑之,而立简公弟骜,是为平公。时周敬王三十九年(前481),获麟之岁也。平公即位,田常为相,专齐政。惧诸侯共诛己,乃尽归鲁、卫侵地,西约晋、韩、魏、赵氏,南通吴、越之使;修功行赏,亲于百姓;以故齐复定。田常于是尽诛鲍、晏、监止及公族之强者,而割齐自安平 今河北安平县。以东至琅邪,自为封邑。封邑大于平公之所有。田常卒,子襄子盘代立。集解:"徐广曰:'盘,一作"坚"。'"索隐:"《系本》作'班'。"使兄弟宗人尽为齐都邑大夫。与三晋通使。卒,子庄子白立。索隐:"《系本》名伯。"庄子卒,子太公和立。齐平公卒于周贞定王十三年(前456),入战国后二十五年。子宣公积立。威烈王二十一年(前405),卒,入战国后七十六年。子康公贷立,淫于酒、妇人,不听政。安王十年(前392),入战国后八十九年。太公迁康公于海上,食一城,以奉其先祀。十三年,入战国后九十二年。太公与魏文侯会浊泽,见第九节。求为诸侯。魏文侯乃使使言周天子及诸侯。周天子许之。十六年,入战国后九十五年。田和立为齐侯,迁康公海滨。二十三年,入战国后百有二年。康公卒,吕氏遂绝不祀。

《燕召公世家》曰:"召公奭,与周同姓,姓姬氏。《诗·甘棠》笺云:"召伯姬姓。"《释文》云:"《燕世家》云与周同姓。孔安国及郑皆云尔。皇甫谧云文王之庶子。案,《左传》富辰言文之昭十六国,无燕也。"案,《论衡·气寿篇》云"周公兄",说与谧合。《穀梁》庄公三十年:"燕,周之分子也。"周武王之灭纣,封召公于北燕。① 其在成王时,召公为三公。自陕以西,召公主之。自陕以东,周公主之。"陕,今河南陕县。案,北燕封地,与《周本纪》帝尧之后封地同,已见第八章第七节。《史记》于燕事甚略。自召公九世至惠侯,世次不具。惠侯以下,亦仅具世次而已。第十六世桓侯,集解引《世本》云:"桓侯徙临易。"宋忠曰:"今河间易县是也。"今河北雄县。子庄公,与宋、卫共伐周惠王。郑执燕仲父,而纳惠王于周。山戎来侵。齐桓公救燕,遂北伐山戎而还。集解引谯周曰:"按《春秋传》,燕与子颓逐周惠王者,乃南燕姞姓也。《世家》以为北燕,失之。"索隐驳之,以为伐周与为

---

① 史事:北燕初封。

山戎所侵者,是北燕不疑,訾杜预以仲父是南燕伯为妄说。然北燕与宋、卫,势不相及。故《左氏》隐公五年,"卫人以燕师伐郑",杜注亦说为南燕。衡以事势,说自不误。侵燕而齐桓伐之者,亦不得在蓟、易。窃疑二燕初本相去不远,北燕后乃逐渐北徙,至易,至蓟也。二十五世惠公,多宠姬。欲去诸大夫,而立宠姬宋。大夫共诛姬宋。索隐:"宋,其名也。或作'宗'。刘氏云'其父兄为执政,故诸大夫共灭之。'"惠公惧,奔齐,齐高偃如晋,请共伐燕,入其君。晋平公许之。与齐伐燕,入惠公。惠公至燕而死。周景王十年,入春秋后百八十八年。三十世献公。献公十二年,为鲁西狩获麟之岁,出《春秋》。三十六世文公,始与六国合从摈秦,见后。

春秋时,楚本独雄南服。及其末叶,吴、越相继起,而楚始衰。然吴之亡既忽焉,越称霸未几,亦稍即陵夷,而楚仍独雄南服,则吴、越演进皆浅,其根柢不如楚之深厚也。考王九年(前432),入战国后四十九年。楚惠王卒,子简王中立。明年,灭莒。威烈王十八年(前408),入战国后七十三年。简王卒,子声王当立。二十四年,入战国后七十九年。盗杀声王,子悼王熊疑立。安王二十一年(前381)卒,入战国后百年。子肃王臧立。十一年卒,入战国后百十一年。无子,立其弟熊良夫,是为宣王。显王二十九年(前340),入战国后百四十一年。卒,子威王熊商立。威王七年(前333),齐孟尝君父田婴欺楚。楚威王伐齐,败之徐州。《表》亦云"围齐于徐州"。集解云:"徐广曰:'时楚已灭越而伐齐也。齐说越,令攻楚,故云齐欺楚。'"案,楚威王七年,为周显王三十六年。入战国后百四十八年。《越世家》云:"句践卒,子王鼫与立。王鼫与卒,子王不寿立。王不寿卒,子王翁立。王翁卒,子王翳立。王翳卒,子王之侯立。王之侯卒,于王无强立。王无强时,越兴师北伐齐,西伐楚,与中国争强。当楚威王之时,越北伐齐,齐威王使人说越王……越遂释齐而伐楚。楚威王兴兵而伐之。大败越,杀王无强。尽取吴故地,至浙江。北破齐于徐州。而越以此散。诸族子争立,或为王,或为君,滨于江南海上,服朝于楚。"集解引徐广,又谓其事在周显王四十六年(前323)。入战国后百五十八年。周显王四十六年,为楚怀王槐六年,威王以显王四十年卒,入战国后百五十二年。魏间楚丧以伐楚,取陉山。正义:"《括地志》云:'陉山在郑州新郑县西南三十里。'"唐新郑,今河南新郑县。是年,楚使柱国昭阳攻破之于襄陵,今山西襄陵县。得八邑。又移兵攻齐,以陈轸说引兵去。《表》亦记是年败魏襄陵,而不云攻齐,则伐齐之役盖未果。《越世家》集解所引徐广说,"四十六"疑"三十六"之误也。

《吴越春秋·句践伐吴外传》：句践二十七年卒，太子兴夷即位。"一年卒，子翁。翁卒，子不扬。不扬卒，子无强。无强卒，子玉。玉卒，子尊。尊卒，子亲。自句践至于亲，共立八主，皆称霸。积年二百二十四年。亲众皆失，而去琅玡，徙于吴矣。"《越绝书·外传记地传》曰："越王夫镡以上至无余，久远，世不可纪也。夫镡子允常。允常子句践，大霸，称王，①徙琅玡……句践子与夷时霸。与夷子子翁时霸。子翁子不扬时霸。不扬子无强时霸。伐楚。威王灭无强。无强子之侯窃自立为君长。之侯子尊时君长。尊子亲失众，楚伐之，走南山。亲以上至句践，凡八君，都琅玡，二百二十四岁。无强以上霸，称王。之侯以下微弱，称君长。"与《史记》互有异同。要之自句践殁后，越与大局已无甚关系矣。

第九节　楚悼魏惠齐威宣秦献孝之强

　　论战国事，自当以秦为主。然秦自献、孝以后，乃"稍以蚕食六国"。《史记·秦楚之际月表》语。献公元年，为周安王十八年（前384），入战国已九十七年；孝公元年，为周显王八年（前361），则入战国百二十年矣。自此以前，秦固为西方僻陋之国。自此以后，魏惠王，齐威、宣、湣王，称霸东方者，尚垂百年，秦亦未能独雄也。秦之变蚕食为鲸吞，实在战国末数十年中，此乃事势际会使然，谓一入战国，而秦即举足为大局重轻，则误矣。

　　入战国后，首起称霸者为楚悼王。悼王之立，在周威烈王二十四年（前402），入战国后七十九年也。安王二年（前400），入战国后八十一年。三晋来伐，至乘丘。今山东滋阳县。四年，入战国后八十三年。楚伐周，败郑师，围郑。九年，入战国后八十八年。伐韩，取负黍。今河南登封县西南。十一年，入战国后九十年。三晋伐楚，败楚大梁、今河南开封县。榆关。索隐："此榆关当在大梁之西。"楚厚赂秦，与之平。案，《史记·吴起列传》言起见疑于魏而奔楚，楚悼王素闻其贤，至则以为相。起乃明法审令。捐不急之官。废公族疏远者，以抚养战士。"要在强兵，破驰说之言纵横者。于是南平百越，北并陈、蔡，却三晋，

---

① 政体：大霸称王，霸君长。

西伐秦"。诸侯皆患楚之强。观其侵韩,围郑,可见其兵锋所至甚远。虽大梁、榆关,一见挫折,固犹远在敌境也。然楚贵戚尽欲害起。二十一年,入战国后百年。悼王卒,宗室大臣作乱,攻起杀之。于是楚势衰,而魏继起矣。

三晋形势,本以赵为最强。《史记·赵世家》:襄子"北有代,南并智氏,强于韩、魏"。案,襄子灭代,在周贞定王十二年(前457),入战国后二十四年也。然敬侯颇荒淫,见《韩非子·说疑》。而当继嗣之间,又屡有争乱,襄子兄伯鲁不立。襄子欲传位于伯鲁子代成君周,而代成君先死,乃立代成君子浣为太子。威烈王元年(前425),入战国后五十六年也。襄子卒,浣立,是为献侯。献侯少即位,治中牟。襄子弟桓子逐献侯,自立于代。明年,卒,国人曰桓子立非襄子意。乃共杀其子,复迎立献侯。十七年,入战国后七十二年,卒,子烈侯籍立;安王二年(前400),入战国后八十一年,卒,弟武公立。十五年,入战国后九十四年,卒,赵复立烈侯太子章,是为敬侯。明年,赵始都邯郸。公子朔为乱,不胜,奔魏。与魏袭邯郸,败乃去。烈王元年(前375),入战国后百有六年,卒,子成侯种立。显王十九年(前350),入战国后百三十一年,卒,公子继与太子肃侯争立。继败,奔韩。案,桓子,索隐云:"《系本》云襄子子。"武公之立,索隐云:"谯周云:'《系本》及说《赵语》者并无其事,盖别有所据。'"肃侯,索隐云"名语"。中牟,集解云:"《地理志》云:河南中牟县,赵献侯自耿徙此。"瓒曰:中牟在春秋时,是郑之疆内,及三卿分晋,则在魏之邦土也。赵界自漳水以北,不及此。《春秋传》曰'卫侯如晋,过中牟',按,中牟非卫适晋之次也。"正义云:"相州汤阴县西五十八里有牟山。"盖中牟邑在此山南。中牟、汤阴,今皆为县,属河南。所引《春秋传》,见《左氏》定公九年。故入战国后百年,势颇弱。韩世与郑争。至周烈王元年(前375),入战国后百有六年。灭之。盖乘楚之衰。然亦仅足自守而已。韩康子卒,子武子立。其元年,魏文侯元年也。伐郑,杀其君幽公。威烈王十七年(前409),入战国后七十二年。卒,子景侯立。索隐云:"《世本》作'景子',名虔。"十八年,入战国后七十三年,伐郑,取雍丘。明年,郑败我负黍。安王二年,入战国后八十一年,郑围我阳翟。是岁,景侯卒,子列侯取立。索隐云:"《系本》作'武侯'。"十五年,入战国后九十四年,卒,子文侯立。二十五年,入战国后百有四年,卒,子哀侯立。灭郑,因徙都郑。雍丘,今河南杞县。阳翟,今河南禹县。唯魏文侯、武侯两世皆贤君,魏文侯,《史记》云:名都,桓子孙。集解引:"徐广曰:《世本》名斯。"索隐曰:"《系本》云桓子生文侯斯。其《传》云:孺子㵒是魏驹之子。"立于威烈王二年,即入战国后五十七年。至安王十五年,即入战国后九十四年乃卒。子武侯击立。烈王五年(前371),即入战国后百十年卒。子䓨立,是为惠王。席履颇厚,故魏惠王继楚悼王之后,而欲图霸焉。按,《孟子》书称梁惠王曰:"晋国天下莫强焉。"《梁惠王上》。而《史记》等书亦屡称魏为晋,盖魏都安邑,与绛密迩,实袭晋之旧业。唯然,故秦与魏最相逼近,武侯用吴起守西河,侵秦颇亟。吴起去,秦献公起,魏已颇受挫折,而惠王仍务于东而忽于西,遂使秦如虎兕之出桥,此实战国事势之一转捩,而秦雄张之始也。初,秦哀公以周敬王十九年(前501)卒,入春秋后二百二十二年。太子夷公早死。立其子,是为惠公。二十九年卒。入春秋后二百三十二年。子悼公立,四十三年(前477)卒。入战国后四年。在位十四年,《秦始皇本纪》云十五年。子厉共公立,《秦始皇本纪》作"剌龚公"。正义云:剌,一作"利"。二十六年(前443)卒。入战国后三十八年。子躁公立。考王十二年(前429),卒。入战国后五十二年。立其弟怀公。威烈王元年(前425),入战国后五十六年。庶长晁与大臣围怀公。怀公自杀。怀公太子曰昭子,早死。大臣立昭子之子,是为灵公。《秦始皇本纪》作"肃灵公"。索隐云:"《系本》无'肃'字。"七年,入战国后六十二年。魏城少梁,今陕西韩城县。秦击之。此据《秦本纪》。《表》与魏战少梁在明年。十一年,入战国后六十六年。补庞。城籍姑。此从《表》。《本纪》城籍姑在十四年,不云"补庞"。索隐云:"庞及籍姑皆城邑之名。补者,修也。谓修庞而城籍姑也。"正义云:"《括地志》云:'籍姑故城在同州韩城县北三十五里。'"是岁,灵公卒。在位十一年。此从《表》。《秦始皇本纪》同。《秦本纪》在位十三年。子献公不得立。立灵公季父悼子,《表》同。是为简公。简公,昭子之弟,而怀公子也。《始皇本纪》云灵公生简公。十三年,入战国后六十八年。与晋战,败郑下。今陕西华县。十四年,入战国后六十九年。魏文侯使子击围繁、庞,出其民。十七年,入战国后七十二年。魏伐秦,筑临晋、今陕西大荔县。元里。今陕西澄城县。秦堑洛,城重泉。今陕西蒲城县。十八年,入战国后七十三年。魏伐秦,至郑。筑洛阴、在大荔县西。合阳。今陕西郃阳县。安王元年(前401),入战国后八十年。秦伐魏,至阳狐。二年,入战国后八十一年。卒,从《表》。《秦始皇本纪》同。《秦本纪》多一年。子惠公立。十一年,入战国后九十年。伐韩宜阳,今河南宜阳县。取六邑。十二年,入战国后九十一年。与晋战武城。今陕西华县。县陕。今河南陕县。十三年,入战国后九十二年。侵魏阴晋。今陕西华阴县。十五年,入战国后九十四年。魏伐秦,败于武下。是岁,秦惠公卒,子出子立。十七年,入战国后九十六年。庶长改迎献公于河西而立之。索隐:名师隰。《世本》作"元献公"。杀出子及其母,沉之渊旁。《史记》云:"秦以往者数易君,君臣乖乱,故晋复强,夺秦河西地。"案,孝公令言河西见夺,由于厉、躁、简公、出子之不宁。自厉共公至此几百年,则秦为晋弱旧矣。献公立,秦事始有转机。十九年,入战国后九十八年。城栎阳。集解:"徐广曰:'徙都之。今万年是也'。"案,万年,今陕西长安县。徙都系据孝公令为说,然未必在是年也。烈王二年(前374),入战国后百有七年。县之。显王三年(前366),入战国后百十五年。败韩、魏洛阴。五年,入战国后百十七年。与晋战于石门。今陕西泾阳县。斩首六万。天子贺以龖龖。七年，入战国后百十九年。与魏战少梁。此依《表》。《本纪》作"魏晋"。盖本作"晋"，后人侧注"魏"字，混入本字也。虏其将公孙痤。明年，卒。依《秦本纪》，在位二十四年。《表》《秦始皇本纪》皆二十三年。索隐云：《系本》二十二年。子孝公立。孝公元年（前361），河山以东强国六，淮、泗之间小国十余。楚、魏与秦接界。魏筑长城，自郑滨洛以北，有上郡。秦上郡，治今陕西绥德县。楚自汉中秦汉中郡，治今陕西南郑县。南有巴、秦巴郡，治今四川江北县。黔中。秦黔中郡，治今湖南沅陵县。秦僻在雍州，不与中国诸侯之会盟，夷翟遇之。孝公于是布惠，振孤寡，招战士，明功赏。下令国中曰："昔我缪公，自岐、雍之间，修德行武。东平晋乱，以河为界。西霸戎翟，广地千里。天子致伯，诸侯毕贺。为后世开业，甚光美。会往者厉、躁、简公、出子之不宁，国家内忧，未遑外事，三晋攻夺我先君河西地，诸侯卑秦，丑莫大焉。献公即位，镇抚边境，徙治栎阳。且欲东伐，复缪公之故地，修缪公之政令。寡人思念先君之意，常痛于心。宾客群臣，有能出奇计强秦者，吾且尊官，与之分土。"卫鞅闻是令下，西入秦。十年，入战国后百二十二年。卫鞅说孝公变法修刑，内务耕稼，外劝战死之赏罚。孝公善之。甘龙、杜挚等弗然，相与争之。卒用鞅法。秦势益张，只在待时而动矣。而魏又授之以隙。

魏武侯之卒，惠王与公中缓争立。韩懿侯与赵成侯伐之。战于浊泽，此据《魏世家》。《赵世家》《六国表》皆作"涿泽"。集解："徐广曰：'长社有浊泽。'"案，长社，今河南长葛县。魏氏大败。魏君围。赵谓韩曰："除魏君，立公中缓，割地而退。"韩曰："不如两分之。魏分为两，不强于宋、卫，则我终无魏患矣。"赵不听。韩不悦，以其少卒夜去。惠王乃得身不死，国不分。然魏是时本富强，惠王盖亦有为之主，故无几即复振。显王十三年（前356），入战国后百二十五年。鲁、卫、宋、郑之君，皆朝于魏。可见魏在东方形势甚张。十五年，入战国后百二十七年。魏遂举兵以围邯郸。明年，拔之。邯郸之围也，赵求救于齐。齐威王太公田和以周安王十八年（前384），即入战国后九十七年卒。子桓公午立。二十三年，即入战国后百有二年卒，子威王因齐立。用段干朋策，使田忌南攻襄陵。今河南睢县。邯郸拔，齐因起兵击魏，大败之桂陵。今山东菏泽县。魏围邯郸之岁，秦与魏战元里，斩首七千，取少梁。十七年，入战国后百二十九年。卫鞅围魏安邑，降之。诸侯亦围魏襄陵。十八年，入战国后百三十年。魏乃归赵邯郸，与盟漳水上。十九年，入战国后百三十一年。秦作咸阳，今陕西长安县东。筑冀阙，徙都之。并诸小乡聚集为大县，县一令。四十一县。此从《本纪》。《表》及《商君列传》皆作"三十一"。为田开阡陌。东地渡洛。二十一年,入战国后百三十三年。初为赋。二十六年,入战国后百三十八年。天子致霸。是岁,齐威王卒,子宣王辟强立。明年,秦使公子少官率师会诸侯于逢泽,集解:"徐广曰:'开封东北有逢泽。'"正义:"《括地志》云:'在汴州浚仪县东南四十里。'"唐浚仪,在今河南开封县西北。朝天子。案,《战国·秦策》言魏伐邯郸,退为逢泽之遇,乘夏车,称夏王,朝天子,天下皆从;《齐策》言魏拔邯郸,又从十二诸侯朝天子;则逢泽之会,犹是魏为主而秦从之。然秦在是时,已非摈不得与于中国会盟者矣。二十八年,入战国后百四十年。魏复伐赵。赵与韩亲,共击魏,不利。韩请救于齐。齐宣王用孙膑计,阴告韩使者而遣之。韩因恃齐,五战不胜,而东委国于齐。齐起兵救韩、赵。魏遂大兴师,使庞涓将,太子申为大将军。盖倾国以求一决。然大败于马陵,集解引徐广云:"在元城。"正义引虞喜《志林》云"在鄄城"。案,元城,今河北大名县。鄄城,今山东濮县。庞涓死,太子申虏。明年,秦、赵、齐共伐魏。卫鞅虏魏公子卬,东地至河。齐、赵亦数破梁。梁以安邑去秦近,徙都大梁。此文据《魏世家》。若据《秦本纪》,则卫鞅先已降魏安邑,惠王不得至是始徙都。然《秦本纪》昭襄王二十一年,又云"魏献安邑"。《六国表》同。昭襄王二十一年,为周赧王二十九年,入战国已百九十五年矣。疆场之役,一彼一此,史亦不能尽纪也。三十一年,入战国后百四十三年。秦破魏雁门,索隐:"《纪年》云与魏战岸门,此云雁门,恐声误也。又下云'败韩岸门',盖一地也。寻秦与韩、魏战,不当远至雁门也。"正义:"《括地志》云:'岸门在许州长社县西北二十八里。'"案,长社为今河南许昌县地。当时秦、魏之战,似亦未必在此也。虏其将魏错。魏遂不能复振。三十三年,入战国后百四十五年。与齐会平阿南。今安徽怀远县。明年,复会于甄。今山东濮县。是岁,惠王卒,子襄王立。明年,齐、魏会于徐州。《秦策》言魏为逢泽之遇,齐太公闻之,举兵伐魏。梁王身抱质执璧,请为陈侯臣。《史记·孟尝君列传》言田婴使于韩、魏,韩、魏服于齐,乃有东阿之盟。盖自马陵之战以来,齐已执东方牛耳矣。徐州之会,《世家》及《表》皆云"相王"。《魏世家》又云:"追尊父惠王为王。"而《田敬仲完世家》于桂陵战后,又云:"于是齐最强于诸侯,自称为王,以令天下。"则虽交有称王之名,梁实非齐敌也。三十七年,入战国后百四十九年。齐与魏伐赵,赵决河水灌齐、魏兵,兵乃罢。盖是时赵反不服齐,然亦未足为齐之劲敌也。

第十节　齐湣王之强

魏惠王图霸之时，兵锋专向于赵，遂至力尽而俱敝。时韩昭侯在位，用申不害为相。史称其"修术行道，国内以治，诸侯不来侵伐。"韩哀侯以周烈王五年（前371），即入战国后百十年，为其下所弑。子懿侯立。《表》作"庄侯"。显王十年（前359），即入战国后百二十二年，卒。子昭侯立。十八年，即入战国后百三十年，以申不害为相。申不害至显王三十二年，即入战国后百四十四年乃卒，见《六国表》。然亦仅足自保而已。东方之地，乃成为齐、楚争霸之局。齐、魏会于徐州之岁，楚威王伐齐，已见第八节。是役也，《楚世家》云由田婴欺楚。徐广云，齐说越攻楚，故云欺楚。然《孟尝君传》谓楚闻徐州之会而怒，则实非由越起也。周显王四十年（前329），入战国后百五十二年。楚威王卒，子怀王槐立。四十五年，入战国后百五十七年。齐宣王卒，子湣王地立。索隐云："《系本》名遂。"明年，楚破魏襄陵。欲移兵攻齐，以陈轸说而止。亦见第八节。然怀王之为人，似无能为，遂为齐、秦所挫折。

秦孝公以周显王三十一年（前338）卒，入战国后百四十三年。子惠文君立。诛商鞅。然秦富强之基已立，故国势初不因是而损。三十五年，入战国后百四十七年。苏秦始说六国合从以摈秦。案，秦之说始于燕，而其后身归于赵，盖是时，与秦逼近者莫若三晋，而赵、魏皆当累战之余，国尤疲敝。秦之策，盖欲合三晋以自完，云合六国者侈辞也。《秦传》云："秦既约六国从亲，归赵，赵肃侯封为武安君。乃投从约书于秦。秦兵不敢窥函谷关十五年。"①案，《燕世家》，苏秦之说燕文公，在其二十八年。明年，文公卒，子易王立。凡十二年而子王哙立。《秦传》叙齐大夫使人刺秦，事在燕哙立后。若在燕哙元年（前320），则自秦说文公至此，适十五年也。秦兵不敢窥函谷关者十五年，乃策士夸张苏秦之语，本非实录。后更习为口头禅。《范雎蔡泽列传》，雎说秦昭王曰："夫以秦卒之勇，车骑之众，以治诸侯，譬若驰韩卢而搏蹇兔也，霸王之业可致也，而群臣莫当其位。至今闭关十五年，不敢窥兵于山东。"雎之说，在秦昭王四十一年，即周赧王四十九年（前266），入战国二百十五年，苏秦之死，已五十余年矣。古书之辞不审谛，不可轻信如此。然其策殊无验。三十七年，入战国后百四十九年。魏即纳阴晋于秦。明年，秦公子卬与

---

① 史事：秦兵不敢出函谷关者十五年。

魏战，虏其将龙贾，斩首八万。三十九年，入战国后百五十一年。魏纳河西地。四十年，入战国后百五十二年。秦渡河，取汾阴，今山西荣河县。皮氏、今山西河津县。围焦，今河南陕县南。降之。四十一年，入战国后百五十三年。张仪说魏。魏入上郡、少梁于秦。秦以仪为相。是岁，秦又降蒲阳。即蒲阪。败赵，取蔺、离石。皆今山西离石县地。四十二年，入战国后百五十四年。归魏焦、曲沃。四十四年，入战国后百五十六年。张仪伐取陕，出其人与魏。四十七年，入战国后百五十九年。张仪相魏，欲令魏先事秦，而诸侯效之，魏王不听。明年，秦伐魏，取曲沃、平周。今山西介休县。慎靓王二年（前319），入战国后百六十二年。魏襄王卒，子哀王立。张仪复说哀王。哀王不听。秦伐魏，败之鄢。《表》云"取鄢"。三年，入战国后百六十三年。为秦惠王后元七年，楚怀王十一年。《秦本纪》云："韩、赵、魏、燕、齐率匈奴共攻秦。"《楚世家》云："苏秦约从山东六国共攻秦，楚怀王为从长。至函谷关，秦出兵……六国兵皆引而归，齐独后。"《六国表》于秦云：五国兵击秦，"不胜而还"。于魏、韩、赵、楚、燕，皆云"击秦不胜"。于齐独无文。疑是役齐实持两端，《秦本纪》之"齐"字，乃"楚"字之误也。明年，赵、韩、魏攻秦。秦庶长疾与韩战修鱼，春秋时萧鱼，见第五节。虏其将申差。败赵公子渴、韩太子奂，斩首八万二千。而齐亦以是时败魏于观津，一似与秦声势相倚者。于是魏哀王不复能支，听张仪说，请成于秦。秦兵乃转向韩、赵。五年，入战国后百六十五年。伐取赵中都、今山西平遥县。西阳。今离石县西。六年，入战国后百六十六年。伐取韩石章。正义："韩地名也。"伐败赵将泥。《表》作"将军英"。赧王元年（前314），入战国后百六十七年。魏复背秦为从。秦攻魏，取曲沃。樗里疾攻魏焦，降之。败韩岸门，斩首万。二年，入战国后百六十八年。庶长疾攻赵，虏赵将庄。《赵世家》作"赵庄"。魏复事秦。四年，入战国后百七十年。惠王卒，在位十四年。《秦始皇本纪》云惠文君享国二十七年。子武王立。逐张仪。以樗里疾、甘茂为左右相。七年，入战国后百七十三年。使甘茂伐宜阳。明年，拔之。斩首六万。涉河，城武遂。今山西临汾县西南。武王有力，好戏。与力士孟说举鼎，绝膑死。武王娶魏女为后，无子。立异母弟，是为昭襄王。九年，入战国后百七十五年。复与韩武遂。十二年，入战国后百七十八年。复取之。遂攻魏，拔蒲阴、今山西永济县北。阳晋、今山西虞乡县西。封陵。永济南。明年，魏与秦会临晋。秦复与魏蒲阪。时齐湣王尚东与楚竞，未暇合三晋西摈秦也。

六国之攻秦，楚为从长，可见是时楚势之强。故齐湣王首欲挫之。《楚世家》云：秦欲伐齐，而楚与齐从亲。惠王患之，乃使张仪南见楚王，说以绝齐，予故秦所分楚商于之地，方六百里。怀王悦。陈轸谏，弗听。使一将军西受封。张仪至秦，佯醉，坠车，称病不出。三月，地不可得。楚王曰："仪以吾绝齐为尚薄乎？"乃使勇士宋遗北辱齐王。齐王大怒，折楚符而合于秦。秦、齐之交合，张仪乃起朝，谓楚将军曰："子何不受地？从某至某，广袤六里。"楚将军归报，怀王大怒。兴师将伐秦，陈轸又曰："伐秦非计也，不如因赂之一名都，与之伐齐。"王不听。发兵西攻秦。时周赧王二年（前319）也。入战国后百六十八年。明年，秦庶长章击楚于丹阳，见第八章第八节。虏其将屈丐，斩首八万。《韩世家》："与秦共攻楚，败楚将屈丐，斩首八万于丹阳。"又攻楚汉中，取地六百里。置汉中郡。怀王大怒，悉国兵复袭秦。战于蓝田，今陕西蓝田县。大败。韩、魏闻楚之困，乃南袭楚，至于邓。楚闻之，乃引兵归。四年，入战国后百七十年。秦伐楚，取召陵。使使约复与楚亲，分汉中之半以和楚，楚王曰："愿得张仪，不愿得地。"仪使楚，私于左右靳尚。靳尚为请，又因夫人郑袖，言张仪而出之，仪因说楚王以叛从约而与秦合亲，约婚姻。是岁，惠王卒，武王立。韩、魏、齐、楚、越集解："徐广曰：'一作"赵"。'"案，作"赵"是也。皆宾从。八年，入战国后百七十四年。武王卒，昭襄王立。时齐湣王欲为从长，恶楚之与秦合，使使遗楚王书。怀王许之。十年，入战国后百七十六年。复背齐而合秦。秦厚赂，迎妇于楚。楚亦迎妇于秦。十一年，入战国后百七十七年。怀王与秦昭王会于黄棘。今河南新野县。秦复与楚上庸。春秋时庸国地，今湖北竹山县。十二年，入战国后百七十八年。齐、韩、魏伐楚，楚使太子质秦，秦遣客卿通将兵救楚，三国引兵去。十三年，入战国后百七十九年。秦大夫有私与楚太子斗，楚太子杀之而亡归。十四年，入战国后百八十年。秦乃与齐、韩、魏共攻楚方城，杀其将唐昧。十五年，入战国后百八十一年。秦复攻楚。大破楚军，杀其将景缺。怀王恐，使太子为质于齐以求平。十六年，入战国后百八十二年。秦遗楚王书：愿会武关，今陕西商县东。面相约结盟。诈令一将军伏兵武关，号为秦王。楚王至，则闭武关。遂与西至咸阳，要以割巫、今四川巫山县。黔中之郡。楚王不许。秦因留之。楚诈赴于齐。齐归楚太子。太子横至，立为王，是为顷襄王。乃告于秦曰："赖社稷神灵，国有王矣。"十七年，入战国后百八十三年。秦昭王怒。发兵出武关攻楚，大败楚军，取析十五城而去。《表》作"十六城"。析，今河南内乡县。是岁，齐、韩、魏共击秦。败其军函谷。十八年，入战国后百八十四年。楚怀王亡，逃归。秦觉之，遮楚道。怀王恐，乃从间道走赵。赵主父居代,其子惠王初立,行王事,不敢入楚王。楚王欲走魏。秦追至,遂与秦使复至秦。怀王遂发病。十九年,入战国后百八十五年。卒于秦。是岁,齐、韩、魏、赵、宋、中山五国共攻秦。至盐氏,今山西安邑县。秦与韩、魏河北及封陵以和。《表》云与魏封陵,与韩武遂。魏哀王卒,子昭王立。二十年,入战国后百八十六年。秦拔魏襄城。今河南襄城县。二十一年,入战国后百八十七年。向寿伐韩,取武始。今河北邯郸县。左更白起攻新城。今河南洛阳县南。二十二年,入战国后百八十八年。周与韩、魏攻秦。左更白起攻韩、魏于伊阙,洛阳县南。斩首二十四万。秦乃遗楚王书曰"楚背秦,秦且率诸侯伐楚"。顷襄王患之。二十三年,入战国后百八十九年。楚迎妇于秦。秦、楚复平。史所传楚怀王事,本于《战国策》。《战国策》乃纵横家之书,诞妄几类平话,绝不足信。盖其时三晋皆衰,唯楚承威王之后,声势与齐、秦埒,故齐、秦皆欲破坏之,适会楚怀王之愚暗,遂至为所播弄。其时楚受秦欺,不可谓不深,然卒仍合于秦,则齐湣王之不可亲,殆有甚于秦者,特其事无可考耳。齐再合诸侯以攻秦,使之割地,其声势不可谓不盛。然既不能终助韩、魏,又败楚以开秦南出之路,而又敝其力于燕、宋,卒至身死国亡,诸侯遂更无足与秦抗者,此则事势之迁流,有以为秦驱除难者也。

燕文王以周显王三十六年(前333)卒。入战国后百四十八年。子易王立。四十六年,入战国后百五十八年。始称王。四十八年,入战国后百六十年。卒,子哙立。属国于相子之。三年,国大乱。将军市被与太子平谋,将攻子之。齐王令人谓太子平:"唯太子所以令之。"太子因邀党聚众。将军市被围公宫,攻子之,不克,反攻太子平。构难数月,死者数万。齐王因令章子将五都之兵,因北地之众以伐燕。燕士卒不战,城门不闭。燕君哙死,子之亡。时周赧王元年(前314)也。入战国后百六十七年。三年,入战国后百六十九年。燕人乃共立太子平,是为昭王。《燕世家》言攻子之者为太子平,《六国表》则云:"君哙及太子、相子之皆死。""燕人共立公子平。"疑平实非太子也。又《赵世家》,武灵王十一年,即慎靓王六年,入战国后百六十六年,召公子职于韩,立以为燕王,使乐池送之。则燕之争立者不止一人,诸侯干涉燕事者,亦不止一国,特齐兵力较盛,故能有成耳。

宋王偃,以慎靓王六年,自立为王。入战国后百六十六年。东败齐,取五城。南败楚,取地三百里。西败魏军。与齐、魏为敌国。赧王二十九年(前286),入战国后百九十五年。案,宋王偃元年,为显王四十一年(前328),即入战国后百五十三年,《宋世家》云立四十七年乃亡,则为赧王三十三年,乃入战国后百九十九年,为齐襄王法章二年矣,误。乃为齐、楚、魏所灭。案,《淮南子·人间训》言"燕子哙行仁而亡"。

《韩非子·说疑》谓"燕君子哙,地方数千里,持戟数十万,不安子女之乐,不听钟石之声;内不堙污池台榭,外不毕弋田猎;又亲操耒耨,以修畎亩。"则子哙实贤君,齐湣亡之,可谓除东方之逼。宋自称王至亡,凡三十三年,其非偶然,尤为易见。钱穆《宋元王倪说考》云,《吕览·君守》鲁鄙人遗宋元王闭。《庄子·外物》有宋元君得神龟事。《史记·龟策传》作"元王"。考《赵策》,李兑谓齐王曰:"宋置太子以为王,下亲其上而守坚……今太子走,诸善太子者皆有死心。若复攻之,其国必有乱,而太子在外,此亦举宋之时也。"王偃置太子为王,疑即元君。齐先已攻宋而无利,其后太子去国,乃乘隙残之耳。《宋世家》谓齐、魏、楚灭宋而三分其地。《田敬仲完世家》谓宋亡后,"齐南割楚之淮北,西侵三晋,欲以并周室,为天子"。案,近人钱穆谓《韩世家》文侯二年,周安王十七年(前385),入战国后九十六年。伐宋,到彭城,执其君,则战国时宋实都彭城。《宋策》谓康王灭滕,伐薛,取淮北之地,《史记·宋世家》索隐云:"《战国策》《吕氏春秋》皆以偃谥曰康王也。"可见其疆域之恢张,而于楚尤逼。楚之助齐,所求盖正在淮北。乐毅《报燕惠王书》曰:"且又淮北宋地,楚、魏之所欲也。"《六国表》:燕破齐之岁,楚、赵取齐淮北。而其地仍为齐有,楚安得而不仇齐?先灭宋二年,齐称东帝,秦称西帝,虽旋去之,然实有陵驾诸侯之意,则谓其灭宋之后,西侵三晋,欲并周室,称天子,亦在情理之中。灭宋之明年,秦蒙武伐齐,拔列城九。齐是时声威方盛,韩、魏方睦,秦安能越之而东侵。疑宋亡之后,齐与三晋之间,衅端已启,三晋乃开秦以伐齐也。燕兵之起于是时,盖有由矣。

燕昭王之立,卑礼厚币,以招贤者。吊死问孤,与百姓同甘苦。燕国殷富。士卒乐逸轻战。乃使乐毅约赵。别使连楚、魏。令赵啖秦以伐齐之利。周赧王三十一年(前284),入战国后百九十七年。燕悉起兵,以乐毅为上将军,并护赵、楚、韩、魏之兵以伐齐。齐兵败。湣王出亡于外。燕兵独追北。入至临菑。湣王走莒。楚使淖齿将兵救齐,因相齐湣王。淖齿遂杀湣王,而与燕共分齐之侵地卤掠。淖齿已去莒。莒中人及齐亡臣求湣王子法章立之,是为襄王。齐城之不下者,独聊、莒、即墨。此据《燕世家》。索隐云:"余篇及《战国策》并无'聊'字。"案,聊,今山东聊城县。即墨,今山东平度县。余皆属燕。三十六年,入战国后二百有二年。燕昭王卒,子惠王立。惠王为太子时,与乐毅有隙。及即位,使骑劫代将,乐毅亡走赵。齐田单以即墨击败燕军,骑劫死。燕兵引归,齐悉复得其故城。自威王败魏桂陵,至湣王之见破于燕,凡七十年。

是时三晋之君最有雄略者,为赵武灵王。索隐云"名雍"。武灵王者,肃侯子,以周显王四十三年(前326)立。入战国后百五十五年。赵之遗策,为取胡地中山。中山者,春秋时之鲜虞。《史记·赵世家》,献侯十年,周威王十二年,入战国后六十七年。中山武公初立。集解引徐广曰:"西周桓公之子。"索隐曰:"中山,古鲜虞国,姬姓也。《系本》云中山武公居顾,桓公徙灵寿,今河北灵寿县。为赵武灵王所灭,不言谁之子孙。徐广云西周桓公之子,亦无所据。盖未得其实。"案,中山武公为周桓公子,见《汉书·古今人表》。是时西周桓公,何以忽封其子于中山? 事殊可疑。《魏世家》,文侯十七年,周威烈王十八年,入战国后七十三年。伐中山,使子击守之。《六国表》亦云,魏是年击中山。事在中山武公立后六年。然《世家》《年表》,年代均多舛误,不足为据。窃疑中山武公、桓公实魏后。沈钦韩谓《汉书·人表》文有讹夺,徐广误据之之说是也。见所著《汉书疏证》。周安王二十五年(前377),入战国后百有四年。赵敬侯与中山战于房子,今河北高邑县。明年,伐中山,又战于中人。今河北定县。烈王七年(前369),入战国后百十二年。中山筑长城,可见中山是时形势颇强,然实与魏声势相倚,故《魏策》谓"中山恃齐、魏以轻赵,齐、魏伐楚,而赵亡中山"焉。周赧王八年(前307),入战国后百七十四年。赵武灵王北略中山之地,至于房子,遂之代,北至无穷,西至河,登黄华之上。正义:"盖西河侧之山名。"遂胡服招骑射。初,武灵王娶韩女为夫人。后吴广纳其女娃嬴,孟姚也。甚有宠于王。是为惠后。赧王十四年(前301),入战国后百八十年。惠后卒。王使周袑胡服傅王子何,惠后吴娃子也。十六年,入战国后百八十二年。传位何。肥义为相国,并傅王。是为惠文王。武灵王自号为主父。主父欲令子主治国,而身胡服将士大夫西北略胡地,从云中、九原直南袭秦。于是诈自为使者,入秦略地形,观秦王之为人。秦昭王不知。已而怪其状甚伟,非人臣之度。使人逐之。而主父驰,已脱关矣。审问之,乃主父也。秦人大惊。十九年,入战国后百八十五年。灭中山。封长子章为代安阳君。明年,朝群臣。安阳君亦来朝。主父令王听朝,而自从旁观窥。见其长子章,傫然也,反北面而为臣,诎于其弟。心怜之,欲分赵而王章于代,计未决而辍。主父及王游沙丘,异宫。章以其徒作乱。公子成与李兑自国至。乃起四邑之兵入拒难。章败,往走主父。主父开之。成、兑因围主父宫。章死。成、兑谋曰:"以章故围主父,即解兵,吾属夷矣。"乃遂围主父。主父饿死。案,秦之险在东方,直北而入,则平夷无阻,又出不意,此或足以破秦。然亦徒能一破坏之而已,谓以是弱秦则不足。何者？主父欲攻秦,所用者不过胡貉之众。汉时之匈奴远强于是时之胡貉,亦未能大破关中也。武灵王虽有开拓之绩,实违举国之心,公子成者,赵宗室尊属,胡服时不肯听命,王自往请,然后勉从者也。其遂围主父之宫,必非徒以曾围主父,苟求免祸明矣。齐既亡,赵又内相乖离如此,遂无足牵掣秦者,而秦并六国之势以成。

第十一节 秦灭六国

秦之灭六国,盖始基于魏冉,而后成于吕不韦、李斯。魏冉者,秦昭襄王母宣太后异父弟也。周赧王二十年(前295),入战国后百八十六年。为相。举白起,有伊阙之捷,因胁楚与秦平。已见上节。二十五年,入战国后百九十一年。韩与秦武遂地二百里。明年,魏入河东地四百里。又明年,客卿错击魏,至轵,在今河南济源县东南。取城大小六十一。二十七年,入战国后百九十三年。攻魏,拔垣。今山西垣曲县。二十九年,入战国后百九十五年。错攻魏河内。魏献安邑。秦出其人。募徙河东赐爵,赦罪人迁之。是时韩、魏方睦于齐,而其为秦弱如此,齐霸之渐成弩末可见矣。三十一年,入战国后百九十七年。尉斯离与三晋、燕伐破齐,秦遂独强于天下。明年,伐魏,拔安城。在今河南原武县东南。兵到大梁。燕、赵救之,乃去。三十三年,入战国后百九十九年。拔赵两城。明年,楚顷襄王遣使于诸侯,复为从,欲以伐秦。又明年,错攻楚。楚军败,割上庸、春秋时庸国地。汉北予秦。白起攻赵,取代光狼城。正义：“《括地志》云：'光狼故城在今泽州高平县西二十里。'”高平,今山西高平县。三十六年,入战国后二百有二年。白起攻楚,取鄢、邓、西陵。今湖北宜昌县西北。明年,起复攻楚。取郢,烧先王墓夷陵。今宜昌。襄王兵散,遂不复战,东北保于陈。秦以郢为南郡。三十八年,入战国后二百有四年。蜀守若伐楚,取巫郡及江南,为黔中郡。明年,楚襄王收东地兵,得十余万。复西取秦所拔江旁十五邑为郡以拒秦。是岁,白起伐魏,取两城。四十年,入战国二百有六年。穰侯攻魏,至大梁。韩使暴鸢救魏,为秦所败。魏入三县请和。明年,客卿胡阳攻魏卷、今河南原武县。蔡阳、今河南汝南县。长社,今河南长葛县。取之。赵、魏攻华阳,白起击破之,斩首十五万。魏入南阳以和,秦与赵观津,今山东观城县。欲以伐齐。齐襄王惧，使苏代遗穰侯书。穰侯乃引兵归。四十三年，入战国后二百有九年。置南阳郡。令白起与韩、魏伐楚，未行，而楚使黄歇至，上书说昭王。昭王许之。楚入太子为质。黄歇侍。四十四年，入战国后二百十年。客卿灶攻齐，取刚寿。今山东东平县。予穰侯。是时韩、魏、楚皆服。乃出兵攻齐，正合用兵之次第。《史记》谓秦所以东益地，弱诸侯，天下皆西向者，乃穰侯之功，实为平情之论。而是岁范雎见秦王，秦王用其言，免穰侯相，令泾阳君之属皆出关之封邑。宣太后同父弟曰芈戎，为华阳君。同母弟高陵君名显，泾阳君名悝。史传雎主远交近攻，訾穰侯越韩、魏而攻齐为非计，乃策士相倾之言，非其实也。《韩非子·定法》亦言之。盖当时策士，自有此等议论。四十六年，入战国后二百十二年。中更胡阳攻赵阏与，在今山西和顺县西北。赵奢击破之。明年，攻魏，拔怀。今河南武陟县。此从《魏世家》。《秦本纪》与取邢丘同年。《范雎传》言秦拜雎为客卿，听其谋，使五大夫绾伐魏，拔怀。后二岁，拔邢丘，则《魏世家》是也。四十九年，入战国后二百十五年。攻魏，取邢丘。今河南温县。《魏世家》作"鄢丘"。徐广曰："一作'廪丘'，又作'邢丘'。"赵惠文王卒，太子丹立，是为孝成王。秦攻之。赵求救于齐。齐师出，秦乃罢。是岁，宣太后薨。穰侯出之陶，秦拜范雎为相。封以应，号为应侯。五十一年，入战国后二百十七年。白起攻韩，拔陉城今山西曲沃县西北。汾旁，因城河上广武。在河南河阴县北。明年，攻韩南阳，取之。从《表》。《纪》作"南郡"。《白起传》："攻南阳太行道，绝之。"楚顷襄王病。黄歇说应侯归太子。应侯以闻。秦王曰："令楚太子之傅先往问楚王之疾，返而后图之。"歇为楚太子计，变服亡归。歇为守舍，度太子已远，乃自言。应侯言秦，因遣歇。顷襄王卒，太子完立，是为考烈王。以歇为相。封以吴，号为春申君。五十三年，入战国后二百十九年。五大夫贲攻韩，取十城。五十五年，入战国后二百二十一年。白起伐韩野王。今河南沁阳县。野王降。王龁攻上党。上党降赵。秦因攻赵。赵使廉颇军长平。今山西高平县。颇坚壁拒秦。秦行间。赵以赵括代将。括至，则出兵击秦。秦军佯败走，张奇兵绝其后。赵军分而为二，粮道绝。秦王闻，自之河内，赐民爵各一级，发年十五以上悉诣长平，遮绝赵救及粮食。赵括出锐卒自搏战。秦军射杀括。括军败，卒四十万人降。武安君尽坑杀之。遗其小者二百四十人归赵。前后斩虏四十五万人，赵人大震。五十六年，入战国后二百二十二年。秦军分为二：王龁将伐赵武安、今河南武安县。皮牢，今山西翼城县。拔之。司马梗北定太原。兵罢，复守上党。十月，五大夫王陵攻邯郸。时武安君病不任行。五十七年，入战国后二百二十三年。陵攻邯郸，少利。

秦益发兵佐陵。陵兵亡五校。武安君病愈，秦王欲使武安君代陵将，武安君言曰："邯郸实未易攻也。且诸侯救日至……秦卒死者过半，国内空。远绝河山而争人国都，赵应其内，诸侯攻其外，破秦军必矣，不可。"秦王自命，不行；乃使应侯请之，武安君终辞不肯行，遂称病。秦王使王龁代将，攻邯郸，不能拔，秦军多失亡。武安君言曰："秦不听臣计，今如何矣？"秦王闻之，怒，强起武安君。武安君遂称病笃。应侯请之，不起，于是免武安君为士伍，迁之阴密。_{今甘肃灵台县。}武安君病，未能行。居三月，诸侯攻秦军急。秦军数却，使者日至。秦王乃使人遣白起，不得留咸阳中。武安君既行，出咸阳西门十里，至杜邮，使使者赐之剑自裁。魏公子无忌姊为赵惠文王弟平原君夫人，数遗魏王及公子书，请救于魏。魏王使将军晋鄙将十万众救赵。秦王使使者告魏王曰："吾攻赵，旦暮且下，诸侯敢救者，已拔赵，必移兵先击之。"魏王恐，使人止晋鄙，留军壁邺。_{今河南临漳县。}初，王所幸如姬，父为人所杀，公子使客斩其仇头，敬进如姬，乃因如姬盗晋鄙兵符，与屠朱亥俱，袖四十斤铁椎，椎杀晋鄙。① 将其军救赵。王龁还奔汾城旁军。围遂解。秦是时力实未足取邯郸，而秦王及应侯违武安君之言，丧师于外。《范雎传》言雎与武安君有隙，言而杀之；任郑安平，使将击赵，而安平以兵二万人降赵；其非穰侯之伦审矣。后二年，_{入战国后二百二十六年。}应侯遂谢病。蔡泽相。数月，亦免。秦并诸侯之划一挫。而周顾以是时亡于秦。

周敬王立四十三年崩。据《表》，是年为鲁哀公十六年。《本纪》作"四十二年"。《左氏》哀公十九年，冬，"叔青如京师，敬王崩故也"。释文云："按《传》，敬王崩在此年，《世本》亦尔。《世族谱》云敬王四十二年崩。敬王子元王十年，《春秋》之传终矣。据此，则敬王崩当在哀公十七年。《史记·周本纪》及《十二诸侯年表》，敬王四十二年崩，子元王仁立，则敬王是鲁哀十八年崩也。《六国年表》起自元王，乃《本纪》皆云元王八年崩，子定王介立。定王元年是鲁哀公二十七年，与杜预《世族谱》为异。又《世本》云鲁哀公二十年，是定王介崩，子元王赤立，则定王之崩年是鲁哀二十七年也。众说不同，未详其正也。"子元王仁立。集解："徐广曰：'《世本》云贞王介也。'"元王八年崩。_{入战国后十二年。}子定王介立。集解："《世本》云元王赤也。皇甫谧曰：元王……二十八年崩，三子争立，立应为贞定王。"索隐："《世本》云元王赤，皇甫谧云贞定王，考据二文，则是元有两名，一名仁，一名赤。如《史记》，则元王为定王父，定王即贞王也。依《世本》，则元王是贞王子。必有一乖误。然此'定'当为'贞'，字误耳。岂周家有两定王，代数又非远乎？皇甫谧见此，疑而不决，遂弥缝《史记》《世本》之错谬，因谓为贞定王，未为得也。"定

---

① 史事：朱亥以四十斤铁椎，椎杀晋鄙，张良亦以铁椎椎秦皇，盖多铜不易得。

王二十八年崩，入战国后四十年。长子去疾立，是为哀王。哀王立三月，弟叔袭杀哀王而自立，是为思王。思王立五月，少弟嵬攻杀思王而自立，是为考王。考王十五年崩，入战国后五十五年。子威烈王午立。考王封其弟于河南，是为桓公，以续周公之官职。桓公卒，子威公代立。威公卒，子惠公代立。乃封其少子于巩以奉王，号东周惠公。索隐："《系本》，西周桓公名揭，居河南。东周惠公名班，居洛阳。"案，《赵世家》，成侯七年，与韩攻周。八年，与韩分周以为两。《六国表》成侯八年为周显王二年。威烈王二十四年崩，入战国后七十九年。子安王骄立。安王二十六年崩，入战国后百有五年。子烈王喜立。烈王七年崩，入战国后百十二年。此依《表》。《本纪》作"十年"。弟显王扁立。显王四十八年崩，入战国后百六十年。子慎靓王定立。慎靓王六年崩，入战国后百六十六年。子赧王延立。王赧时，东、西周分治，王赧徙都西周。东、西周见第三节。五十九年（前256），入战国后二百二十五年也，秦将军摎攻韩，取阳城、负黍，今河南登封县西南。斩首四万。攻赵，取二十余县，首虏九万。西周恐，背秦，与诸侯约从。将天下锐师出伊阙攻秦。令秦毋得通阳城。秦昭王怒，使将军摎攻西周。西周君奔秦，顿首受罪，尽献其邑三十六，口三万。秦受其献，归其君于周。周君、王赧卒。周民遂东亡。秦取九鼎宝器，而迁西周君于㥻狐。今河南临汝县西。后七岁，入战国后二百三十二年。秦庄襄王取东、西周。东、西周皆入于秦，周既不祀。①据《周本纪》。《秦本纪》云："东周君与诸侯谋秦。秦使相国吕不韦诛之。尽入其国秦，不断其祀，以阳人地赐周君，奉其祭祀。"阳人聚，在临汝县西。

周赧王亡后五年，入战国后二百三十年。秦昭襄王薨，子孝文王立。明年卒。初，昭王太子死，次子安国君为太子，即孝文王也。安国君有子二十余人。有所甚爱姬，立以为夫人，号曰华阳夫人。无子。安国君中男名子楚。子楚母曰夏姬，无爱。子楚为秦质子于赵。吕不韦者，阳翟大贾也，家累千金。贾邯郸，见之，曰"此奇货可居"。乃以五百金与子楚，为进用，结宾客。以五百金置奇物玩好自奉，而西游秦。皆以献华阳夫人。使夫人姊说夫人，言于安国君，立子楚为嗣子。安国君许之。吕不韦娶邯郸诸姬绝好善舞者与居。知其有身，献之子楚。至大期中，生子政。子楚遂立姬为夫人。王龁围邯郸急，赵欲杀子楚。子楚与不韦谋，以金六百斤与守吏，得脱。亡赴秦军。遂以得归。赵欲杀子楚妻子。子楚夫人，赵豪家女也，得匿。以

---

① 政体：秦灭西周，不绝其祀。

故母子竟得活。孝文王立，华阳夫人为王后，子楚为太子。赵亦奉子楚夫人及子政归秦。孝文王卒，子楚代立，是为庄襄王。庄襄王元年（前249），入战国后二百三十二年。以吕不韦为相国。封文信侯。大赦罪人，修先王功臣，施德厚骨肉，而布惠于民。使蒙骜伐韩。韩献成皋、巩，《表》云"取成皋、荥阳"。界至大梁，初置三川郡。二年，入战国后二百三十三年。使蒙骜攻赵，定太原。三年，入战国后二百三十四年。蒙骜攻魏高都、今山西晋城县东北。汲，今河南汲县。拔之。攻赵榆次、今山西榆次县。新城、正义引《括地志》云："一名小平城，在朔州善阳县西南四十七里。"地在今朔县境。按，此殊可疑。狼孟，正义引《括地志》云："在并州阳曲县东北二十六里。"取三十七城。四年，入战国后二百三十五年。王龁攻上党。初置太原郡。初，魏公子无忌既却邯郸之围，使将将其军归而留赵。及是，复归魏。率五国兵，正义云"燕、赵、韩、楚、魏"。败蒙骜于河外。秦东封之势复小挫。是岁，庄襄王卒，子政立，是为秦始皇帝。年十三。当是之时，秦地已并巴、蜀、汉中，越宛有郢，置南郡矣；北收上郡以东，有河东、太原、上党郡；东至荥阳，灭二周，置三川郡。吕不韦为相国，招致宾客、游士，欲以并天下。李斯为舍人。蒙骜、王齮、集解："徐广曰：'一作"齕"。'"麃公等为将军。王年少，初即位，委国事大臣。晋阳反。元年（前246），入战国后二百三十五年。将军蒙骜击定之。二年，入战国后二百三十六年。麃公将卒攻卷，斩首三万。是岁，赵孝成王卒，子偃立，是为悼襄王。三年，入战国后二百三十七年。蒙骜攻韩，取十三城。王齮死。将军蒙骜攻魏畼、有诡。四年，入战国后二百三十八年。拔之。是岁，信陵君无忌卒。五年，入战国后二百三十九年。将军蒙骜攻魏，取二十城，初置东郡。六年，韩、魏、赵、卫、楚共击秦，取寿陵。正义："徐广云：'在常山。'按，本赵邑也。"秦出兵，五国兵罢。《赵世家》云："庞暖将赵、楚、魏、燕之锐师攻秦蕞，不拔。"《春申君列传》云："诸侯患秦攻伐无已时，乃相与合从，西伐秦，而楚王为从长，春申君用事。至函谷关，秦出兵攻诸侯兵，皆败走。"秦攻魏，拔朝歌。楚去陈，徙寿春，命曰郢。七年，入战国后二百四十一年。拔魏汲。八年，入战国后二百四十二年。嫪毐封为长信侯。予之山阳地，今河南修武县北。令毐居之。宫室、车马、衣服、苑囿、驰猎恣毐。事无小大，皆决于毐。又以河西太原郡更为毐国。九年，王冠。长信侯毐作乱，而觉，矫王御玺及太后玺以发县卒及卫卒、官骑、戎翟君公、舍人将，欲攻蕲年宫在雍。为乱。王知之。令相国昌平君、昌文君索隐："昌平君，楚之公子，立以为相。后徙于郢。项燕立为荆王。史失其名。昌文君名亦不知也。"发卒攻毐。战咸阳。毐等败走。即令国中：有生得毐，赐钱百万；杀之，五十万。尽得毐等。卫尉竭、内史肆、佐弋竭、中大夫令齐等二十人,皆枭首,车裂以徇,灭其宗。及其舍人,轻者为鬼薪,及夺爵迁蜀四千余家,家房陵。今湖北房县。楚考烈王无子,赵人李园事春申君为舍人,进其女弟,知其有身;园乃与其女弟谋,园女弟承间说春申君,进己楚王,生子男,立为太子,以李园女弟为王后。楚王贵李园,园用事。恐春申君语泄,阴养死士。考烈王卒,园先入,伏死士刺春申君,斩其头,尽灭春申君之宗。园女弟所生子立,是为楚幽王。十年,入战国后二百四十四年。秦相国吕不韦坐嫪毐免。齐人茅焦说秦王。秦王乃迎太后于雍,而入咸阳宫,复居甘泉宫。大索,逐客。李斯上书说,乃止逐客令。而李斯用事。十一年,入战国后二百四十五年。王翦、桓齮、杨端和攻邺,取九城,拔阏与。赵悼襄王卒,子幽缪王迁立。其母,倡也,嬖于赵襄王。襄王废嫡子嘉而立迁。十二年,入战国后二百四十六年。文信侯不韦死,窃葬。其舍人临者:晋人也,逐出之;秦人,六百石以上夺爵,迁,五百石以下不临,迁,勿夺爵。自今以来,操国事不道如嫪毐、不韦者,籍其门,视此。秋,复嫪毐舍人迁蜀者。《不韦传》云,庄襄王薨,太子政立为王。尊吕不韦为相国,号称仲父。秦王年少,太后时时窃私通吕不韦。不韦家僮万人。始皇帝益壮大,后淫不止。吕不韦恐觉祸及己,乃私求大阴人嫪毐,诈腐为宦者,侍太后。太后私与通,绝爱之,有身。太后恐人知之,诈当避时,徙宫居雍。嫪毐常从。赏赐甚厚。事皆决于嫪毐。嫪毐家僮数千人,诸客求宦为嫪毐舍人千余人。始皇九年,有告嫪毐实非宦者,尝与太后私乱,生子二人,皆匿之。与太后谋曰:"王即薨,以子为后。"于是秦王下吏治,具得情实,事连相国吕不韦。九月,夷毐三族,杀太后所生两子,而遂迁太后于雍。诸嫪毐舍人皆没其家而迁焉。王欲诛相国,为其奉先王功大,及宾客辩士为游说者众,王不忍致法。十年十月,免相国吕不韦。及齐人茅焦说秦王,秦王乃迎太后于雍,归复咸阳,而出文信侯就国河南。岁余,诸侯宾客使者相望于道,请文信侯。秦王恐其为变,乃赐文信侯书,与家属徙处蜀。吕不韦自度稍侵,恐诛,乃饮鸩而死。秦王所加怒吕不韦、嫪毐皆已死,乃皆复归嫪毐舍人迁蜀者。案,《史》所传不韦之事,与春申君相类太甚,而楚幽王有庶兄负刍及昌平君,则考烈王实非无子,传言之不必信久矣。嫪毐事果与不韦有连,而犹迟至期年,始免其相,听其从容就国;而诸侯宾客使者,仍相望于道;文信侯既不为遁逃苟免之计,亦不为养晦自全之谋;岂理也哉?钱穆云:"《战国·秦策》无不韦纳姬之事。《魏策》,或谓魏王曰：秦自四境之内，执法以下，至于长挽者。故毕曰：与嫪氏乎？与吕氏乎？虽至于门闾之下，廊庙之上，犹之如是也。今王割地以赂秦，以为嫪毐功。卑体以尊秦，因以嫪毐。王以国赞嫪毐，太后之德王也，深于骨髓，王之交最为天下上矣。由嫪氏善秦而交为天下上，天下孰不弃吕氏而德嫪氏？则王之怨报矣。据此，则吕之与嫪，邪正判然，未见嫪之必为不韦所进也。"见所著《先秦诸子系年考辨》《吕不韦著书考》《春申君见杀考》。其说韪矣。不韦相秦，实非碌碌，孝文王立而施德布惠，庄襄王诛周而不绝其祀，此即所谓"兴灭国，继绝世"者，参看第十四章第一节。皆不韦之所为。观其招致宾客著书，俨有兴起太平之意。史称其欲以并天下，说盖不诬。李斯固不韦舍人，不韦废而斯用事，所奉行者，亦未必非不韦之遗策也。富强之基，树于商君；蚕食之形，成于穰侯；囊括之谋，肇于不韦；三人者，实秦并天下之首功矣。

不韦虽废，秦之事并吞如故。是时，楚已益弱；韩、魏皆自顾不暇；燕、齐少宽，然二国仍岁相攻，又与赵相攻；齐襄王复国后，赵数与秦攻之。《赵世家》言苏厉为齐遗赵惠文王书，赵乃辍，谢秦不击齐，时在周报王三十二年（前283），入战国后百九十八年也。然是岁王仍与燕王遇，使廉颇将而攻齐，则特不与秦而已。此后十余年间，赵数使赵奢、廉颇、燕周、蔺相如等攻齐。至惠文王卒，孝成王立，秦急攻之，以齐救而罢。事已见前。是岁，田单乃以赵师攻燕。盖齐、赵之交，至此而合，而燕、赵之衅启。赧王亡后五年，燕王喜命相栗腹约欢赵。还报曰："赵氏壮者皆死长平，其孤未壮，可伐也。"乃起二军。栗腹将而攻鄗，卿秦攻代。自将偏军随之。赵使廉颇将，杀栗腹，虏卿秦，逐之五百余里。明年，围其国。燕人请和。其明年，赵假相大将武襄君攻燕，围之。又明年，又使延陵君率师从相国信平君廉颇助魏攻燕。秦始皇帝四年（前243），赵使李牧攻燕。燕使剧辛将击赵。赵使庞暖击之。明年，取燕军二万，杀剧辛。齐襄王卒，入战国后二百十六年。子建立，君王后用事，襄王后。仅图自保；《齐世家》称其事秦谨，与诸侯信。王建立，四十余年不受兵。秦遂得择肥而噬。始皇十三年（前234），入战国后二百四十七年。桓齮攻赵平阳，今河南临漳县西。杀赵将扈辄。《李牧传》云破杀扈辄于武遂。明年，取宜安。今河北藁城县西南。李牧与战肥下，春秋时肥子国，今藁城县。却之，封牧为武安君。十五年，入战国后二百四十九年。秦大兴兵。一军至邺，一军至太原，取狼孟。秦攻番吾，李牧却之。十六年，入战国后二百五十年。发卒受韩南阳。十七年，入战国后二百五十一年。内史腾攻韩。得韩王安，尽纳其地，以为颍川郡。韩自昭侯后，传宣惠王、襄王仓、釐王咎、桓惠王四世。十八年，入战国后二百五十二年。大兴兵攻赵。王翦将上地，下井陉。端和将河内、羌瘣伐赵。端和围邯郸城。赵使李牧、司马尚御之。秦多与赵王宠臣郭开金，为反间。赵王使赵葱及齐将颜聚代李牧。牧不受命。赵使人微执得李牧,斩之。废司马尚。后三月,王翦因急击,大破,杀赵葱。明年,王翦、羌瘣尽定赵地。虏王迁及其将颜聚,引兵欲攻燕。赵公子嘉率其宗数百之代,自立为代王。东与燕合兵,军上谷。楚幽王卒。同母弟犹代立,是为哀王。庶兄负刍之徒,袭杀哀王,而立负刍。二十年,入战国后二百五十四年。燕太子丹使荆轲刺秦王。秦王觉之,体解轲以徇。而使王翦、辛胜攻燕。燕、代发兵击秦军。秦军破燕易水之西。二十一年,入战国后二百五十五年。王贲攻蓟。乃益发卒诣王翦军。遂破燕太子军,取燕蓟城。得燕太子丹首。燕王东收辽东而王之。二十二年,入战国后二百五十六年。王贲攻魏。引河沟灌大梁。大梁城坏。其王假请降。尽取其地。魏自哀王后,传昭王、安釐王、景湣王增、王假四世。《世本》云:昭王名遫,安釐王名圉,景湣王名午。见索隐。始皇问李信:"吾欲攻取荆,于将军,度用几何人而足?"李信曰:"不过用二十万人。"问王翦,王翦曰:"非六十万人不可。"始皇曰:"王将军老矣,何怯也?李将军果势壮勇。"遂使李信及蒙恬将二十万南伐荆,荆人大破李信军。始皇复召王翦,强起之,使将击荆,取陈以南至平舆。今河南汝南县东南。二十四年,入战国后二百五十八年。虏其王负刍。《秦本纪》误前一年。荆将项燕立昌平君为荆王,反秦于淮南。集解:徐广曰,一作"江"。二十五年,入战国后二百五十九年。大兴兵,使王贲攻燕辽东,得燕王喜。燕自惠王后传武成王、孝王、王喜三世。还攻代,虏代王嘉。王翦、蒙武攻荆,破荆军。昌平君死,项燕遂自杀,翦遂定荆江南地。降越君。置会稽郡。二十六年,入战国后二百六十年。齐王建与其相后胜发兵守其西界,不通秦。秦使将军王贲从燕南攻齐,得齐王建。六国皆亡。余国较大者,陈、蔡、郑、宋之亡,已见前。鲁以秦庄襄王元年(前249),入战国后二百三十二年。亡于楚。唯卫仅存,至秦二世时乃废绝。然微不足数,天下遂统一。

秦之克并六国,其原因盖有数端。地势形便,攻人易而人之攻之也难,一也。关中形势,西北平夷无大险,故易受侵略。南经汉中至蜀,出入皆难。唯东凭函谷、武关,则诚有一夫当关之势也。春秋大国,时曰晋、楚、齐、秦,其后起者则吴、越。吴、越文明程度太低,未足蹍涉中原,抗衡上国。其兵则实甚强悍,故项氏卒用之以破秦。四国风气,秦、晋本较齐、楚为强,兵亦然,读《汉书·地理志》《荀子·议兵篇》可知。二也。三晋地狭人稠,生事至戮。楚受天惠厚,民又骴窳偷生。齐工商之业特盛,殷富殆冠海内。然工商盛者,农民未有不受剥削而益贫者也。唯秦地广而腴,且有山林之利。开辟较晚,侈靡之风未甚。观李斯谏逐客,历数侈靡之事,秦无一焉可知。其上又有重农之政。齐民生计之舒,盖莫秦若矣。三也。参看第十一章第三节。此皆秦之凭借优于六国者也。以人事论,则能用法家之说,实为其一大端。盖唯用法家,乃能一民于农战,其兵强而且多。参看第十四章第五节。亦唯用法家,故能进法术之士,而汰淫靡骄悍之贵族,政事乃克修举也。《荀子·强国》曰:"应侯问孙卿子曰:'入秦何见?'孙卿子曰:'其固塞险,形势便,山林川谷美,天材之利多,是形胜也。入境,观其风俗。其百姓朴,其声乐不流污,其服不佻,甚畏有司而顺。古之民也。及都邑官府,其百吏肃然,莫不恭俭、敦敬、忠信而不楛。古之吏也。入其国,观其士大夫。出于其门,入于公门;出于公门,归于其家;无有私事也。不比周,不朋党,倜然莫不明通而公也。古之士大夫也。观其朝廷。其间听决,百事不留,恬然如无治者。古之朝也。故四世有胜,非幸也,数也。'"可谓尽之矣。秦取天下多暴,《史记·六国表》语。固也。然世岂有专行无道,而可以取天下者哉?

第十章 民族疆域

第一节　先秦时诸民族

中国以第一大民族称于世界,然非振古如兹也。在数千年前,我族亦东方一部族耳。其克保世滋大,盖实由其同化力之强。今试略述先秦之世与我错处诸族如下:

汉族起自东南。诸民族中与我密迩者莫如越。①"越"亦作"粤",今所谓马来人也,此族特异之俗有二:一曰断发文身,一曰食人。征诸后世史乘,地理学家所谓亚洲大陆之真缘边者,无不皆然。而在古代,我国缘海之地亦如是。《礼记·王制》:"东方曰夷,被发文身,有不火食者矣。南方曰蛮,雕题交趾,有不火食者矣。""文身""雕题",异名同实,无待辞费。"被发"则"披发"之借也。发可保温,故北族居苦寒之地编发,中国居温和之地冠笄,南族居炎热之地断发也。东夷与南蛮方位不同,而同不火食,可知其始必同居热地矣。《墨子》言:"楚南有啖人之国者,其长子生,则解而食之,谓之宜弟。"《鲁问》。《节葬下》作"越东有輆沐之国"。而《韩非子》言齐桓公好味,易牙蒸其首子而进之。《十过》。《二柄》《难一》二篇同,而作"子首",误也。《淮南·主术》《精神》两篇高注,亦皆作"首子"。《左氏》言宋襄公使邾文公用鄫子于次睢之社,欲以属东夷。僖公十九年。杜注谓睢水次有妖神,东夷皆社祠之。《续汉书·郡国志》注引唐蒙《博物记》,谓在临沂县。可见汉、晋之世,俗犹未泯。临沂,今山东临沂县。鲁伐莒,取郓,献俘,亦用人于亳社。昭公十年。可见自楚之南至于齐、鲁,风俗皆同也。此族在江以北者,古皆称夷,②《禹贡》冀州、扬州之鸟夷、莱夷,徐州之淮夷是也。在江以南者则称越,今绍兴之于越,永嘉之瓯越,福建之闽越,两广、越南之南越是也。又有深入长江中游者,《楚世家》言熊渠伐扬粤至鄂是也。见第九章第二节。鸟夷,今《尚书》作"岛夷",正义谓伪孔读为"岛",则其经文亦作"鸟",今本乃字误也。古无"岛"字,"洲"即今"岛"字。洲、鸟虽亦同音,然古称中国人所居为州,不称异族所居为洲,则伪孔说实误。郑释冀州

---

① 民族:越。
② 民族:夷蛮戎狄,以方位言,实夷与蛮,戎与狄是一。南北方之强,中国又于南为近。

之鸟夷曰"搏食鸟兽者",《书》正义。颜师古释扬州之鸟夷曰"善捕鸟者",《汉书·地理志》注。颜说当有所本。差为近之。盖渔猎之族程度极低者,作《禹贡》时犹有其部落,后遂为汉族所同化,其事无可考矣。嵎夷,当即《尧典》"宅嵎夷曰旸谷"之嵎夷。《史记·夏本纪》索隐谓"《今文尚书》及《帝命验》并作'禺铁',在辽西"。案,《说文·土部》云:"堣夷,在冀州阳谷,立春日,日值之而出。"《山部》云:"崵山在辽西,一曰嵎铁,崵谷也。"既别以"一曰",明为两说,则《今文尚书》实不谓嵎铁在辽西。① 冀州为中国通称,《尚书大传》曰,元祀岱泰山,中祀大交霍山,秋祀柳谷华山,幽都弘山祀。注曰:"弘山,恒山也。"然则羲、和四子之所宅,即四时巡守之所至。② 泰岱为汉族所居,故称其地为冀州矣。嵎夷,《史记·五帝本纪》作"郁夷",而《毛诗》之"周道倭迟",《韩诗》作"郁夷",故有谓倭即嵎夷者。③ 自山东至辽东,辽东经朝鲜至日本;往来本最便,而亦甚早。谓古之嵎夷渡海而至日本,或日本之民与古嵎夷同族,皆无不可通也。莱夷,据《汉书·地理志》,地在今山东黄县。入春秋后百五十六年,周灵王五年(前567),春秋襄公六年。为齐所灭。淮夷最称强悍。《后汉书·东夷传》谓秦有天下,淮、泗夷乃悉散为人户,其说当有所本也,于越事已见前。闽越、南越及瓯越,则至秦汉之世,始列为郡县焉。越人居热地,故开化较早。其能用金,实先于汉族,古代兵器及刑法,皆取资焉。然亦以居热地故,生事饶而四体不勤,故其文明旋落汉人之后。《论衡》言:"夏禹裸入吴国。太伯采药,断发文身。唐、虞国界,吴为荒服。越在九夷,罽衣关头。即贯头,后世南方民族,犹多衣贯头衣,见诸史四裔传。今皆夏服,褒衣履舄。"《恢国》。可知秦汉之世,全与汉族同化矣。

洞庭以南,沅、湘、澧、资之域,为今所谓苗族之故居。苗,前史皆作"蛮",元以后乃多作"苗",盖音转而字异。或以牵合古三苗之国,则大谬矣。见第七章第五节。蛮与越异。古书多称荆蛮、扬越,无曰荆越、扬蛮者,④ 知蛮自在长江中游,越自在东南缘海也。《淮南子·齐俗训》曰"三苗髽首""越人剪鬋",可知其饰首之习各别。古民族视处置其发之法颇重,如中国每以冠带之国自夸,子路至于结缨而死是也。《左氏》哀公十五年。蛮与越,所

---

① 地理:今文不以嵎铁在辽西。
② 地理:四子所宅即四岳。
③ 四夷:嵎夷即倭之说。
④ 四夷:只有荆蛮扬越,无荆越扬蛮,且苗髽首,越剪发。

以处置其发者既不同,其必为两族无疑矣。此族神话,已见第五章。其地之开辟,盖始于楚。《史记·吴起列传》所谓"南平百越"是也。《后汉书》云:"田作贾贩,无关梁、符传、租税之赋。有邑君长,皆赐印绶。"盖楚人抚绥之之法。

濮,《周书·王会篇》作"卜"。《说文》作"僰",南北朝、隋、唐之两爨蛮,今之倮㑩也。倮㑩地在云南、四川,古之濮族则远在其北。楚武王始启濮,已见第九章第二节。抑犹不止此。《书·牧誓》:"及庸、蜀、羌、髳、微、卢、彭、濮人。"微、卢、彭、濮,注家罕能言其所在,其实按之故记,皆有迹象可求也。《左氏》桓公十二年,楚师伐绞,分涉于彭,罗人欲伐之。十三年,楚屈瑕伐罗,罗与卢戎两军之,大败之。彭水,杜注云在新城昌魏县,今湖北之房县也。卢,据《释文》本作"庐"。文公十六年,庸人率群蛮以叛楚。麇人率百濮聚于选,将伐楚。自庐以往,振廪同食。使庐戢黎侵庸。杜注:"庐,今襄阳中庐县。"今湖北之南漳县也。先五年,楚潘崇伐麇,至于锡穴。《释文》云,锡,或作"钖"。《御览·州郡部》引《十道志》云,郧乡,本汉锡县,古麇国,今湖北之郧乡县也。麇、麋形近易讹,《左氏》哀公十四年,"逢泽有介麇焉",《释文》谓"麇"又作"麋",其证。庄公二十八年筑麇,《穀梁》作"筑微",则潘崇所伐,实当作"麋",即《牧誓》之"微"也。地与庸皆密迩。又其北即为楚、邓。故昭公九年,王使詹桓伯辞于晋,谓巴、濮、楚、邓吾南土;而庸与麇之叛,申、息之北门不启也,此等当春秋时,悉已服属于楚。更西南,则沿黔江、金沙江、大渡河两侧,直抵今云、贵、四川。《史记·西南夷列传》所谓"西南夷君长以什数,夜郎最大;_{今贵州桐梓县}。其西靡莫之属以什数,滇最大;_{今云南昆明县}。自滇以北,君长以什数,邛都最大"_{今四川西昌县}。者也。"皆魋结,耕田,有邑聚"与《左氏》所谓"百濮离居,将各走其邑"者合,_{文公十六年}。可见其为同族矣。《史记》云:"楚威王时,使将军庄蹻将兵循江上,略巴、蜀、黔中以西……蹻至滇池,方地三百里,旁平地肥饶数千里,以兵威定属楚。欲归报,会秦击夺楚巴、黔中郡,道塞不通。因还,以其众王滇,变服,从其俗以长之。"《后汉书·西南夷传》言:"楚顷襄王时,遣将庄豪,从沅水伐夜郎。军至且兰,_{西南夷国名,汉置故且兰县。晋改曰"且兰",今贵州平越县}。椓船于岸而步战。既灭夜郎,因留王滇池。以且兰有椓船牂柯处,乃改其名为牂柯。"可见今云、贵之地,当战国时悉已开辟矣。庄豪即庄蹻。秦取楚黔中郡事在顷襄王二十二年(前277),则《史记》作"威王"误。时为周赧王三十八年，入战国后二百有四年也。

庸与微、卢、彭、濮，①既皆在今楚、豫间，则牧野所誓之蜀及克商后列于南土之巴，亦必不得在今四川境。巴、蜀古事，因有《华阳国志》一书，颇可考见崖略。然此书所载，未必即西周时之巴、蜀也。《志》称巴、蜀肇自人皇，特以古籍言人皇肇分九州，臆测梁州始建于是。云蜀为黄帝之后，则沿昌意娶蜀山氏女为后世巴、蜀之蜀之误，已见第七章第二节。又云武王封宗姬于巴，爵之以子，亦无以明其即战国时秦所灭之巴也。又云周失纪纲，蜀侯蚕丛始称王，次王曰柏灌，次王曰鱼凫。鱼凫田于湔山，得仙。次有王曰杜宇。移治郫邑。今四川郫县。或治瞿上。今四川双流县。号曰望帝。其相开明，决玉垒山，在今四川理番县东南。遂禅位焉。开明号曰丛帝。生卢帝。卢帝攻秦，至雍。生保子帝。攻青衣。今四川雅安县。雄张僚、僰。又九世，徙治成都。有褒、汉之地。时当周显王之世。因猎，与秦惠王遇。惠王作石牛五头，泻金其后，曰牛便金。蜀使使请。惠王许之。乃遣五丁力士迎石牛。既不便金，怒而还之。惠王知蜀王好色，许嫁以五女。蜀又遣五丁迎之。还到梓潼。今四川梓潼县。见一大蛇入穴。一人揽其尾掣之，不禁。至五人相助，大呼曳蛇。山崩，压杀五人及五女。蜀王封弟葭萌于汉中，号苴侯，命其邑曰葭萌。前汉葭明县，后汉曰葭萌，今四川昭化县。苴侯与巴王为好，巴与蜀仇，故蜀伐苴。苴侯奔巴。求救于秦。周慎王五年（前316），秦惠文王后九年，入战国后百六十五年。案，常璩言蜀事虽据传说，然年代、地理等必多兼采古书，非二者暗合也。秦使大夫张仪、司马错从石牛道伐灭蜀。因取巴，执巴王以归。案，巴之众为氐，汉世数从征伐。其后北出，为五胡之一，而留居渝水之僚大昌。蜀，汉世亦称叟。魏、晋、南北朝皆叟蜀并称，亦曰賨，近人谓暹罗本族称氐(Tai)，其分族则曰暹(Sham)，曰僚(Lao)。暹与蜀及賨、叟同音，僚即汉之骆，后汉之哀牢，南北朝、隋、唐之僚，今之仡佬。② 暹罗之族本自北而南；《明史》谓其本分暹与罗斛二国。后罗斛强，并暹地，称暹罗斛，亦即蜀与僚也。《华阳国志》谓巴治江州，今四川江北县。后徙阆中。今四川阆中县。案，《左氏》桓公九年，巴子使韩服告于楚，请与邓为好。楚使道朔将巴客以聘于邓。邓南鄙鄾人，攻而夺之币。庄公六年，楚与巴共伐申。文公十六

---

① 四夷：古濮在北，微、卢也可考。
② 四夷：暹同蜀賨叟。僚、骆、哀牢、仡佬。

年,巴人从楚灭庸。哀公十八年,巴人伐楚,败于鄾。盖其国在楚、邓间,①去武关甚近。故《史记·商君列传》,赵良称五羖大夫"发教封内,而巴人致贡"也。此岂剑外之国?《史记·三代世表》,褚先生言:"蜀王,黄帝后世也。至今在汉西南五千里。常来朝降,输献于汉。"索隐云:"《系本》蜀无姓。相承云黄帝后。"此盖西南边徼叟人部族,中国妄称为黄帝后,为是说者之意,盖亦以昌意娶蜀山氏女,为战国时巴、蜀之蜀,可以测扬雄、常璩等致误之由。索隐又引《蜀王本纪》,谓朱提今四川宜宾县。有男子杜宇,从天而下。《水经·江水注》引来敏《本蜀论》,则谓荆人鳖令死,其尸随水上,至汶山下,复生,起见望帝,望帝立以为相。望帝者,杜宇也,从天下。女子朱利,自江源出,为宇妻。时巫山峡,蜀水不流。望帝使令凿巫峡通水,蜀得陆处。望帝遂以国禅。号曰开明。《华阳国志》则言朱提有梁氏女利,游江源,宇纳为妃。移治郫邑。或治瞿上。则望帝实起岷江下流,溯江而上。开明本楚人,入篡其国,与庸及微、卢、彭、濮等何涉?而安得从武王以伐纣耶?《史记·秦本纪》及《六国表》,厉公二年,周元王二年,入战国后六年。蜀人来赂。二十六年,周贞定王十八年,入战国后三十年。左庶长城南郑。躁公二年,周贞定王二十八年,入战国后四十年。南郑反。惠公十三年,周安王十五年,入战国后九十四年。伐蜀,取南郑。惠文王元年,周显王三十二年,入战国百四十四年。蜀人来朝。其间南郑属蜀者,五十余年,《华阳国志》所谓"卢帝攻秦至雍"者,当在是时。蜀之雄张,盖至斯而极。然往来稔而秦觊觎之志亦于是而启。石牛之遗,盖亦犹智伯欲伐仇犹而遗之钟;至五丁力士,因迎五女而亡,则又微见蜀之末君重色而轻士也。蔡泽说范雎曰:"今君相秦……栈道千里,通于蜀、汉。"据《史记》本传,雎相秦在昭王四十一年(前266)至五十二年,周赧王四十九年至其亡之明年,入战国后二百一十五年至二百二十六年。乃蜀亡后之五十年也。秦与蜀之交通,盖至斯而大辟。然蜀之自南而北,非自北而南,则皎然矣。故曰:秦所灭之蜀,非从武王伐纣之蜀也。

《后汉书·南蛮传》云:"巴郡南郡蛮,本有五姓:巴氏、樊氏、瞫氏、相氏、郑氏。皆出于武落钟离山。在今湖北长阳县。其山有赤黑二穴。巴氏之子生于赤穴,四姓之子皆生黑穴。未有君长,俱事鬼神。乃共掷剑于石穴,约能中者奉以为君。巴氏子务相乃独中之。众皆叹。又令各乘土船,约能浮

---

① 四夷:巴初在楚邓间。秦所灭之蜀,非从武王伐纣之蜀。

者当以为君。余姓悉沉,唯务相独浮。因共立之,是为廪君。乃乘土船,从夷水至盐阳。夷水,今清江。盐水有神女,谓廪君曰:'此地广大,鱼盐所生,愿留共居。'廪君不许。盐神暮辄来取宿,旦即化为虫,与诸虫群飞,掩蔽日光,天地晦冥。积十余日,廪君伺其便,因射杀之,天乃开明。廪君于是君乎夷城。四姓皆臣之。廪君死,魂魄世为白虎。巴人以虎饮人血,遂以人祠焉。及秦惠王并巴中,以巴氏为蛮夷君长,世尚秦女。其民爵比不更,有罪得以爵除。其君长,岁出赋二千一十六钱,三岁一出义赋千八百钱。其民,户出幏布八丈二尺,鸡羽三十鏃。"又云:"板楯蛮夷者:秦昭襄王时有一白虎,常从群虎数游秦、蜀、巴、汉之境,伤害千余人。昭王乃重募国中有能杀虎者,赏邑万家,金百镒。时有巴郡阆中夷人,能作白竹之弩,乃登楼射杀白虎。昭王嘉之,而以其夷人,不欲加封,乃刻石盟要:复夷人顷田不租,十妻不算。伤人者论,杀人者得以倓钱赎死。盟曰:'秦犯夷,输黄龙一双;夷犯秦,输清酒一钟。'夷人安之。"又云:"阆中有渝水。其人多居水左右。天性劲勇。初为汉前锋,数陷阵。俗喜歌舞。高祖观之,曰:'此武王伐纣之歌也。'乃命乐人习之,所谓《巴渝舞》也。"《华阳国志》说略同,而作"武帝"。① 史事非高祖所知,作"武帝"是也。《礼记·祭统》曰:"舞莫重于《武宿夜》。"疏引皇氏云:"师说《书传》云武王伐纣,至于商郊,停止宿夜,士卒皆欢乐,歌舞以待旦,因名焉。"此说而信,则巴氏之先,亦有从于牧野之师者矣。

《诗·商颂》曰:"昔有成汤,自彼氐、羌,莫敢不来享,莫敢不来王,曰商是常。"则氐、羌非徒从牧野之师,殷初即与于王会矣。《左氏》僖公二十二年,秦、晋迁陆浑之戎于伊川。三十三年,殽之役,晋兴姜戎。襄公十四年,范宣子数戎子驹支曰:"来,姜戎氏。昔秦人迫逐乃祖吾离于瓜州。乃祖吾离,披苫盖,蒙荆棘,以来归我先君。我先君惠公有不腆之田,与汝剖分而食之。"驹支对曰:惠公"谓我诸戎,是四岳之裔胄也,毋是翦弃"。昭公九年,晋梁丙、张趯率阴戎伐颍。王使詹桓伯辞于晋,谓"允姓之奸,居于瓜州,伯父惠公归自秦,而诱以来"。二十二年,晋籍谈、荀跞率九州之戎,以纳王于王城。前城人败陆浑于社。然则陆浑之戎、姜戎、阴戎、九州之戎是一,②允姓居于瓜州,而为四岳之胄裔也。《史记》之"九侯",《明堂位》作"鬼

---

① 四夷:高帝观巴言武王伐纣歌,当依《华阳国志》作"武帝"。
② 四夷:陆浑、姜戎、阴戎、九州之戎是一,即九侯、鬼侯、鬼方、苑野。

侯",则《诗》称殷商"覃及鬼方",正指纣脯九侯之事。《易》言高宗伐鬼方，《大戴记》言陆终娶于鬼方氏,皆氐、羌部落矣。《汉书·地理志》,敦煌郡,今甘肃敦煌县。杜林以为古瓜州地生美瓜,附会可发一噱。宋翔凤《过庭录》谓《诗》"我征徂西,至于艽野"之艽野即鬼方,亦即《礼记·文王世子》"西方有九国焉"之九国,《列子》称相马者九方皋,乃以国为氏,艽野即鬼方。其说却殊精审也。

历代为中国患者莫如狄。古代之北狄,《史记》悉入之《匈奴传》中,后人遂皆视为匈奴之伦,其实非也。匈奴乃《管子》书所谓骑寇,见《小匡篇》。古代之北狄,则类南北朝之山胡。① 骑寇皆居原野,能合大群。其战也多骑,疾捷利侵略,常为农工商国之大害。居山地者则不能合大群。其战也多步。以文明程度之低,戎器亦常窳劣,患止乘间钞暴而已。我国自春秋以前,实未尝与骑寇遇,即战国时,所遇者亦小部落;先秦之世未尝以北族为患,由此也。北狄与我交涉最早者,据书传所载,当为獯鬻,《史记·五帝本纪》称黄帝北逐獯鬻是也。② 以后来之事观之,獯鬻皆在今陕西,黄帝都在彭城,势不相及,则《史记》此文殆不足据。周代事迹,传者较详,戎狄之事,可考者亦较多。《孟子》言太王事獯鬻,文王事昆夷,《梁惠王下》。獯鬻即猃狁;昆夷即犬夷,亦即串夷;盖当时西方两大部落,其事已见第八章第五、第八两节。《史记·匈奴列传》索隐:"应劭《风俗通》云'殷时曰獯鬻,改曰匈奴'。又服虔云'尧时曰荤鬻,周曰猃狁,秦曰匈奴'。韦昭云'汉曰匈奴,荤鬻其别名'。"《诗·采薇》毛传:"狎狁,北狄也。"笺曰:"北狄,今匈奴也。"《孟子·梁惠王下》赵注:"獯鬻,北狄强者,今匈奴也。"《吕览·审为》高注:"狄人猃狁,今之匈奴。"则以猃狁、獯鬻、匈奴为一,汉人殆无异说。③《诗·皇矣》:"串夷载路。"笺云:"串夷即混夷。"疏云:"《书传》作'畎夷',盖畎、混声相近,后世而作字异耳。或作'犬夷',犬即畎,字之省也。"予昔以昆夷即"胡"字音转,谓与匈奴是一。由今思之,殊无确据,唯猃狁当西周时极强大,其后遂无闻焉,则或随中国之开拓而北走,④为战国时之匈奴,未可知耳。周室东迁之后,其患遂诒诸秦。《史记》所谓自陇以西,⑤有绵诸、汉绵诸道,在今甘肃天水县东。绲戎、正义:"颜师古云:'混夷也。'韦昭云:'《春秋》以为犬戎。'"翟獂之戎;汉獂道县,在今甘肃陇西县东北。岐、梁山、泾、漆之北,有义渠、秦

---

① 四夷:骑寇、山戎之别。
② 四夷:《史记》言黄帝北逐熏粥之非。
③ 四夷:以猃狁、熏粥、匈奴为一,汉人殆无异说。
④ 四夷:猃狁或随中国开拓北走。
⑤ 四夷:昆夷、犬夷、串夷是一。《史记》自陇以西,岐、梁山泾、漆之北诸戎,盖其遗落。

北地郡,治义渠,今甘肃宁县西北。**大荔**、索隐:"《秦本纪》厉共公伐大荔,取其王城,后更名临晋。故《地理志》云临晋,故大荔国也。"今陕西朝邑县。**乌氏**、汉乌氏县,在今甘肃平凉县西北。**朐衍之戎** 索隐:"《地理志》朐衍,县名,在北地。"正义:"《括地志》云:'盐州,古戎狄居之,即朐衍戎之地,秦北地郡也。'"唐盐州,今宁夏盐池县。者也,其中以义渠为最强,至昭王时,乃为秦所灭。见《史记·匈奴列传》。其余兴亡之事,不可悉考,然汉世皆列为县、道,必沿自秦代者也。在东方者,河南有扬拒、泉皋、伊洛之戎,见《左氏》僖公十一年。杜注:"扬拒、泉皋,皆戎邑。及诸杂戎居伊水、洛水之间者。今伊阙北有泉亭。"案,伊洛之戎,《春秋》作"洛戎",见文公八年。《释文》云:"本或作'伊洛之戎',此后人妄取传文加之耳。"又有蛮氏,杜注:"河南新城县东南有蛮城。"在今河南临汝县。本居茅津,亦称茅戎。《公羊》作"贸戎"。与陆浑密迩。蛮氏地入于晋。扬拒、泉皋、伊洛之戎,地入于周。在河北者为赤狄、白狄。① 赤狄种落见于《春秋》者有潞氏、今山西潞城县。宣公十五年。**甲氏**、今河北鸡泽县。**留吁**。今山西屯留县。宣公十六年。《左氏》多铎辰今山西长治县。宣公十六年。**及墙咎如**。成公三年。《公羊》作"将咎如"。今山西乐平县。《左氏》云:"晋郤克、卫孙良夫伐墙咎如,讨赤狄之余焉。"刘炫谓墙咎如即赤狄之余。杜预谓晋灭潞氏,余民散入墙咎如,故讨之。又有东山皋落氏,《水经·河水注》:"清水……流径皋落城北。服虔曰:赤翟之都也。世谓之倚亳城。"地在今山西垣曲县西北。见《左氏》闵公二年,亦不云为赤狄,杜注谓赤狄别种,未知何据。赤狄在今山西、河北,地皆入于晋。白狄,《左氏》成公十三年,晋侯使吕相绝秦曰:"白狄及君同州。"盖即《史记·匈奴列传》所谓居圁、洛之间者,而杜氏以鲜虞、今河北定县。肥、今河北藁城县。昭公十二年。鼓今河北晋县。昭公二十二年。皆为白狄,亦未知其何据也。肥、鼓地亦入晋,鲜虞至战国时曰中山,灭于赵。与晋密迩者又有无终。襄公四年(前569),尝请成于晋。晋侯欲弗许,魏绛劝晋侯许之。昭公元年(前541),晋又败其众于太原。杜预谓山戎、北戎、无终三者是一。案,北戎之见于《左氏》者,隐公九年,侵郑,桓公六年,侵齐;其见于《春秋》者,僖公十年,齐侯、许男伐北戎。山戎,群籍皆云其病燕。则其绵地甚广,杜氏盖谓无终亦其种落之一也。《管子》言山戎,多与孤竹、令支并举。见《大小匡》《轻重甲》等篇。"令支"亦作"离支",或云即《禹贡》之"析支",与昆仑、渠搜并列者。《汉志》,朔方郡有渠搜县。今绥远鄂尔多斯右翼后旗故朔方城东。右北平无终,故无终子国。今河北蓟县。辽西郡令支有孤竹城。今

---

① 四夷:赤、白不必狄之两大派,此两派外当多。

河北迁安县。又《小匡篇》言桓公破屠何。孙诒让谓即《周书·王会篇》之"不屠何"。《墨子·非攻》云,且、不一著何,亡于燕、代、胡、貊之间。"且"当作"柤"。不一著何,则"不屠何"之衍误。后为汉辽西之徒河县。今辽宁锦县。孙氏说见《墨子间诂》。盖当中国开拓时,此诸部落奔迸塞外,后亦列为编户矣。屠何,《管子》以为骑寇,①盖其地已偏北。至燕、赵拓土,所遇之骑寇乃益多。在代北者,以林胡、《括地志》云在朔州。今山西朔县。楼烦汉楼烦县,属雁门,在今雁门关北。为大,后皆服于赵。匈奴又在其北,但为李牧所攘斥,见《史记·廉颇蔺相如列传》。而未能列为编户,至秦汉时,遂收率北方种落,为中国之大患焉。在燕北者为东胡。《史记》云:"燕有贤将秦开,为质于胡,胡甚信之,归而袭破走东胡,东胡却千余里。……燕亦筑长城,自造阳在上谷。至襄平,今辽宁辽阳县。置上谷、渔阳、右北平、辽西、辽东郡以拒胡。"案,东胡在汉初居匈奴东,冒顿袭破之。其后匈奴单于庭直代,云中,而左方王将居东方,直上谷,似即东胡旧地。然则五郡未开时,东胡当居上谷;②其渔阳、右北平、辽西、辽东,则濊貊、朝鲜、肃慎之地也。

貊:有以为在北方者,《孟子·告子》赵注、《周官·职方》郑注、《说文·豸部》"貊"下说解是也。有以为在东北者,《周官·貊隶》郑注、《郑志》答赵商问、《诗·韩奕》及《周官》疏引。《说文·羊部》"羌"下说解是也。然只与夷蛮连文,《荀子·劝学》:"于越、夷、貉之子,生而同声,长而异俗。"《诗·鲁颂》淮夷蛮、貊。《论语·卫灵公》:"虽蛮、貊之邦,行矣。"不与戎狄并举,即可知其本在东南。③《三国志·夫余传》,其耆老自说古之亡人,"其印文言'濊王之印',国有故城名濊城"。句丽、百济皆出夫余。沃沮耆老,自谓与句丽同种。诸国法俗,绝类有殷,如在国衣尚白,祭天以殷正月是也。《博物志》记徐偃王卵生,与《魏书》句丽始祖朱蒙之生绝相类。④《博物志》曰:"徐君宫人,娠而卵生,以为不祥,弃之水滨。独孤母有犬,名鹄仓,猎于水滨,得所弃卵,衔以东归。独孤母以为异,覆暖之,遂㴬成儿。生时正偃,故以为名。徐君宫中闻之,乃更录取。长而仁智,袭徐君国。后鹄仓临死,生角九尾,实黄龙也,偃王令葬之,徐界中今见狗垄。"《魏书·高句丽传》曰:"高句丽者出于夫余。自言先祖朱蒙。朱蒙母,河伯女,为夫余王闭于室中。为日所照。引身避之,日影又逐。既而有孕。

---

① 四夷:屠何,《管子》以为骑寇。
② 四夷:东胡旧地,似在上谷,其东则濊貊、朝鲜、肃慎地。
③ 四夷:貊祇与夷蛮连文,不与戎狄并举,则本在东南。
④ 四夷:述朱蒙、徐偃之生相类,则本江淮间;与朝鲜随燕开拓东北徙。

生一卵,大如五升。夫余王弃之。与犬,犬不食。……弃之于路,牛马避之。后弃之野,众鸟以毛茹之。夫余王割剖之,不能破。遂还其母。其母以物裹之,置于暖处。有一男破壳而出。及其长也,字之曰朱蒙。其俗言'朱蒙'者,善射也。"案,《后汉书·夫余传》言其始祖东明事,与此亦颇相类。疑貊实江、淮间族渐徙而北者。《韩奕》之诗曰:"溥彼韩城,燕师所完。……王锡韩侯,其追其貊。"王肃、孙毓皆以此燕为北燕,以涿郡方城县之寒号城为韩侯城。见《释文》及《水经·圣水注》。方城,今河北固安县。其实《诗》明言韩姞,则此燕实为南燕。貊多与濊连称,亦或单称濊。《续汉书·郡国志》,行唐今河北行唐县。有石臼谷。《寰宇记》:平山县,《隋图经》,房山,濊水出焉。亦谓之石臼河。又谓之行唐水。出行唐,东入博陵,今河北安平县。谓之木刀沟。一谓之袈裟水。南流入滹沱。今在平山县西,仍谓之木刀沟。又《水经·浊漳水注》:"清漳径章武县故城西,故濊邑也,枝渎出焉,谓之濊水。"章武故城,在今河北沧县东北。地固皆与燕相近也。东北名国,莫如朝鲜。箕子初封,安得在辽东之表?谓在沙丘以北,则近之矣。《史记·赵世家》,山阳侯朱书曰:"余将赐女林胡之地。至于后世,且有伉王……奄有河宗,至于休溷诸貉。"《燕世家》谓"燕北迫蛮貉"。《汉书·高帝纪》:四年,"北貉燕人,来致枭骑助汉"。《史记·货殖列传》言燕东绾秽貉、朝鲜、真番之利。则濊貊、朝鲜亦随燕之开拓而东北徙无疑矣。貊族文明程度最高。南化三韩,东渐日本。缅彼震方,实资启发。而弱水旧墟,转为鲜卑所荐食。谓晋初夫余为慕容氏所破。弱水,今松花江也。近世论者,谓其关系之大,不在中央亚细亚自印度日耳曼人之手转入土耳其人之手之下焉。见傅斯年《东北史纲》第四章下。肃慎者,金源、清之先,当周武王时,曾以楛矢石砮为贡,事见《国语》《鲁语》。《史记》《孔子世家》。《说苑》《辨物》。后世居松花江滨。其所贡之物如故,故知其民族必同。詹桓伯之辞晋,以之与燕、亳并列,为武王克商后之北土。南北二燕,相距本不甚远。见第九章第八节。亳即商都,多在河北。已见第八章第二、第四节。其初亦内地民族也。①

古又有所谓长狄者,说颇诡异,然细按之,实无甚不可解也。② 长狄事见《春秋》文公十一年。《经》文但云狄而已,三《传》则皆以为长狄。《公羊》云"记异",而不言其所以异。《穀梁》谓其"弟兄三人,佚宕中国,瓦石不能害。叔孙得臣,最善射者也。射其目。身横九亩。断其首而载之,眉见于

---

① 四夷:肃慎初在内地。
② 四夷:长狄。

轼"。则竟类《齐谐》志怪之谈矣。然《左氏》记其兄弟五人,获于宋、鲁、晋、齐、卫,而云"鄋瞒由是遂亡",则亦当时一氏族。《国语·鲁语》,吴伐越,堕会稽,得节专车。使问仲尼。仲尼曰:"昔禹致群神于会稽之山,防风氏后至,禹杀而戮之,其节专车。"客曰:"防风何守?"仲尼曰:"汪罔国之君也。守封禺之山。漆姓。在虞、夏、商为汪罔氏。于周为长翟氏。今谓之大人。"客又曰:"人长之极几何?"仲尼曰:"僬侥氏三尺,短之至也。长者不过十之,数之极也。"《史记·孔子世家》《说苑》《家语·辨物篇》略同。《史记》《说苑》皆作"釐姓"。《说苑》云:"在虞、夏为防风氏,商为汪芒氏。"《说文》曰:"在夏为防风氏,殷为汪芒氏。"黄丕烈《校刊明道本国语札记》曰:"漆当为涞之讹。釐、涞声相近,于古为同字也。"然则"人长三丈"乃出仲尼推论,"身横九亩"等说则王充所谓语增者耳。实无足怪也。僬侥氏,林惠祥谓即黑种之尼革利罗(Negrillo),《梁书》所载"黝、歙短人"是其族。见所著《中国民族史》第十八章。案,此种人唐代犹有之。《唐书·卓行传》:阳城为道州刺史。"州产侏儒,岁贡诸朝,城哀其生离,无所进。帝使求之。城奏曰:'州民尽短。若以贡,不知何者可供。'自是罢。州人感之"。白居易《新乐府》曾咏其事。《道州民》。必非虚诬。体质特异之民,前世本非无有,以中国之大,而偶有一二错居,实极寻常事也。

第二节　先秦疆域

汉族之发展及汉族以外诸民族之情形,既已知其大略,则先秦之世之疆域,有可得而进言者。疆域有山川道里可稽,本最易晓,然古书多辞不审谛,传述又有讹误,加以虚拟之辞、附会之说,非理而董之,固无以见其真际也。

言古代地理,有数字可稽者,莫如服之里数及封建国数。然其不可信亦最甚。五服之说见于《禹贡》,曰:"五百里甸服,百里赋纳总,二百里纳铚,三百里纳秸服,四百里粟,五百里米。五百里侯服,百里采,二百里男邦,三百里诸侯。五百里绥服,三百里揆文教,二百里奋武卫。五百里要服,三百里夷,二百里蔡。五百里荒服,三百里蛮,二百里流。"《周官·职方》则有九服之说,曰:"方千里曰王畿,其外方五百里曰侯服。又其外方五百里曰甸服。又其外方五百里曰男服。又其外方五百里曰采服。又其外方五百里曰卫服。又其外方五百里曰蛮服。又其外方五百里曰夷服。又其外方五百里曰镇服。又其外方五百里曰藩服。"说《禹贡》者,今《尚书》欧阳、夏侯说,谓中国方五千里,《王制》正义引《五经异义》。史迁同。《诗·商颂》正义。按,《史记·夏本纪》:令天子之国以外五百里甸服,甸服外五百里侯服,侯服外五百里绥服,绥服外五百里要服,要服外五百里荒服。古《尚书》说,五服旁五千里,相距万里。《王制》正义引《五经异义》。贾逵、马融谓甸服之外,每百里为差,所纳总、铚、秸、粟、米者,是甸服之外,特为此数。其侯服之外,每言三百、二百里者,还就其服之内别为名,非是服外更有其地。《诗·商颂》正义。是为三千里。相距方六千里。《禹贡》正义。许慎按,以今汉地考之,自黑水至东海,衡山之阳至于朔方,经略万里,从古《尚书》说。《王制》正义引《五经异义》。郑玄则云:尧制五服,服各五百里。要服之内四千里曰九州,其外荒服曰四海。禹所弼五服之残数,每言五百里一服者,是尧旧服。每服之外,更言三百里、二百里者,是禹所弼之残数。亦每服者合五百里,故有万里之界焉。去王城五百里曰甸服。其弼当男服,去王城二千里。又其外五百里为绥服,去王城二千五百里。其弼当卫服,去王城三千里。其外五百里为要服,与周要服当作"蛮服"。相当,去王城三千五百里。四面相距为七千里,是九州之内也。要服之弼,当其夷服,去王城四千里。又其外五百里曰荒服,当镇服。其弼当蕃服,去王城五千里。四面相距,为方万里也。《诗·商颂》正义引郑《皋陶谟》"弼成五服,至于五千"注。封建国数,《王制》云:"凡四海之内九州,州方千里。州建百里之国三十,七十里之国六十,五十里之国百有二十,凡二百一十国。名山大泽不以封。其余以为附庸闲田。八州,州二百一十国。天子之县内,方百里之国九,七十里之国二十有一,五十里之国六十有三,凡九十三国。名山大泽不以盼。其余以禄士,以为闲田。凡九州,千七百七十三国。天子之元士、诸侯之附庸不与。"《周官·职方》云:"凡邦国千里,封公以方五百里则四公,方四百里则六侯,方三百里则七伯,注:"方千里者,为方百里者百,以方三百里之积,以九约之,得十一有奇。云'七伯'者,字之误也。"方二百里则二十五子,方百里则百男,以周知天下。"《异义》,《公羊》说,殷三千诸侯,周千八百诸侯。古《春秋左氏》说,禹会诸侯于涂山,执玉帛者万国。唐、虞之地万里,容百里地万国,其侯、伯七十里,子、男五十里。余为天子闲田。许慎按,《易》曰"万国咸宁",《尚书》曰"协和万邦",从《左氏》说。郑驳云,诸侯多少,异世不同。万国者,谓唐、虞之制也。武王伐纣,三分有二,八百诸侯,则殷末千二百也。至周公制礼之后,准《王制》千七百七十三国,而言周千八百者,举其全数。《王制》正义引。其注《王制》云:"《春秋传》云:'禹会诸侯于涂山,执玉帛者万国。'言执玉帛,则是唯谓中国耳。中国而言万国,则是诸侯之地,有方百里,有方七十里,有方五十里者,禹承尧、舜而然矣。要服之内,地方七千里,乃能容之。夏末既衰,夷狄内侵,诸侯相并,土地减,国数少。殷汤承之,更制中国方三千里之界,亦分为九州,而建此千七百七十三国焉。周公复唐、虞之旧域,分其五服为九,其要服之内,亦方七千里,而因殷诸侯之数,广其土,增其爵耳。"郑氏之意,专欲以古今相牵合。其注《易·系辞传》阳一君而二民,阴二君而一民云:"一君二民,谓黄帝、尧、舜,谓地方万里,为方千里者百,中国之民居七千里,七七四十九,方千里者四十九,夷狄之民,居千里者五十一,是中国、夷狄二民共事一君。二君一民,谓三代之末,以地方五千里,一君有五千里之土,五五二十五,更足以一君二十五,始满千里之方五十,乃当尧、舜一民之地,故云二君一民。实无此二君一民,假之以地广狭为优劣也。"《王制》正义。亦此意也。按,服制及封建之制,皆古人虚拟之辞。古本无方五千里若方万里之封,春秋、战国之世乃有之,学者欲设立制度,以治此广大之地,而郡县之制非其意想所及,乃各就封建之制,以意更张,有所假设。其发抒其说也,不曰己意如是,而以傅诸古人,则当时之人,立言大率如是。一时代自有一时代语言之法。如其法以求之,原亦不足为怪,以为实有其事则慎矣。《禹贡》时代较早,其时封域,盖尚较狭,故设为五千里之封。《周官》时代较晚,封域愈广,故其经略遂至万里也。许慎以《易》与《尚书》之文,而信古有万国;以汉代经略所及,而谓五服相距万里;已为非是。郑玄更设为黄帝、尧、舜暨三代之末盛衰广狭之说,一似古书所述皆为实事者,则疑误后人矣。

九州之说,有山川以为疆界,似乎较易征实,然其为虚拟亦同。《禹贡》九州,除冀州不言疆界外,济、河唯兖州,海、岱唯青州,海、岱及淮唯徐州,淮、海唯扬州,荆及衡阳唯荆州,荆、河唯豫州,华阳、黑水唯梁州,黑水、西河唯雍州,约包黄河、长江两流域。《尔雅·释地》云:"两河间曰冀州。河南曰豫州。河西曰雍州。汉南曰荆州。江南曰扬州。济、河间曰兖州。济东曰徐州。燕曰幽州。齐曰营州。"营州即青州无疑。校《禹贡》,少梁州而多幽州。《吕览·有始览》曰:"河、汉之间为豫州,周也。两河之间为冀州,晋也。河、济之间为兖州,卫也。东方为青州,齐也。泗上为徐州,鲁也。东南为扬州,越也。南方为荆州,楚也。西方为雍州,秦也。北方为幽州,燕也。"说与《尔雅》同。《周官·职方》云:东南曰扬州。正南曰荆州。河南曰豫州。正东曰青州。河东曰兖州。正西曰雍州。东北曰幽州。河内曰冀州。正北曰并州。较《禹贡》更多并州而少徐州。窃疑幽州之增,在北燕盛强以后;并州之增,以赵拓境之广;《周官》无徐州者,鲁已并于楚也;《禹贡》而外,三说皆无梁州,则知《禹贡》之梁州必不包今四川境。何则?《禹贡》无幽、并,知其时燕尚未强,太原以北尚未启,其时代实早于《尔雅》《吕览》《周官》。《尔雅》《吕览》《周官》尚未及巴、蜀,况《禹贡》乎? 观此,弥知为雍、梁二州之界之黑水之不可以凿求,而予谓作《禹贡》者,初亦不审黑水之所在之确也。《淮南·地形》云:"河水出昆仑东北陬,贯渤海,入禹所导积石山。赤水出其东南陬,西南注南海……弱水出自穷石,至于合黎,余波入于流沙。绝流沙,南至南海。洋水出其西北陬,入于南海羽民之南。凡四水者,帝之神泉,以和百药,以润万物。"此篇述八殥、八纮、八极,皆自东北而东,而东南,而南,而西南,而西,而西北,而北,《禹贡》除特冒冀州外,余八州之次亦然,足征其同本旧说。《淮南》弱水,必出西南,今本乃后人据《禹贡》所改,上文云:"水有六品。"又云:"何谓六水? 曰河水、赤水、辽水、黑水、江水、淮水。"水有六品者? 下文云:"山为积德,川为积刑。""丘陵为牡,溪谷为牝。"阳数九,阴数六,故山有九而水有六也。六水盖于四水之外,益以江、淮,则辽水即弱水,①黑水即洋水也。"帝之神泉,以和百药,以润万物",乃方士荒怪之说,安得凿求所在乎? 参看第七章第五节。则知九州之说,亦春秋、战国学者以意区分耳。②《汉书·地理志》云:"尧遭洪水,怀山襄陵,天下分绝为十二州。使禹治之。水土既平,更制九州。"马融云:"禹平水土,置九州。舜以冀州之北广大,分置并州;燕、齐辽远,分燕置幽州,分齐为营州。"《史记·五帝本纪》集解。郑玄云:"舜以青州越海,而分齐为营州;冀州南北大远,分卫为并州,燕以北为幽州。"《尔雅释文》。郭璞、《尔雅注》。李巡、《释文》引。孙炎《诗·周南召南谱》疏。以《尔雅》所说为殷制。皆类乎梦呓也。

九州为古小部中度地居民之法。已见第七章第三节。古人笃于宗教,故知识稍进,又以天文与地理相牵合。《周官》保章氏"以星土辨九州之地,所封之域,皆有分星,以观妖祥",此即《吕览》"天有九野、地有九州"之说。《有始览》。郑注云:"其书亡矣,今其存可言者,十二次之分也。"此即《史记·天官

---

① 地理:弱水即辽水。
② 地理:九州之说,乃春秋战国学者以意区分。

书》二十八舍主十二州之说,分州之必以九或十二者以此。疆域之广狭,今古不侔,而九与十二之数不容变,则其所分必不能一致矣。《史记·孟荀列传》云:邹衍"以为儒者所谓中国者,于天下乃八十一分居其一分耳。中国名曰赤县神州,赤县神州内自有九州,禹之序九州是也,不得为州数。中国外如赤县神州者九,乃所谓九州也,于是有裨海环之,人民禽兽莫能相通者,如一区中者,乃为一州。如此者九,乃有大瀛海环其外,天地之际焉"。《淮南·地形》曰:"何谓九州?东南神州曰农土。正南次州曰沃土。西南戎州曰滔土。正西弇州曰并土。正中冀州曰中土。西北台州曰肥土。正北济州曰成土。东北薄州曰隐土。正东阳州曰申土。"所谓农土,盖即邹衍所谓赤县神州,其名亦本旧闻,非新创也。《王制》曰:"凡四海之内九州,州方千里。"《孟子》亦曰:"海内之地,方千里者九。"《梁惠王上》。而《淮南》言:"九州之大,纯方千里。"则其所谓九州者,仅当《王制》《禹贡》之一州。① 邹衍所谓禹所叙九州者,乃于《王制》《禹贡》等书之一州中,复分为九。今《禹贡》《尔雅》《吕览》《周官》所言之一州,已当赤县神州者九矣。衍说之异于人者,时人谓天下之大,止于《禹贡》等书所言之九州,衍则谓有如是者九,非谓当有如是者八十一也。《淮南》又曰:"九州之外,乃有八殥,亦方千里。自东北方,曰大泽,曰无通。东方曰大渚,曰少海。东南方曰具区,曰元泽。南方曰大梦,曰浩泽。西南方曰渚资,曰丹泽。西方曰九区,曰泉泽。西北方曰大夏,②曰海泽。北方曰大冥,曰寒泽。……八殥之外,而有八纮,亦方千里。自东北方,曰和丘,曰荒土。东方曰棘林,曰桑野。东南方曰大穷,曰众女。南方曰都广,曰反户。西南方曰焦侥,曰炎土。西方曰金丘,曰沃野。西北方曰一目,曰沙所。北方曰积冰,曰委羽。……八纮之外,乃有八极。自东北方,曰方土之山,曰苍门。东方曰东极之山,曰开明之门。东南方曰波母之山,曰阳门。南方曰南极之山,曰暑门。西南方曰编驹之山,曰白门。西方曰西极之山,曰阊阖之门。西北方曰不周之山,曰幽都之门。北方曰北极之山,曰寒门。"八极即八纮之极边,非别有其地。八殥在中国之外,为泽,八纮在八殥之外,又为陆。盖泽居之时,本族所居之洲以外为

---

① 地理:邹衍之禹所九州,当《王制》、《禹贡》一州,九州同《禹贡》、《王制》,如此者九,乃全世界,说与《淮南》互通。

② 地理:大夏在《淮南书》为泽。

水，其外又为他族之地。《淮南》之"八殥"，即邹衍之"裨海"。以地理虽难征实，其缘起实可推求也。邃古中岳，系指泰山，[①]已见第三章。所谓四渎，观第七章第二节所引《汤诰》，实就所居之地言之。正如宋代东、西、南、北四河之名，乃以汴梁为中所锡。《淮南》九州，名义虽难强求，然济水下流似在正北，则其所谓神州，正泰山四面之地。《淮南》又曰"中央之美者，有岱岳以生五谷、桑、麻、鱼、盐出焉"，故称其地为农土也。华夏邃初之疆域，可以微窥矣。《王制》曰："自恒山至于南河，千里而近。自南河至于江，千里而近。自江至于衡山，千里而遥。自东河至于东海，千里而遥。自东河至于西河，千里而近。自西河至于流沙，千里而遥。西不尽流沙，南不尽衡山，东不尽东海，北不尽恒山。凡四海之内，断长补短，方三千里。"则为春秋、战国时疆域，如《禹贡》《尔雅》《吕览》《周官》之所云者。析方三千里之地为九，固适得方千里者九也。《尔雅·释地》云："东至于泰远，西至于邠国，南至于濮铅，北至于祝栗，谓之四极。觚竹、北户、西王母、日下，谓之四荒。九夷、八狄、七戎、六蛮，谓之四海。"《明堂位》云，九夷、八蛮、六戎、五狄。郑笺《诗·蓼萧序》与今《尔雅》同，注《周官·职方》《布宪》则同《明堂位》。《蓼萧序》疏云："数既不同，而俱云《尔雅》，则《尔雅》本有两文。"又引《郑志》答赵商问云：无别国之名，故不定。四海盖当时夷狄之地，合之则成五千里之封，《周官》所云，窃疑亦不过如此。[②]谓四面相距为方万里者，实误也。《尔雅》之"四海"盖同《淮南》之"八殥"，四荒即其八纮，四极即其八极。郭注云：四极，四方极远之国。四荒次四极，四海次四荒。说固不误。予昔信朱绪曾之说，《开有益斋经说》。谓邠即公刘之邑，濮为熊通所启，见第九章第二节。祝栗即涿鹿声转，谓四极在四荒之内。由今思之，实未必然。《说文·水部》："汃，西极之水也。"引《尔雅》"西至于汃国"，则今本"邠"乃误字。濮族占地甚广，《尔雅》之"濮铅"，断不能说为熊通所启。涿鹿即彭城，更非使译所极矣。《汉书·西域传》言"安息长老传闻条支有弱水、西王母"，《后汉书·西域传》则又谓在大秦之西矣。盖于其地本不审知，徒以为西方极远之国，遂以己所知极西之地当之也。《尔雅》言四荒、四极之名，亦正如此。必求其地之所在，转致误矣。《楚辞·招魂》曰："魂兮归来，东方不可以托些。长人千仞，唯魂是索些。十日

---

① 地理：古四岳泰山为中，四渎亦异后。
② 地理：古地理真相。

代出,流金铄石些。彼皆习之,魂往必释些。……魂兮归来,南方不可以止些。雕题黑齿,得人肉以祀,以其骨为醢些。蝮蛇蓁蓁,封狐千里些。雄虺九首,往来倏忽,吞人以益其心些。……魂兮归来,西方之害,流沙千里些。旋入雷渊,靡散而不可止些。幸而得脱,其外旷宇些。赤蚁若象,玄蜂若壶些。五谷不生,丛菅是食。其土烂人,求水无所得些。彷徉无所倚,广大无所极些。……魂兮归来,北方不可以止些。增冰峨峨,飞雪千里些。"辞皆荒昧。而又非全无所因,殊足见古人所谓四海之外者为如何也。

古人之言地理,又有系据天象推测而得者。如《尔雅》言:"距齐州以南戴日为丹穴,北戴斗极为空桐,东至日所出为大平,西至日所入为大蒙。"《周髀》言两极之下,夏有不释之冰,物有朝生暮获是也。古盖天家言,以地为平面。北极居中央,四面皆为南,故其南方无穷。《庄子·天下》举惠施之言曰"南方无穷而有穷",乃反乎恒情而言之也。《吕览·有始览》曰:"凡四海之内,东西二万八千里,南北二万六千里。《管子·地数》》《轻重乙》《淮南·地形》《五藏山经》篇末说皆同。出水八千里,受水者亦八千里……《五藏山经》篇末同。"出水"者作"出水之山"。凡四极之内,东西五亿有九万七千里,南北亦五亿有九万七千里。"《淮南·地形》:"禹乃使太章步自东极,至于西极,二亿三万三千五百里七十五步。使竖亥步自北极,至于南极,二亿三万三千五百里七十五步。"《海外东经》:"帝命竖亥步自东极,至于西极,五亿十选九千八百步。……一曰禹令竖亥。一曰五亿十万九千八百步。"郭注:"选,万也。"亦系如此。非真目验所得,并非传闻之辞也。与《禹贡》等书所言地理,根源各别,不可混淆。

第十一章 社会组织

第一节 婚 制

《易》曰:"有天地,然后有万物;有万物,然后有男女;有男女,然后有夫妇;有夫妇,然后有父子;有父子,然后有君臣;有君臣,然后有上下;有上下,然后礼义有所错。"《序卦》。若是乎,社会之组织,必以夫妇为之基也。虽然,此非其朔也。社会学家言:动物群居之方有二:一如人之有家,猫、虎、熊、狐则然。牝牡同居,仅以乘匹时为限,子女长成,即与父母分离,此外更各不相涉矣。一如人之结社,犬、马、猿猴则然。父母子女,永远同居,累代不涣,故其群可以极大。同居时短者,势不能有语言,而人类之首出庶物,实以语言为根干,故人必社群动物,而非家庭动物。① 人类以男女之事为耻,及其嫉妒之情,皆非本性。妇人之爱孩稚,亦非必已之所生。邃初男女之欲,亦男求女,女求男而已,非某男求某女,某女求某男也。又人类生活程度高,一夫妇能鞠育子女,至于成长者实无之,故无论何等家庭,必与社会相维系。顾家庭之制,在人类极为普遍者,则因古人多以游猎为生。游猎之民,率好劫掠,而其时生计贫窘,可掠之物甚鲜,女子遂为劫掠者所垂涎。既以劫掠得之,则视为财产,必谨守护,弗许他人侵犯。然其守护之也,亦视为财产而已,故苟有所取偿,则租借、馈赠,无所不可也。《汉书·地理志》言燕地"宾客相过,以妇侍宿"。《左氏》襄公二十八年,齐庆封与卢蒲嫳易内;昭公二十八年,晋祁胜与邬臧通室。皆此俗之遗也。不特此也,男子之压制女子,使之专属于己,只施之群以外,而不施之群以内。此尤人为社群动物,而非家庭动物之铁证也。

婚姻之法,非所以奖励男女之交也,乃所以限制之,使其不得自由。何则?群而有婚姻之法,即不啻曰:非依是法,不得媾合云尔。一切有为之法,悉属后起,故邃古之世,必有一男女媾合绝无限制之时,特已无可考而已。人之分其群为若干部,而各异其权利义务也,必始于年辈之不同。此乃事势之自然。大率分为老、壮、幼三级。《礼记·礼运》曰:"使老有所终,壮有所用,幼有所长。"《论语·公冶长》曰:"老者安之,朋友信之,少者怀之。"此古之遗言也。男女媾合之禁,亦

---

① 婚姻:人为社群非家庭动物。

当始于是，社会学家所谓辈行婚也。① 《礼记·大传》曰："同姓从宗合族属，异姓主名治际会，名著而男女有别。其夫属乎父道者，妻皆母道也。其夫属乎子道者，妻皆妇道也。谓弟之妻'妇'者，是嫂亦可谓之'母'乎？名者，人治之大者也，可无慎乎？"此所言者，为宗子合族之礼。异姓来嫁者，但主于母与妇之名，而不复别其为谁某之妻，如是而男女即可云有别，此实辈行婚制遗迹犹存者也。此外如夫兄弟、妻姊妹婚之盛行；象计谋杀舜，而云二嫂使治朕栖，见《孟子·万章上》。叔术娶郳娄颜之妻，见《公羊》昭公三十一年。孟卯妻嫂，见《淮南·泛论》。皆夫兄弟婚之遗迹。妻姊妹婚，则其事甚多，不待举证，娣即其最显之证也。姊妹俱嫁一夫者，与兄弟之妻称谓之相同；《尔雅·释亲》："女子同出，谓先生为姒，后生为娣。"此谓俱嫁一夫者。又曰："长妇谓稚妇为娣妇，稚妇谓长妇为姒妇。"此谓兄弟之妻。以及叔嫂避忌之严；《礼记·曲礼》："嫂叔不通问。"《檀弓》："嫂叔之无服也，盖推而远之也。"凡避忌严者，其初必多渎乱，夫兄弟婚，大抵叔可继嫂，兄公不得娶弟之妻也。妻之姊妹，至后来犹颇亲昵；如《硕人》之诗言"谭公维私"。又《左氏》庄公十年："蔡哀侯娶于陈，息侯亦娶焉。息妫将归，过蔡，蔡侯曰：'吾姨也。'止而见之。"亦皆足为佐证。《白虎通义·号篇》谓三皇之先，"民知其母，不知其父"，盖指此时代言之矣。古父母非专称，盖凡上一辈人皆有抚育下一辈人之责。后世父兄子弟之称犹如此。然当此时，一夫一妇之制，亦已萌蘖于其间，则内婚制稍变于外婚为之也。② 同姓不婚之故，③昔人言之者曰"男女同姓，其生不蕃"，《左氏》僖公二十三年。《国语·郑语》，史伯谓"和实生物，同则不继"即此说。曰"美先尽矣，则相生疾"。《左氏》昭公元年。以今遗传学及昔时事实按之，皆无根据，盖非其实。如真谓亲族相婚有害，则凡亲族相婚皆当禁。然各民族罕有兼严于父族、母族者，如中国，舅之子、姑之子、从母之子相婚即极盛，且行之甚久矣，然绝未见其有害也。必求其实，则司空季子所谓"黩则生怨，怨乱毓灾，灾毓灭姓"《国语·晋语》者，庶乎近之。《礼记·郊特牲》曰："取于异姓，所以附远厚别。"厚别则所以防黩，附远则后起兼致之利也。怨乱毓灾，古盖不乏其事，而男子得女子于异部族，私为己有者，其事亦数见不鲜。鉴于争色之致斗乱，稍奖彼而禁此，后遂以为大戒矣。古淫与乱有别，见《诗·雄雉序》疏。淫不为大恶，乱则曰鸟兽行，曰禽兽行，在诛绝之科也。外婚之初，始于劫掠，说已见前。其后鉴于争夺之不可为常，则稍变为卖买。女权昌盛之地，女子

---

① 婚姻：辈行婚。
② 婚姻：内昏——外昏——夫妇——劫掠——服务、买卖——聘取。
③ 婚姻：同姓不昏之故。

不乐往嫁者,亦以服务婚代之。逮社会益演进,财权皆操于男子之手,乃复变为卖买。而生计益裕,嫁女者不复计人力之损失而求偿,而礼亦益文,则又变为聘娶,古所谓六礼也。亲迎之必以昏,凡行礼皆用昕,六礼除亲迎外,亦皆用昕。婚礼之不用乐,《郊特牲》。皆劫掠之遗迹。《世本》言:"伏牺制以俪皮嫁娶之礼。"《礼记·月令》疏。《曲礼》谓:"女子许嫁缨。"缨者,颈饰,其字从贝。"缨"为王氏筠所谓累增字。初只作"贝"。增为"婴",又增为"缨"。贝与皮皆古代泉币,是为卖买之遗迹,赘婿即服务之遗迹也。六礼者:曰纳彩,亦曰下达,男氏求婚之使也。女氏既许婚矣,乃曰:"敢问女为谁氏。"谦,不必其为主人之女也。时曰问名。纳彩、问名共一使。既得许,归卜之于庙,时曰纳吉。卜而得吉,使告女氏,时曰纳征,亦曰纳币。纳币以玄𫄸、束帛、俪皮,两麋鹿皮,见《公羊》庄公二十二年解诂。即今之订婚也。订婚之后,乃诹吉日。吉日男氏定之,然必三请于女氏,女氏辞而后告之,示不敢专也。时曰请期。及期,父亲醮子而命之迎。女氏之主人筵几于庙,而拜迎于门外。婿执雁入,揖让,升堂,再拜奠雁。舅姑承子以授婿。此语见《坊记》。降出,御妇车。御轮三周,先。婿下车,先行,御者代之执辔。俟于门外。妇至,婿揖妇以入。共牢而食,合卺而酳。时曰亲迎。质明,赞妇见于舅姑。厥明,舅姑共飨妇。以一献之礼。奠酬。舅姑先降自西阶,妇降自阼阶,谓之授室,以著代也。此为适妇之礼,与适子之冠于阼同,庶妇则使人醮之。以上著于礼经,《仪礼·士婚礼》。《礼记·婚义》为《仪礼》之传。亦错见《郊特牲》篇中。为北方所行之礼。南方则颇异于是。《公羊》言楚王妻媦,桓公二年,注:"媦,妹也。"春秋时晋嫁女于吴,《左氏》襄公二十三年。鲁亦娶于吴,哀公十二年。是南方不禁同姓婚也。[①]《礼记·大传》曰:"六世亲属竭矣,其庶姓别于上,而戚单于下,婚姻可以通乎?系之以姓而弗别,缀之以食而弗殊,虽百世而婚姻不通者,周道然也。"则殷以前,同姓婚之禁不甚严。《秦策》,姚贾曰:"太公望齐之逐夫。"《说苑·尊贤》作"出夫"。《汉书·地理志》,齐襄公淫乱,姑姊妹不嫁,于是令国中民家长女不得嫁,名曰巫儿,为家主祠;嫁者不利其家。民至今以为俗。以此等风俗为由于政令,自系汉人浅见。其实襄公之姑姊妹不嫁,或反系风俗使然。《齐策》有北宫婴儿子,撤其环瑱,至老不嫁,以养父母,盖即巫儿。而淳于髡亦为齐赘婿。《史记》本传。是东南多以女为户主也。盖农业本女子所发明。初发明时,系女耕耘而男田牧。斯时田

[①] 婚姻:东南不禁同姓婚,多服务婚。

亩、屋庐,皆为女子所有,男子皆就婚女子之家。逮农事益重,所需人力益多,乃更以男子为主。南方土沃民窳,农业演进较晚,女系族制行之较久,故其婚姻之法亦与北方不同也。

古有两姓世为婚姻者,如春秋时之齐、鲁是也。古虽禁同姓婚,而姑舅之子,相为婚姻者反盛,以此。社会学家言,又有所谓半部族婚者(Moieries),①如以甲乙二姓,各再分为两部,甲为一、二,乙为三、四,一之婚也必于三,生子属第二部,其婚也必于四,生子属第一部,其婚也又必于三。如是,则祖孙为一家人,父子非一家人矣,古昭穆之分似由此。"孙可以为王父尸,子不可以为父尸",《礼记·曲礼》。殇与无后者,必从祖祔食而不从父,《曾子问》。实与"神不歆非类,民不祀非族"之理相通也。《左氏》僖公十年。

群以内,虑其以争色致斗乱也,而外婚之制,一时不能遍行,不能人人在部族之外得妇。乃于部族之中,推行一夫一妇之制,使于妃匹之外,不得媾合焉,此为辈行婚转变为对偶婚制之渐,古所谓合男女也。合男女之文,两见于《管子·幼官》。一在春时,一在秋时。《礼记·礼运》曰:"合男女,颁爵位,必当年德。"《易》曰"枯杨生稊,老夫得其女妻","枯杨生华,老妇得其士夫";《大过》爻辞。盖即合男女而不当其年者。② 譬诸枯杨复生,为妖孽,此对偶婚制后于辈行婚制之征也。《管子》九惠之政,五曰合独,"取鳏寡而合和之,予田宅而家室之,三年然后事之"。《入国》。《周官·媒氏之职》:"凡男女自成名以上,皆书年、月、日、名焉。令男三十而娶,女二十而嫁。凡娶判妻入子者皆书之。中春之月,令会男女,于是时也,奔者不禁。若无故而不用令者罚之。司男女之无夫家者而会之。凡嫁子娶妻,入币纯帛无过五两。禁迁葬者与嫁殇者。凡男女之阴讼,听之于胜国之社。其附于刑者归之于士。"盖对偶婚之制,初本以公意干涉而成,后遂设官以理其事也,唯婚姻为公意所干涉,故婚年、婚时,亦皆有其定则焉。婚年之说,《礼记·曲礼》《内则》及《穀梁》文公十二年。《周官》《媒氏》。皆谓男年三十,女年二十。此说最为通行,儒家皆祖述之。《尚书大传》、《白虎通义·嫁娶篇》、《诗·摽有梅》疏引《五经异义》礼大戴说。然《大戴》别有一说,谓太古男三十而室,女二十而嫁,而三十娶、二十嫁为中古之制。《本命》。《左氏》谓国君十五而生子。《异义》引古《春秋左氏》

---

① 婚姻:古半部族昏遗迹。
② 婚姻:合男女婚年婚时。

说。按,《左氏》本文见襄公九年,《淮南·泛论》云:"礼三十而娶,文王十五而生武王,非法也。"《墨子·节用》谓圣王之法,男年二十,女年十五。《韩非·外储说右下》同。《越语》句践之令,则男年二十,女年十七。《吴越春秋·句践伐吴外传》同。盖古婚姻之法不严,男女之交,不必在嫁娶以后,嫁娶或为血气已衰后事,故为时可以较迟;后世非夫妇不许同居,则为时不得不早矣。罗维(Robert Heinrich Lowie)《初民社会》言巴西之波洛洛人(Bororo),必年长然后结婚。未婚男子,率共居一处,掠少女为淫佚。案,男女同居,本为互相辅助,此必血气既衰,欲念已淡,然后可以有恒。少年时殊难责以专一。波洛洛人之法,实较合于人之本性也。吕叔湘译。商务印书馆本。男三十,女二十,自系为之限极,使不可过。其可以嫁娶之年,则为男十六,女十四。古以男八岁而龀,二八十六而精通;女七岁而龀,二七十四而精通;《大戴·本命》《白虎通义·嫁娶》。《素问·上古天真论》,男子八八六十四而天癸绝,女子七七四十九而天癸绝。故男子六十闭房,妾虽老,年未满五十,必与五日之御。至七十大衰,非人不暖,则复开房。《内则》所谓"夫妇之礼,唯及七十,同藏无间"也。又云:"七年男女不同席,不共食。"盖古习俗,限制男女交际,始于毁齿之年,迄于大衰之日。自兹以往,则任为人父母。太平之世,不急急于蕃育,而聘娶鞠育,皆不能无待于资财,故限极较宽,俾得从容措办。唯贵族席丰履厚,不以乏财为虑者,其配合即在能施化之年。凶荒札丧之日,急于蕃育人民,则其限极较促,《墨子》《韩子》所言是也。《国语》言十七者,《汉书·高帝纪》二年注引孟康说:"古者二十而傅,三年耕有一年储,故二十三而后役之。"越王之令,意盖同此。令于始化之后,得稍事措办也。婚时,《荀子·大略》曰:"霜降逆女,冰泮杀止。"《繁露·循天之道》同。《诗》言"士如归妻,迨冰未泮",其说是也。古者农民冬则居邑,春则居野。见《公羊》宣公十五年解诂,《汉书·食货志》同。田牧之世,分散尤甚。故嫁娶必始秋末,迄春初,雁来而以为礼,燕来则祀高禖,皆可见嫁娶之时节。《媒氏》仲春奔者不禁,盖以时过而犹不克婚,则必乏于财,故许其杀礼。《周书·籴匡》言荒政曰"嫁娶不以时",意正同此。郑玄以二月为婚之正,非也。婚时、婚年,今古文及毛、郑异说,详见《诗·摽有梅》《绸缪》《东门之杨》三篇及《周官·媒氏》疏。

离婚之法,儒家有七弃、五不娶、三不去之说,[①]见于《公羊》庄公二十七年解诂,其说曰:"尝更三年丧不去,不忘恩也。贱娶贵不去,不背德也。有所受无所归不去,不穷穷也。丧妇长女不娶,无教戒也。世有恶疾不娶,弃

---

① 婚姻:离昏。

于天也。世有刑人不娶,弃于人也。乱家女不娶,类不正也。逆家女不娶,废人伦也。无子弃,绝世也。淫佚弃,乱类也。不事舅姑弃,悖德也。口舌弃,离亲也。盗窃弃,反义也。嫉妒弃,乱家也。恶疾弃,不可奉宗庙也。"《大戴记·本命》略同。《白虎通义·嫁娶篇》仅有五不娶之说。皆男权盛张,家族特重时之法而已。妻之于夫,必义绝乃得去。所谓义绝者,悖逆人伦,杀妻父母,废绝纲纪是也。《白虎通义·嫁娶篇》。其不平等可谓已甚。然古禁止离异,初不甚严。女子再嫁,尤视为恒事。《郊特牲》曰:"一与之齐,终身不改,故夫死不嫁。"注:"齐谓共牢而食,同尊卑也,'齐'或为'醮'。"案,作醮与齐意大异,作齐意谓不得以妻为妾,作醮则谓不得再嫁矣。古通行之语往往并无确诂。如"君子有终身之忧,无一朝之患",《孟子》引以证横逆之来三自反,《离娄下》。《檀弓》则引以证"丧三年以为极,亡则弗之忘"是也。一与之齐,终身不改,盖本戒男子不得以妻为妾,后乃变为禁女子不得再嫁。意义既变,遂改"齐"为"醮",并于其下增入"故夫死不嫁"五字矣。① 观郑注绝不及"夫死不嫁"义,可知其所据本犹无此五字,"齐"虽或改为"醮",犹以不改者为正也。《仪礼·丧服》继父同居传谓"夫死妻稚子幼,子无大功之亲",则"与之适人"。此所言者,为士大夫之家,小民之不讳再嫁可知。贞妇二字,昉见《礼记·丧服四制》,观《芣苢》《柏舟》《大车》之序于《诗》,皆见《列女传》。刘向治《鲁诗》。儒家亦未尝不加以称美,然此如忠臣义士,杀身成仁,谓责人人必以是为庸行,儒家固无是说也。尤有进者:古妇入三月而后庙见。未庙见而死,"归葬于女氏之党,示未成妇也"。《礼记·曾子问》。不亲迎者,亦妇入三月然后婿见。《士婚礼》。《公羊》庄公二十四年解诂曰:"礼:诸侯既娶三月,然后夫人见宗庙,见宗庙然后成妇礼。"成公九年解诂曰:"父母使大夫操礼而致之。必三月者?取一时,足以别贞信。"然则未三月而离异,犹可谓之未成婚,并不足以言离婚矣。② 《曾子问》曰:"婚礼,既纳币,有吉日,女之父母死,则如之何? 孔子曰:'婿使人吊。如婿之父母死,则女之家亦使人吊。父丧称父,母丧称母,父母不在则称伯父世母。婿已葬,婿之伯父致命女氏曰:"某之子有父母之丧,不得嗣为兄弟,使某致命。"女氏许诺而弗敢嫁,礼也。婿免丧,女之父母使人请,婿弗娶而后嫁之,礼也。女之父

---

① 婚姻:"故夫死不嫁"乃窜入。
② 婚姻:未三月为未成昏。

母死,婿亦如之。'"一造相待三年,一造反可随意废约,其事殊不近情,故后人多有疑之者。然一造相待三年,一造犹可废约,则当一造遭丧之际,一造之得废约可知。所谓免丧而犹使人请,仅彼造无意废约时为然耳。此文女氏许诺而弗敢嫁之语,颇有语病,苟不以辞害意,其说实无足疑也。在行对偶婚制之日,离婚总非公意所欲,故总必略有限制。《管子·大匡》谓"士庶人毋专弃妻",《小匡》谓"士三出妻,逐于境外;女三嫁,入于舂谷"是也,然其限制,亦不过如是而已。

婚礼本意,在于"男不亲求,女不亲许"。《公羊》僖公十四年解诂。非徒以防黩乱也,既为婚姻,则其身若其子孙,权利义务,咸有关系,故必有人焉居间以证明之。"男女非有行媒,不相知名;非受币,不交不亲;故日月以告君,斋戒以告鬼神,为酒食以召乡党僚友",《曲礼》。其意皆不外此而已。然此亦特仪文,配匹之际,固未尝不顾本人之愿欲。① 《左氏》昭公元年,郑徐吾犯之妹美,公孙楚聘之矣,公孙黑又使强委禽焉。犯请于二子,请使女择焉,即其征也。哀公十一年,晋悼公子憖亡在卫,使其女仆而田。大叔懿子止而饮之酒,遂聘之。则男女固未尝无交际,亦未尝禁其相爱悦,特不当不用媒妁,如鲁季姬径使鄫子来请己而已。《公羊》僖公十四年。婚礼不称主人,又隐公二年。特礼之文而非其实。婚姻全不问本人之愿欲与否,乃后世之流失,非古礼本然也。

人类群居,亦有家族、社群二者,而家族实为女子之敌,以其禁锢女子必甚也。② 《内则》曰:"礼始于谨夫妇,为宫室,辨外内,男子居外,女子居内。深宫固门,阍寺守之。男不入,女不出。"其极,遂至夫人既嫁,非有大故不得归矣。《公羊》庄公二十年。案,《战国·赵策》,触詟谓赵太后曰:"媪之送燕后也,持其踵,为之泣,念悲其远也,亦哀之矣。已行,非弗思也,祭祀必祝之。祝曰:必勿使返。"则此礼当时列国皆行之,非空谈也。此固唯贵族之家为然。然《管子·八观》言:"闾闬无阖,外内交通,则男女无别矣。"又曰:"食谷水,巷凿井,场圃接,树木茂,宫墙毁坏,门户不闭,外内交通,则男女之别毋自正矣。"《汉书·地理志》谓郑"山居谷汲,男女亟聚会,故其俗淫。"则民间之防闲,亦未尝不严也。所以然者,家必自私,自私者恐其种类之乱,又虑其财产之失,而二者皆非禁锢女子不可,

---

① 婚姻:古婚姻许用本人意。
② 婚姻:禁锢女子。

故淫佚、盗窃，并列于七出之条也。《曾子问》曰："娶妇之家，三日不举乐，思嗣亲也。"《郊特牲》曰："婚礼不贺，人之序也。"《婚义》曰："成妇礼，明妇顺，又申之以著代，所以重责妇顺焉也。妇顺者，顺于舅姑，和于室人，而后当于夫，以成丝麻布帛之事，以审守委积盖藏。是故妇顺备而后内和理，内和理而后家可长久也。"家族自私之心，昭然若揭矣。夫如是，则女子自不得不以顺为正，《孟子·滕文公下》。以三从为德。未嫁从父，既嫁从夫，夫死从子，见《仪礼·丧服传》，《公羊》成公九年，《穀梁》隐公二年、成公九年。"子甚宜其妻，父母不悦，出；子不宜其妻，父母曰'是善事我'，子行夫妇之礼焉，没身不衰。"《内则》。则既屈于其夫，又屈于其夫之家审矣。夫孰使女子屈伏于羁轭之下，而丧失其天赋之人权也？则以其不系于群而系于家。孰使之不系于群而系于家？则以其所作之事，皆非以为群，而特为男子之辅助故也。故欲张女权，必自破除家族始，欲破除家族，必自人人为其群执事始。

妾之缘起有二：①一曰姪娣。此为婚姻之特异者。常人本只可娶一妻，男女之数，大略相等，此为生物定律。既行对偶婚制，势必使人人有妻，故无论何族，大多数人，皆行一夫一妻制。贵者则兼及其娣，又下逮及于其姪。更推广之，则娶一国，二国往媵，媵又各以姪娣从，是为诸侯之一聘九女。《公羊》庄公十九年。古之酋长，盖皆止于此。其后说者以天子同于诸侯为未安，乃又益之为十二焉。见《春秋繁露·爵国篇》。《白虎通·嫁娶篇》以此列为或说。又《公羊》成公十年解诂，亦谓天子娶十二女。疏云《保乾图》文。大夫功成受封者，得备八妾，盖同于诸侯。不则一妻二妾，有媵而不备姪娣。士一妻一妾。说见《白虎通义·嫁娶篇》。然《爵篇》云"庶人称匹夫者？匹，偶也，与其妻为偶"，而《礼器》言"匹士大牢而祭谓之攘"，又《内则》言"卜士之妻，大夫之妾，使食子"，《大匡》言"诸侯毋专立妾以为妻"，"士庶人毋专弃妻"，则士本无妾。②《国语·周语》，密康公之母，言"王御不参一族"。韦注：一族，父子也，娶异姓以备三。管氏有三归，孔子讥其不俭，《论语·八佾》。集解，包曰："娶三姓女。"则大夫不得娶三姓。《士冠礼记》："无大夫冠礼而有其婚礼？古者五十而后爵，何大夫冠礼之有？"五十而后娶，其为再娶可知。古者诸侯不再娶，《公羊》庄公十九年。以其一娶九女也，大夫若有妾，安得再娶？则其初亦无妾也。《盐铁论·散不足》曰："（古者）一

---

① 婚姻：妾之缘起。
② 婚姻：士、大夫本无妾。

男一女而成家室之道。及后士一妾,大夫二,诸侯有侄娣,九女而已。"则诸侯初亦无妾。此盖隆古之世,与民并耕而食,饔飧而治之君,故其婚姻之礼,初无以异于常人也。一为妾媵。此所谓媵者,与娶一国,二国往媵之媵异。彼当往媵之初,已有夫妇之义,此则女氏之送女者耳,犹男氏之御也。媵亦以男子为之。因男权无限,家中女子,凡所欲者,皆可奸通,于是自妻家来者,则谓之媵,家中所固有者,则谓之妾。妻以外得相交之女子,总不越此二类,故古恒以妾媵并称。后世送女之制已废,则媵之名亦废,而但称为妾也。《说文·辛部》:"妾,有罪女子给事之得接于君者。"古臣妾即后世之奴婢,初盖唯以俘虏、罪人为之。其后贵贱之别渐夷,贫富之分益显,则一变而为奔,再变而为卖矣。古有所谓游女者,实与游士无异,皆民之穷无所归者也。① 游士之有才技者,或为贵人食客,下者乃为奴仆。女则无事可以自效,遂皆为人婢。主人欲淫其婢,法俗皆不之禁,故古婢妾无别。然其初,固求执事以自食,非来求荐寝也。民已穷无所归,而法俗尚未许卖买人口,则为奔;逮其公然行之,则奔亦变为卖矣。《曲礼》曰:"买妾不知其姓则卜之。"《檀弓》曰:"子柳之母死,子硕请具。子柳曰:'何以哉?'子硕曰:'请鬻庶弟之母。'"《韩非子·内储说下》:"卫人有夫妻祷者,而祝曰:'使我无故,得百束布。'其夫曰:'何少也?'对曰:'益是,子将以买妾。'"可见买妾之事,自贵族至庶人皆有之。《战国·秦策》:"卖仆妾售乎间巷者,良仆妾也;出妇嫁乡曲者,良妇也。"又曰:"去贵妻,卖爱妾。"妻妾一可卖,一不可卖,则等级之制为之也。

古文经说之丧心害理者,莫如《礼记·婚义》末节。② 其说曰:"古者天子后立六宫、三夫人、九嫔、二十七世妇、八十一御妻,以听天下之内治,以明章妇顺,故天下内和而家理。天子立六官、三公、九卿、二十七大夫、八十一元士,以听天下之外治,以明章天下之男教,故外和而国治。"夫六官乃古文经说,三公、九卿、二十七大夫、八十一元士,则今文经说,二者绝不相蒙,今乃揉合为一。且三公、九卿、二十七大夫、八十一元士,自来无与内官相对照者,今则凭空造作。世妇、女御之名,取诸《周官》,然《周官》不言其数。《婚义》乃《士婚礼》之传,此节所言,事既与经无涉,文亦不类传体,谓非窜附可乎?《汉书·王莽传》,莽"备和、嫔、美、御。和人三,位视公。嫔人九,视卿。美人二十七,视大夫。御人八十一,视元士"。窜附者为何等人,又不待言而明矣。郑玄《檀弓》注云:"帝喾而立四妃矣,象后妃四星,其一明者为正妃,

---

① 婚姻:游女同游士——仆婢。
② 婚姻:《昏义》末节之缪。

余三小者为次妃。帝尧因焉。至舜不告而娶,不立正妃,但三妃而已,谓之三夫人。……夏后氏增以三三而九,合十二人。《春秋》说云'天子娶十二',即夏制也。以虞、夏及周制差之,则殷人又增以三九二十七,合三十九人。周人上法帝喾,立正妃,又三二十七为八十一人以增之,合百二十一人。其位,后也,夫人也,嫔也,世妇也,女御也,五者相参,以定尊卑。"穿凿附会,真可发一大噱。

既有妻妾之制,则嫡庶之别,不得不严,[1]盖妾唯贵族之家有之,而贵族继嗣之际,恒启争夺之端,不得不防其渐也。《春秋繁露·三代改制质文篇》谓主天者法商而王,立嗣予子,笃母弟,妾以子贵,妾为夫人,特庙祭之,子死则废,见《公羊》隐公五年解诂。主地者法夏而王,立嗣与孙,笃世子,妾不以子称贵号。盖古自有此两法,而《春秋》之"张三世",则所以调和之者也。古所称三代异礼,实为民族之殊俗,或不容偏废,或可以相矫,故儒家并存之。《白虎通义·嫁娶篇》谓嫡夫人死得再立,不以卑贱承宗庙;又列或说,谓嫡死不更立,明嫡无二,防篡杀;亦此二说之引伸而已。其《姓名篇》谓嫡长称伯,庶长称孟。《左氏》襄公十二年,灵王求后于齐,齐侯问对于晏桓子,桓子述礼辞曰:"夫妇所生若而人,妾妇之子若而人。"昭公三年,齐侯使晏婴请继室于晋,曰:"犹有先君之嫡及遗姑姊妹若而人。"则古男女,嫡庶出者,似皆异长,与蒙古人同。盖子女旧属于母,故虽当男系盛行之时,随其母为贵贱之习,犹卒不易改也。

倡伎之制,[2]世皆谓始于齐之女闾,恐非也。女闾之说见于《战国·东周策》,谓"齐桓公宫中七市,女闾七百,国人非之,管仲故为三归之家,以掩桓公非,自伤于民"。案,《周官·内宰》"佐后立市"。《左氏》昭公二十年,晏子亦谓齐"内宠之妾,肆夺于市"。《商君书·垦令》曰:"令军市无有女子。""轻惰之民,不游军市,则农民不淫。"则古女子与市关系颇深。《商君书》军市女子,似即后世倡伎之伦,齐桓宫中七市,则不得以此为例。《史记·货殖列传》谓中山之女子,"鼓鸣瑟,跕屣,游媚贵富,入后宫,遍诸侯"。古贵族外淫甚难。如陈佗、晋幽公皆见杀,见第九章第八节。齐桓公悦宫市之女,而召之入宫则可矣,若乐宫市而过之,度亦不过如卫灵公之所为,《史记·孔子世

---

[1] 婚姻:嫡庶之别。
[2] 婚姻:倡伎。

家》：“灵公与夫人同车,宦者雍渠参乘出,使孔子为次乘,招摇市过之。"此乃纵游观之乐,非纵淫也。谓失人君之体则有之,遽以宫市为后世之倡伎则过矣。女闾,盖即《汉志》所谓"巫儿"。《东周策》之意,盖亦如《汉志》之讥襄公,而言之未悉,拟诸后世之倡伎,更非其伦也。《货殖列传》又言:"赵女郑姬,设形容,揳鸣琴,揄长袂,蹑利屣,目挑心招,出不远千里,不择老少者,奔富厚也。"观"不择老少"一语,则所接者非一人,此或与《商君书》军市之女子,同为后世倡伎之伦耳。

第二节　族　　制

人类为社群动物,而非家庭动物,上章已言之。孔子言大道之行也曰:"人不独亲其亲,不独子其子；使老有所终,壮有所用,幼有所长,鳏寡孤独废疾者,皆有所养。"《礼记·礼运》。富辰亦曰:"大上以德抚民,其次亲亲,以相及也。"《左氏》僖公二十四年。固知"各亲其亲,各子其子",非人性之本然也。

然则人何以不合天下为一家,而家云国云,有此疆彼界之分也？曰：此由所处之境为之限。推人类之本性,①其相人偶,本可以至于无穷,然情意之相通,亦必有其所凭借。古者山无蹊隧,泽无舟梁,既有以限制其往来；而语言之不同,风俗之各异,亦若为其合同之障；此其所以有国云家云之林立也。然人固无不向大同之途而行。非必圣哲,即恒人,其所行者,虽若日争夺相杀,然其本心,未尝不有一天下为公之念,潜伏于其中。特道阻且长,非一日所能至；又其前进也,常取曲线,或不免倒行逆施耳。鸟飞准绳,固不容拘丈尺以论曲直,此识者所以深观其微,而不为一时之幻象所惑也。

人与人相亲恶乎始？曰：始于母子。社会一切现象,皆为后起,唯母之抚育其子不然。不如是,人固无由存也。人之所以异于禽兽者曰善推。知有母,则知有同母之人焉；又知有母之母焉；又知有与母同母之人焉。亲族关系,自兹而昉。田牧之世,男子日奔驰于外,抚育子女,皆由其母任之；又女子多有定居；故子女恒属于母。于文,女生为姓,职是故也。斯时之匹

---

① 人性大同。

合，男子恒入居女子之家。《丧服》为舅缌，为从母小功，后人曲为之说，终属未安。若知女系氏族，夫从妇居，则何足异？斯时之从母，正如今之世叔父；舅之于甥，则如姑之于侄耳。夫从妇居之制，人类初知农业时则然，以斯时土地屋庐率为女子所有也。及生事益进，农业之所系益重，亦以男子为之主，则财权渐入男子手中；又男子或为酋长，或为将帅，或为巫祝，权力声望，稍与人殊，不复乐以服务求婚，婚礼复变为聘娶，而女子始隶属于男子。至于田牧之族，本以劫掠、卖买为婚者，更无论矣。有财产者，率欲传之于子。职业地位，亦多父子相传，与人交者，皆当求知其父，而不必求知其母，于是始以姓表见其为某母之子者，今则以姓表见其为某父之子焉，而母姓始易为父姓。如黄帝二十五子，得姓者十四人，《史记·五帝本纪》。显系各从其母，而禹之后为姒姓，契之后为子姓，稷之后为姬姓，则皆从其父是也。此女系氏族所由易为男系也。今所谓氏族，即古所谓姓。

古九族之制，见于《白虎通义》者，曰父属四：父之姓为一族，《五经异义》作"五属之内"。父女昆弟适人有子为一族，身女昆弟适人有子为一族，身女子子适人有子为一族。母族三：母之父母为一族，母之昆弟为一族，《五经异义》作"母之父姓为一族，母之母姓为一族"。母之女昆弟与其子为一族。妻族二：妻之父为一族，妻之母为一族。此为今《戴礼》、欧阳《尚书》说，亦见《五经异义》。《诗·王风·葛藟》疏引。然《白虎通义》又有一说，谓尧时父、母、妻之族俱三，① 周乃贬妻族以附父族，则此说犹非其朔也。《异义》述古文说，以上自高祖，下至玄孙为九族，则误以九世当之矣。族类之无服者谓之党，《礼记·奔丧》郑注。《白虎通义·嫁娶篇》谓《春秋传》讥娶母党，今三《传》皆无其文，古经说传固不能尽载也。则古母姓之不通婚，② 正如后世之父姓也。

《白虎通义》曰："族者，凑也，聚也，谓恩爱相流凑也。……生相亲爱，死相哀痛，有会聚之道，故谓之族。"盖纯论情谊者也。又曰："宗者，尊也。为先祖主者，宗人之所尊也。"则有督责之意矣。宗有大小之分，说见《礼记·大传》。《大传》曰："别子为祖，继别为宗，继祢者为小宗。有百世不迁之宗，有五世则迁之宗。宗其继别子之所自出者，百世不迁者也。宗其继高祖者，五世则迁者也。"《丧服小记》略同。注曰：别子为祖，"谓公子若始来在

---

① 宗族：尧时父母妻之族俱三。
② 婚姻：讥取母党为古之同姓不昏。

此国者,后世以为祖也"。继别为宗,"别子之世嫡也。族人尊之,谓之大宗"。继祢者为小宗,"父之嫡也。兄弟尊之,谓之小宗"。又曰:"小宗四,与大宗凡五。"盖诸侯不敢祖天子,大夫不敢祖诸侯,故诸侯之子,唯嫡长继世为君,嫡长而外,悉不敢祢先君,其后世遂奉以为祖,是为别子。别子之世嫡,谓之大宗,百世不迁。世嫡而外,是为小宗。其子继之,时曰继祢小宗。其孙继之,时曰继祖小宗。其曾孙继之,时曰继曾祖小宗。其玄孙继之,时曰继高祖小宗。继祢者亲弟宗之,继祖者从父昆弟宗之,继曾祖者从祖昆弟宗之,继高祖者从曾祖昆弟宗之。更一世绝服,则不复来事、而自事其五服内继高祖以下者,所谓五世则迁也。然则一人之身,当宗与我同高、曾、祖、父四代之正嫡,及大宗之宗子,故曰"小宗四,与大宗凡五"也。① 夫但论亲族之远近,则自六世而往,皆为路人矣,唯共宗一别子之正嫡,则虽百世而其团结不散,此宗法之团结,所以大而且久也。此谓公子也,而始适他国者,后世奉以为祖,其义实为尤要。何则? 一族之人,终不能永远聚居于一处,如人口过多,须移居他处;新得属地,须分封子弟治理。必有迁居他处者。迁居他处而无以治理之,不可也。虽有以治理之,而其与本族之关系遂绝,尤不可也。唯诸侯始受封,卿大夫初适异国者,皆为其地之大宗,而于故国旧家,大小宗之关系仍不绝,如周公在鲁为大宗,在周为小宗。三桓在其族为大宗,在鲁为小宗。则二者皆无可虑矣。《笃公刘》之诗曰:"君之宗之。"毛传曰:"为之君,为之大宗也。"《板》之诗曰:"大宗维翰。"传曰:"王者,天下之大宗。"周时同姓之国,皆称周为宗周,此诸侯之宗天子也。公山不狃谓叔孙辄曰:"子以小恶而欲覆宗国,不亦难乎?"《左氏》哀公八年。此大夫之宗诸侯也。滕文公欲行三年之丧,父兄百官皆不欲,曰:"吾宗国鲁先君莫之行。"《孟子·滕文公上》。则诸侯亦相宗也。孟子曰:"天下之本在国,国之本在家,家之本在身。"《离娄上》。以此。

古无今所谓国家,团结之道,唯在于族,故治理之权,亦操诸族。② 族人于小宗之子,仅以本服服之,于大宗宗子,则五世而外,悉为之齐衰三月,于其母妻亦然,此庶人为君之服也。古所以特重正嫡者以此。盖但论亲情,众子相等,欲传治理之权,则众子中不得不择其一矣。继承之法,族各不

---

① 宗族:宗法义所持久,且联结异地。
② 宗族:宗有君道。

同,周人则特重嫡长。正而不体,嫡孙。体而不正,庶子。正体不传重,嫡子有废疾。传重非正体,庶孙为后。皆不服三年之丧。正体传重者,则父为之斩衰三年,母为之齐衰三年。天子诸侯,以尊绝旁亲之服,大夫降一等,而于妻、长子之妻皆不降。皆于亲情之外,兼重传统也。《曲礼》曰:"支子不祭,祭必告于宗子。"《内则》曰:"嫡子、庶子祇事宗子、宗妇。虽贵富,不敢以贵富入宗子之家。虽众车徒,舍于外,以寡约入。子弟犹归器,衣服、裘衾、车马,则必献其上,而后敢服用其次也。若非所献,则不敢以入于宗子之门,不敢以贵富加于父兄宗族。若富,则具二牲,献其贤者于宗子,夫妇皆斋而宗敬焉。终事,而后敢私祭。"可以见宗子之尊矣。

《丧服传》曰:"大宗者,尊之统也;大宗者,收族者也;不可以绝,故族人以支子后大宗也。嫡子不得后大宗。"又曰:"何如而可为之后? 同宗则可为之后。何如而可以为人后? 支子可也。"然则大宗无后,族无庶子,己有一嫡子,当绝父祀,以后大宗否邪?《通典》引《石渠礼议》,戴圣曰:"大宗不可绝,言嫡子不为后者,不得先庶耳。族无庶子,则当绝父以后大宗。"闻人通汉曰:"大宗有绝,子不绝其父。"宣帝制曰:"圣议是也。"又引范宁云,《传》云嫡子不后大宗,乃小宗不可绝之明文。陈立曰:"《传》明云大宗不可绝,不云小宗不可绝。……大宗所以收族,合族以食,序以昭穆,禘之太祖,殇与无后,莫不咸在,亦不至如宁所云生不敬养,没不敬享也。……天子建国,则诸侯于国为大宗,对天子言则小宗,未闻天子之统可绝,而国统不可绝也。诸侯立家,则卿于家为大宗,对诸侯则小宗,未闻诸侯之统可绝,而卿之家统不可绝也。卿置侧室,大夫二宗,士之隶子弟等,皆可推而著见也。"《白虎通义疏证·论为人后》。可谓明辨晰矣。夫如是,则宗法与封建并行之理,可推见焉。何则? 惇宗所以收族,收族则一族之人,所以自求口实也。古人谓鬼犹求食,其重祭祀,亦与其求口实之意同。古宗子皆有土之君,故能收恤其族人。族人实与宗子共恃封土以为生,故必翼戴其宗子。众建亲戚,以为屏藩,一族之人,互相翼卫,以便把持也。讲信修睦,戒内讧也。兴灭继绝,同族不相弃也。美其名曰亲亲者天下之达道,语其实,则一族之人,肆于民上,朘民以自肥而已。① 曷怪孔子以"大人世及以为礼"为小康之治哉?《礼运》。

有宗法则必有支分派别,有支分派别,必有名焉以表之,是曰氏。《大

---

① 宗族:宗法与封建并行。实一族朘民。

传》曰:"六世亲属竭矣,其庶姓别于上,而戚单于下,婚姻可以通乎?系之以姓而弗别,缀之以族而弗殊,虽百世而婚姻不通者,周道然也。"注曰"姓,正姓也,始祖为正姓,高祖为庶姓。"疏曰:正姓,若周姓姬,齐姓姜,宋姓子。庶姓,若鲁之三桓,郑之七穆。三桓见第九章第七节。七穆谓郑穆公七子,子良公子去疾之后为良氏,子罕公子喜之后为罕氏,子驷公子騑之后为驷氏,子国公子发之后为国氏,子游公子偃之后为游氏,子丰之后为丰氏,子印之后为印氏。穆公之子,又有子孔公子嘉、子羽、子然、士子孔,子然、二子孔皆亡,子羽不为卿,故唯言七穆。《世族谱》云子羽之后为羽氏,见《左氏》襄公二十六年。《论衡·诘术篇》云:"古者有本姓,有氏姓。"本姓即正姓,氏姓即庶姓也。《太平御览》引《风俗通义》言氏之类有九:"或氏于号,或氏于谥,或氏于爵,或氏于国,或氏于官,或氏于字,或氏于居,或氏于事,或氏于职。以号,则唐、虞、夏、殷也。以谥,戴、武、宣、穆也。以爵,王、公、侯、伯也。以国,曹、鲁、宋、卫也。以官,司马、司徒、司寇、司空、司城也。以字,伯、仲、叔、季也。以居,城、郭、园、池也。以事,巫、卜、陶、匠也。以职,三乌、五鹿、青牛、白马也。"古命氏之道,盖略具于此矣。① 姓百世而不变,氏数传而可变。何也?姓以论婚姻,古所谓同姓不婚者,实以始祖之正姓为准。氏以表支派,非切近其关系无由明。《后汉书》言乌桓氏姓无常,以大人健者名氏为姓。羌无弋五世至研,豪健,羌中称其后为研种。十三世烧当,复豪健,其子孙更以烧当为种号。民之于近己者,畏其威,怀其德,固视世辽远不可知者为切,氏之亟变,由此道也。顾亭林言:男子称氏,女子称姓,考之于《传》,二百五十五年之间,无男子称姓者。《原姓》。夫男子非不称姓也,言氏而姓可知矣。女子称姓者,女无外事,不待详其为何族之子,若论婚姻,则举姓而已足也。

龚自珍云:"周之盛也,周公、康叔以宗封;其衰也,周平王以宗徙,翼顷父、嘉父、戎蛮子皆以宗降;汉之实陵邑,以六国巨宗徙。"《农宗》。此古有罪者之所以必族诛也。然谓农亦有宗则非是,②《丧服传》曰:"野人曰:'父母何算焉?'都邑之士则知尊祢矣,大夫及学士则知尊祖矣。诸侯及其太祖,天子及其始祖之所自出。"孟子曰:"死、徙无出乡,乡田同井,出入相友,守望相助,疾病相扶持,则百姓亲睦。"《滕文公上》。一有宗法,一无宗法,显然可见。盖古战胜之民,移居于所征服之地,必也聚族而居,而不敢零星散处。

---

① 宗族:氏数变之由。

② 宗族:谓农亦有宗之非。

女真移猛安谋克户入中原，必以畸零之地与民田相易，正为此也。

上所述为周制，盖北方之俗。至东南之俗，则有颇异于是者。殷兄终弟及，鲁、吴俗犹与相类，已见第九章第七节。《左氏》文公元年，子上言："楚国之举，恒在少者。"昭公十三年，叔向言："芈姓有乱，必季实立。"《公羊》文公十四年，晋郤缺纳接菑于邾娄。邾娄人曰："子以其指，则接菑也四，貜且也六；子以大国压之，则未知齐、晋孰有之也；贵则皆贵矣。"解诂曰："时邾娄再娶，二子母尊同体敌。"此皆与周之重嫡长有异者也。男系氏族多相继，女系氏族多相及，说已见前。产业之传授，多于少子，治理之承袭，多于长子，以少子多与父母同居，而长子于治理为便也。周人之俗，盖好战之族则然。儒者以为天经地义，翩其反矣。

南北之俗虽异，而其自氏族进于家族则同。人类团结之方，必随其生计之情形而变。古者交易未盛，生活所资，率由一族之人，通力合作，人口愈多，生利之力愈大，故其人率能团结。至交易之道开，则相待而生者，实为林林总总，不知谁何之人。生活既不复相资，何必集亲尽情疏之人以共处？且交易开，则人人皆有私财，而交易之际，己啬则人丰，己益则人损，尤为明白易见。如此切近之教育，日日受之，安有不情疏而涣者？氏族替而家族兴，固势所必至矣。今西人以夫妇及未成长之子女为家，过此以往，则称为大家庭，中国则多上父母一代。① 一夫，上父母，下妻子，率五口至八口。《孟子·滕文公上》集注引程子说。实亦相去无几。《丧服》继父同居传谓夫死子稚，子无大功之亲，则"与之适人"，故说者谓古卿大夫之家，大功以下皆同财。然《传》又曰："昆弟之义无分，然而有分者，则辟子之私也。子不私其父，则不成为子。故有东宫，有西宫，有南宫，有北宫。异居而同财。有余则归之宗，不足则资之宗。"人各私其父，则所谓大功同财者，亦其名焉而已。其实，亦与一夫上父母、下妻子者，相去无几矣。固知人所处之境同，所率之俗亦必同。

狐突曰："神不歆非类，民不祀非族。"《左氏》僖公十年。史佚曰："非我族类，其心必异。"成公四年。氏族之猜忌自私如此，宜乎"异姓乱族"，《周书》以为十败之一；《酆保》。虽以外孙承嗣，《春秋》犹书"莒人灭鄫"也。《公羊》襄公五

---

① 宗族：西人以夫妇及未成长之子女为家，中国多上父母一代实亦相去无几。大功同财，名焉而已。

年、六年,《穀梁》义同。率是道而行之,势必至于日寻干戈而后已。① 何则? 爱其国者,势必不爱人之国;爱其家者,势必不爱人之家。先为此疆彼界之分,而望人行絜矩之道,曰"人人亲其亲、长其长而天下平",《孟子·离娄上》。北辙南辕,直戏论耳。夫如是,则强宗巨族,必诒和亲康乐之忧,且为发号施令之梗,大一统之世,不得不以政治之力摧毁之,固其宜矣,此又氏族所以灭亡之一道也。

既重世系,则必有以记识之,时曰谱牒。②《周官》小史"掌邦国之志。奠系世,辨昭穆。若有事,则诏王之忌讳。大祭祀,读礼法。史以书叙昭穆之俎簋"。注引郑司农云:"系世,谓帝系、世本之属……先王死日为忌,名为讳。"又:瞽蒙"讽诵诗,世奠系"。杜子春云:"世奠系,谓帝系,诸侯、卿大夫世本之属是也。小史主次序先王之世、昭穆之系,述其德行。瞽蒙主诵诗,并诵世系,以戒劝人君也。故《国语》曰:'教之世,而为之昭明德而废幽昏焉,以休惧其动。'"案,古代史迹,率由十口相传,久之乃著竹帛。瞽蒙之职盖尚在小史之前。小史能知先世名讳忌日,其于世次之外,必能略记其生卒年月等。瞽蒙所讽,可以昭明德而废幽昏,则并能略知其行事矣。此后世家谱、家传之先河也。谱牒之作,列国盖多有之。故《史记·三代世表》谓"自殷以前,诸侯不可得而谱,周以来乃颇可著"也。《十二诸侯年表》云:"谱牒独记世谥。"《南史·刘杳传》载刘杳引桓谭《新论》云:"太史《三代世表》旁行斜上,并效《周谱》。"则其体例,尚有可微窥者矣。列国之谱牒盖随其社稷之倾覆而散亡,自秦以来,公侯子孙遂至失其本系。司马迁、王符等,虽竭搜集考索之功,终不能尽得其故矣。

第三节 人 口

养人者地也,而人有所施为,亦必于地,故人与地之相配,贵得其宜。③《礼记·王制》曰:"凡居民,量地以制邑,度地以居民。地邑民居,必参相得

---

① 宗族:族之猜忌排外,故无人人亲亲长长天下平之理。
② 宗族:谱牒。
③ 宗族:度地居民之道。

也。"《管子·霸言》曰:"地大而不为,命曰土满。人众而不理,命曰人满。"《八观》曰:"国城大而田野浅狭者,其野不足以养其民。城域大而人民寡者,其民不足以守其城。宫营大而室屋寡者,其室不足以实其宫。室屋众而人徒寡者,其人不足以处其室。"即地邑民居,必参相得之注脚也。古之重民数,其道盖有二,一以图事功,一以计口实。①《周官》司民为专掌民数之官,其职曰:"掌登万民之数。自生齿以上,皆书于版。注:"男八月女七月而生齿。"辨其国中与其都鄙及其郊野。异其男女。岁登下其死生。及三年大比,以万民之数诏司寇。司寇及孟冬祀司民之日,献其数于王,王拜受之。登于天府。内史、司会、冢宰贰之,以赞王治。"案,此法颁于小司徒,自乡大夫以下,咸掌其事。遂亦如之。以起军旅,作田役,比追胥,令贡赋。《小司寇之职》云:"及大比,登民数。自生齿以上,登于天府,内史、司会、冢宰贰之,以制国用。……孟冬祀司民,献民数于王。王拜受之,以图国用而进退之。"盖司徒之意重于役,故所稽者为夫家。《小司徒之职》云:"以稽国中及四郊都鄙之夫家。"《乡师》云:"以时稽其夫家众寡。"《乡大夫》云:"以岁时登其夫家之众寡。"《族师》云:"校登其族之夫家众寡。"《县师》云:"辨其夫家、人民、田莱之数。"《遂人》云:"以岁时登其夫家之众寡。"《遂师》同。《遂大夫》云:"以岁时稽其夫家之众寡。"《酂长》云:"以时校登其夫家,比其众寡。"唯《闾师》云:"掌国中及四郊之人民六畜之数。"《鄙师》云:"以时数其众庶。"皆无夫家之文。然此诸官,所职皆系一事,虽文有异同,而意无异同也。司寇之意重于食,故所书者为生齿。《贾子·礼篇》云:"受计之礼,王所亲拜者有二:闻生民之数则拜之。闻登谷则拜之。"以民数与谷数并言,可见其意在计民食。《大戴记·千乘》曰:"古者殷书为成男成女,名属升于公门,此以气食得节,作事得时,劝有功……是故年谷顺成,天之饥馑,道无殣者。在今之世,男女属散,名不升于公门,此以气食不节,作事不时,天之饥馑于时委,民不得以疾死。"合饩食与作事并言之,又可见其意兼在趋事赴功也。

历代史籍所记户口之数,盖无一得实者。如前后汉盛时,户数皆逾千万,而三国时合计不及百二十万,仅当后汉南阳、汝南二郡,则无此理。盖民之不著籍者甚多。历代户口之数,只可以考丁税收数,不能以考户口登降也。能得实者,其在隆古之世乎?古之为治纤悉,君卿大夫,皆世守其地;赋役之登耗,与其禄食有关;民不易隐匿,君亦不肯听其隐匿。田里皆受诸官,民亦自不欲隐匿。又交通阻,生事简,民轻去其乡者少,既无倏忽往来、不可稽核之事,作奸犯科,踪迹诡秘,

---

① 户口:古重民数一以应役,一计口实。

不乐人知,而人亦无从知之者,尤可谓绝无。谓是时之民数,可以得实,必非虚言也。① 然此时代,去今久远,民数已无可考,至于稍有可考之世,则其不实,亦与后世等矣。

《礼记·内则》述子生之礼曰:"夫告宰名,宰遍告诸男名,书曰'某年某月某日某生'而藏之。宰告闾史。闾史书为二:其一藏诸闾府,其一献诸州史。州史献诸州伯。州伯命藏诸州府。"此所言者,自系卿大夫家之礼。然《周官·乡士之职》云:"各掌其乡之民数。"遂士、县士亦然。②《乡士职》云:"掌国中。各掌其乡之民数而纠戒之,听其狱讼。"《遂士职》云:"掌四郊。各掌其遂之民数,而纠其戒令,听其狱讼。"《县士职》云:"掌野。各掌其县之民数,纠其戒令,而总其狱讼。"唯方士掌都家,仅云听其狱讼之辞,不言掌其民数。注云:"不纯属王。"则人民于其所居之地,固各有其名籍也。《国语·周语》:"宣王既丧南国之师,乃料民于太原。仲山甫谏曰:'民不可料也,夫古者不料民而知其多少。司民协孤终,司商协民姓,司徒协旅,司寇协奸,牧协职,工协革,场协入,廪协出,是则少多死生,出入往来者,皆可知也。于是乎又审之以事:王治农于籍,蒐于农隙,狝于既烝,狩于毕时,耨获亦于籍,是皆习民数者也。又何料焉?'"盖凡政事,无不与人民有关,故图其政,皆可以审其数也。《媒氏之职》"男女自成名以上,皆书年、月、日、名焉",亦其一端矣。然则古审民数之方固多矣。

此等政令,使其皆能奉行,民又何待于料?则知宣王之时,政令已有阙而不举者矣。不特此也,《史记·秦始皇本纪》谓献公十年,"为户籍相伍",见篇末"秦纪"。则秦自献公以前,未有户籍也。又始皇十六年(前231),南阳假守腾,始令男子书年,则前此男子未尝书年,至此女子犹不书年也。盖僻陋之国,户籍之法之不备如此。《国语·晋语》:"赵简子使尹铎为晋阳。请曰:'以为茧丝乎,抑为保障乎?'简子曰:'保障哉!'尹铎损其户数。"则竟可意为出入矣。③ 盖声明文物之邦,其户籍之法之紊乱又如此。民数尚何由得实哉?故曰:至民数记载,稍有可考之时,即已不足信也。

古民数悉无传于后,唯《周官·职方》载有男女比率,谓扬州之民二男五女,荆州一男二女,豫州二男三女,青州二男二女,兖州二男三女,雍州三男二女,幽州一男三女,冀州五男三女,并州二男三女。男女比率,从未闻

---

① 户口:古人数盖得实。

② 户口:掌民数者。

③ 户口:户籍久不实。有户籍晚。

相差至此者,盖阴阳术数之谈,非史家之记载也。言古代民数者有皇甫谧《帝王世纪》,见《续汉书·郡国志》注,皆凭臆之谈,绝不足据,今不复征引。然古代民数固有大略可推者。①《商君书·徕民》云:"地方百里者,山陵处什一,薮泽处什一,溪谷流水处什一,都邑蹊道处什一,恶田处什二,良田处什四。《算地篇》云:"为国任地者,山林居什一,薮泽居什一,溪谷流水居什一,都邑蹊道居什四。"盖说与此同,而有夺文。以此食作夫五万。其山陵、薮泽、溪谷,可以给其材;都邑蹊道,足以处其民。先王制土分民之律也。"此即《王制》所谓"山陵、林麓、川泽、沟渎、城郭、宫室、途巷,三分去一"。《司马法》提封万井,定出赋者六千四百井,亦以此也。此言郊野之民。《管子·乘马》云:"上地方八十里,万室之国一,千室之都四。"中地方百里,下地方百二十里同。则城市之民也。古者封方百里,盖非偶然。《汉书·百官公卿表》云,县令、长,皆秦官,万户以上为令,减万户为长。又云:"县大率方百里,其民稠则减,稀则旷,乡、亭亦如之。皆秦制也。"秦制必沿自古,则古之制土分民,实以百里为一区。后虽不得尽如法,然建国若立县邑者,犹必略师其意。故其法留诒至秦。《战国·赵策》言韩、魏各致万家之邑于智伯。又载智过谏智伯,欲以万家之县封赵葭、段规。知战国时之制邑,固略以万家为率也。亦有特大者,如上党之降,赵欲以三万户之都封太守是。此盖不多觏。至如苏秦说齐王,谓临菑七万户。其说魏王,谓其庐田庑舍,曾无所刍牧牛马之地。人民之众,牛马之多,日夜行不休已,无以异于三军之众。而曰臣窃料大王之国,不下于楚。此等大都会,则其时海内不过三数。何则?临菑、江陵,皆《史记·货殖列传》所谓"都会"。《传》所举都会,自此而外,曰蓟,曰邯郸,曰宛,曰吴,曰寿春,曰番禺,合临菑、江陵,数不盈十。蓟与番禺等,偏僻已甚,必不足与临菑、江陵比。然则此等都会,虽云殷赈,而其数太少,计算全国人口,殆无甚关系也。② 户口稍多,如所谓三万户之都会,自当不乏,然古固多次国、小国,其数亦足相消。秦汉之县,固多灭古国为之者,—史有可稽。一虽无可稽,而其名为古国名,亦可推见其为灭国所建。其新建者,又当略师古制,则就秦世县数,案商君、管子所言,野以五万家,都邑以万四千家;更以孟子所言,家或五口、或八口计之,固可略知战国末之人数也。春秋以前,国邑之数,虽无可考,然去战国时新开拓之地计之,即可得春秋国邑大

---

① 户口:推测古户口之法。
② 户口:古土满人满之情形。然以人满为患者惟韩子。

略矣。自此以上，皆可以此法推之。虽云粗略，慰情究聊胜于无也。

《商君·徕民之篇》又曰："今秦之地，方千里者五，而谷土不能处二，田数不满百万；其薮泽、溪谷、名山、大川之材物、货宝，又不尽为用；此人不称土也。秦之所与邻者，三晋也；所欲用兵者，韩、魏也。彼土狭而民众，其宅参居而并处，其寡萌贾息，孙诒让云："当作'宾萌贷息'，宾萌即客民，对下民为土著之民也。《吕览·高义》，墨子曰：'翟度身而衣，量腹而食，比于宾萌。'贷息，谓以泉谷贷与贫民而取其息。言韩、魏国贫，有余资贷息者皆客民，其土著则上无通名，下无田宅，而恃奸务末作以处也。"朱师辙曰："《左传》'寡我襄公'，注：'寡，弱也。'……小民无地可耕，多从事商贾，以求利息。孙校非。"案，孙说实是。如朱说，则与下"末作"无别矣。《韩非子》以"正户贫而寄寓富"为亡征，明客民富而土著贫者，当时自有之也。民上无通名，①此即《大戴记》所谓"名不升于公门"。下无田宅，而恃奸务末作以处。人之复阴阳泽水者过半。复即《诗》"陶复陶穴"之复。阴阳，山之南北也。此其土之不足以生其民也，似有过秦民之不足以实其土也。"《孟子》言齐"鸡鸣狗吠相闻，而达乎四境"，《公孙丑上》。而《汉书·地理志》言楚火耕水耨，吴起欲使贵人往实广虚之地，卒以见杀，《吕览·贵卒》。则楚之与齐也，犹秦之与晋也。当时人口之不均，亦云甚矣。《韩非子》曰："今人有五子不为多，子又有五子，大父未死，而有二十五孙。是以人民众而货财寡，事力劳而供养薄。"《五蠹》。亦汲汲以过庶为患矣。然此篇而外，古人之言，殆无不以土满为忧，未有以人满为患者。是何也？曰：一如秦、楚等自有其广虚之地，一如梁惠王"糜烂其民而战之"，见《孟子·尽心下》。但求卒伍之多，民之上无通名，下无田宅，固非所计也。然则制土分民之律之不讲也久矣。

第四节　等　　级

何谓等级？等级者，分人为若干等，权责不同，地位亦异，为法律所许，不易改变者也。等级，西语为客斯德（caste），中国旧译其音。客拉斯（class）今人译为阶级，罕有译其音者。二语义实不同，而今人行文，多概用阶级二字。或讥其无别，谓客斯德当称等级，客拉斯当称阶级，然等级、阶级，华文义实无别，欲人不混用甚难。予意客拉斯可译为党类，

---

① 户口：民上无通名。

客斯德则等级、阶级俱可译。凡译名,当审科学见行之义,至其语之本义,则势有所不暇顾,而亦不必顾及也。等级之制恶乎起？曰：起于地位财富之不同,而异族相争,关系尤大。

中国最古之等级,时曰国人及野人,亦起于异部族之相争者也。何谓国人？古所谓国者,城郭之谓,居于郭以内之人,时曰国人,居于郭以外之人,则曰野人而已矣。后世之城郭,必筑于平夷之地,盖所以利交通；古代之城郭,则筑于山险之区,盖所以便守御。又古国人从戎事,野人则否。然则国人者,战胜之部族,择险峻之地,筑邑以居；野人则战败之族,居平夷之地,从事耕耘者也。如是,国人、野人,宜相疾视,而书传绝无其事者？则以为时甚早,史弗能纪也。然其遗迹,犹有可考见者。《周官·乡大夫之职》："大询于众庶,则各率其乡之众寡而致于朝。"所谓"大询",即《小司寇》所谓"询国危""询国迁""询立君"者,则有参政之权者,国人也。厉王监谤,国人莫敢言,三年乃流王于彘,则行革易之事者,又国人也。国人,盖如辽世之契丹、金世之女真,与其国关系较密。若夫野人,则供租税,服徭役,上以仁政抚我,则姑与之相安,而不然者,则逝将去汝,适彼乐土而已。《史记·周本纪》言："薰育戎狄攻古公,欲得财物。予之。已复攻,欲得地与民。民皆怒,欲战。古公曰：'有民立君,将以利之,今戎狄所为攻占,以吾地与民。民之在我,与其在彼何异？民欲以我故战,杀人父子而君之,予不忍为。'乃与私属遂去豳。"所谓私属,盖周之部族,民则异部族之服于周者也。其疏戚异,宜矣。

战胜之族与战败之族,仇恨所以渐消者,盖有数端。① 古无史记,十口相传,故事久而亡佚,不亦浸失其真。战败之辱,稍以淡忘,一也。国有限,野无限。国中人口渐繁,不得不移居于野,即野人亦有移居于邑者。居地既近,婚姻遂通,二也。国人必朘野人以自肥,以故国人富而野人贫,国人华而野人朴。古者大都不得耦国,封域之内,富厚文明,盖无足与国都比者,然至后来,即非复如此矣。三也。春秋以前,军旅皆出于乡,野鄙之民,止于保卫闾里。战国以后,稍从征役,其强弱同,斯其地位等矣。四也。有此四者,故因异部族所成之等级渐夷,而因政权及生计之不平所造成之等级,继之而起。

---

① 阶级：国人野人,何以渐混。

以分工合力之理言之，凡人之执一技者，莫不有益于其群，本无所谓贵贱。然所司之事，权力不能无大小，居率将之地者遂稍殊异于人矣。古多世业，父子相传，兄弟相及，沿袭既久，变本加厉，视为固然，于是有君子、小人之分焉。君子、小人，盖以士民为大界。① 士者，可以为君子，而尚未受爵为君子者也。《士冠礼记》曰："天子之元子，犹士也，天下无生而贵者也。"《曲礼》曰："四郊多垒，此卿大夫之辱也。地广大，荒而不治，此亦士之辱也。"盖卿大夫初为军帅；士则战士，平时肆力于耕耘，有事则执干戈以卫社稷者也。《管子》言制国以为二十一乡，工商之乡六，士乡十五，《小匡》。又言"士民贵武勇而贱得利，庶民好耕农而恶饮食"。《五辅》。士与农工商之异可见矣。古者治理之权，皆操于战斗之士，故士又变为任事之称，负治民之责也。士之位卑，其政权亦小，故初虽与庶人异，后转无区别焉。

百姓、人、民、氓，后世义无区别，古则不然。②《尧典》曰："以亲九族，九族既睦。平章百姓，百姓昭明。协和万邦，黎民于变时雍。"此百姓犹言百官，与民截然有别。《中庸》言："子庶民则百姓劝"，则二者同义矣。《孝经·天子章》："爱敬尽于事亲，而德教加于百姓，刑于四海。"疏曰："百姓，谓天下之人皆有族姓，言百，举其多也。《尚书》云'平章百姓'，则谓百官，为下有黎民之文，所以百姓非兆庶也。此《经》'德教加于百姓'则为天下百姓，为与'刑于四海'相对。四海既是四夷，则此百姓自然是天下兆庶也。"盖先秦两汉之世，此等字义，业已淆乱，执笔者各随其意用之。民、人二字，古亦通称。然《皋陶谟》言："知人则哲，能官人，安民则惠，黎民怀之。"《论语·宪问》："子路问君子。……（子）曰：'修己以安人。'曰：'如斯而已乎？'曰：'修己以安百姓。'"人亦指在位者言。盖人有人偶之义，故以指切近之人也。《诗·假乐》："宜民宜人。"毛传："宜安民，宜官人也。"疏云："民、人，散自义通，对宜有别。《皋陶谟》云能安民，能官人。其文与此相类。"案，毛传即本《尚书》为说也。《孝经·诸侯章》："富贵不离其身，然后能保其社稷，而和其民人。"疏引皇侃云："民是广及无知，人是稍识仁义，即府史之徒。"案，此只是复语，皇说误。此乃民人同义者也。《诗》："氓之蚩蚩。"毛传曰："氓，民也。"疏曰："氓，民之一名。对文则异，故《遂人》注云：变民言也，异内外也。氓犹懵，懵，无知貌，是其别也。其实通，故下笺云言民诱己，是也。《论语》及《灵台》注皆云民者，冥也。"《韩非·难一》："四封之内，执会而朝，名曰臣。臣吏分职受事，名曰萌。"则民与吏皆可称萌。《孝经·庶人章》疏引皇

---

① 阶级：君子小人以士民为界。
② 阶级：百姓、人、民、氓等名之歧义。

侃云："不言众民者,兼包府史之属,通谓之庶人也。"又引严植之谓"士有员位,庶人无限极,故士以下皆为庶人",似庶人不可称民者,其说恐非。《孟子》曰："在国曰市井之臣,在野曰草莽之臣,皆谓庶人。"《万章下》。此明指农工商言之,即《孝经》谓"用天之道,分地之利,谨身节用,以养父母",亦明指农夫言之也。

古贵战斗而贱生产。①"樊迟请学稼。子曰:'吾不如老农。'请学为圃。曰:'吾不如老圃。'"《论语·子路》。孟子曰："尧以不得舜为己忧,舜以不得禹、皋陶为己忧。夫以百亩之不易为己忧者,农夫也。"《滕文公上》。是农所贱也。《王制》曰："凡执技以事上者,祝、史、射、御、医、卜及百工,出乡不与士齿。"是工所贱也。《左氏》襄公十三年："世之乱也,君子称其功以加小人,小人伐其技以凭君子。"明以有功者为君子,有技者为小人。平原君以千金为鲁连寿,鲁连笑曰："所贵于天下之士者,为人排患、释难、解纷乱而无所取也,即有取者,是商贾之事也,而连不忍为也。"《史记》本传。聂政曰："臣所以降志辱身,居市井屠者,徒幸以养老母。"其姊亦曰："政所以蒙污辱,自弃于市贩之间者,为老母幸无恙,妾未嫁也。"《史记·刺客列传》。则商所贱也。《韩诗外传》:吴人伐楚,昭王去国,有屠羊说从行。昭王返国,赏从亡者。及说,说辞。君曰："不受则见之。"说对曰："楚国之法,商人欲见于君者,必有大献重质,然后得见。今臣智不能存国,节不能死君,勇不能冠寇,然见之,非国法也。"遂不见。古屠沽等统称商人,交通王侯,力过吏势者,其实与屠沽殊,其名则无以异也。《管子》曰："士农工商,四民者,国之石民也,不可使杂处,杂处则其言哤,其事乱。是故圣王之处士必于闲燕,处农必就田野,处工必就官府,处商必就市井。"使之"群萃而州处","不见异物而迁",则"其父兄之教,不肃而成;其子弟之学,不劳而能"。是故"士之子常为士","农之子常为农","工之子常为工","商之子常为商"。《小匡》。案,《周书》言:"士大夫不杂于工商。士之子不知义,不可以长幼。工不族居,不足以给官。族不乡别,不可以入惠。"《程典》。又言:"农居鄙,得以庶士;士居国家,得以诸公大夫;凡工贾胥市,臣仆州里,俾无交为。"《作洛》。即管子之言所本也。《淮南·齐俗》曰："人不兼官,官不兼事,士农工商,乡别州异。是故农与农言力,士与士言行,工与工言巧,商与商言数。是以士无遗行,农无废功,工无苦事,商无折货。"说亦与《管子》同。《周官·大司徒》十有二教,"十曰以世事教能",亦此义。业殊贵贱,而又守之以世,此

---

① 阶级:贱农工商。

等级之所由成也。① 士农工商,为古职业最通用之区别。成公元年《穀梁》曰:"古者有四民:有士民,有商民,有农民,有工民。"《公羊》解诂曰:"古者有四民:一曰德能居位曰士,二曰辟土殖谷曰农,三曰巧心劳手,以成器物曰工,四曰通财货曰商。"《汉书·食货志》曰:"学以居位曰士,辟土殖谷曰农,作巧成器曰工,通财鬻货曰商。"即解诂之说。《说苑·政理》曰:"《春秋》曰:'四民均,则王道兴而百姓宁。所谓四民者,士、农、工、商也。'"何、班二家,盖同用《春秋》说也。《吕览·上农》曰:"凡民自七尺以上,属诸三官。农攻粟,工攻器,贾攻货。"以但言生产作业,故不及士。《左氏》宣公十二年言商、农、工、贾,则加"贾"字以足句耳。《史记·货殖列传》曰:"故待农而食之,虞而出之,工而成之,商而通之。"又引《周书》曰:"农不出则乏其食,工不出则乏其事,商不出则三宝绝,虞不出则财匮少。"以商贾所贩,多山泽之材,故特举一虞。《周官·太宰》:"以九职任万民:一曰三农,生九谷。二曰园圃,毓草木。三曰虞衡,作山泽之材。四曰薮牧,养蕃鸟兽。五曰百工,饬化八材。六曰商贾,阜通货贿。七曰嫔妇,化治丝枲。八曰臣妾,聚敛疏材。九曰闲民,无常职,转移执事。"《周官》为六国时书,故分别最细。然园圃、虞衡、薮牧、嫔妇、臣妾之职,固皆可包于农业之中;且较之士、农、工、商,所系皆较轻也。《墨子·非乐上》:"王公大人,早朝晏退,听狱治政,此其分事也。士君子竭股肱之力,亶其思虑之智,内治官府,外收敛关市、山林、泽梁之利,以实仓廪、府库,此其分事也。农夫早出暮入,耕稼树艺,多聚菽粟,此其分事也。妇人夙兴夜寐,纺绩织纴,多治麻丝葛绪,捆布縿,此其分事也。"以官民男女对举,而不及工商,亦以其所系较农为轻也。《考工记》"国有六职,百工与居一焉",则以士、农、工、商并举,而上加王公,又举妇功,以与男子相对。

《左氏》昭公五年,卜楚丘言"日之数十,故有十时,亦当十位。自王以下,其二为公,其三为卿"。七年,申无宇谓天有十日,人有十等。王臣公。公臣大夫。大夫臣士。士臣皂。皂臣舆。舆臣隶。隶臣僚。僚臣仆。仆臣台。其说相合。此盖言其执事之相次。俞正燮《癸巳类稿·仆臣台义》曰:大夫臣士,如《周官》长率属。皂者,《赵策》所云补黑衣之队,卫士无爵而有员额者。士则卫士之长,舆则众也,谓卫士无爵又无员额者。隶,罪人,《周官》所谓入于罪隶。僚,劳也,入罪隶而任劳者。若今充当苦差。仆则三代奴戮,今罪人为奴矣。台,罪人为奴,又逃亡,复获之。知者?无宇云:逃而舍之,是无陪台也。或谓当时之人,分此十级,则误矣。昭公三十二年,史墨言:"物生有两,有三,有五,有陪贰。故天有三辰,地有五行,体有左右,各有妃耦,王有公,诸侯有卿,皆有贰也。"则十等亦可云五耦。大夫即卿,是第一等与第二等为耦,第二等又与第三等为耦也。鳞次栉比,正见其相须而成,即尊卑亦非悬绝矣。

由政权所生之等级,何自平乎?曰:其必自封建之陵夷始矣。人之所以特异于众者,一以其才德,一以其地位。才德为身所具,子弟不能得之于

---

① 阶级:四民盖春秋说,余分法尚多。

父兄；即或怀其遗惠，推爱及于后嗣，势亦不能持久，无由成客斯德之制也。地位袭之于人，才能不过中庸，亦得据其位而不变，乃安固不可动摇矣。《礼记·祭义》曰："有虞氏贵德而尚齿，夏后氏贵爵而尚齿，殷人贵富而尚齿，注：臣能世禄曰富。周人贵亲而尚齿。"可见等级之所由生。《王制》言外诸侯嗣，内诸侯禄，谓世禄而不世爵。诸侯之大夫，不世爵禄。徒设此义，实不能行。内而周、召，外而三桓、七穆，靡不世据其位。遂致在上者骄淫矜夸，不能自振，在下者遏抑掩蔽，末由自达。其极，遂非举颠覆之不可。颠覆之之道：一为有土者相诛夷。有以诸侯灭诸侯者，凡灭国是也。有以诸侯灭大夫者，若楚之于若敖氏是也。有以大夫灭大夫者，若赵、韩、魏之于范、中行、智氏是也。有以大夫灭诸侯者，若三家之于晋，田氏之于齐是也。"诸侯不臣寓公，故古者寓公不继世"，《礼记·郊特牲》。则亡国之后，得保其地位者，国君及其夫人二人而已。据郑注。"三后之姓，于今为庶"，《左氏》昭公三十二年。"栾、郤、胥、原、狐、续、庆、伯，降在皂隶"，昭公三年。宜矣。一由选举之法渐兴。贵族既不能任国事，势不得不擢用士民，孔讥世卿，墨明上贤，韩非贵法术之士，皆是道也。《孟子》曰："舜发于畎亩之中，傅说举于版筑之间，胶鬲举于鱼盐之中，管夷吾举于士，孙叔敖举于海，百里奚举于市。"《告子下》。盖其所由来者旧矣。而要以战国之世为最盛。至汉初，遂开布衣卿相之局。"命官以贤，诏爵以功……先王公卿之胄，才则用，不才弃之"，唐柳芳论氏族语，见《唐书·柳冲传》。而因门阀而侈居人上者，以法律论，始全失其根据。虽魏、晋以后，反动之焰复燃，然其根柢则远不如先秦之世之深厚矣。此古今之一大变也。

古代之等级，其原为以力相君。封建政体敝，而以力相君之局替，以财相君之局乃代之而兴。《史记》所谓"编户之民，富相什则卑下之，百则畏惮之，千则役，万则仆"，《汉书》所谓"编户齐民，同列而以财力相君，虽为仆虏，犹无愠色"也。皆见《货殖列传》。此等贵贱之分，本非法律所许。然法律既有贵贱之别，有财力者自能入据贵者之位，而挤贫民，使侪于贱者焉。则贵贱之等级其名，而贫富之等级其实矣。封建全盛之世，以贵致富，资本勃兴之世，以富僭贵，其为不平唯均，然为人心所不习，故疾视之者甚多。孔子谓"唯器与名，不可以假人"，《左氏》成公二年。《易》讥"负且乘，致寇至"，《解卦》爻辞。皆是义也。商君治秦，明尊卑、爵秩等级，各以差次名田宅臣妾。衣服以家次，有功者显荣，无功，虽富无所芬华。《史记》本传。盖犹欲以政治之力障之。然其势，终已不可止矣。

沉沦于社会之最下级者，时曰奴婢。奴婢之始，盖以异族为之，继以罪人充之，终则因贫而鬻卖者亦入焉。《周官》五隶，罪隶为罪人，蛮、闽、夷、貉，则皆异族也。《王制》言：「公家不畜刑人，大夫弗养，士遇之途，弗与言也。屏之四方，唯其所之，不及以政，示弗故生也。」《穀梁》亦言：「君不使无耻，不近刑人，不狎敌，不迩怨。」襄公二十九年。盖所诵说者为古制，当异族被俘之始，怨毒之气犹存也。《周官》言：「墨者使守门，劓者使守关，宫者使守内，刖者使守囿，髡者使守积。」《秋官·掌戮》。而四翟之隶，可以「服其邦之服，执其邦之兵，守王宫与野舍之厉禁」，则积久而习为故常矣。《孟子》言文王之治岐也，「罪人不孥」，《梁惠王下》。而《书·甘誓》曰：「予则孥戮汝。」《费誓》曰：「汝则有无余刑。」正义引王肃曰，父母、妻子，同产皆坐之，入于罪隶。郑玄曰：「尽奴其妻子，不遗其种类，在军使给厮役，返则入于罪隶。」案，《周官》司厉，「掌盗贼之任器、货贿」，「其奴，男子入于罪隶，女子入于舂槁」。五隶之数，各百有二十人。注云：「选以为役员，其余谓之隶民。」疏云「以为隶民」，即司隶率以搏盗贼者。身犯罪者，不当如是之众，则古固有连坐之刑，今文家虽设不孥之义，犹非所语于军刑也。① 古女子亦从军，故亦可为厮役。②《费誓》言「臣妾逋逃」，又云无敢诱臣妾，盖指是。平时则舂槁而外，亦使之酿酒。《墨子》云「妇人以为舂酋」是也。③《天志下》。《说文》：「酋，绎酒也。」《周官·酒人》，女酒三十人，奚三百人。注曰：「女酒，女奴晓酒者。」惠士奇《礼说》曰：「酒人之奚，多至三百，则古之酒皆女子为之。」《吕览·精通》曰：「臣之父不幸而杀人，不得生。臣之母得生，而为公家为酒。」《周官·禁暴氏》：「凡奚隶聚而出入者，则司牧之。戮其犯禁者。」注曰：「奚隶，女奴、男奴也。」疏曰：「天官酒人、浆人之等，皆名女奴为奚。」盖其数亦不少矣。韦昭曰：「善人以婢为妻，生子曰获，奴以善人为妻，生子曰臧。……齐之北鄙，燕之北郊，凡人男而归婢谓之臧，女而归奴谓之获。」《文选·司马子长〈报任安书〉》李注引。则奴婢之家属，亦不得为良人。然脱奴籍初不甚难。《左氏》襄公二十三年：「斐豹，隶也，著于丹书。疏云：「近世《魏律》，缘坐配没为工乐杂户者，皆用赤纸为籍，其巷以铅为轴，此亦古人丹书之遗法。」栾氏之力臣曰督戎，国人惧之。斐豹谓宣子曰：'苟焚丹书，我杀督戎。'

---

① 刑法：今文家不孥之义，非所语于军刑。

② 兵：女亦从军为厮役。

③ 阶级：女为酒。

宣子喜曰：'而杀之，所不请于君焚丹书者，有如日。'"哀公二年，赵简子誓曰："克敌者⋯⋯人臣、隶、圉免。"则以君命行之而已。后世人君，往往以诏旨释放奴婢，盖犹沿自古初也。

《周官》质人"掌成市之货贿、人民、牛马、兵器、珍异"。注曰："人民，奴婢也。"则六国时人民已可公然卖买矣。唯可卖买也，故亦可赎。① 《吕览·察微》言："鲁国之法，鲁人为人臣妾于诸侯，有能赎之者，取其金于府。"亦见《淮南·齐俗》《道应》。《新序·杂事》言钟子期夜闻击磬而悲，且召而问之。对曰："臣之父杀人而不得生，臣之母得生而为公家隶，臣得生而为公家击磬。臣不睹臣之母三年于此矣。昨日为舍市而睹之，意欲赎之而无财，身又公家之有，是以悲也。"则虽官奴婢，亦可以赀取赎矣。

古奴婢皆使事生业，②所谓耕当问奴，织当问婢也。唯如是，故奴婢愈多，主人愈富。《史记·货殖列传》谓有僮手指千，则比千乘之家，白圭、刁间、蜀卓氏，皆以此起其业焉。其左右使令之事，则以子弟为之。③ 孔子使阙党童子将命，《论语·宪问》。子游曰："子夏之门人小子，当洒扫应对进退则可矣。"《子张》。其事也。《管子·弟子职》一篇言之详矣。亲子弟之外，给使亦以童幼。《周官》内竖"掌内外之通令，凡小事"。《左氏》所载，晋侯有竖头须，僖公二十四年。曹伯有竖侯獳，二十八年。叔孙氏有竖牛。昭公四年。《礼记·曲礼》曰："长者赐，少者、贱者不敢辞。"注曰："贱者，僮仆之属。"盖亦备左右使令者。《周官·司厉》："凡有爵者，与七十者，与未龀者，皆不为奴。"未龀者不为奴，盖以其力未足以事生业，当即以之给使令也。

唯古以子弟给使令也，故家有待养者，则免其子弟之役。《王制》曰"八十者一子不从政，九十者其家不从政，废疾非人不养者，一人不从政"是也。然亦有推及于家之外者。《商君书·境内》曰："有爵者乞无爵者以为庶子，④级乞一人。其无役事也，其庶子役其大夫，月六日。其役事也，随而养之。"盖即《荀子》所谓"五甲首而隶五家"《议兵》。者，亦酷矣。

《左氏》昭公七年，楚子为章华之宫，纳亡人以实之，无宇之阍入焉，无宇执之。有司执而谒诸王。无宇辞曰："周文王之法曰'有亡，荒阅'，所以

---

① 阶级：《周官》奴婢已可卖，亦可赎。
② 阶级：古奴婢皆使事生业。
③ 阶级：使令则子弟奴，奴亦以小者。
④ 阶级：秦以有爵者役无爵者。

得天下也。吾先君文王作《仆区之法》，曰：'盗所隐器，与盗同罪。'所以封汝也。若从有司，是无所执逃臣也。""昔武王数纣之罪，以告诸侯曰：'纣为天下逋逃主，萃渊薮。'故夫致死焉。君王始求诸侯而则纣，无乃不可乎？若以二文之法取之，盗有所在矣。"案，《费誓》言"臣妾逋逃"，而《左氏》襄公十年，郑尉止之乱，亦云"臣妾多逃"，则古奴婢之逃者甚多。① 观无宇之事，则其主人之追捕亦甚严。《周官·朝士》："凡得获货贿、人民、六畜者，委于朝，告于士，旬而举之。大者公之，小者庶民私之。"注曰："人民，谓刑人、奴隶逃亡者。……郑司农云：'若今时得遗物及放失六畜，持诣乡亭县廷。大者公之，大物没入公家也。小者私之，小物自畀也。'玄谓人民之小者，未龀，七岁以下。"此可见古之视奴婢，与货贿、六畜无异。故申无宇亦以纳亡人与隐器并论也。逋逃主之所以多，则亦利其力，同于财贿而已矣。

---

① 阶级：古奴婢逃者甚多。

第十二章 农工商业

第一节 农　　业

农业恶乎始？曰：始于女子。① 社会学家言：邃古生事，大率男子田猎，女子搜集。搜集所得，本多植物。又女子多有定居，弃种于地，阅时复生，反复见之，稍悟种植之理，试之获效，而农业遂以发明焉。《周官·内宰》，上春，诏王后率六宫之人而生穜稑之种。宗庙之礼，君亲割，夫人亲舂。《穀梁》文公十三年。房中之馐皆笾豆。《礼·有司彻》。挚：卿羔，大夫雁，士雉，庶人之挚匹。妇人之挚，椇榛、脯脩、枣栗，《礼记·曲礼》：脯脩以其烹调之功。皆农业始于女子之征也。阅时既久，耕作益精，始舍锄而用犁，又或能用牛马，或伐木以辟地；则用力益多，农事乃以男子为主。

田猎在邃初，最为普遍。考古家所发掘，各地皆有野人所用兵器，及动物遗骸，一也。全世界人，殆无不食肉者，二也。人之性情，足征其好田猎；其齿牙，足征其兼食动植物；三也。昔时言生计进化者，多谓人自渔猎进于畜牧，畜牧进于耕农，其实亦不尽然。盖有自渔猎进于耕农，亦有自耕农复返于畜牧者。要当视其所处之地，不得一概论也。我国古代，盖自渔猎径进于耕农，说见第六章第二节。《礼记·王制》言，东方之夷披发文身，南方之蛮雕题交趾，皆不火食。西方之戎披发衣皮，北方之狄衣羽毛，穴居，皆不粒食。盖东南地暖，多食植物，西北地寒，多食动物，中国介居其间，兼此二俗。故《礼运》言"昔者先王未有火化，食草木之实、鸟兽之肉"也。农业之始，难质言为何时。《易·系辞传》言神农氏"斫木为耜，揉木为耒"，而《记·郊特牲》言"伊耆氏始为蜡"，说者亦以为神农。则神农时，农业已颇盛矣。《尧典》载尧命羲、和四子，历象日、月、星辰，敬授民时。《尧典》固非尧时书，所言亦不必皆尧时事，然天文之学，发明本最早，历象尤为农业要图，则此节所言，转不能断为附会也。周之先世，后稷、公刘、太王皆以农业兴，则著于《诗》，散见于百家之书，其事弥信而有征矣。

---

① 实业：农业始于女子。

农业之演进，于何征之？曰：观其所栽植之物可知也。① 古有恒言曰百谷，又曰九谷，又曰六谷，又曰五谷，所植之物递减，足征其遗粗而取精。九谷，郑司农云"黍、稷、秫、稻、麻、大小豆、大小麦"，康成谓无秫，大麦而有粱、苽，见《周官·太宰》注。六谷，司农云："稌、黍、稷、粱、麦、苽"，康成同，见《膳夫》注。五谷，《疾医》注云："麻、黍、稷、麦、豆"，盖据《月令》。《史记·天官书》，赵岐《孟子》注，卢辩《大戴记》注，颜师古《汉书·食货志》注皆同。《管子·地员》：五土所生，曰黍、秫、菽、麦、稻。《素问》论五方之谷曰麦、黍、稷、稻、豆。郑注《职方》同之。其《五常政大论》又以麻为木谷，火谷则麦、黍互用。所言虽有出入，要之用为食物之主者，由多而少，则不诬也。《尔雅·释天》曰："谷不熟为饥，蔬不熟为馑，果不熟为荒。"则三者古尝并重。然及后世，除场人有场圃，专事树艺外，民家但种之宅旁疆畔而已。《周官》太宰九职，二曰园圃，毓草木。注："树果蓏曰圃，园其樊也。"场人，"掌国之场圃，而树之果蓏珍异之物"，此专以植果为事者。《公羊》宣公十五年解诂云："瓜果种疆畔。"《穀梁》云："古者公田为居，井灶葱韭尽取焉。"则民家之所艺也。太宰九职，八曰臣妾，聚敛疏材，即《月令》仲冬所谓"山林薮泽，有能取蔬食，田猎禽兽者，野虞教导之"者也。② 《管子·八观》谓"万家以下，则就山泽，万家以上，则去山泽"，可见其养人亦众。然九职之一曰三农，生九谷，郑司农云："三农，平地、山、泽也。"则山泽亦艺谷物矣。皆与百谷之递减而为九、为六、为五同理也。《史记·循吏列传》：孙叔敖为楚相，"秋冬则劝民山采，春夏以水，各得其所便，民皆乐其生"。盖楚地开辟晚，故山泽犹有遗利。

《淮南·泛论》曰："古者剡耜而耕，磨蜃而耨，木钩而樵，抱甀而汲，民劳而利薄，后世为之耒耜耰锄，斧柯而樵，桔槔而汲，民逸而利多焉。"此农具之渐精也。《汉书·食货志》言：赵过"能为代田。一亩三甽，岁代处，故曰代田。古法也。后稷始甽田，以二耜为耦，广尺深尺曰甽，长终亩。一亩三甽。一夫三百甽，而播种于三甽中。苗生叶以上，稍耨陇草，因隤其土，以附苗根。故其《诗》曰：'或芸或芓，黍稷儗儗。'芸，除草也。芓，附根也。言苗稍壮，每耨辄附根，比盛暑，陇尽而根深，能风与旱。故儗儗而盛也。其耕耘下种田器，皆有便巧。率十二夫为田一井一屋，故亩五顷。用耦犁，二牛三人。一岁之收，常过缦田亩一斛以上。善者倍之"。齐召南曰："《周礼·里宰》贾疏曰：周时未有牛耕，至汉时赵过始教民牛耕。今郑云合牛耦可知者，或周末兼有牛耕，至赵过乃绝人耦。"叶少蕴曰："古耕而不犁，后世

---

① 实业：谷稍重而数减，为农业之演进。
② 实业：古山泽之利。

变为犁法,耦用人,犁用牛,过特为增损其数耳,非用牛自过始也。"周必大曰:"疑耕犁起于春秋之世。孔子有犁牛之言,冉耕字伯牛,《月令》出土牛示农耕早晚。"按,叶、周二说是。但谓古耕而不犁,耕犁起于春秋,亦恐未确。古藉田之礼曰三推,不用犁,安用推乎?《汉书殿本考证》。按,齐氏之说是也。古有爰田之法。《公羊》宣公十五年解诂曰:"司空谨别田之高下善恶,分为三品:上田一岁一垦,中田二岁一垦,下田三岁一垦。肥饶不得独乐,硗确不得独苦。故三年一换主易居。"此爰田之一说也。《周官·司徒》:"不易之地家百亩,一易之地家二百亩,再易之地家三百亩。"此爰田之又一说也。①《周官》之说,盖施之田多足以给其人之地,解诂之说,则施之田少之乡。三年一换主易居,以均苦乐,则虽中田、下田,亦不得不岁垦矣。代田之法,为后世区田之祖,实自爰田变化而来。用此法者,田不必番休,而已获番休之益,盖以耕作之精,代土田之不足者也。井田之坏,由阡陌之开,而阡陌之开,实先由土田之不足。观东周以后,井田之法渐坏,则其田不给授可知。代田之法固宜其继爰田而兴。② 托诸后稷诬,谓其起自先秦之世,则必不虚矣。

育蚕,《路史·疏仡纪》引《淮南王蚕经》,谓始黄帝之妃西陵氏,其说自不足信。然《易·系辞传》言:"黄帝、尧、舜垂衣裳而天下治。"疏云:"以前衣皮,其制短小,今衣丝麻布帛,所作衣裳,其制长大,③故曰垂衣裳也。"黄帝、尧、舜时,声明文物,虽不如后世所传之盛,然已非天造草昧之时,则《礼运》所谓"后圣有作,治其麻丝,以为布帛"者,或即指黄帝、尧、舜言之,未可知也。纺织在各民族,皆为妇女之事,故神农之教,谓"一女不织,或受之寒";《周官》太宰九职,亦曰"七曰嫔妇,化治丝枲"也。后世蚕利盛于东南,古代则不然。《禹贡》兖州曰"桑土既蚕",青州曰"厥篚檿丝",扬州曰"厥篚织贝",徐州曰"厥篚玄纤缟",荆州曰"厥篚玄纁玑组",豫州曰"厥篚纤纩";《诗·豳风》曰"蚕月条桑",《唐风》曰"集于苞桑",《秦风》曰"止于桑","桑者闲闲"咏于魏,"鸤鸠在桑"咏于曹,"税于桑田"咏于卫;利实遍江、淮、河、济之域也。《孟子》言"五亩之宅,树之以桑,七十者可以衣帛",《梁惠王上》。

---

① 实业:爰田二说。
② 实业:代田之法,由爰田变化而来。
③ 服饰:衣皮短小,丝麻布帛长大。

足见其为民间恒业矣。

田牧自农业兴盛后，即不视为要务。田猎之所以不废：一借以讲武。二习俗相沿，以田猎所得之物为敬。三则为田除害也。《公羊》桓公四年解诂曰："已有三牲，必田狩者？孝子之意，以为己之所养，不如天地自然之牲，逸豫肥美。禽兽多则伤五谷，因习兵事，又不空设，故因以捕禽兽。所以共承宗庙，示不忘武备，又因以为田除害。"述田猎之意最备。《王制》曰："天子诸侯无事，则岁三田：一为干豆，二为宾客，三为充君之庖。"桓公四年《公羊》《穀梁》皆同。《曲礼》曰："国君春田不围泽，大夫不掩群，士不取麛卵。"《王制》曰："天子不合围，诸侯不掩群。天子杀则下大绥，诸侯杀则下小绥，大夫杀则止佐车，佐车止则百姓田猎。獭祭鱼，然后虞人入泽梁；豺祭兽，然后田猎；鸠化为鹰，然后设罻罗；草木零落，然后入山林；昆虫未蛰，不以火田。不麛，不卵，不杀胎，不夭夭，不覆巢。""子钓而不纲，弋不射宿"。《论语·述而》。《春秋》之法，不以夏田。《公羊》桓公四年："春曰苗，秋曰蒐，冬曰狩。"解诂曰："不以夏田者，《春秋》制也。以为飞鸟未去于巢，走兽未离于穴，恐伤害于幼稚，故于苑囿中取之。"案，《穀梁》曰："春曰田，夏曰苗，秋曰蒐，冬曰狩。"《左氏》曰："春蒐，夏苗，秋狝，冬狩。"《周官》《尔雅》皆同。盖农耕之世，田猎之地渐狭，故不得不为是限制也。《左氏》襄公三十年，"丰卷将祭，请田焉，弗许，曰：'唯君用鲜，众给而已'"，则祭祀亦不能皆用自然之牲矣。《月令》孟夏，驱兽毋害五谷。《周官》有兽人、掌罟田兽。射鸟氏、掌射鸟。罗氏、掌罗乌鸟。冥氏、掌攻猛兽。穴氏、掌攻蛰兽。硩蔟氏、掌覆夭鸟之巢。庭氏掌攻国中之夭鸟。诸官，盖亦以为田除害。其迹人、川衡、泽虞之官，则所以管理渔猎者也。孟子言文王之囿，方七十里，民犹以为小；齐宣王之囿，方四十里，民则以为大。固由文王之囿，刍荛者往焉，雉兔者往焉，与民同之，而宣王之囿，杀其麋鹿者，如杀人之罪。《梁惠王下》。然文王所以能有七十里之囿，与民同之者，亦以其时旷土尚多，山泽之利未尽也。春秋、战国时，列国之君，犹皆有苑囿，如《左氏》僖公三十三年言郑有原圃，秦有具囿是也。观《公羊》夏不田取诸苑囿之说，则田猎限于苑囿，其初已为美谈，而后世更以弛苑囿与民为德政，可以觇生业之变迁矣。

动物之用有四：肉可食，一也。皮、革、齿、牙、骨、角、毛、羽，可为器物，二也。牛马可助耕耘，又可引重致远；鹰犬可助田猎；三也。以供玩弄，四也。此畜牧之业所由起也。《周官》太宰九职，四曰薮牧，养蕃鸟兽；载师以牧田任远郊之地；皆官以畜牧为事者。角人，掌征齿角、凡骨物于山泽之农；羽人，掌征羽翮于山泽之农；则取之于民，官不自为畜养矣。牧人、掌牧六牲。六牲谓马、牛、羊、豕、犬、鸡。牛人、掌养国之公牛。充人、掌系祭祀之牲牷。鸡人、掌供鸡牲。羊人掌羊牲。皆以供祭祀、宾客之用。《羊人之职》云"若牧人无牲，则受布于司马，使其贾买牲而供之"，则虽祭祀宾客之用，官亦不能尽具，可见牧业之微。① 官家所最重者为马政。有校人以掌王马之政，巫马、牧师、廋人、圉师、圉人属焉。民间之牛马，则由县师简阅。盖以有关戎事，兼助交通故也。民间畜养，牛马而外，犬、豕与鸡为多。②《孟子》言"鸡、豚、狗、彘之畜，无失其时，七十者可以食肉矣"。《梁惠王上》。《记》言"问庶人之富，数畜以对"。《曲礼》。《管子》云："若岁凶旱水溢，民失本，则修宫室台榭，以前无狗、后无彘者为庸。"《乘马数》。案，动物之与人亲，最早者为犬，犬可助田猎，故古男子多畜犬。而彘最弱，须防卫。于文，家从宀从豕，或说为豭省声，非也。且从豭与从豕何异？盖家之设本所以养豕，后乃变为人之居。女子居处有定，畜彘古殆女子之事也。《月令》：孟春之月，"命祀山林川泽，牺牲毋用牝"。其爱惜物力之意，亦与田猎之法同。

鱼在古昔，盖亦为女子之事，③故"教成祭之，牲用鱼"。《礼记·婚义》。陈乞谓诸大夫亦曰"常之母有鱼菽之祭"也。《公羊》哀公六年。古人重武事，猎可讲武，而渔则否，故《春秋》隐公五年，公观鱼于棠，臧哀伯谏，谓"山林川泽之实，器用之资，皂隶之事，官司之守，非君所及也"。见《左氏》。司其事者：《月令》季夏，命渔师伐蛟，取鼍，登龟，取鼋。《周官》有渔人，掌以时渔为梁；鳖人，掌取互物；掌蜃，掌敛互物、蜃物；盖官自取其物。《月令》孟冬，乃令水虞、渔师，收水泉池泽之赋；《周官·渔人》，凡渔征入于玉府；则取之于民者也。渔业盖以沿海为盛。故《史记》言太公封于齐，通鱼盐；《货殖列传》。《左氏》昭公三年，晏子述陈氏厚施，谓"鱼盐蜃蛤，弗加于海"也。其川泽之地，则《孟子》言"数罟不入污池"，《王制》言"獭祭鱼，然后虞人入泽梁"，其规制亦颇严。

洪荒之世，林木率极茂盛。斯时为垦辟计，多斩刈焚烧之。《孟子》言洪水未平，"草木畅茂"，"益烈山泽而焚之"是也。《滕文公上》。垦辟愈广，林木愈稀，遂须加以保护。《孟子》言"斧斤以时入山林"，《梁惠王上》。《曲礼》言"为宫室，不斩于丘木"是也。《左氏》昭公十六年："郑大旱。使屠击、祝款、

---

① 实业：牧人无牲使贾买。此见官家之业日微。
② 实业：多畜鸡犬豕。
③ 实业：渔亦女子事。

竖树有事于桑山。斩其木。不雨。子产曰:'有事于山,艺山林也;而斩其木,其罪大矣。'夺之官邑。"可见其法之严矣。政令之可考者:《月令》季夏,"乃命虞人,入山行木。毋有斩伐","命泽人,纳材苇"。季秋,"草木黄落,乃伐薪为炭"。仲冬,"日短至,则伐木,取竹箭"。《周官》山虞"掌山林之政令,物为之厉而为之守禁","令万民时斩材,有期日","凡窃木者有刑罚"。林衡"掌巡林麓之禁令而平其守"。皆其事也。然滥伐仍在所不免。《孟子》曰:"牛山之木尝美矣,以其郊于大国也,斧斤伐之,可以为美乎?是其日夜之所息,雨露之所润,非无萌蘖之生焉,牛羊又从而牧之,是以若彼濯濯也。"则几成童山矣。《告子上》。《战国・宋策》,墨子谓公输般:"荆有长松、文梓、楩楠、豫章,宋无长木。"西戎板屋,汉世犹然。见《汉书・地理志》。内地繁富之区,林木必不如沿边之盛,①实古今一辙也。《周官・司险》:"设国之五沟五途,而树之林以为阻固。"此乃为设险计。② 天下一统之后,唯恐交通之不利,此等林木,更逐渐铲除以尽矣。

《管子・地数》言葛卢、雍狐之山,发而出水,金从之,蚩尤受而制之,以为兵,已见第七章第一节。《韩非・内储说》亦言"荆南之地,丽水之中生金,人多窃采",则古所取者,似多水中之自然金。然《地数》又曰:"上有丹沙者,下有黄金;上有慈石者,下有铜金;上有陵石者,下有铅、锡、赤铜;上有赭者,下有铁;此山之见荣者也。"又曰:"山上有赭者,其下有铁;上有铅者,其下有银。一曰:'上有铅者,其下有鈆银;上有丹沙者,其下有鈆金;上有慈石者,其下有铜金。'此山之见荣者也。"则已知察勘矿苗之法矣。盖始取之于水,后求之于山。《淮南・本经》谓衰世"镌山石,锲金玉,擿蚌蜃,消铜铁,而万物不滋",可见其开采之盛。无怪《地数》言出铜之山四百六十七,出铁之山三千六百九,举天下矿产,且若略有会计也。《周官・矿人》:"掌金、玉、锡、石之地,而为之厉禁以守之。若以时取之,则物其地,图而授之。"注云:"物地,占其形色,知咸淡也。"疏云:"郑以当时有人采者,尝知咸淡,即知有金玉。"此亦勘察之一法,惜其详不可得闻也。

古农业之胜于后世者,有两端焉。一曰水利之克修。《周官・遂人》云:"夫间有遂,遂上有径;十夫有沟,沟上有畛;百夫有洫,洫上有途;千夫

---

① 实业:古林盛于缘边。
② 实业:树木为阻固,一统则无须。

有浍,浍上有道;万夫有川,川上有路。以达于畿。"《匠人》云:"匠人为沟洫。耜广五寸,二耜为耦。一耦之伐,广尺,深尺,谓之甽。田首倍之,广二尺,深二尺,谓之遂。九夫为井,井间广四尺,深四尺,谓之沟。方十里为成,成间广八尺,深八尺,谓之洫。方百里为同,同间广二寻,深二仞,谓之浍。专达于川。"注虽以为二法,然释《遂人》遂、沟、洫、浍之深广,皆与《匠人》同,则其实不异也。① 古沟洫之制,或疑其方罫如棋局,势不可行,则此本设法之谈。又或疑其费人力太多,势不能就,则靡以岁月而徐为之,又何不可致之有?古土地皆公有,各部族各有其全局之规划,农业部族之共主,与田猎畜牧之族,徒恃战伐者不同,亦以其能救患分灾;设有巨工,则能为诸部族发踪指示也。观无曲防,无遏籴,列于葵丘之载书;而城周,城杞,亦由当时之霸主,合诸侯而就役可知。恤邻且然,况于为己?有不及者,督责而指导之。不相协者,整齐而画一之。谓始皇能合秦、赵、燕之所筑者,以为延袤万里之长城,而自神农至周,不能合诸部族之水工,以为中原方数千里之沟洫,吾不信也。农田水利,相依为命,古水利之修治如此,较之土地私有,政治阔疏之世,人民莫能自谋,官吏亦莫能代谋;川渠听其湮塞,堤防听其废坏,林木听其斫伐,旱干水溢,习为故常。转徙流离,诿诸天数者,其不可同年而语明矣。一曰农政之克举。古多教稼之官,亦有恤农之事。②《噫嘻》郑笺,谓古三十里为一部,一吏主之,此即所谓田畯。古之吏,于农事至勤,固多督促之意,《礼记·曲礼》曰:"地广大,荒而不治,此亦士之辱也。"《管子·权修》曰:"土地博大,野不可以无吏。"此士与吏,即田畯之俦。《月令》:孟夏,"命野虞出行田原,为天子劳农劝民,毋或失时。命司徒巡行县鄙,命农勉作,毋休于都"。仲秋,"乃命有司,趋民收敛。务蓄菜,多积聚。乃劝种麦,毋或失时"。季冬,"令告民出五种。命农计耦耕事。修耒耜。具田器"。《公羊》宣公十五年解诂曰:"民春夏出田,秋冬入保城郭。田作之时,春,父老及里正旦开门,坐塾上,晏出后时者不得出,暮不持薪樵者不得入。"《汉书·食货志》略同。此等规制,盖皆世及为礼之大人,所以督责其农奴者,非大同之世所有也。亦时能以其知识,辅导齐民。如《周官》大司徒,"辨十有二壤之物而知其种"。司稼,"巡邦野之稼而辨穜稑之种,周知其名,与其所宜地,以为法而悬于邑闾"。此辨土壤、择谷种之法也。草人,"掌土化之法,以物地相其宜而为之种"。此变化土壤之法也。《月令》:季夏,"是月也,土润溽暑,大雨时行。烧薙行水,利以杀草,如以热汤。"注:

---

① 实业:沟洫非必虚言。
② 实业:古教稼之法。

"剃,谓迫地芟草也。此谓欲稼莱地,先剃其草,草干烧之。至此月大雨,流水潦蓄于其中,则草死不复生,而地美可稼也。剃人掌杀草,职曰'夏日至而剃之',又曰'如欲其化也,则以水火变之'。"案,剃人亦见《周官》,此即所谓火耕水耨也。庶氏,掌除毒蛊;蕻氏,掌除蠹物;赤叐氏,掌除墙屋;除虫豸藏逃其中者。蝈氏,"蝈"读如"蛾"。掌去蛙黾;壶涿氏,掌除水虫;则除害虫之法也。《诗·大田》:"去其螟螣,及其蟊贼,毋害我田稚。田祖有神,秉畀炎火。"《月令》:孟春,"王命布农事,命田舍东郊,皆修封疆,审端径术。善相丘陵、阪险、原隰土地所宜,五谷所殖,以教导民,必躬亲之"。盖于督责之中,兼寓教导之意矣。《汉志》农家之书出于先秦之世者,有《神农》《野老》;又有《宰氏》,不知何世;今皆无存。古农家之学,尚略见于《管子·地员》,《吕览·任地》《辨土》《审时》诸篇,皆当时农稷之官所发明,而日教导其下者也。以视后世,士罕措心农学;即有之,亦不能下逮;负耒之子,徒恃父祖所传、经历所得者,以事耕耘,又迥不侔矣。《甫田》之诗曰:"曾孙来止,以其妇子,馌彼南亩。田畯至喜。攘其左右,尝其旨否。"笺云:"曾孙,谓成王也,'攘'读当为'饟'。馌、饟,馈也。田畯,司啬,今之啬夫也。'喜'读为'饎'。饎,酒食也。成王来止,谓出观农事也。亲与后世子行,使知稼穑之艰难也。为农人之在南亩者,设馈以劝之,司啬至,则又加之以酒食,饟其左右从行者。成王亲为尝其馈之美否,示亲之也。"此说后人多疑之,其实此何足疑?古君民相去,本不甚远,读《金史》之《昭肃皇后传》,则可知矣。昭肃后,唐括氏,景祖后,《传》曰:"景祖行部辄与偕行,政事狱讼,皆与决焉。景祖殁后,世祖兄弟凡用兵,皆禀于后而后行,胜负皆有惩劝。农月,亲课耕耘刈获。远则乘马,近则策杖。勤于事者勉之,晏出早归者训厉之。"晏子述巡守之礼曰:"春省耕而补不足,秋省敛而助不给。"又引夏谚"吾王不游,吾何以休?吾王不豫,吾何以助"以明之。《孟子·梁惠王下》。知古所谓巡守者,实乃劝农之事,即方伯行邑亦如此,故有召伯听讼于甘棠下之说也。见《史记·燕世家》。夫如是,安有暴君污吏,敢剥削其民者哉?古者一夫百亩,又有爰田之法,所耕之地实甚广,然《王制》言:"上农夫食九人,其次食八人,其次食七人,其次食六人,下农夫食五人。"《孟子》同,见《万章下篇》。其所得,无以逾于今江南之农夫,而今江南之农夫,所耕者不逮古三之一也,此盖地狭人稠,迫之使耕作益精,而智巧亦日出。今日农夫之所知,盖有古士大夫之所不逮者矣。然人所以驾驭自然之术日精,而人与人之相剥削则亦愈烈矣。噫!

第二节　工　　业

工业何由演进乎？曰：始于分业而致其精，继以合诸部族之长技而汇于一，终则决破工官之束缚，使智巧之士，人人有以自奋焉。此工业演进之途也。

《考工记》曰："粤无镈，燕无函，秦无庐，胡无弓、车。粤之无镈也，非无镈也，夫人而能为镈也。燕之无函也，非无函也，夫人而能为函也。秦之无庐也，非无庐也，夫人而能为庐也。胡之无弓、车也，非无弓、车也，夫人而能为弓、车也。"注曰："言其丈夫人人皆能作是器，不须国工。"然则非人人所能作之器，必设官以司其事矣。此盖大同之世之遗规。今东印度农业共产社会，攻木，抟埴，咸有专职。不事稼穑，禄以代耕。吾国古代盖亦如是。王公建国，袭其成法，遂为工官矣。人之才性，各有所宜，而艺以专而益精，习熟焉则巧思自出，不唯旧有之器，制作益工，新器且自兹日出矣。故一部族之中，以若干人专司制造，实工业演进之第一步也。

然古代部族，率皆甚小，一部族中，智巧之士有限。抑且限于所处之境，物材不能尽备，利用厚生之事，自亦不能无缺也。而各部族之交通，适有以弥其憾。《考工记》曰："智者创物，巧者述之，守之世，谓之工。百工之事，皆圣人之作也。"古无信史，公众逐渐发明之事，率归美于一人。《淮南·本经》曰："周鼎著倕。"注云："周铸鼎，著倕象于鼎。"此殆即《考工记》所谓圣人，如学校之有先圣也。①《易·系辞传》曰："备物致用，立成器，以为天下利，莫大乎圣人。"亦此意。其实以一人而有所发明者，甚稀，一部族有所专长者则不乏，此亦其所处之境，或其独有之物产使然也。《记》又言："有虞氏上陶，夏后氏上匠，殷人上梓，周人上舆。"注云："官各有所尊，王者相变也。"此说殊非。虞、夏、殷、周皆异部族，各有所长，故亦各有所贵耳。利用厚生之技，传布最易。野蛮人遇文明人，尤渴慕如恐不及。蒙古人之入西域，即其明证。《考工记》诸官，或以人称，或以氏称。注曰："其曰某人者，以其事名官也。其曰某氏者，官有世

---

① 实业：合各部族所长，如乌春之于金。

功,若族有世业,以氏名官者也。"以氏名官之中,必多异族才智之士,如乌春之于女真者矣。①《金史·乌春传》:"乌春,阿跋斯水温都部人。以锻铁为业。因岁歉,策杖负担,与其族属来归。景祖与之处。以本业自给。"按,此所谓以本业自给者,必非乌春一人,正犹突厥本为柔然铁工也。

  封建之世,有国有家者,既能广徕异部族智巧之士,而又能则古昔,设专官以处之,"凡执技以事上者,不贰事,不移官"。《礼记·王制》。工业似当猛晋,而不能然者,则以工官之制,亦有其阻遏工业,使之停滞不进者在也。人之才性,各有不同,子孙初不必尽肖其父祖,而古工官守之以世,必有束缚驰骤,非所乐而强为之者矣,一也。工官之长,时曰工师,所以督责其下者甚严。《月令》:季春,"命工师,令百工,审五库之量,金、铁、皮、革、筋、角、齿、羽、箭干、脂胶、丹漆毋或不良,百工咸理。监工日号,毋悖于时。毋或作为淫巧,以荡上心"。季秋,"霜始降,则百工休"。孟冬,"命工师效功,陈祭器,案度程,毋或作为淫巧,以荡上心,必功致为上。物勒工名,以考其诚。功有不当,必行其罪,以穷其情"。《荀子·王制》序官:"论百工,审时事,辨功苦,尚完利,便备用,使雕琢文采,不敢专造于家,工师之事也。"下乃不得不苟求无过。凡事率由旧章,则无由改善矣,二也。封建之世,每尚保守,尤重等级,故《月令》再言"毋或作为淫巧,以荡上心"。《荀子》亦言:"雕琢文采,不敢专造于家。"《管子》曰:"菽粟不足,末生不禁,民必有饥饿之色,而工以雕文刻镂相稺也,谓之逆。布帛不足,衣服无度,民必有冻寒之伤,而女以美衣锦绣綦组相稺也,谓之逆。"《重令》。此即汉景帝"雕文刻镂伤农事,锦绣纂组害女红"诏语所本,原不失为正道,然新奇之品,究以利用厚生,抑或徒供淫乐,实视其时之社会组织而定,不能禁贵富者之淫侈,而徒欲禁止新器,势必淫侈仍不能绝,而利用厚生之事,反有为所遏绝者矣,三也。《墨子·鲁问》:"公输子削竹木以为鹊,成而飞之,三日不下。公输子自以为至巧。子墨子谓公输子曰:'子之为鹊也,不如匠之为车辖,须臾斲三寸之木,而任五十石之重,故所为巧,利于人谓之巧,不利于人谓之拙。'"其说是矣。然能飞之械,安见不可为公众之利乎?《礼记·檀弓》:"季康子之母死。公输若方小。敛,般请以机封。将从之。公肩假曰:'不可,夫鲁有初,公室视丰碑,三家视桓楹。般,尔以人之母尝巧,则岂不得以?其毋以尝巧者乎?则病者乎?噫!'弗果从。"此则纯为守旧之见而已矣。夫如是,故工官之制,本可使工业益致其精,而转或为求精之累也。

  凡制度,皆一成而不易变者也,而社会则日新无已。阅一时焉,社会遂

---

① 实业:《易系辞传》、《考工记》之圣人,即先圣之圣。

与制度不相中。削足适履,势不可行,制度遂至名存实亡矣。工官之制,亦不能免于是。工官之设,初盖以供民用。然其后在上者威权日增,终必至专于奉君,而忽于利民。孟子之诘白圭也,曰:"万室之国,一人陶,则可乎?"曰:"不可,器不足用也。"《告子下》。明古之工官,皆度民用而造器。然所造之数,果能周于民用乎?生齿日繁,又或生活程度日高,始自为而用之者,继亦将以其所有,易其所无,则相需之数必骤增,然工官之所造,未必能与之俱增也,则民间百业,缘之而起矣。工官取应故事,民间所造之器,则自为牟利,相竞之余,优绌立见,则一日盛而一式微矣,况乎新创之器,又为工官所本无者邪?《管子》言四民不可使杂处。《吕览》言民生而隶之三官。皆见第十一章第四节。《穀梁》亦曰:"古者立国家,百官具,农工皆有职以事上。古者有四民:有士民,有商民,有农民,有工民。"成公元年。《论语》言"百工居肆"。《子张》。《国语》言"工商食官"。《晋语》。《中庸》曰,日省月试,饩禀称事,来百工也。则古之工人,皆属于官。然《管子·问篇》曰:"工之巧,出足以利军伍,处可以修城郭、补守备者几何人?"则名不籍于官,饩不禀于上,非国家之所能知矣。《治国篇》曰:"今为末作奇巧者,一日作而五日食,农夫终岁之作,不足以自食也。"①《史记·货殖列传》曰:"用贫求富,农不如工,工不如商。"皆足见民间工业之盛。此固能使智巧日出,民用益周。然菽粟不足,不得事雕文刻镂,布帛不足,不得事锦绣纂组之义,亦并告朔之饩羊而不存矣。噫!

第三节　商　　业

商业之始,其起于部族与部族之间乎?《老子》曰:"至治之极,邻国相望,鸡狗之声相闻,民各甘其食,美其服,安其俗,乐其业,至老死不相往来。"据《史记·货殖列传》。《管子》曰:"市不成肆,家用足也。"②《权修》。《盐铁论》曰:"古者千室之邑,百乘之家,陶冶工商,四民之求,足以相更。故农民

---

① 实业:工之利大于农。
② 实业:古家国各自足。

不离畎亩而足乎田器,工人不斩伐而足乎陶冶,不耕田而足乎粟米。"《水旱》。盖古代部族,凡物皆自为而用之,故无待于外也。然智巧日开,交通稍便,分业即渐行于各部族之间。《洪范》八政,一曰食,二曰货,货即化,谓变此物为他物也。《孟子》曰:"子不通功易事,以羡补不足,则农有余粟,女有余布。"《滕文公下》。又曰:"且一人之身,而百工之所为备,如必自为而后用之,是率天下而路也。"《滕文公上》。人无不恃分工协力以生者,自皇古以来即如此,商业之兴,特扩而大之而已矣。

《易·系辞传》言神农氏"日中为市,致天下之民,聚天下之货,交易而退,各得其所"。"天下"盖侈言之。《吕览·勿躬》曰:"祝融作市。"祝融即神农也。《书·酒诰》言,农功既毕,"肇牵车牛远服贾"。《记·郊特牲》言:"四方年不顺成,八蜡不通。"此皆今之作集,商学家所谓定期贸易也。神农时之市,度亦不过如是耳。生计稍裕,则邑居之地,有常设之市。《管子·乘马》"方六里命之曰暴,五暴命之曰部,五部命之曰聚,聚者有市,无市则民乏"是也。①《齐策》:"通都、小县置社、有市之邑,莫不止事而奉王。"则邑不必皆有市。国都所在,市之规模尤大。《考工记》:"匠人营国,左祖右社,面朝后市。"《管子·揆度》言百乘、千乘、万乘之国,中而立市是也。藏货贿之地曰廛,《王制》言"市廛而不税"是也,注:"廛,市物邸舍。"案,廛为区域之意,不论其为民居与商用,故许行踵门见滕文公,言"愿受一廛而为氓"也。见《孟子·滕文公上篇》。邑以外之市,则在田野之间,《公羊》解诂所谓"因井田以为市";宣公十五年。《孟子》所谓"有贱丈夫焉,必求垄断而登之"者也。《公孙丑下》。注:"垄断,谓堁断而高者也。左右占望,见市中有利,网罗而取之。"案,登高则所见者远,招徕买者易,而人亦易见之也。城市之间,亦有作小卖买者,则《周官》所谓"贩夫贩妇",②《司市》:"大市,日昃而市,百族为主。朝市,朝时而市,商贾为主。夕市,夕时而市,贩夫贩妇为主。"又廛人掌敛总布。杜子春云:"总当为儳,谓无肆立持者之税也。"康成不从,然注肆长敛其总布取之。又《诗·有瞽》笺云:"箫,编小竹管,如今卖饧者所吹也。"此即《说文》所谓"衒",③《说解》曰:"行且卖也。"其规模弥小矣。

都邑中市,国家管理之颇严。④《王制》曰:"有圭璧、金璋,不鬻于市。

---

① 实业:聚者布市,有市之邑,因井田而为市。
② 实业:垄断。贩夫贩妇。
③ 实业:衒。
④ 实业:管理商人颇严。

命服、命车，不鬻于市。宗庙之器，不鬻于市。牺牲，不鬻于市……布帛精粗不中度，幅广狭不中量，不鬻于市。奸色乱正色，不鬻于市。锦文、珠玉成器，不鬻于市。衣服、饮食，不鬻于市。五谷不时，果实未熟，不鬻于市。木不中伐，不鬻于市。禽兽、鱼鳖不中杀，不鬻于市。"一以维当时之所谓法纪，一以防商人之欺诈也。《周官》所载，有胥师以察其诈伪，各掌其次之政令，而平其货贿，宪刑禁焉。察其诈伪饰行儥慝者而诛罚之。听其小治小讼而断之。**有贾师以定其恒价**，凡天患，禁贵儥者，使有恒价。四时之珍异亦如之。**有司暴以禁其斗嚚**，掌宪市之禁令，禁其斗嚚者与其暴乱者，出入相陵犯者，以属游饮食于市者。若不可禁，则搏而戮之。**有司稽以执其盗贼**，掌巡市，而察其犯禁者与其不物者而搏之。掌执市之盗贼，以徇，且刑。**有胥以掌其坐作出入之禁令**，各掌其所治之政，执鞭度而巡其前，掌其坐作出入之禁令，袭其不正者。凡有罪者，挞戮而罚之。**有肆长以掌其物之陈列**，各掌其肆之政令，陈其货贿，名相近者相远也，实相近者相迩也，而平正之。**而司市总其成。**注云："司市，市官之长。"又云："自胥师以及司稽，皆司市所自辟除也。胥及肆长，市中给徭役者。"又**有质人以掌其质剂、书契、度量、淳制**。掌成市之货贿、人民、牛马、兵器、珍异。凡卖儥者质剂焉。大市以质，小市以剂。掌稽市之书契。同其度量。壹其淳制。凡治质剂者，国中一旬，郊二旬，野三旬，都三月，邦国期。期内听，期外不听。案，《小宰》八成，七曰听卖买以质剂，注引郑司农曰："质剂，谓市中平价，今时月平是也。"又曰：玄谓"两书一札，同而别之，长曰质，短曰剂。傅别质剂，皆今之券书也，事异，异其名耳"。《质人》注云："大市，人民、牛马之属用长券。小市，兵器、珍异之物用短券。"①淳制，杜子春云："淳当为纯。纯谓幅广，制谓匹长也，皆当中度量。"后郑云："淳读如'淳尸盥'之淳。"疏云："杜子春云，淳当为纯，纯谓幅广。制谓匹长也者，即丈八尺，后郑从之。后郑不从杜子春纯者，纯止可为丝为缁，不得为幅广狭，故读从《士虞礼》'淳尸盥'之淳，故《内宰》注依巡守礼淳四咫，郑《志》答：咫八寸，四当为三，三咫，谓二尺四寸也。"**凡治市之吏，居于思次。**②《司市职》云："凡市入，则胥执鞭度守门。市之群吏，平肆，展成，奠价，上旌于思次以令市。市师莅焉，而听大治大讼。胥师、贾师莅于介次，而听小治小讼。"注云：思次，若今市亭也。介次，市亭之属小者。**通货贿则以节传出入之。**《司市》："凡通货贿，以玺节出入之。"《司关》，掌国货之节，以联门市。凡货不出于关者，举其货，罚其人。凡所达货贿者，则以节传出之。注云："货节，谓商本所发司市之玺节也。自外来者，则案其节而书其货之多少，通之国门。国门通之司市。自内出者，司市为之玺节，通之国门，国门通之关门。"又云："商或取货于民间，无玺节者至关，关为之玺节及传出之。其有玺节，亦为之传。传，如今移过所文书。"**有物靡之禁**，《司市》："以政令禁物靡而均市。"**有伪饰之禁**。《司市》："凡市，伪饰

---

① 实业：立持。
② 实业：案从来商人管理，无如近世之甚者。物买之制驭。

之禁：在民者十有二，在商者十有二，在贾者十有二，在工者十有二。"郑司农云："所以俱十有二者？工不得作，贾不得鬻，商不得资，民不得畜。"后郑即引《王制》以说之。有市刑：小刑宪罚，中刑徇罚，大刑扑罚。较《王制》尤严矣。《史记·田单列传》：湣王时，为临淄市掾。① 则古列国之市，皆有官以治之。

《贾师之职》云："凡天患，禁贵儥者，使有恒价，四时之珍异亦如之。"《司市职》云："凡治市之货贿、六畜、珍异，亡者使有，利者使阜，害者使亡，靡者使微。"注云："抑其价以却之也。"《朝士职》云："凡民同货财者，令以国法行之，犯令者，刑罚之。"注云："郑司农云同货财者，谓合钱共贾者也。以国法行之，司市为节以遣之。玄谓同货财者，富人蓄积者，多时收敛之，乏时以国服之法出之，虽有腾跃，其赢不得过此，以利出者与取者。过此则罚之，若今时加贵取息坐臧。"《小宰》之质剂，司农以汉之月平释之，虽不必确，然汉之有月平章章矣。汉有月平，亦必沿之自古也。《左氏》称晋文之治，"民易资者，不求丰焉"。僖公二十七年。《史记·循吏列传》言子产为相二年，"市不预价"，是古之市价，官吏颇能操纵其间也。廛人之职，掌敛市之絘布、列肆之税布。总布、守斗斛铨衡者之税。质布、犯质剂者之罚。罚布、犯市令者所罚。廛布，邸舍之税。而入于泉府。凡珍异之有滞者，敛而入于膳府。泉府，"掌以市之征布，敛市之不售，货之滞于民用者，以其价买之。② 物楬而书之，以待不时而买者"。是卖者、买者，皆受公家保护，不虞亏折及昂腾也。《汉书·食货志》，王莽下诏曰："夫《周礼》有赊贷，《乐语》有五均。"注引邓展曰："《乐语》，《乐元语》，河间献王所传，道五均事。"臣瓒曰："其文云：'天子取诸侯之土以立五均，则市无二价，四民常均；强者不得困弱，富者不得要贫，则公家有余，恩及小民矣。"然则古确有平亭市价之事。陈相谓："从许子之道，则市价不二，国中无伪，虽使五尺之童适市，莫之或欺。布帛长短同，则价相若。麻缕丝絮轻重同，则价相若。五谷多寡同，则价相若。屦大小同，则价相若。"《孟子·滕文公上》。其欲举不齐之物而使之齐，事固未必能行，然齐市价使不二，古固不能谓无是事也。此可见商业初兴时，尚未尽自由；贾人之牟利，尚时为公家所干涉。然其后商贾之势益张，政令之力益弱，此等恐悉成虚文矣。不然，管、商辈何为深恶商贾，务欲裁抑之哉？

---

① 实业：田单为临淄市掾。
② 实业：泉府。

商业之初兴也,实凡民之友而非其敌也,①何则?天灾人祸之来,通全局计之,曾不足为人患;就一部落、一氏族言之,则有一蹶而不能复振者矣。庚财、乞籴,非可常恃,故必有商人焉,以己之所饶,易之于外。郑桓公之迁国,实与商人俱;《左氏》昭公十六年。卫为狄灭,文公通商;闵公二年。晋文公之返国,亦轻关、易道、通商;《国语·晋语》。即以当转徙破坏之余,必不可无之物,或有所阙,不得不借商贾以求之也。斯时之贸易,皆行于部族与部族之间,商人跋涉山川,蒙犯霜露,冒盗贼劫掠之险,以为公众谋,而己不与其利,谓为凡民之友,而非其敌,信不诬矣。然此乃为公产之部族言之,至私产之制兴,贸易行于部族之中,商贾各自为谋,而其情势一变。

《管子》曰:②"政有急缓,故物有轻重。岁有败凶,故民有义 当作"羡"。不足。时有春秋,故谷有贵贱。"《七臣七主》。又曰:泰春、泰夏、泰秋、泰冬,此物所以高下之时也。此民所以相并兼之时也。《山国轨》。案,《轻重乙》曰,岁有四秋,物之轻重,相十而相百。所谓岁有四秋者,谓农事作为春之秋,丝纩作为夏之秋,五谷会为秋之秋,纺绩缉缕作为冬之秋也。计然言:巢二十病农,九十病末,上不过八十,下不过三十,则农末俱利。《史记·货殖列传》。则三十至八十,实为谷之恒价。而李悝"尽地力之教"言农民生计,谷石皆以三十计,《汉书·食货志》。则自三十以上,利皆入于商人,农民所得,仅其最下之价矣。《管子·揆度》曰:"今天下起兵加我……君朝令而夕求具,民肆其财物,与其五谷为售。……贾人受而廪之。……师罢,民返其事,万物返其重,贾人出其财物,国币之少分,廪于贾人。"然则不论天时、人事之变动,贾人皆乘之以获利,而凡民则举受其弊也。夫有无之相剂,一以其时,一以其地。以其时者,《王制》耕九余三之法是也。以其地者,若《管子》言,亩钟之国,粟十钟而锱金。山诸侯之国,粟五釜而锱金。《轻重乙》。以其所饶,易其所乏,则地虽异而用各足是也。各地方之丰歉,不必同时,苟能互相调剂,则虽微积贮,而与有积贮者无异;而窖藏不用,同于废弃之物,咸可用为资本矣。故通商实两利之道,而通全局计之,则为利尤溥也。然利皆入于商人,则不蒙其利者,仍与受天灾人祸无异,或且加酷焉。是犹举公众之积,以奉一二人,而使大众流为饿殍也。此管、商等所以有抑商之论也。非偏也,商人固剥削兼并之流,而凡民则为

---

① 实业:商业初兴时之利群。
② 实业:管子所言之商人。

所剥削兼并者也。

当时在一区域之中,商人所恃以牟利者,盖以谷及日用所资之物为主,如上文所言是也。其贩运于列国之间者,则为各地方所特有之物。①《史记·货殖列传》曰:"山西饶材、竹、榖、纑、旄、玉、石;山东多鱼、盐、漆、丝、声色;江南出楠、梓、姜、桂、金、锡、连、丹沙、犀、瑇瑁、珠、玑、齿、革;龙门、碣石北,多马、牛、羊、旃裘、筋、角;铜、铁则千里往往山出棋置;此其大较也。皆中国人民所喜好,谣俗、被服、饮食、奉生、送死之具也。"唯如是,故与外国接境之处,商利遂无不饶。《货殖列传》言栎邑北却戎狄,多大贾;巴、蜀南御滇、僰,僰僮;西近邛、筰,筰马、旄牛;天水、陇西、北地、上郡,西有羌中之利,北有戎翟之畜;杨平、杨陈西贾秦、翟,北贾种、代;上谷至辽东,北邻乌桓、夫余,东绾秽貉、朝鲜、真番之利;是其事也。《传》又言番禺为珠、玑、瑇瑁、果、布之凑,珠、玑、瑇瑁固汉后与西南洋通所致之物,果亦南方所饶,布疑即木棉所织也,然则海道之通商,亦自先秦时已然矣。②《货殖传》虽太史公所作,然实多取先秦成说,非述当时事也。凡史籍所著,大抵较述作之时为早,正不独《史记》为然。

此等商贾,所贩运者,率皆珍贵之品,非平民之所资,故其人恒与王公贵人为缘。"子贡结驷连骑,束帛之币,以聘享诸侯,所至,国君无不分庭与之抗礼。"《货殖列传》。正犹蒙古朝廷乐与西域商人交接矣。当时王公大人用与商人交易者何物乎?予疑其为粟帛,③《管子·山权数》言"丁氏之家粟,可食三军之师"。《轻重丁》言"大夫多并其财而不出,腐朽五谷而不散"。有封地征敛于民者,粟帛固其所饶也。"嬖宠被绨纻,鹅鹜含余鬻",亦见《轻重丁》。言城阳大夫如是。固不如以易珍奇玩好,而商人得此,则可豪夺吾民矣。夫商贾既日与王公贵人为缘,则其地望宜日尊显,顾当时视为贱业者?则以坐列贩卖,率使贱者为之故也。汉人乐府曰:"孤儿生,孤儿遇生,命独当苦。父母在时,乘坚车,驾驷马。父母已去,兄嫂令我行贾,南到九江,东到齐与鲁。"王子渊《僮约》曰:"舍后有树,当裁作船,上至江州下到湔,主为府掾求用钱。推访垩,贩棕索,绵亭买席,往来都洛。当为妇女求脂泽,贩于小市,归都担枲。转出旁蹉,牵犬贩鹅。武都买茶,杨氏担荷。往来市聚,

---

① 实业:古国际贸易。

② 实业:先秦已有海道对外商业。

③ 实业:古贵族用以与商人交易者盖粟帛。

慎护奸偷。入市不得夷蹲旁卧，恶言丑骂。多作刀矛，持入益州，货易羊牛。"虽风谣之辞、游戏之文，不为典要，然终必以事实为据，不过或溢其分耳。汉世如此，先秦可知。《货殖传》言，齐俗贱奴虏，刁间独贵之。桀黠奴，人之所恶也，唯刁间收取，使逐渔盐商贾之利。则当时货殖之家，度亦不过发踪指示，未必身居阛阓之间。故曰"千金之子，不死于市"也。然商人多周历四方，熟知民之情伪，又其事本须心计，故其人率有才智，遂能上游媚王公贵人，以出其利，而下以剥削人民矣。商字之义，本为计度之辞。①《汉书·食货志》言耿寿昌以善为算，能商功利，幸于上是也。《白虎通义》曰："商之为言章也。"言能计度利害，使之章著也，弦高能却秦师，即商人多智之一证。《吕览·上农》曰，民舍本而事末，则好诈，好诈则巧法令，以是为非，以非为是，不如农人之朴实而易治。法家所以重农贱商者，此亦其一原因也。

第四节　泉　币

大同之世，人无所谓自为也，亦无所谓为人。有所为，皆以致诸群，有所须，亦皆取诸群者也。大同之世既逝，人不能无彼我之分。有所效于其群者，必求所以为偿，乃不得不计其值。计其值之物，则泉币也。甲以物与乙，乙以币与甲，虽若两人相授受，然甲将来以币易物，不必更求之乙，凡一切人之物，皆可易取焉，此即甲非以物授乙，而先致诸其群，由群更以授乙之明证。特其授受之间，群无代表，而即借甲乙之手以行之耳。职是故，为钱币之物乃不得不为众所同欲。②

《汉书·食货志》云："凡货，金钱布帛之用，夏、殷以前，其详靡记云。"此说最为得实。③《史记·平准书》云："虞、夏之币，金为三品，或黄，或白，或赤；或钱，或布，或刀，或龟贝。"数语附著简末，必后人记识混入本文者也。《汉志》又云："太公为周立九府圜法。黄金方寸而重一斤。钱圜函方，

---

① 实业：商为计度之辞。
② 钱币：钱币具公的性质。
③ 钱币：钱币缘起，《平准书》、《汉志》皆不足信。古者货贝。猎民皮农民粟。珠玉黄金用于贵族，交易盛而黄金重。古珠玉黄金略有与钱相权之价。母子钱之利病。

轻重以铢。布帛广二尺二寸为幅,长四丈为匹。""太公退,又行之于齐。"案,《史记·货殖列传》言管子设轻重、九府,《管晏列传》言吾读管氏《牧民》《山高》《乘马》《轻重》《九府》,则九府圜法,实齐中叶后事,云太公为周立者妄也。此三物者,布帛及钱,盖以供平民之用,黄金则贵族豪商用之,然已非其朔矣。何则?交易之兴,由来甚旧,盖衣皮之世即有之,安所得束帛而用之?而亦安能铸金为钱也?故言吾国之泉币者,必当以贝与皮为最早。

《说文》曰:"古者货贝而宝龟,周而有泉,至秦废贝行钱。"此语亦较《汉志》为确。《诗·菁菁者莪》笺云:"古者货贝,五贝为朋。"《礼记·少仪》曰:"臣如致金、玉、货、贝于君。"可见作《记》时贝尚通行也。《盐铁论·错币》曰:"夏后以玄贝,周人以紫石,后世或金钱刀布。"其言亦必有所据。《士丧礼》注云:"贝,水物,古者以为货,江水出焉。"盖南方业渔之民所用,货财等字,无不从贝者,可见其通行之广。钱圜函方,盖以象贝,《说文》云:贯,钱贝之贯也。知古之用贝,如后世之用钱也。皮则田猎之民用之,国家相沿以为币,民间亦用焉。如婚礼之纳币。逮农耕之世,则通用粟,《诗》言"握粟出卜",《孟子》言许行衣、冠、械、器,皆以粟易之,是也。《滕文公上》。粟值贱而重,故又多用布帛,《诗》言"抱布贸丝"是矣。金可分合,便贮藏,用为币本最善,然古金价甚贵,虽铜钱,亦未必能供零星贸易之用,况黄金乎?故知其仅行于贵族豪商之间也。计然言巢二十病农,九十病末,上不过八十,下不过三十,则农末俱利。古权度于今三之一,则在战国时,今粟一石,价不过九十至二百四十钱也。

然当时轻重家言,恒以金粟相权,而珠、玉、黄金,亦同称为币,其故何也?曰:泉币行于小民若豪贵间者,本不同物,今犹如是也。贵人之宝珠、玉、金、铜,盖以供玩弄,故珠玉之价,尤贵于黄金。《管子·侈靡》:天子藏珠玉,诸侯藏金石。其后稍用以资交易,而金之为用,乃胜于珠玉焉。《管子》曰:"玉起于禺氏,金起于汝、汉,珠起于赤野,东西南北,距周七千八百里,《通典》引作"七八千里"。水绝壤断,舟车不能通,先王为其途之远,其至之难,故托用于其重。以珠玉为上币,以黄金为中币,以刀布为下币。"《国蓄》。《地数》《揆度》《轻重乙》略同。又曰,汤七年旱,禹五年水,汤以庄山之金铸币,禹以历山之金铸币,而赎民之无檀卖子者。《山权数》。《周官·司市》:"国凶荒札丧,则市无征而作布。"注曰:"金铜无凶年,因物贵,大铸泉以饶民。"然则古之作泉,乃歉岁用以求粟于境外,犹之乞籴也。《管子》言丁氏之藏粟,可食三军之师,桓公将伐孤竹,以龟为质而假焉,《山权数》。古之求粟者,盖多于此曹,安得无用珠、玉、黄金？商人所用，盖多铜钱。《国语·周语》："（景王）将铸大钱，单穆公曰：'不可。古者天灾降戾，于是乎量资币，权轻重，以振救民。民患轻，则为作重币以行之，于是乎有母权子而行，民皆得焉。若不堪重，则多作轻币而行之，亦不废乎重，于是乎有子权母而行，小大利之。今王废轻而作重，民失其资，能无匮乎？'"此所谓子母相权者，非如近世以银铜相权，乃大小钱并行，大钱盖利商贾，商贾流通，则物产外溢，故单穆公又訾其"绝民用以实王府"也。《周书·大匡》："唯周王宅程三年，遭天之大荒。""币租轻，乃作母以行其子。"此即单穆公所谓"母权子而行"也。《史记·循吏·孙叔敖传》，庄王以为币轻，更小以为大，百姓不便，皆去其业。市令言之相，相言之王。王许之。下令三日，而市复如故。庄王之所为，即单穆公所谓"废轻而作重"也。古珠、玉、黄金，亦略有与钱相权之价。如《公羊》隐公五年解诂言："古者以金重一斤，若今万钱。"《管子·轻重丁》言："使玉人刻石而为璧，尺者万泉，八寸者八千，七寸者七千，珪中四千，瑗中五百"是也，然价太贵，故商民交易，仍不能用。当时列国，盖以齐为最富。其商业亦最盛。齐境内盖诚钱粟并行，故《轻重丁》统计四方之称贷者，凡出泉三千万，出粟三数千万钟；《国蓄》言"万室之都必有万钟之藏，藏繦千万"，"千室之都必有千钟之藏，藏繦百万"也。钱币诚便民用，然有之则货财之转易弥易，储藏亦益便；操奇计赢者，愈有所资，而好厚藏者，亦益锢其财而不出矣。太史公曰："维币之行，以通农商，其极则玩巧，并兼兹殖，争于机利，去本趋末。"《自序》。今生计学家所言泉币利病，古人固早烛之矣。

第十三章 衣食住行

第一节　饮　　食

饮食之演进,一观其所食之物,一观其烹调之法。《礼记·礼运》曰,昔者先王未有火化,食草木之实,鸟兽之肉,饮其血,茹其毛。疏云:"虽食鸟兽之肉,若不能饱者,则茹食其毛,以助饱也。若汉时苏武,以雪杂羊毛而食之,是其类也。"案,人当饥饿时,实无物不食。《诗·豳风》曰:"九月筑场圃。"笺云:"耕治之以种菜茹。"疏云:"茹者,咀嚼之名。以为菜之别称,故《书传》谓菜为茹。"然则古人当不能饱时,亦食草根树皮也。《管子·禁藏》曰:"果蓏素食当十石。"《墨子·辞过》曰:"古之民……素食而分处。"素食即疏食,见《月令》郑注。① 疏食有二义:一指谷以外之物,一指谷类之粗疏者。《礼记·杂记》:"孔子曰:'吾食于少施氏而饱。少施氏食我以礼。吾祭,作而辞曰:疏食不足祭也。吾飧,作而辞曰:疏食也,不敢以伤吾子。'"疏曰:"疏粗之食。"是后一义也。前一义,后人作蔬以别之,盖草木较谷食为粗疏,故得疏食之名,后遂引伸以称谷食之粗疏者也。此渔猎搜采之时所食之物也,逮知耕稼而其势一变。

熟食之始,或则曝之于日,或烧石以熟食物。昔从残肉及日,《说文》。盖曝干之以便贮藏。《礼运》云:"夫礼之初,始诸饮食。其燔黍而捭豚,污尊而抔饮,蒉桴而土鼓,犹若可以致其敬于鬼神。"注云:"中古未有釜甑,释米,捭肉,加于烧石之上而食之耳,今北狄犹然。"此即今所谓石烹。② 逮有陶器,乃知烹煮,并有各种熟食之法。《礼运》言后圣有作,修火之利,以炮,注:"裹烧之也。"以燔,注:"加于火上。"以亨,注:"煮之镬也。"以炙,注:"贯之火上。"是也。既能烹煮,则稍知调和。古但煮肉为汁,后人谓之大羹。《礼器》疏。按,汁,古文作渣,见《公食大夫礼》注。后世则能和以盐菜,为铏羹矣。见《礼运》。云"污尊而抔饮"者?注云:"污尊,凿地为尊也。抔饮,手掬之也。"盖太古仅饮水,是为后世所谓玄酒。《士昏礼》疏云:"相对,玄酒与明水别;通而言之,明水亦名玄酒。"案《礼器》云:"玄酒之尚。"《郊特牲》作"玄酒明水之尚"。明水二字,乃注语也。《魏策》

---

① 饮食:疏食。
② 饮食:最古烹调之法。

云:"昔者帝女令仪狄作酒。"后人或谓酒始于是,非也。此乃言酒之旨者,非谓前此无酒。《士婚礼》疏云:"污尊而抔饮,谓神农时。虽有黍稷,未有酒醴。……后圣有作,以为醴酪,据黄帝以后。"虽出臆度,然初有谷时,未必以之为酒,《聘礼》注云:"凡酒,稻为上,黍次之。"《周官·酒正》疏云,五齐、三酒俱用秫、稻、麹糵,酋酒用黑黍。则说亦可通也。污尊抔饮,自是饮水,疏谓凿地盛酒,非。《周官·酒正》有五齐、三酒、四饮,四饮最薄,五齐次之,三酒最后,而昔人以五齐祭,三酒饮,可见酒味之日趋于厚矣。祭礼多存古制,如玄酒明水是也。

公产之世,饮食亦必公,①斯巴达之食堂,即其遗制,非霸者所能强为也。《礼记·礼器》曰:"周礼其犹醵与?"注曰:"王居明堂之礼,仲秋乃命国醵。"此即后世之赐酺。独酌本非所禁,亦不能禁,古所禁者,皆群饮也。②《酒诰》曰:"群饮,汝勿佚,尽执拘以归于周,予其杀。"当酒禁甚严之世,犹或甘冒司败之诛,盖由积习已深,猝难改易。《易·序卦传》曰:"饮食必有讼。"即因群聚易致争阋,非争食也。当此之时,其所食之物,亦必无异,故许行谓"贤者与民并耕而食,饔飧而治"也。《孟子·滕文公上》。然至后来,则显分等级矣。《左氏》,齐师伐鲁,鲁庄公将战,曹刿请见,其乡人曰:"肉食者谋之,又何间焉?"庄公十年。注:"肉食,在位者。"疏云:昭四年《传》说颁冰之法云,食肉之禄,冰皆与焉。大夫命妇丧浴用冰,则大夫以上,乃得食肉。是唯贵者乃得食肉也。《王制》言六十非肉不饱,《孟子》言七十可以食肉,《梁惠王上》。是唯老者乃得食肉也。而食肉之中,又分等级。古男子多畜犬,女子多畜豕。见第十二章第一节。乡饮酒之礼,"其牲狗"。《仪礼·乡饮酒》。士婚礼,"舅姑入室,妇以特豚馈"。《礼记·婚义》。《越语》:"生丈夫者二壶酒,一犬;生女子者,二壶酒,一豚。"《吴越春秋·句践伐吴外传》同。盖各因其所牧以为馔。马、牛、羊、豕、犬、鸡,并称六畜。农耕之世,牧地既少,马、牛、羊皆不能多畜;马、牛又须供耕田服乘之用;而犬、豕与鸡,遂为常食。鱼鳖不待畜,尤为饶多。③《王制》曰,国君无故不杀牛,大夫无故不杀羊,士无故不杀犬、豕。亦见《玉藻》。《国语·楚语》,屈建曰:"祭典有之曰:国君有牛享,大夫有羊馈,士有豚犬之奠,庶人有鱼炙之荐。"又观射父曰:"天子举以太牢,祀以会。诸侯举以特牛,祀以太牢。卿举以少牢,祀以特牛。大夫举以特牲,祀以少牢。士食鱼炙,祀以特牲。庶人食菜,祀以鱼。"《诗》:"牧人乃梦,众维

---

① 饮食:古饮食必公。
② 饮食:古所禁皆群饮。
③ 饮食:六畜、鱼鳖为常食。

鱼矣","大人占之,众维鱼矣,实维丰年"。笺云:"鱼者,庶人之所以养也。今人众相与捕鱼,则是岁熟相供养之祥也。"案,孟子言:"鸡豚狗彘之畜,无失其时,七十者可以食肉。"又言"数罟不入污池,鱼鳖不可胜食",与"不违农时,谷不可胜食"并言,盖以为少者之食。《公羊》言晋灵公使勇士杀赵盾,窥其户,方食鱼飧。勇士曰,嘻,子诚仁人也。为晋国重卿,而食鱼飧,是子之俭也。宣公六年。则鱼飧实贱者之食,郑笺之言是也。此同一肉食,又因难得易得而分等级也。而晚周贵族之侈靡,尤有可怵目刿心者。《墨子·辞过》曰:"古之民,未知为饮食时,素食而分处。故圣人作,诲男耕稼树艺,以为民食。其为食也,足以增气充虚、强体适腹而已矣。故其用财节,其自养俭,民富国治。今则不然,厚敛于百姓,以为美食刍豢,蒸炙鱼鳖,大国累百器,小国累十器,前方丈。《孟子·尽心下》:"食前方丈。"赵注:"食列于前方一丈。"目不能遍视,手不能遍操,口不能遍味。冬则冻冰,夏则饰饐。人君为饮食如此,故左右象之,是以富贵者奢侈,孤寡者冻馁,虽欲无乱,不可得也。"案,古人常食,不过羹饭。①《内则》曰:"羹食,自诸侯以下至于庶人,无等。"注曰:"羹食,食之主也。"疏曰:"此谓每日常食。"《左氏》隐公元年言颍考叔有献于公,公赐之食。食舍肉。公问之,对曰:"小人有母,皆尝小人之食矣,未尝君之羹,请以遗之。"注曰:"宋华元杀羊为羹飨士,盖古赐贱官之常。"疏曰:"《礼·公食大夫》及《曲礼》所记大夫、士与客燕食,皆有牲体肴胾,非徒设羹而已。此与华元飨士,惟言有羹,故疑是古赐贱官之常。"案,《论语·雍也》,孔子称颜回"一箪食,一瓢饮",《述而》自言"饭疏食,饮水"。《乡党》记孔子"虽疏食菜羹,必祭"。《孟子·告子上》言"箪食豆羹"。《礼记·檀弓》言"黔敖左奉食,右执饮"。《墨子·节用》称尧"黍稷不二,羹胾不重"。《战国·韩策》,张仪言韩"民之所食,大抵豆饭藿羹",皆古常食以羹饭为主之征也。《礼记·曲礼》曰:"凡进食之礼:左殽右胾,食居人之左,羹居人之右。脍炙处外,醯酱处内。葱渫处末,酒浆处右。以脯脩置者,左朐右末。"《管子·弟子职》曰:"凡置彼食:鸟兽鱼鳖,必先菜羹。羹胾中别,胾在酱前。其设要方。饭是为卒,左酒右酱。"所加者,一不过肴胾、脍炙、醯酱、葱渫、酒浆,一不过酒酱及肉,然为大夫、士与宾客燕食及养老之礼矣。如所言列之,方不逾尺,而当时贵人,至于方丈。《周官·膳夫》,凡王之馈:食用六谷,见第十二章第一节。膳用六牲,饮用六清,水、浆、醴、凉、医、酏。羞用百有二十品,即庶羞,出于牲及禽兽,以备滋味。据郑注,即《礼记·内则》"膳膷臐膮醢"至"楂梨姜桂"一节所言各物,唯数不及百二十耳。珍用八物,注云:淳熬、淳母、炮豚、炮牂、捣珍、渍、

---

① 饮食:羹食为常。

熬、肝膋。亦见《内则》。酱用百有二十瓮。注云：醯醢。见《醢人职》。《食医》云："掌和王之六食、六饮、六膳、百羞、百酱、八珍之齐。"王日一举，鼎十二，物皆有俎。斋则日三举。有小事而饮酒，谓之稍事，此后郑说。司农以为非日中大举时而间食。设荐脯醢。内羞则笾人供四笾之实，醢人供四豆之实。宾客之食，详见《礼经·聘礼》，《周官·掌客》《大行人》；士夫家饮食，详见《礼记·内则》；其侈亦相等。至于平民，则有啜菽饮水，并养老之礼而不能尽者。《檀弓》。孔子言："太古之民，秀长以寿者，食也。在今之民，羸丑以胔者，事也。"《大戴记·千乘》。盖凡民皆食少事烦，遂至形容枯槁矣。《曲礼》曰："岁凶，年谷不登，君膳不祭肺。"《玉藻》谓年不顺成，则天子食无乐。又言"至于八月不雨，君不举"。《王制》曰："三年耕，必有一年之食。九年耕，必有三年之食。以三十年之通，虽有凶旱水溢，民无菜色，然后天子食，日举，以乐。"虽已非饔飧而治之规，犹略存同甘共苦之意，后世则并此而不能行，遂至于"狗彘食人食"，而"途有饿莩"矣。《孟子·梁惠王上》。岂不哀哉？

《郊特牲》曰："凡饮，养阳气也。"《射义》曰："酒者，所以养老也，所以养病也。"《周官·疾医》："以五味、五谷、五药养其病。"《疡医》亦曰："以五味节之。"注曰："五味，醯、酒、饴、蜜、姜、盐之属。"盖酒有兴奋之用，故古人谓可扶衰起病也。《周官·浆人》，六饮有凉。司农曰："凉，以水和酒也。"其说必有所本。①《韩诗》说酒器曰：一升曰爵，二升曰觚，三升曰觯，四升曰角，五升曰散，觚、觯、角、散，总名曰爵。其实曰觞，觞者，饷也。觥亦五升，所以罚不敬。古《周礼》说：爵一升，觚三升，献以爵而酬以觚，一献而三酬，则一豆矣。马季长说：豆当为斗，与一爵三觯相应。《五经异义》。《玉藻》曰："君子之饮酒也，受一爵而色洒如也，二爵而言言斯，礼已三爵而油油以退。"古权量于今三之一，三爵略如今一升，此尚近乎情理。《考工记》曰："食一豆肉，饮一豆酒，中人之食也。"淳于髡说齐王："臣饮一斗亦醉，一石亦醉。"《史记·滑稽列传》。则太远乎事情矣。盖古人之饮酒，皆以水和之，故其多如是。量有不同，而献酬所用酒器大小相等，正以和水多少，各从其便故也。《乐记》曰："豢豕为酒，非以为祸也，而狱讼益繁，则酒之流生祸也。是故先王因为酒礼，一献之礼，宾主百拜，终日饮酒而不得醉焉。此先王之所以备酒祸也。"此盖指乡饮等礼言之。《宾之初筵》之诗，极陈时人酒德之

---

① 饮食：古饮酒以水和之。

恶。《酒诰》曰:"天降威,我民用大乱丧德,亦罔非酒唯行。越小大邦用丧,亦罔非酒唯辜。"盖淫酗之习,起于王公大人,而波及于黎庶矣。

刺激之品,如茶、烟等,皆非古人所有。古人所好,则为香及荤辛。①《士相见礼》:"夜侍坐,问夜,膳荤,请退可也。"注曰:"膳荤,谓食之荤辛物,葱薤之属,食之以止卧,古文'荤'作'薰'。"疏曰:"云'古文荤作薰'者?《玉藻》云'膳于君,有荤桃茢',作此荤。郑注《论语》作'焄',义亦通,若作'薰',则《春秋》一薰一莸,薰,香草也,非荤辛之字,故叠古文不从也。"案,薰与荤虽或相借,然其义自有别。薰指香料,如郁鬯是也。《周官·鬯人》疏谓鬯酒非可饮之物,仅以给浴,然其初必以供饮也。葱薤气虽荤而味非辛,故郑言之属以该之。辛盖指姜桂等物。又《左氏》昭公二十年:"异。和如羹焉,水、火、醯、醢、盐、梅以烹鱼肉。"疏云:"此说和羹而不言豉,古人未有豉也。《礼记·内则》《楚辞·招魂》备论饮食,而不言及豉,史游《急就篇》乃有芜荑盐豉。盖秦汉以来始为之耳。"此亦古今好尚之异也。

第二节 衣 服

《礼记·礼运》曰:昔者先王"未有麻丝,衣其羽皮",后圣有作,"治其麻丝,以为布帛"。《墨子·辞过》曰:"古之民未知为衣服时,衣皮带茭,冬则不轻而温,夏则不轻而清。圣王以为不中人之情,故作诲妇人,治丝麻,捆布绢,以为民衣。"案,古冠之最通用者为弁,弁以皮为之。② 甲则后世犹用革。带用韦,袜亦从韦。屦用皮。此皆衣皮之遗俗。孙诒让《墨子间诂》曰:带茭,疑即《丧服》之"绞带",《传》云:"绞带者,绳带也。"亦即《尚贤篇》所谓"带索"。《记·郊特牲》曰:"黄衣黄冠而祭,息田夫也。野夫黄冠,黄冠,草服也。大罗氏,天子之掌鸟兽者也,诸侯贡属焉。草笠而至,尊野服也。"《诗》云:"彼都人士,台笠缁撮。"毛传云:"台所以御暑,笠所以御雨也。"笺云:"台,夫须也。"《左氏》襄公十四年,晋人数戎子驹支曰:"乃祖吾离,披苫

---

① 饮食:香及荤辛。
② 服饰:皮服卉服。甲之恶劣者即皮服也。

盖。"注曰："盖，苫之别名。"疏曰："言无布帛可衣，唯衣草也。"僖公四年："共其资粮扉屦。"注曰："扉，草屦。"《孟子·尽心上》："舜视弃天下，犹弃敝蹝也。"注曰："草履。"此则古所谓卉服。《禹贡》冀州"岛夷皮服"，扬州"岛夷卉服"，吾族演进浅时，盖与夷狄同俗也。《新序·杂事》："田赞衣儒衣而见荆王。荆王曰：'先生之衣，何其恶也？'赞对曰：'衣又有恶于此者。'荆王曰：'可得而闻邪？'对曰：'甲恶于此。'王曰：'何谓也？'对曰：'冬日则寒，夏日则热，衣无恶于甲者矣。'"此即墨子不轻而清、不轻而温之说，可见知用麻丝，实为衣服之一大变也。既有丝，即有絮纩，《礼记·玉藻》："纩为茧，缊为袍。"注云，纩谓新绵，缊谓纩及旧絮。疏云："好者为绵，恶者为絮。"《说文》："絮，敝绵也。"《公羊》昭公二十年解诂，又以絮为新绵，盖皆对文别，散则可以相通。古絮纩颇贵，故必五十乃得衣帛。《孟子·梁惠王上》。贵者以裘御寒，贱者则衣褐。① 《诗》"无衣无褐"，笺云："褐，毛布也。"《孟子·滕文公上》"许子衣褐"，注云："褐，以毳织之，若今马衣。"此古衣服材料之大宗也。

《易·系辞传》曰："黄帝、尧、舜垂衣裳而天下治。"疏曰："以前衣皮，其制短小，今衣丝麻布帛，所作衣裳，其制长大，故曰垂衣裳也。"《淮南·泛论》曰："伯余之初作衣也，緂麻索缕，手经指挂，其成犹网罗。后世为之机杼胜复，以便其用，而民得以掩形御寒。"注曰："伯余，黄帝臣也。《世本》曰：'伯余制衣裳。'一曰：'伯余黄帝。'""伯余黄帝"之"伯余"二字，疑衍。谓《世本》一曰黄帝作衣裳也。黄帝、尧、舜为古文明昌盛之世，其时有丝麻布帛所作衣裳，盖可信。谓治其麻丝，即在是时，则未必然矣。

皮服、卉服，盖一原于南，一原于北。非卉服，无由知用麻丝，则衣服实起于南也。以材料论如此，以裁制之法论亦然。古之服：蔽上体者为衣。其后分别短者曰襦，长者曰袍、衫。② 下体亲身者为裈。有襱可蔽胫者曰袴。袴，《说文》作"绔"，云"胫衣也"。襱，《说文》云："袴踦也。"即今所谓袴管。逼束其胫，自足至膝者曰邪幅，亦曰偪，即后世之行縢。《诗·采菽》笺。其外为裳。裳之外又有韨，亦曰韠，以皮为之，以蔽前。邪幅之外为袜。着于足者为屦。覆首者有冕、弁、冠、巾等。此其形制之大略也。案，衣服之始，非以裸露为亵，而欲以蔽体，亦非欲以御寒。盖古人本不以裸露为耻，冬则穴居或炀

---

① 服饰：衣牛马之衣，牛衣及褐也。

② 服饰：南方短衣。

火,《庄子·盗跖》:"古者民不知衣服,夏多积薪,冬则炀之。故命之曰知生之民。"①亦不借衣以取暖也。衣之始,盖用以为饰,故必先蔽其前,此非耻其裸露而蔽之,实加饰焉以相挑诱。郑注《乾凿度》,所谓"古者田渔而食,因衣其皮,先知蔽前,后知蔽后"者也。《诗·采菽》、《左氏》桓公二年疏引。夫但知蔽前为帗,兼知蔽后则为裳矣。此即南方民族之干阑。寒地之人效之,紧束其体,则变为袴,更引而长之,而为之龏以便行动,则成为裤。《淮南·原道》言九疑之南,"短绻不裤,以便涉游",可见裤非南方所有。以此推之,屦袜亦当始于北。古人以跣为敬,②盖以开化始于南方,为礼之所自出,礼也者,返本修古,不忘其初,故沿袭焉而不敢变也。《史记·叔孙通传》言其"短衣楚制",可见袍衫亦必北人所为。冕弁及冠,古人视之,极为隆重,度其缘起必早,盖亦当始于南。然亦所以为饰,而非所以取暖也。始制衣服之时不可知,其缘起之地,略可推测则如此。

覆首之物,最早者当为帽。《淮南·泛论》曰古者"鍪而绻领",鍪即帽。《说文》:"冃,小儿、蛮夷头衣也。"盖中国后有冠冕,小儿及蛮夷则犹沿旧制也。冕为古人所最尊。其制:以木为干。《周官·弁师》疏引叔孙通汉礼器制度,广八寸,长尺六寸。《续汉书·舆服志》,明帝永平二年(59),用欧阳、夏侯说制,广七寸,长尺二寸。前圆后方。《礼记·王制》疏引应劭《汉官仪》:"广七寸,长八寸。"用布衣之。《论语·子罕》:"子曰:'麻冕,礼也。'"《礼记·王制》疏:以三十升玄布为之。里用朱,不知布缯。上玄下朱,是为"延",亦作"綖"。前俯后仰。黈纩掩聪,纩,薛综《东京赋》注云:"以黄绵大如丸,县冠两边,当耳。"后易以玉,曰瑱。悬瑱之绳曰纮。见《左氏》桓公二年疏。垂旒蔽明。《礼记·玉藻》:"天子玉藻,十有二旒。"《礼器》云"朱绿藻,十有二旒"。《周官·弁师》:"五采缫十有二就,皆五采玉十有二。"注云:"合五采丝为之绳,垂于延之前后,各十二。"案,垂于后似非蔽明之义。又《司服》冕服有六,而《弁师》云"掌王之五冕",注言"大裘之冕盖无旒",亦显与《郊特牲》言"祭之日,王被衮以象天,戴冕璪十有二旒"者相背也。《礼器》又言旒之数,"诸侯九,上大夫七,下大夫五,士三",而《说文》云:"冕,大夫以上冠也。"《礼记·杂记》曰:"大夫冕而祭于公,弁而祭于己。士弁而祭于公,冠而祭于己。"则士无冕。盖大夫、士原为贵族、平民之界,然其后等级稍平,则亦以大夫之礼,下施之于士,古制原不能一律也。《周官》郑注,又言鷩衣之冕九旒,毳衣之冕七,希衣之冕五,玄衣之冕三,又推言公、侯、伯、子、男、卿、大夫缫玉之制,皆以意差次,无确据。盖野蛮时代之饰。弁制略与冕同。所异者,弁前后平,冕则前低一寸

---

① 服饰:无衣时夏则积薪,冬则炀之。
② 服饰:以跣为敬?

余耳。《弁师》疏。《公羊》宣公元年解诂曰："皮弁武冠,爵弁文冠。夏曰收,殷曰冔,周曰弁。加旒曰冕。"《士冠礼记》曰:"委貌,周道也;章甫,殷道也;毋追,夏后氏之道也。周弁,殷冔,夏收,三王共皮弁素积。"《郊特牲》同。注谓其制之异同皆未闻。宋绵初《释服》云:经意若言委貌弁,章甫冔,毋追收,大同而小异,其说是也。然则弁为初制,冕其后起加饰者耳。《弁师》注:"弁者,古冠之大称,委貌缁布曰冠。"疏云,六冕皆得称弁。委貌缁布,散文亦得言弁。《续汉书·舆服志》:"委貌冠、皮弁冠同制,长七寸,高四寸,制如覆杯,前高广,后卑锐。所谓夏之毋追,殷之章甫者也。"冠之制则大异。《说文》曰:"冠,絭也,所以絭发。"盖古重露发,故必韬之以纵,《士冠礼》:"缁纚,广终幅,长六尺。"结之为髻,然后固之以冠。《内则》:子生,"三月之末,择日,翦发为鬌,男角女羁,否则男左女右"。注云:"鬌,所遗发也。夹囟曰角,午达曰羁。"疏云,囟是首脑之上缝。夹囟两旁当角之处,留发不翦。女翦发留其顶上,纵横各一,相交通达,不如两角相对,故曰羁。羁者,只也。又云,男女未冠笄者总角,则以无笄,直结其发,聚之为两角。此古未成人者之发饰也。其髻,长大犹存之,谓之髦,以顺父母幼小之心。亲死,既殡,乃脱之,见《既夕礼》。其形象,注云未闻。《诗·柏舟》毛传云:"髦者,发至眉。"古冠形略如后世之丧冠。中有梁,广二寸。丧冠广二寸,见《丧服》。疏云:古冠当同。冠形穹隆,其长当尺有数寸也。冠之卷谓之武。以布围发际,自前而后,及项,则有繩以结之,缺而不周,故谓之缺项。《士冠礼》。"居冠属武"。《玉藻》文。居谓燕居。否则"冠与武别,临着乃合之",所谓"有事然后緌"也。亦《玉藻》文。緌者,以组二属于武,结颐下,曰缨,有余,垂为饰,是曰緌。冕弁有笄用纮,冠无笄用缨。纮以一条组,于左笄上系定,绕颐下,上于右相,今之"厢"字。笄上绕之。以有笄,用纮力少,故从下而上。冠无笄,用缨力多,故从上而下也。丧冠以绳为组,故缨、武同材,见《杂记》。冠为成人之服,亦为贵人之服,若贱者则唯用巾,故《吕览》谓"庶人不冠弁",《上衣》。《释名》谓二十成人,庶人巾,士冠也。巾以葛为之,形如帊。《后汉书·郭泰传》注引周迁《舆服杂事》。《玉篇》:帊,帽也。巾以覆髻则曰帻。《独断》谓"帻者,古之卑贱执事不冠者之所服",后世以巾为野人处士之服,盖沿之自古也。

衣之制仅蔽上体。其长者有着曰袍,无着曰衫,仅衣之于内,外必以衣裳覆之。凡礼皆重古,故知初唯有短衣,长衣为后起也。衣之制右衽,此为中国所以异于夷狄者,故古人甚重之。《论语·宪问》:"子曰:'微管仲,吾其披发左衽矣。'"《礼记·丧大记》:"小敛、大敛,祭服不倒,皆左衽。"注:"左衽,衽向左,反生时也。"则左衽中国用诸死者。裳幅前三后四,皆正裁。祭服、朝服,襞积无数,丧服则三襞积。《丧服》郑注。裤原于裳,主为蔽胫,故不缝其裆。《汉书·外戚传》,霍光欲皇后擅宠有子,帝时体不安,左右及医皆阿意言宜禁内,虽宫人使令皆为穷裤,多其带,后宫莫有进者。服虔曰:"穷裤,有前后当,不得交通也。"师古曰:"穷裤,即今之绲裆裤也。"《集韵》:"绲,缝也。"可见裳先而裤后矣。裤亦曰襡。《方言》。又曰犊鼻,《史记·司马相如传》:"身自着犊鼻裈,与保庸杂作,涤器于市中。"集解引韦昭曰:"今三尺布作,形如犊鼻。"《三国·魏志·贾逵传》注引《魏略》曰:"少孤家贫,冬常无裤,过其妻兄柳孚宿,其明无何,着孚裤去。"可见古人不尽着裤,又可见裤为后起也。韨,以韦为之。下广二尺,上广一尺,长三尺。其制详见《玉藻》。《诗》言"赤芾在股,邪幅在下",盖皆以为饰。其初则所以自偪束,便行走。故《战国·秦策》言苏秦"赢縢履蹻,负书担橐"也。袜,初用韦,故其字从韦。屦,《士冠礼》曰,夏用葛,冬皮屦可也。《周官·屦人》注曰:"复下曰舄,禅下曰屦。疏云:"下谓底。"古人言屦以通于复,今世言屦以通于禅。"则屦、舄均为皮葛通称。《左氏》疏引《方言》曰:丝作者谓之履,麻作者谓之扉。僖公四年。《礼记·少仪》言:"国家靡敝……君子不履丝屦。"则丝屦,君子之所服也。《诗·葛屦》疏曰:"凡屦,冬皮夏葛,则无用丝之时,而《少仪》云国家靡敝,君子不履丝屦者,谓皮屦以丝为饰也。"似非。《士冠礼》曰:"素积白屦,以魁柎之。"注曰:"魁,蜃蛤柎注者。"疏曰:"以蛤灰涂注于上,使色白也。"故《士丧礼》又言"白屦"矣。古者席地而坐,故必解屦然后升堂。既解屦,则践地者袜也,久立或渍污,故必解袜然后就席。《左氏》褚师声子袜而登席,卫出公辄怒之是其事。哀公二十五年。屦皆说于户外,唯尊者一人说于户内。故曰:"户外有二屦,言闻则入,言不闻则不入。"《曲礼》。又曰:"排闼说屦于户内者,一人而已矣。"此礼至后世犹沿之。故汉命萧何剑履上殿,卫宏《汉旧仪》谓掾吏见丞相脱屦,唐刘知几以释奠皆衣冠乘马,犹讥其袜而镫,跣而鞍。盖至举国胡坐时,而后跣礼始废也。衣之外有带。带有大带、革带之别。大带以素丝为之,亦曰鞶。其垂者曰绅。带之制亦见《玉藻》。《曲礼》疏曰:"带有二处:朝服之属,其带则高于心;深衣之类,其带则下于胁。何以知然?《玉藻》说大带云:'三分带下,绅居二焉。'绅长三尺,而居带之下三分之二,则带之下去地四尺五寸矣。人长八尺为限,若带下四尺五寸,则带上所余正三尺五寸,故知朝服等带则高也。"案,革带为韨佩所系,佩有德佩、事佩之别,德佩谓玉,事佩则《内则》所谓"纷帨"等也。又有笏,亦插于带。笏佩之制,皆见《玉藻》。盖徒以为饰,故其高得如此,若推原其朔,则自当如《深衣》之所云也。

深衣之制，详见《礼记·玉藻》《深衣》两篇。其制，连衣裳而一之。领曰袷，其制方，后世所谓方领也。《深衣》注曰："古者方领，如今小儿衣领。"《后汉书·儒林传》："服方领习矩步。"《马援传》，朱勃衣方领，能矩步。则汉时犹有其制。袷亦曰襘，见《左氏》昭公十一年。衣袂当掖之缝曰袼。人从脊至肩尺一寸，从肩至手二尺四寸。布幅二尺二寸。衣幅之覆臂者尺一寸。袂属于衣，长二尺二寸，并缘寸半，二尺三寸半，除缝之所杀各一寸，余二尺一寸半。《深衣》疏。故曰"袂之长短，反诎之及肘"也。《深衣》文。袂圆以应规。《深衣》文。袂口曰袪。"袪尺二寸"。《玉藻》文。裳十二幅。前后各六，皆以二尺二寸之布破为二。中四幅正裁，上下皆广一尺一寸，各边去一寸为缝，上下皆九寸，八幅七尺二寸。又以布二幅斜裁，狭头二寸，宽头二尺，各去一寸为缝，狭头成角，宽头一尺八寸，皆以成角者向上，广一尺八寸者向下。四幅下广亦得七尺二寸。《玉藻》所谓"缝齐倍腰"也。疏云："齐，谓裳之下畔。腰，谓裳之上畔。"斜裁之四幅，连于裳之两旁，名衽。其左连，时曰续衽。其右别用一幅布，上狭下阔，缀于后内衽，使钩曲而前，以掩裳际，是谓钩边。江永《深衣刊误》。"短毋见肤，长毋被土。"《深衣》文。衣之裂，与裳后幅之缝，垂直而下，时曰："负绳及踝以应直。下齐如权衡以应平。""带，下毋厌髀，上毋厌胁，当无骨者。"皆《深衣》文。以白布十五升为之。《诗·蜉蝣》笺。缘广寸半。《玉藻》。"具父母，大父母，衣纯以缋。具父母，衣纯以青。如孤子，衣纯以素。"《深衣》文。无纯者曰褴褛。《说文》："襕谓之褴褛，褴无缘衣也。"《左氏》宣公十二年："训之以若敖、蚡冒，筚路蓝缕，以启山林。"疏引服虔曰："缕破蓝蓝然。"此别一义，今用之，然以释《左氏》，恐未当。《战国策·齐策》云"下宫糅罗纨，曳绮縠，而士不得以为缘"，谓此也。古衣裳皆异色，唯妇人之服上下同色。《诗·绿衣》笺。深衣亦然。士以上别有朝祭之服，庶人则即以深衣为吉服。盖古男子之好修饰，本甚于女子，古男子为求爱者，女子则操选择之权。又唯贵族为能尽饰也。然贵族燕居，亦服深衣，即非燕居，深衣之为用亦甚广，则所谓"可以为文，可以为武，可以摈相，可以治军旅，完且弗费"者。《深衣》文。以简便切用言，固有不得不然者矣。① 宋卫湜《礼记集说》引吕氏曰："深衣之用，上下不嫌同名，吉凶不嫌同制，男女不嫌同服，诸侯朝朝服，夕深衣；大夫、士朝玄端，夕深衣；庶人吉服，深衣而已；此上下之同也。有虞氏深衣而养老；诸侯、大夫夕皆深衣；将军文子除丧而受越人吊，练冠深衣；亲迎，女在途，壻之父母死，深衣、缟总以趋丧；此吉凶男女之同也。盖深衣者，简便之服，虽不经见，推其义类，则非朝祭皆可服之。故曰'可以为文，可以

---

① 服饰：深衣之简便。

为武，可以摈相，可以治军旅'也。"案，朝祭之服，皆后起奢侈之制，推原其朔，则所谓吉服者，皆不过深衣之类而已。

贵族服制等级，以《周官》所载为较详。盖《周官》为六国时书，故其等差弥备也。《司服职》云："王之吉服，祀昊天上帝，则服大裘而冕，祀五帝亦如之。享先王则衮冕。享先公飨射则鷩冕。祀四望山川则毳冕。祭社稷五祀则希冕。祭群小祀则玄冕。凡冕服皆衮衣，《书·皋陶谟》（今本《益稷》）曰："予欲观古人之象，日、月、星辰、山龙、华虫作会；宗彝、藻、火、粉、米、黼、黻、絺、绣，以五彩章施于五色作服，女明。"《左氏》昭公二十五年疏云："孔安国云：'日、月、星为三辰，华象草，华虫，雉也。画三辰、山、龙、华虫于衣服、旌旗，会五彩也，以五彩成此画焉，宗庙彝樽，亦以山、龙、华虫为饰。藻，水草有文者。火为火字。粉若粟冰。米若聚米。黼若斧形。黻为两己相背。葛之精者曰絺。五色备曰绣。'如孔此言，日也，月也，星辰也，山也，龙也，华也，虫也，七者画于衣服旌旗。山、龙、华、虫四者，亦画于宗庙彝器。藻也，火也，粉也，米也，黼也，黻也，六者绣之于裳。如此数之，则十三章矣。天之大数，不过十二，若为十三，无所法象。或以为孔并华虫为一，其言华象草华虫雉者，言象草华之虫，故为雉也，若华别似草，安知虫为雉乎？未知孔意必然以否。郑玄读会为绘，谓画也。絺为绣，谓刺也。宗彝，谓虎蜼也。《周礼》宗庙彝器有虎彝、蜼彝，故以宗彝名虎蜼也。《周礼》有衮冕、鷩冕、毳冕，其衮鷩毳者，各是其服章首所画，举其首章以名服耳。衮是衮龙也。衮冕九章，以龙为首。鷩是华虫也，鷩冕七章，以华虫为首。毳是虎蜼也。毳冕五章，以虎蜼为首，虎毛浅，蜼毛深，故以毳言之。毳，乱毛也，如郑此言，则于《尚书》之文，其章不次。故于《周礼》之注，具分辨之。郑于《司服》之注，具引《尚书》之文，乃云：'此故天子冕服十二章，絺，或作"绣"，字之误也。王者相变，至周而以日、月、星辰画于旌旗，所谓三辰旂旗，昭其明也。而冕服九章，登龙于山，登火于宗彝，尊其神明也。九章：初一曰龙，次二曰山，次三曰华虫，次四曰火，次五曰宗彝，皆画以为绘。次六曰藻，次七曰粉米，次八曰黼，次九曰黻，皆絺以为绣，则衮之衣五章，裳四章，凡九也。鷩画以雉，谓华虫也，其衣三章，裳四章，凡七也。毳画虎蜼，谓宗彝也，其衣三章，裳二章，凡五也。'是郑玄之说，华虫为一，粉米为一也。"案，郑又云："希刺粉米，无画也。其衣一章，裳二章，凡三也。玄者衣无文，裳刺黻而已，是以谓玄焉。"宋绵初驳之云：谓古天子冕服十二章，至周而九章，其说无据。又云：绘之为画，乃假借之文，非本训。经典无衣服用画之文，而《周官·典丝》《考工记》皆以画缋并举，绘、缋一字。《说文》："绘，会五彩绣也。""绘，织余也。"绘、绣对文异，散则通。绘者，合五彩丝为之，织功也。絺绣者，刺五彩丝为之，箴功也。衣以绘，裳以绣，上下相变，其为彩色彰施则同。案，宋氏辨绘非画极确。章服之制，列代未必一律，经传多以意拟制之辞，亦未必与实际合，无足深论。要之衮衣兼绘绣之功，为古贵人最华美之服，则事实也。**凡兵事韦弁服**。注："韦弁，以韎韦为弁，又以为衣裳。"案，郑《杂问志》及《聘礼》注，又以为素裳。见疏。**视朝则皮弁服**。注："十五升白布衣，积素以为裳。"**凡甸，冠弁服**。注："冠弁，委貌。其服缁布衣，亦积素以为裳。诸侯以为视朝之服。"**凡凶事，服弁服**。注："服弁，丧冠也。其服斩衰、齐衰。"**凡吊事，弁绖服**。"注："如爵弁而素,加环经。""其服锡衰、缌衰、疑衰。""**大札、大荒、大灾,素服**。注:"君臣素服缟冠。"《左氏》昭公十七年疏云:"素服,礼无明文,盖象朝服,而用素为之。""公之服,自衮冕而下,如王之服。侯、伯之服,自鷩冕而下,如公之服。子、男之服,自毳冕而下,如侯、伯之服。孤之服,自希冕而下,如子、男之服。卿大夫之服,自玄冕而下,如孤之服。……士之服,自皮弁而下,如大夫之服。"《内司服职》云:"掌王后之六服:袆衣、揄狄、阙狄、鞠衣、展衣、缘衣、素沙。辨外内命妇之服:鞠衣、展衣、缘衣、素沙。"郑司农云,袆衣,画衣也。揄狄、阙狄,画羽饰。展衣,白衣也。鞠衣,黄衣也。素沙,赤衣也。后郑曰:狄当为翟。翟,雉名。伊、洛而南,素质五色皆备成章曰翚。江、淮而南,青质五色皆备成章曰摇。王后之服,刻缯为之形,而彩画之,缀于衣以为文章。袆衣,画翚者。揄翟,画摇者。阙翟,刻而不画。此三者皆祭服。从王祭先王则服袆衣,祭先公则服揄翟,祭群小祀则服阙翟。鞠衣黄,桑服也,色如鞠尘,象桑叶始生。展衣,以礼见王及宾客之服,字当为襢。襢之言亶。亶,诚也。褖衣,御于王之服,亦以燕居。男子之褖衣黑,则是亦黑也。六服备于此矣。推次其色,则阙狄赤,揄狄青,袆衣玄。妇人尚专一,德无所兼,连衣裳,不异其色,素沙者,今之白缚也。六服皆袍制,以白缚为里,使之张显。内命妇之服:鞠衣,九嫔也;展衣,世妇也;缘衣,女御。外命妇之服:其夫孤也,则服鞠衣;其夫卿大夫也,则服展衣;其夫士也,则服缘衣。三夫人及公之妻,其阙狄以下乎? 侯伯之夫人揄狄,子男之夫人亦阙狄,唯二王后袆衣。**此外,掌王后之首服者有追师**。职云:"掌王后之首服。为副、编、次、追衡、笄。为九嫔及外内命妇之首服。以待祭祀宾客。"注曰:副之言覆,其遗象若今步摇矣,服之以从王祭祀。编,编列发为之,其遗象若今假髻,服之以桑也。次,次第发长短为之,所谓髲鬄,服之以见王。王后之燕居,亦缁笄总而已。追,犹治也。王后之衡笄,皆以玉为之。唯祭服有衡,垂于副之两旁,当耳。其下以纮悬瑱。外内命妇,衣鞠衣、襢衣者服编,衣褖衣者服次。非王祭祀宾客,佐后,自于其家,则亦降焉。凡诸侯夫人,于其国,衣服与王后同。**掌王及后之服屦者有屦人**。职云:"掌王及后之服屦,为赤舄、黑舄,赤繶、黄繶,青絇,素屦、葛屦。辨外内命夫、命妇之命屦、功屦、散屦。"注曰,凡舄之饰,如绘之次。絇、纯、繶皆同色。今云赤繶、黄繶、青絇,杂互言之,明舄屦众多,反覆以见之。素屦,非纯吉,有凶去饰者,散屦亦谓去饰。命夫之命屦,缫屦,命妇之命屦、黄屦以下。功屦,次命屦,于孤、卿大夫则白屦、黑屦,九嫔、内子亦然。世妇、命妇以黑屦为功屦。女御、士妻命屦而已。又云,屦自明矣,必连言服者? 著服各有屦也。凡屦舄,各象其裳之色。王吉服有九,舄有三等,赤舄为上,冕服之舄,下有白舄、黑舄。王后吉服,亦唯祭服有舄。玄舄为上,袆衣之舄也。下有青舄、赤舄。鞠衣以下皆屦耳。天子诸侯吉事皆舄。其余唯服冕衣翟着舄。案,絇,《士冠礼》注曰:"絇之言拘也,以为行戒。状如刀衣鼻,在屦头。"又曰:"繶,缝中纠也。"疏曰:"牙底相接之缝,中有绦纠也。"又曰:"纯,缘也。"疏曰:"谓绕口缘边也。"《屦人》注曰:"有絇、有繶、有纯者,饰也。"《玉藻》等篇所说,略有出入。要足见古代贵族服饰之大略也。

作事以短衣为便,古今一也。或谓其制起于赵武灵王之胡服,斯不然矣。《曲礼》曰:"童子不衣裘裳。"《玉藻》曰:"童子不裘不帛。"《内则》曰,十年,衣不帛,襦袴;二十可以衣裘帛。此数语实互相备,成年则裘帛而裳,否则不裘不帛而襦袴也。《方言》曰:"复襦,江、湘之间谓之䙝。"䙝即裋,与短同语,襦亦即侏儒之儒,其为短衣无疑。古少者、贱者皆服劳役,见第十一章第四节。而贱者恒衣短褐。① 戴德《丧服变除》:"童子当室,谓十五至十九,为父后,持宗庙之重者,其服深衣,不裳。"《玉藻》:"(童子)无缌服,听事不麻。"注曰:"虽不服缌,犹免,深衣,无麻,往给事也。"盖丧祭不可以襦袴,故加之深衣,正与庶人以深衣为吉服同也。《左氏》昭公二十五年,师己称童谣曰:"鸜鹆跦跦,公在乾侯,征褰与襦。"盖言其将跋涉于外。《方言》曰:"袴,齐、鲁之间谓之襂。"是凡行道者皆襦袴也。又成公十六年:"有韎韦之跗注。"注曰:"戎服,若袴而属于跗。"云若袴而不云袴者,以袴不属于跗,非谓无踦,否则当云若裳矣。或谓即宣公十二年之"甲裳",为后世之战裙者非也。服劳、行道、从戎皆襦袴,所以便动作也。若燕居取其温暖,又或取脱着之便,则又贵乎长。《论语·乡党》:"亵裘长。"袍亦下至跗,《释名》。皆取其暖。深衣连衣裳而一之,不过拘于礼服必用衣裳之制,其实已与袍衫无异。后世此等拘泥去,则替深衣而径代以袍衫矣。《方言》注:"今或呼衫为禅襦。"《急就篇》注:"长衣曰袍,下至足跗。短衣曰襦,自膝以上。"皆可见襦与袍衫是一。而《续汉书·舆服志》以袍为古之深衣者?《释名》曰,衫,芟也。衣无袖端也。《唐书·车服志》:"中书令马周上议:'《礼》无服衫之文。三代之制有深衣,请加襕、袖、褾、襈,为士人上服。"《类篇》,衣与裳连曰襕。褾,袖端也。襈,缘也。盖特加袖端及缘,以象深衣,其实仍袍衫耳。后汉时之袍,或有褾、襈,亦未可知。然观马周之议,则俗去之亦已久矣。其便服转尚裙襦,则仍取动作之便也。唯习以袴为戎服及贱者之服,故必着裙。魏、晋以后,车驾亲军,中外戒严,皆服袴褶。《急就篇》注:"其形若袍,短身而广袖。一曰左衽之袍也。"案,左衽者原于胡服,非左衽者自原于中国之戎服也。贱者之服短衣,尤古今如一,可见有关实际之事,必不能因好尚而变迁。古今中外,虽有小异,实必大同也。

衣之宽窄,随气候而异。南方气候暖,多宽。北方气候寒,多窄。吾国文化,本起于南,故衣服亦颇宽。贵人尤甚。盖以是为美。《礼记·儒行》:"孔子曰:'丘少居鲁,衣逢掖之衣。'"注云:"逢,犹大也。大掖之衣,大袂禅衣,此君子有道艺者所衣也。""庶人禅衣,袂二尺二寸,祛尺二寸。"《周官·司

---

① 服饰:劳者恒短。

服》:士,"其斋服有玄端、素端"。注云:"士之衣袂,皆二尺二寸,而属幅,是广袤等也。其袪尺二寸,大夫以上侈之。侈之者,盖半而益一焉?半而益一,则其袂三尺三寸,袪尺八寸。"此虽无正文,然古必有贵者侈袂之俗,郑乃据以为言也。

古代衣服,颇不自由。一以封建之制,借服饰以别等级,一由锢蔽之俗,率疾恶独异者也。《周官》大司徒,以本俗六安万民,六曰同衣服。[①] 注云:"民虽有富者,衣服不得独异。"商君治秦,盖用此法。见第十一章第四节。此明等级之说也。《礼记·缁衣》:"子曰:'长民者,衣服不二,从容有常,以齐其民,则民德一。'"《王制》:"关执禁以讥,禁异服。"郑子臧好聚鹬冠,郑伯闻而恶之,使盗杀之于陈、宋之间。《左氏》僖公二十四年。《荀子》曰:今世俗之乱君,乡曲之儇子,奇衣妇饰。态度拟乎女子。妇人莫不愿得以为夫,处女莫不愿得以为士。束乎有司,而戮乎大市。《非相》。此恶异己者之说也。然各地方之服饰,初不甚一律,故孔子言:"君子之学也博,其服也乡。"《儒行》。《左氏》言钟仪南冠而絷。成公九年。《国策》言异人楚服而见。《秦策》。又《史记》言:"(子路)冠雄鸡,佩豭豚,陵暴孔子。孔子设礼,稍诱子路。子路后儒服委质,因门人请为弟子。"《仲尼弟子列传》。则因气类之异,而服饰不同者亦有之。盖好尚之殊、习俗之异,皆能使服饰不一律也。《儒行》:"鲁哀公问于孔子曰:'夫子之服,其儒服欤?'"《荀子·哀公篇》:"鲁哀公问于孔子曰:'吾欲论吾国之士与之治国,敢问何如取之邪?'孔子对曰:'生今之世,志古之道,居今之俗,服古之服,舍此而为非者,不亦鲜乎?'"《盐铁论·相刺篇》:"大夫曰:……衣冠有以殊于乡曲,而实无以异于凡人。"《刺议篇》:"文学曰:……衣儒衣,冠儒冠,而不能行其道,非真儒也。"《利议篇》:"大夫曰:……文学褒衣博带,窃周公之服。鞠躬踧踖,窃仲尼之容。"则当时儒者之服确与恒人有异。衣服所以章身,故富贵者多好华异。然孔子曰:"国家未道,则不充其服焉。"《玉藻》。卫文公大布之衣,大帛之冠。《左氏》闵公二年。晏子一狐裘三十年。《檀弓》。此则公产之世,同甘共苦之规,演而为封建之初,制节谨度之道,有足使不称其服之徒,抱愧色焉者矣。

古之裘,皆如今之反着。故曰虞人反裘而负薪,徒知惜其毛,不知皮尽而毛无所附也。《新序·杂事》。《玉藻》曰:"君衣狐白裘,锦衣以裼之。君之右虎裘,厥左狼裘。士不衣狐白。君子狐青裘豹袖,玄绡衣以裼之。麑裘

[①] 服饰:同衣服问题。古衣服本不甚同。

青犴袖,绞衣以裼之。羔裘豹饰,注:"饰犹袖。"缁衣以裼之。狐裘,黄衣以裼之。"又曰:"唯君有黼裘以誓省,大裘非古也。"《周官·司裘》,"掌为大裘,以共王祀天之服。中秋献良裘,王乃行羽物。季秋献功裘,以待颁赐"。郑司农云:"大裘,黑羔裘,服以祀天,示质。""良裘,王所服也。""功裘,卿大夫所服。"后郑云:"良裘,《玉藻》所谓黼裘欤?""功裘,人功微粗,谓狐青麑裘之属。"此皆贵族之服。《玉藻》又云:"犬羊之裘不裼。"注云:"质略,亦庶人无文饰。"盖平民之服也。裼者,以衣加于裘上。掩之曰袭,开裼衣露其裘曰裼。《玉藻》曰:"裘之裼也,见美也。""服之袭也,充美也。"注:"充犹覆。"疑初因惜其毛,加衣以护之,后又因以为饰也,"凡当盛礼者,以充美为敬。非盛礼者,以见美为敬"。《聘礼》郑注。无裼衣为表裘,为不敬。《玉藻》:"表裘不入公门。"绨绤之上,亦必加禅衣,时曰袗。《论语》所谓"当暑,袗绨绤,必表而出之"者也。《乡党》。不则不敬与表裘同。

《郊特牲》曰:"太古冠布,斋则缁之。"《杂记》注曰:"大白冠,太古之布冠也。"《冠礼记》曰:"三王共皮弁、素积。"其服用之甚广,《玉藻》:天子皮弁,"以日视朝,遂以食"。《乡党》"素衣麑裘",郑注:视朝之服,君臣同服也。《小雅》"有頍者弁"注:"弁,皮弁也。""天子诸侯朝服以宴。"《郊特牲》:祭之日,天子皮弁以听祭报。《明堂位》:"皮弁、素积,裼而舞《大夏》。"《学记》:"大学始教,皮弁祭菜。"《聘礼》,宾,皮弁以聘。又宾射、燕射亦用之。盖未知染色时之遗制。《月令》,季夏,命妇官染彩。《周官》,地官有染草,掌以春秋敛染草之物。天官有染人,掌染丝物,掌凡染事。则其技稍进矣。其物有蓝、《月令》:仲夏,命民毋艾蓝以染。蒨、《尔雅》:"茹藘茅蒐。"即此物。齐人谓之韎韐。象斗,染黑,见《染草》。紫苏,染紫,见《染草》注。丹秫见《钟氏》。之属。其染法,则《尔雅》言:一染谓之縓,《既夕礼》注:"今红也。"再染谓之赪,《士冠礼》注:"再入谓之赪。"三染谓之纁。《士冠礼》疏:"一染至三染,同云浅绛。"《士冠礼》注曰:"朱则四入欤?"《钟氏》疏:"纁若入赤汁则为朱,若不入赤而入黑汁则为绀。"《考工记·钟氏》曰:"五入为緅。"《士冠礼》注:"爵弁者,冕之次。其色赤而微黑,如爵头然,或谓之緅。"疏云:"以纁入黑则为绀,以绀入黑则为緅。七入为缁。注云:"凡玄色者,在緅缁之间,其六入者欤?"疏云:缁谓更以玄入黑汁。又云:"缁与玄相类,故《礼》家每以缁布衣为玄端也。"《士冠礼》疏云:"古缁、纣二字并行。若据布为色者,则为缁字。若据帛为色者,则为纣字。……'纣'则多误为'纯'。"又《染人》:"秋染夏。"注谓染五色。此古染色之大略也。《玉藻》云:"衣正色,裳间色。"古皆贵正色,贱间色,实则染色之技当以知间色者为优也。

《考工记》曰:"画绘之事杂五色:东方谓之青,南方谓之赤,西方谓之白,北方谓之黑,天谓之玄,地谓之黄。青与白相次也,赤与黑相次也,玄与黄相次也。"注:"此言画绘六色所象及布采之第次,绘以为衣。"又曰:"青与赤谓之文,赤与白谓之章,白与黑谓之黼,黑与青谓之黻,五彩备谓之绣。"注:"此言刺绣采所用,绣以为裳。"绘绣之义已见前,此古人织功箴功所用之色也。

　　古丧服以布之精粗为度,非以其色也。《礼记·间传》曰:"斩衰三升。齐衰四升、五升、六升。大功七升、八升、九升。小功十升、十一升、十二升。缌麻十五升,去其半。有事其缕,无事其布曰缌。"案,《丧服记》但云齐衰四升,大功八升若九升,小功十升若十一升。此齐衰多二等,大功、小功多一等,故郑注谓其"极列衣服之差"也。升者,郑注《丧服》云:"布八十缕为升。升字当为登,登,成也。今之礼皆以登为升,俗误已行久矣。"疏云:"布八十缕为升者,此无正文,师师相传言之。是以今亦云八十缕谓之宗,宗即古之升也。"有相传言语为证,郑说自属不误。《论语·子罕》:"子曰:'麻冕,礼也。今也纯,俭,吾从众。'"集解:"孔曰:古者绩麻三十升布以为之。"疏云:三十升则二千四百缕矣,细缕难成,故孔子以为不如纯之俭。然其纺织之技,则甚精矣。《周官·司服》:"王为三公六卿锡衰,为诸侯缌衰,为大夫、士疑衰。"郑司农云:"锡,麻之滑易者。十五升去其半。有事其布,无事其缕。《丧服传》文。锡,今文或作"钖",见《大射礼》注。疑衰十四升。"此无文。盖至十五升则为吉布也。

第三节　宫　　室

　　人类藏身,古有两法:一居树上,一居穴中。《礼记·礼运》曰:"昔者先王未有宫室,冬则居营窟,夏则居橧巢。"《孟子》言:"当尧之时,水逆行,泛滥于中国,蛇龙居之,民无所定,下者为巢,上者为营窟。"《滕文公上》。《淮南子》言:"舜之时……江、淮通流,四海溟涬,民皆上丘陵,赴树木。"《本经训》。即其事。《诗》云:"古公亶父,陶复陶穴。"《礼记·月令》疏曰:"古者窟居,随地而造。若平地则不凿,但累土为之,谓之为复。""若高地则凿为坎,谓之为穴。其形皆如陶灶。故《诗》云'陶复陶穴'是也。"《诗》疏不甚清晰,故引《礼记》疏。此古穴居之法。巢居,今世野人犹有之。其法,连结大树之枝,使其中可容人,去地三五十尺。凿树干为级,以便上下。亦有能造梯者,人既上则藏之。《淮南·本经》谓容成氏之时,"托婴儿于巢上",盖其事。穴居多在寒地。巢居则在温热而多毒蛇猛兽之区。《御览·皇王部》引项峻《始学篇》曰:"上古皆穴处,有圣人教之巢居,号大巢氏,今南方人巢居,北方人穴处,古之遗俗也。"可见其一起于南,一起于北也。

筑室材料,不外木、石、土三者,砖即熟土。寒带之人,有以雪为屋者,温带、热带无之也。《易·系辞传》曰:"上古穴居而野处,后世圣人易之以宫室,上栋下宇,以待风雨。"《淮南子·修务训》曰:"舜作室筑墙茨屋,辟地树穀,令民皆知去岩穴,各有家室。"栋宇者,巢居之变,筑墙则穴居之变也。《左氏》,郑伯有为窟室而饮酒,襄公三十年。吴公子光伏甲于窟室,以弑王僚,昭公二十七年。皆古穴居之遗。《月令》,仲秋,穿窦窖。注:"入地,椭曰窦,方曰窖。"此亦穴居遗法。《吕览·召类》曰:"明堂茅茨蒿柱,土阶三等,以见节俭。"注曰:"茅可覆屋,蒿非柱任也,虽云节俭,实所未闻。"此实巢居之遗制,高氏自不解耳。然《大戴记·盛德篇》谓"周时德泽洽和,蒿茂大,以为宫柱,名蒿宫",业已曲为之说,更无责乎高氏矣。①

渔猎之世,民多山居,亦有借水以自卫者。希腊史家赫罗多德(Horodotus),谓古屋皆在湖中,筑于杙上,唯一桥通出入,与《史记·封禅书》公玉带上明堂图,水环宫垣,上有楼,从西南入,名为昆仑者酷相似。西元千八百五十三年,欧洲大旱,瑞士秋利伊湖涸,湖居遗址见,人类学家、古物学家皆以为邃古之遗。今委内瑞拉、新几内亚之民,仍有湖居者,可知以水自环,实野人防卫之法也。吾国古者,州、洲同字,"洲"字即今"岛"字。已见第七章第三节。明堂称辟雍。辟即璧,《说文》"璧,瑞玉圜也",又曰"环,璧也,肉好若一谓之环",盖取周还之意。雍,篆书作"雝",乃借字,其本字当作"邕",从川邑,《说文》云"四方有水,自邕成池"者是也,盖正指"洲"言之。《易·泰卦》爻辞曰:"城复于隍。"《尔雅·释言》曰:"隍,壑也。"城临壑,犹湖居时遗法也。湖居盖邃古之事,稍进则依丘陵。② 古丘、墟同字。书传言先代都邑者,皆曰某某氏之墟,即某某氏之丘也。至农耕之世,民乃降丘宅

---

① 宫室:窟室、窦窖皆穴居之遗。
② 宫室:古湖居稍进依丘陵。

土。《淮南》以"作室筑墙茨屋"与"辟地树穀"并举其征。此时文明日进,营造之技日精,城郭宫室,乃次第兴起矣。

《礼记·王制》曰:"司空执度度地,注:'度,丈尺也。'居民山川沮泽,时四时,注:'观寒暖燥湿。'量地远近,注:'制井邑之处。'兴事任力。"注:"事,谓筑邑、庐、宿、市也。"此古经野之法。《管子·乘马》云:"凡立国都,非于大山之下,必于广川之上。高毋近旱,而水用足;下毋近水,而沟防省。因天材,就地利,故城郭不必中规矩,道路不必中准绳。"此则建国之法也。《笃公刘》之诗曰:陟则在巘,复降在原。逝彼百泉,瞻彼溥原。乃陟高冈,乃觏于京。既溥既长,既景廼冈。相其阴阳,观其流泉。度其夕阳。豳居允荒。即古建国时计度之事。《汉书·艺文志》数术略有形法家,《汉志》说其学云:"大举九州之势,以立城郭室舍。"盖即其法,而今亡矣。古制:百里之国,九里之城。七十里之国,五里之城。五十里之国,三里之城。《诗·文王有声》疏引《尚书传》注云:"玄或疑焉。①《周礼》,匠人营国方九里,谓天子之城。今大国九里,则与之同。然则大国七里之城,次国五里之城,小国三里之城为近耳。或者天子实十二里之城,诸侯大国九里,次国七里,小国五里。"焦循《群经宫室图》曰:"《周书·作洛篇》:'作大邑成周于土中。'城方千六百二十丈,计每五步得三丈,每百八十丈得一里,以九乘之,千六百二十丈,与《考工记》'九里'正合。"则谓天子之城九里者是也。**城之墙曰墉**。《尔雅·释宫》:"墙谓之墉。"疏:"亦为城,《王制》云'小城曰附庸,'《大雅·皇矣》云'以伐崇墉'。义得两通也。"又于其上为垣,于其中睥睨非常,是曰陴,亦曰堞,亦曰女墙。《说文》:"陴,城上女墙,俾倪也。"又曰:"堞,女墙也。"《释名》:"城上垣曰睥睨,言其孔中睥睨非常也。亦曰陴。陴,裨也,言裨助城之高也。亦曰女墙,言其卑小,比之于城,若女子之于丈夫也。"**门外有曲城,谓之闉**。《诗》:"出其闉闍。"毛传:"闉,曲城也。"《说文》:"闉,城内重门也。"《诗》疏云:"闉是门外之城,即今之门外曲城是也。"**其上有台曰闍**。《诗》:"出其闉闍。"毛传:"闍,城台也。"《尔雅·释宫》:"闍谓之台。"**四角为屏以障城曰城隅**。《考工记》:"王宫门阿之制五雉。宫隅之制七雉。城隅之制九雉。""门阿之制,以为都城之制。宫隅之制,以为诸侯之城制。"注:"阿,栋也。宫隅、城隅谓角浮思也。"疏:"汉时云东阙浮思灾,言灾,则浮思者小楼也。"焦氏曰:浮思,《广雅》《释名》《古今注》皆训为门外之屏。城之四角,为屏以障城,城角隐僻,恐奸宄逾越,故加高耳。《诗·邶风·静女》:"俟我于城隅。"传云,城隅,以言高不可逾。笺云:"自防如城隅。"皆明白可证。疏据汉时浮思灾,以城隅为小楼,非也。《古今注》谓罘罳合板为之,则屏自可灾。**城版筑所成。城之外为郭,亦曰郛**,则依山川形势为之,非如城之四面有垣也。《周书·作洛解》:作大邑成周于土中,城方千六百二十丈,郭方七十二里,南系于洛水,北因于郏山,以为天下之大凑。郭所以御小寇,有大敌则不能守,

---

① 经学:郑玄疑天子城九里误,疑九女亦然。

故春秋列国相攻，不闻守外城者。郭之设，如专于一面，即为长城，①亦所以防钞掠。战国时，秦、赵、燕三国皆有长城，所以防北族，齐亦有长城，则所以防淮夷也。郭以内为郊，郊犹称国中；郭以外为鄙，亦曰野，则野人之居矣。《春秋》之例：未入郭曰侵某鄙，伐某鄙；入郭曰入某郛；入城曰入。**郭为古征服者与所征服者之界**。见第十一章第四节。郭之门即郊门，其外有关。关多据形胜之地，不必尽在界上，盖扼险之始也。《周官·司关》注曰："关，界上门。"《仪礼·聘礼》，宾及境，乃谒关人。然《左氏》定公六年，郑伐阙外。注云："阙外，周邑。"盖周以伊阙险隘，设关守之，谓之阙塞，阙塞之外，未尝无邑也。昭公五年，孟仲之子杀竖牛于塞关之外，此齐、鲁分界之关，关外即齐。襄公十七年，齐伐我北鄙，围桃。高厚围臧纥于防，师自阳关迎臧孙，至于旅松，则桃、防皆在阳关外。成公二年，齐侯入徐关。十七年，高弱叛卢，庆克围之。国佐杀克，以谷叛，齐侯与盟于徐关。则徐关外亦有卢、谷等邑也。《考工记》："匠人营国……左祖右社，面朝后市。"注云："王宫所居。"谓中为王宫也。天子诸侯皆三朝。《礼记·明堂位》："库门，天子皋门。雉门，天子应门。"注："言庙及门如天子之制也。天子五门：皋、库、雉、应、路。鲁有库、雉、路，则诸侯三门欤？"戴震谓天子亦三门，焦循《群经宫室图》从之。门：最在外者曰皋门，诸侯曰库门。库门之内为外朝，九棘三槐在焉。《周官·朝士》。其内为应门，诸侯曰雉门。门之内为治朝，群臣治事之朝也。《周官·太宰》注："其位，司士掌焉。""宰夫察其不如仪"，见《宰夫》注。治朝之内为路门。路门之内曰燕朝。燕朝之后曰六寝。六寝之后为六宫。此系据《周官》为说，见《天官·宫人》及《内宰》。今文家说，则谓天子、诸侯皆三寝，见《公羊》庄公三十二年解诂，二者不可强合。六寝之后，六宫之前，为内宫之朝。《匠人》云："内有九室，九嫔居之。外有九室，九卿朝焉。"内九室当在内宫之朝，外九室当在治朝也。又有官府次舍，其所在不可悉考。《周官·宫正》："以时比宫中之官府、次舍之众寡。"注："官府之在宫中者，若膳夫、玉府、内宰、内史之属。次，诸吏值宿，若今部署诸庐者。舍，其所居寺。"《宫伯》："授八次八舍之职。"注："卫王宫者，必居四角、四中，于徼候便也。……次其宿卫所在。舍其休沐之处。"应门之旁有阙，即观也，亦曰象魏，②为悬法之地。《天官·冢宰》，正月之吉，悬治象之法于象魏。司农云："象魏，阙也。"《左氏》哀公三年，司铎火，季桓子御公，立于象魏之外，命藏象魏，曰："旧章不可亡也。"杜注曰："《周礼》，正月，悬教令之法于象魏，使万民观之，故谓其书为象魏。"案，魏者，阙名。象者，形象。其初本皆一名，后单音语变为复音，乃并二者，皆称为象魏耳。《公羊》昭公二十五年，子家驹曰："设两观，乘大路……天子之礼也。"解诂曰："礼，天子诸侯台门，天子外阙两观，诸侯内阙一观。"《礼记·礼器》："天子诸侯台门。"又曰，

---

① 宫室：郭专一面即为长城。
② 刑：象魏。

家不台门。注：" 阇者谓之台。"疏曰：两边筑阇为基，基上起屋曰台门，故乘之可以眺远。《礼运》"昔者仲尼与于蜡宾，事毕，出游于观之上"是也。城亦有之，《诗·郑风》"佻兮达兮，在城阙兮"是也。塾在路门之侧，为门闾之学所在。《尔雅》："门侧之堂谓之塾。"《学记》："古之教者，家有塾。"即在于此。疏曰："《周礼》，百里之内，二十五家为闾，同共一巷。巷首有门，门边有塾。谓民在家之时，朝夕出入，恒就教于塾。"此即《公羊》宣公十五年解诂所谓"田作之时，春，父老及里正旦开门坐塾上，晏出后时者不得出，暮不持薪樵者不得入"者也。《战国策·齐策》，王孙贾之母谓贾曰："汝朝出而晚来，则吾倚门而望；汝暮出而不还，则吾倚闾而望。"秦有闾左之戍，晁错谓入闾取其左。《后汉书·齐王缤传》云使天下乡亭"皆画伯升像于塾，旦起射之"。则古民居之巷通称闾，闾之两端恒有门，其侧皆有室，至汉世犹名为塾也。寝之制：前为堂，后为室。堂之左右为夹，亦曰厢。东厢之东曰东堂，西厢之西曰西堂。东西墙谓之序。其下曰阶。东为阼阶，西为宾阶。室之左右为房。郑云，天子、诸侯左右房，大夫、士仅有东房。见《诗·斯干》笺、《礼·公食大夫礼》注。其北为北堂。《诗·伯兮》："焉得谖草，言树之背。"毛传曰："背，北堂也。"疏："《士昏礼》云：'妇洗在北堂。'《有司彻》云：'致爵于主妇，主妇北堂。'注皆云：北堂，房半以北为北堂。堂者，房室所居之地，总谓之堂，房半以北为北堂，房半以南为南堂也。"《士昏礼》疏曰："房与室相连为之，房无北壁，故得北堂之名。"堂北有阶曰北阶。户在室东南，牖在西南，北亦有牖，曰北牖。牖户之间，谓之扆。其内谓之家。室：西南隅为奥，尊者处之。西北隅谓之屋漏，当室之白，日光所漏入也。《尔雅》疏引孙炎说。东北隅曰宧，宧，养也，疏引李巡说。盖饮食所藏。东南隅曰窔，在户下，亦隐暗也。郭注。中室曰中溜，复穴之世开其上以取明，雨溜之，后因名焉。《月令》疏。《尔雅》曰："室有东西厢曰庙，无东西厢有室曰寝。"盖寝庙之制大同，故其称亦互受也。以上言城郭朝寝之制，略据焦循《群经官室图》。

穴处之世，室内盖甚幽暗。野蛮人入室，行卧坐立，皆有定处，盖此时之遗习。吾国古礼，室中居有常处，盖亦由是也。《墨子》曰："未有宫室之时，因陵丘窟穴而处焉。圣王虑之，以为窟穴，曰冬可以避风寒，逮夏，下润湿，上熏蒸，恐伤民之气，于是作为宫室而利。"《节用中》。又《辞过》曰："古之民，未知为宫室时，就陵阜而居，穴而处，下润湿，伤民，故圣王作为宫室。"今野蛮人亦有冬夏异居者。《月令》，季秋，"乃命有司曰：寒气总至，民力不堪，其皆入室"。《豳风》之诗曰："十月蟋蟀入我床下，穹窒熏鼠，塞向墐户。嗟我妇子，曰为改岁，入此室处。"《公羊》宣公十五年解诂曰："在田曰庐，在邑曰里。""吏民春夏出田，秋冬入保城郭。"此即《尧典》春云"厥民析"，冬云"厥民隩"者，其俗盖由来甚久。① "霜降逆女,冰泮杀止"之礼,由是作也。参看第十一章第一节。贵人筑室于爽垲之处,是为《月令》所谓"居高明"。仲夏之月。然古营高明之技似甚拙。《尔雅》曰:"阇谓之台。"又曰:"四方而高曰台。"注谓积土为之。又曰:"有木者谓之榭。"榭有二义:一此所谓台上起屋,一则《尔雅》所云"无室曰榭"。《左氏》宣公十六年杜注引之,谓屋歇前者。疏云:"歇前者,无壁也,如今厅是也。"为讲武屋。"陕而修曲曰楼",则于台上起屋。《淮南·本经》曰逮至衰世,构木为台,积壤而丘处。亦即指此。盖不能为今世之楼,苟非因高为高,即须于平地累土,其劳民力尤甚,故古人恒以为戒也。②《公羊》庄公三十一年解诂曰:"礼:天子有灵台,以候天地。诸侯有时台,以候四时。登高远望,人情所乐,动而无益于民者,虽乐不为也。"《孟子·尽心下》:"孟子之滕,馆于上宫。"注:"上宫,楼也,孟子舍止宾客所馆之楼上也。"《史记·平原君列传》:"平原君家楼临民家。民有躄者,槃散行汲。平原君美人居楼上,临见,大笑之。"可以居人,当系今日之楼。《春秋》庄公三十一年,春,筑台于郎。《公羊》曰:"何以书?讥。何讥尔?临民之所漱浣也。"③秋,筑台于秦,《公羊》曰:"何以书?讥。何讥尔?临国也。"三十二年,《左氏》谓公筑台临党氏,则今之楼,战国之世乃能为之,春秋时尚无有也。

寝之制,前堂而后室,与今民居不同。《汉书·晁错传》,错言"古之徙远方以实广虚也……先为筑室,家有一堂二内",则近今中为堂,左右为室之制矣。张晏曰:"二内,二房也。"盖平民之居,无寝制之所谓堂,即以其室为堂,房为室耳。④《史记·孔子世家》:"故所居堂,弟子内,后世因庙,藏孔子衣冠琴车书。"盖改一堂二内之居,为庙寝之制也。《史记·外戚世家》:帝求王太后女,"女亡匿内中床下"。亦即"故所居堂,弟子内"之内。

《礼记·儒行》曰:"儒有一亩之宫,环堵之室,筚门圭窬,蓬户瓮牖。"注曰:"五版为堵,五堵为雉。今《戴礼》《韩诗》说'八尺为版,五版为堵,五堵为雉',古《周礼》及《左氏》说'一丈为版',见《诗·鸿雁》、《左氏》隐公元年疏。筚门,荆竹织门也。圭窬,门旁窬也,穿墙为之,如圭矣。"疏云:"一亩,谓径一步,长百步为亩。若折而方之,则东西南北各十步为宅也。墙方六丈,故云一亩之宫,宫谓墙垣也。……环谓周回。东西南北唯一堵。"《释文》:"方丈为堵。""蓬户,谓编蓬为

---

① 宫室:古春析冬入邑。
② 宫室:古不能为楼台,最劳民力。
③ 宫室:讥临民。
④ 宫室:一堂二内,盖以室为堂,房为内,无堂也,后世多进之屋,厅为堂,共一堂也。

户,又以蓬塞门,谓之蓬户。瓮牖者,谓牖窗圆如瓮口也。又云以败瓮口为牖。"案,以败瓮口为牖,今世犹有之。《左氏》襄公十年,王叔之宰诋瑕禽曰:"筚门闺窦之人,而皆陵其上,其难为上矣。"杜注:"筚门,柴门。闺窦,小户,穿壁为户,上锐下方,状如圭也。"则古平民之居皆如是。又十七年,宋子罕曰:"吾侪小人,皆有阖庐,以避燥湿寒暑。"注云:"阖,谓门户闭塞。"疏云:"《月令》仲春修阖扇。郑玄云:'用木曰阖,用竹苇曰扇。'是阖为门扇,所以闭塞庐舍之门户也。"此亦筚门之类也。可见古者民居之简陋矣。

然贵族之居,则有甚侈靡者。子产讥晋,谓文公无观台榭,今铜鞮之宫数里,而诸侯舍于隶人。《左氏》襄公三十一年。子西虑吴,谓阖庐室不崇坛,宫室不观,舟车不饰,而夫差次有台榭陂池。哀公元年。宋向戌聘鲁,见孟献子,尤其室。对曰:"我在晋,吾兄为之。"襄公十五年。齐景公欲更晏子之宅,辞,及如晋,则公更其宅矣。昭公三年,参看下文。盖俗以逾侈为高,如孔子所称卫公子荆善居室,始有曰苟合,少有曰苟完,富有曰苟美者寡矣。《论语·子路》。劳民之事,见于记载者:晋有虒祁之宫。昭公八年。楚有章华之台。昭公七年。又作乾溪之台,三年不成。《公羊》昭公十三年。齐高台深池,宫室日更。《左氏》昭公二十年。鲁虽小,襄公返自楚,犹作楚宫。① 襄公三十一年。此亦犹秦每破诸侯,写放其宫室,作之咸阳北阪上矣。《史记·秦始皇本纪》二十六年。东周诸大国中,唯秦最简陋,而商君告赵良,以大筑冀阙,营如鲁、卫自夸,《史记》本传。则自孝公变法而后,亦不肯以简陋自安,阿房、骊山,未始非作法于贪者有以致之也。

宫室而外,又有苑囿之乐。②《说文》云:"苑,所以养禽兽。"高诱注《淮南·本经》云:"有墙曰苑,无墙曰囿。"其注《吕览·重己》则云:"畜禽兽所,大曰苑,小曰囿。"囿盖犹今之动物院,苑则画地,任自然之禽兽蕃殖其中者也。苑、囿义虽有别,散文则通,后且为复语,故书传每连举也。《孟子》言:"文王之囿,方七十里,刍荛者往焉,雉兔者往焉。"此盖山泽之地尚为公有之世,其后施以厉禁,则有如齐宣王之囿,方四十里,为阱于国中者矣。参看第十二章第一节。《公羊》成公十八年解诂云:"天子囿方百里,公侯十里,伯七里,子、男五里,皆取一也。"疏云:"《孟子》文,《司马法》亦云也。"今《孟子》无此文,《司马法》则已亡。然《穀梁》疏

---

① 宫室:襄公作楚宫,犹秦写放诸侯宫室。
② 宫室:今古说苑囿之大。

引徐邈说，与何君同，其说必有所本，盖《春秋》制也。《诗·灵台》毛传云："天子百里，诸侯四十里。"《周官·阍人》疏引《白虎通》云："天子百里，大国四十里，次国三十里，小国二十里。"盖古文说。《穀梁》疏引毛传作"三十里"，"三"盖误字。《孟子》言纣"弃田以为园囿"。《滕文公下》。《诗·驷铁》序曰："美襄公也。始命，有田狩之事，园囿之乐焉。"疏云，有蕃曰园，有墙曰囿。囿者，域养禽兽之处，因在其内调习车马。此即《周官·载师》"以场圃任园地"之园。后世民家无囿，而犹有园，因而叠石穿池，构亭台，植卉木，则成今所谓园林，古苑囿实非其伦。《孟子》"弃田以为园囿"之园，疑实"苑"之误字也。

贵族宫室园囿占地甚多，平民之居则有甚为局促者。古宅地谓之廛，①皆掌诸官。《孟子》"许行自楚之滕，踵门而告文公曰：远方之人闻君行仁政，愿受一廛而为氓，文公与之处"是也。《滕文公上》。《管子·问》："问死事之孤，其未有田宅者有乎？……外人之来从而未有田宅者几何家？"则并不待其乞请矣。《王制》言"田里不鬻，墓地不请"，盖各举一偏以相备也。《孟子》"五亩之宅"，赵注言庐井邑居各二亩半，《梁惠王上》。此即《公羊》解诂言一夫一妇，受田百亩，公田十亩，庐舍二亩半，秋冬入保城郭，一里八十户者，宣公十五年。地在郊野。"市廛而不税"，《王制》。《孟子》作"廛而不征"。则在国中者也。《左氏》昭公三年，景公欲更晏子之宅，曰："子之宅近市，湫隘嚣尘，不可以居，请更诸爽垲者。"辞曰："小人近市，朝夕得所求，小人之利也，敢烦里旅？"及晏子如晋，公更其宅，返则成矣。既拜，乃毁之，而为里室，皆如其旧，则使宅人返之。注曰："本坏里室以大晏子之宅，故复之。"则城市之中，民居已极阗溢。② 然犹曰国中则然。韩、魏之民，复阴阳泽水者过半。已见第十一章第三节。《史记·仲尼弟子列传》："孔子卒，原宪遂亡在草泽中。子贡相卫，结驷连骑，排藜藋，入穷阎，过谢原宪。"案《周官·载师》注："故书'廛'或作'坛'……郑司农云，'坛'读为'廛'。"《序官·廛人》注："故书廛为坛，杜子春读坛为廛。"坛者，筑土为之，所以备营建，《管子·五辅》"利坛宅"，注云"坛，堂基"是也。《荀子·王制》云："定廛宅。"可见廛、坛同字。居于草泽之中，排藜藋而后入，其无基址审矣。此则在野之民，亦不能得宅地也。度地居民之制，盖荡焉无复存者矣。

---

① 宫室：廛，即懔。
② 宫室：城野民居皆拥挤。

《周官·量人》：“掌建国之法，以分国为九州。“九州”二字，义有广狭。已见第十章第二节。此“九州”二字，乃指国以内之九聚落言，范围尤隘，实近“九州”二字之初义也。营国城郭，营后宫，量市朝、道巷、门渠，造都邑，亦如之。营军之垒舍，量其市朝、州途、军社之所里。”《考工记》：“匠人建国，水地以悬，注：“于四角立植，而悬以水，望其高下，高下既定，乃为位而平地。”疏曰：“此经说欲置国城，先当以水平地，欲高下四方皆平，乃始营造城郭也。云于四角立植而悬者，植即柱也，于造城之处，四角立四柱而悬，谓于柱四畔悬绳以正柱。柱正，然后去柱远，以水平之法，遥望柱高下定，即知地之高下，然后平高就下，地乃平也。”置槷以悬，视以影。注：“于所平之地，中央树八尺之臬以悬正之，视之以其影，将以正四方也。”疏云：“置槷者，槷亦谓柱也。云以悬者，欲取柱之影，先须柱正，欲须柱正，当以绳悬而垂之，于柱之四角四中，以八绳悬之，其绳皆附柱，则其柱正矣。然后视柱之影，故云视以影也。”为规，识日出之影与日入之影。注：“日出日入之影，其端则东西正也。又为规以识之者，为其难审也。自日出而画其影端，以至日入，既则为规，测影两端之内规之，规之交乃审也。度两交之间，中屈之以指桌，则南北正。”昼参诸日中之影，夜考之极星，以正朝夕。”《春秋》庄公二十二年：“丹桓宫楹。”《穀梁》曰：“礼：天子诸侯黝垩，疏：“徐邈云：‘黝，黑柱也。垩，白壁也。’”大夫仓，士黈。注：“黈，黄色。”丹楹，非礼也。”二十四年，“刻桓宫桷”。《穀梁》曰：“礼，天子之桷，斫之砻之，加密石焉。注：“以细石磨之。”诸侯之桷，斫之砻之。大夫斫之。士斫本。刻桷，非正也。”《公羊》解诂略同。疏云：“皆《外传·晋语》张老谓赵文子椽之制。”《礼记·礼器》注：“宫室之饰：士首本，大夫达棱，诸侯斫而砻之，天子加密石焉，无画山藻之礼也。”疏云：“《礼纬含文嘉》云：大夫达棱，谓斫为四棱，以达两端。士首本者，士斫去木之首本，令细，与尾头相应。《晋语》及《含文嘉》并《穀梁传》，虽其文小异，大意略同也。”《礼记·礼器》：“管仲镂簋朱纮，山节藻棁，君子以为滥矣。”《明堂位》曰：“山节、藻棁、复庙、重檐、刮楹、达乡、反坫、出尊、崇坫、康圭、疏屏，天子之庙饰也。”注：“山节，刻欂栌为山也。藻棁，画侏儒柱为藻文也。复庙，重屋也。重檐，重承壁材也。刮，刮摩也。乡，牖属，谓夹户窗也，每室八窗为四达。反坫，反爵之坫也。出尊，当尊南也。唯两君为好，既献，反爵于其上。礼：君尊于两楹之间。崇，高也。康读为亢龙之亢。又为高坫，亢所受圭，奠于上焉。屏谓之树，今浮思也，刻之为云气虫兽，如今阙上为之矣。”疏云：“皇氏云：郑云重檐，重承壁材也，谓就外檐下壁，复安板檐，以避风雨之洒壁，故云重檐，重承壁材。”并可见古者建筑之术。然古宫室城郭，皆役民为之，能守成法以其时者盖寡，故古多以事土木为大戒也。

　　吾国最古之建筑，莫如明堂。蔡邕《明堂月令章句》谓：“明堂者，天子太庙，所以祭祀……飨功，养老，教学，选士，皆在其中。故言取正室之貌，则曰太庙；取其正室，则曰大室；取其堂，则曰明堂；取其四时之学，则曰太学；取其圆水，则曰辟雍；虽名别而实同。”袁准难之，殊不中理。阮元谓：有古之明堂,有后世之明堂。古者政教朴略,宫室未兴,一切典礼,皆行于天子之居,后乃礼备而地分。礼不忘本,于近郊东南,别建明堂,以存古制。《研经室集·明堂说》。其说是也。明堂之制,今古文皆谓其以茅盖屋,盖犹祭祀之存玄酒大羹。今《戴礼》说,明堂九室,室四户八牖。古《周礼》《孝经》说,明堂东西九筵,南北七筵,堂崇一筵。其壮丽殊与朴略之世不称,盖晚周之制也。郑玄谓《戴礼》所云虽出《盛德篇》,云九室、三十六户、七十二牖,以秦相吕不韦作《春秋》时说,得其实矣。《淮南·本经》云:"古者明堂之制,下之润湿弗能及,上之雾露弗能入,四方之风弗能袭,土事不文,木工不斫……堂大足以周旋。理文静洁,足以享上帝,礼鬼神。"可见明堂之初制。合初制与吕不韦所说观之,可见自隆古至晚周建筑之精进也。本节引《礼记·明堂位》疏。蔡邕说详见《续汉书·祭祀志》注。《考工记·匠人》说明堂之制,与古《周礼》《孝经》说同。

《周官》,天官掌舍,掌王之会同之舍。设梐枑再重。注:郑司农云,梐枑谓行马。案,谓交互设木,以资守卫也。设车宫辕门。注:"谓王行止宿阻险之处,备非常,次车以为藩,则仰车,以其辕表门。"为坛壝宫棘门。注:"谓王行止宿,平地筑坛,又委壝土起堳埒以为宫。郑司农云:'棘门,以戟为门。'杜子春云:'棘门,或为材门。'"疏:"闵二年,卫文公居楚丘,国家新立,齐桓公共材,先令竖立门户,故知棘门亦得为材门,即是以材木为门也。"为帷宫,设旌门。注:"谓王行昼止,有所展肆,若食息,张帷为宫,则树旌以表门。"无宫则共人门。注:"谓王行有所逢遇,若住游观,陈列周卫,亦立长大之人以表门。"此古人行道止舍之法也。

古人席地而坐,尊者则用几。阮谌《礼图》云:"几长五尺,高尺二寸,广二尺。"《曾子问》疏。其高尚不如今之椅也。其坐则略如今之跪。寝则有床,《诗》所谓"载寝之床"也。《左氏》襄公二十七年:"床笫之言不逾阈。"注:"笫,箦也。"正义:"《释器》云:'箦谓之笫。'孙炎曰:'床也。'郭璞曰:'床,版也。'然则床是大名,箦是床版。《檀弓》云:'大夫之箦欤?'箦名亦得称床,故孙炎以为床也。"室中用火有二:一以取暖,一以取明。《汉书·食货志》云:"冬,民既入,妇人同巷相从夜绩……必相从者?所以省费燎火。"师古曰:"燎,所以为明;火,所以为温也。"古无蜡烛,所谓大烛庭燎者?以苇为中心,以布缠饴蜜灌之,树于门外曰大烛,于门内曰庭燎。平时用荆燋为火炬,使人执之,所谓执烛抱燋,所谓烛不见跋,皆指此。《周官·秋官·司烜氏》疏。《左氏》昭公十年:"宋平公卒。初,元公恶寺人柳,欲杀之。及丧,柳炽炭于位,将至则去之。比葬,又有宠。"定公三年,邾子自投于床,废于炉炭,遂卒。则取暖亦用炭也。

述宫室及与宫室附丽之器用既竟,请再略言葬埋之制。古之葬,盖有于山者,亦有于平地者。《孟子》曰:"盖上世,尝有不葬其亲者,其亲死,则举而委之于壑。他日过之,狐狸食之,蝇蚋姑嘬之。""盖归,反蘽梩而掩之。"《滕文公上》。此田猎之世之葬于山。《易》言:"古之葬者,厚衣之以薪,葬之中野,不封不树。"《系辞传》。此则耕稼之世之葬于地者也。农民葬埋,率就所耕之地。①《曾子问》"下殇葬于园"亦其一证。故《孟子》言:"死徙无出乡。"《滕文公上》。《公羊》解诂述井田之制曰:"死者得葬焉。"宣公十五年。《檀弓》曰:"孔子既得合葬于防,曰:'吾闻之,古也墓而不坟。今丘也,东西南北之人也,不可以弗识也。'于是封之,崇四尺。"盖古之所以不封不树者,正以葬地距所居甚迩,不待识别也。《诗》:"行有死人,尚或墐之。"毛传:"墐,路冢也。"路人而犹为之冢,亦以便识别也。贵族则以中田为不安,而求葬于高燥之处。《吕览》谓"葬必于高陵之上,以避狐狸之患,水泉之湿"是也。《节丧》。于是葬地距所居渐远,不得不为之识别,而有所谓丘封之度与树数,《周官·冢人》:以爵等为丘封之度,与其树数。并有以人力为丘陵者矣。顾亭林《日知录》云:古王者之葬,称墓而已。春秋以降,乃有称丘者。赵肃侯,秦惠文、悼武、孝文三王始称陵,至汉则无帝不陵者矣。此葬地之变也。《檀弓》曰:"有虞氏瓦棺,夏后氏堲周,殷人棺椁。"《淮南·泛论》同。郑注言有虞氏始不用薪,高注言禹世无棺椁,以瓦广二尺,长四尺,侧身累之以蔽土,曰堲周,盖尚未能用木。②《墨子》言禹葬会稽,桐棺三寸,实假托之辞也。见《节葬》。上文云:"古圣王制为葬埋之法:棺三寸,足以朽体。"下文又云:"子墨子制为葬埋之法,曰:棺三寸,足以朽骨。"可见实为墨子所定之制。《左氏》哀公二年,赵鞅誓众曰:"若其有罪,绞缢以戮,桐棺三寸,不设属辟。"墨子所据,自系当时毂薄之制也。《檀弓》言:"夫子制于中都,四寸之棺,五寸之椁。"《孟子》言:"中古棺七寸,椁称之。"《公孙丑下》。而天子诸侯,棺椁皆至数重。《檀弓》:"天子之棺四重,水、兕革棺被之,其厚三寸,杝棺一,梓棺二,四者皆周。"郑注以水、兕革棺为一重,杝棺即椑棺,梓棺为属与大棺。《丧大记》:"君大棺八寸,属六寸,椑四寸;上大夫大棺八寸,属六寸;下大夫大棺六寸,属四寸。"盖即《礼器》所谓诸侯三重,大夫再重者,诸侯无革棺,大夫无椑也。又云,士棺六寸,则士无属也。《礼器》又云,天子五重。郑谓加抗木与茵,疏云:"古者为椁,累木于其四边,上下不周,致茵于椁下,所以藉棺,从上下棺之后,又置抗木于椁之上,所以抗载于土……藉棺外,下帬,用浅

---

① 葬埋:葬埋率就所居之地,故言不欲去坟墓。故墓而不坟,以中田不安,求高燥之处,则远乃坟。
② 葬埋:堲,周用瓦,禹桐棺三寸非实。

色缁布为之,每将一幅,辄合缝为囊,将茅秀及香草着其中,如今有絮褥也。"案,《庄子·天下》:"天子棺椁七重,诸侯五重,大夫三重,士再重。"七重,盖以水、兕革棺为二,茵与抗木,亦各为一重。《荀子·礼论》:"天子棺椁十重。"十,盖"七"字之误。此棺椁之变也。《檀弓》又曰:"仲宪言于曾子曰:'夏后氏用明器,示民无知也。殷人用祭器,示民有知也。周人兼用之,示民疑也。'"其论三代制礼之意非,言三代异礼当是。所谓明器者,"竹不成用,瓦不成味,木不成斫,琴瑟张而不平,竽笙备而不和,有钟磬而无簨虡",亦《檀弓》文。盖其时制器之技,本只如此。"孔子谓为刍灵者善,谓为俑者不仁。"刍灵与涂车并称,亦见《檀弓》。盖在瓦棺塈周之世,俑则与棺椁并兴也。① 此葬器之变也。凡此皆葬埋之法,随文明之进而臻美备者也。

昔之论者,恒谓古人重神不重形,故其葬埋不至逾侈,其说实似是而非。②《檀弓》言延陵季子适齐,比其返也,其长子死,葬于嬴、博之间。既封,左袒,右还其封,且号者三,曰:"骨肉归复于土,命也;若魂气,则无不之也!无不之也!"《左氏》定公五年:"吴师居麇,子期将焚之,子西曰:'父兄亲暴骨焉,不能收,又焚之,不可。'子期曰:'国亡矣,死者若有知也,可以歆旧祀,岂惮焚之?'"合此两事观之,似古人之重神,诚过于其形,且以形魄为无知矣。然《穀梁》僖公十年,骊姬谓君曰:"吾夜有梦夫人趋而来,曰:'吾苦畏。'胡不使大夫将卫士而卫冢乎?"则谓古人谓神不栖于丘墓者,非也。或谓《穀梁》之言乃汉师之说,不免以后世事附会。然孔子死,子贡筑室于场,独居三年,然后归,《孟子·滕文公上》。此即后世之庐墓,与将士而卫冢何异?且自武王,即已上祭于毕矣。见第八章第六节。而齐亦有东郭墦间之祭。《孟子·离娄下》。奔丧者不及殡,先之墓,哭尽哀。除丧而后归,之墓哭成踊。《礼记·奔丧》。"去国则哭于墓而后行,返其国不哭,展墓而入。"《檀弓》。士去其国,止之曰:"奈何去坟墓也?"《曲礼》。苟以形魄为无知,又何为是恋恋也?《檀弓》曰:"太公封于营丘,比及五世,皆返葬于周。君子曰:'乐,乐其所自生。礼,不忘其本。'古之人有言曰:'狐死正丘首,仁也。'"然则季子之不归葬,亦力有不逮耳,非果以形魄为无知,而弃之于远也。职是故,古贵族乃多违礼厚葬者,观《吕览·安死》《节葬》二篇可知。《论语》言颜渊死,门人

---

① 葬埋:涂车、刍灵。其时,俑则与棺椁并兴也。
② 葬埋:谓古不重形之非。

欲厚葬之。子曰不可，而门人弗听。《先进》。盖虽圣门之弟子，且不免随俗矣。知厚葬之习之入人深也。道术之士所以多非厚葬者，墨家诋儒家厚葬，然儒家葬法，较之流俗，已远薄矣。一不欲以死伤生，一则礼多守旧，前世之法，既成惯习，不欲轻违也。然一二智士之晓音瘖口，岂能回千百流俗人之听哉？

古言葬埋之侈者，莫过于吴阖庐，及秦惠、文、武、昭、庄襄五王，刘向《谏起昌陵疏》，见《汉书》本传。或谓此六王之事，乃以世近而有传，他国王侯，亦未必不如此。然《左氏》成公二年，宋文公卒，始厚葬，君子讥华元、乐举之不臣。《史记·秦本纪》，武公卒，初以人从死，献公元年又止之。《左氏》成公二年，亦云宋始用殉。则战国初年以前，违礼厚葬者，似确不如后来之甚。① 盖礼恒守旧，非至风俗大变时，敢显然违之者少也。此乃习俗之拘束，非真知礼义，故堤防一溃，遂横决不可遏止矣。

《周官》：冢人"掌公墓之地，辨其兆域而为之图"，墓大夫"掌凡邦墓之地域，为之图，令国民族葬"。《檀弓》："晋献文子成室，晋大夫发焉。张老曰：'美哉轮焉，美哉奂焉。歌于斯，哭于斯，聚国族于斯。'文子曰：'武也得歌于斯，哭于斯，聚国族于斯，是全腰领以从先大夫于九京也。'北面再拜稽首。"注曰，晋卿大夫之墓地在九原，"京"盖"原"字之误。② 案，《左氏》襄公二十五年，楚芳掩辨京陵。注云："以为冢墓之地。"《尔雅·释丘》曰："绝高为之京。"《周官·大司徒》注曰："高平曰原。"二者义实无大异，则作"京"亦可通。《檀弓》又曰："(成)子高曰：'吾闻之也：生有益于人，死不害于人。吾纵生无益于人，吾可以死害于人乎哉？我死，则择不食之地而葬我焉。'"丘陵不必皆不食，然究非土田之比。族葬于丘陵，则地之弃于葬者较少，犹较以人力为丘陵者为善也。

《墨子·节葬》曰："秦之西有仪渠之国者，其亲戚死，聚柴薪而焚之，熏上，谓之登遐，然后成为孝子。"《吕览·义赏》曰："氐、羌之民其虏也，不忧其系累，而忧其死不焚也。"《荀子·大略》同。此为异民族之俗，非汉族所有，彼盖诚重神而不重形者矣。

---

① 葬埋：厚葬确晚起之事。
② 葬埋：九京不必改字，盖由求高燥。

第四节 交　　通

《易·系辞传》述黄帝、尧、舜之事曰:"刳木为舟,剡木为楫,舟楫之利,以济不通。"又曰:"服牛乘马,引重致远。"《墨子》曰:"古之民未知为舟车时,重任不移,远道不至,故圣王作为舟车,以便民之事。"《辞过》。《淮南子》曰:"古者大川名谷,冲绝道路,不通往来也,乃为窬木方版,以为舟航,故地势有无,得相委输。乃为靻屝而超千里。肩荷负担之勤也,而作为之揉轮建舆,驾马服牛,民以致远而不劳。"《泛论》。皆以舟车之兴,为大有益于人类。盖无舟车,则一水之隔,即可使人不相通,陆路虽可步行,然水性使人通,山性使人塞,跋涉千里,业已甚劳,况加以担荷负戴提挈邪? 人之躯体,能运物者有四:肩、背、头、手是也。肩以担,背以负,头以戴,手以提挈。合两人之手,则为舁。舟车之兴,其大有益于人类,确不诬也。①

舟之兴,盖始于浮木。《庄子·逍遥游》曰:"今子有五石之瓠,何不虑以为大樽,而浮乎江湖?"《释文》引司马云:"樽如酒器,缚之于身,浮于江湖,可以自渡。"以手足击水而进,此时人之手足即楫也。此盖最古之法。稍后,则知刳木。《淮南子·说山》曰,古人见窾木浮而知舟。《诗》曰:"就其深矣,方之舟之。"疏云:"《易》曰:'利涉大川,乘木舟虚。'注曰:'舟谓集板,如今船,空大木为之,曰虚。即古又名曰虚,总名皆曰舟。'"案,《诗》所谓"方",即《淮南子》所谓"方版",乃后世之筏,不足以当舟。"虚"则其所谓窬木,而亦即《易》所谓"刳木"也。舟之始,盖仅如此,能方版而为筏,技已稍精,知造舟则更进矣。既能浮木以渡水,则亦能驾木以为桥。《说文》"榷,水上横木,所以渡者"是也。其字亦作"杠"。《孟子》曰:"岁十一月,徒杠成,十二月,舆梁成。"梁与杠字并从木,盖亦架木为之。《尔雅》曰:"石杠谓之徛。"则后来更用石也。《尔雅》:"堤谓之梁。"注:"即桥也。或曰:'石绝水者为梁'。见《诗传》。"案,梁亦初用木,后用石也。郭注云:"聚石水中,以为步渡。"盖未能为桥时,又有此法。虽云简陋,然较之"山无蹊隧,泽无舟梁"之世,见《庄子·马蹄篇》。已迥

---

① 交通:舟桥之始。

不相侔矣。

车之兴，必有较平坦之道，故其时之文明程度必更高。《日知录》论骑射之始云："春秋之世，戎翟杂居中夏者，大抵皆在山谷之间，兵车之所不至。齐桓、晋文仅攘而却之，不能深入其地者，用车故也。中行穆子之败翟于大卤，得之毁车崇卒；而智伯欲伐仇犹，遗之大钟，以开其道，其不利于车可知，势不得不变而为骑。骑射，所以便山谷也。胡服，所以便骑射也。"此虽论军事，而交通从可见焉。后来夷狄之情形，即吾国古代之情形也。吾国文明，大启于河域之平原，故车之为用尤广。《考工记》曰："一器而工聚焉者，车为多。"可见古人之殚心于是矣。

《曲礼》曰："前有车骑，则载飞鸿。"疏云："古人不骑马，故但经记正典，无言骑者。今言骑者，当是周末时礼。"《左氏》昭公二十五年，"左师展将以公乘马而归"。疏曰："古者服牛乘马，马以驾车，不单骑也。至六国之时始有单骑，苏秦所云车千乘，骑万匹是也。《曲礼》云'前有车骑'者，《礼记》汉世书耳，经典无骑字也。炫谓此左师展将以公乘马而归，欲共公单骑而归，此骑马之渐也。"案，世无知以马驾车而不知骑乘之理，亦无久以马驾车而仍不知骑乘之理，古书不见乘马事，自如刘子玄议，以记庶民事少；兵有车而无骑，自如亭林言，以古华夏多居平地，与戎狄争不甚剧也。《日知录》云："《诗》云：'古公亶父，来朝走马。'马以驾车，不可言走，曰走者，单骑之称。"段玉裁《说文解字注》谓：赵游以其良马二，济其兄与叔父，即是单骑。《马部》骑下。则急遽之时，古固有跨马者。予案，载重亦宜于车，古贵族之行，载物必多，安能用骑？《史记·秦始皇本纪》：八年，"轻车重马，东就食"。疑即是舍车而骑。毛奇龄《经问》云："古书不记事始，今人但以书之所见，便为权舆，此最不通。《易》《书》《诗》无骑字，遂谓古人不骑马，骑是战国以后字，然则六经无'髭髯'字，将谓汉后人始生髭髯乎？"语虽谑，实中事理也。

古车亦有以人挽者，辇是也。《周官·乡师》云："大军旅会同，正治其徒役与其辈辇。"注云："辈，驾马，辇，人挽行，所以载任器也。止以为藩营。《司马法》曰夏后氏谓辇曰余车，殷曰胡奴车，周曰辎辇。辇，一斧、一斤、一凿、一梩、一锄，周辇加二版二筑。又曰夏后氏二十人而辇，殷十八人而辇，周十五人而辇。"案，《春官·巾车》，"王后之五路"有辇车。注云："为辁轮，人挽之而行。"疏："《说文解字》曰：有辐曰轮，无辐曰辁。"又服车五乘，士乘栈车，庶人乘役车。注但云"役车方箱,可载任器以共役",与栈车皆不言为人挽。而《诗》:"有芃者狐,率彼幽草。有栈之车,行彼周道。"毛传云:"栈车,役车也。"笺云:"狐草行草止,故以比栈车輂者。"一似栈车、役车,以皆人挽行者。盖役车既可驾马,又可人挽行;既可乘坐,亦可共役。而栈车、役车同为无饰,故二者又可通名也。《巾车》,王之五路:曰玉路,以祀。曰金路,以宾,同姓以封。曰象路,以朝,异姓以封。曰革路,以即戎,以封四卫。曰木路,以田,以封蕃国。王后之五路:曰重翟,曰厌翟,曰安车,曰翟车,曰辇车。服车五乘:孤乘夏篆,卿乘夏缦,大夫乘墨车,士乘栈车,庶人乘役车。注云,玉路以玉饰,金路以金饰,象路以象饰,革路鞔之以革,而漆之,无他饰,木路不鞔以革,漆之而已。重翟,重翟雉之羽也。厌翟,次其羽,使相迫也。安车,坐乘车。翟车,不重不厌,以翟饰车之侧尔。辇车,但漆之而已。夏篆,故书为夏缘。司农云,夏,赤也。缘,缘色。或曰:夏篆,篆读为圭瑑之瑑,夏篆,毂有约也。玄谓夏篆,五彩画毂约也,夏缦亦五彩画,无瑑,墨车不画,栈车不革,鞔而漆之。案,《考工记》云:"栈车欲弇,饰车欲侈。"注云:栈车欲弇,"为其无革鞔,不坚,易坼坏也"。饰车,"谓革鞔舆也"。疏云:云大夫以上者,则天子、诸侯之车以革鞔。但有异物之饰者,则得玉、金、象之名号,无名号者,直以革为称。木路亦以革鞔,但不漆饰,故以木为号。与《巾车》注不合。疏说当是。或其初但用木,后虽以革鞔,犹蒙木名也。栈车则仍用木。《巾车》疏引《唐传》云"庶人木车单马"是也。用木即是无饰,故《唐传》又云,古之帝王,必有命民,命然后得乘饰车、骈马。《考工记》引《殷传》亦云:"未命为士者,不得乘饰车。"《公羊》昭公二十五年解诂亦云"天子大路,诸侯路车,大夫大车,士饰车"也。驾数:《易》孟、京,《春秋公羊》说,天子驾六。《毛诗》说,天子至大夫同驾四,士驾二。《礼•王度记》曰,天子驾六,诸侯与卿同驾四,大夫驾三,士驾二,庶人驾一。说与《易》《春秋》同,见《五经异义》。《曲礼》云:"妇人不立乘。"故《巾车》注云:"凡妇人车,皆坐乘。"疏云,王后五路皆坐乘,独此得安车之名者,以此无异物之称,故独得安车之名也。又云《曲礼上》,大夫七十而致事,若不得谢,则必赐之几杖,乘安车,则男子坐乘,亦谓之安车也。《说文》:"辇,挽车也,从车㚘,㚘在车前,引之也。""㚘"训并行,盖二人挽之,亦或一推一挽。①《司马法》所言乃行军时制,寻常役车,固不必如是其大也。《论语•为政》:"子曰:'大车无輗,小车无軏,其何以行之哉?'"集解,包曰:"大车,牛车。"《考工记•辀人》注同。《车人》注曰:"平地载任之车。""小车,驷马车。"中央两马夹辕者名服,两边名骓,亦曰骖。《左氏》桓公三年疏云:"总举一乘,则谓之驷。指其骓马,则谓之骖。"则古车有服牛、乘马与以人挽,凡三种也。② 古丧车亦以人挽,《既夕礼》"属引"注曰:"属,犹着也,引,所以引柩车,在轴輴曰绋,古者人引柩。"疏云:"言古者人引,对汉以来不使人也。"

辇即《史记•夏本纪》"山行乘檋"之檋。《河渠书》作"山行即桥"。案,

---

① 交通:辇仅二人挽之。
② 交通:古丧车亦以人輓。

禹乘四载,①《史记·夏本纪》、《河渠书》、《汉书·沟洫志》、《吕览》、《慎势》。《淮南王书》、《齐俗》《修务》。《说文》、《史记》集解引《尸子》及徐广说所作字互异,其中陆行乘车,水行乘舟,或作"船"。无足疑。山行则樏与桥外,又作梮、欙、檋;泽行作毳、橇、蕝、輔、楯;而《吕览》及《淮南·修务》又云沙行乘鸠,《齐俗》作"肆"。肆疑误字。庄逵吉曰:"鸠、车声相转,然古别有一种车,名鸠,盖小车也。輔、辐、楯三字同类,橇、毳、蕝三字同类。《周礼》曰孤乘夏輔,又下棺车亦曰輔,古字无辐,楯乃以阑楯借用耳。"案,庄氏说是也。"梮"字见《玉篇》,云:"舆食器也,又土舉也。"雷浚《说文外编》云,土舉之字,《左传》作"挶"。襄公九年"陈畚挶",杜注:挶,土舉。《汉书·五行志》引作"輂"。应劭曰:"輂,所以舆土也。"《说文》:"輂,大车,驾马也。"欙、檋即一字,显而易见,亦即《孟子》"反藁梩而掩之"之藁。《滕文公上》。赵注云:"藁梩,笼锸之属,可以取土者也。"盖挶本取土之器,驾马则以輂名,而藁亦取土器,故輂又可名檋,而"輂"之音又转为"桥",则即后世之"轿"字。徐广曰:"樏,直辕车。"韦昭云:"梮,木器,如今舆床,人举以行。"盖其物在魏、晋时,尚可以人舁,可以驾马也。

有国中之道,有野鄙之道。国中之道,匠人职之。《考工记》云,国中九经九纬,经涂九轨,注:"轨谓辙广,乘车六尺六寸,旁加七寸,凡八尺,是为辙广,九轨积七十二尺。"环涂七轨。杜子春云:"环涂,谓环城之道。"野涂五轨。环涂以为诸侯经涂,野涂以为都经涂。盖极宽平坦荡。野鄙之道,则不能然。②《周官·遂人》云,遂上有径,沟上有畛,洫上有涂,浍上有道,川上有路,以达于畿。注云:"径容牛马,畛容大车,涂容乘车一轨,道容二轨,路容三轨。"其路,依盖田间水道。《月令》,季春,"命司空曰:时雨将降,下水上腾,循行国邑,周视原野,修利堤防,道达沟渎,开通道路,毋有障塞"。郑注云:"古者沟上有路。"此沟为遂、沟、洫、浍之总名,路亦径、畛、涂、道之总名也,此等路,即役人民修之。《国语·周语》,单襄公引《夏令》曰:"九月除道,十月成梁。"又曰:"其时儆曰:收而场功,偫而畚挶,营室之中,土功其始。火之初见,期于司里。"其技,自不如匠人等有专职者之精,又政令时或不举,故其宽平不如国中。《仪礼·既夕礼》:"商祝执功布,以御柩执披。"注云:"居柩车之前,若道有低仰、倾亏,则以布为抑扬左右之

---

① 交通:四载。
② 交通:野鄙之道不善。

节,使引者执披者知之。"《周官》丧祝"掌大丧劝防之事"。注云:"劝,犹倡率,前引者。防,谓执披备倾戏。"《曲礼》亦曰:"送葬不避涂潦。"此野鄙之道不尽平坦之证。《左氏》成公五年,梁山崩,晋侯以传召伯宗。伯宗辟重,曰辟传,重人曰:"待我,不如捷之速也。"《周官·野庐氏》:"凡道路之舟车擊互者,叙而行之。"此野鄙之道不尽宽广之证也。《曲礼》言岁凶则驰道不除,盖唯驰道为宽平,余则不免倾仄,三代时亦与秦汉同矣。古道路与沟洫相辅而行,即所谓阡陌。井田未废时,沟洫占地颇多,亦颇平直,与之相依之阡陌,亦必较宽且直可知。至阡陌开,则无复旧观矣。故路政之坏,亦与土地私有之制骈进者也。

古国小而为治纤悉,其路政自较后世为修饬。然其欲设险以慎固封守,亦较大一统时为甚。故其往来之际,阻碍颇多。后人读古书,不审当时字义,而以后世字义释之,则失其实矣。《周官》野庐氏,掌达国道路,至于四畿。合方氏,掌达天下之道路。量人,邦国之地与天下之途数,皆书而藏之。此皆所以利交通。司险,掌九州之图,以周知其山林川泽之阻,而达其道路。设国之五沟、五途而树之林,以为阻固,此则所以慎封守也。九州字义,广狭不同,已见第十章第二节及上节。所谓天下者,亦就其时交通所及言之耳。《月令》,孟冬,"命百官,谨盖藏。命司徒,循行积聚,无有不敛。坏城郭,戒门闾,修键闭,慎管籥,固封疆,备边境,完要塞,谨关梁,塞蹊径。"皆慎固封守之事。盖农耕之民,收获之后,最惧劫掠,故古即有"重门击柝"之事。见《易·系辞传》。后世政令,仍沿袭此意也。因列国之互相猜忌,于是往来之间,非有符节不能通,甚至国内亦然。符节之制,《周官》最详,以其为六国时书也。《地官·掌节》云:"山国用虎节,土国用人节,泽国用龙节……门关用符节,货贿用玺节,道路用旌节,皆有期以反节。"《秋官·小行人》无"货贿用玺节"句,而云"都鄙用管节"。虎节、人节、龙节,使臣所用;旌节、符节、管节,则人民所用也。郑注云:"门关,司门、司关也。货贿者,主通货贿之官,谓司市也。道路者,主治五途之官,谓乡遂大夫也。""都鄙,公之子弟及卿大夫采地之吏也。"又云:"凡民远出至于邦国,邦国之民,若来入,由门者,司门为之节;由关者,司关为之节;其商则司市为之节;其以征令及家徒,则乡遂大夫及为之节。……将送者,执此节以送行者,皆以道里日时课,如今邮行有程矣。"案,《秋官·行夫》云:"掌邦国传遽之小事,美恶而无礼者,凡其使也,必以旌节。"《掌交》云:"掌以节与币,巡邦国之诸侯,及其万民之所聚者。"此出使者之必以节也。《司关》云:"有外内之送令,则以节传出内之。"《环人》云:"掌送逆邦国之通宾客,以路节达诸四方。"《怀方氏》云:"掌来远方之民,致方贡致远物而送逆之,达之以节。"此来使者之必以节也。《大司徒》云,国有大故,令无节者不行于天下。《乡大夫》云,国有大故,则令民各守其间,以旌节辅令则达之。《司险》云:"国有故,则藩塞阻路而止行者,以其属守之。唯有节者达之。"大故,郑注曰:"谓王崩及寇兵也。"此有事时禁民往来也。《掌节》云:"凡通达于天下者,必有节以传辅之,无节者有几则不达。"此平时禁民往来也。此犹曰往来于列国之间也。《比长》云:"徙于国中及郊,则从而授之。若徙于他,则为之旌节而行之。若无授无节,则唯圜土内之。"注云:"或国中之民出徙郊,或郊民入徙国中,皆从而付所处之吏,明无罪恶。""徙于他,谓出居异乡也,授之者有节乃达。"此即《孟子》所谓"死徙无出乡"者。《诗·硕鼠》笺云:"古者三年大比,民或于是徙。"①其言亦当有所据,则虽一国之中,迁徙亦不自由矣。案,《管子·大匡》:"三十里置遽委焉,有司职之。……客与有司别契,至国八契。"八契,盖入契之误,此亦符节之类。《史记·楚世家》言齐王折楚符而合于秦,《张仪列传》言楚王使勇士至宋,借宋之符,北骂齐王。又言仪使其舍人冯喜之楚,借使之齐。乐毅《报燕惠王书》曰:"具符节,南使臣于赵。"苏代《遗燕昭王书》曰:"使之盟于周室,尽焚天下之秦符。"《魏策》,宋郭曰:"请焚天下之秦符者,臣也。次传焚符之约者,臣也。"皆列国往来无符节即不得通之证。**而关之讥察尤严,其极,遂至借以为暴。**关之始,盖专为讥察计,《王制》谓关执禁以讥,禁异服,察异言是也。其后因以征商,然讥察之法仍不废。《周官》有司门以主城门,司关以主界上之门,又有阍人以守王官之门,皆以讥诃为事。《左氏》昭公二十年,晏子言:"县鄙之人,入从其政,逼介之关,暴征其私。"注云:"边鄙,既入服政役,又为近关所征税相暴,夺其私物。"入服政役而犹有讥,正与《周官》虽有征令,犹须符节相合,知六国时自有此事,故作《周官》者,亦据以立言也。从而夺其私财,则盗贼不啻矣。宜乎《孟子·尽心下篇》谓"古之为关也,将以御暴;今之为关也,将以为暴"也。然《左氏》文公二年,以废六关为臧文仲三不仁之一,则古视设关讥察之制甚重矣。此以言其为阱于国中也。关之设,后虽或在国内,乃因国境开扩使然,其初则必在界上,故列国往来,所关尤巨。《史记·张仪列传》言,楚怀王听仪计,闭关绝约于齐。《战国·魏策》,宋郭曰:"欲使五国约闭秦关者,臣也。"是绝约必先闭关也。《魏策》又曰:"通韩之上党于共莫,使道已通,因而关之,出入者赋之,是魏重质韩以其上党也。共有其赋,足以富国,韩必德魏,爱魏,重魏,畏魏,韩必不敢反魏,韩是魏之县也。"则又可设关阻道以自利矣。《左氏》成公十二年,晋、楚盟辞曰:"道路无壅。"盖即指此等事言之,可见列国并立之世,交通之梗阻矣。宜乎汉有天下后,论者以通关梁、一符传为美谈矣。

古民间之往来不盛,故道途宿息,及既至后之馆舍,皆须官为措画。②《周官·野庐氏》:"比国郊及野之道路宿息井树。"《遗人》:"凡国野之道:十里有庐,庐有饮食。三十里有宿,宿有路室,路室有委。五十里有市,市有候馆,候馆有积。"《遗人职》云:"郊里之委积,以待宾客。野鄙之委积,以待羁旅。"《委人职》亦云:"以稍聚待宾客,以甸聚待羁旅。"《掌讶职》云:"若将有国宾客至,则戒官修委积。"又云:"及委则致积。"《怀方氏职》云:"治其委积、馆舍、饮食。"《管子·五辅》亦云:"修道途,便关市,慎

---

① 交通:古者三年大比,民或于是徙。

② 交通:古无逆旅。

将宿。"《觐礼》，天子有赐舍。《曾子问》曰："卿大夫之家曰私馆，公馆与公所为曰公馆。"其事也。《杂记》："公馆者，公宫与公所为也。私馆者，自卿大夫以下之家也。"《聘礼》又曰："卿馆于大夫，大夫馆于士，士馆于工商。"盖无特设之客舍，故各就其家馆之。《聘礼》："有司入陈。"注云："入宾所馆之庙，陈其积。"案，古庙寝同制，故可以舍客。民间往来，当亦如是。《史记·商君列传》，商君亡至关下，欲舍客舍。舍人不知其是商君也，曰："商君之法，舍人无验者坐之。"此客舍必是民家。若关下官所为舍，则本非有符节不能止宿矣。《左氏》僖公二年，晋人假道于虞曰："虢为不道，保于逆旅，以侵敝邑之南鄙。"此逆旅亦必是民家。若专以宿客为业，官自可加以封禁也。《史记·扁鹊列传》："少时为人舍长。舍客长桑君过，扁鹊独奇之。"索隐引刘氏云："守客馆之帅。"故号云舍长。此客馆似是专业，然此等似不多也。《商君书·垦令篇》："废逆旅，则奸伪、躁心、私交、疑农之民不行。逆旅之民，无所于食，则必农。农则草必垦矣。"当时之秦，未必有专营客馆者，盖亦民家以此牟利，故欲返诸农易也。

操舟之技，北不如南，内地又不如沿海。案，《左氏》僖公十三年，秦输粟于晋，自雍及绛相继，命之曰泛舟之役。《史记》亦云："以船漕车转，自雍相望至绛。"见第九章第三节。《战国·楚策》，张仪说楚王曰："秦西有巴蜀，方船积粟，起于汶山，循江而下，至郢三千余里。舫船载卒，一舫载五十人，与三月之粮，下水而浮，一日行三百余里，里数虽多，不费马汗之劳，不至十日，而距扞关。扞关惊，则从竟陵以东，尽城守矣。"似西北操舟之技，亦已甚优。然北人徒涉者甚多，可见其济渡尚乏。① 案，古济渡有二法：一以船自此岸渡至彼岸，《诗》所谓"谁谓河广，一苇杭之"者也。此法见于记载者甚少。二以舟自此岸接于彼岸，人马行其上。《尔雅》云："天子造舟，诸侯维舟，大夫方舟，士特舟，庶人乘泭。"《公羊》宣公十二年解诂同。《诗·大明》疏所谓"加板于上，即今之浮桥"者也。古人所以如此，盖缘其造桥之技颇拙。《孟子》言："岁十一月，徒杠成。十二月，舆梁成。"盖仅能于水小之时，架木为桥，水大即不免断绝，故不得不如此。然亦由其行舟之技尚拙，舟船较少故也。《诗》曰："子惠思我，褰裳涉溱。"《论语·宪问》曰："深则厉，浅则揭。"此皆所谓徒涉。《易·既济》："初九，曳其轮，濡其尾。"《孟子·离娄下》："子产听郑国之政，以其乘舆济人于溱、洧。"此则所谓以车载而渡之者。《论语·述而》："子曰：'暴虎冯河，死而无悔者，吾不与也。'"《礼记·檀弓》曰："死而不吊者三：畏，厌，溺。"《祭义》："一举足而不敢忘父母，是故道而不径，舟而不游。"《左氏》哀公十五年，芊尹盖谓吴太宰嚭曰："苟我寡君之命，达于君所，虽陨于深渊，则天命也，非君与涉人之过也。"《荀子·天论》曰："水行者表深，表不明则陷。"《大略》曰："水行者表深，使人无陷。"则古过涉灭顶者甚多，

---

① 交通：徒涉之多。

《易》所由取为大过之象也。《吕览·过理篇》言："(纣)截涉者胫而视其髓。"注曰："以其涉水能寒也，故视其髓，欲知其与人有异也。"此即《伪泰誓》"斫朝涉之胫"语所本。《战国策·齐策》云："有老人涉菑而寒，出不能行，坐于沙中。"正因战国时徒涉者甚多，乃以是附会纣之恶耳。巴蜀之文明，多受之于楚，其长于操舟，未始非东南人之教也。中国与海外之交通，自汉以后乃有可征，然燕、齐之民，当先秦之世，散布于辽东西者已甚众。《史记·封禅书》言，齐威、宣，燕昭王，即使人入海求蓬莱、方丈、瀛州，此三山，据近人所考证，实为今之日本。见冯承钧译《中国史乘中未详诸国考证》，商务印书馆本。然则先秦之世，燕、齐之人，航渤海者已盛，故能有此传闻，其散布辽东西，未必非浮海而往矣。然北方诸国，未闻有用舟师者，至南方，则吴徐承率舟师欲自海入齐。①《左氏》哀公十年。越王句践亦命范蠡、后庸率师沿海溯淮，以绝吴路。《国语·吴语》。而吴、楚水战之事，尤不可一二数。入郢之役，楚所以大败者，亦以吴忽舍舟而陆，猝不及防也。海外黑齿等国之见知，必南方航海者所传述也。《禹贡》九州贡路皆有水道。于扬州云，"沿于江、海，达于淮、泗"，此正吴徐承、越范蠡、后庸所由之路，此亦见《禹贡》为战国时书。知沿岸航行，南人久习为故常矣。而东南沟渠之贯通，尤足为其长于舟楫之证。《史记·河渠书》云："荥阳下引河东南为鸿沟，以通宋、郑、陈、蔡、曹、卫，与济、汝、淮、泗会。于楚，西方则通渠汉水、云梦之野，东方则通鸿沟江、淮之间。于吴，则通渠三江、五湖。于齐，则通菑、济之间。于蜀，蜀守冰，凿离碓，避沫水之害，穿二江成都之中。此渠皆可行舟，有余则用溉浸，百姓飨其利。"《左氏》哀公九年："吴城邗，沟通江、淮。"《吴语》：夫差"起师北征，阙为深沟，通于商、鲁之间。北属之沂，西属之济，以会晋公午于黄池"。亦见《吴越春秋·夫差内传》。"北属之沂"，误作"北属蕲"。案，越乱既闻，王孙洛曰："齐、宋、徐夷……将夹沟而廯我。"夫差既退于黄池，又使王孙苟告劳于周，曰："余沿江溯淮，阙沟深水，出于商、鲁之间，以彻于兄弟之国。"可见当时水道所通甚远。苟，《吴越春秋》作"骆"，当即《国语》上文之王孙洛，"苟"乃误字也。盖自江至河，水道几于纵横交贯矣。果谁所为不可知，古水利修治，沟渠到处皆是，连属之而为可以通舟之漕渠，初不难也。而其较大之工程，明见记载者，为徐偃王、吴夫差。徐偃王事，见第八章第八节。可知舟楫之技，东方长于西方，东南尤长于东北也。此已开后世恃江河为大动脉之先声矣。

交通、通信，论者多并为一谈，其实当分为二事。通信者，所以使人之

---

① 交通：南方先用舟师。

意,离乎其身而行者也。通信之最早者为驿传,其初盖亦以便人行,后因其节级运送,人畜不劳,而其至可速,乃因之以传命。《说文》传、遽互训,而《管子·大匡》言三十里置遽委,有司职之,若宿者,令人养其马,食其委,是其征也。《吴语》言徒遽曰至,则传命者不必皆车骑。《周官·行夫》:"掌邦国传遽之小事……虽道有难而不时,必达。"则用车骑者,亦不必尽由求速也。用以通信,时名曰邮,邮之义为过,《王制》"邮罚丽于事"郑注。盖过而不留之义,故孔子云:"德之流行,速于置邮而传命。"《孟子·公孙丑上》。而《说文》及《汉书》注,《平帝纪》《淮南厉王》《薛宣》《京房传》《五行志》。皆以邮为行书舍也。驿有车有骑。《说文》:"驿,置骑也。"《吕览·士节》高注:"驲,传车也。"《尔雅·释言》舍人注:"驲,尊者之传也。"则驲为传车,尊者所乘。① 《左氏》所载楚子乘驲,会师于临品,文公十六年。《国语》所载晋侯乘驲,会秦于王城等事,《晋语》。并是乘车。顾亭林《日知录》指为事急不暇乘车,或是单乘驿马,则误矣。《左氏》定公十三年,郑意兹言:"锐师伐河内,传必数日而后及绛。"自河内至绛仅数日,较之师行日三十里,吉行日五十里者,不可同日语矣。皆节级传递之功也。

自有邮政,而人之意可离其身而行;自有电报,而人之言之行,乃速于其身之行。古无电讯,言之行不能速于身之行也,于是有烽燧置鼓,用人之耳目,以传机速之事焉。《史记·周本纪》言周幽王为烽燧大鼓,有寇至则举烽火是也。② 《周本纪》云:"幽王为烽燧大鼓,有寇至,则举烽火。"正义云:"昼日燃烽以望火烟,夜举燧以望火光也。烽,土橧也。燧,炬火也。皆山上安之,有寇举之。"《吕览·疑似》云:为高堡,置鼓其上,远近相闻,即戒寇至,传鼓相告。此法至后世犹用之,即今亦未能尽废也。

---

① 交通:驲为车。
② 交通:烽燧大鼓。

第十四章 政治制度

第一节 封 建

中国以统一之早,豪于世界,然秦始皇之灭六国,事在民国纪元前二千一百三十二年,亦不过余二千年耳。自此上推,迄于史事略有可知之时,其年岁必不止此。则中国之历史,犹是分立之时长,统一之时短也。分立之世,谓之封建,统一之时,号称郡县,为治史者习用之名。然以封建二字,该括郡县以前之世,于义实有未安。何则?封者裂土之谓,建者树立之义,必能替彼旧酋,改树我之同姓、外戚、功臣、故旧,然后封建二字,可谓名称其实,否即难免名实不符之诮矣。故封建以前,实当更立一部族之世之名,然后于义为允也。"部落曰部,氏族曰族",见《辽史·营卫志》。

部族之世,事迹已鲜可征,然昔人想象之辞,亦有不尽诬者。《吕览》曰,凡人之性,爪牙不足以自守卫,肌肤不足以捍寒暑,筋骨不足以从利避害,勇敢不足以却猛禁悍,然且犹裁万物,制禽兽,寒暑燥湿弗能害,不唯先有其备而以群聚邪?群之可聚也,相与利之也。利之出于群也,君道立也。自上世以来,天下亡国多矣,而君道不废者,天下之利也。四方之无君者,其民少者使长,长者畏壮;有力者贤,暴傲者尊;日夜相残,无时休息,以尽其类。圣人深见此患也,故为天下长虑,莫如置天子也;为一国长虑,莫如置君也。① 《恃君览》。《墨子》曰:"夫明乎天下之所以乱者生于无政长,是故选天下之贤可者,立以为天子。天子立,以其力为未足,又选择天下之贤可者,置立之以为三公。天子三公既已立,以天下为博大,远国异土之民,是非利害之辩,不可一二而明知,故画分万国,立诸侯国君。诸侯国君既已立,以其力为未足,又选择其国之贤可者,置立之以为正长。"《尚同上》。由《吕览》之说,则自下而上;由《墨子》之说,则自上而下。二者皆有真理存乎其间。盖古之民,或氏族而居,或部落而处,彼此之间,皆不能无关系。有关系,则必就其有才德者而听命焉。又或一部族人口独多,财力独裕,兵力独强,他部族或当空无之时,资其救恤;或有大役之际,听其指挥;又或为其

---

① 政体:《恃君览》言立君之理,《尚同》立天子之理。

所慑。于是诸部族相率听命于一部族,而此一部族者,遂得遣其同姓、外戚、功臣、故旧,居于诸部族之上而监督之,亦或替其旧酋而为之代。又或开拓新地,使其同姓、外戚、功臣、故旧分处之。此等新建之部族,与其所自出之部族,其关系自仍不绝。如此,即自部族之世,渐入于封建之世矣。先封建之世,情形大略如此。

封建之制,盖亦尝数变矣。其有传于后而较完整者,盖唯儒家之说。儒家之说,又分今古文两派。孰非孰是,向为经生争辩之端。其实二者皆拟议之辞,非史实也。今先略述二家之说,然后考其说之所由来。儒家之说既明,而封建之世之情形,亦略可睹矣。

《礼记·王制》曰:"王者之制禄爵:公、侯、伯、子、男,凡五等,诸侯之上大夫卿,《白虎通》引无"卿"字,又云:"诸侯所以无公爵者,下天子也。"则上大夫即卿可知。下大夫、上士、中士、下士,凡五等。天子之田方千里,公侯田方百里,伯七十里,子、男五十里,不能五十里者,不合于天子,附于诸侯,曰附庸。天子之三公之田视公、侯,天子之卿视伯,天子之大夫视子、男,天子之元士视附庸。制农田百亩,百亩之分,上农夫食九人,其次食八人,其次食七人,其次食六人,下农夫食五人。庶人在官者,其禄以是为差也。诸侯之下士视上农夫,禄足以代其耕也。中士倍下士,上士倍中士,下大夫倍上士。卿四大夫禄,君十卿禄。次国之卿三大夫禄,君十卿禄。小国之卿倍大夫禄,君十卿禄。"《孟子·万章下》答北宫锜问周室之班爵禄略同。《孟子》云"天子一位,公一位,侯一位,伯一位,子、男同一位,凡五等",与《王制》公、侯、伯、子、男凡五等异。其云"君一位,卿一位,大夫一位,上士一位,中士一位,下士一位,凡六等",则与《王制》似异实同。又云"下士与庶人在官者同禄",亦与《王制》小异。《白虎通》引《含文嘉》,亦以为周制。云:"殷爵三等。"合子、男从伯,或曰合从子。地三等不变。《含文嘉》又云夏爵亦三等,见《王制》疏。郑注《王制》则云:"此地殷所因夏爵三等之制也。殷有鬼侯、梅伯,《春秋》变周之文,从殷之质,合伯、子、男以为一,则殷爵三等者,公、侯、伯也,异畿内谓之子。周武王初定天下,更立五等之爵,增以子、男,而犹因殷之地,以九州之界尚狭也。周公摄政,致太平,斥大九州之界,制礼成武王之意。封王者之后为公,及有功之诸侯,大者地方五百里。其次侯,四百里。其次伯,三百里。其次子,二百里。其次男,百里。所因殷之诸侯,亦以功黜陟之。其不合者,皆益之地为百里焉。是以周世有爵尊而国小,爵卑而国大者。唯天子畿内不增,以禄群臣,不主为治民。"案,《周官·

大司徒》云："诸公之地,封疆方五百里,其食者半。诸侯之地,封疆方四百里,其食者三之一。诸伯之地,封疆方三百里,其食者三之一。诸子之地,封疆方二百里,其食者四之一。诸男之地,封疆方百里,其食者四之一。"郑氏偏据《周官》,遇礼制与《周官》不合者,辄挤为夏、殷制,实皆无稽之谈也。

无论《周官》《王制》,皆属学者拟议之辞,本非古代史实。然拟议之说,亦必有其所由。《穀梁》曰："古者天子封诸侯,其地足以容其民,其民足以满城以自守也。"襄公二十九年。此以人口之众寡言之。《孟子》曰："天子之地方千里,不千里,不足以待诸侯;诸侯之地方百里,不百里,不足以守宗庙之典籍。"《告子下》。此以财用之多少言之。足见封地之大小,实视事势而定,非可任意为之也。《易·讼卦》九二："不克讼,归而逋,其邑人三百户,无眚。"疏:"此小国下大夫之制。《周礼·小司徒》,方十里为成,九百夫之地。沟渠、城郭、道路,三分去一,余六百夫。又以田有不易、一易、再易,定受田三百家。"此即《左氏》所谓夏少康有田一成,哀公元年。亦即《论语》所谓"夺伯氏骈邑三百"者。《宪问》。在春秋时为下大夫之封,在古则为成国矣。《吕览》谓"海上有十里之诸侯",《慎势》。盖指此。此封建之最早者也。稍进则为今文家所言之制。古之居民,实以百里为一区。已见第十一章第三节。其不及此者,则《孟子》所谓"今滕绝长补短,将五十里"者也。《滕文公上》。过于此者,则《明堂位》谓成王封周公于曲阜,地方七百里;《史记·汉兴以来诸侯王年表》谓周封伯禽、康叔于鲁、卫,地各四百里;太公于齐,兼五侯地。此为《周官》上公之封。《孟子》曰："周公之封于鲁,为方百里也,地非不足,而俭于百里。""今鲁方百里者五。"《告子下》。《明堂位》《史记》盖皆据后来封域言之,在周初尚无此等国,故今文家所拟制度,大国犹仅百里;春秋以来,此等国渐多,作《周官》者,遂增公、侯之封,至于四五百里,而以百里为男国也。更大于此者,则《孟子》所谓"海内之地,方千里者九,齐集有其一",《梁惠王上》。子产所谓大国地多数圻。《左氏》襄公二十五年。此等大国,从无受封于人者,故作《周官》者亦不之及也。公、侯、伯、子、男,皆为美称,见《白虎通义·爵篇》。语其实则皆曰君。故《曲礼》谓"九州之长,入天子之国曰牧……于外曰侯,于其国曰君"也。公、侯、伯、子、男,虽为美称,然古确亦以是为进退。①《史记·卫康叔世家》自贞伯以上皆称伯。顷、釐两世称侯。武公平戎有功,平王命之,自此称公。成侯复贬号为侯。及子平侯皆称侯。嗣君贬号曰君。以下四世,又皆称君,皆从其实书之,必国

---

① 政体:公侯……皆美称,然确亦以是为进退。

史原文也。君其实,称君则无复夸饰。《赵世家》,五国相王,武灵王独不肯,曰无其实,敢有其名乎?令国人谓己曰"君"。谦,不欲妄有美称也。牧与伯即一物,自其受职于天子言之曰牧,自其长一州言之曰伯,故《王制》言"八州八伯",而《曲礼》言州长曰牧。王者天下所归往,伯则诸侯之长。凡并时尊无与敌者,则谓之王。受命于王,以监察一方者,则谓之伯。然所谓王者,非真普天之下,尊无二上,亦就一区域之内言之。故春秋时吴、楚等国皆称王,以其所王之区,本非周室号令所及也。参看第九章第二节楚熊渠、熊通事。徐偃王亦称王。《穀梁》哀公十三年,与吴辞尊称而居卑称,以令乎诸侯,以尊天子,即谓去王而称子也。然此特在中国,在江东未必如是。越之亡也,《史记》言其诸族子或为王,或为君,滨于江南海上,服朝于楚。为王而仍可服朝于人,即因其各居一区也。伯之始,似系就一区之内,分为九州,中由天子自治,是为县内,其外更分为八区,各委一人治之。尧、舜时封域,实不过今山东一隅,其时已有九州之制。已见第十章第二节。故《尚书大传》即有所谓"八伯"。见第七章第四节。其后疆域式廓,而此制不废,则其所治者,侔于《禹贡》之一州矣。召康公命齐太公,见《左氏》僖公四年。周命楚成王、见第九章第二节。秦穆公见第九章第四节。皆如此。此即《王制》所谓"八州八伯",亦即《曲礼》所谓"九州之长"者。又周初声教所及既广,天子一人治理难及,于是有周、召分陕之制,见《公羊》隐公五年。后拟制者亦沿之,则《王制》所谓"分天下以为左右曰二伯",《曲礼》所谓"五官之长曰伯是职方"者也。《史记·五帝本纪》言黄帝"置左右大监,监于万国",疑亦附会此制以立说。《王制》又曰:"天子使其大夫为三监,监于方伯之国,国三人。"此则依附周初使管叔、蔡叔、霍叔监殷之事者也。周、召二公,世为王室卿士,二伯分陕之制,可谓仍存,特不克举其职耳。五霸迭兴,亦即九州之长之职,特其会盟征伐,所揽而及者更广;而秦始皇分天下为三十六郡,郡置守、尉、监,亦即三监之制;盖当时自有此法,故儒家之拟制者,亦以是为言也。李斯为荀卿弟子,此制或即原于儒家之说,亦未可知。战国之世,所谓七雄者,地小者与王畿侔,大者则又过之,实即春秋以前之王,故各国后皆称王。此时列国之封其臣,小者称君,如孟尝君、望诸君是也。大者亦称侯,如穰侯、文信侯是也。则临其上者,非更有他称不可。其时之人所拟之称号为帝,故齐、秦尝并称东西帝,秦围邯郸时,魏又欲尊秦为帝。始皇并六国后,令丞相御史议更名号,博士初上尊号为泰皇,始皇命去泰著皇,采上古帝位号,号曰皇帝,名为法古,实亦顺时俗所习闻也。

巡守朝贡之制,其为虚拟而非事实,亦与制禄爵之说同。《王制》云,诸侯之于天子也,比年一小聘,三年一大聘,五年一朝。天子五年一巡守。岁二月东巡守,至于岱宗。五月南巡守,至于南岳。八月西巡守,至于西岳。十有一月北巡守,至于北岳。《周官·大行人》则云,侯服,岁一见,其贡祀物。甸服,二岁一见,其贡嫔物。男服,三岁一见,其贡器物。采服,四岁一见,其贡服物。卫服,五岁一见,其贡材物。要服,六岁一见,其贡货物。九州之外,谓之蕃服,世一见,各以其所贵宝为挚。王之所以抚邦国诸侯者:岁遍存。三岁遍频。五岁遍省。七岁属象胥,谕言语,协辞命。九岁属瞽史,谕书名,听声音。十有一岁,达瑞节,同度量,成牢礼,同数器,修法则。十有二岁,王巡守殷国。案,晏子说巡守之礼曰:"春省耕而补不足,秋省敛而助不给。"《孟子·梁惠王下》。与《周官》《王制》所说主为治诸侯者,绝不相同。《王制》云:"山川神祇,有不举者为不敬,不敬者,君削以地。宗庙有不顺者为不孝,不孝者,君绌以爵。变礼易乐者为不从,不从者,君流。革制度衣服者为叛,叛者,君讨。有功德于民者,加地进律。"《孟子·告子下篇》曰:"入其疆,土地辟,田野治,养老尊贤,俊杰在位,则有庆,庆以地。入其疆,土地荒芜,遗老失贤,掊克在位,则有让。"此皆三公黜陟之事。《白虎通义·巡狩篇》曰:"天道时有所生,岁有所成。三岁一闰,天道小备,五岁再闰,天道大备,故五年一巡狩。三年小备,二伯出述职黜陟。一年物有终始,岁有所成,方伯行国。时有所生,诸侯行邑。"夫省耕省敛,则所谓时有所生者也。齐景公问于晏子曰:"吾欲观于转附、朝舞,遵海而南,放于琅玡,吾何修而可以比于先王观也?"《孟子·梁惠王下》。自营丘至于琅玡,则所谓方伯行国者也,二伯出述职黜陟,即周、召分陕之事,犹之蒙古宪宗命世祖治漠南,阿里不哥治漠北耳。设使周王是时,犹能亲历所属,安用是纷纷为?然则所谓巡守者,邦畿之大,不过齐之先君犹能行之,过此以往,则不可知矣。安得如《尧典》所云,一岁之中,驱驰万里乎?《王制》所言巡守之法,皆本《尧典》,即《尧典》之传也。《书》疏云:"郑玄以为每岳礼毕而归,仲月乃复更去……计程不得周遍,此事不必然也。"然果以东岳为泰山,西岳为华山,南岳为衡山,北岳为恒山,即不归而径往,又安得周遍乎?作《周官》者,亦知其事之不可行,故改为十二岁一巡守。然如《尧典》之所说,虽十二岁一举,亦岂能行?《左氏》庄公二十一年,"王巡虢守",近畿之国,虽东周后,亦未尝不可举行巡守之典也。即如《周官》所说属象胥、属瞽史等,亦千里之内,犹或难之,况欲行之方数千里之广邪?

《左氏》昭公三年,子大叔曰,昔文、襄之霸也,令诸侯三岁而聘,五岁而朝。昭公十三年,叔向曰:"明王之制,使诸侯岁聘以志业,间朝以讲礼,注:"三年而一朝。"再朝而会以示威,注:"六年而一会。"再会而盟以显昭明。"注:"十二年而一盟。"其说与《周官》《王制》相出入。叔向所云"明王之制",义疏引崔氏,以为朝霸主之法,盖是。春秋时,鲁数朝于晋,又尝朝于楚,驰驱皆在数千里外,然则《周官》《王制》所云,其为按春秋、战国时事立说无疑也。是时大国之诛求于小国者甚酷。如《左氏》襄公二十九年,女叔侯谓鲁之于晋,"职贡不乏,玩好时至,公卿大夫相继于朝,史不绝书,府无虚月"是也。八年,公如晋朝,以听朝聘之数。是岁,五月,会于邢,以命朝聘之数。然则朝聘之疏数,亦大国制之,无定法也。① 贡赋之数,本大国多,小国少。《左氏》昭公十三年,子产争承曰:"昔天子班贡,轻重以列。列尊贡重,周之制也。卑而贡重者,甸服也。郑伯,男也,而使从公侯之贡,惧弗给也。"是其事也。襄公二十七年,弭兵之会,季武子使谓叔孙,以公命,曰:"视邾、滕。"既而齐人请邾,宋人请滕,皆不与盟。② 叔孙曰:"邾、滕,人之私也,我列国也,何故视之?宋、卫,吾匹也。"乃盟。邾、滕之不与盟,即所谓附庸也。此等附庸,仍助大国供赋役。襄公四年,公如晋听政,请属鄫。晋侯不许。孟献子曰:"鄫无赋于司马,为执事朝夕之命敝邑,敝邑褊小,阙而为罪,寡君是以愿借助焉。"定公元年,城成周。宋仲几不受功,曰:"滕、薛、郳,吾役也。"是其事也。又贡于大国多,贡于小国少。哀公十三年,黄池之会,吴人将以公见晋侯。子服景伯曰:"王合诸侯,则伯率侯牧以见于王;伯合诸侯,则侯率子男以见于伯,自王以下,朝聘玉帛不同,故敝邑之职贡于吴,有丰于晋,无不及焉,以为伯也。今诸侯会,而君将以寡君见晋君,则晋成为伯矣,敝邑将改职贡。"是其事也。《周官·司徒》,其食者几,郑注云:"足其国礼俗、丧纪、祭祀之用,乃贡其余,若今度支经用,余为司农谷矣。"《月令》,季秋,"合诸侯,制百县,为来岁受朔日,与诸侯所税于民轻重之法,贡职之数,以远近土地所宜为度,以给郊庙之事,无有所私"。季冬,"乃命太史,次诸侯之列,赋之牺牲,以共皇天上帝社稷之飨。乃命同姓之邦,共寝庙之刍豢。命宰历卿大夫,至于庶民土田之数,而赋牺牲,以共山林名川之祀"。盖亦行于畿内之法,而后推之远国者也。《左氏》襄公二十二年:"臧武仲如晋,雨,过御叔。御叔在其邑,将饮酒,曰:'焉用圣人?我将饮酒而已,雨行,何以圣为?'穆叔闻之,曰:'不可使也,而傲使人,国之蠹也。'令倍其赋。"注云:"古者家其国邑,故以重赋为罚。"疏云:"言以国邑为己之家,有贡于公者,是减己而贡之,故以重赋为罚。"③ 大国之诛求于小国,犹国君之诛求于大夫也。

古有所谓"兴灭国,继绝世"者,《书传》以为美谈,实则贵族之互相回护而已。兴灭国,继绝世,说见《尚书大传》,曰:"古者诸侯始受封,则有采地:百里诸侯以三十里,七十里诸侯以二十里,五十里诸侯以十五里。其后子孙虽有罪黜,其采地不黜,使其子孙之贤者守之,世世,以祠其始受封之人。此之谓兴灭国,继绝世。"案,东周之亡也,秦尽入其国,而不绝其祀,以阳人赐周君,奉其祭祀,此即《书传》所谓"兴灭国,继绝世"者。而如《乐记》述

---

① 封建:贡,大国多,小国少。
② 封建:齐人请邾,宋人请滕,即附庸仍助大国供赋役。
③ 封建:赋于邑。

《牧野之语》,谓武王既克殷,返商,未及下车,而封黄帝之后于蓟,封帝尧之后于祝,帝舜之后于陈;下车而封夏后氏之后于杞,投殷之后于宋;《五经异义》:《公羊》说,存二王之后,以通三统。古《春秋左氏》说,封夏、殷二王之后,以为上公;封黄帝、尧、舜之后,谓之三恪。通三统之说,见于隐公三年,《公羊》解诂云,使统其正朔,服其服色,行其礼乐,盖儒家谓三王之道若循环,终而复始,故必存二代之法,以备本朝之治既敝而取资焉,此乃儒家之说。三恪之名,见于《左氏》襄公二十五年,然僖公二十四年、昭公二十五年,皆云宋于周为客,则并非专指黄帝、尧、舜之后,亦不必专指夏、殷。盖尊礼先代之后,古确有其事,儒家乃因之以立通三统之义也。此亦犹契丹太祖尊遥辇于御营,亦贵族之互相回护而已。后世于此等事,率美而偶之,然于民何与焉?则尤其大焉者。盖古贵族皆恃封土以为食,而古人迷信"鬼犹求食",亦与生人同。《左氏》宣公四年。失其封土,则生无以为养,死不能尽葬祭之礼,故古人以为大戚。纪季之以酅入齐也,曰:"请复五庙,以存姑姊妹。"即此义也。见《公羊》庄公三年。东周时国,往往有灭而复见者,则古人能行此者盖甚多。然有国有家者之所以争,以其利也,利其土地人民而争之,而复与之以采地,又何以充不夺不餍之欲乎?此先王之后所以卒绝,而封建之所以终变为郡县也。"寓公不继世"亦此义。

《王制》曰:"天子之县内诸侯,禄也。外诸侯,嗣也。"以制爵禄之道言之,内诸侯与外诸侯绝无以异,所异者,世与不世而已。变封建为郡县,无他,即变外诸侯为内诸侯而已。何以言之?案,古之居民,最小者曰聚,大曰邑,又大曰都。① 何以知聚最小,邑较大,都更大?以《史记》言舜所居一年成聚,二年成邑,三年成都,《五帝本纪》。《左氏》言"邑有宗庙先君之主曰都,无曰邑"也。庄公二十八年,都、邑等时亦通称,不可泥。合若干都与邑而统属之,则曰国。其君不世继者则为县。何以知县与国是一?以古书多记灭国为县者。其不记其兴灭建置者,县名亦率多旧国名,可推想其灭国而为县也。《左氏》昭公二十八年,晋分祁氏之田以为七县,羊舌氏之田以为三县。五年,薳启疆言:"韩赋七邑皆成县。"又言:"因其十家九县,长毂九百,其余四十县,遗守四千。"此卿大夫之采地,浸盛而成为县者也。《史记·商君列传》言商君治秦,集小都乡邑聚为县,此则国家新设之县,君之者不复世袭者也。楚县尹称公,楚称王,其所封之大国固得称公也。然既谓之县尹,则必不复世袭,此即内诸侯禄之制。县为居民之区。已见第十一章第三节。郡则为军事而设。姚氏鼐曰:"郡之称,盖始于秦、晋。以所得戎翟地远,使人守之,为戎翟民君长,故

---

① 实业:聚小于邑,邑小于都。

名曰郡。如所云阴地之命大夫，案，见《左氏》哀公四年。盖即郡守之谓也。"赵简子之誓曰：上大夫受县，下大夫受郡。见哀公二年。郡远而县近，县成聚富庶而郡荒陋，故以美恶异等。愚案，《周书·作洛》云"千里百县，县有四郡"，则亦有大小之异。《晋语》，夷吾谓公子絷曰："君实有郡县。"言晋地属秦，异于秦之近县，非云郡与县相统属也。及三卿分范、中行、智氏之县，其县与己故县隔绝，分人以守，略同昔者使人守远地之体，故率以郡名，然而郡乃大矣，所统有属县矣。愚案《史记》，甘茂谓秦王曰："宜阳，大县也，上党、南阳，积之久矣。名曰县，其实郡也。"春申君言于楚王曰："淮北地边齐，其事急，请以为郡便。"因并献淮北十二县，请封于江东。皆见本传。此皆郡之军备优于县之证。楚有巫、黔中，赵有云中、雁门、代郡，燕有上谷、渔阳、右北平、辽西、辽东，魏有河西、上郡，皆所以控扼戎翟。参看第十章第一节。宜阳、淮北，则所以捍御敌国。吴起为魏文侯守西河，晋文公问原守于寺人勃鞮，见《左氏》僖公二十五年。即其类。然则郡县之兴久矣。东周之世，诸大国中所包之郡县，固不少矣。秦始皇灭六国，以其异国初服，不可无以控制之，乃皆裂其地以为郡，使信臣精卒，陈利兵而谁何焉，然非创制也。始皇之所异者，深鉴天下苦战斗不休，以有侯王，复立国，是树兵，故身有海内，而子弟为匹夫。谓其行郡县，不如谓其废封建之为当也。

第二节　官　　制

古代官制，今古文说亦不同。《王制》云："天子三公、九卿、二十七大夫、八十一元士。"《五经异义》，今《尚书》欧阳、夏侯说同。《尚书大传》云："每一公，三卿佐之。每一卿，三大夫佐之。每一大夫，三元士佐之。"《白虎通义》同。公、卿、大夫、元士凡百二十。《通义》云："下应十二子。"《春秋繁露·爵国篇》益以二百四十三下士，凡三百六十三，近乎一岁之日数。此即《尚书·洪范》所谓"王省唯岁，卿士唯月，师尹唯日"者也。其官：则三公：一曰司徒，二曰司马，三曰司空。《异义》。《韩诗外传》云："司马主天，司空主土，司徒主人。"九卿经传皆无说。《荀子·王制》序官，所举官名凡十三：曰宰爵，曰司徒，曰司马，曰太师，曰司空，曰治田，曰虞师，曰乡师，曰工师，曰伛巫跛击,曰治市,曰司寇,曰冢宰。除冢宰、司徒、司马、司空外,凡九官,或曰即九卿也。此今文说也。

古《周礼》说,亦见《异义》。曰:"天子立三公:曰太师、太傅、太保。无官属,与王同职。故曰'坐而论道,谓之三公'。又立三少以为之副,曰少师、少傅、少保,是为三孤。冢宰、司徒、宗伯、司马、司寇、司空,是为六卿。之<small>同其</small>属,大夫、士、庶人在官者,凡万二千。"《伪古文尚书·周官篇》本之。《周官》无师、傅、保之名,然朝士建外朝之法,"左九棘,孤、卿、大夫位焉。……面三槐,三公位焉"。他官职文,涉及公孤者尚众。<small>宰夫、司服、典命、巾车、司常、射人、司士、太仆、弁师、小司寇等</small>。则谓《古文尚书》之《周官篇》为伪物可,谓其伪而又误,固不可也。此古文说也。

今古文异说,每为经生聚讼之端,实则其说亦各有所据。①《礼记·文王世子》曰:"《记》曰:虞、夏、商、周,有师、保,有疑、丞,设四辅及三公。"《书传》曰:"古者天子必有四邻:前曰疑,后曰丞,左曰辅,右曰弼。"《文王世子》引旧《记》,系三言韵语,故于四辅三公之名,皆仅举其二。或指此篇为古文,谓其说不与今文相中,非也。不特此也,《大戴记·保傅》曰:"昔者周成王幼,在襁褓之中,召公为太保,周公为太傅,太公为太师。保,保其身体;傅,傅之德义;师,导之教训,此三公之职也。于是为置三少,皆上大夫也,曰少保、少傅、少师,是与太子宴者也。"案,《保傅》亦见《贾子书》。此"太子"作"天子",是也。与古《周礼》说合,《戴礼》亦今文说也。又曰:"明堂之位曰笃仁而好学,多闻而道慎,天子疑则问,应而不穷者,谓之道。道者,导天下以道者也。常立于前,是周公也。诚立而敢断,辅善而相义者,谓之充。<small>《贾子》作"辅"</small>。充者,充天子之志者也。<small>志,《贾子》作"意"</small>。常立于左,是太公也。洁廉而切直,匡过而谏邪者,谓之弼。弼者,拂天子之过者也。常立于右,是召公也。博闻而强记,接给而善对者,谓之承。承者,承天子之遗忘者也。常立于后,是史佚也。"亦即《书传》之"疑、丞、辅、弼"。则谓今文无师、傅、保之官者必非矣。然则今古之说,又何别乎?曰:有太学之三老焉。有治朝政之三官焉。太师、太傅、太保,太学中之三老也。②司徒、司马、司空,治朝

---

① 职官:三公与三师 { 《文王世子》四辅不异书传,亦见《大戴》。
古文三公三孤见《戴礼》,亦与今文不背。

② 职官:三师之如仆御。

政之三官也。公乃爵之最高者，本不限于三人。治朝政之三官，盖自古即称三公。太学中之三老，其初虽为天子私昵，其后体制渐尊，故亦称为公。然究为天子私人，言国政者并不之及，故《周官》虽有公孤之名而无其职。而汉儒治古文者，乃将其与理政之官并为一谈，此武帝所以讥《周官》渎乱不验也。何以知师、傅、保为太学中之三老也？案，《保傅篇》又曰："《学礼》曰：'帝入东学，上亲而贵仁，则亲疏有序，如恩相及矣。帝入南学，上齿而贵信，则长幼有差，如民不诬矣。帝入西学，上贤而贵德，则圣智在位，而功不匮矣。帝入北学，上贵而尊爵，则贵贱有等，而下不逾矣。帝入太学，承师问道，退习而端于太傅，太傅罚其不则，而达其不及，则德智长而理道得矣。'"东南西北四学，盖疑_南。丞_北。辅_东。弼_西。所在，太学则师、傅、保所在，合三公四辅凡七人，故《孝经》言，"天子有争臣七人，虽无道不失其天下"也。《戴记》所言，为王居明堂之礼，《礼记·礼运》亦然。《礼运》曰："三公在朝，三老在学。王前巫而后史，卜筮、瞽侑皆在左右，王中，心无为也，以守至正。"巫、史、卜筮、瞽侑，即疑、丞、辅、弼，三老即师、傅、保。三公盖司徒、司马、司空，一言在朝，一言在学，古明堂、太学同物，亦即天子之居，此三公三老，一治国政，一为天子私昵之征也。① 《礼记·曾子问》言："古者男子，外有傅，内有慈母。"而《内则》言养子之礼曰："异为孺子室于宫中，择于诸母与可者。必求其宽裕慈惠，温良恭敬，慎而寡言者，使为子师，其次为慈母，其次为保母，皆居子室。他人无事不往。"师保之名，父母皆同，傅、夫一字，《礼记·郊特牲》："夫也者，夫也。"注："夫，或为傅。"女子不可言夫，故变文言慈。古以三为多数，贵族生子，盖使三父三母左右之，《公羊》襄公三十年解诂："礼，后夫人必有傅母，所以辅正其行，卫其身也。选老大夫为傅，选老大夫妻为母。"则女子亦有男女侍从。三母曰师、慈、保，三父则师、傅、保也。然则师、傅、保之初，亦仆御之类耳，云保其身体或有之，安能傅之德义，导之教训？更安能坐而论道邪？治民事者，古多言五官。② 《曲礼》曰"天子之五官：曰司徒、司马、司空、司士、司寇，典司五众"者也。《左氏》载郯子、蔡墨，《淮南·天文》《春秋繁露·五行相胜篇》所言略同。《左氏》昭公十七年，郯子之言曰："祝鸠氏，司徒也。雎鸠氏，司马也。鸤鸠氏，司空也。爽鸠氏，司寇也。鹘鸠氏，司事也。五鸠，鸠民者也。"司事即

---

① 职官：在朝在学之异。
② 职官：五官六官亦见《大戴》。

司士,鸠民即"典司五众"之谓也。《春秋繁露·五行相胜》曰,木者,司农也。火者,司马也。土者,君之官也。其相曰司营。金者,司徒也。水者,司寇也。司营即司空,司农即司事,农者,民事也。《淮南子·天文训》曰:"何谓五官? 东方为田,南方为司马,西方为理,北方为司空,中央为都。"田即司农,理即司寇,都即司徒。《左氏》昭公二十九年,蔡墨曰:"木正曰句芒,火正曰祝融,金正曰蓐收,水正曰玄冥,土正曰后土。"名虽异,其象五行则同。又《大戴·千乘》,设其四佐:司徒典春,司马司夏,司寇司秋,司空司冬。亦即《繁露》之说,特未及君之官耳。今文家取其中之司徒、司马、司空为三公,古文则易司士以宗伯,益冢宰为六官。案,《左氏》昭公四年,杜泄谓季孙曰:"夫子受命于朝而聘于王。王思旧勋而赐之路。复命而致之君。君不敢逆王命,而复赐之。使三官书之。吾子为司徒,实书名。夫子为司马,与工正书服。孟孙为司空,以书勋。"则司徒、司马、司空并称三官,春秋列国确有是制。而宋官制有六卿。其名为右师、左师、司马、司徒、司城、司寇,见《左氏》文公七年、十六年、成公十五年、哀公二十年。① 《大戴礼记·盛德篇》曰:"冢宰之官以成道,司徒之官以成德,宗伯之官以成仁,司马之官以成圣,司寇之官以成义,司空之官以成礼。"则《周官》之制所本也。《管子·五行篇》曰:"黄帝得蚩尤而明于天道,得大常而察于地理,得奢龙而辩于东方,得祝融而辩于南方,得大封而辩于西方,得后土而辩于北方。黄帝得六相而天地治,神明至。蚩尤明乎天道,故使为当时。大常察乎地利,故使为廩者。奢龙辨乎东方,故使为土师。祝融辨乎南方,故使为司徒。大封辨于西方,故使为司马。后土辨于北方,故使为李。是故,春者,土师也。夏者,司徒也。秋者,司马也。冬者,李也。"说虽不与《周官》同,而亦相类。案,冢宰不独天子有之,②诸侯之国、大夫之家皆有之。《左氏》隐公十一年:"羽父请杀桓公,将以求太宰。"《孟子》言"求也为季氏宰"《离娄上》是也。《论语》曰:"季氏富于周公,而求也,为之聚敛而附益之。"《先进》。《史记·孔子世家》:"孔子欣然而笑曰:'有是哉! 颜氏之子,使尔多财,吾为尔宰。'"宰盖主财利之官,故《王制》犹言"冢宰制国用"。宰又为"群吏之长",《仪礼·特牲馈食礼》注。故《论语》曰:"君薨,百官总己,以听于冢宰,三年。"《宪问》。《檀弓》曰:"陈子车死于卫,其妻与家大夫谋以殉葬,定而后陈子亢至,以告,曰:'夫子疾,莫养于下,请以殉葬。'子亢曰:'以殉葬,非礼也,虽然,则彼疾,当养者,孰若妻与宰? 得已,则吾欲已;不得已,则吾欲以二子者之为之也。'"则宰又主饮食,故叔孙使竖牛为政,而竖牛绝其饮食以死。《左氏》昭公四年。然则宰者,

---

① 职官:三官六官春秋时事亦(有)据。
② 职官:宰。

富贵之家,仆役之用事者耳,安得与治国政之三官比哉?今文家说,重国政而轻君之亵臣,故虽长群吏之冢宰,于制国用而外,亦绝不齿及也。《考工记》曰"国有六职","坐而论道,谓之王公",此王公乃指天子诸侯,郑注。而为古学者窃之以论三公,弥不雠矣。谓《周官》为渎乱不验之书,信不诬也。卿与乡实一字。《书·甘誓》:"大战于甘,乃召六卿。"《墨子·非攻》云:"晋有六将军。"《尚同》以将军、大夫连举,皆卿即将军之证,然则卿本军率之称也。

《王制》云:"大国三卿,皆命于天子。下大夫五人,上士二十七人。次国三卿,二卿命于天子,一卿命于其君。下大夫五人,上士二十七人。小国二卿,皆命于其君。下大夫五人,上士二十七人。"注云:"小国亦三卿,一卿命于天子,二卿命于其君,此文似误脱耳。"案,《王制》又云:"小国之上卿,位当大国之下卿,中当其上大夫,下当其下大夫。"则郑说是也。《公羊》襄公十一年解诂曰:"古者诸侯有司徒、司空,上卿各一,下卿各二。司马事省,上下卿各一。"下卿即《王制》所谓"下大夫"也。疏引崔氏,谓司徒兼冢宰,司马兼宗伯,司空兼司寇。司徒下小卿二:曰小宰、小司徒。司空下小卿二:曰小司寇,曰小司空。司马下小卿一,曰小司马。牵合《周官》为说,殊无谓也。

《周官》地方之制:王城之外为乡。乡之外为外城。外城之外为近郊。近郊之外为遂。遂之外为远郊。远郊谓之野。野之外为甸。甸之外为稍。稍之外为县,县为小都。小都之外为鄙,鄙为大都。甸、稍、县、都皆采邑。乡以五家为比,五比为闾,四闾为族,五族为党,五党为州,五州为乡。比长为下士,闾胥中士,族师上士,党正下大夫,州长中大夫,乡大夫即卿。遂以五家为邻,五邻为里,四里为酂,五酂为鄙,五鄙为县,五县为遂。邻长、里宰、酂长、鄙师、县正、遂大夫、比乡官递降一级。遂大夫为中大夫,邻长无爵。《管子·立政》:"分国以为五乡,乡为之师。分乡以为五州,州为之长。分州以为十里,里为之尉。分里以为十游,游为之宗。十家为什,五家为伍,什伍皆有长焉。"《小匡》参国之法:"制五家为轨,轨有长。十轨为里,里有司。四里为连,连有长。十连为乡,乡有良人。三乡一帅。"五鄙之法:"制五家为轨,轨有长。六轨为邑,邑有司。十邑为率,率有长。十率为乡,乡有良人。三乡为属,属有帅。五属一大夫。"说虽不同,要皆以五起数,与军制相应。《尚书大传》云:"(古)八家而为邻,三邻而为朋,三朋而为里,五里而为邑,十邑而为都,十都而为师,州十又二师焉。"则以三起数,与井田之制相合。《礼记·杂记》注引《王度记》云:"百户为里,里一尹。"疏云:"《撰考》云:古者七十二家为里。"七十二家即三朋。《公羊》宣公十五年解诂云:"一里八十户,八家共一巷。……选其耆老有高德者,名曰父老。其有辩护伉健者为里正。"《管子·度地》云:"百家为里,里十为术,术十为州,州十为都,都十为霸国。"曰百家,曰八十家,盖皆以成数言之也。古行贡法之地,其民服兵役,以什伍编制。行助法之地,民不为兵,则以八家起数。二说盖各有所据。什伍之制,多存于后世,而邻朋之制不可见者,则以井田废坏,而野鄙之民后亦为正兵故也,参看第四、第五两节自明。

《孟子》曰"天子一位",《繁露》曰"土者,君之官",则人君之尊,初非殊绝于其臣,而天子之尊,亦非殊绝于群后也。然其后卒至殊绝者,则事势之迁流实为之。一群之中,公事本无由一人把持之理,故邃初政制必为民主。迨以兵戈相慑服,胜者入据败者之群,而为之首长,则不复能以众意为兴替,于是世及之制兴焉。而氏族之长与部落之酋,承袭之法,并为一谈矣,此以言乎一国之君也。至合众国而奉一国为共主,则其国初无一定,故邃初无所谓王霸。其后一部落渐强,诸部落莫能代兴,则此部落尸共主之位渐固,于是有天子、诸侯之别。然为诸部落之共主者,虽有一定,而身膺共主之位者,尚不必即此部落中之酋长。如蒙古自成吉思汗以后,大汗之位,虽非成吉思汗之子孙莫属,然仍必由忽烈而台推戴,即其事也。① 我国之所谓"唐、虞禅",盖亦如此。其后此一部族之力益强,酋长之承袭,不复许他部族置喙,则一国之君之承袭,与各国共主之承袭又并为一谈。犹蒙古自仁宗以后,遂公然建储矣。此则我国自夏以来之制也。民权遗迹,犹有存于各国之中者。其大者,莫如《周官》之询国危,询国迁,询立君。② 见《小司寇》。《左氏》定公八年,卫侯欲叛晋,朝国人,使王孙贾问焉;哀公元年,吴召陈怀公,怀公召国人而问焉。此所谓询国危者也。盘庚之将涉河也,命众悉造于庭;《书·盘庚上》。太王之将迁岐也,属其耆老而告之。《孟子·梁惠王下》。此所谓"询国迁"者也。《左氏》僖公十五年,子金教郤乞"朝国人,而以君命赏。且告之曰:'孤虽归,辱社稷矣,其卜贰圉也'";昭公二十四年,晋侯使士景伯莅问周政,士伯立于乾祭,而问于介众;哀公二十六年,越人纳

---

① 政体:禅==忽力而台。继==仁宗后建储。
② 政体:大询之事迹。刑赏询于众。

卫侯,文子致众而问焉。此所谓"询立君"者也。《乡大夫》注引郑司农说,谓大询于众庶,即《洪范》所谓"谋及庶民"。案,《洪范》云:"三人占,则从二人之言。"又以"谋及乃心""谋及卿士""谋及庶人""谋及卜筮"并言,则庶人操可否之权,亦五之一。又《孟子》言:"国人皆曰贤,然后察之,见贤焉,然后用之。""国人皆曰不可,然后察之,见不可焉,然后去之。""国人皆曰可杀,然后察之,见可杀焉,然后杀之。"《梁惠王下》。此虽似空论,然《韩非子·外储说》谓齐桓公将立管仲,令群臣曰"善者入门而左,不善者入门而右",与《左氏》言陈怀公朝国人,令欲与楚者左,欲与吴者右相合。则古必有成法,特其后渐废不行,遂至无可考耳。《管子》言黄帝立明台之议,尧有衢室之问,舜有告善之旌,禹立谏鼓于朝,汤有总街之庭,武王有灵台之复,欲立啧室之议,人有非上之所过者纳焉,《桓公问》。疑亦必有所据,非尽假托之辞矣。暴其民甚者,若周厉王之监谤,势不可以口舌争,则国人起而逐之,此等事虽不多见,然古列国之君,暴虐甚者,大夫多能逐之;大夫暴虐甚者,其君亦多能正之;诸侯与诸侯、大夫与大夫之间,亦恒互相攻击,虽其意不在吊民伐罪,然暴民甚者,亦多因此而覆亡焉。此平民革命之事所以不数数见也。① 孟子曰:"贼仁者谓之贼,贼义者谓之残,残贼之人谓之一夫。闻诛一夫纣矣,未闻弑君也。"《梁惠王下》。又曰:"民为贵,社稷次之,君为轻。""诸侯危社稷,则变置。"《尽心下》。《淮南子》曰:"肆一人之邪,而长海内之祸,此大伦之所不取也。所为立君者,以禁暴讨乱也。今乘万民之力,而反为残贼,是为虎傅翼,曷为弗除? 夫畜池鱼者必去猵獭,养禽兽者必去豺狼,又况治人乎?"《兵略》。南宫边子曰:"昔周成王之卜居成周也,其命龟曰:'予一人兼有天下,辟就百姓,敢无中土乎? 使予有罪,则四方伐之,无难得也。'周公卜居曲阜,其命龟曰:'作邑乎山之阳,贤则茂昌,不贤则速亡。'季孙行父之戒其子也,曰:'吾欲室之挟于两社之间也,使吾后世有不能事上者,使其替之益速。'"《说苑·至公》。邾文公卜迁于绎,史曰:"利于民而不利于君。"邾子曰:"苟利于民,孤之利也。天生民而树之君,以利之也。民既利矣,孤必与焉。"左右曰:"命可长也,君何弗为?"邾子曰:"命在养民。死之短长,时也。民苟利矣,迁也。吉莫如之。"遂迁于绎。《左氏》文公十三年。盖贵族之凭恃兵力者,其初虽视所征服之民悉为俘虏,财产亦悉为所有,而有"普天

---

① 政体:诸侯大夫互攻与平民革命实质是一。

之下,莫非王土,率土之滨,莫非王臣"之说。然天下非一人所私有之义,卒莫能泯,故贤者亦多能行之,而道术之士,尤晓音瘖口以谠言之也。① 特是时之庶民,无拳无勇,欲倡使革命甚难,而以君正其臣,以列国之君之有道者正其无道者,其势较易。于是尊王尊君之义大昌,而君主专制之权,遂日益巩固矣。

世及为礼之世,君位之承袭往往与国家之治乱有关,故言治者恒致谨焉。氏族承袭之法,有相及者,有相继者。② 继之中,又有立长者,有立少者,已见第十一章第二节。《左氏》昭公二十六年,王子朝告诸侯曰:"先王之命曰:'王后无嫡,则择立长。年钧以德,德钧则卜。'"③襄公三十一年,穆叔亦曰:"太子死,有母弟则立之。无则立长。年钧择贤,义钧则卜。古之道也。"案《檀弓》:"石骀仲卒,无嫡子,有庶子六人,卜所以为后者。"《左氏》昭公十三年,"(楚)共王无冢嫡,有宠子五人,无嫡立焉,乃大有事于群望……曰:当璧而拜者,神所立也,谁敢违之? 既乃与巴姬密埋璧于大室之庭,使五人斋而入拜。"定公元年,子家曰:"若立君,则有卿士大夫与守龟在。"皆立君以卜之事也。王不立爱,公卿无私,古之制也。"先别嫡庶,次计长幼,制盖莫严于周,后世皆遵行焉。《公羊》隐公元年曰:"立嫡以长不以贤,立子以贵不以长。"解诂曰:"嫡,谓嫡夫人之子,尊无与敌,故以齿。子,谓左右媵及侄娣之子。位有贵贱,又防其同时而生,故以贵也。礼:嫡夫人无子立右媵。右媵无子立左媵。左媵无子立嫡侄娣。嫡侄娣无子立右媵侄娣,右媵侄娣无子立左媵侄娣。质家亲亲先立娣,文家尊尊先立侄。嫡子有孙而死,质家亲亲先立弟,文家尊尊先立孙。其双生也,质家据见立先生,文家据本意立后生。"此盖《春秋》所立之法,古制未必严密如是。素王之法,亦所以防争乱也。《春秋》隐公四年,"卫人立晋"。《公羊传》曰:"立者何? 立者,不宜立也。其称人何? 众立之之辞也。……众虽欲立之,其立之非也。"《春秋》之立君,主依法,不主从众,以成法易循,众意难见也。

古代君臣相去,初不甚远,故有"君薨,百官总己,以听于冢宰"之制。《尚书·大诰》之"王若曰",王肃以为成王,郑玄以为周公。案,《春秋》鲁隐公摄政,初未尝事事以桓公之命行之,则郑说是也。④《左氏》襄公十四年,

---

① 政体:革命之理论。
② 政体:孙林父宵殖相==周召。
③ 政体:立君以卜。
④ 政体:王若曰郑玄以为周公==鲁隐公摄。

卫献公出奔,卫人立公孙剽,孙林父、宁殖相之,以听命于诸侯。此虽有君,实权皆在二相,实与周、召之共和行政无异。若鲁昭公出居乾侯,则鲁并未尝立君也。① 知古贵族之权之大。君权既昌,此等事遂绝迹矣。

第三节　选　　举

邃古之世,公产之群,群之公事,必有人焉以治之,则必举其贤者、能者,此即孔子所谓"选贤与能"。《礼运》。斯时之公职,既无利可图,而人之贤能与否,为众所共见,自亦不易欺蔽,其选举,必最能得人者也。迨此等公产之群,渐为黩武之群所征服,夷为有国有家者之属地,居其上而统治之者,乃有所谓君大夫。百战所得,视同私产,位皆世袭,不在选举也。俞正燮《癸巳类稿·乡兴贤能论》云:"太古至春秋,君所任者,与共开国之人及其子孙。……上士、中士、下士、府、史、胥、徒,取诸乡兴贤能,大夫以上皆世族,不在选举也。周单公用鬻,巩公用远人,皆被杀……古人身经百战而得世官,而以游谈之士加之,不服也。立贤无方,则古者继世之君又不敢得罪于巨室也。"然所征服之社会,旧有之事,征服者初不甚干涉之,故其选举之法仍存,此即《周官》乡举里选之制。有国有家者,间亦擢其人而用之,其初盖专取勇力之士,后乃及于凡贤者、能者,此则《礼记·王制》《射义》诸篇所述升于学及贡士等制所由来也。上既以是擢用,下自可因之以谋利禄,于是选举之途渐扩。东周以后,贵族骄淫矜夸,不足任国事,人君亟于擢用贤能;而井田制废,士之失职者亦益众;游士遂遍天下矣。此先秦之世,选法变迁之大略也。

《周官》,大司徒"以乡三物教万民,而宾兴之。一曰六德,智、仁、圣、义、中、和;二曰六行,孝、友、睦、姻、任、恤;三曰六艺,礼、乐、射、御、书、数"。乡大夫之职,"正月之吉,受教法于司徒,退而颁之于其乡吏,使各以教其所治,以考其德行,察其道艺。……三年则大比,考其德行道艺,而兴贤者、能者。乡老及乡大夫,率其吏与其众寡,以礼礼宾之。厥明,乡老及乡大夫、群吏,献贤能之书于王。王再拜受之。登于天府。内史贰之。退

---

① 政体:鲁昭公出＝＝厉王奔彘。

而以乡射之礼五物询众庶：一曰和，二曰容，三曰主皮，四曰和容，五曰兴舞。此谓使民兴贤，出使长之；使民兴能，入使治之。"《管子·君臣下》云："乡树之师，以遂其学，官之以其能，及年而举，则士反行矣。"即此制也。①《小匡》曰："正月之朝，乡长复事，公亲问焉，曰：'于子之乡，有居处为义，好学聪明，质仁慈孝子父母，长弟闻于乡里者？有则以告。有而不以告，谓之蔽贤，其罪五。'有司已于事而竣。公又问焉，曰：'于子之乡，有拳勇股肱之力，筋骨秀出于众者？有则以告。②有而不以告，谓之蔽才，其罪五。'有司已于事而竣。公又问焉，曰：'于子之乡，有不慈孝于父母，不长弟于乡里，骄躁淫暴，不用上令者？有则以告。有而不以告，谓之下比，其罪五。'有司已于事而竣。于是乎乡长退而修德进贤明，公亲见之，遂使役之官。公令官长期而书伐以告，且令选官之贤者而复之。"于五属大夫同。《立政》曰："凡孝悌忠信，贤良俊材，若在长家子弟、臣妾、属役、宾客，则什伍以复于游宗，游宗以复于里尉，里尉以复于州长，州长以计于乡师，乡师以著于士师。凡过党，其在家属，及于长家；其在长家，及于什伍之长；其在什伍之长，及于游宗；其在游宗，及于里尉；其在里尉，及于州长；其在州长，及于乡师；其在乡师，及于士师。三月一复，六月一计，十二月一著。"皆与《周官》之制相似。俞正燮曰："出使长之，用为伍长也。""入使治之，用为乡吏也。"《乡兴贤能论》。其用之止于此而已矣。

《礼记·王制》曰："命乡论秀士，升之司徒，曰选士。司徒论选士之秀者而升之学，曰俊士。升于司徒者不征于乡，升于学者不征于司徒，曰造士。""大乐正论造士之秀者，以告于王，而升诸司马，曰进士。司马辨论官材，论进士之贤者，以告于王，而定其论。论定然后官之，任官然后爵之，位定然后禄之。"案，《周官》司士"掌群臣之版，以治其政令，岁登下其损益之数，辨其年岁与其贵贱，周知邦国都家县鄙之数，卿大夫士庶子之数，依贾疏，当作"卿大夫士士庶子"。以诏王治。以德诏爵，以功诏禄，以能诏事，以久奠食。……掌国中之士治，凡其戒令。掌摈士者，膳其挚。……凡邦国，三岁，则稽士任而进退其爵禄。"亦司马属官也。《射义》曰："古者天子之制，诸侯岁

---

① 选举：管子乡树之师，以遂其学，官之以其能，及年而举之。此似周官审其行，继观其能，进之朝也。后世不以是进，士而辟有誉望者误矣。达与闻（第312页）。

② 选举：初所取者勇力之士。

献,①贡士于天子。注:"岁献,献国事之书及计偕物也。三岁而贡士,旧说云:'大国三人,次国二人,小国一人。'"疏云:"知岁献国事之书者?《小行人》云:'令诸侯春入贡,秋献功。'注云:'贡,六服所贡也。功,考绩之功也。秋献之,若今计文书断于九月,其旧法也。'云三岁而贡士者,以经贡士之文,系岁献之下,恐每岁贡士,故云三岁而贡士也。又知三岁者?案,《书传》云,古者诸侯之于天子也,三年一贡士。一适谓之好德,再适谓之贤贤,三适谓之有功。有功者,天子赐以衣服弓矢,再赐以秬鬯,三赐以虎贲百人,号曰命诸侯。不云益地者,文不具矣。《书传》又云,贡士'一不适谓之过。'注云:'谓三年时也。''再不适谓之敖',注云:'谓六年时也。''三不适谓之诬',注云:'谓九年时也。'一绌以爵,再绌以地,三绌而地毕,注云:'凡十五年。'郑以此故知三岁而贡士也。"天子试之于射宫。其容体比于礼,其节比于乐,而中多者,得与于祭。其容体不比于礼,其节不比于乐,而中少者,不得与于祭。数与于祭而君有庆,数不与于祭而君有让。数有庆而益地,数有让而削地。故曰:'射者,射为诸侯也。'"又曰:"天子将祭,必先习射于泽。注:"泽,宫名也。"疏:"盖于宽闲之处,近水泽而为之也。……《书传》论主皮射云:'向之取也于圃中,勇力之取也。今之取也于泽宫,揖让之取也。'"泽者,所以择士也。已射于泽,而后射于射宫。射中者得与于祭,不中者不得与于祭。不得与于祭者有让,削以地;得与于祭者有庆,益以地。进爵绌地是也。"古明堂、太庙同物,《左氏》文公二年,狼瞫曰:"《周志》有之,勇则害上,不登于明堂。"即不与于祭之谓。观乡大夫既献贤能之书,复退而行乡射之礼,可见古者专以射选士。诸侯贡士,其初殆如周世宗、宋太祖,升州兵之强者于京师耳。《管子·明法解》:"明主在上位,则境内之众尽力以奉其主;百官分职致治以安国家。乱主则不然,虽有勇力之士,大臣私之,而非以奉其主也;虽有圣智之士,大臣私之,非以治其国也。"②此选举之所以属司马也。《白虎通义》曰:"诸侯三年一贡士者,治道三年有成也。诸侯所以贡士于天子者,进贤劝善者也。天子聘求之者,贵义也。治国之道,本在得贤。得贤则治,失贤则乱。故《月令》季春之月,开府库,出币帛,周天下,勉诸侯,聘名士,礼贤者。有贡者复有聘者何?以为诸侯贡士,庸才者贡其身,盛德者贡其名,及其幽隐,诸侯所遗失,天子之所昭,故聘之也。"《白虎通》佚文,据陈立疏证本卷十二。观其所贡,而其所聘者可知矣。盖古之汲汲于求勇士如此。然演进渐深,政治所涉渐广,所求之材不止一途,则其所举之士亦渐不专一格矣。乡举里选,为农耕社会固有之制,故不专尚武勇。

---

① 职官、封建:岁献似即上计。
② 选举:大臣私勇力、圣知之士。

古之选举者，其初盖专于乡，以其为战士所治之区也。《管子》三国五鄙之法，制国以为二十一乡，工商之乡六，士乡十五。江永《群经补义》谓十五乡有贤能，五乡大夫有升选之法，故谓之士乡。其说是也。然工商之乡，亦未尝遂无所举。《大匡篇》言，桓公使鲍叔识君臣之有善者，晏子识不仕与耕者之有善者，高子识工贾之有善者。令鲍叔进大夫，令晏子进贵人之子、士、耕者，令高子进工贾是也。《周官·遂大夫之职》云："三年大比，则率其吏而兴氓。"注曰："兴氓，举民贤者、能者，如六乡之为也。"疏云："此文不具，故郑就乡大夫解之。"案，遂宾兴之法，果与乡同，《周官》不应略不之及，则其选举之法，必不能如六乡之优可知矣，盖国与野之界限未能全泯也。参看第十一章第四节。

私家之臣，升于朝者，古亦多有。如《论语》言"公叔文子之臣大夫僎，与文子同升诸公"，《宪问》。《左氏》言"子伯季子初为孔氏臣，新登于公"，哀公十六年。是也。古代公家用人，由大夫保任者似颇多。羁旅之士亦或因之以进。故《孟子》言"观近臣以其所为主，观远臣以其所主"也。《万章上》。《史记·蔡泽列传》云："秦之法，任人而所任不善者，各以其罪罪之。"《国语·晋语》云："董叔将娶于范氏。叔向曰：'范氏富，盍已乎？'曰：'欲为系援焉。'他日，董祁诉于范献子曰：'不吾敬也。'献子执而纺于庭之槐。叔向过之。曰：'子盍为我请乎？'叔向曰：'求系既系矣，求援既援矣，欲而得之，又何请焉？'"《商君书·农战》曰："下官之冀迁者，皆曰多货，则上官可得而欲也。① 曰我不以货事上而求迁者，则如以狸饵鼠耳，必不冀矣；若以情事上而求迁者，则如引诸绝绳而求乘枉木也，愈不冀矣。"贵族之任人如此，宜乎人君不得不求之草泽也。

历代世禄之家，未有不盘乐怠敖，一无所能者。《春秋》讥世卿之义，盖由是而兴。见隐公三年、宣公十年。然其事有甚难焉者。盖古之事人，恒以其族，去官则族无所庇，《左氏》文公十六年："司城荡卒，公孙寿辞司城，请使意诸为之。既而告人曰：'君无道，吾官近，惧及焉。弃官，则族无所庇。子，身之贰也，姑纾死焉。虽亡子，犹不亡族。'"故有一族之人，并起而为难者。王子朝"因旧官百工之丧职秩者，与灵、景之族以作乱"是也。《左氏》昭公二十二年，七月，单子使王子处守于王城，盟百工于平宫。八月，司徒丑以王师败绩于前城，百工叛。孟子曰："国君进贤，如不得已。将

---

① 选举：大夫任人，或以货。

使卑逾尊,疏逾戚,可不慎欤?"《梁惠王下》。巩简公弃其子弟而用远人,为群子弟所贼;《左氏》定公二年。单献公弃亲用羁,为襄、顷之族所杀;昭公七年。吴起、商鞅,皆身见诛戮;亦可谓难矣。然大势卒不可挽,孟子见齐宣王曰:"所谓故国者,非谓有乔木之谓也,有世臣之谓也。王无亲臣矣,昔者所进,今日不知其亡也。"《梁惠王下》。盖时局日亟,决非骄淫矜夸者所能支持,故其时之人,虽犹习以世臣为与国同休戚,然卒不能不坐视游谈之士代之而兴也。

游谈之士之兴也,盖亦缘迫于生计,炫于富贵。《战国·秦策》记苏秦之事,可谓尽之矣。然其事实不自战国始。《论语》言:"子张学干禄。"《为政》。又曰:"三年学,不至于谷,不易得也。"《泰伯》。又曰:"君子谋道不谋食。耕也,馁在其中矣;学也,禄在其中矣。君子忧道不忧贫。"《卫灵公》。则春秋之世,士之干进者既多矣。孟子曰:"《传》曰:'孔子三月无君,则惶惶如也,出疆必载质。'公明仪曰:'古之人,三月无君则吊。'"则儒家亦不以为非也,况于纵横家乎?此等失职之士,其初求举,盖仍在乡里之间。《论语》:"子张问士,何如斯可谓之达矣?子曰:'何哉,尔所谓达者?'子张对曰:'在邦必闻,在家必闻。'子曰:'是闻也,非达也。夫达也者,质直而好义,察言而观色,虑以下人,在邦必达,在家必达。夫闻也者,色取仁而行违,居之不疑,在邦必闻,在家必闻。'"《颜渊》。盖违道干誉之流,主进取者,为孔子所谓闻;求无过者,则孟子之所谓"乡愿";《孟子·尽心下》曰:"行何为踽踽凉凉?生斯世也,为斯世也,善,斯可矣。阉然媚于世也者,是乡愿也。"《管子·大匡》曰:"凡于父兄无过,州里称之,吏进之,君用之。有善无赏,有过无罚,吏不进,廉意。于父兄无过,于州里莫称,吏进之,君用之。善,为上赏;不善,吏有罚。"可见当时视乡评颇重,州里莫称者,吏敢举之者必少也。其实皆以求利而已矣。然"民之饥,以其上食税之多"。《老子》。目睹夫一日县令,"子孙累世絜驾",《韩非·五蠹》。则乡举里选之士,用之止于府史胥徒之流者,不复足以餍其欲,而不得不历说诸侯之廷矣。《史记·吕不韦传》言"诸客求宦为嫪毐舍人千余人",又何怪奔走诸侯之廷者之众也?此等游说之士,其达者则后车数十乘,从者数百人。①《孟子·滕文公下》。《战国策·齐策》亦曰:"齐人见田骈曰:……今先生设为不宦,资养千钟,徒百人。"案,当时游说之士,颇以朋友接引为重。《穀梁》昭公十九年曰:"子既生,不免乎水、火,母之罪也。羁贯成童,不就师傅,父

---

① 选举:重友游扬,汉亦如此。

之罪也。就师学问无方,心志不通,身之罪也。心志既通,而名誉不闻,友之罪也。名誉既闻,有司不举,有司之罪也。有司举之,王者不用,王者之过也。"《礼记·儒行》曰:"儒有内称不避亲,外举不避怨。程功积事,推贤而进达之,不望其报。君得其志,苟利国家,不求富贵。其举贤援能有如此者。儒有闻善以相告也,见善以相示也;爵位相先也,患难相死也;久相待也,远相致也。其任举有如此者。"《中庸》曰:"获乎上有道,不信乎朋友,不获乎上矣。"皆朋友互相援引之证。叔孙通从儒生弟子以游汉,先秦时早有其事矣。其穷则"家累千金,游仕不遂,而破其家"。①《史记·吴起列传》。甚有宦三年不得食者。《左氏》宣公二年,初,宣子田于首山,舍于翳桑,见灵辄饿,问其病。曰:"不食三日矣。"食之,舍其半。问之。曰:"宦三年矣,未知母之存否,今近焉,请以遗之。"与王符、葛洪所讥汉、晋时游宦之士何以异?使此等人与人国家事,安得不唯利是图?《史记·田敬仲完世家》言:"后胜相齐,多受秦间金,多使宾客入秦。秦又多予金。客皆为反间,劝王去从朝秦,不修攻战之备,不助五国攻秦。秦以故得灭五国。五国已亡,秦兵卒入临淄,民莫敢格者。王建遂降,迁于共。故齐人怨王建不早与诸侯合从攻秦,听奸臣宾客,以亡其国。歌之曰:'松耶柏耶?住建共者客耶?'疾建用客之不详也。"乍观之,一似齐人谋国不臧,嫁罪于客者。然《管子·八观》曰:"权重之人,不论材能而得尊位,则民背本行而求外势。……民背本行而求外势,则国之情伪,竭在敌国矣。"《商君书·农战篇》亦以民随外权为虑。则食其禄而反为间谍者,未始无人。韩非疾"宽则宠名誉之人,②急则用介胄之士,今者所养非所用,所用非所养",《史记》本传。商君亦疾礼乐、《诗》《书》、修善、孝弟、诚信、贞廉、仁义,见《饬令》《农战》等篇。而欲一其民于农战,蔡泽称吴起之功,在于"破横散从,使驰说之士无所开其口,禁朋党以励百姓",本传。宜矣。此所以贵族虽不可用,而韩非所亟称之法术之士亦终不能跻斯世于治平欤?

古代用人,虽亦不能尽当,然其论材之法,则有大可取者,《大戴记·文王官人》之篇是也。《周书·官人篇》大同。此亦专门之学,刘劭之《人物志》犹衍其绪,殊足究心也。

---

① 选举:宦破其家。

② 选举:宽则用名誉之人。

第四节 租　　税

取民之法，最早者有三：一曰税，二曰赋，三曰役。① 而此三者实仍是一事。盖邃古职业少，人皆务农，按其田之所获而取之，是为租。马牛车辇等供军用者，自亦为其所出，是为赋。有事则共赴焉，是曰役。至于山林薮泽等，其初本属公有，自无所谓赋税。关之设，所以讥察非常，不为收税。商则行于部族与部族间，不为牟利之举。当部族分立之时，物产既少，制造之技亦尚未精。或则必需之品，偶尔缺乏，不得不求之于外。又或其物为本部族所无，不得不求之于外。此时奢侈之风未开，所求者大抵有用之品，于民生利病，关系甚巨。有能挟之而来者，方且庆幸之不暇，安有征税之理？《金史·世纪》："生女直旧无铁，邻国有以甲胄来鬻者，（景祖）倾赀厚贾，以与贸易，亦令昆弟族人皆售之。得铁既多，因之以修弓矢，备器械，兵势稍振。"古厚待商人，多以此等故也。故山、海、池、泽征商之税，无一非后起之法也。

欲明古代之田税，必先知古代之田制。《孟子》曰："夏后氏五十而贡，殷人七十而助，周人百亩而彻，其实皆十一也。"《滕文公上》。后人疑之者：一谓三代授田，忽多忽少，则田之疆界，岂不将时时更易？劳民而无益于事。二则贡、彻二法，田无公私之别，按其所收获，而取其十分之一，谓之十一则可矣。井田之制，"方里而井，井九百亩，其中为公田，八家皆私百亩，同养公田"，亦见《孟子》。说者谓一夫一妇，受田百亩，公田十亩，庐舍二亩半，《公羊》宣公十五年解诂。《韩诗外传》卷四同。《孟子·梁惠王上》："五亩之宅。"赵注："庐井邑居，各二亩半以为宅，冬入保城二亩半，故为五亩也。"则为十一分而税其一矣，安得云十一？殊不知三代皆异民族，三代之王，皆为同族，然其所治之民，则不必同族。兴起之地亦复不同，既非前后相承，何怪不能划一？至于十一之数，不能密合，则古人言数，率多挈较之辞，而尤好举成数。井田之法，以一区之中，公田与私田之比率论，为一与八；就一夫所治之田论，则为十一分之一；古人既辞不审谛，概以十一言之，亦无足怪。《孟子》又云"请野九一而助"，则其所行

---

① 赋税：古只税赋役三者。然布缕亦渐普通。

者,不得谓与"方里而井,井九百亩,其中为公田,八家皆私百亩,同养公田"者有异,自不得谓"其实皆十一"一语为可疑也。故《孟子》所言三代税法,必为当时实事也。

田有畦田与井田之别。《九章》有圭田求广从法,有直田截圭田法,有圭田截小截大法,凡零星不成井之田,一以圭法量之。盖井田者,平地之田;畦田,则在高下不平之处者也。圭、畦即一字。①《孟子》赵注云:"圭,洁也。"《王制》疏云:"圭,洁白也。言卿大夫德行洁白,乃与之田。"乃曲说。后世城市,求利交通,必筑于平夷之地。古代则主为守御,必筑于险峻之区,故曰:"王公设险以守其国。"《易·坎卦》象辞。又曰:"域民不以封疆之界,固国不以山溪之险。"《孟子·公孙丑下》。古之民,有征服者与所征服者之别。征服者必择险峻之地,筑城而居,而使所征服者居四面平夷之地,为事耕耘。故郑注《周官》,谓乡遂用贡法,都鄙用助法,虽未能言其所以然,然于事实初不谬也。《匠人》注云:"畿内用贡法者,乡遂及公邑之吏。旦夕从民事,为其促之以公,使不得恤其私。邦国用莇法者,诸侯专一国之政,为其贪暴,税民无艺。"此说未合事情,然又引《孟子》,谓邦国亦异外内,自不误也。孟子说滕文公"请野九一而助,国中十一使自赋",亦犹行古之道耳。至所谓"卿以下必有圭田,圭田五十亩"者,其田即国中十一使自赋之田,以其在山险之地,不可井授,故名之曰圭田,此即《王制》"夫圭田无征"之圭田。以其免税,《王制》郑注。故特言之,其田则初无以异也。又云"余夫二十五亩",则平地零星不可井之田,与圭田之在国中者异。夏、殷之世,田制已难具详。周代国中用贡法,野用助法,必无大谬,②故《孟子》言"周人百亩而彻",彻即十一使自赋之法,又云"虽周亦助"也。

贡与彻何别?曰:农耕之群之初为黩武之群所征服也,则取其租税以自奉而已矣,其群之事,非所问也。职是故,斯时之纳税者,乃为所征服者之群而非其人人。犹后世义役之制,乡自推若干人以应役,官但求役事无阙,应役者为谁,初不过问也。职是故,乃有"校数岁之中以为常,乐岁粒米狼戾,多取之而不为虐,则寡取之;凶年粪其田而不足,则必取盈"之恶法焉,孟子引龙子语。彻无是也。故贡与彻,取民之数同,其取之之法则大异。助、彻二法,取民之数,大致相同,然助法公私田分别,吏无以肆其诛求,故

---

① 田制:圭畦一字。
② 田制:周,国中贡,野助,必无大缪。

龙子谓"治地莫善于助"也。及后世,公私之利害益不相容,则民有尽力于私田,而置公田于不顾者,于是有履亩而税之法,《春秋》之"初税亩"是也。此时公私田之别犹在,至阡陌开,而公私之别荡然矣。然阡陌之开为势不容已之事,故其后履亩而税遂渐成常法也。

地税初盖唯有田,其后任地之法各异,利亦迥殊,而分别之税法出焉。《周官·载师》:"以廛里任国中之地,以场圃任园地,以宅田、士田、贾田任近郊之地。以官田、牛田、赏田、牧田任远郊之地。以公邑之田任甸地。以家邑之田任稍地。以小都之田任县地。以大都之田任畺地。凡任地:国宅无征。园廛二十而一。近郊十一。远郊二十而三。甸、稍、县、都皆无过十一。唯其漆林之征,二十而五。凡宅不毛者,有里布。凡田不耕者,出屋粟。凡民无职事者,出夫家之征。"注云,廛,民居之区域也。里,居也。圃,树果蓏之属,季秋于中为场。樊圃谓之园。宅田,致仕者之家所受田也。士读为仕。仕者亦受田,所谓圭田也。① 贾田,在市贾人其家所受田也。官田,庶人在官者其家所受田也。牛田、牧田,畜牧者之家所受田也。公邑,谓六遂余地。天子使大夫治之,自此以外皆然。家邑,大夫之采地。小都,卿之采地。大都,公之采地,王子弟所食邑也。畺,五百里,王畿界也。国宅,凡官所有宫室,吏所治者也。周税轻近而重远,近者多役也。② 园廛亦轻者,廛无谷,园少利也。宅不毛者,罚以一里二十五家之泉。空田者,罚以三家之税粟。民虽有闲无职事者,犹出夫税、家税也。夫税者,百亩之税。家税者,出士徒车辇,给徭役。案,《周官》战国时书,故税地之法稍杂。《孟子》言:"廛无夫里之布,则天下之民,皆悦而愿为之氓矣。"《公孙丑下》。宅不毛田不耕者,其地当作别用,故税之较重,非必游惰不事事之罚也。

赋以足兵,别于论军制时言之。力役之法,《周官·小司徒》云:"上地家七人,可任也者家三人。中地家六人,可任也者二家五人。下地家五人,可任也者家二人。凡起徒役,毋过家一人,以其余为羡,唯田与追胥竭作。"注云:"可任,谓丁强任力役之事者,出老者一人。其余男女强弱相半,其大数。"案,古女子亦应役,③观第五节所言可知,此古应役之人数也。其年限,

---

① 田制:士田同仕亦圭田。
② 田制:贡彻之异。
③ 赋税:古女子亦应役。

则《乡大夫》云:"国中自七尺以及六十,野自六尺以及六十有五皆征之。"疏云,七尺,谓年二十。知者?案,《韩诗外传》"二十行役",与此国中七尺同。《后汉书·班超传》注引《韩诗外传》曰:"二十行役,六十免役。"六尺,谓年十五,故《论语》云可以托六尺之孤,郑注云年十五以下。所征税者,谓筑作、挽引、导渠之役,及口率出钱。若田猎五十则免,是以《祭义》云五十不为甸徒;若征伐六十乃免,是以《王制》云六十不与服戎。案,《王制》又云"五十不从力政",安得云事筑作、挽引、导渠之役乎?则《戴记》《周官》,说实不可强合也。服役日数,《王制》云:"用民之力,岁不过三日。"《周官·均人》云:"凡均力政,以岁上下,丰年则公旬用三日焉,中年则公旬用二日焉,无年则公旬用一日焉,凶札则无力政。"二说相合。其免役者,《乡大夫》云:"国中贵者、贤者、能者、服公事者、老者、疾者皆舍。"《王制》云:"八十者一子不从政。九十者其家不从政。废疾非人不养者,一人不从政。父母之丧,三年不从政。齐衰大功之丧,三月不从政。将徙于诸侯,三月不从政。自诸侯来徙家,期不从政。"《礼运》曰:"三年之丧,与新有婚者,期不使。"《荀子·大略》:"八十者,一子不事。九十者,举家不事。废疾非人不养者,一人不事。父母之丧,三年不事。齐衰大功,三月不事。从诸侯不与新有婚,期不事。"从诸侯不,注云:"不当为来。"案,其下并有夺文。《杂记》云:"三年之丧,祥而从政。期之丧,卒哭而从政。九月之丧,既葬而从政。小功、缌之丧,既殡而从政。"《丧服大记》曰:"君既葬,王政入于国,既卒哭,而服王事。大夫、士既葬,公政入于家,既卒哭,弁绖带,金革之事无避也。"按,《曾子问》:"子夏问曰:'三年之丧,卒哭,金革之事无避也者,礼欤?初有司欤?'孔子曰:'夏后氏三年之丧,既殡而致事,殷人既葬而致事。《记》曰君子不夺人之亲,亦不可夺亲也,此之谓乎?'子夏曰:'金革之事无避也者,非欤?'孔子曰:'吾闻诸老聃曰,昔者鲁公伯禽有为为之也。今以三年之丧从其利者,吾弗知也。'"《公羊》宣公元年,"古者臣有大丧,则君三年不呼其门。已练,可以弁冕,服金革之事。君使之,非也;臣行之,礼也。闵子要绖而服事。既而曰:'若此乎,古之道不即人心。'退而致仕。孔子盖善之也。"则古之所以优恤有丧者厚,而后世较薄也。《管子·入国》,年七十以上,一子无征。八十以上,二子无征。九十以上,尽家无征。有三幼者无妇征。① 四幼者尽家无征。士人死,子孤幼,无父母、所养,注:"既无父母,又无所

---

① 赋税:三幼无妇征。

养之亲也。"不能自生者,属之其乡党、知识、故人。养一孤者,一子无征。养二孤者,二子无征。养三孤者,尽家无征。丈夫无妻曰鳏,妇人无夫曰寡,取鳏寡而合和之,予田宅而家室之,三年然后事之。言免役之法尤备也。

《周官·太宰》:"以九赋敛财贿:一曰邦中之赋。二曰四郊之赋。三曰邦甸之赋。四曰家削之赋。五曰邦县之赋。六曰邦都之赋。七曰关市之赋。八曰山泽之赋。九曰弊余之赋。"注:"财,泉谷也。郑司农云:'邦中之赋,二十而税一。各有差也。弊余,百工之余。'玄谓赋,口率出泉也。"① 今之算泉,民或谓之赋,此其旧名与?乡大夫以岁时登其夫家之众寡,辨其可任者,国中自七尺以及六十,野自六尺以及六十有五皆征之;《遂师之职》亦云'以征其财征';皆谓此赋也。邦中,在城郭者。四郊去国百里。邦甸二百里。家削三百里。邦县四百里。邦都五百里。疏云:削有大夫采地,谓之家,故名家削。大夫采地,赋税入大夫家。采地外为公邑,其民出泉入王家,县、都同。此平民也。关市山泽,谓占会百物;疏云:"关上以货出入有税物。市若泉府廛布、总布之等,亦有税物。山泽,民人入山泽取材,亦有税物。此人占会百物,为官出息。"弊余,谓占卖国中之斥弊;斥弊,谓此物不入大府,指斥出而卖之,故名斥弊。皆末作当增赋者,若今贾人倍算矣。自邦中以至弊余,各入其所有谷物,以当赋泉之数。"按,司农即约载师以为言,后郑则据汉法之口赋也。《司会》云"以九赋令田野之财用",恐所入者实非泉谷。《太宰》又云:"以九贡致邦国之用:一曰祀贡,二曰嫔贡,三曰器贡,四曰弊贡,五曰材贡,六曰货贡,七曰服贡,八曰游贡,九曰物贡。"此则取诸异国者。其初盖仅仅取之邦畿之内,远国庸有贡者,然必甚稀,不能为经常之用。然及其后,则霸国亦遂诛求之于小国矣。参看第一节自明。

田税之所取,初盖专于谷物,力役亦止于其身而已,然其后则无物不取之于民,此民之所以重困也。孟子曰:"有布缕之征、粟米之征、力役之征。君子用其一,缓其二。用其二而民有殍,用其三而父子离。"注云:"国有军旅之事,则横兴此三赋也。"案,《管子·国蓄》云:"以室庑籍,谓之毁成。以六畜籍,谓之止生。以田亩籍,谓之禁耕。以正人籍,谓之离情。以正户籍,谓之养嬴。"正人、正户,盖谓有税役之人与户。取于正人,人口将有隐匿;取于正户,则重困有税役之家,无税役者顾侥宽免;故曰养嬴,形似而误为"赢"也。此言其所取之人。《山至数》言:"肥籍敛则械器不奉。"又言:"皮、革、筋、角、羽、毛、竹、箭、器、

---

① 赋税:赋似不必口率出泉。但口率出泉其遗耳,盖粟米之外也。云各入所有谷物恐非。

械、财物，苟合于国器君用者，皆有矩券于上。"此言其所籍之物。《揆度》言："君朝令而夕求具……国之财物，尽在贾人。"则初不必军兴而后然。盖古之封君，即后世之田主。此时尚未有私租。后世之田主，固多凡物杂取之于佃户者。古代奢侈不甚，军旅之事较少，故其取民也简，后世一切反是，则取民者亦苛也。夫如是，与其多取之农，自不如广征他税之为得。《国蓄》曰：①"中岁之谷，粜石十钱。大男食四石，月有四十之籍。大女食三石，月有三十之籍。吾子食二石，月有二十之籍。岁凶谷贵，粜石二十钱，则大男有八十之籍，大女有六十之籍，吾子有四十之籍。是人君非发号令收穑而户籍也。彼人君守其本委谨，而男女诸君吾子无不服籍者也。"盖山海池泽之地，非凡民所能有，君不取，利亦徒入于豪民，实不如收其利而善管之为得也。惜乎真能行此义者甚少，利权仍辗转操之货殖之家耳。《史记·货殖列传》所著货殖之家，多占山海池泽之地者，盖君先障管之，又以畀之此等人。

《王制》云："名山大泽不以封。"注云："其民同财，不得障管，亦赋税之而已。"按，《王制》又言"泽梁无禁"，而《荀子·王制》言"山林泽梁，以时禁发而不税"，则税之亦非今文家意也。②《左氏》襄公十一年，同盟于亳，载书云："毋壅利。"注云："专山川之利。"芮良夫言"荣夷公好利"，盖即谓其专山川之利，参看第八章第八节。昭公二十年，晏子言："山林之木，衡鹿守之。泽之萑蒲，舟鲛守之。薮之薪蒸，虞候守之。海之盐蜃，祈望守之。"此即所谓障管者。《穀梁》庄公二十八年、成公十八年，两言"山林薮泽之利，所以与民共也，虞之非正也"。虞之，即设官障管也。而三年又言陈氏厚施曰："山木如市，弗加于山；鱼盐蜃蛤，弗加于海。"则春秋时犹有行之者，然其后则渐少矣。《月令》，孟冬，"命水虞渔师，收水泉池泽之赋，毋或敢侵削众庶兆民，以为天子取怨于下"。《周官·山师》："掌山林之名，辨其物与其利害，而颁之于邦国，使致其珍异之物。"《川师》："掌川泽之名，辨其物与其利害，而颁之于邦国，使致其珍异之物。"皆税之之法也。《曲礼》曰："问国君之富，数地以对，山泽之所出。"盖国君视山泽为私产久矣。③《史记·平准书》言汉时"山川、园池、市井、租税之入，自天子以至于封君汤沐邑，皆各为私奉养"。此制必沿自战国，不然，秦汉必不能一日而尽障管天下之林麓川泽也。《管子·戒篇》曰："山林梁泽，以时禁发而不正也，草封泽，盐者之归之

---

① 生计：《国畜》大男食四石，大女三石，吾子二石。
② 赋税：赋税山泽非今文家意。
③ 赋税：君以山泽为私产。

也,譬若市人。"此犹为旧说。《海王》曰:"十口之家,十人食盐。百口之家,百人食盐。终月,大男食盐五升少半,大女食盐三升少半,吾子食盐二升少半,此其大历也。盐百升而釜。今盐之重:升加分强,釜五十也。升加一强,釜百也。升加二强,釜二百也。钟二千,十钟二万,百钟二十万,千钟二百万。万乘之国,人数开口千万也。禺策之商,日二百万,十日二千万,一月六千万。万乘之国,正九百万也,<small>当作"正人百万也"</small>。月人三十钱之籍,为钱三千万。今吾非籍之诸君吾子,而有二国之籍者六千万。使君施令曰吾将籍于诸君吾子,则必嚣号。今夫给之盐策,则百倍归于上,人无以避此者,数也。今铁官之数曰:一女必有一针、一刀,若其事立。耕者必有一耒、一耜、一铫,若其事立。行服连轺辇者,必有一斤、一锯、一锥、一凿,若其事立。不尔而成事者,天下无有。令针之重加一也,三十针一人之籍。刀之重加六,五六三十,五刀一人之籍也。耜铁之重加七,三耜铁一人之籍也。其余轻重皆准此而行。然则举臂胜事,无不服籍者。"此官卖盐铁之说也。当时必有行之者,故汉世郡国犹间有盐铁官也。

　　《王制》云:"市廛而不税,关讥而不征。"《管子·五辅》《小匡》两篇同。《霸形》云:"关讥而不征,市书而不赋。"《戒篇》云:"关讥而不征,市正而不布。"《问篇》云:"征于关者勿征于市,征于市者勿征于关。"《孟子·公孙丑上》云:"市廛而不征,法而不廛。"注:"当以什一之法征其地耳,不当征其廛宅也。""关讥而不征",盖古之于关市,有不税者,有税其一者,有并税之者;而市之税,又有取其物与取其布二法;《周官·大府》:"关市之赋,以待王之膳服。"可见其所取者多实物。其不税之而但收其地租者,亦有法与廛二法。[1] 晚周之世,征税盖不免重叠,故诸子并以为戒也。《孟子·梁惠王》《荀子·王制》《王霸》并言"关市讥而不征",<small>市不司稽察,盖挟句连言之</small>。孟子曰:"古之为关也,将以御暴。今之为关也,将以为暴。"《尽心下》。又曰:"古之为市也,以其所有,易其所无者,有司者治之耳。有贱丈夫焉,必求垄断而登之,以左右望而罔市利。人皆以为贱,故从而征之。征商,自此贱丈夫始矣。"《公孙丑下》。则关市之征,皆为后起之事。

[1] 赋税:

然春秋以后多有之。戴盈之曰:"十一,去关市之征,今兹未能,请轻之,以待来年然后已,何如?"《孟子·滕文公下》。晋平公曰:"吾食客门左千人,门右千人。朝食不足,夕收市赋。暮食不足,朝收市赋。"《韩诗外传》卷六。李牧居代雁门备匈奴,"以便宜置吏,市租皆输入莫府,为士卒费",《史记·廉颇蔺相如列传》。其事也。《月令》,仲夏,"关市毋索"。仲秋,"易关市,注谓轻其税。来商旅,纳货贿,以便民事。四方来集,远乡皆至,则财不匮,上无乏用,百事乃遂"。《周官·司市》:"凡通货贿,以玺节出入之。国凶荒札丧,则市无征而作布。"《司关》:"掌国货之节以联门市。司货贿之出入者,掌其治禁与其征廛。"注:"征廛者,货贿之税,与所止邸舍也。关下亦有邸舍,其出布如市之廛。""凡货不出于关者,举其货,罚其人。……国凶札,则无关门之征,犹几。"参看第十二章第三节。二者皆战国时书,故言之较详也。《管子·幼官》,三会诸侯,令曰:"市赋百取二,关赋百取一。"《大匡》曰:"弛关市之征,五十而取一。"可见当时通行之税率。然《问篇》又言:"虚车勿索,徒负勿入。"以来远人,合"逼介之关,暴征其私"之言观之,见第十三章第四节。则当时之关,有需索及于行旅者矣,而谓其税商人能谨守绳尺乎?《商君书·垦令》曰:"贵酒肉之价,重其租,令十倍其朴,然则商贾少,农不能喜酣奭,大臣不为荒饱。"又曰:"重关市之赋,则农恶商,商有疑惰之心。"此法家重农抑商之论,然能行之者亦少也。

第五节 兵　　制

古代兵制,当以春秋、战国之间为一大变。春秋以前,为兵者率皆国都附近之人,战国时乃扩及全国。而杀戮之惨,战争时创痍之甚,亦即与之俱进焉。

言古代兵制者,率依据《周官》,以其文独完具也。然《周官》实已为后起之制矣。《夏官·序官》云:"凡制军,万有二千五百人为军。王六军,大国三军,次国二军,小国一军。军将皆命卿。二千有五百人为师,师帅皆中大夫。五百人为旅,旅帅皆下大夫。百人为卒,卒长皆上士。二十有五人为两,两司马皆中士。五人为伍,伍皆有长。"自来言古兵制者皆主之。然此说实与今文异。今文之说,见于《白虎通义·三军篇》。其说曰:"国必三军何?所以戒非常,伐无道,尊宗庙,重社稷,安不忘危也。何以言有三军也?《论语》曰:'子行三军则谁与?'《诗》云:'周王于迈,六师及之。'三军者何?法天地人也。以为五人为伍,五伍为两,四两为卒,五卒为旅,五旅为师,师为一军,六师一万五千人也。《传》曰:'一人必死,十人不能当;百人必死,千人不能当;千人必死,万人不能当;万人必死,横行天下。'虽有万人,犹谦让,自以为不足,故复加二千人,因法月数。月者,群阴之长也,十二月足以穷尽阴阳,备物成功,万二千人,亦足以征伐不义,致太平也。《穀梁传》曰:'天子有六军,诸侯上国三军,次国二军,下国一军。'"此文为人窜乱,几不可读。然其说仍有可考见者。《说文》以四千人为一军,《一切经音义》引《字林》同,是万二千人适三军也。《鲁颂》云:"公徒三万。"《管子·小匡》述作内政寄军令之制曰,五人为伍,轨长率之。五十人为小戎,里有司率之。二百人为卒,连长率之。二千人为旅,乡良人率之。万人一军,五乡之师率之。其所谓"旅",即《白虎通义》所谓"师",然则古实以万人为军,天子则又加二千人也。①《孟子·告子下篇》言:"三不朝则六师移之。"亦以天子为六师。《说文》云:"军,圜围也。"则军乃战时屯驻之称,其众之多少,本无一定。战时亦不论人数多寡,皆分为三。见《诗·常武》疏。《公羊》隐公五年解诂:"二千五百人称师"。"天子六师,方伯二师,诸侯一师。""二千五百人称师"句,必后人所改。《穀梁》襄公十一年,"古者天子六师,诸侯一军",实与万人为军,天子又加二千人之说合,知今《通义》所引,亦必后人所改也。凡今文家所言制度,率较古文为早,观《白虎通义》与《周官》所言兵数之不同,而可知兵数之渐增矣。《左氏》襄公十四年"成国不过半天子之军",与《周官》合。

出兵之法,《周官·大司徒》云:令五家为比,五比为闾,五闾为族,五族为党,五党为州,五州为乡。"《小司徒》云:"乃会万民之卒伍而用之,五人为伍,五伍为两,四两为卒,五卒为旅,五旅为师,五师为军。"又云:"凡起徒役,毋过家一人,以其余为羡。唯田与追胥竭作。"《夏官·序官》注云:"伍一比,两一闾,卒一族,旅一党,师一州,军一乡。家所出一人。"《遂人》注云:"遂之军法,追胥,起徒役,如六乡。"是郑谓乡遂之人皆服兵役也。出车之法,今文家谓:"十井共出兵车一乘。"《公羊》宣公十五年解诂。又哀公十二年解诂

---

① 兵制:古万人为军,天子加二千。

云:"礼:税民公田不过十一,军赋十井不过一乘。""公、侯封方百里,凡千乘。伯四百九十乘。子、男二百五十乘。"昭公元年解诂。《论语·学而》"导千乘之国",集解引包咸说同。古文家用《司马法》。而《司马法》又有两说,一云:"六尺为步,步百为亩,亩百为夫,夫三为屋,屋三为井,井十为通。通为匹马,三十家,士一人,徒二人。通十为成。成百井,三百家,革车一乘,士十人,徒二十人。十成为终。终千井,三千家,革车十乘,士百人,徒二百人。十终为同。同方百里,万井,三万家,革车百乘,士千人,徒二千人。"《小司徒》疏谓宫室、涂巷三分去一,再以不易、一易、再易通率,三夫受六夫之地,故十井九十夫之地,唯有三千家。郑注《小司徒》引之。又其一云:"九夫为井。四井为邑。四邑为丘,有戎马一匹,牛三头,是曰匹马丘牛。四丘为甸,甸六十四井,出长毂一乘,马四匹,牛十二头,甲士三人,步卒七十二人,戈楯具备,谓之乘马。"如此说,则地方千里,当得兵车万乘,士三万,卒七十二万。《史记·周本纪》:"帝纣闻武王来,亦发兵七十万人拒武王。"①《孙子·用间》:"怠于道路,不得操事者,七十万家。"《淮南·兵略》:"吴王夫差地方二千里,带甲七十万。"皆据此立言也。此说,《汉书·刑法志》,郑注《论语》"导千乘之国",见《小司徒》及《礼记·坊记》疏。服虔注《左氏》"作丘甲",成公元年,见《诗·小雅·信南山》疏。皆用之。郑以前一说为采地制,一说为畿外邦国法。《坊记》疏云,凡出军之法,乡为正,遂为副。公邑出军亦与乡同。公卿大夫采地既为井田,殊于乡遂,则出军亦异于乡遂。王畿之外,诸侯大国三军,次国二军,小国一军,皆出乡遂。计地出军则丘甸。《小司徒》疏云,凡出军之法,先六乡。不止,出六遂。犹不止,征兵于公邑及三等采。犹不止,乃征兵于诸侯。大国三军,次国二军,小国一军,皆出乡遂。犹不止,则诸侯有遍境出之法,则千乘之赋是也。案,如《司马法》之说,一同之地,仅得百乘,与今文家说大国方百里千乘,天子畿方千里万乘者不合,故疏必以遍地出军之法通之。其实今古文说,本不可合。《司马法》与《周官》亦不合。古文家既强据《周官》为周制,又强以《司马法》说《周官》,疏家虽曲为弥缝匡救,终不能自圜其说也。《诗·采芑》:"方叔莅止,其车三千。"笺云:"《司马法》兵车一乘,甲士三人,步卒七十二人。宣王乘乱,羡卒尽起。"疏云,天子六军千乘,今三千乘则十八军矣。《地官·小司徒职》,三等之家,通而率之,家有二人半耳。纵令尽起,唯二千五百乘,所以得有三千者?盖出六遂以足之也。且言家二人三人者,举其大率言耳。人有死生,数有改易,六乡之内不必常有千乘,况羡卒岂能正满二千五百也?当是于时出军之数有三千耳。或出于公邑,不必皆乡遂也。又《礼

---

① 文例:纣兵七十万,在于道路,七十万之由来。

记·坊记》言:"制国不过千乘。"疏云:"千乘之赋,地方三百一十六里有畸。案《周礼》,公五百里,侯四百里,则是过千乘,云不过千乘者?其地虽过,其兵赋为千乘,故《论语》注云:'虽大国之赋,亦不是过焉。'"又《诗·公刘》疏云:"夏、殷大国百里。周则大国五百里,大小悬绝,而军数得同者?周之军赋,皆出于乡,家出一人,故乡为一军。诸侯三军,出其三乡而已。其余公邑、采地,不以为军。若夏、殷之世,则通计一国之人,以为军数……大国百里,为方一里者万,为田九万夫。田有不易、一易、再易,通率二而当一,半之得四万五千家。以三万七千五百家为三军,尚余七千五百,举大数,故得为三军也。次国七十里,为方一里者四千九百,为田四万四千一百夫。半之,得二万二千五十家。二军当用二万五千人,少二千九百五十人,以羡卒充之。举大数,亦得为二军也。小国五十里,为方一里者二千五百,为田二万二千五百夫。半之,得一万一千二百五十家。以万二千五百人为军,少一千二百五十人,不满一军。举大数,亦得为一军也。"皆穿凿之说也。古之民,有征服者与所征服者之别。征服者居中央山险之地,服兵役,是为乡。所征服者,居四面平夷之地。其人亦非不能为兵,唯但使保卫闾里,不事征戍,如后世之乡兵然。故《周官》乡列出兵法,无田制,遂人但陈田制,无出兵法。据朱大韶《实事求是斋经义·司马法非周制说》。古兵农不合一之说,江永《群经补义》首发之,而此篇继其后,其论皆极精辟者也。江氏云:"管仲三国五鄙之法,制国以为二十一乡,工商之乡六,士乡十五。公率五乡,国子、高子各率五乡,是齐之三军,悉出近都之十五乡,而野鄙之农不与也。"又言鲁之士卒车乘皆近国都,故阳虎欲作乱,壬辰戒都车,令癸巳至。皆足为予征服之族居中央为兵,所征服之族居四周不为兵之说之证。① 郑谓遂之军法如六乡,非也。《小司徒职》云:"乃经土地而井牧其田野。九夫为井,四井为邑,四邑为丘,四丘为甸,四甸为县,四县为都,以任地事而令贡赋。"亦与军赋无涉。《周官》实无计地出车之法,兵车牛马,亦皆公家所给。亦据朱大韶说。案,《坊记》及《左氏》成公元年疏,亦谓乡遂之车马牛为国家所给,特未能破《司马法》之说耳。盖至战国,用兵益多,军赋益重,乃有如《司马法》所云之制。《周官》虽六国时书,所言军制犹较旧,故其兵虽多于今文经,犹无《司马法》遍地出军之法也。此又可见兵数之日增矣。

《春秋》成公元年,"作丘甲"。《左氏》杜注云:"此甸所赋,今鲁使丘出之。"哀公十二年,"用田赋"。杜注云:"丘赋之法,因其田财,通出马一匹,牛三头。今欲别其家财,各为一赋,故言田赋。"疏:贾逵以为欲令一井之间出一丘之税,多于常十六倍。杜说则谓旧制丘赋之法,田之所收及家内资财,并供一马三牛,今欲别其田及家资,令出一马三牛,又计田之所收,更出一马三牛,是为所出倍于常也。案,贾逵所言之数太多,《国语》韦注已疑之。杜说亦无据。自以《异义》之说为得也。《左氏》昭公四年,

---

① 兵制:近都——全国。

"郑子产作丘赋"。杜注亦云:"丘十六井,当出马一匹,牛三头,今子产别赋其田,如鲁之田赋。"疏:"(服虔以为)复古法耳,丘赋之法,不行久矣,今子产复修古法,民以为贪,故谤之。"案,成公元年《穀梁》云:"古者立国家,百官具,农工皆有职以事上。古者有四民:有士民,有商民,有农民,有工民。夫甲非人人之所能为也。"《公羊》何注意同。非所能为之事,安能强之?然《左氏》僖公十五年,吕甥言:"征缮以辅孺子,诸侯闻之,丧君有君,群臣辑睦,甲兵益多,好我者劝,恶我者惧,庶有益乎?众说,晋于是乎作州兵。"又欲不谓为非使州作兵而不得也,是又何邪?案,用田赋之事,《国语·鲁语》载孔子之言曰:"先王制土,籍田以力,而砥其远迩。赋里以入,而量其有无。任力以夫,而议其老幼。于是乎有鳏寡孤疾,有军旅之出则征之,无则已。其岁,注:"有军旅之岁也。"收田一井,出稷禾、秉刍、缶米,不是过也。先王以为足,若子季孙欲其法也,则有周公之籍矣。若欲犯法,则苟而赋,又何访焉?"《公羊》解诂曰:"赋者,敛取其财物也。言用田赋者,若今汉家敛民钱,以田为率矣。"《五经异义》:"有军旅之岁,一井九夫百亩之赋,出禾二百四十斛,刍秉二百四十斤,釜米十六斗。"则系加取其物,故《穀梁》云"古者公田十一,用田赋,非正也"。窃疑州兵丘甲,亦当是敛其财物,而别使工人作之。① 不然,甲纵凡民能勉为之,兵岂人人所能为邪?《左氏》襄公二十五年:"楚蒍掩为司马。子木使庀赋,数甲兵。甲午,蒍掩书土田,度山林,鸠薮泽,辨京陵,表淳卤,数疆潦,规偃潴,町原防,牧隰皋,井衍沃,量入修赋,赋车籍马,赋车兵、徒卒、甲楯之数,既成,以授子木,礼也。"此颇近乎《司马法》所言之制,当是野鄙之民出赋之渐也。

《史记·苏秦列传》,秦说六国之辞,于燕云:"带甲数十万,车六百乘,骑六千匹,粟支数年。"于赵云:"带甲数十万,车千乘,骑万匹,粟支数年。"于韩云:"带甲数十万。"于魏云:"武士二十万,苍头二十万,奋击二十万,厮徒十万,车六百乘,骑五千匹。"于齐云:"带甲数十万,粟如丘山。"于楚云:"带甲百万,车千乘,骑万匹,粟支十年。"《张仪列传》,仪说六国之辞,亦不甚相远。仪说楚,言秦虎贲之士百余万,积粟如丘。说韩,言秦带甲百余万,车千乘,骑万匹。又韩卒悉之不过三十万,而厮养在其中矣。又言魏卒不过三十万。又《范雎蔡泽列传》,雎言秦奋击百万,战车千乘,泽言楚持戟百万。《穰侯列传》,须贾言魏氏悉其百县胜甲以上戍大梁,臣

---

① 兵制:州兵丘甲。

以为不下三十万。知其说颇得实。战国时之大国,大率皆方千里,《孟子·梁惠王上》言:"海内之地,方千里者九,齐集有其一。"以睾较言之是也。当时大国,计其面积,皆不止千里,然多未开辟之地,于国力无与也。然其兵,则较之《周官》之六军,又不啻数倍矣。此骤增之兵数,何自来邪?曰:皆春秋以前不隶卒伍之民也。鞌之战,齐侯见保者曰:"勉之,齐师败矣。"《左氏》成公二年。是齐之兵虽折于外,其四境守御之兵仍在。乃苏秦说齐宣王曰:"韩、魏战而胜秦,则兵半折,四境不守;战而不胜,则国以危亡随其后。"则其情势大异矣。张仪说魏王曰:"卒戍四方,守亭障者,不下十万。"说韩王曰:"料大王之卒,悉之不过三十万,而厮徒负养在其中矣。除守徼亭障塞,见卒不过二十万而已矣。"其说齐湣王曰:"秦、赵战于河、漳之上,再战而赵再胜秦,战于番吾之下,再战又胜秦,四战之后,赵之亡卒数十万,邯郸仅存,虽有战胜之名,而国已破矣。"是则战国时,危急之际,无不倾国以出者。不特此也,苏秦北见燕王哙,谓:"(齐异日)济西不役,所以备赵也。河北不师,所以备燕也。今济西、河北,尽以役矣。"见《战国策·燕策》。燕王哙乃昭王之误。案,苏秦说齐宣王,谓临菑之中七万户,户不下三男子,三七二十一万,不待发于远县,而临菑之卒固已二十一万矣。虽设说,亦可想见当时有空国出兵之事。王翦以六十万人伐楚曰:"今空秦国甲士而专委于我。"《史记》本传。是逐利者亦或倾国而出也。《王制》曰:"五十不从力政,六十不与服戎。"《韩诗》说,二十从役,三十受兵,六十还之。见《诗·击鼓》疏。《王制》正义引《五经异义》、《礼》戴、《易》孟氏说皆同。《白虎通义·三军篇》:"年卅受兵何?重绝人世也。师行不必返,战不必胜,故须其有世嗣也。年六十归兵何?不忍并斗人父子也。"《盐铁论·未通篇》亦云:"三十而娶,可以从戎事。"《后汉书·班超传》,班昭上书曰:"妾窃闻古者十五受兵,六十还之。"则误以从役之年为受兵之年矣。① 而《燕策》:"燕王喜使栗腹以百金为赵孝成王寿。酒三日,反报曰:'赵民,其壮者皆死于长平,其孤未壮,可伐也。'王乃召昌国君乐间而问曰:'何如?'对曰:'赵,四达之国也,其民皆习于兵,不可与战。'"此谓赵之民,虽未壮者,亦能执干戈以卫社稷也。观长平之役,秦王自之河内,赐民爵各一级,发年十五以上,悉诣长平,遮赵救及粮食,《史记·白起王翦列传》。则乐间之言信矣。其兵数安得不增哉?然战争之酷,则亦于斯为烈矣。

荀子论六国之兵曰:"齐人隆技击,其技也,得一首者,则赐赎锱金,无本赏矣。是事小敌毳,则偷可用也;事大敌坚,则涣焉离耳。……是亡国之

---

① 兵制:古服兵役之年。

兵也。兵莫弱是矣。……魏氏之武卒，以度取之，衣三属之甲……赢三日之粮，日中而趋百里。中试则复其户，利其田宅，是数年而衰，而未可夺也。改造则不易周也。是故地虽大，其税必寡，是危国之兵也。秦人，其生民也狭隘，其使民也酷烈。劫之以势，隐之以阨，忸之以庆赏，䲡之以刑罚。使天下之民，所以要利于上者，非斗无由也。阨而用之，得而后功之。功赏相长也，五甲首而隶五家，是最为众强长久，多地以正，故四世有胜，非幸也，数也。"《议兵》。盖唯秦，真能驱全国之民使为兵，故其数多而且强也。《战国策·赵策》："田单问赵奢曰：'吾非不说将军之兵法也，所以不服者，独将军之用众。用众者，使民不得耕作，粮食挽赁，不可给也。此坐而自破之道也，非单之所为也。单闻之，帝王之兵，所用者不过三万，此亦可见古以万人为军。而天下服矣。今将军必负十万、二十万之众乃用之，此单之所不服也。'马服曰：'君非徒不达于兵也，又不明其时势。夫吴干之剑，肉试则断牛马，金试则截盘匜，薄之柱上而击之则折为三，质之石上而击之则碎为百。今以三万之众，而应强国之兵，是薄柱、击石之类也。且夫吴干之剑，材难夫毋脊之厚而锋不入，无脾之薄而刃不断。兼有是两者，无钩𠮿蒙须之便，操其刃而刺，则未入而手断。君无十万、二十万之众，而为此钩𠮿蒙须之便，而徒以三万行于天下，君焉能乎？此谓行军必更有厮徒之属。《公羊》宣公十二年，子重言南郢之与郑相去数千里，诸大夫死者数人，厮役扈养死者数百人。苏秦言魏有厮徒十万。可见古行军颇以厮养为重。且古者四海之内分为万国，城虽大，无过三百丈者。人虽众，无过三千家者。……今取古之为万国者，分以为战国七……千丈之城，万家之邑相望也，而索以三万之众，围千丈之城，不存其一角，而野战不足用也，君将以此何之？'"此可见兵之所以多。然田单所言之祸，则亦无可免矣。①《齐策》，苏秦说齐湣王曰："彼战者之为残也：士闻战，则输私财而富军市，输饮食而待死士。令折辕而炊之，杀牛而觞士，则是路君之道。中人祷祝，君翳酿；通都、小县置社、有市之邑，莫不止事而奉王，则此虚中之计也。夫战之明日，尸死扶伤，虽若有功也，军出费，中哭泣，则伤主心矣。死者破家而葬，夷伤者空财而共药，完者内酺而华乐，故其费与死伤者钧。故民之所费也，十年之田而不偿也。军之所出，矛戟折，镮弦绝，伤弩，破车，疲马，亡矢之大半；甲兵之具，官之所私出也，士大夫之所匿，厮

---

① 兵制：杀多，破坏甚。

养士之所窃,十年之田而不偿也。天下有此再费者,而能从诸侯者寡矣。攻城之费,百姓理襜蔽,举冲橹,家杂总,身窟穴,中疲于刀金,而士困于土功。将不释甲,期数而能拔城者为亟耳。上倦于教,士断于兵,故三下城而能胜敌者寡矣。"武安君亦言:"长平之事……秦民之死者厚葬,伤者厚养,劳者相飨,饮食餔馈,以靡其财。"见《中山策》。胜者之祸如此,况败者乎?孙子言:"兴师十万,出征千里。百姓之费,公家之奉,日费千金。内外骚动,怠于道路,不得操事者七十万家。"《用间》。信矣。

《史记·鲁仲连列传》,连言"秦者,弃礼义而尚首功之国也"。集解引谯周曰:"秦用卫鞅计,制爵二十等,以战获首级者计而受爵,是以秦人每战胜,老弱妇人皆死,计功赏至万数,天下谓之'尚首功之国'。"《商君书·境内篇》:人得一首则复。得三十三首以上,盈论。百将、屯长,赐爵一级。有爵者乞无爵者为庶子,级一人。爵五大夫,或赐邑三百家,或赐税三百家。能得一甲首者,赏爵一级,益田一顷,益宅九亩,除庶子一人。即谯周之所云也。案,泓之战,《公羊》是之,《左》《穀》非之。《公羊》儒家言,《左》《穀》古文,战国时说也。齐桓公迁邢于夷仪,封卫于楚丘,邢迁如归,卫国忘亡;楚庄王还师而佚晋寇;则春秋时犹有能行仁义者。当时用兵,唯夷狄之国较为野蛮,《穀梁》之狄秦,僖公三十三年,言秦"乱人子女之教,无男女之别"。《公羊》讥吴返夷狄是也。定公四年,吴入楚,君舍于君室,大夫舍于大夫室。陈之从楚伐郑也,"当陈隧者,井堙木刊",《左氏》襄公二十五年。盖犹为报怨起见。鲁之入邾也,昼掠,又宵掠,哀公七年。则利其所有矣。至秦,遂至于"主必死辱,民必死虏",《齐策》陈轸之言。事势之迁流,盖非一朝一夕之故矣。孟子曰:"争地以战,杀人盈野,争城以战,杀人盈城,此所谓率土地而食人肉,罪不容于死。"《离娄上》。又曰:"梁惠王以土地之故,糜烂其民而战之,大败,将复之,恐不能胜,故驱其所爱子弟以殉之。"《尽心下》。而淮南王言:七国之民,"枕人头,食人肉,菹人肝,饮人血,甘之于刍豢"。《览冥》。盖为刑罚所驱,爵赏所诱,无不失其本心者矣。岂不哀哉?

《商君书·兵守篇》言壮男为一军,壮女为一军,男女之老弱者为一军。① 《墨子·备城门》言守法:"五十步,丈夫十人,丁女二十人,老小十人。"《备穴篇》:诸作穴者五十人,男女各半。则古女子亦从军。故《周官·

---

① 赋税:为兵。

司徒》言家可任者,郑注以男女老弱通计也。见上节。楚王之围汉荥阳也,汉王夜出女子东门二千人,《史记·项羽本纪》。则楚、汉之间,女子犹可调集。《史记·田单》《平原君列传》皆言妻妾编于行伍之间,决非虚语矣。此亦见当时军役之重也。《书·费誓》:"马牛其风,臣妾逋逃,勿敢越逐。"疏谓"古人或以妇女从军",则厮徒中亦有女子矣。

车易为骑,盖始于战国之世,第十三章第四节引《日知录》已言之。案,车战之废与骑战之兴实非一事。① 盖骑便驰骋,利原野,吾国内地,古多沟洫阻固,骑战固非所利,即戎狄居山林,骑亦无所用之也。《左氏》隐公九年,北戎侵郑,郑伯御之。患戎师,曰:"彼徒我车,惧其侵轶我也。"昭公元年,中行穆子败狄于太原,亦不过毁车崇卒而已。僖公二十八年,晋作三行以御狄。《周官》有舆司马、行司马,孙诒让正义谓即《诗·唐风》之公路、公行,行指步卒,其说是也。《大司马职》云:"险野人为主,易野车为主。"苏秦、张仪言七国之兵,虽皆有骑,然其数初不多。世皆谓赵武灵王胡服骑射,以取中山,其实乃欲以临胡貉。攻中山凡五军,赵希将胡、代之兵为其一,《史记·赵世家》。初不言为骑兵。盖中山亦小国,不利驰骤也。李牧居代雁门备匈奴,乃有选骑万三千匹,《史记》本传。逾于仪、秦所言秦、楚举国之数矣,以所临者为骑寇也。故车战在春秋时稍替,骑战至战国时始兴。言车骑徒之长短利害者,莫详于《六韬》。车大抵利平地而忌险阻、山泽、污下、沮洳。骑虽不尽然,然亦虑人为深沟坑阜。唯徒兵依丘陵险阻,不则为行马蒺藜以自固,实最利于险也。

兵之始,或以木,黄帝之"弦木为弧,剡木为矢"是也。《礼记·内则》,国君世子生,射人以桑弧蓬矢六,射天地四方。注曰:"桑弧蓬矢,本太古也。"此亦太古以木为兵之一证。或以石,肃慎氏石砮是也。唯蚩尤始以金属为兵,说已见前。《管子·小匡》言:美金以铸戈剑矛戟,恶金以铸斤斧锄夷锯欘。美金者铜也,恶金者铁也。《周官·秋官·职金》:"入其金锡于为兵器之府……掌受士之金罚、货罚,入于司兵。"②《越绝书·宝剑篇》,薛烛论巨阙,谓宝剑者,金锡和铜而不离,则古之兵皆以金与锡为之。然朱亥袖四十斤铁椎椎杀晋鄙;《史记·信陵君列传》。张良得力士,为铁椎,重百二十斤,以椎击秦皇帝于博浪沙中;《留侯世家》。则先秦之末,铁之用稍广,而铜之用稍微矣。《伪古文尚书·说命》曰:"惟甲胄起戎。"伪传云:"甲,铠;胄,兜鍪也。"疏曰:"经传之无铠与兜鍪,盖

---

① 兵制:车废骑兴非一事。
② 兵器:铜铁递嬗,罚金为兵。

秦汉以来始有此名，传以今晓古也。古之甲胄皆用犀兕，未有用铁者，而鍪铠之字皆从金，盖后世始用铁耳。"《费誓》疏云："经典皆言甲胄，秦世以来，始有铠、兜鍪之文，古之作甲用皮，秦汉以来用铁，铠、鍪二字皆从金，盖用铁为之，而因以作名也。"《周官·司甲》注："今之铠也。"疏："古用皮，谓之甲；今用金，谓之铠，从金为字也。"此亦铁之用渐广之征也。《墨子·节用》曰："古者圣人，为猛禽狡兽，暴人害民，于是教民以兵行。"《淮南·泛论》曰："为鸷禽猛兽之害伤人而无以禁御也，而作为之铸金锻铁，以为兵刃。"①案，今云南之猓猡人，无不带兵，然未有用之于人者，知墨子、淮南王之言不我欺也。兵之始，有直刺者，有横击者。直刺者欲其不易脱，则又曲其刃之端。《考工记》所谓击兵、刺兵、句兵是也。其及远者则为矢。此皆以木者也。其以石者，则或桀以投，《左氏》成公二年，齐高固入晋师，桀石以投人。或乘高而下。乘高而下者，所谓垒石是也。《汉书·晁错传》："以便为之高城深堑，具蔺石。"如淳曰："蔺石，城上雷石也。"《李广苏建传》："单于遮其后，乘隅下垒石。"发之以机，则古谓之礮，亦后世以机发石之祖也。《左氏》桓公五年，"礮动而鼓"。疏云："贾逵以礮为发石，一曰飞石，引范蠡《兵法》作飞石之事以证。《说文》亦云'建大木，置石其上，发其机以追敌'，与贾同也。"《明史·兵志》云：古之炮皆以机发石，至明成祖征交阯，始得火器，为神机营肄之。以为攻具者，登高以望曰巢车。以之攻城，则曰云梯。在上临下曰临，从旁冲突曰冲。《诗·大雅·皇矣》："以尔钩援，与尔临冲，以伐崇墉。"毛传云："钩，钩梯也，所以钩引上城者。临，临车也。冲，冲车也。"疏云："钩援一物，正谓梯也。以梯倚城，相钩引而上。援，即引也。笺云钩钩梯，所以钩引上城者？墨子称公输般作云梯以攻宋，盖此之谓也。临者，在上临下之名；冲者，从旁冲突之称。故知二车不同。兵书有作临车、冲车之法，《墨子》有《备冲》之篇，知临、冲俱是车也。"《左氏》成公十六年注曰："巢车，车上为橹。"疏曰："《说文》云：轈，兵高车加巢以望敌也。橹，泽中守草楼也。"《史记·郑世家》集解引服虔《左氏注》："楼车，所以窥望敌军，《兵法》所谓云梯。"盖巢车与钩援为相类之物也。军营所处，筑土自卫，谓之为垒。《左氏》文公十二年疏。筑土为山，以窥城内，曰距堙。《书·费誓》疏。作高木橹，橹上作桔槔兜零，以薪置其中，谓之烽。常视之，有寇，即火燃举之以相告。《史记·信陵君列传》集解引文颖。又有以水火毒药相亏害者。见《墨子》。案，《公羊》庄公十七年，遂人以药矸齐戍，《左氏》襄公十四年，晋以诸侯伐秦，秦人毒泾上流是也。案，《考工记》云："攻国之兵欲短，守国之兵欲长。攻国之人众，行地远，食饮饥，且涉山林之阻，是故兵欲短。守国之人寡，食饮饱，且不涉山林之阻，是故兵欲长。"然则短兵者，利于山林者也。而山林

---

① 兵器：兵之始非施之人。

者,禽兽之所处也。兵之短者莫如剑。《考工记》又曰:戈柲六尺有六寸。殳长寻有四尺。车戟常、酋矛常有四尺。夷矛三寻。剑,上制长三尺,中制二尺五寸,下制二尺。盖兵以剑为最短。然人人佩之者唯剑耳。夫人人所佩者,唯行山林之兵,则兵之始,固所以御异类也。墨子、淮南王之言岂欺我哉?

第六节 刑 法

言古代刑法者,每喜考中国之有成文法始于何时,其实此乃无甚关系之事也。邃古之时,人与人之利害,不甚相违,众所共由之事,自能率循而不越。若此者,就众所共由言之,则曰俗。就一人之践履言之,则曰礼。古有礼而已矣,①无法也。迨群治演进,人人之利害,稍不相同,始有悍然违众者。自其人言之,则曰违礼。违礼者,众不能不加以裁制,然其裁制也,亦不过诽议指摘而已。利害之相违日甚,悍然犯礼者,非复诽议指摘所能止,乃不得不制之以力。于是有所谓法。法强人以必行之力强于礼,然其所强者,不能如礼之广。于其所必不容已者则强之,可出可入者则听之,此法之所以异于礼也。顾此亦必以渐致。愈古则法所干涉者愈多,即实不能干涉者,在时人之意,亦以为当干涉,特力有不逮耳。所谓"出于礼者入于刑"也。《吕刑》曰:"墨罚之属千。劓罚之属千。剕罚之属五百。宫罚之属三百。大辟之罚,其属二百。五刑之属三千。"②《周官·司刑》曰:"墨罪五百。劓罪五百。宫罪五百。刖罪五百。杀罪五百。"案,集先秦法律之大成者为《法经》,不过六篇,见下。安得有三千或二千五百条?古言"曲礼三千",《礼记·礼器》。则"五刑之属三千",犹言出于礼者入于刑耳,古以三为多数,不可以百计则云千,以千计之而犹觉其多,则曰三千。云"墨罚之属千""劓罚之属千"者,犹言其各居都数三之一;曰"腓罚之属五百"者,言其居都数六之一;曰"宫罚之属三百""大辟之罚,其属二百"者,犹言此二刑合居都数六之

---

① 刑:古有礼而已,违礼制裁心诽议,并不嫌多难知。
② 刑:五刑之属三千解,此仍礼。乡纠孝……

一,而宫与大辟,又若三比二也。此其所犯者,必为社会之习俗,而非国家之法令审矣。然则是时为日用寻常之轨范者,犹是习俗而非法令也。《周官·大司寇》:"以五刑纠万民:一曰野刑,上功纠力。二曰军刑,上命纠守。三曰乡刑,上德纠孝。四曰官刑,上能纠职。五曰国刑,上愿纠暴。"所谓乡刑者?《大司徒》:"以乡八刑纠万民:一曰不孝之刑。二曰不睦之刑。三曰不姻之刑。四曰不悌之刑。五曰不任之刑。六曰不恤之刑。七曰造言之刑。八曰乱民之刑。"犹是社会之习俗也。"禁杀戮,掌司斩杀戮者。凡伤人见血而不以告者,攘狱者,遏讼者,以告而诛之。""禁暴氏,掌禁庶民之乱暴力正者,挢诬犯禁者,作言语而不信者,以告而诛之。凡国聚众庶,则戮其犯禁者,以徇。凡奚隶聚而出入者则司牧之,戮其犯禁者。"此等盖所谓国刑,近乎今之警察,乃以治者之力,强制人民者也。

  礼之繁如此,而曰出于礼者入于刑,在今人,必以为生其时者将无所措手足,其实不然也。三千特言其多,云出于礼者入于刑,不过谓理当如是,断不能一有出入,即随之以刑也。今日寻常日用之间,所当遵守之科条,奚啻千百?然绝未有苦其繁者,则以其童而习之也。所难者,转在今日之所谓法本非人民所习,乃不顾其知与不知而一切行之耳。此等法何自起乎?曰:其必起于有国有家者之所求矣。① 有国有家者之所求,本非民之所知,而亦非其所欲,如是,则非有强力焉以守之不可,此今所谓法律者之缘起也。《左氏》昭公六年,叔向诒子产书曰:"夏有乱政而作《禹刑》,商有乱政而作《汤刑》,周有乱政而作《九刑》。"《九刑》,② 又见文公十八年。《周书·尝麦》,令大正正《刑书》九篇。疑即其物。《周官·司刑》疏引郑注《尧典》云:"正刑五,加之流宥、鞭、朴、赎刑,此之谓九刑。""贾、服以正刑一加之以八议",附会不足据。时则子产作《刑书》。二十九年,晋赵鞅铸刑鼎。定公九年,郑驷歂杀邓析而用其《竹刑》。又昭公七年,楚申无宇引周文王之法。又谓楚文王有《仆区之法》。《韩非子·外储说上》谓楚庄王有《茅门之法》。皆《刑书》之名之可考者也。此等法律,其详已不可得闻,其稍有可知者,始于李悝之《法经》。《魏律序》云悝为魏文侯相,撰次诸国法为之,曰盗、贼、网、捕、杂律,又以一篇著其加减,凡六篇。商君取之以相秦。见《晋书·刑法志》。此律为汉人所沿用。以其少而不周于用也,递增至六十篇,又益以令甲及比。繁杂不可名状,奸吏因得上下其手,屡图删定,讫未有成。至魏世,乃定为十八篇,未及行而亡。晋初又加修正,为二十篇,于泰始三年(267),民国纪元前一千六百四十五年。大赦天下行

---

① 刑:法有{国/家}者。所求 难知 非欲 非强力守不可。

② 刑:九刑亦刑书之一。悝撰次诸国……,宪令禁……

之。南北朝、隋、唐之律，咸以为本。唐以后定律者，金与明皆本于唐，清律又本于明，实仍本于晋也。晋律当多取汉时之令及比等，然李悝之《法经》，必仍有存于其中者，即谓所存甚寡，然自商君以后，法典遂前后相承，有修改而无创制矣。故《法经》实吾国法律之本也。

古有所谓布宪者，《周官》有其官，《管子·立政篇》亦言其事。《周官·布宪》云："掌宪邦之刑禁。正月之吉，执旌节，以宣布于四方。"《立政篇》言正月之朔，百吏在朝，君乃出令，布宪于国。五乡之师，五属大夫，皆受宪于太史，而遂于其所属。案，《小匡篇》言："修旧法，择其善者，举而严用之。"而《月令》，季冬之月，"天子乃与公卿大夫共饬国典，论时令，以待来岁之宜"。则正月之所布者，乃君与大夫所择焉而行之于一岁之中者也。《立政》又曰："凡将举事，令必先出。其赏罚之数，必先明之。"此为临事所发。《墨子·非命》言："古之圣王，发宪出令，设以为赏罚以劝贤。"《韩非·定法》云："宪令著于官府。"则宪与令乃上所求于下之两大端。其使之不得为者，则谓之禁。《曲礼》言"入境而问禁，入国而问俗"是也。此为古书各举一边之例。入境者亦问俗，入国者亦问禁。此等皆不原于俗，非其民所素知，故必表而悬之。宪谓表而悬之，见《周官·小宰》注。又或徇以木铎。《小宰》《小司徒》《小司寇》《士师》等，咸有其文。而州长、党正、族师、闾胥，又有属民读法之举也。违宪令或犯禁者，则治之以法，其初盖临事审度。故孔子谓先王议事以制，不为刑辟。《左氏》昭公六年。后因其轻重失宜，且执法者不免上下其手，则必著其轻重。^① 叔向、仲尼之言，乃当时一派议论，不必合于时势也。法不公布，义疏亦疑之，见昭公六年。

刑之始，盖所以待异族。古之言刑与今异。汉人恒言"刑者不可复属"，亦曰"断者不可复属"，则必殊其体乃谓之刑，拘禁罚作等，不称刑也。此为刑字之初义，其后自不尽如此，勿泥。然初义仍并行，如《周官·司圜》曰"凡圜土之刑人也不亏体，其罚人也不亏财"是也。亏财盖源于赎刑，本无肉刑，自不得有赎也。《国语·鲁语》，臧文仲言："大刑用甲兵，其次用斧钺。中刑用刀锯，其次用钻笮。薄刑用鞭朴。……大者陈之原野，小者肆之市朝，五刑三次，是无隐也。""陈之原野"，指战阵言，可见古以兵刑为一。^② 此《汉书》述兵制所以犹在《刑法

---

① 刑：因轻重失宜上下其手而定法。
② 刑：兵刑是一。

志》中也。《尧典》曰："象以典刑。流宥五刑。鞭作官刑。朴作教刑。金作赎刑。"象以典刑，盖即《周官》之悬法象魏。《周官·天官·太宰》："正月之吉，始和，布治于邦国都鄙，乃悬治象之法于象魏，使万民观治象，挟日而敛之。"《地官》作"教象"，《夏官》作"政象"，《秋官》作"刑象"，其文咸同。唯《春官》无文，以其事与民无涉也。魏，阙名，盖以其悬象，故称象魏。《左氏》哀公三年："司铎火……季桓子至，御公立于象魏之外……命藏象魏，曰：'旧章不可亡也。'""命藏象魏"之"魏"字，疑涉上文而衍，杜注"谓其书为象魏"，非也。其初盖悬行刑之状以恐怖人。五刑，即《吕刑》所云墨、劓、腓、宫、大辟。大辟者，臧文仲所谓用斧钺；劓、腓、宫，其所谓用刀锯；墨其所谓用钻笮；宫刑、教刑，其所谓用鞭朴；金作赎刑，即《吕刑》之所言也。《吕刑》云："苗民弗用灵，制以刑，唯作五虐之刑曰法……爰始淫为劓、刵、椓、黥。"①劓、刵、椓、黥，《书》疏云，欧阳、大小夏侯作膑、宫、劓、割头、庶黥。见卷二《虞书》标目下，"庶"字未详。《说文·支部》："𣀈，去阴之刑也。……《周书》曰'刖、劓、𣀈、黥'。"则今本之刵乃误字。《书·康诰》之"刑人""杀人""劓刵人"，"刵"疑"刖"之误。杀指大辟，刑指宫，《左氏》襄公十九年，"妇人无刑"，正指宫刑言也。②

五刑实自苗民至周穆王，未之有改。除妇人宫刑闭于宫中外，《周官·司刑》郑注："宫者，丈夫则割其势，女子闭于宫中。"《吕刑》伪孔传："宫，淫刑也。男子割势，妇人幽闭。"疏云："大隋开皇之初，始除男子宫刑，妇人犹闭于宫。"《左氏》僖公十五年杜注云："古之宫闭者，皆居之台以抗绝之。"余皆殊其体。大辟则并绝其生命，故或称为死，与刑相对，又或称为大刑也。《周官·司刑》有刖而无膑。郑注云周改膑作刖，未知何据。③ 今《尚书》之"剕"，《周官·司刑》注引《书传》作"膑"，则二者一字。襄公二十九年《公羊》疏引郑驳《异义》云："皋陶改'膑'为'剕'，《吕刑》有'剕'，周改'剕'为'刖'。"其说与《周官》注不合，自当以《周官》注为是。《尔雅·释言》："跸，刖也。"《说文》："跸，跀也。""跀，断足也。"皆以跸与跀为一，而郑氏以为二。《说文》又云："髌，膝端也。"段注云，膑者，髌之俗，去膝头骨也。跀，汉之斩趾。髌者废不能行，跀者尚可着踊而行。《庄子》"兀者叔山无趾踵见仲尼"，崔撰云，无趾，故以踵行，是则跀轻于髌。案，郑说恐非是，《庄子·养生主》云："公文轩见右师而惊曰：'是何人也？恶乎介也？天欤？其人欤？'曰：'天也，非人也。天之生是使独也。'"注曰，介，偏刖之名，偏刖曰独。《释文》，介，一音兀。司马云，刖也。向、郭云，偏刖也。崔本作兀，又作𩨺，云断足也。《管子·地数》："苟山之见荣者，谨封而为禁。有动封山者，罪死而不赦。有犯令者，左足入，左足断，右足入，右足断。"即所谓偏刖。则陈乔枞《今文尚书经说考》谓跸者去左

---

① 刑：劓、刵、椓、黥，刵当作刖。
② 刑：刑必亏体，惟妇人无刑指宫。
③ 刑：腓膑刖。

趾,朗者并去右趾,其说是也。《易》言噬嗑灭趾,即此。《玉篇》,髌,骨也。又去膝,盖刑名。说稍后。《白虎通义·五刑篇》:"腓者,脱其膑也。"此书为后人窜乱太多,恐不足据。郑注《司刑》云:"夏刑大辟二百,膑辟三百,宫辟五百,劓、墨各千,周则变焉。"即据《吕刑》《周官》异同为说。其改膑作刖之言,疑亦如此,未必别有所据也。《掌戮》云:"墨者使守门。劓者使守关。宫者使守内。刖者使守囿。髡者使守积。"则又益一髡。案,髡即越族之断发,黥则其文身。① 苗民在江、淮、荆州,其初盖俘异族以为奴婢,后则本族之犯罪者,亦以为奴婢而侪诸异族,因以异族之所以为饰者施之;后益暴虐,乃至以刀锯斧钺加于人体,而有膑、宫、劓、割头之刑也。耶即馘,其初亦施诸战阵。此疑亦源于越族,越族本有儋耳之习也。《后汉书·南蛮传》述珠崖儋耳之俗云:"其渠帅贵长耳,皆穿而缒之,垂肩三寸。"《左氏》僖公二十七年,楚子玉治兵,"贯三人耳"。所谓贯耳,亦即穿耳也。《尧典》曰:"帝曰:皋陶,蛮夷猾夏,寇贼奸宄。汝作士。五刑有服,五服三就。五流有宅,五宅三居。""三就"即臧文仲所谓"三次","五流"即所谓"流宥五刑"。《周官·司戮》:"掌斩杀贼谍而搏之。注:"斩以铁钺,若今腰斩也。杀以刀刃,若今弃市也。……搏当为"膊诸城上"之膊,字之误也。膊谓去衣磔之。"案,"膊诸城上",见《左氏》成公二年。斩亦曰斫,见《公羊》成公二年。凡杀其亲者焚之。注:"焚,烧也。《易》曰:焚如死如弃如。"《左氏》昭公二十二年,鄩肸伐皇,大败,获鄩肸,焚诸王城之市。又古刑有烹,《公羊》庄公四年:"哀公烹乎周。"注:"烹,煮而杀之。"即《汉书·刑法志》所谓秦有镬烹之刑者也。《左氏》襄公二十六年,宋烹伊戾。哀公十六年,楚烹石乞。杀王之亲者辜之。注:"辜之言枯也,谓磔之。"案,《荀子·正论》云:"斩断枯磔。"《史记·李斯列传》:"十公主矺死于杜。"索隐:"'矺'音'宅',与'磔'同,古今字异耳。磔,谓裂其肢体而杀之。"凡杀人者踣诸市,肆之三日。"贼谍即所谓奸宄。士本战士,士师者,士之长,其初皆军官。肉刑又有辕。《周官·条狼氏》:"誓仆右曰杀,誓驭曰车辕。"《墨子·号令》:"归敌者,父母、妻子、同产皆车裂。"然则殊体之刑,初由异族驰及军中,后乃行之平时也。案,古死刑又有脯醢。《史记·殷本纪》,纣醢九侯,脯鄂侯是也。《檀弓》,孔子哭子路于中庭,既哭,进使者而问故。使者曰'醢之矣'。遂命覆醢。《左氏》庄公十二年,宋人醢猛获、南宫万。襄公十五年,郑人醢堵女父、尉翩、司齐,十九年,齐人醢夙沙卫。哀公二年,赵简子誓曰:"若其有罪,绞缢以戮。"注:"绞,所以缢人物。"宣公八年,"晋人获秦谍,杀诸绛市,六日而苏",此必不殊其体,疑即绞杀之也。又炮格之刑,见《吕览·顺民》。高注云:"纣尝爇烂人手,因作铜烙,布火其下,令人走其上,人堕火而死。"毕校云,"烙"当作"格"。然《列女·孽嬖传》亦作"烙"。此亦焚之类也。《周官·大司徒》:"凡万民之不服教而有狱讼者,与有地治者听而断之,其附于刑者,归于士。"此刑

---

① 刑:髡、越之断发,黥其文身,后五刑效越,耶疑亦原焉。

之初不施诸本族之证。《书》家有象刑之说,后人多疑之。见《荀子·正论篇》。《汉书·刑法志》本之。案,其说曰:"上刑赭衣不纯。中刑杂屦。下刑墨幪。"《白帖》引《尚书大传》。又曰:"以幪巾当墨。以草缨当劓。以菲屦当剕。以艾韠当宫。布衣无领当大辟。"《太平御览》引《慎子》。此即《周官》所谓"明刑""明梏"。明刑,见下。《掌囚》曰:"及刑杀,告刑于王。奉而适朝,士加明梏以适市而杀之。"注:"士加明梏者,谓书其姓名及其罪于梏而著之也。"《论衡·四讳》曰,俗讳被刑,不上丘墓。"古者肉刑,形毁不全,乃不可耳。方今象刑,①象刑重者,髡钳之法也,若完城旦以下,施刑,施,疑当作"弛"。彩衣系躬,冠带与俗人殊,何为不可?"则汉世犹行之矣。《玉藻》曰:"垂緌五寸,惰游之士也。玄冠缟武,不齿之服也。"注谓惰游即疲民。不齿,谓所放不率教者。案,《王制》言:"命乡简不率教者以告,耆老皆朝于庠。元日习射上功,习乡尚齿。大司徒率国之俊士,与执事焉。不变,命国之右乡,简不率教者移之左;命国之左乡,简不率教者移之右;如初礼。不变,移之郊,如初礼。不变,移之遂,如初礼。不变,屏之远方,终身不齿。"又曰:"将出学,小胥、大胥、小乐正简不率教者,以告于大乐正。大乐正以告于王。王命三公、九卿、大夫、元士皆入学。不变,王亲视学。不变,王三日不举,屏之远方。西方曰棘,东方曰寄,终身不齿。"②《大学》曰"唯仁人放流之,屏诸四夷,不与同中国",中国即国中。古所谓四夷者,去中国本不甚远。《周官》入于圜土而能改过者,返于中国,不齿三年,则屏之远方者,未必无还期,还而犹为之刑,则所谓不齿者也,此即《尧典》所谓"流宥五刑"。语云"教笞不可废于家",则其所谓鞭朴。鞭朴固初施于家,流亦犹之"子放妇出"耳。见《礼记·内则》。知古之待本族者,不过如此而已矣。《唐书·吐蕃传》曰:"重兵死,以累世战没为甲门。败懦者垂狐尾于首,示辱,不得列于人。"此亦所谓不齿。浅演之群,风俗每相类,知象刑为古所可有,不必惊怖其言若河汉而无极也。

《曲礼》曰:"刑不上大夫。"《五经异义》:"古《周礼》说:士尸肆诸市,大夫尸肆诸朝,是大夫有刑。"案,刑不上大夫者?刑之始,乃以为奴婢而侪诸异族,大夫以上,不可以为奴,故亦不容施刑也。《公羊》宣公元年云:"古者大夫已去,三年待放。"解诂曰:"古者刑不上大夫……故有罪,放之而已。"

---

① 刑:象刑汉犹行之。
② 刑:屏四方不必远,即古之流。盖待贵族,赎盖亦然。

然则流宥五刑，其初乃所以待贵族。即赎刑亦然。《管子·中匡》曰："甲兵未足也，请薄刑罚以厚甲兵。于是死罪不杀，刑罪不罚，使以甲兵赎。死罪以犀甲一戟，刑罚以胁盾一戟，过罚以金钧。无所计而讼者，成以束矢。"《小匡》曰："制：重罪入以兵甲犀胁二戟。轻罪入兰盾鞈革二戟。小罪入以金钧。分宥薄罪入以半钧。无坐抑而讼狱者，正三禁之而不直，则入一束矢以罚之。"案，《周官·大司寇》："以两造禁民讼，入束矢于朝，然后听之。以两剂禁民狱，入钧金三日，乃致于朝，然后听之。"亦以为足兵之谋也。钧三十斤。《吕刑》之制：墨辟百锾。劓辟唯倍。剕辟倍差。宫辟六百锾。大辟千锾。锾六两。夏侯、欧阳说，见《周官·职金》疏。古二十四铢为两，十六两为斤。则周大辟之罚，以金之重计之，当秦半两钱万，汉五铢钱二万三千余。币价诚不必与金同，然当圜法初立时，民信未孚，往往计金之重以定钱价，相去亦不能甚远。《史记·货殖列传》言："粜二十病农，九十病末……上不过八十，下不减三十，则农末俱利。"然则周大辟之赎，以汉最上之粜计之，值三百石，夫岂平民所能堪？故知其始，乃所以待贵族也。《礼记·文王世子》："公族：其有死罪，则磬于甸人。其刑罪，则纤剸，亦告于甸人。"所与庶族异者，亦仅"无宫刑"而已矣。《周官》：王之同族与有爵者不即市，刑杀于甸师氏。见《天官·甸师》，《秋官·小司寇》《掌囚》《掌戮》。此刑法之渐峻，而亦等级之渐平也。

《孟子·梁惠王下》言文王之治岐也，"罪人不孥"。《左氏》昭公二十年，苑何忌引《康诰》，亦曰"父子兄弟，罪不相及"。而《书·甘誓》《汤誓》皆有"孥戮"之文。《汤誓》郑注引《周官》"男子入于罪隶，女子入于舂槁"。见疏。《费誓》云："汝则有无余刑，非杀。"疏引王肃云：父母、妻子、同产皆坐之，入于罪隶。又引郑玄云："谓尽奴其妻子……在军使给厮役，返则入于罪隶舂槁。"然则孥戮之始，乃军刑也。① 《史记·秦本纪》：文公二十年，"法初有三族之罪"。集解引张晏曰"父母、兄弟、妻子"，即王肃之说，盖以军刑施之平时也。商君"令民为什伍，而相收司连坐"，《史记》本传。世皆以为暴政。然《周官·族师职》云："五家为比，十家为联。五人为伍，十人为联。四闾为族，八闾为联。使之相保相受，刑罚庆赏，相及相共。"《比长职》云："五家相受，相和亲，有罪奇邪则相及。"《邻长职》云："掌相纠相受。"《士师职》云："掌乡合州党族闾比之联，与其民人之什伍，使之相安相受，以比追

---

① 刑：孥戮始军刑，相司连坐亦然，《周官》等已有。

胥之事，以施刑罚庆赏。"《墨子·尚同》引《大誓》云："小人见奸巧，乃闻不言也，发罪钧。"《繁露·王道》曰："（梁）使民比地为伍，一家亡，五家杀刑。"《公羊》解诂说同。见僖公十九年。皆相收司连坐之法也。其非起于商君，审矣。古居民有两法：一什伍之制，与军制相应。一邻朋之制，与井田相应。什伍之民服兵役，井地之民初不为兵。观第二、第五两节可明。然则邻比相坐，其初亦军法也。

父子兄弟，罪不相及，然谋叛者往往族诛，则以此为两族之争，犹之两国交战，非复干犯法禁之事也。部族林立之时，有怨唯自相报。故《书》有"非富天下，为匹夫匹妇复仇"之义。见《孟子·滕文公下篇》。上文引《书》曰"葛伯仇饷"，故知此为《书》说也。其后虽有国法，此风仍不能绝。君父、师长、朋友、昆弟复仇之隆杀，礼文明著等差。《礼记·曲礼》："父之仇，弗与共戴天。兄弟之仇，不反兵。交游之仇，不同国。"注云："交游，或为朋友。"《檀弓》："子夏问于孔子曰：'居父母之仇如之何？'夫子曰：'寝苫，枕干，不仕，弗与共天下也。遇诸市朝，不反兵而斗。'曰：'请问居昆弟之仇如之何？'曰：'仕，弗与共国。衔君命而使，虽遇之不斗。'曰：'请问居从父昆弟之仇如之何？'曰：'不为魁，主人能，则执兵而陪其后。'"《大戴礼记·曾子制言上》："父母之仇，不与同生。兄弟之仇，不与聚国。朋友之仇，不与聚乡。族人之仇，不与聚邻。"《公羊》庄公四年解诂："礼：父母之仇，不同戴天。兄弟之仇，不同国。九族之仇，不同乡党。朋友之仇，不同市朝。"《周官·调人》："凡和难：父之仇，避诸海外。兄弟之仇，避诸千里之外。从父兄弟之仇，不同国。君之仇视父，师长之仇视兄弟，主友之仇视从父兄弟。"且有"不讨贼非臣，不复仇非子"之义。《公羊》隐公十一年，子沈子曰："君弑，臣不讨贼，非臣也；不复仇，非子也！……《春秋》，君弑，贼不讨，不书葬，以为不系乎臣子也。"此犹以义理言之。《管子·大匡》曰："君谓国子：凡贵贱之义，入与父俱，出与师俱，上与君俱，凡三者，遇贼不死，不知贼，则无赦。"则并明著刑诛矣。《公羊》隐公四年："卫人杀州吁于濮。其称人何？讨贼之辞也。"解诂曰："明国中人人得讨之，所以广忠孝之路。"此即《檀弓》郕娄定公言"臣弑君，凡在官者杀无赦；子弑父，凡在官者杀无赦"之义，所以激励臣子之复仇者至矣。《周官》有调人，亦不过禁其不直，使之相避而已，不能径绝之也。《调人职》云，凡过而杀伤人者，以民成之，鸟兽亦如之。凡和难者，皆使之避。弗避，然后予之瑞节而以执之。凡杀人，有反杀者，使邦国交仇之。凡杀人而义者，不同国，令勿仇，仇之则死。凡有斗怒者，成之。不可成者则书之。先动者诛之。又《朝士》云："凡报仇雠者书于士，杀之无罪。"皆所以限制复仇，稍杀私斗之祸者也。注引郑司农云："成之，谓和之也。和之，犹令二千石以令解仇怨，后复相报，移徙之。"①则汉世犹有其法矣。《公羊》大复百世之仇，亦必以"上无天子，下无方伯"为限。又曰："父不受诛，子复仇可也。父受诛，子复仇，推刃之道。"又

---

① 刑：汉二千石以令解仇怨，复相报，移徙之，见《周官·朝士注》。

曰:"复仇不除害,朋友相卫而不相迎。"皆此义。见庄公四年、定公四年。**部族之外,使其自相报,则部族之内相残杀,自非所问。**《白虎通义·诛伐篇》曰:"父杀其子当诛。"即因其时父杀子之事甚多故也。《左氏》成公三年,智䓨对楚子曰:"首其请于寡君,而以戮于宗,亦死且不朽。"昭公二十一年,宋华费遂曰:"吾有谗子而弗能杀。"皆父得专杀其子之证。

《说文》曰:"廌,解廌,兽也。似山牛,一角。古者决讼,令触不直者。"段注删"山"字,云"《玉篇》《广韵》及《太平御览》所引皆无"。然又引《论衡》云:"獬豸者,一角之羊,性识有罪,皋陶治狱,有罪者令羊触之。"案,《墨子·明鬼》云,齐庄君之臣,有所谓王里国、中里徼者,此二子者,讼三年而狱不断。乃使人共一羊,盟齐之神社。读王里国之辞,既毕矣,读中里徼之辞,未半也,羊起而触之,殪之盟所。此羊即解廌之流。山牛二字,疑"羊"字之误分,《篇》《韵》《御览》删之,亦未是也。《诗·巷伯》云:"取彼谮人,投畀豺虎。豺虎不食,投畀有北。有北不受,投畀有昊。"盖皆所谓神断之流,其详已不可考矣。至后世之听断,则有狱讼之别。"争罪曰狱,争财曰讼",《周官·大司徒》郑注,又《大司寇》注云:讼,谓以财货相告者。狱,谓相告以罪名者。颇近今日刑、民事之分。① **其听断之官,则有属于地官者,有属于秋官者。**② 属于地官者,所谓地治者是也。属于秋官者,有乡士掌国中,遂士掌四郊,县士掌野,方士掌都家,讶士掌四方之狱讼。**地官本以教为主,故其所治者,亦以不服教为重。其所施者,至圜土嘉石而止。**《地官·司救》:"掌万民之邪恶过失而诛让之,以礼防禁而救之。凡民之有邪恶者,三让三罚,而士加明刑,耻诸嘉石,役诸司空,其有过失者,三让而罚,三罚而归于圜土。"注:"罚,谓挞击之也。加明刑者,去其冠饰,而书其邪恶之状,著之背也。"《大司寇》:"以圜土聚教罢民,凡害人者,寘之圜土,而施职事焉。以明刑耻之。其能改过,返于中国,不齿三年。其不能改而出圜土者杀。"《司圜》:"掌收教罢民。凡害人者,弗使冠饰而加明刑焉。任之以事而收教之。能改者,上罪三年而舍,中罪二年而舍,下罪一年而舍。其不能改而出圜土者杀。虽出,三年不齿。"《大司寇职》又云:"以嘉石平罢民,凡万民之有罪过,而未丽于法,而害于州里者,桎梏而坐诸嘉石,役诸司空。重罪旬有三日坐,期役。其次九日坐,九月役。其次七日坐,七月役。其次五日坐,五月役。其下罪三日坐,三月役。使州里任之,则宥而舍之。"案,圜土嘉石之法,盖初属司徒,后乃移于司寇。故其所治,为未丽于法而害于州里者。使州里任之,则宥而舍之。其后移于司寇者?《墨子·尚贤》云:"昔者傅说居北海之洲,圜土之上,衣褐带索,庸筑于傅岩之城。"盖使之作苦于边境,故言能改则返于中国。佣作于边境,当与兵事有关,故又属司寇也。

---

① 刑:刑、民事之分古已有之。
② 刑:听断或属地官,或属秋官,其用刑异。

涉刑杀之罪，皆属秋官。《吕刑》："王曰：嗟四方司政，典狱。"司政盖指司徒之属，司狱指司寇之属。《王制》曰："成狱辞，史以狱之成告于正。注："正，于周乡师之属。"正听之。正以狱成告于大司寇。大司寇听之棘木之下。大司寇以狱之成告于王。王命三公参听之。三公以狱之成告于王。王三又，注："'又'当作'宥'。"然后制刑。"其说亦与《周官》同也。此为人民之狱讼，其贵人之狱讼，则人君自听之，如《左氏》载王叔之宰与伯舆之大夫坐狱于王庭，案，见襄公十年。叔孙昭子朝而命吏曰"诺将与季氏讼"是也。案，见昭公十二年，说本崔述。见《丰镐考信别录》。下不能断之狱，亦可上于朝，①如昭公二十八年，"梗阳人有狱，魏戊不能断，以狱上"是也。《周官·讶士》："掌四方之狱讼，谕罪刑于邦国。凡四方之有治于士者造焉。四方有乱狱，则往而成之。"则审断之权，稍集于中枢矣。又有此国之臣，讼于彼国者。如《左氏》文公十四年，周公与王孙苏讼于晋，王叔陈生与伯舆之争亦讼于士匄，是也。此则古者有土之君，于其上皆非纯臣，犹之两小国讼于大国，如郑与许讼于楚，卫侯与元咺讼于晋。事涉外交，非复可以国法论矣。

　　古断狱有与后世大异者，重意是也。《春秋繁露·精华篇》曰："《春秋》之听狱也，必本其事而原其志。志邪者不待成，首恶者罪特重，本直者其论轻。……折狱而是也，理益明，教益行。折狱而非也，暗理迷众，与教相妨。教，政之本也。狱，政之末也。其事异域，其用一也，不可不以相顺，故君子重之也。"盖事之善恶，判于意之善恶。古之明刑，将以弼教，非如后世徒欲保治者之所谓治安及其权利，故其言如是也。②《王制》曰："凡听五刑之讼，必原父子之亲，立君臣之义以权之。意论轻重之序，慎测浅深之量以别之。悉其聪明，致其忠爱以尽之。"即《繁露》所谓"本其事而原其志"者也。"孟氏使阳肤为士师。问于曾子。曾子曰：'上失其道，民散久矣。如得其情，则哀矜而勿喜。'"《论语·子张》。谓本其事，原其志，则所见之善恶与徒观其表者不同也。"子曰：'听讼，吾犹人也，必也，使无讼乎？'无情者不得尽其辞，大畏民志，此谓知本。"《大学》。谓断狱者能推原人之本心，则人不敢怀恶意，而风俗因之而淳，所谓与教相顺者此也。此等议论，今人必以为迂，然如今日之所谓司法者，明知其意之恶而弗能诛，明知其意之善而弗能救，愈

---

① 刑：下不能断之狱，可上于朝。讶士掌四方之狱讼。
② 刑：重礼则明刑，所以弼教，故重意，徒在上，所求则不然矣。

善讼之人，其心愈不可问。以维持治者之所谓治安，及其权利则得矣，于社会公益何有焉？则古人所言，正未可以深讦也。然此非徒听讼者之咎也，社会风气之变迁则为之。《王制》曰："有旨无简，不听。"注："简，诚也。"案，盖指事状。又曰："凡执禁以齐众，不赦过。"此为不重意而重事之渐。盖风俗稍偷，人藏其心，不可测度，而折狱者亦不必皆公正，徒据其意，不足服人，乃不得不侧重于事也。《王制》又曰："必三刺。"三刺者？"一曰讯群臣，二曰讯群吏，三曰讯万民。"①《周官·小司寇》及《司刺》咸有其文。孟子曰："左右皆曰可杀，勿听；诸大夫皆曰可杀，勿听；国人皆曰可杀，然后察之，见可杀焉，然后杀之。"《梁惠王下》。左右即群臣，诸大夫即群吏，国人即万民，盖古自有此法，非作《周官》《王制》者之臆说也。司刺，掌三刺、三宥、三赦之法。三宥者？一宥曰不识，再宥曰过失，三宥曰遗忘。三赦，一曰幼弱，再曰老旄，三曰蠢愚。亦诚本其事而原其意，非貌为宽大也。欺法吏于一时易，蔽万人之耳目难。"疑狱，泛与众共之，众疑赦之"，亦《王制》文。意正在此，此亦犹选举之重乡评也。然亦唯风气淳朴之世为可行。若在后世，则有愈兼听并观，而愈益其惑乱者矣。故凡制度之实，未有不随社会为变迁者也。《庄子》所谓藏舟于壑，夜半，有力者负之而走也。

　　《说文·豸部》："犴，胡地野狗。"其或体从犬。引《诗》曰"宜犴宜狱"。今《毛诗》作"岸"，《释文》云：《韩诗》作"犴"，云乡亭之系曰犴，朝廷曰狱。《狱部》："狱从狱从言，二犬所以守也。"此最古之监狱也。《周官·掌囚》："掌守盗贼。凡囚者，上罪梏拲而桎。中罪桎梏。下罪梏。王之同族拲。有爵者桎。以待弊罪。"注："郑司农云：'拲者，两手共一木也。桎梏者，两手各一木也。'玄谓在手曰梏，在足曰桎。中罪不拲，手足各一木耳。下罪又去桎，王同族及命士以上，虽有上罪，或拲或桎而已。"《易·噬嗑》初九，"屦校灭趾"。上九，"何校灭耳"。《说文》："校，木囚也。"段注云："屦校，若今军流犯人新到着木靴。何校，若今犯人带枷也。"又《坎卦》上六："系用徽纆，寘于丛棘。"纆，《说文》作"纙"，云"索也"。《论语·公冶长》："虽在缧绁之中。"集解引孔曰："缧，黑索；绁，挛也，所以拘罪人。"盖即纆也。《左氏》哀公八年："邾子又无道，吴子使太宰子余讨之，囚诸楼台，栫之以棘。"注："栫，雍也。"此即所谓置于丛棘也。《周官·大司马》"以九伐之法正邦国"，"暴内陵外则坛

---

① 刑：三刺即左右、诸士夫、国人。

之",即所谓"囚诸楼台"者,合僖公十五年杜注,"古之宫闭者,皆居之台以抗绝之"之文观之,可见古者拘系之制。① 观《周官》圜土之文,又可想见既有宫室后监狱营造之法。《管子·小匡》:"遂生束缚而桎以予齐。"此则所谓槛车也。

---

① 刑:无宫室时之拘禁。

第十五章 宗教学术

第一节 文　　字

人何以灵长万物？曰智。然一太古之人之智，与高等动物相去果几何？则难言之矣。然则人之能灵长万物也，非以其独智，而实以其能群。何则？动物无语言，即有之，亦与人类相去悬绝。前辈之所得者，不能付诸后辈，事事须从头学起，故其所得殊浅，而人则不然也。文字者，赋语言以形者也。自有文字，而语言之所及愈广，其传之亦愈久矣。谓文字之作为人类演进中一大事，诚不诬也。

夫如是，则语言文字必为社会之公器。其成也，实由无数人通力合作，今日造一语，明日造一语，此人造一字，彼人造一字，积之久而其数乃有可观。谓有一人焉，创制文字，颁诸全群，使人遵用，于理必不可通。然今之言文字者，尚多怀此等见解。仓颉造字之说，童稚皆知，即通人硕儒，亦罕能正其谬，或且为之推波助澜焉。庸讵知此说本非古之所有，而出于后人之附会乎？

《易·系辞传》曰："上古结绳而治，后世圣人易之以书契，百官以治，万民以察。"此但言文字之用而已，未尝及其创造也。《汉书·艺文志》祖之。《荀子·解蔽》曰："故好书者众矣，而仓颉独传者一也。"亦以仓颉为好书之人，而非作书之人。《吕览·君守》曰仓颉造书，则堕古人附会之习，以善其事者为始创之人矣。《诗·何人斯》正义引《世本》云"暴辛公作埙，苏成公作篪"，即此类。降逮汉儒，附会弥甚。许慎《说文解字序》曰："古者庖牺氏之王天下也，仰则观象于天，俯则观法于地；观鸟兽之文，与地之宜；近取诸身，远取诸物；于是始作《易》八卦，以垂宪象。及神农氏，结绳为治，而统其事。①李鼎祚《周易集解》引《九家易》曰："古者无文字。其有约誓之事，事大大其绳，事小小其绳，结之多少，随物众寡。各执以相考，亦足以相治也。"《书序》疏引郑注亦云："为约，事大大其绳，事小小其绳。"《系辞传》疏引则作："事大大结其绳，事小小结其绳。"庶业其繁，饰伪萌生。黄帝之史仓颉见鸟兽蹄迒之迹，知分理之可相别异也，初造书契。百工以乂，万品以

---

① 文字：作结绳，或与记事无关。

察。"仓颉,汉人传说多以为古帝。仓颉为黄帝史官,后儒多以为出于《世本》,其实《世本》无是言,而出于宋衷之注,见《路史》。《路史》引《春秋演孔图》及《春秋元命苞》,叙帝王之相云"仓颉四目,是谓并明",与颛帝、帝喾、尧、舜、禹、汤、文、武并举。《河图玉版》云:"仓颉为帝,南巡狩,登阳虚之山,临于玄扈洛汭之水,灵龟负书,丹甲青文以授之。"《河图说征》云:"仓帝起,天雨粟,青云扶日。"亦见《洛书说河》。《春秋河图揆命篇》云:"苍、羲、农、黄,三阳翊天德圣明。"皆不以为人臣。《淮南子·本经训》云:"昔者苍颉作书而天雨粟,鬼夜哭。"与《河图说征》同。《修务训》云"史皇产而能书",亦见《随巢子》。皆无史官之说也。熹平六年(177)仓颉碑云:"天生德于大圣,四目灵光,为百王作宪。"尚与《演孔图》《元命苞》同。许独以为黄帝史者?纬书言三皇无文。① 《周官·外史》注引《孝经纬》云:"三皇无文,五帝画像,三王肉刑。"《公羊》襄公二十九年解诂引《孝经》说云:"孔子曰:'三皇设言民不违,五帝画像世顺机,三王肉刑揆渐加,应世黠巧奸伪多。'"此本指文法,汉儒附会,因以为文字,司文字者为史官,遂臆说仓颉为黄帝史矣。其言伏羲、神农,盖沿《易传》之旧,以见庶业其繁,其来有渐,非谓垂宪、结绳与造字有关涉也。自《尚书》伪孔传出,欲以羲、农、黄帝为三皇,少昊、颛顼、高辛、唐、虞为五帝,乃谓三皇之书,名曰三坟,五帝之书,称为五典。见伪孔传序,参看第六章第一节。于是文字之作,远在伏羲之时;画卦、造文,二事并为一谈矣。要皆无征不信之辞也。

文字至后世,所以代表语言,而其初起也,则与语言同表物象。《檀弓》曰:"孔子之丧,公西赤为志焉"。"子张之丧,公明仪为志焉。"注曰:"志,亦谓章识。"此即《礼运》"大道之行也,与三代之英,丘未之逮也,而有志焉"之志。注曰:"志谓识。"志、识、帜实同字也。此即许《序》所谓"鸟兽蹄迒之迹,分理可相别异"者。知文字之起,实与图画同原也。此等字即六书中之象形、指事字,物固多无形可象,无事可指者,欲举一切字,一一以象形、指事之法造之,虽神圣有所不能,即能之,其字亦将繁不可识。且以文字、语言同表意象者,终必进至以语言表意象,文字表语言,此六书之中,形声字之所以独多也。许《序》曰:"仓颉之初作书,盖依类象形,故谓之文。其后形声相益,即谓之字。"象形为文,指事、会意、形声皆字。指事旧以为独体之文,实误也。许说指事曰:"视而可识,察而见意。"其说未甚明了。其所举之例,又仅上下二字。次于许君者为卫恒。其说曰:"在上为上,在下为下。"其言弥不可解。② 今案,卫恒而下,说指事最古者,莫如贾公彦。公彦《周官》疏曰:"人在一上为上,人在一下为下。"知今所传四体书势,实有夺文。篆文上下二字,皆当从人从一,今本篆形实讹也。六书之说,议论纷繁,欲知其略者,可参

---

① 文字:三皇无文非指文字。
② 文字:在上为上,在下为下,有夺文。

看拙撰《字例略说》，商务印书馆本。许书明指为指事者，唯上下二名，即会意字亦寥寥无几，而唯形声独多。此乃事势之自然，凡造字者皆遵循焉而莫能外，所谓百姓与能者也。又有所谓转注者，盖因言语迁变，双声相演，叠韵相迤，而为之别制一字，此乃文字孳乳之由，实非造字之法。假借则字异声同，就固有之字以为用，而不别造；即已造者，亦或废之；所以减文字之数，省认识之劳者也。六书之名，见于《周官·保氏》。郑司农以象形、会意、转注、处事、假借、谐声说之。其实《保氏》所谓六书，即《汉志》所谓六体，犹今日篆刻题署，字各有体，非造字之六法也。许氏及先郑所言六书，亦见于《汉书·艺文志》。《汉志》曰："古者八岁入小学，故《周官》保氏，掌养国子，教之六书。谓象形、象事、象意、象声、转注、假借，造字之本也。①汉兴，萧何草律，亦著其法，曰：太史试学童，能讽书九千字以上，乃得为史。又以六体试之。课最者以为尚书、御史史书令史。吏民上书，字或不正，辄举劾。六体者，古文、奇字、篆书、隶书、缪篆、虫书，皆所以通知古今文字，摹印章，书幡信也。"唯保氏所教与太史所试是一，故云亦著其法。夹入"谓象形者"十八字，岂不与下六体者云云相矛盾乎？故知此十八字必后人窜入也。许《序》云："秦书有八体：一曰大篆，二曰小篆，三曰刻符，四曰虫书，五曰摹印，六曰署书，七曰殳书，八曰隶书。"隶之初兴，与篆实非二体，见下。大小篆之名，许《序》始有，《汉志》尚称秦篆，知其不能别为二体，八体去大小篆，即仍为六体矣。书体分为六种，盖自古相沿，迄于亡新，未之有改也。许氏及先郑六书之说，盖兴于两汉之间，乃研求文字条例者之所为。前此说字者，如许书所引'一贯三为王''推十合一为士'之类，多借以说义理，本非说字，然亦可谓为造字之一端。即会意字。象形指事之理，亦浅而易见。形声尤人人所知。即转注、假借之理，亦非人所不能晓。旧盖本有此等说，特于文字条理，莫或措意，则亦等闲视之。迨两汉间，研求文字条例者出，乃荟萃旧说，立为六书之目也。吾国字书，汉初以秦李斯所作之《仓颉篇》、赵高所作之《爰历篇》、胡母敬所作之《博学篇》为三仓。其后扬雄作《训纂篇》。班固作十三章。和帝永元中，郎中贾鲂又作《滂喜篇》。梁庾元威云，《仓颉》五十五章为上卷，扬雄作《训纂》记《滂喜》为中卷，贾升郎更续记《彦均》为下卷，人称为三仓。江式亦云，是为三仓。扬雄《训纂》终于"滂喜"二字，贾鲂用此二字为篇目，而终于"彦均"二字，故庾氏云扬记《滂喜》，贾记《彦均》。《隋志》则云

---

① 文字：六书指书体，《汉志》谓象形十八字，后人窜入。

扬作《训纂》,贾作《滂喜》,其实一也。自《仓颉》至《彦均》,皆四言。又有司马相如之《凡将篇》,七言,史游之《急就篇》,前多三言,后多七言。唯李长之《元尚篇》无考。段玉裁说,见《说文解字注序》。盖教学童识字,实以韵语便讽诵者为易,故历代字书,体例皆然。史籀为周时史官教学童书,体例亦不得有异。然则以字形分别部居,实始许慎之《说文解字》。此可见西汉以前,治文字者率多识其形、音、义以应用,而于造字之法,初不究心;至西汉之末,始有留意于此者也。

文字改易之剧,增加之多,盖皆在东周之世。许《序》言"五帝三王之世,改易殊体",此固势所必然。然其时文字之用尚少,变迁当不甚速,故人不以是为病。至于东周之世,则不然矣。子曰:"吾犹及史之阙文也,有马者借人乘之,今则亡已夫!"《论语·卫灵公》。班《志》、许《序》皆引之,说以"是非无正,人用其私",其说盖是。盖前此文字之用少,故率旧而已足。此时文字之用多,昔时未著简牍者,一一须笔之于书,既为旧文所无,自不得不以意造作。正犹今日译书而欲造新名,问之老师宿儒亦无益,故不复阙文待问。此亦事理宜然。孔子之言,已为不达。许《序》又云:七国之时,"言语异声,文字异形",则尤附会失实矣。音读本有楚、夏之殊,《荀子》谓"居夏语夏,居楚语楚"。《孟子》曰:"一齐人傅之,众楚人咻之,虽日挞而求其齐,亦不可得。"又诋许行为"南蛮𫛢舌之人"。知南北语音不同,由来甚旧。然其异,亦不过如今日之方言而已。①《说文·牛部》:㸑,黄牛虎文,读若涂。王氏筠谓:"《左传》谓虎于菟,《释草》'荼,虎杖',皆与㸑同音。"又《口部》"㕭,楚谓儿泣不止曰㕭"亦与《易》"先号㕭而后笑"同。《左氏》:吴人获卫侯,"卫侯归,效夷言"。必其言语本无大异,乃能暂闻而效之。《穀梁》:"吴谓善伊,谓稻缓。"《说文》:"沛国谓稻曰稬。"此即今日之"糯"字,北方亦无异言也。何待七国之世?所谓文字异形者,其理亦与孔子谓时人不肯阙文同,一由增造者之多,一亦由旧字形音义渐变,又或此用本文,彼行借字,遂觉其不相合。至于旧有习熟之文,彼此必无同异,故《中庸》言"今天下书同文"也。② 许《序》云:"秦始皇帝初兼天下,丞相李斯乃奏同之,罢其不与秦文合者。"此即《史记·秦始皇本纪》二十六年所谓"书同文字"。所罢者盖即此等字。然此令能行之官狱间,已侈矣。民间日用,必非其力之所及。许《序》又云:"(李)斯作《仓颉篇》,中车府令赵高作《爰历篇》,太史令胡毋敬作《博学篇》,皆取史籀大篆。或颇

---

① 文字:古南北语言之异,不过如今日。
② 文字:新字增于春秋时,旧字改易亦然,无大异。李斯奏同,不过如此,实亦未废。

省改，所谓小篆者也。"皆取者，殆于尽取之辞，或颇者，偶或有之之谓。今籀文见于许氏书者，不过二百二十余，岂有周时教学童之书，数止于此之理？则知许书不著其异者，籀文皆同小篆也。《汉志》言闾里书师，合《仓颉》《爰历》《博学》三篇，断六十四字以为一章，凡五十五章，合为《仓颉篇》。又云，《训纂篇》顺续《仓颉》，又易《仓颉》中重复之字，凡八十九章。臣复续扬雄作十三章，凡一百二章，无复字。然则《仓颉》《爰历》《博学》三篇，合复字仅三千三百，扬雄、班固所增者，三千六十有七字，许书九千三百十三字，又增三千有十三。岂皆汉人新造？盖李斯之所奏罢者，实无不存于许书中矣。然则所谓奏罢者曷尝能罢？而亦曷尝见为异形而不可识乎？故知汉时古学家之言，无一非支离灭裂之谈也。

孔子病史不阙文，许《序》言七国时文字异形，此指字体言之。许《序》又云秦时"官狱职务繁，初有隶书，以趋约易"，此指笔画形状言之。秦隶传于后世者，皆平直无波势，即挑法。世多误以为篆，西汉犹沿用之。至东汉，乃有有挑法者，谓之八分，亦谓之楷法。用之铭石等事。其寻常记识所用，则仍平直无波势。谓之章程书，亦曰正书。对行草之名也。又曰真书。魏、晋以降，工正书者，史多称其善隶书，实以八分变秦，而正书则仍秦之旧也。隶之初，盖篆书之率易者。卫恒《四体书势》谓秦令隶人佐书，故曰隶书。此犹今日令不能作书者为钞胥，所作之字，遂不得尽如法耳。本为工拙之异，绝非体制之殊。乃蔡邕《圣皇篇》云："程邈删古立隶文。"后人多从之，一若别为一体，有其创制之人者，则又许《序》所不言，而传讹弥甚者也。许《序》述亡新六书云："三曰篆书，即小篆，秦始皇帝使下杜人程邈之所作也。"论者多以为非。若知隶之初兴，与篆本无大别，则此语原不为误也。①

最可怪者，许《序》谓"秦烧灭经书，涤除旧典"，"初有隶书，以趋约易，而古文由此绝矣"。所谓古文者，果何种文字邪？许《序》曰："亡新居摄，使大司空甄丰等校文书之部，自以为应制作，颇改定古文。时有六书：一曰古文，孔子壁中书也。二曰奇字，即古文而异者也。""壁中书者，鲁共王坏孔子宅，而得《礼记》《尚书》《春秋》《论语》《孝经》。又北平侯张苍献《春秋左氏传》。郡国亦往往于山川得鼎彝，其铭即前代之古文，皆自相似。"然则古文原本，不外三端：一孔壁所得书，二张苍所献书，三鼎彝之铭也。今许书

---

① 文字：小篆程邈作不误。

实无一鼎彝中字，以后世所得鼎彝之文，案，许书之字，又多不相雠，故吴大澂谓郡国所出鼎彝，许氏实未之见。《说文古籀补序》。张苍献书，不见《史记》本传，观于孔壁得书事之子虚乌有，其说亦殆不足信。孔壁得书一役，市三成虎，几成信史矣。然核其实，则皆子虚乌有之谈也。说见拙撰《中国文字变迁考》及《燕石札记》中"孔壁"条。今更言其略。则此事唯见《汉书·艺文志》《景十三王传》及《楚元王传》中刘歆《移太常博士书》。《景十三王传》初言共王好治宫室，下不接叙坏壁得书事，直待述其后嗣既竟，乃更补叙，沾缀之迹显然。《志》云："武帝末，鲁共王坏孔子宅。"共王之年，实不及武帝末也。汉时，邹、鲁为文学之邦，孔子故居，尤儒生所荟萃。孔子宅果见坏，坏孔子宅果得古文经传，自为当时一大事，安得他处别无散见之文，而唯见此三篇中乎？况此三篇，《移太常博士》本刘歆之言，《志》亦本诸歆之《七略》者邪？秦有天下仅十五年，汉高帝诛项籍，举兵围鲁，鲁中诸儒尚讲诵，习礼乐，弦歌之音不绝，然则秦汉之间，鲁实未尝破坏。孔襄为孝惠帝博士，孝惠之立，距秦之亡一纪耳，孔壁藏书非少，不应至汉初遂无知者也。此皆不待深求，衡以寻常事理，而即知其不可通者。然则所谓古文，盖即新室之所改定者耳。① 奇字则其不能说以六书条理者也。《汉志》云："元始中，征天下通小学者以百数，各令记字于庭中，扬雄取其有用者，以作《训纂篇》。""有用"二字，最可玩味。雄书合《仓颉》《爰历》《博学》，凡五千三百四十名，少于《许书》者尚三千有余。自皇古以来，字之孳乳浸多者，自不止此。雄盖取日用所急，以为字书，余则弃置之。亡新制作，又颇取之，以改旧所谓六书者耳。今许书中所载古文奇字，数实寥寥无几。亡新六书所有，或当不止此数。然亦必不能甚多。何则？郑玄注《仪礼》，备著今古异文，数亦寥寥无几也。故知自先秦至于汉世，文字实一线相承。其随岁月而变迁，新者渐增，旧者渐废，其情形亦必与后世无以异。自汉人妄夸其所谓古文经，后遂有谓孔壁得书，时人莫能读，必待以已通诸篇与之校雠，乃可得多通十六篇者。说愈神奇，而其去情实亦弥远矣。其罅隙至易见也，乃世竟莫之能发，为所惑者几二千年，岂不异哉？近世王国维作《汉代古文考》，谓周、秦间东西文字有异，②西方秦人所用者即籀文。东方六国所用者则体势殊异，即许《序》谓孔子书六经，左丘明作《春秋传》所用也。司马迁云秦拨去古文，扬雄云秦铲灭古文，许慎云古文由秦绝。秦灭古文，史无明文，有之唯一文字与焚诗书二事，盖其所焚者，即用此等文字之书。故汉人所谓古文者，即六国之文也。此说羌无证据。王氏乃谓《史籀》一书，秦人作之以教学僮，而不传于东方诸国。又谓"六艺之书，行于齐、鲁，爰及赵、魏，而罕流布于秦"。又谓秦行峻法以同文字，民间日用，"非秦文不得行"。"十余年间，六国文字遂遏而不行"。

---

① 文字：古文即新室所改。
② 文字：王国维东西文字之说之缪。

凿凿言之,几于臆造史实矣。详见拙撰《中国文字变迁考》。

作书之具,昔人所用者,有竹、木二种。木曰牍,亦曰版,又曰方。版长尺,《玉海》。故曰尺牍。小者曰札。《汉书·郊祀志》注:"札,木简之薄小者也。"亦曰牒。《说文》牒、札互训。大者曰椠。《释名》:椠长三尺。方而有八角,或八面或六面可书者曰觚。《急就篇》注。亦曰棱。《史记·酷吏列传》注:"觚八棱有隅者。"刻木以记事曰契。《汉书·古今人表》注。分而为二亦曰券。《曲礼》曰:"献粟者执右契。"《老子》曰:"执左契而不责于人。"《史记·田敬仲完世家》言:"公常执左券。"盖以右为尊,故自执其左也。竹曰简,亦曰策,《仪礼·既夕礼》疏曰:"编连为策,不编为简。"此乃对文则别,若散文则简策通称也。其编之也以韦,故《史记》言孔子读《易》,韦编三绝。《孔子世家》。书于简牍以漆,误则以刀削去,故曰"笔则笔,削则削"。《孔子世家》。《曲礼》疏云,削,书刀。则刀亦可称削也。此为寻常所用。欲传诸久远者,则刻诸金石。又有书之于帛者,则后世用纸之渐也。《说文》:"纸,絮也。"纸本缣素之名。后世物虽殊,名则仍其旧耳。

第二节 古代宗教学术上

古代之文明在宗教,后世之文明在学术;学术主智,宗教主情;此人之恒言也。然学术、宗教,亦无判然之界。无论何等宗教,莫不各有其理。世之诋为迷信者,谓其所谓理,无当于学术之家所谓理耳。然理无穷而境有限,后人之所谓理者,易一境焉,亦岂得谓为是?而古人之所谓理者,在彼其时,亦安得谓之非邪?学术虽云主智,然其从事研求,亦必出于好尚。好之深,斯信之笃;信之笃,斯执之固。世固有弃禄利,冒危难,齐死生,以申其所信者矣。与教徒之殉教亦何以异?故曰:二者无判然之界也。

邃初之民,知识浅陋。外物情状,概非所知。不特动物,即植物、矿物,亦皆以为有神灵而敬畏之。于是有所谓拜物之教焉。其愚昧诚若可哀,然高等之宗教,实导源于是。何则?以为万物皆有神灵,浸假其神灵又可以离其身而独存,不特无形之鬼神,由是而立,即泛神、无神之论,实亦隐伏于是也。人之谓神灵可离其体而独存也,盖由于梦与死。明明卧而未动也,而忽有所周历,所见闻;犹是四肢百骸也,而忽焉失其知觉运动;则以为知觉运动,必别有物焉以为之主,而其物且可离体而独存矣。其为物不可见也,则设想以为极微之气。微则轻,轻则浮游自如,乃状其氤氲之态而谓之魂。魂去则形体块然不可知,同于月之失其明而不可见,则谓之为魄。其实月魄之魄,当由魂魄之魄引伸。《墨子》曰:"有天鬼,亦有山水鬼神者,亦有人死而为鬼神者。"《明鬼下》。可见古谓凡物皆有神灵,不独人,并不独生物。《国语·鲁语》,仲尼曰:"木石之怪曰夔、罔两,水之怪曰龙、罔象。"《左氏》宣公三年疏引贾逵说,谓"罔两、罔象,言有夔龙之形而无实体",①此即神灵之离体而独立者也。《中庸》曰:"鬼神之为德,其盛矣乎?视之而弗见,听之而弗闻,体物而不可遗。使天下之人,斋明盛服,以承祭祀。洋洋乎,如在其上,如在其左右。"此为泛神论中精粹之言,然溯其源,固由罔两、罔象等见解蜕化而出也。

《郊特牲》曰:"祭有祈焉,有报焉,有由辟焉。"注:"由,用也。'辟'读为'弭',谓弭灾兵,远罪戾也。"人之自媚于神,其意不外此三端而已。所以自媚者,必本诸身之所欲以为推。《尔雅》曰:"祭天曰燔柴,祭地曰瘗埋,祭山曰庪县,祭川曰浮沉,祭星曰布,祭风曰磔。"《释天》。皆以神所好之物奉之也。盖人之所急,莫如饮食,则以为神亦然。故曰"神嗜饮食",《诗·小雅·楚茨》。又曰"鬼犹求食"。《左氏》宣公四年。神之所在,虽不可知,然以恒情度之,则多谓在辽远之处,如《招魂》之于远方是也。然有可招而致之者,尸是也。尸与巫同理。古盖谓神可降于人身。② 所异者,巫能知神所在而致之,尸则无是术,只能听神之来降耳。祭人鬼必以同姓为尸,且必以孙行,盖由古有半部族之制,父子为异部族人,祖孙则同部族也。见第十一章第二节。古祭天地、社稷、山川、五祀等皆有尸,不问同异姓,卜吉则为之。《公羊》说祭天无尸,《左氏》有,见《曲礼》疏。祭殇无尸,所谓阴厌、阳厌,见《曾子问》。足见可附丽于人身者,不独人鬼也。巫与尸之降神,皆一时事,在平时亦可栖于木石,于是乎有主。《论语·八佾》:"哀公问社于宰我。宰我对曰:'夏后氏以松。殷人以柏。周人以栗。'"社,张、包、周本皆作"主"。《淮南·齐俗》云,有虞氏之祀,其社用土。夏后氏其社用松。殷人之礼,其社用石。周人之礼,其社用栗。《左氏》昭公八年,石言于晋魏榆。晋侯问于师旷。对曰:"石不能言,或凭焉。"此神灵可栖于石之证。庄公十四年,原繁曰:"先君桓公,命我先人典司宗祏。"哀公十六年,孔悝

---

① 哲学宗教:有形而无实体。案火如是。
② 宗教:尸巫皆可降神,但巫能致之尸不能。神亦可栖于木石。

使贰车反祏于西圃。盖皆谓以石为主。义疏云:"于庙之北壁内为石室,以藏木主。"非也。木石所以能为神之所栖者,以古人视木石等物本皆有神也。

《汉书·郊祀志》曰:"民之精爽不贰,齐肃聪明者,神或降之。在男曰觋,在女曰巫,使制神之处位,为之牲器。使先圣之后,能知山川。敬于礼仪,明神之事者以为祝,能知四时牺牲,坛场上下,氏姓所出者以为宗。"说本《楚语》观射父之言。所谓先圣,盖即巫觋,此古巫觋之世其官者也。《左氏》僖公十年,狐突适下国,见太子。太子曰:"七日,新城西偏,将有巫者而见我焉。"此神降于巫之证。《周官》司巫,所属有男巫、女巫,掌旱暵舞雩。邦之大灾,歌哭而请。又有大祝、小祝、丧祝、甸祝、诅祝。① 郑注曰:"诅谓祝之使沮败也。"《郊特牲》曰:"祝,将命也。"盖祝主传人意于神,故盟诅之事,由之而起。盟礼见《左氏》隐公元年疏。盟大而诅小,故有土之君,多行盟礼,而诅则民间用之特多。《周官》司盟,盟万民之犯命者,诅其不信者。《左氏》襄公十一年,季武子将作三军,盟诸僖闳,诅诸五父之衢。定公六年,阳虎盟国人于亳社,诅于五父之衢,其事也。《诗·何人斯》:"出此三物,以诅尔斯。"《左氏》隐公十一年,郑伯使卒出豭,行出犬鸡,以诅射颍考叔者,其事也。《曲礼》曰:"约信曰誓,莅牲曰盟。"《左氏》隐公元年,郑伯置姜氏于城颍而誓之曰"不及黄泉,无相见也"。卒用颍考叔之言,掘地及泉,隧而相见。可见古人视盟誓之重。

古者亲爱之情限于部族之内,故有"神不歆非类,民不祀非族"之语。《左氏》僖公十年。此非独人鬼,即他神亦然,彼其所崇奉者,率皆一部族所私尊而已。交通渐启,各部族互相往来,所崇奉之神,亦因之互相传播。《楚语》言少暤之衰,九黎乱德,夫人作享,家为巫史,民匮于祀,而不知其福,盖即此时代之情形也。于斯时也,自不得不有以拯其弊。然所以拯其弊者,亦非所谓圣王者之所能为也。人群之所以相维相系者愈切,则其分职愈备,而其统属亦愈明。不独一群之内,即群与群之间亦如是。本此以推诸神,则神亦有其分职统属,而所谓多神教者成焉。《礼记·礼运》曰:"祭帝于郊,所以定天位也。祀社于国,所以列地利也。祖庙,所以本仁也。山川,所以傧鬼神也。五祀,所以本事也。"《祭法》曰:"燔柴于泰坛,祭天也。瘗埋于泰折,祭地也。用骍犊。埋少牢于泰昭,祭时也。相近于坎坛,祭寒暑也。王宫,祭日也。夜明,祭月也。幽宗,祭星也。雩宗,祭水旱也。四坎坛,祭四方也。山林、川谷、丘陵,能出云,为风雨,见怪物,皆曰神。有天下

---

① 宗教:诅祝。女真人有是术。

者祭百神。诸侯在其地则祭之,亡其地则不祭。"又曰:"圣王之制祭祀也:法施于民则祀之。以死勤事则祀之。以劳定国则祀之。能御大灾则祀之。能捍大患则祀之。""及夫日、月、星辰,民所瞻仰也。山林、川谷、丘陵,民所取材用也。非此族也,不在祀典。"《周官·大宗伯》有天神、人鬼、地祇、物魅之名。《曲礼》曰:"天子祭天地,祭四方,祭山川,祭五祀,岁遍。诸侯方祀,祭山川,祭五祀,岁遍。大夫祭五祀,岁遍。士祭其先。"《王制》曰:"天子祭天地。诸侯祭社稷。大夫祭五祀。天子祭天下名山大川……诸侯祭名山大川之在其地者。"《公羊》曰:"天子祭天。诸侯祭土。天子有方望之事,无所不通。诸侯山川有不在其封内者,则不祭也。"僖公三十一年。皆所以定其孰当祭,孰不当祭;某当祭某,某不得祭某;以免于渎乱者也。《曲礼》曰:"非其所祭而祭之,名曰淫祀,淫祀无福。"楚昭王有疾。卜曰:"河为祟。王弗祭。大夫请祭诸郊。"王曰:"三代命祀,祭不越望。江、汉、睢、漳,楚之望也。祸福之至,不是过也。不谷虽不德,河非所获罪也。"遂弗祭。《左氏》哀公六年。则能谨守典礼者,颇不乏矣。此所以部族虽多,所崇奉之神虽杂,而卒免于渎乱之祸欤?

所谓天子祭天地者,天地果何所指邪?斯言也,闻者将莫不骇且笑,然而无足异也,诸经皆称祭天曰郊,无所谓五帝。《周官》则大宗伯以禋祀祀昊天上帝,小宗伯兆五帝于四郊。《司服》:"王之吉服,祀昊天上帝,则服大裘而冕。祀五帝亦如之。"又《大司乐》,冬日至,于地上之圜丘奏之,若乐六变,则天神皆降。夏日至,于泽中之方丘奏之,若乐八变,则地祇皆出。郑玄云:天有六,其祭有九。圜丘祭昊天上帝耀魄宝,一也。苍帝灵威仰,立春之日,祭之于东郊,二也。赤帝赤熛怒,立夏之日祭之于南郊,三也。黄帝含枢纽,季夏六月土王之日,亦祭之于南郊,四也。白帝白招拒,立秋之日,祭之于西郊,五也。黑帝汁光纪,立冬之日,祭之于北郊,六也。王者各禀五帝之精气而王天下,于夏正之月,祭于南郊,七也。四月龙星见而雩,总祭五帝于南郊,八也。季秋大飨五帝于明堂,九也。地神有二,岁有二祭:夏至之日,祭昆仑之神于方泽,一也。夏正之月,祭神州地祇于北郊,二也。《曲礼》"天子祭天地"疏。王肃谓天一而已,何得有六?郊丘是一。《祭法》疏。案,《郊特牲》言祭天亦在冬至,肃说似是。然《郊特牲》又曰:"郊之祭也,大报本反始也。"又曰:"天子大社,必受霜露风雨,以达天地之气也。""社所以神地之道也。地载万物,天垂象,取材于地,取法于天,是以尊天而亲地也。故教民美报焉。

家主中溜而国主社,示本也。唯为社事,单出里。唯为社田,国人毕作。唯社,丘乘共粢盛。所以报本反始也。"其言"报本反始",郊、社同,而郊与社之大小则大异。《祭法》曰:"王为群姓立社曰大社,王自为立社曰王社。诸侯为百姓立社曰国社,诸侯自为立社曰侯社。大夫以下成群立社曰置社。"《月令》仲春,"择元日,命民社"。《祭法》"王为群姓所立",即《郊特牲》所谓"必受霜露风雨"。《月令》所命"民祭",亦即《郊特牲》所谓"教民美报"者。天子之所立,不独不能包括诸侯、大夫、凡民,并其身与群姓亦分为二,安有所谓大地之神邪?《左氏》昭公二十九年疏引刘炫云:"天子祭地,祭大地之神也。诸侯不得祭地,使之祭社也。家又不得祭社,使祭中溜也。"盖所谓父天母地者,实男系氏族既立后之说,前此固无是也。生物之功,必归于女,故野蛮人恒以地与日为女神。① 中国后世,虽以日为太阳,月为太阴,然离为日,为中女;《易·说卦传》。《山海经·大荒南经》《淮南子·天文训》以生日、驭日者为女神;《大荒南经》:"东南海之外、甘水之间,有羲和之国。有女子名曰羲和,方日浴于甘渊。羲和者,帝俊之妻,生十日。"又《大荒西经》:"有女子,方浴月,帝俊妻常羲,生月十又二,此始浴之。"《淮南·天文》:"至于悲泉,爰止其女,爰息其马,是为县车。"又季秋,"青女乃出,以降霜雪"。仲春,"女夷鼓歌,以司天和"。犹存荒古之遗迹。《郊特牲》曰:"郊之祭也,迎长日之至也,大报天而主日也。兆于南郊,就阳位也。"盖其始特祭日神,后乃以为报天而主日耳。采日本田崎仁义之说。见所著《中国古代经济思想及制度》。王学文译。商务印书馆本。五帝座星在大微宫,昊天上帝在紫微宫,见《郊特牲》疏引《春秋纬》。五帝之名,见《周官·小宗伯》注。《大宗伯》及《曲礼》疏云:本于《文耀钩》。亦后人附会之说。《礼器》曰:"因名山以升中于天,因吉土以飨帝于郊。"《周官》而外,天与帝分言者,仅此一见。然未尝有耀魄宝、灵威仰等名目也。盖民之所祀,必其利害切于己者。生物之功,后土而外,厥唯四时,故古之人谨祀焉。升中于天,即《尧典》之柴于岱宗,特王者巡守之时行之,固非国之常祀也。《史记·封禅书》:齐之八神,②"一曰天主,祠天齐。天齐渊水,居临菑南郊山下者。二曰地主,祠泰山、梁父。盖天好阴,祠之必于高山之下、小山之上,命曰畤。地贵阳,祭之必于泽中圜丘云"。此即《周官》圜丘、方丘之类,然其义较《周官》为古。至秦之时,则所祭者系五帝,而《春秋繁露·郊祭篇》讥秦不事天,可见天与帝非一。古部族各有封畛,所美报者,安得出于封畛之外?况又以昆仑之神与神州之神相对,于理绝不可通乎?其为谶纬之妄言,不

---

① 宗教:矢初祀日,日为女神。
② 宗教:八神中,天地即圜丘方丘之类。

侯论矣。

　　古所谓国者,诸侯之私产也。所谓家者,卿大夫之私产也。故古言国家,义与今日大异。其为群之人所共托命,而义略近于今日之国家者,则社稷也。故以社稷并称,其义较古;以郊社并言,其辞必较晚也。"今《孝经》说曰:'社者,土地之主。土地广博,不可遍敬,封五土以为社。'古《左氏》说:'共工为后土,后土为社。'……今《孝经》说:'稷者五谷之长,谷众多,不可遍敬,故立稷而祭之。'古《左氏》说:'烈山氏之子曰柱,死,祀以为稷。稷是田正,周弃亦为稷,自商以来祀之。'"《郊特牲》疏。案,民之重粒食久矣。如古说,将共工、烈山以前,遂无社稷之祭乎?《淮南·泛论》曰:"炎帝于火而死为灶,禹劳天下而死为社。后稷作稼穑而死为稷。羿除天下之害而死为宗布。"岂得谓炎帝、夷羿以前,无灶与宗布之祭?盖古之有功德于民者,民怀之不能忘,则因明神之祭而祀之,亦犹功臣之配享于庙耳。《书·盘庚上》:"兹予大享于先王,尔祖其从与享之。"《公羊》文公二年解诂云"禘,功臣皆祭"。赵氏祀安于于庙,见《左氏》定公十四年。遂以此夺明神之席则误矣。王肃等以五天帝为五人帝,误亦同此。五人帝系据《月令》,谓其帝太皞即伏羲氏,炎帝即神农氏,黄帝即轩辕氏,少皞即金天氏,颛顼即高阳氏。

　　《公羊》云:"山川有能润于百里者,天子秩而祭之。"僖公三十一年。此即诸侯祭其境内名山大川之义。又云:"河海润于千里。"千里者,天子之畿。知所谓天子祭天下名山大川者,天下二字,初亦指畿内言之也。① 解诂说方望之义云:"谓郊时所望祭四方群神、日、月、星辰、风伯、雨师、五岳、四渎及余山川,凡三十六所。"此即《曲礼》所谓"祭四方",亦即《尧典》所谓"望于山川,遍于群神"者。《尧典》又云:"肆类于上帝,禋于六宗。"肆类于上帝,即《王制》所谓"天子将出征,类乎上帝"。六宗者?《异义》:"今欧阳、夏侯说:'六宗者,上不及天,下不及地,旁不及四时,居中央,恍惚无有,神助阴阳变化,有益于人,故郊祭之。'古《尚书》说:'六宗,天地神之尊者,谓天宗三,地宗三。天宗日、月、星辰。地宗岱山、河、海。日月属阴阳宗。北辰为星宗。岱为山宗。河为水宗。海为泽宗。'"许从古说。郑玄据《周官·大宗伯》"以禋祀祀昊天上帝,以实柴祀日、月、星、辰,以槱燎祀司中、司命、风师、雨师。"《祭义》曰:"郊之祭,大报天而主日,配以月。"则郊祭并祭日月可知。

① 宗教:天子祭天下名山大川亦畿内。

其余星也、辰也、司中、司命、风师、雨师,此之谓六宗。刘歆、孔昭以为《易》震、巽等六子之卦为六宗。魏明帝时,诏令王肃议六宗,取《家语》宰我问六宗,孔子曰:所宗者六,埋昭、坎坛、王宫、夜明、幽禜、雩禜。孔安国注《尚书》与此同。《大宗伯》疏。《家语》伪物不足据。《尚书》明与望于山川分言,郑驳许说是也,而妄牵合《周官》则亦非。《礼经·觐礼》有方明之祭。"方明者,木也。方四尺。设六色:东方青,南方赤,西方白,北方黑,上玄,下黄",此即所谓"六宗"。《觐礼》所言,为会诸侯于方岳之礼,郑注。知欧阳、夏侯之说极确。盖天子、诸侯其后俨然以人民之代表自居,遂举封内之神,凡有益于人民者,悉秩而祭之,其初则无是也。《国语·周语》,幽王二年,西周三川皆震。伯阳父曰:"周将亡矣……昔伊、洛竭而夏亡,河竭而商亡。"《左氏》成公五年,重人言:"国主山川,故山崩川竭,君为之不举,降服,乘缦,彻乐,出次,祝币,史辞,以礼焉。"所谓国主山川,国必依山川者,则岩险之地,战胜之族初据之以立邑者耳。参看第十一章第四节、第十三章第三节自明。

五祀者:春祀户,夏祀灶,中央祀中溜,秋祀门,冬祀行。见于《月令》。《祭法》曰:"王为群姓立七祀:曰司命,曰中溜,曰国门,曰国行,曰泰厉,曰户,曰灶。王自为立七祀。诸侯为国立五祀:曰司命,曰中溜,曰国门,曰国行,曰公厉。诸侯自为立五祀。大夫立三祀:曰族厉,曰门,曰行。适士立二祀:曰门,曰行。庶士、庶人立一祀,或立户,或立灶。"则益以司命及厉耳。司中、司命,先、后郑皆以三台及文昌宫星说之,其实非是。《庄子·至乐》云,庄子之楚,见髑髅而问之。夜半,髑髅见梦。庄子曰:"吾使司命复生子形,为子骨肉肌肤。"知古谓人生死,皆司命主之,故古人甚严畏焉。① 《风俗通》云:"今民间独祀司命。刻木,长尺二寸,为人像。行者担箧中,居者别作小屋。齐天地,大尊重之。"是其事也。《周书·命训》:"天生民而成大命,立司德正之以祸福。"此篇所言,皆善恶寿夭之事。中、德同声,疑司中即司德,察民之善恶,而司命据之以定寿夭也。郑注《祭法》曰:"此非大神,所祈报大事者也,小神居人之间,司察小过,作谴告者耳。"说自与其《周官》注相违。《祭法》注是也。多神之教,神有大小。大神之位虽尊,然不亲细事,于人生关系不切,故人所崇奉者,转以小神为多。神既有分职统属,

---

① 宗教:司命。

初不虞其渎乱。或以一神教善于多神,亦偏见也。

所谓五祀者,特当时祀典之所秩者耳。古人所奉此等小神甚多。如在室则有傩,《郊特牲》:"乡人裼,孔子朝服立于阼,存室神也。"注曰:"裼,强鬼也。谓时傩,索室驱疫,逐强鬼也。裼或为献,或为傩。"《论语·乡党》:"乡人傩,朝服而立于阼阶。"《释文》云:"傩,鲁读为献,今从古。"案,《月令》:季春、仲秋、季冬皆有傩。郑注引《王居明堂礼》,谓"仲秋九门磔攘,以发陈气,御止疾疫"。《周官》方相氏,掌"率百隶而时难,以索室驱疫",则难者,所以逐室中疫鬼者也。出行则有軷是也。祭道路之神。委土为山,伏牲其上,酒脯祈告。礼毕,轹之而行。见《聘礼》郑注。此等难遍疏举。其切于农民,而为后世所沿袭者,蜡是也。《郊特牲》曰:"天子大蜡八。伊耆氏始为蜡。蜡也者,索也。岁十二月,合万物而索飨之也。"八者?据郑注,则先啬一,司啬二,农三,注:"田畯。"邮表畷四,注:"谓田畯所以督约百姓于井间之处也。"猫、虎五,坊六,水庸七,昆虫八也。蜡虽类乎拜物之教,然"使之必报之",所谓"仁之至,义之尽",转非贵族为淫祀以求福者之所及矣。古者将食,先以少许祭先造食者,谓之祭食。见《周官·大祝》"九祭"。又有先炊之祭,学校有先圣先师,义皆如此。

宗庙有四时之祭,《尔雅·释天》曰"祠、礿、烝、尝"。《王制》作"礿、禘、尝、烝",《祭统》同。《公羊》桓公八年、《繁露·四祭篇》作"祠、礿、烝、尝",《周官·大宗伯》同。《郊特牲》曰:"故春禘而秋尝。"又有禘、祫。禘各就其庙,祫则"毁庙之主,陈于太祖,未毁庙之主,皆升合食于太祖"。见《公羊》文公二年。故"禘大于四时而小于祫"。《诗·雝序》笺。三年一祫,五年一禘。《雝序》疏引《礼纬》,《公羊》疏引《春秋》《说文》。《雝序》疏云,每五年中为此二礼,自相距各五年,非祫多禘少。《公羊》疏则云:"三五参差,随数而下,何妨或有同年时乎?"疑《公羊》疏之说是也。《王制》云:"天子七庙,三昭三穆,与太祖之庙而七。诸侯五庙,二昭二穆,与太祖之庙而五。大夫三庙,一昭一穆,与太祖之庙而三。士一庙。庶人祭于寝。"《礼器》曰:"天子七庙,诸侯五,大夫三,士一。"僖公十五年《穀梁》作"士二"。《丧服小记》曰:"王者禘其祖之所自出,以其祖配之,而立四庙。"《祭法》曰:"王立七庙,一坛,一墠。曰考庙,曰王考庙,曰皇考庙,曰显考庙,曰祖考庙,皆月祭之。远庙为祧。有二祧,享尝乃止。去祧为坛。去坛为墠。坛、墠,有祷焉祭之,无祷乃止。去墠曰鬼。注:"凡鬼者,荐而不祭。"诸侯立五庙,一坛,一墠。曰考庙,曰王考庙,曰皇考庙,皆月祭之。显考庙、祖考庙,享尝乃止。去祖为坛,去坛为墠。坛、墠,有祷焉祭之,无祷乃止,去墠为鬼。大夫立三庙、二坛,曰考庙,曰王考庙,曰皇考庙,享尝乃止。显考、祖考无庙,有祷焉,为坛祭之。去坛为鬼。适士二庙,一坛。曰考庙,曰王考庙,享尝乃止。显考无庙，注："显当为皇。"有祷焉，为坛祭之。去坛为鬼。官师一庙，曰考庙。王考无庙而祭之。去王考为鬼。庶士、庶人无庙，死曰鬼。"其说互异。《公羊》成公六年解诂曰："礼：天子诸侯立五庙，受命始封之君立一庙，至于子孙，过高祖不得复立庙，周家祖有功，尊有德，立后稷、文、武庙。至于子孙，自高祖以下而七庙。天子卿大夫三庙，元士二庙。诸侯之卿大夫比元士，二庙。诸侯之士一庙。"说与《白虎通义》同。古天子、诸侯，本无大异，谓其亲庙止四是也。郑注《王制》亦同。唯又据《稽命征》《钩命决》，谓夏五庙，殷六庙，未免穿凿。见疏。又谓诸侯上士二庙，以通《祭法》，亦嫌牵合。月祭群经不见，唯《国语·周语》有日祭、月祀之文，明为异说，不可合也。王肃以高祖之父祖为二祧，并始祖及亲庙四为七，皆次第而迁，文、武为祖宗不改，郑祧即文、武庙，先公之迁主，藏于后稷之庙，先王之迁主，藏于文、武之庙。见《周官·守祧》注。观《王制》之文似是，其实恐不然也。古诸侯不敢祖天子，然《左氏》文公二年云："宋祖帝乙，郑祖厉王。"则经说不必与事实合也。"禘其祖之所自出，而以其祖配之"者，以古有感生之说，即《史记》所言契、后稷之事。见第八章第二、第五节。今文家说："圣人皆无父，感天而生。"见《五经异义》。王者自谓其先祖皆出于天帝，故然。① 案，此义由来盖甚古。然谓商以水德王，所感者为汁光纪，周以木德王，所感者为灵威仰，则五德终始之说既盛后附会之辞，非古义也。《周官·大司乐》："乃奏夷则，歌小吕，舞《大濩》，以享先妣。"注云："先妣，姜嫄也。……周立庙自后稷，为始祖。姜嫄无所妃，是以特立庙祭之，谓之闷宫。"案，闷宫，《诗》毛传引孟仲子说，以为高禖之祀，郑注恐非也。

第三节　古代宗教学术下

宗教非无其理，特非学术之家所谓理，上节已言之矣。然则宗教家之所谓理，果何如邪？曰：其研求所得者，与学术之家异，其所研求者，则无不同也。宇宙事物，莫不有其定则可求。人而睢睢盱盱，不知求之，则亦已耳。苟其知之，则有所求必有所得，其所得如何，可勿论也。事物之可资研

---

① 宗教：感生之义，盖古五感生帝不必古。

求者，大别为二：一曰自然，一曰人为。自然之事，有其一定不易之则，至易见也。人为之事则不然，观其会通，固亦有其定则，就一时一地而观之，则俨若绝无定则，可以自由者。后世研究渐深，举人事之纷纭繁变者，亦欲求其定则而驾驭之。古人则不独不知人事之有定则，且视自然之事亦若有人焉以为之主。此其所以于木石等无知之物，亦皆视为有知也。然智识随经验而进，阅一时焉，则知自然之可以定则求。更阅一时焉，遂并欲推之人事矣。其研求所得者，今人庸或视为可笑。然椎轮大辂，理固宜然。今所谓自然科学、社会科学者，究不能不谓其基已奠于数千年前也。故曰：学术与宗教实无判然之界也。

吾国最古之书目，莫如《七略》。读之，不独可知古代之载籍，并可知古代之学术流别，第二章已言之矣。《七略》中之《辑略》为群书总要。《诗赋略》为文辞。《六艺》《诸子》《兵书》三略为研求社会现象之书。《数术》《方技》二略则研求自然现象者也。

数术略之书，凡分六家：曰天文，曰历谱，曰五行，曰蓍龟，曰杂占，曰形法。其中天文、历谱，实乃一家之言也。天象虽云高远，然极著明，且不差忒，故其发明特早。《史记·历书》言"黄帝考定星历"，《礼记·祭法》言"帝喾能序星辰以著众"，虽乏确证，然天文历法，各民族发明皆甚早，则谓黄帝、帝喾之时，已有此等知识，理固非不可通也。唯《尧典》谓尧命羲、和四子，分宅嵎夷、南交及西北二方，以资推步，并命其以闰月定四时成岁，则似近附会。《公羊》言天子有灵台以观天文，时台以观四时施化，诸侯无灵台而有时台；《左氏》亦言天子有灵台，诸侯有观台；《五经异义》。则古之观象者，不过就国中以人力为台，安能分驻四方？《史记·秦始皇本纪》后附"秦纪"，谓宣公初志闰月。《管子·五行篇》以甲子木行，丙子火行，戊子土行，庚子金行，壬子水行，各七十二日为纪。凡三百六十日。《轻重己篇》，冬至后九十二日而春至，自春徂夏，自夏徂秋，自秋徂冬皆然。凡三百六十八日。《幼官篇》则每阅十二日而布政，而中方云五和时节，东方云八举时节，夏云七举时节，秋云九和时节，冬云六行时节，甚似春九十六日，夏八十四日，秋百有八日，冬七十二日，又别加五日凡三百六十五日。以成岁者。皆主日而不及月，安得谓尧时已知置闰之法乎？[①] 闰法始于何时不可知，要为历法一大发

---

① 历法：《管子》言专主日者，故知尧不能知闰。

明。盖月为纪时自然节度,虽蛮人亦知之,且早已习用之,而岁则非其所知,故古代明堂行政之法,必有待于庙堂之出令,而非如后世农人,皆能置一历本,按节气而行事。二十四气之名,始见于《周书·时训解》。后世农人之所以能明于历法者,实因置闰之法,主日而仍不废月,有以调和之也。历法之所谓岁,始于冬至。于平地立表测之,冬至日影最短,夏至最长。《周官》大司徒以土圭测日影,是其法。其定正朔,则有三法:《公羊》隐公元年解诂谓夏以斗建寅之月为正,平旦为朔;殷以建丑之月为正,鸡鸣为朔;周以建子之月为正,夜半为朔是也。古国家所理者皆民事,政令或宜按时举行,或戒非时兴作,与人民利害关系殊切。《礼记·月令》《管子·幼官》《吕览·十二纪》《淮南·时则训》所勤勤焉者,皆此一事。故一言行夏之时,则一切要政罔不该焉。初非徒争以某月为岁首也。古天文之学,有盖天、浑天、宣夜三家。盖天谓天如盖在上。浑天形如弹丸,地在其中,天包其外,如鸡卵白之绕黄。据《月令》疏。宣夜之法不传。历则有黄帝、颛顼、夏、殷、周、鲁六家。见《汉志》。古天文历法之学,《礼记·月令》疏曾总论之,惜多采纬候家言,颇杂汉人之说,非尽先秦之旧耳。分一日为十二时之法,起于汉人,古人计日之早暮,但云日中日昃等而已。见《日知录》卷二十。刻漏之法,见《周官·挈壶氏》。《史记·司马穰苴列传》言其"立表下漏",以待庄贾,其法亦非寻常所用也。

天官家言亦有落入迷信者。《周官》:保章氏"掌天星,以志星辰日月之变动,以观天下之迁,辨其吉凶。以星土辨九州之地。所封封域,皆有分星,以观妖祥。以十有二岁之相,观天下之妖祥。以五云之物辨吉凶,水旱降,丰荒之祲象。以十有二风察天地之和,命乖别之妖祥"。视祲"掌十辉之法,以观妖祥,辨吉凶"。此占星望气之术也。《汉志》天文家,有《图书秘记》十七篇。图书者?《易·系辞传》言"河出图,洛出书"。《礼记·礼运》言:"天降膏露,地出醴泉,山出器车,河出马图。"《论语·子罕》言:"凤鸟不至,河不出图,吾已矣夫!"《淮南·俶真》言:"洛出丹书,河出绿图。"皆先秦旧文,不能谓无其事。诸说皆仅以为瑞应,然《吕览·观表》曰:"圣人上知千岁,下知千岁,非意之也,盖有自云也。绿图幡簿,从此生矣。"似已有如汉世谶纬家言,以图书为记帝王兴亡之录者。然则谶纬怪妄之说,或亦前有所承。刘歆以《河图》为八卦,《洛书》为五行,或反嫌平正邪?言帝王兴亡历数者,瑞应虽出天文,年代必涉历谱,然则汉代之谶书,亦天文历谱二家之公言也。《说文》:"谶,验也,有征验之书。河、洛所出书曰谶。"后七字自系东汉人语。

《淮南·说山》曰："六畜生多耳目者不祥，谶书著之。"仅言家人之事而已。然《赵世家》言秦穆公梦之帝所，而曰"秦谶于是出"，则其所谓谶者已涉国家兴亡矣。

阴阳五行之说为后世迷信者所取资，轇轕纷纭者数千岁，然溯其始，则实不可谓之迷信也。凡研究物理者，必就其物而分析之，以求其原质。既得其原质，乃持是以观一切物。天下之物虽繁，而原质则简，执简以驭繁，于物理自易明矣。各国学者，研求之初，莫不如此，如印度以地、水、火、风为四大是也。吾国之言五行，亦犹印度之言四大也。就五行而求其变化，于是有生胜之说，亦曰生克。水生木，木生火，火生土，土生金，金生水。水克火，火克金，金克木，木克土，土克水。而五德终始之说出焉。见第五节。古人于一切事物变化，皆以五行生胜为说，见《白虎通义·五行篇》。五行既能变化，则其原本是一，于是顺古人万物原质皆为极微之说，而名之曰气。气何以能变化？观于生物之芸动，皆不外乎牝牡之相求，则又以是推之，而阴阳之说立焉。既分阴阳，更求其本，则终必至于太极。《易》曰："《易》有太极，是生两仪，两仪生四象，四象生八卦。"八卦之始，盖古所奉八方之神，加以太一，则为九宫。《后汉书·张衡传》注引《乾凿度》郑注：太一者，北辰神名也。下行八卦之宫，每四乃还于中央。中央者，地神之所居，故谓之九宫。天数大分，以阳出，以阴入。阳起于子，阴起于午，是以太一下九宫，从坎宫始。自此而坤，而震，而巽，所行者半矣。还息于中央之宫，既又自此而乾，而兑，而艮，而离，行则周矣。上游，息于太一之星，而返紫宫也。就八方之中而专取其四正，则可以配四时。益以中央为五方，更加上方成六合，于是五帝六天之说出。见上节。盖前此宗教家之所崇奉，无不为所网罗，且皆傅之以哲理矣。此等说，在后世沿袭之，则成为迷信，在当时，固不得谓非宗教学术之一发明也。《汉志》五行家之书，有太一，有天一，有阴阳，知诸说皆相一贯。所谓五行家言，初非专就五行立说也。五行家言，所以落入迷信者，则因其后专就哲理立言，而不复措心于物质，抑且天文历谱等，皆只能占国家大事，唯五行为人人所禀，借其生胜，可以说万事万物之吉凶，于是以祸福惑人者，群取资焉，遂至于不可究诘。然非始创此说者之意也。

宇宙事物，本同一体，故知此即可以知彼。学术之所求，亦即彼此间之关系耳。然事物虽属一体，而就人之知识言之，则有知此可以知彼者，有知此必不能知彼者。前者如天文与农田之关系，后者如鸦鸣雀噪与人事吉凶之关系是也。此等区别，非古人之所知，故于其本无关系者，亦从而研究之，如蓍龟与杂占是也。龟卜之法：以木为契，爇以灼龟，观其罾罅，是之为兆。龟焦则兆不成，见《左氏》哀公二年。蓍者，蒿属，《说文》。揲其数以为占。见

《易·系辞传》"大衍之数五十"一节。杂占则一切异常之事皆属焉。如嚏、耳鸣、六畜变怪等，《汉志》皆有其书。《汉志》曰："众占非一，而梦为大，故周有其官。"今案，《周官》太卜掌三兆、三《易》、三梦之法，其下有卜师、卜人、龟人、菙氏、占人、筮人等，盖蓍龟、杂占两家之事皆属焉。三兆：一曰玉兆，二曰瓦兆，三曰原兆。其经兆之体皆百有二十，其颂皆千二百。注云："颂，繇也。"三《易》：一曰《连山》，二曰《归藏》，三曰《周易》。杜子春云："玉兆，帝颛顼之兆。瓦兆，帝尧之兆。原兆，有周之兆。""《连山》伏牺，《归藏》黄帝。"郑释三兆为罋罅似玉、瓦、原。原谓田。又从近师，以《连山》为夏，《归藏》为殷。见疏。与杜说同为无据。《太史公自序》谓齐、楚、秦、赵，为日者各有法，又云"三王不同龟，四夷各异卜"，则古蓍龟、杂占，法本错杂不一。唯其原出于一，仍当小异大同。《周官》之三卜三易，盖亦并存数家之法，不必其为先代之遗也。① 龟书之籀，盖犹《易》之卦爻辞，《左氏》僖公四年、襄公十年、十七年、哀公九年皆载之。其体相类。其物皆并无深意，即《易》之卦爻辞亦然。其哲理皆在十翼，则后人就其所见，加以发挥，初非作《易》者之本意也。《曲礼》曰："疑而筮之，则弗非也，日而行事，则必践之。"《表记》言三代明王"不犯日月，不违卜筮"。而《史记》有《日者》《龟策》二传。则时日、卜筮，实为古人趋吉避凶之术之两大端，盖事有可预测其吉凶而趋避之者，时日是也。有无从预见，必待临事求其征兆；或征兆先见，从而占其吉凶者；龟筮、杂占是也。吉凶既可预知，自可从事禳解，故《周官·占梦》有赠恶梦之法；而《汉志》杂占家，亦有执不祥，劾鬼物，请官除妖祥及禳、祀、请、祷诸书焉。

数术六家中，最近自然科学者，莫如形法。《汉志》论形法之学云："大举九州之势，以立城郭室舍。此盖度地居民及营国之术，《山海经》十三篇，《国朝》七卷，《宫室地形》二十卷其书也。于此可见今之《山海经》，必非《汉志》著录之旧，参看第二章。形人及六畜骨法之度数，器物之形容，以求其声气贵贱吉凶。犹律有长短，而各征其声。非有鬼神，数自然也。"《繁露·同类相动篇》曰："平地注水，去燥就湿；均薪施火，去湿就燥；百物去其所与异，而从其所与同。故气同则会，声比则应，其验皦然也。试调琴瑟而错之，鼓其宫则他宫应之，鼓其商则他商应之。五音比而自鸣，非有神，其数然也。"知此，则可以制物而用之矣。《繁露》此说，略同《吕览·应同》。《易·文言》亦曰："同声相应，同气

---

① 宗教：《周官》三卜三易盖并存数法，不必传诸先代。

相求。水流湿,火就燥,云从龙,风从虎。圣人作而万物睹,本乎天者亲上,本乎地者亲下,则各从其类也。"知古自有此专重形质之学也。① 由此而深求之,物理必可渐明。然后遂停滞不进,而专以相人及六畜等术流传于世焉。案,相术较之时日、卜筮等,实为有据,② 故学术之家,乐道之者较多。如王充著《论衡》,于相术即不甚排斥。然相法只可定人之智愚贤不肖,而不能定其贵贱吉凶,以贵贱吉凶初不与智愚贤不肖相应也。昔人之有取于相者,多就前者立说,而世人之有求于相者,则多唯后者之求。于是言相法者,不得不舍其有凭,言其无据,遂与时日、卜筮之本不足信者等矣。然则学术之堕落,亦社会使之也。相人之术见于古书者,如《左氏》文公元年,子上谓商臣蜂目而豺声;宣公四年,子文谓子越椒熊虎之状,而豺狼之声;昭公二十八年,叔向之母谓伯石豺狼之声;本皆以性格言。文公元年,叔服相公孙敖之子,谓"谷也丰下,必有后于鲁国",则以祸福言矣。

方技四家:医经,今所谓医学也。经方,今所谓药学也。房中关涉医学,无待于言。神仙家虽若宗教,然无所信而有所求。③ 又方士多知医药,《素问》中多载方士之言。服食炼药,又为其求仙之法之两大端。《汉志》与医经、经方、房中同列一略,诚得其实也。医之初,操于巫觋之手,故古恒以巫医并称。《素问·移精变气论》,黄帝问曰:"古之治病者,唯其移精变气,可祝由而已。"祝由,《说文》作"祝䛅"。又《言部》:"诪,䛅也。""䛅,诅也。""诅,䛅也。""䛅,䛅也。"䛅、䛅亦一字。祝由即咒诅耳。④ 盖古人视万物皆有知,故有疾病,不求诸物理,而求诸鬼神,乃欲以咒诅已之也。然迷信虽深,真知识仍与时俱进。古之人虽信巫不信医,其时之巫,亦多知医者。后来所谓方士,盖即其人也。医之始,盖因解剖而知藏府、经脉。《灵枢经·水篇》云:"人死则可解剖而视之。"案,《汉书·王莽传》载莽诛翟义,捕得其党,使太医、尚方与巧屠共刳剥之,量度五藏,以竹筵导其脉,知所终始。其事必有所本。又疏食之世,所食之物甚杂,乃渐知草木之性,于是有《本草》之书。《曲礼》:"医不三世,不服其药。"疏引旧说云:"三世者,一曰黄帝针灸;二曰神农本草;三曰素女脉诀,又云夫子脉诀。"神农乃农业之名,参看第六章第二节。神农本草,犹言农家原本草木之书。《淮南·修务》言神农尝百草之滋味、水泉之甘苦,一日而遇七十

---

① 学术:古重形质之说。
② 宗教:相最有据有后堕落。
③ 宗教:神仙家无所信有所求。
④ 学术:祝由即咒诅。

毒,乃附会之辞也。古书之传于后者:《神农本草经》即神农本草之学,盖《汉志》所谓经方家言;《灵枢经》为黄帝针灸之学,《难经》为素女脉诀之学,_{此书《隋书·经籍志》称《黄帝八十一难》。《史记·扁鹊列传》正义引杨玄操说,以为秦越人作,未知何据。}则医经家言也。《素问》杂以阴阳五行之论,盖方士兼通哲学者之所为。古之以医名者,《汉志》云:"太古有岐伯、俞拊,中世有扁鹊、秦和。"《周官》疾医"以五味、五谷、五药养其病"。郑注云:"其治合之齐,则存乎神农、子仪之术。"岐伯,《素问》书中,设为其与黄帝问对之辞。扁鹊,《史记》有传。俞拊事即见其传中。医和见《左氏》昭公元年。成公十年又有医缓。子仪,疏引《中经簿》有《子义本草经》一卷,云仪与义一人,则亦经方家。诸家事迹可考见者,唯医和有天有六气之论,可见医学与哲学相合,起于战国之世。_{医缓之言,与晋侯梦见二竖子之言相合。扁鹊遇长桑君,予以药,曰:"饮是以上池之水,三十日,当知物矣。"乃悉取其禁方书尽与扁鹊。忽然不见,殆非人也。扁鹊以其言饮药,三十日,视见垣一方人,以此视病,尽见五藏症结。特以诊脉为名耳,犹是巫觋本色。}《周官》有医师,其属有食医、疾医、疡医、兽医;《扁鹊传》言其过邯郸为带下医,过洛阳为耳目痹医,入咸阳为小儿医;颇可考见古者医学之分科也。

神仙家之说,其起于燕、齐之间乎?① 《史记·封禅书》言:"自威、宣、燕昭使人入海求蓬莱、方丈、瀛洲。"而《左氏》昭公二十年,载齐景公问晏子曰:"古而无死,其乐若何?"古无为不死之说者,景公之所问,亦必神仙家言也。② 《庄子·刻意》曰:"吹呴呼吸,吐故纳新,熊经鸟申,为寿而已矣。此导引之士,养形之人,彭祖寿考者之所好也。"导引之术,服饵之方,房中之秘,皆得之于医家者也。神仙家言,疑因燕、齐之间,时有海市而起。睹其象而不知其理,则以为人可升仙。其理虽不足凭,其象自为人人所睹,故威、宣、燕昭等皆雄主,犹甘心焉也。神仙家虽荒诞,然于药物必多有发明。③ 金石之剂尤甚。此非本草家所知,唯神仙家疑神仙之寿考,由其体质特异,久不变坏,乃欲以金石裨益其身。葛洪之论即如此也。

以上诸家皆研究自然现象者。其考索人事者,则出于理民行政之官。其学视九流盖具体而微,章炳麟言官人守要,而九流究宣其义,及其发舒,王官之所弗能与。于第五节中详之,兹不更及。欲考索行事者,必于人事多所记识,此为

---

① 宗教:神仙家疑起燕齐,因海市。
② 宗教:古而无死,盖亦信神仙。
③ 宗教:(医药)金石之剂,盖神仙家所发明。

史家之职。古无史学,观《汉志》,《太史公书》犹附《春秋》之末可知,然不知其为学者,不必遂无其学。①《七略》之不列史家,亦或由秦火以后,官家之书,焚毁已尽,私家则本无此项著作,非必不知其可为一学也。行事之记识,实为一切社会科学之本,固不容置诸不论也。今于此略述之。案,古史有官私二种。官家之史:左史记事,右史记言,言为《尚书》,事为《春秋》。又有小史,掌奠系世。太史所职,则为图法之伦。私家之史,概称为语。已见第二章。《周官》小史掌邦国之志,盖指内诸侯言。外史掌四方之志,则指外诸侯。掌三皇五帝之书,盖指异代史。则古之名国,于史籍收藏颇富。《史记·六国表》云:"秦既得意,烧天下《诗》《书》,诸侯史记尤甚……《诗》《书》所以复见者,多藏人家,而史记独藏周室,以故灭。"此"周室"二字,固古人言语以偏概全之法,非谓周室能尽藏列国之史,然当时名国,所藏者皆不止本国之史,则于此可见矣。史官所记,盖仅国家大事,十口传述,本来散在民间,古亦有收集之者。②《周官》诵训"掌道方志,以诏观事"。注:"说四方所识久远之事。"训方氏"诵四方之传道",注:"世世所传说往古之事也。"其事也。古史官颇重直笔,如董狐、南史则是,见《左氏》宣公二年、襄公二十五年。故于行事多能存其真。而士大夫亦多能取材于是,如申叔时论教太子之法,谓教之《春秋》,教之《志》,教之《语》,教之《故志》是也。《国语·楚语》。史籍虽经秦火而亡,然昔人治史所得者,则永存不灭矣。

以万物为有知与以万物为无知,实为人心一大变。盖视万物为有知,则凡事皆无可测度,除恐惧祈求而外,别无可以自处之方。视万物为无知,则彼自有其定则,我但能得其定则,即可从而驾驭之矣,复崇奉之何为?此智愚之一大界也。宗教家受此感动,其论遂亦自拟人之神,进为泛神,自有神入于无神焉。何以言之?盖在视万物为有知之世,其视一切皆为神之所为,而其所谓神者,亦自有其实体。《墨子·天志》《明鬼》之论,所谓天,所谓鬼者,皆有喜怒欲恶如人,则其证也。至于阴阳五行之家,则不然矣。五行家视一切变化,皆为五行生胜,阴阳家视一切变化,皆为二气乘除,安得有一人焉以尸之?二说相合,更求其原,则宇宙之本,实为一种动力。③《乾

---

① 史学:古有史学?
② 史学:古大国藏史籍颇多。收集民间传说。
③ 哲学宗教:五行,阴阳,知自然有定则,再求则原为动力——泛神——转入无神。

凿度》曰:"有太易,有太初,有太始,有太素。太易者,未见气也;太初者,气之始也;太始者,形之始也;太素者,质之始也。气形质具而未相离,故曰浑沌。"《易》正义八论第一引。浑沌开辟,则轻清者上为天,重浊者下为地,冲和气者为人。自未见气以至于有人,则此一气之鼓荡而已矣,《老子》曰:"有物混成,先天地生。寂兮寥兮,独立而不改,周行而不殆,可以为天下母。吾不知其名,字之曰道。"《易》曰:"大哉乾元,万物资始,乃统天。"《乾卦》象辞。《公羊》解诂曰:"《春秋》以元之气,正天之端。""天不深正其元,则不能成其化。"隐公元年。《繁露》曰:元者,万物之本,在乎天地之前。《重政》。则是力之谓也。此等动力,岂能谓有物焉以为之主?则只可谓世界本来如此耳。世界本来如此,则世界之本体即神。所谓世界者,乃包括一切而言之,臭腐神奇,无所往而非是,然则一切皆神。此所谓泛神之说也。既一切皆神,复安有非神者与之相对?此则泛神之论,所以一转而入于无神也。至此,所谓迷信者安得不破?然人之所以自处者,则渐合乎自然之律矣,此宗教哲学之一大变也。

情感之泉,流为美术。美术可分动静二端:动者音乐,静者绘画、雕刻等也。乐之原,盖当溯诸伊耆氏之蒉桴、土鼓,见第六章第二节。其后有垂之和钟、叔之离磬、女娲之笙簧,《礼记·明堂位》。舜之五弦琴,《乐记》。而乐器乃渐备焉。《汉书·律历志》曰:"声者,宫、商、角、徵、羽也。……八音:土曰埙,匏曰笙,皮曰鼓,竹曰管,丝曰弦,石曰磬,金曰钟,木曰柷。……五声之本,生于黄钟之律,九寸为宫,或损或益,以定商、角、徵、羽。……律十有二,阳六为律,阴六为吕。《周官·大师》作"六同"。律以统气类物,一曰黄钟,二曰太簇,三曰姑洗,四曰蕤宾,五曰夷则,六曰亡射。吕以旅阳宣气,一曰林钟,二曰南吕,三曰应钟,四曰大吕,五曰夹钟,六曰仲吕。"此古乐律之大略也。又谓黄钟之律,乃黄帝使伶伦所作,则近于附会矣。乐之始,盖唯按拍之器为不可缺,余则或有或无,后世野蛮之人莫不如是。吾国之乐,亦当随世而备,谓有一人焉创意制作者,必妄也。古代乐名,见于《礼记·乐记》《周官·大司乐》《吕览·古乐》诸篇,其事当不尽诬。《周官·鞮鞻氏》又有四夷乐名,则古乐之渊源颇广,故亦颇称美备。观《乐记》等言乐理之精,及其感化之力之大,而可知也。古乐至汉世犹有存者,《汉书·礼乐志》言:"汉兴,乐家有制氏,以雅乐声律,世世在太乐官,但能纪其铿锵鼓舞,而不能言其义。"又云:《文始舞》本舜

《招舞》《五行舞》本周舞。以人心好尚之变,终至沦亡,而仅传其歌辞于后,是为诗。

诗者,歌辞之与乐分离者也,是曰谣。《说文》:徒歌曰谣。大抵歌之始,所美者仅在音节,故可传诸不同语言之族。至其辞,则多复重浅薄,如《芣苢》之诗即是也。其后美感日益发皇,技亦日进,则并其辞亦皆有深意存乎其间,遂可不歌而诵矣。《左氏》襄公十四年:"孙蒯入使,公饮之酒,使大师歌《巧言》之卒章,大师辞,师曹请为之。初,公有嬖妾,使师曹诲之琴,师曹鞭之,公怒,鞭师曹三百,故师曹欲歌之以怒孙子,以报公。公使歌之,遂诵之。"注云:恐孙子不解故。可见古人听歌,亦不能解其辞句,与今人同也。① 古之诗,大抵四言。《诗序》疏云:"自二言至九言。"此乃就意义论,非言歌诵之节。又有三七言者。如《荀子·成相篇》。楚辞又别成一体。至于赋,则文之主于敷张者耳。虽曰有韵,然古之文亦多有韵也。《诗》分风、雅、颂三体。已见第二章。赋之意,亦大抵主于讽谏,如《荀子》之《赋篇》是也。

文之初,大抵句简短而整齐,亦多有韵,阮元所谓寡其辞,协其音,《研经室集·文言说》。以便讽诵,助记忆。与口语相合之散文,实至东周以后而始盛。今之先秦诸子中,尚有两种体制相杂也。寡辞协音之文,大抵先世之遗,而东周人录传之者。

绘画之始,本状物形,其后意存简略,又或迁就器形,则渐变而成几何画。吾国古代亦两者兼有。状物者或以绘故事,如楚先王庙及公卿祠堂,图画天地山川神灵,及古贤圣怪物行事是也。《楚辞·天问》。几何画多施于器物,如古器之雷文,及两己相背等形是。雕刻除器物外,亦有施之宫室者。可参看第十三章第三节。南方除雕刻外,又有铸金之技。《吴越春秋》言句践铸金象范蠡之形是。《句践伐吴外传》。盖由其本精于冶铸也。

第四节 官 学

古代学术之府,果安在乎?曰有二:一曰学校,一曰官守。

今之言教育史者,每好将今日之学校与古代相比附,此全未知古代学

---

① 文学:不歌而诵为诗,离乐而独立,古人听歌亦不解其辞句。

校之性质者也。古代社会有平民、贵族之等级,其教育亦因之而异。[①]贵族教育,又有太学与小学之分。贵族之小学与平民之学校,皆仅授以日用之知识技艺及当时所谓为人之道,绝不足语于学术。太学则本为宗教之府,教中之古籍及高深之哲学在焉。然实用之学亦无所有,而必求之于官守。此古代学术所在之大略也。

《礼记·内则》曰:"子能食食,教以右手。能言,男唯女俞。……六年,教之数与方名。七年,男女不同席,不共食。八年,出入门户及即席饮食,必后长者。始教之让。九年,教之数日。十年,出就外傅,居宿于外。学书计。衣不帛,襦裤。礼帅初。朝夕学幼仪,请肄简谅。十有三年,学乐,诵诗,舞《勺》。成童舞《象》,学射御。二十而冠。始学礼。可以衣裘帛。舞《大夏》。惇行孝弟。博学不教。内而不出。三十而有室。始理男事。博学无方。逊友视志。四十始仕。方物出谋发虑。道合则服从,不可则去。五十命为大夫,服官政。七十致事。……女子十年不出。姆教婉娩听从。执麻枲,治丝茧,织纴组䌰,学女事,以共衣服。观于祭祀,纳酒浆、笾豆、菹醢,礼相助奠。十有五年而笄。二十而嫁,有故,二十三年而嫁。"此为贵族男女一生情形。七年为始化之年,_{参看第十一章第一节。}故始教之以男女之别。十年为就学之始,女子始听姆教,男子出就外傅,盖始离其父母之手。此时男子所学者,当为洒扫应对等事。_{所谓《幼仪》。}古之学莫重于礼乐,十三始学乐,二十始学礼,故《尚书大传》言十三入小学,二十入太学。[②]《大戴礼记》_{《保傅》。}《白虎通义》_{《辟雍》。}《汉书》_{《食货志》。}则追溯始化之年,故又以为八岁入小学,十五_{成童。}入太学也。《学记》曰:"古之教者家有塾。"塾为门侧之室之通称。已见第十三章第三节。《周官》:师氏掌以三德、三行及国中失之事教国子,居虎门之左,司王朝;保氏掌养国子以道,教之六艺、六仪,使其属守王闱;亦塾制也。塾为贵族之小学。至于太学,则初在王宫之中,后乃移于南郊。_{参看第十三章第三节。}蔡邕《明堂论》曰:"《易传·太初篇》曰:'太子旦入东学,昼入南学,暮入西学。在中央曰太学,天子之所自学也。'《礼记·

---

① 学校 { 贵族 { 大学(宗教) / 小学 { 为人之道 / 日用知识技艺 } 平民

② 学校:古入小学大学之年。

保傅篇》曰：'帝入东学，上亲而贵仁；入西学，上贤而贵德；入南学，上齿而贵信；入北学，上贵而尊爵；入太学，承师而问道。'与《易传》同。《魏文侯孝经传》曰：'太学者，中学明堂之位也。'《礼记》古太学明堂之礼曰：'膳夫是相礼，日中出南闱，见九侯，反问于相；日侧出西闱，视五国之事；日入出北闱，视帝节猷。'"此为太学与明堂合一之世。《王制》曰："小学在公宫南之左，太学在郊。"则与王宫分立矣。然其性质，仍沿先代之旧。《王制》言："春秋教以礼乐。冬夏教以诗书。"《文王世子》曰："春诵，夏弦，秋学礼，冬读书。"礼乐所以祀神，诗即其歌辞，书则教中故典也。太学虽东周后不能尽废，然未闻有一人焉，学成而出仕者，则以所肄皆宗教家言，非实用之事也。太学所教既为宗教家言，故为涵养德性之地。子夏曰："学而优则仕，仕而优则学。"《论语·子张》。即言德性、事功不可偏废也。今世科学、哲学分为二，往古则合为一。墨子最重实用，而其书中，《经》《经说》《大小取》诸篇皆讲哲学及自然科学，为名家所自出，在先秦诸子中最称玄远，以墨学出于史角，史官即清庙之守故也。见第五节。《学记》曰："君子如欲化民成俗，其必由学乎？"又曰："能为师，然后能为长；能为长，然后能为君。故师也者，所以学为君也。"又曰："君子曰大德不官，大道不器。"此即《汉志》所称道家君人南面之学，其原固亦出于史官也。《学记》又曰："君之所不臣于其臣者二：当其为尸，则弗臣也；当其为师，则弗臣也。"乞言养老之礼，执酱而馈，执爵而酳，所以隆重如此者，正以其所谓师者，其初乃教中尊宿耳。《王制》曰："出征执有罪，反释奠于学。凯旋而释奠于学者，以所谓学者本非学也。此为辟雍、明堂合一之诚证。又曰："有虞氏养国老于上庠，养庶老于下庠。夏后氏养国老于东序，养庶老于西序。殷人养国老于右学，养庶老于左学。周人养国老于东胶，养庶老于虞庠。"郑注以养国老者为太学，养庶老者为小学。小学中不得有乞言养老之礼，其说恐非。①

《曲礼》曰："宦学事师，非礼不亲。"疏引熊氏云："宦谓学仕官之事。"②此犹明世国子生之历事，进士之观政，皆居其官而学之，特历事观政者，皆在学成之后，古所谓宦者则不然耳。李斯曰"若有欲学者，以吏为师"，即宦之谓也。古人实用之知识皆由此得，故有重宦而轻学者。"子路使子羔为费宰。子曰：'贼夫人之子。'子路曰：'有民人焉，有社稷焉，何必读书，然后为学？'"《论语·先进》。"子皮欲使尹何为邑，子产曰：'少，未知可否？'子皮

---

① 学校：郑以养庶老者为小学恐非。
② 学校：宦。

曰：'……使夫往而学焉，夫亦愈知治矣。'"《左氏》襄公三十一年。皆此等见解也。诸子之学，出于王官者以此。

《孟子》曰："夏曰校，殷曰序，周曰庠，学则三代共之。"《滕文公上》。《学记》曰："古之教者，家有塾，党有庠，术有序，国有学。"学者，太学；塾者，贵族之小学；校、庠、序皆平民之学也。《书传》曰："大夫七十而致仕，老于乡里。大夫为父师，士为少师。耰锄已藏，祈乐已入，岁事已毕，余子皆入学。"《公羊》解诂曰："一里八十户，八家共一巷。中里为校室，选其耆老有高德者，名曰父老。……十月事讫，父老教于校室。八岁者学小学，十五者学太学。"宣公十五年。孟子所谓"校者，教也"。又曰："序者，射也。""庠者，养也。"盖行乡射及乡饮酒礼之地。子曰："君子无所争，必也射乎？揖让而升，下而饮，其争也君子。"《礼记·射义》，又见《论语·八佾》。又曰："吾观于乡，而知王道之易易也。主人亲速宾及介，而众宾自从之；至于门外，主人拜宾及介，而众宾自入；贵贱之义别矣。三揖至于阶，三让以宾升，拜至，献酬辞让之节繁；及介，省矣；至于众宾，升受，坐祭，立饮，不酢而降；隆杀之义辨矣。工入，升歌三终，主人献之；笙入三终，主人献之；间歌三终，合乐三终，工告乐备，遂出；一人扬觯，乃立司正焉；知其能和乐而不流也。宾酬主人，主人酬介，介酬众宾，少长以齿，终于沃洗者焉，知其能弟长而无遗矣。降，说屦升坐，修爵无数，饮酒之节，朝不废朝，莫不废夕。宾出，主人拜送，节文终遂焉，知其能安燕而不乱也。贵贱明，隆杀辨，和乐而不流，弟长而无遗，安燕而不乱，此五行者，足以正身安国矣。彼国安而天下安。故曰：吾观于乡，而知王道之易易也。"《礼记·乡饮酒义》。盖所谓庠序者乃行礼观化之地，不徒非读书之处，并非设教之所也。《文王世子》曰："行一物而三善皆得者，唯世子而已，其齿于学之谓也。故世子齿于学，国人观之曰：'将君我，而与我齿让，何也？'曰：'有父在则礼然。'然而众知父子之道矣。其二曰：'将君我，而与我齿让，何也？'曰：'有君在则礼然。'然而众著于君臣之义。其三曰：'将君我，而与我齿让，何也？'曰：'长长也。'然而众知长幼之节矣。"则太学亦未尝不以行礼观化为重也。故曰："强不犯弱，众不暴寡，此由太学来者也。"《祭义》。世岂有空言而可以立教者哉？

唯然，故古之言教化者，必在衣食饶足之后。孟子曰："明君制民之产，必使仰足以事父母，俯足以畜妻子；乐岁终身饱，凶年免于死亡；然后驱而之善，故民之从之也轻。今也，制民之产，仰不足以事父母，俯不足以畜妻子,乐岁终身苦,凶年不免于死亡;此唯救死而恐不赡,奚暇治礼义哉?"《梁惠王上》。故曰:"无旷土,无游民,食节事时,民咸安其居,乐事劝功,尊君亲上,然后兴学。"《王制》。

以上所言,皆封建之世之规模也。东周以后,封建之制渐坏,学校稍以颓废,士大夫亦多不悦学。《左氏》昭公十八年:"葬曹平公,往者见周原伯鲁焉。与之语,不悦学。"案,此所谓不悦学者,乃谓不悦学校中之所谓学,非谓凡事皆不肯问学也。盖与子路、子皮同见。官失其守,畴人子弟散之四方,本其所得,各自立说,于是王官之学一变而为私家之学矣。而平民之有余暇能从事于学问者亦稍多,于是有聚徒设教之人,有负笈从师之事,而学问乃自贵族而移于平民。

第五节 先秦诸子

中国学术凡三大变:邃古之世,一切学术思想之根源,业已磅礴郁积。至东周之世,九流并起,而臻于极盛,此其第一期也。秦汉儒、道、法三家之学,及魏晋时之玄学,合儒、道两家。并不过衍其绪余。渡江而后,佛学稍起,至隋、唐而极盛,此为一大变。宋、明之理学,则融合佛学与我之所固有者也。明中叶后,西学东来,至近四十年而风靡全国,此为其又一变。将来归宿如何,今尚未可预知。学问之事,每随所处之境而异。各民族所处之境不同,故其所肆力、所成就者亦不同。采人之所长,以补我之所阙,此一民族之文化,所以日臻美备;而亦全世界之文化,所以渐趋统一也。语曰:"甘受和,白受彩。"唯文化本高者,为能传受他人之文化,先秦学术,我之所固有也,固不容不究心矣。

先秦学术之源,古有二说:一为《汉书·艺文志》,谓其皆王官之一守;一为《淮南子·要略》,谓其起于救时之弊。二说孰是?曰:皆是也。古代学术,为贵族所专有。然贵族亦非积有根柢,不能有所成就。王官专理一业,守之以世,岁月既久,经验自宏,其能有所成就,亦固其所。然非遭值世变,向学者不得如此其多,即其所成就,亦不得如此其大也。故《汉志》与《淮南》,可谓一言其因,一言其缘也。

凡人之思想,大抵不能无后于时者也。何则?世事只有日新,决无复演,而人之所知,囿于既往,所以逆臆将来、策划将来者,大抵本往事以立说。无论其所据若何,必不能与方来之事全合也。唯亦不至全不合,因演进乃徐徐蜕变,非一日而大异于其故。有时固似突变,然其暗中之变迁,亦必已甚久也。先秦诸子,虽因救时之弊而起,然其说亦必有所本。一为探求其本,而其说之由来与其得失,概可见焉。

其所据最陈旧者实唯农家。农家之书,真系讲树艺之术者,为《吕览》之《任地》《辨土》《审时》诸篇,然此非其所重。先秦诸子皆欲以其道移易天下,非以百亩为己忧者也。《汉志》论农家之学云:"鄙者为之……欲使君臣并耕,悖上下之序。"可见《孟子》所载之许行,实为农家巨子。《滕文公上》。许行之言有二:一君臣并耕,一则物价但论多少,不论精粗也。此盖皇古之俗,固不能谓古无其事,亦不能谓其必不可复,然复之必有其方,许行之所以致之者,其道果何如乎?许行未尝有言。如其有之,则陈相当述之,孟子当驳之,不应徒就宗旨辩难。此则不能不令人疑其徒为高论者也。

所托之古,次于农家者为道家。古书率以黄、老并称。今《老子》书皆三四言韵语;间有散句,系后人加入。书中有雌雄牝牡字,而无男女字;又全书之义,女权率优于男权;足征其时之古。此书决非东周时之老聃所为,盖自古相传,至老聃乃著之竹帛者也。今《列子》书《天瑞篇》有《黄帝书》两条,其一文同《老子》,又有《黄帝之言》一条,《力命篇》有《黄帝书》一条。《列子》虽伪物,亦多有古书为据,谓《老子》为黄帝时书,盖不诬矣。《老子》书之宗旨,一在守柔,一在无为。主守柔者,古人率刚勇好斗。① 其败也,非以其弱而以其强。上古如蚩尤,中古如纣,下古如齐顷公、楚灵王、晋厉公、吴夫差、宋王偃、齐湣王皆然。故以是为戒。其立论之根据,则为祸福倚伏。盖观四时、昼夜,而以天道为循环。此固浅演之民可有之知识也。无为犹言无化。化者?弃其故俗,慕效他人。盖物质文明传播最易,野蛮人与文明人遇,恒慕效如恐不及焉。然役物之方既变,则人与人之关系亦随之而变。而是时之效法文明,不过任其迁流所至,非有策划、改变社会之组织以与之相应也,则物质文明日增,而社会组织随之而坏矣。民间之慕效文明,隐而难见,君上之倡率,则显而易明,故古人恒以是为戒,如由余对秦穆公之言是也。见第九章第四节。此等见解,诚不能谓为无理,然不能改变社会之组织,

---

① 史事:古人以刚毅好斗而败。案楚共工亦然,即位时年甚小也。

以与新文明相应，而徒欲阻遏文明，云胡可得？况习俗之变，由于在上者之倡率，不过就表面观之则然。人之趋利，如水就下。慕效文明，其利显而易见，社会组织变坏，其患隐而难知，亦且未必及己，人又孰肯念乱？"化而欲作"，虽"镇之以无名之朴"，又何益邪？

道家中别一派为庄、列。庄、列之说，盖鉴于世事之变化无方，其祸福殊不可知，故有齐物论之说。"论"同"伦"，类也。物论可齐，复何所欣羡？何所畏避？故主张委心任运。其书虽亟称老聃，然其宗旨，实与老聃大异也。

所根据之道，稍后于老子者为墨。墨之道源于禹。读孙星衍《墨子后序》即可见之。《汉志》云："墨家者流，盖出于清庙之守。茅屋采橼，是以贵俭。养三老五更，是以兼爱。养三老五更者，所谓老人之老。选士大射，是以尚贤。选士所以助祭，见第十四章第三节。宗祀严父，是以右鬼。顺四时而行，是以非命。此命盖阴阳五行家所言之命，谓万物变化，悉由二气乘除，五行生胜者也。与《墨子·天志》《明鬼》之论，谓有天与鬼以主其赏罚者不同，顺四时而行，即明堂月令之法，其法谓行令有误，则天降之罚，与《天志》之言正合。以孝视天下，是以上同。"此数语若知古明堂、清庙合一，自极易明。《吕览·当染》言："鲁惠公使宰让请郊庙之礼于天子，桓王使史角往，惠公止之，其后在鲁，墨子学焉。"史固辨于明堂行政之典者也。墨家之根本义曰兼爱，此即所谓夏尚忠。兼爱则不容剥民以自奉，是以贵俭，而节用、节葬、非乐之说出焉。兼爱则不容夺人所有，且使其民肝脑涂地，于是有非攻之论。何以戢攻者之心，则守御之术尚矣。非攻之说，《吕览》力驳之，而主义兵，见《荡兵篇》。其说诚辨。然究极言之，攻与守固不能判兵之义不义，而自大体言之，攻兵究以不义者为多，墨子固取救时之弊，非作究极之论也。贵俭之论，荀子力驳之。见《富国篇》。其实墨子所行者，乃古凶荒札丧之变礼，本不谓平世亦当如是。荀子之难，弥不中理矣。然墨子之论皆责难于王公大人，此非习于骄侈者所能从；欲以《天志》《明鬼》之说歆动之，则此说又久为时人所不信矣；见上节。此其道之所以卒不能行也。

《淮南·要略》谓墨子学于孔子而不说，故背周道而用夏政。今观《墨子》书，《修身》《亲士》《当染》纯为儒家言，他篇又多引《诗》《书》之文，则《淮南》之说是也。儒与墨，盖当时失职之贵族。性好文者则为儒，性好武者则为侠，自成气类，孔、墨就而施教焉，非孔、墨身所结合之徒党也。儒之义为柔，若曾子之兢兢自守，言必信，行必果者，盖其本来面目。孔子之道，则不尽于是。孔子之道，具于六经。六经者，《诗》《书》《礼》《乐》《易》《春秋》。

《诗》《书》《礼》《乐》本太学之旧科，《易》《春秋》则孔门之大道也。《易》本隐以至显，《春秋》推见至隐。盖一以明道，一就行事示人之措施，何如斯谓之合于道，二书实相表里也。邃古社会，荡平无党类，孔子谓之大同。封建之世，虽已有君民等级之不同，然大同之世，社会之成规尚多沿袭未废，是为孔子所谓小康。春秋以后，则入于乱世矣。《春秋》三世之义，据乱而作，进于升平，更进于太平，盖欲逆挽世运，复于大同。今儒家所传多小康之义，称颂封建初期之治法，后人拘泥之，或且致弊，然此乃传其道者不克负荷，不能归咎于孔子也。儒家治民，最重教化，此为其出于司徒之官之本色。其处己之道，最高者为中庸。待人之道，最高者为絜矩。中庸者，随时随地，审处而求其至当。絜矩者，就所接之人，我所愿于彼者，即彼之所愿于我，而当以是先施之。其说简而该，为人人所能明，所易守，无怪其能范围人心数千年之久也。孔门龙象，厥唯孟、荀。孟子言性善，辨义利，阐知言养气之功，申民贵君轻之义，又重制民之产，有功于儒学极大。荀子晚出，持论少近刻核，然其隆礼、明分之论，亦极精辟也。

儒家有通三统之论，已见第十四章第一节。而阴阳家有五德终始之说，其意亦犹是也。阴阳家以邹衍为大师，《史记·孟荀列传》载其说甚怪迂，然其意，亦欲本所已知推所未知而已。《汉书·严安传》载安上书引邹子之言曰："政教文质者，所以云救也。当时则用，过则舍之，有易则易之。"则五德终始之说，犹儒家之通三统，谓有五种治法，当以时更易耳。《史记》曰："然也文具难施。"而《汉志》有《邹奭子》十二篇，则已拟有实行之法。果难施与否，今不可知，要非如汉人之言五德者，徒以改正朔、易服色为尽其能事也。《太史公自序》述其父谈之论，谓阴阳家言"大祥而众忌讳，使人拘而多所畏"，此乃阴阳家之流失，而非其道遂尽于是也。

以上诸家，辜较言之，可云农家之所愿望者，为神农以前之世。道家之所称诵者，为黄帝时之说。墨家所欲行者为夏道。儒家与阴阳家，则欲合西周以前之法，斟酌而损益之。切于东周事势者，实唯法家。秦人之兼并六国，原因虽不一端，法家之功，要不可没也。东周时之要务有二：一为富国强兵，一为裁抑贵族。前者为法家言，后者为术家言，说见《韩非子·定法篇》。申不害言术，公孙鞅为法，韩非盖欲兼综二派者。法家宗旨，在"法自然"，故戒释法而任情。揆其意，固不主于宽纵，亦不容失之严酷。然专欲富国强兵，终不免以人为殉。《韩非子·备内篇》云，王良爱马，为其可以驰驱，句践爱人，乃欲用以战斗。情见乎辞矣。在列国相争，急求一统之时，可以暂用，治平一统之时而犹用之，则恋蘧庐而不舍矣。秦之速亡，亦不得谓非过用法家言之咎。后此之法学，则名为法，实乃术家言耳。

名家之学出于墨。已见上节。《汉志》推论，谓其出于礼官，盖礼主差别，差别必有其由，深求差别之由，是为名家之学，督责之术，必求名实之相符，故名、法二家，关系殊密也。顾名家之学，如臧三耳等，转若与恒情相违者？则恒情但见其浅，深求之，其说固不得不如是；抑同异本亦相待，深求其异，或将反见为同，此惠施所以有"泛爱万物，天地一体"之论。见《庄子·天下篇》。又疑此亦由其学原出墨家，故仍不离忠爱之旨也。名家之学深奥难明，欲知其详者，拙撰《先秦学术概论》下篇第六章似可参看。世界书局本。

纵横家者流，《汉志》云出于行人之官，其学亦自古有之，而大盛于战国之世。古之使者，"受命不受辞"，故行人之辞令特重，至战国时，列国之间纵横捭阖益甚，而其术亦愈工也。纵横家之书，存者唯一《战国策》。参看第二章。其书述策士行事，多类平话，殊不足信。其精义，存于《韩非子》之《说难篇》。扼要言之，则曰：视所说者为何如人，然后以吾说当之而已。

杂家者流，《汉志》曰："出于议官，兼儒、墨，合名、法，知国体之有此，见王治之无不贯。"盖专门之学，往往蔽于其所不知。西汉以前，学多专门，实宜有以祛其弊，故杂家但综合诸家，即可自成一学也。杂家盖后世通学之源，所谓议官，则喷室之类也。见第十四章第二节。

以上所述，时为九流，见《刘子·九流篇》。《后汉书·张衡传》注同。益以小说，则成十家。《汉志》曰："小说家者流，盖出于稗官，街谈巷语，道听途说者之所造也。"疑《周官》诵训、训方氏之所采者正此类。九流之学，皆出士大夫，唯此为人民所造。《汉志》所载，书已尽亡。《御览》卷八百六十九引《风俗通》，谓宋城门失火，汲池中水以沃之，鱼悉露见，但就取之。说出百家，犹可略见其面目也。

诸子十家，为先秦学术之中坚。兵书、数术、方技三略，其为专门之学，亦与诸子同。数术、方技见上节，兵书略见第二章。《汉志》所以别为略者，盖以校书者之异其人，非意有所轩轾也。独列六艺于儒家，则为汉世古文家之私言。今文家之所传者为儒家之学，虽涉历代制度，乃以其为儒家之说而传之，非讲历史也。古文家本无师说，自以其意求之古书，则伏羲、神农、尧、舜、禹、汤、文、武、周公，皆与孔子等耳。此以治学论，固无所不可，然古代学术之源流，则不如是也。

第十六章 结 论

中国夙以崇古称。昔时读书之人，几于共认三代以前有一黄金世界，今则虽三尺童子，亦知笑其诬矣。虽然，昔人之抱此见解，亦自有其由，不得笑为愚痴也。人必有其所蕲至之境。所蕲至之境，大抵心所愿望，非必事所曾有也。然无征不信，立教者往往设为昔曾有是，以诱导人。即微立教者，合众人之心力，亦自能构成一实境，以自慰藉，自鼓励。佛教之净土、耶教之天国，皆是物也。一人之所愿欲如此，一群之所愿欲亦何独不然？昔所谓唐、虞、三代云者，则言治化之人，所蕲至之境耳。身所经历，有不满者，辄虚构一相反之境，而曰：三代以前如是，此犹今之自憾贫弱者有所不满，辄曰：并世富强之国如何如何，其说原不尽实，然亦究非如天国净土等说，全出于人之虚构也。治化之升降，必合役物以自养及人与人相处两端言之。以役物之智论，后人恒胜于前人。以人与人相处之道言，则后世诚有不如古昔者。无怪身受其祸之人有此遐想也。中国社会之迁变，可以《春秋》三世及《礼》家大同、小康之说明之。《春秋》据乱而作，进于升平，更进于太平。《礼》家则说大同降为小康。小康之治，迄于成王、周公，盖以自此以后为乱世。《礼》家慨其递降，《春秋》则欲逆挽世运，跻于郅隆。其所谓升平者即小康，所谓太平者即大同，无足疑也。《春秋》之义，虽若徒存愿望，《礼》家之说，则实以行事为根据矣。然则《春秋》之义，亦非虚立也。孔子所谓大同者，盖今社会学家所谓农业公产社会。斯时之人，群以内既康乐和亲，群以外亦能讲信修睦。先秦诸子所知之治化，盖以此为最高，故多慨慕焉。如老子所云郅治之世，亦即孔子所谓大同也。然当斯时也，治化下降之机，即已隐伏于其中。盖世运恒自塞而趋于通。隆古社会，因其处境之不同，仁暴初非一致。其相遇也，或不免于以力相君，则有征服者与所征服者之殊，而入于小康之世矣。治化之前进也，非一日可几于上理，而固有之良规，亦非一朝夕之间所能尽毁。大同之世之规制，留遗于后者，盖犹历若干时，此其所以获称小康也。其后在上之人，淫侈日甚。外之则争城争地，甚或以珠玉重器之故，糜烂其民而战之。内之所以虐使之苟取之者亦愈甚。耕作之术稍精，所治之土益狭，于是有所谓井田。井田，昔之论者以为至公，实则土地私有之制之根源也。耕垦之事既劳，益知人力之可贵，而奴婢之制，亦于是起焉。其尤甚者，则为商业。交易之道，所以使人分工协力，用力少而成功多。然相扶助之事，而以相剥削之道行之。在以其所有易其所无之世已然，至有所谓商人者兴，而人之相胲削乃愈甚矣。于是谋交易之便，而有所谓泉币。泉币行而物之变易弥易，人之贪欲滋甚。终至公产之世之分职尽坏，人不复能恃其群以生，群亦不复能顾恤其人，一听其互相争夺，而人与人相处之道苦矣。《记》曰："强者胁弱，众者暴寡，智者诈愚，勇者苦怯，疾病不养，老、幼、孤、独不得其所，此大乱之道也。"苟以是为治乱之衡，后世所谓治平，如汉之文帝、唐之太宗之世，亦曷尝能免于大乱之讥乎？宁复有人敢悬《礼记》之所云者，以为治乱之鹄，而讥汉、唐之治为不足云者乎？然人之不甘以"强者胁弱，众者暴寡，智者诈愚，勇者苦怯，疾病不养，老、幼、孤、独不得其所"为已足也，则其心卒不可移易也。亦曷怪其悬一境焉，以为想望之鹄乎？故曰：昔人所抱之见解，未可尽笑为愚痴也。然欲至其所至之境，必有其所由至之途。徒存其愿而不审其途，将如说食之不能获饱。唯社会组织之迁变，为能说明社会情状之不同，他皆偏而不全，而历史则所以记载社会之变迁者也。举国人向所想望之境，稽求其实，俾得明于既往，因以指示将来，此治古史者所当常目在之者也。不然，所闻虽多，终不免于玩物丧志而已矣，抑无当于史学之本旨也。